清史列传

简体字本

王钟翰 点校

清史列傳

卷六八~卷七四

中 华 书 局

清史列传卷六十八

儒林传下一

顾炎武　张弨　吴任臣

顾炎武，初名绛，字宁人，江南昆山人。生而双瞳子，中白边黑，读书一目十行。年十四，为诸生。耿介绝俗。与同里归庄善，时有"归奇顾怪"之目。见明季多故，弃举业，讲求经世之学。炎武三世俱为显宦，母王氏守节，孝于姑，明亡，不食卒。叛仆陆恩见炎武家中落，欲告炎武通海。炎武沉之水，仆婿投里豪，复讼之，系奴家，危甚。会曲周路泽农救之，得免，遂去之山东，垦田长白山下。复北历关塞，垦田于雁门之北、五台之东。后客淮安，莱州黄氏有狱，词连炎武，乃赴山东听勘。富平李因笃营救之，狱始白。自是往还河北，最后至华阴，置田五十亩，因定居焉。

生平精力绝人，自少至老，无一刻离书。所至之地，以二骡二马载书，遇边塞亭障，呼老卒，[一]询曲折，有与平日所闻不合，即发书对勘；或平原大野，则于鞍上默诵诸经注疏。尝谓经学即理学，自有舍经学以言理学者，而邪说以起；不知舍经学，则其所谓理学者，禅学也。于同时诸人，虽以苦节推孙奇逢、李容，以经世之学推黄宗羲，而论学则皆不合。其与友人论学云："百馀年来之为学者，往往言心言性，而茫然不得其解也。命与仁，夫子所罕言；性与天道，子贡所未得闻。性命之理，著之易传，未尝数以语人。其答问士则曰'行己有耻'，其为学则曰'好古敏求'，其告哀公明善之功，先之以博学，颜子几于圣人，犹曰'博我以文'，自曾子而下，笃实无如子夏，言仁则曰'博学而笃志，切问而近思'。今之君子则不然，聚宾客门人数十百人，与之言心言性，舍多学而识以求一贯之方，置四海之困穷不言，而讲危微精一，是必其道高于夫子，而其弟子之贤于子贡也。我弗敢知也。孟子一书言心言性，亦谆谆矣，乃至万章、公孙丑、陈代、陈臻、周霄、彭更之所问，与孟子之所答，常在乎出处、去就、辞受、取与之间。是故性也，命也，天也，夫子之所罕言，而今之君子之所恒言也。出处、去就、辞受、取与之辨，孔子、孟子之所恒言，而今之君子之所罕言也。愚所谓圣人之道者如之何，曰'博学于文'，曰'行己有耻'。自一身以至于天下国家，皆学之事也。自子臣弟友以至出入往来、辞受取与之间，皆有耻之事也。士而不先言耻，则为无本之人；非好古多闻，则为空虚之学。以无本之人而讲空虚之学，吾见其日从事于圣人，而去之弥远也。"

炎武之学，大抵主于敛华就实，凡国家典制、郡邑掌故、天文仪象、河漕兵农之属，莫不穷原究委，考正得失。撰天下郡国利病书百二十卷，遍览诸史、图经、文编、说部之类，取其关于民生利病者，且周流西北，历二十年其书始成。别有肇域志一编，则考索之馀，合图经而成者。尤精韵学，撰音论三卷，言古韵者始自明陈第，然创辟榛芜，犹未邃密。炎武乃推寻经传，探讨本原。又诗本音十卷，其书主陈第诗无协韵之说，不与吴棫本音争，亦不用棫之例，但即本经之韵互考，且证以他书，明古音原作是读，非由迁就，故曰本音。又易音三卷，即周易以求古音，考证精确。又唐韵正二十卷、古音表二卷、韵补正一卷，皆能追复三代以来之音，分部正帙而知其变。又撰金石文字记、求古录，与经史相证，而日知录三十卷，尤为精诣之书，盖积三十馀年而后成。其论治综核名实，于礼教尤兢兢，谓风俗衰，廉耻之防溃，由无礼以维之，常欲以古制率天下。炎武又以杜预左传集解时有阙失，作杜解补正三卷。其他著作，有石经考、九经误字、五经异同、二十一史年表、历代帝王宅京记、营平二州地名记、昌平山水记、山东考古录、京东考古录、谲觚十事、菰中随笔、救文格论、亭林文集诗集，并有补于学术世道。

国朝称学有根柢者，以炎武为最。又广交贤豪长者，虚怀商榷，不自满假。作广师篇云："学究天人，确乎不拔，吾不如王锡阐；读书为己，探赜洞微，吾不如杨瑀；独精三礼，卓然经师，吾不如张尔岐；萧然物外，自得天机，吾不如傅山；坚苦力学，无师而成，吾不如李容；险阻备尝，与时屈伸，吾不如路泽农；博闻强记，群书之府，吾不如吴任臣；文章尔雅，宅心和厚，吾不如朱彝尊；好学不倦，笃于朋友，吾不如王弘撰；精心六书，信而好古，吾不如张弨；至于达而在位，其可称述者，亦多有之，然非布衣之所得议也。”康熙十八年，〔二〕诏举博学鸿儒科，次年，修明史，大臣争荐之，并力辞不赴。二十一年，卒，年七十。

张弨，字力臣，江南山阳人。诸生。受业于顾炎武，精六书之学，尝校娄机汉隶字源，为之序，谨守许慎家法。家贫，隐于贾。博雅嗜古，尤究心金石。尝乘江水退，藉落叶仰读瘗鹤铭，证为顾况书。家藏古鼎彝甚富，后虽聋废，而考证弥勤。炎武音学五书，弨所写定。

吴任臣，字志伊，浙江仁和人。志行端悫，博学而思深，兼精天官、乐律。尝与吴百朋会饮，百朋问“鄦”“殹”二字何读，任臣曰：“殹也同本秦权，鄦许同本说文长笺。”百朋叹服。任臣又尝于市上得编钟一枚，曰：“此大吕钟也。”涤视款识，果然。康熙十八年，应博学鸿儒科，试列二等，授翰林院检讨，充纂修明史官，历志一篇出任臣手。未几，卒。著有十国春秋一百十四卷，搜罗广博，为时所称。又有周礼大义、补礼通、春秋正朔考辨、山海经广注、字汇补、托园诗文集。

【校勘记】

〔一〕呼老卒　“卒”上原衍一“兵”。今据耆献类征卷四〇〇叶一九上、四一上删。

〔二〕康熙十八年　“八”原误作“七”。今据耆献类征卷四〇〇叶二五下改。又本卷黄宗羲传、万斯同传及惠周惕传均作十七年，亦依此改。

黄宗羲　弟宗炎　宗会　子百家　陈赤衷

黄宗羲，字太冲，浙江馀姚人。年十四，补诸生。父尊素，明天启间官御史，以抗直死魏阉之难。宗羲年十九，袖长锥入京颂冤，至则魏阉已磔，即疏请诛曹钦程、李实；又于对簿时，锥许显纯流血，殴崔应元胸，拔其须，归祭其父。又与吴江周延祚等锥牢子叶咨、颜文仲，应时立毙。时钦程已入逆案，宗羲复于对簿时，锥实。狱竟，偕同难诸子弟设祭诏狱中，哭声如雷，闻禁中。及归，从刘宗周游，姚江末派援儒入释，宗羲力摧其说。时称御侮陈贞慧等作南都防乱揭，署名日，被难诸家推宗羲居首。福王时，阮大铖案揭中姓名欲杀之，会大兵至，得免。寻归浙东，纠合黄竹浦子弟数百人，随诸军于江上，时呼世忠营。大兵定浙，宗羲间行归家，遂奉母里门，毕力著述。既而请业者日至，乃复举证人书院之会于越中，以申宗周之绪。其后东之鄞，西之海宁，皆请主讲，守令亦或与会，然非其志也。康熙十八年，诏征博学鸿儒，掌翰林院学士叶方蔼欲荐之，宗羲辞以疾，且言母老。十九年，左都御史徐元文监修明史，荐宗羲，辞如初。及诏取所著书关史事者，宣付史馆。二十九年，上访求遗献，刑部尚书徐乾学复荐宗羲，仍不出。然宗羲虽不在史馆，而史局每有疑事必咨之。

宗羲之学，虽出宗周，不恣言心性，教学者，说经则宗汉儒，立身则宗宋学。尝自谓受业蕺山时，颇喜为气节斩斩一流，所得尚浅，忧患之馀，始多深造。又谓明人讲学，袭语录之糟粕，不以六经为根柢，束书而从事于游谈，更滋流弊，故学者必先穷经。然拘执经术，不适于用。欲免迂儒之诮，必兼读史。又谓读书不多，无以证理之变化；多而不求于心，则为俗学。故上下古今，穿穴群言，自天官地志、九流百家之教，无不精研。所著易学象数论六卷，谓圣人以象示人者七：有八卦之象，六爻之象，象形之象，爻位之象，反对之象，方位之象，互体之象。后儒之为伪象者四：纳甲也，动爻也，卦变也，先天也。乃崇七象而斥四象。又谓遁甲、太乙、六壬，世谓三式，皆主九宫以参人事。乃以郑康成太乙行九宫者证太乙，以吴越春秋占法、国语伶州鸠之对证六壬，以订数学，其持论皆有依据。授书随笔一卷，则太原阎若璩问尚书而告之者。春秋日食历一卷，辨卫朴所言之谬。律吕新义二卷，少时取馀杭竹管断之为十二律，与四清声试之，因广其说。孟子师说二卷，以宗周四书诸解独少孟子，乃疏其旧说为之。其书阐发良知之旨，推究事理，不为空疏无用之谈，亦不尽主姚江之说。

史学则欲辑宋史而未就，仅存丛目补遗三卷；又辑明史案二百四十四卷；其明史有三例：一国史取详年月，二野史取当是非，三家史备官爵世系。明史稿出于万斯同，斯同之学出于宗羲也。天文则有大统法辨四卷，时宪书法解新推交食法一卷、圜解一卷、割圜八线解一卷、授时法假如一卷、西洋法假如一卷、回回法假如一卷。其后梅文鼎本周髀言天文，世惊为不传之秘，而不知宗羲实开之。又著明儒学案六十二卷，叙述明代讲学诸儒流派分合得失甚详；后又辑宋儒学案、元儒学案，以志七百年儒学源流。又明文海四百八十二卷，汇集明人文集二千馀家，撷其菁华，典章人物，灿然具备，与十朝国史亦多弹驳参正。文集则有南雷文案、吾悔、撰杖、蜀山诸集，及诗集，后又分为南雷文定，晚年复定为文约，文定十一卷、文约四卷。又深衣考一卷、今水经一卷、四明山志九卷、历代甲子考一卷、二程学案二卷。尚书汤斌尝曰："黄先生论学如大禹导山导水，脉络分明，吾党之斗杓也！"

绍兴府知府李铎欲以为乡饮大宾，宗羲遗书曰："宗羲蒙圣天子特旨，召入史馆，庶人之义，召之役则往役，笔墨之事亦役也。宗羲时以老病坚辞不行，圣天子怜而许之。今之乡饮酒，亦奉诏以行者也。若召之役则避劳而不往，召为宾则贪养而饮食衎衎，是为不忠。"卒辞之。三十四年，卒，年八十六。弟宗炎、宗会，并负异才，有"三黄"之目。子百家。

宗炎，字晦木。明贡生。与兄宗羲、弟宗会俱从宗周游。其学术大略与宗羲等，而兀奡过之。既经忧患，潜心学易，著有周易象辞三十一卷、寻门馀论二卷、图书辨惑一卷。力辟陈抟之学，谓周易未经秦火，不应独禁其图，至为道家藏匿二千年始出。又著六书会通以正小学，谓扬雄但知识奇字，不知识常字；不知常字乃奇字所自出也。又有二晦、山栖诸集，以故居被火，俱亡。康熙二十五年，卒，年七十一。

宗会，字泽望。明拔贡生。读书一再过不忘。有缩斋文集十卷。

百家，字主一。国子监生。传宗羲学。又从梅文鼎问推步法，著勾股矩测解原二卷。康熙中，明史馆开，宗羲以老病不能行，徐乾学延百家入史馆，成史志数种，其天文志、历志，则百家稿本也。又著有失馀稿、希希集。

陈赤衷，字夔献，浙江鄞县人。岁贡生。幼力学。尝入天井山，与苦行僧参究儒释异同，归而求之六经。康熙初，集里中同志，执贽黄宗羲，创为讲经会，搜故家经学书，讨论得失，发先儒所未发。十年间次第毕讲。其后万斯同以史学，万斯大、陈自舜以穷经，张汝翼以躬行，万斯选、王之坪以名理，郑梁、李邺嗣、董道权、允瑫以文章，及万言、仇兆鳌、陈紫芝、范光阳、陈锡嘏诸人，皆有名于一时，由赤衷开其沟浍也。十九年，赤衷入都，昆山徐乾学一见投契，称为硕学，由是公卿争欲延致，赤衷作贞女篇谢之。二十六年，卒于京邸，年七十一。

钱澄之　方中通

钱澄之，初名秉镫，字饮光，安徽桐城人。明诸生。弱冠时，有阉党为御史，巡按至皖，盛威仪，谒孔子庙，观者如堵。澄之徐正衣冠，植立昌言以诋之。由是名闻四方。崇祯朝，以明经贡京师。屡上书言时政得失，不报。游吴越间，复社、几社名流，雅相引重，遂为云龙社以联吴淞，冀接武于东林。云间陈子龙、夏允彝，嘉善魏学渠，与相友善。又尝问易于漳浦黄道周。后避党祸至震泽，遇兵跳身南遁，崎岖闽越间。乱定归里，遂杜足田间，治诸经课耕以自给。著田间易学十二卷，其学初从京房、邵康节入，故言数颇详，盖道周之馀绪也。后乃讲求义理，参取注疏，及程传本义，而本旨以朱子为宗。其说不废图，而以陈抟先天图及河洛二图皆因易而生，非易因此而作。图中奇偶之数，乃揲蓍之法，非画卦之本，持论极为允当。又著田间诗学十二卷，谓诗与尚书春秋相表里，必考之三礼以详其制作，征诸三传以审其本末，稽之五雅以核其名物，博之竹书纪年、皇王大纪，以辨其时代之异同，与情事之疑信，〔一〕即今舆记以考古之图经，而参以平生所亲历。其书以小序首句为主，所采诸儒论说，自注疏、集传外，凡二程、张子至明黄道周、何楷，共二十家，持论精核，无所攻亦无所主，而于名物训诂、山川地理，言之尤详。他著有屈宋合诂二册、诗集二十八卷、文集三十卷。康熙三十二年，卒，年八十二。

方中通，字位伯，亦桐城人。父以智，明崇祯十三年进士，翰林院检讨，博极群书，著述凡数百卷。其通雅五十二卷，网罗载籍，疏证前训，尤为世所称。闯贼陷京师，被执，脱身南归，后弃家避马、阮之难，隐于方外。中通随父宦京邸，克承家学，于天人、律数、音韵、六书，尤为研究。尝以古九章法仅存条目，鲜能寻绎其义，乃据御制数理精蕴推阐之，又列数原、律衍、几何约、珠算、笔算、筹算、尺算诸法，辑诸家说，专取其长，著数度衍二十四卷、附录一卷。他著又有易经深浅说、心学宗续编、继善录、音韵切衍、篆隶辨从、诗文集。

中通兄中德，字田伯；弟中履，字素伯：皆有学行。父亡后，三人徒步追寻，奔侍远省，复奉母于南海。母归后，中履独往侍父十馀载，及殁，奉榇归葬焉。中德著有古事比一百卷。〔二〕中履晚筑稻花斋于湖上，殚力著述，著有古今释疑十八卷，皆考证之文，论经籍、礼乐、天文、舆地、小学、算术，镕铸旧说，不同肴陋。又汗青阁全书数十种，发明天文、性命、经史之秘，足为后学津梁。

【校勘记】

〔一〕博之竹书纪年皇王大纪以辨其时代之异同与情事之疑信　原脱此二十四字。今据钱澄之传稿（之一六）补。按耆献类征卷四一五叶三〇下不脱。

〔二〕中德著有古事比一百卷　“一百”原误作“五十三”。今据钱澄之传稿（之一六）改。

朱鹤龄　陈启源　臧琳

朱鹤龄，字长孺，江苏吴江人。明诸生。颖敏嗜学。尝笺注杜甫、李商隐诗，盛行于世。故所作韵语，颇出入二家。入国朝，屏居著述，晨夕一编，行不识途路，坐不知寒暑。人或谓之愚，遂自号愚庵。尝自谓“疾恶如仇，嗜古若渴，不妄受人一钱，不虚诳人一语”云。著愚庵诗文集，其书元好问集后云：“好问于元，既足践其土，口茹其毛，即无反詈之理。乃今之讪诋不少避者，若欲掩其失身之事，以诳国人。非徒悖也，其愚亦甚。”其言盖指国初居心反覆之辈，可谓知大义矣。初为文章之学，及与顾炎武友，炎武以本原相勖，乃湛思覃力于诸经注疏及儒先理学。以易理至宋儒已明，然左传、国语所载占法，皆言象也，本义精矣，而多未备，撰易广义略四卷；以蔡氏释书未精，斟酌于汉学、宋学之间，撰尚书埤传十七卷；以朱子掊击诗小序太过，与同县陈启源参考诸家说，疏通序义，撰诗经通义二十卷；以胡氏传春秋，多偏见凿说，乃合唐宋以来诸儒之解，撰春秋集说二十二卷；又以杜氏注左传未尽合，俗儒复以林氏注紊之，因详证参考，撰读左日钞十四卷。又有禹贡长笺十二卷，作于胡渭禹贡锥指之前，虽不及渭书，而备论古今利害，旁引曲证，亦多创获。康熙二十二年，卒，年七十八。

陈启源，字长发，江南吴江人。诸生。性严峻，不乐与外人接，惟嗜读书。晚岁研精经学，尤深于诗。朱鹤龄著诗经通义，于国朝独采启源之说。所著毛诗稽古编三十卷，其铨释经旨，一准毛传，而郑笺佐之；训诂声音，以尔雅为主；草木虫鱼，以陆疏为则：于汉学可谓专门。又著有尚书辨略二卷、读书偶笔二卷、存耕堂稿四卷。

臧琳，字玉林，江苏武进人。诸生。治经以汉注、唐疏为主。教人先以尔雅、说文，曰："不解字，何以读书？不通训诂，何以明经？"键户著述，世无知者。有尚书集解百二十卷、经义杂记三十卷。阎若璩称其深明两汉之学。钱大昕校定其书，云："实事求是，别白精审，而未尝轻诋前哲，真务实而不近名者。"

张尔岐　马骕

张尔岐，字稷若，山东济阳人。祖以上皆力农，父行素教以儒业，遂笃守程朱之说。逊志好学，著天道论、中庸论、笃终论，为时所称。又著学辨五篇：曰辨志，曰辨术，曰辨业，曰辨成，曰辨征。又著立命说辩，斥袁氏功过格、立命说之非。明季，行素官石首县丞，罹兵难。尔岐欲身殉，以母老止。

年三十，覃心仪礼，以郑康成注文古质，贾公彦释仪曼衍，学者不能寻其端绪，乃取经与注章分之，定其句读，疏其节录，其要取其明注而止，有疑义则以义断之，亦附于末。著仪礼郑注句读十七卷，附以监本正误、石经正误二卷。昆山顾炎武游山东，交尔岐，读而善之，曰："炎武年过五十，乃知不学礼无以立。济阳张尔岐作仪礼郑注句读一书，根本先儒，立言简当。以其人不求闻达，故无当世名，然书实可传。使朱子见之，必不仅谢监狱之称许矣。”尔岐又著周易说略八卷、诗说略五卷、夏小正注一卷、〔一〕弟子职注一卷、老子说略一卷、蒿庵集三卷、蒿庵闲话二卷。所居败屋不修，艺蔬果养母。集其弟四人讲说三代古文于母前，愉愉如也。妻朱婉娩执妇道，劝尔岐勿出，遂教授乡里终其身。康熙十六年，卒，年六十六。

弟尔崇，亦有名于世。著尚书通义五卷。山东善治经者，尔岐同时有马骕。

马骕，字宛斯，山东邹平人。顺治十六年进士，除淮安府推官。寻补灵璧县知县，蠲荒除弊，流亡复业。康熙十二年，卒于官，年五十四。士民奉祀名宦祠。骕于左氏融会贯通，著左传事纬十二卷、附录八卷，所论具有条理，其图表亦考证精详，为专门之学。又撰绎史一百六十卷，纂录开辟至秦末之事，博引古籍，疏通辩证，非罗泌路史、胡弘皇王大纪所可及，时人称为马三代。四十四年，圣祖命大学士张玉书物色骕所著书，明年四月，令人赍白金二百两至邹平，购板入内府。时掖县王尔膂，字襄哉，诸生，邃于经史，其治经以毛、郑之诗，何氏之公羊、郑氏之三礼为主，著有泡斋集。

【校勘记】

〔一〕夏小正注一卷　“注”上原衍一“传”字。今据耆献类征卷三九九叶二下删。

黄生

黄生，字扶孟，安徽歙县人。明诸生。生淹贯群集，于六书训诂，尤有专长。尝著字诂一卷，根据奥博，每字皆有新义。如谓大鼏七个之鼏，当从冂，谐声，与从冖者不同。似蛇之鳝，既借徒何切之鳝，又借张演切之鳣，而皆转为常演切。汉书注误以张连切之鳣为释。又谓周礼玉人注，瓒读为餈餍之餍，说文饡以羹浇饭，释文膏餍作膏饡，故玉篇餍即饡字；内则释文酏读为餈，之然反，餍本又作餈，并之然反。此盖明酏餍当并读为餈，非谓餍即餈字。若以诸延切餍，何以处玉人注之餈乎餍？又谓干乾，字通引后汉书独行传云明堂之奠干饭寒水，在晋帖所云淡闷干呕之前。若此之类，尤为精核。

又著义府二卷，凡经史子集，以至赵明诚金石录、洪适隶释、郦道元水经注所载古碑，陶弘景、周子良冥通记训诂及外教之书，其古音古训，皆为考证。如据说文、周礼毴毤正贾公彦、丁度之误。引贾谊论、陈琳檄证尚书"漂杵"为"漂橹"；引尔雅证礼记郑注烹鱼去乙之误；引吕览证"朱襮"非"朱领"；引檀弓弥牟为木证"勃鞮"为"披"；引左传及诗序证檀弓请庚之之"庚"训"道路"；引唐书廉访证周官六计之"廉"训"察"；引吴越春秋证"鄂不"即"鄂跗"；引左传证出于其类之"出"训"产"；引周礼载师闾师证夫布、里布为二事；引诗王风证孟子施施；引左传刘子语证司中；引系词证信信当读申；引礼记称说命为兑命，解行路兑矣当训说；引汉书证"志微噍杀"当为"纤微憔悴"；引周颂、尔雅证郑众解牍应雅之讹；引尔雅证终军、许慎解豹文鼠之所以异；引后汉书李膺传证师古解轩中之讹；引孝经疏证后汉书辜较估较、辜榷酤榷之义；引史记货殖传证"刁悍"当为"雕悍"；引潜夫论证"关龙"即"豢龙"；引庄子证列子蕉鹿之"蕉"为"樵"；引世说注证"茗节"即"酩酊":皆根柢训典,凿凿可凭。论者谓其书不在方以智通雅下。生平著述,好以古人书名其书。又有论衡及识林二种,总名一本堂集。他著又有叶书一卷、杜诗说十二卷。

薛凤祚

薛凤祚,字仪甫,山东淄川人。尝师事定兴鹿善继、容城孙奇逢。著圣学心传,发明认理寻乐之旨。寻从魏文魁学天文,主持旧法。顺治中,译穆尼阁说为天步真原,[一]谨守绳尺,著历学会通十馀种。盖新法初行,欲以中西文字会而通之,故曰"会通"也。其曰对数比例者,即西法之假数也;曰中法四线者,以西法六十分为度,不便于算,改从古法,百分为度,表所列止正弦、馀弦、正切、馀切,故曰四线。其书之目:曰太阳太阴诸行法原,曰木火土三星经行法原,曰交食法原,曰历年甲子,曰求岁实,曰五星高行,曰交食表,曰经星中星,曰西域回回术,曰西域表,曰今西法选要,曰今法表。以顺治十二年乙未天正冬至为元,诸应皆从百起算,以三百六十五日二十三刻三分五十七秒五微为岁实,黄赤道交度有加减,恒星岁行五十二秒与天步真原法同。梅文鼎天算书记所谓青州之学也。

凤祚又著两河清汇,详究黄河、运河,北自昌平、通州,南至浙江,河湖泉水诸目,皆详载之;又记黄河职官、夫役、道里之数,及历代至国朝治河成绩,援据古今,疏证颇明。别为海运一篇,欲仿元运故道,与漕河并行,盖祖邱濬旧说也。

【校勘记】

〔一〕译穆尼阁说为天步真原　“译”原误作“绎”。今据耆献类征卷四一四叶二八上改。

俞汝言　徐善　徐庭垣

俞汝言，字右吉，浙江秀水人。少孤力学，具经世才。明亡，弃诸生，自号浙川老民。宁都魏禧来浙访汝言，与论古今人物、治乱得失，穷十昼夜，禧为倾倒。家贫，无隔宿舂，而浩然自得。族父某富而无子，汝言次当后，或觊之，遂谢去。出游燕、赵、韩、魏、宋、卫、闽、粤之乡，越云中、雁门，归而闭户著述，篇帙之富，当代无比。尝以春秋四传互有异同，皆各据所见，非圣人本指；乃广搜百家书，择其确当者以释经义，著春秋平义十二卷。自序谓传经之失，不在于浅而在于深，春秋尤甚。故其书简汰精审，多得经意。又摘列四传之失，随事辨正，区为六类：一曰尊圣而忘其僭，〔一〕二曰执礼而近于迂，三曰尚异而邻于凿，四曰臆测而近于诬，五曰称美而失实情，六曰摘瑕而伤锲刻。著春秋四传纠正一卷。论者谓其立义正大，持论简明，足为治春秋者之药石。当著春秋时，年已六十馀，映窗继烛，竟夕无倦。其手稿涂乙补缀，朱墨纵横，用心甚笃，卒以是失明。然犹口授诸书，使人以笔记之。生平熟精诸史及明代掌故，著有晋军将佐表、礼服沿革、汉官差次考、宋元举要、历纪年、崇祯大臣年表、卿贰表、明世家考、寇变略、弇州三述补、品级广考、谥法考、双湖杂录等书。又有京房易图及先儒语要六卷、浙川集十卷。康熙十八年，卒，年六十六。

徐善，字敬可，亦秀水人。父世淳，明崇祯末知湖北随州，张献忠陷襄阳，悉众压境，城破死之。国朝乾隆四十一年，赐谥烈愍。善年十一，值国变，避兵失恃；及长，挟书策游，弃科举不治，从学于同里施博，精求致知格物之学。与桐乡张履祥为道义交，履祥尝言："世人厚于自养而薄于先祖，丰于燕客而啬于祭祀，惟善能虔祀事。"履祥举葬亲社，请善为宾。然颇好禅学，履祥屡贻书规谏之。后入京师，居徐乾学第中，钱塘高士奇奉命总修春秋讲义，善代士奇撰春秋地名考略十四卷，其书以春秋经传地名分国编次，皆先列国都，次及诸邑，博引诸书，考究其异同，砭正其疏舛，颇为精核。士奇因列己名奏进。善晚著四易十二卷：一天易，阐图书也；二羲易，叙八卦也；三商易，辩十辟也；四周易，明四正八交之旨也。其于图书，博采诸家之论，而一本乎邵子、程子、张子及朱子之说。又著易论，才辩纵横，颇浸淫于佛老。又有庄子注、藟谷集。

时同县徐庭垣官新昌县丞，生稍后于善，亦著有春秋管窥十二卷。自序谓："世但知推尊圣人，而不知孔子当日固一鲁大夫也，于周天子则其大君，于鲁公则其本国之君，于列国诸侯则俱周天子所封建，与鲁君并尊者也。身为人臣，作私书以赏罚王侯君公，此犯上作乱之为，而谓圣人为之乎？"又谓春秋与礼经相表里，礼存其体，春秋著其用。鲁史记注本周公遗制，史书旧章，卓然俱有法式。因以左传之事实质经，以经之异同辩例于公榖二传及诸儒论释，其合于义例先后无悖者，不复置议；如其曲说偏断，理有窒碍，则据经文先后以驳正之。其大旨醇正，多得经意。盖在啖赵诸儒之上。又著春秋类辨十卷，以管窥依经顺次，散而不比，故复著是编，辨异察同，使相为表里云。

【校勘记】

〔一〕一曰尊圣而忘其僭　“僭”原误作“潜”。今据耆献类征卷四一四叶四〇下改。

姚际恒　孙之騄

姚际恒，字立方，浙江仁和人。诸生。少折节读书，泛滥百氏。既弃词章之学，专事于经。年五十，曰：“向平婚嫁毕而游五岳，予婚嫁毕而注九经。”遂屏绝人事，阅十四年，成九经通论。时太原阎若璩力辨晚出古文之伪，际恒持论不谋而合。萧山毛奇龄作冤词，攻若璩之说。奇龄故善际恒，因数与争论，际恒守所见，迄不为下。奇龄尝作山阴何氏记，毛际可见之，曰：“何氏藏书有几，不及立方腹笥耳。”其为时所推如此。又著庸言录，杂论经史、理学、诸子，末附古今伪书考一卷，持论虽严，足以破惑，学者称之。然祖欧阳修、赵汝楳之说，以周易十翼为伪书，本同时颜元之论，谓周、程、张、朱皆出于禅，未免好为异论云。

孙之騄，字子骏，亦仁和人。贡生。雍正间官庆元县教谕。性耿介，博学好古，尤专于经。时尚书大传宋本未出，元和惠栋修明堂大道录，仅从他书转引。之騄蒐采补缀，成尚书大传三卷、补遗一卷，其勤甚至。又以沈约所注竹书纪年未为详备，因摭诸书为之注，成考定竹书纪年十三卷，其中如商均暴天下之类，辨别诬妄，路史帝杼迁老王之类，考订谬误，皆属精确。官教谕时，年逾六旬，与诸生立条约，告以五经源流，诱掖备至。著松源经说四卷，庆元古松源地，故名。他著有二申野录八卷、晴川蟹录四卷、后蟹录四卷、枝语二卷、南漳子二卷、夏小正集解、松源集。

梅文鼎　弟文鼐　文鼏　王锡阐

梅文鼎，字定九，安徽宣城人。幼时仰观星气，辄了然于次舍运旋大意。年二十七，与弟文鼐、文鼏师事道士倪观湖习台官交食法，著历学骈枝六卷，自是遂有志历学。值书之难读者，必求得其说，至废寝食。遇畴人子弟及西域官生，皆折节造访。人有问者，亦详告无隐，期与斯世共明之。

中年丧偶，不再娶，闭户覃思。所著历算书，多至八十馀种。读元史授时历经，叹其法之善，作元史历经补注二卷。又以授时集古法大成，然创法五端外，大率多因古术，因参校古术七十馀家，著古今历法通考七十馀卷。授时以六术考古今冬至，〔一〕取鲁献公冬至证统天术之疏，然依其本法，步算与授时所得正同，作春秋以来冬至考一卷。元史西征庚午元术，西征者，谓太祖庚辰也，庚午元者，上元起算之端也。历志讹太祖为太宗，不知太宗无庚辰也。又讹上元为甲子，则于积年不合也，考而正之，作庚午元历考一卷。授时非诸古术所能比，郭守敬所著历草，乃历经立法之根，拈其义之精微者，为郭太史历草补注二卷。立成传写讹舛，不得其说，不敢妄用，作大统立成注二卷。授时法于日躔盈缩、月离迟疾，并以垛积招差立算，而九章诸书无此术，从未有言其故者，作平立定三差详说一卷。此发明古法者也。唐九执法为西法之权舆，其后有婆罗门十一曜经及都聿利斯经，皆九执之属，在元则有扎马鲁丁西域万年法，在明则有马沙亦黑、马哈麻之回回法。西域天文书，天顺时贝琳所刻天文实用，即本此书也，作回回历补注三卷、西域天文书补注二卷、三十杂星考一卷。表景生于日轨之高下，日轨又因于里差而变移，作四省表景立成一卷。周髀所言里差之法，即西人之说所自出，作周髀算经补注一卷。浑盖之器最便行测，作浑盖通宪图说订补一卷。西国日月以太阳行黄道三十度为一月，作西国日月考一卷。西术有细草，犹授时之有通轨也，以历指大意隱括注之，作七政细草补注三卷。新法有交食蒙求、七政蒙引二书并逸，作食交蒙求订补二卷，附说二卷。〔二〕监正杨光先不得已日食图以金环与食甚时分为二图，而各具时刻，其误非小，作交食图法订误一卷。新法以黄道求赤道，交食细草用仪象志表不如弧三角之亲切，作求赤道宿度法一卷。谓中西两家之法求交食起复方位，皆以东西南北为言，然东西南北惟日月行至午规，而又近天顶，则四方各正其位矣。自非然者，则黄道有斜正之殊，而自亏至复经历时刻辗转迁移弧度之势，顷刻易向，且北极有高下，而随处所见不同，势难施诸测验。今别立新法，不用东西南北之号，惟人所见日月圆体，分为八向，以正对天顶处，命之曰上，对地平处命之曰下，上下联为直线，作十字横线，命之曰左、曰右，此四正向也。曰上左、上右，曰下左、下右，则四隅向也。乃以定其受蚀之所在，则举目可见，作交蚀管见一卷。太阳之有日差，〔三〕犹月离交蚀之有加减，时因表说有误，作日差原理一卷。火星至为难算，至地谷而始密，解其立法之根，作火纬本法图说一卷。订火纬表记，因及七政，作七政前均简法一卷。金水岁轮绕日，其度右移，上三星轨迹，其度左转，若岁轮则仍右移，作上三星轨迹成绕日圆象一卷。天问略取黄纬不真而列表从之误，作黄赤距纬图辨一卷。西人谓日月高度等其表景有长短,以证日远月近,其说非是,作太阴表影辨一卷。新法帝星句陈经纬刊本互异,作帝星句陈经纬考异一卷。测帝星句陈二星为定夜时之简法,作星晷真度一卷。以上皆以发明新法算书,或正其误,或补其阙也。

康熙间,明史开局,历志为检讨吴任臣所修,嘉兴徐善、宛平刘献廷、常州杨文言各有增定,最后以属黄宗羲,又以属文鼎。文鼎摘其讹舛五十馀处,以历草通轨正之,成明史志拟稿三卷,虽为大统而作,实以阐明授时之奥,补元史之阙略。其总目凡三:曰法原,曰立成,曰推步。又作历志赘言一卷,大意言明用大统,实即授时,宜详元史所阙,以补未备。又回回历承用三百年,法宜备书,明郑世子之历学,袁黄之历法新书,唐顺之、周述学之会通回历,以庚午元历例例之,皆得附录。其西洋历方今现行,然徐、李测验改宪之功,不可没也,亦宜备载缘起。

康熙二十八年,文鼎至京师,李光地谓之曰:"天历至国朝大备矣,经生家犹若望洋者,无快论以发其意也。宜仿元赵友钦革象新书体例,作为简要之书,俾人人得其门户,从事者多。此学庶将大显。"因作历学疑问三卷。四十二年,光地扈驾南巡,驻跸德州,有旨取文鼎书。光地遂以历学疑问呈进,奖谕有加。四十四年二月,上南巡,光地以巡抚扈从,上问文鼎今焉在,光地以尚在臣署对。四月,光地与文鼎伏迎河干,越晨召对御舟中,从容垂问移时,如是者三日。上谓光地曰:"历算朕最留心,今鲜知者,如文鼎,真仅见也!"赐御书扇幅及珍馔。临辞,特赐"绩学参微"四大字。五十一年,命文鼎孙瑴成在内廷学习。五十二年,赐瑴成举人。五十三年,颁赐文鼎律吕正义一部,谕瑴成曰:

"汝祖留心律历，可将律吕正义寄去令看。或有错处，指出甚好。古帝王有都俞吁咈，后来遂止有都俞，朋友间亦不喜人规劝。可并将此意写与汝祖知之。"五十四年，赐瑴成进士。文鼎图注各直省及蒙古各地南北东西之差为书一卷，名分天度里。又作陆海针经一卷，亦谓之里差捷法。文鼎于测算之图与器，一见即得要领，有测器考二卷、自鸣钟说一卷、壶漏考一卷、日晷备考三卷、赤道提晷说一卷、勿庵揆日器一卷、诸方节气加时日轨高度表一卷、揆日浅说一卷、测景捷法一卷、璇玑尺解一卷、测量定时简法一卷、勿庵测望仪式一卷、勿庵仰观仪式一卷、勿庵浑盖新式一卷、勿庵月道仪式一卷。尝自言："吾为此学，皆历最难苦之后而后得简易。有从吾游者，坐进此道，则吾一生勤苦，皆为若用。"因著答李祠部问历一卷、答刘文学问天象一卷。又承友人命，作七十二候太阳纬度一卷。又为潘天成作写算步历法一卷。又作思问编一卷，则手疏生平难读之书以待问者也。同时西洋穆尼阁及薛凤祚、王锡阐、揭瑄所著书，文鼎皆为订正，有天步真原订注、天学会通订注、王寅旭书补注、写天新语钞存一卷。又古历列星距度考一卷，则从残本补完之，而断以为授时之法者也。明万历中，利玛窦倡几何之学，学者张皇过甚，薄古法为不足观，而或者株守旧闻，斥为异学。文鼎集其书而为之说，用筹用笔用尺，稍稍变从我法。若三角比例等，原非古法可该，特为表出，古法方程亦非西法所有，则专著论以明之。又具为九数存古，以著其概，著勿庵筹算七卷、勿庵笔算五卷、勿庵度算二卷、比例数解四卷、三角法举要五卷、方程论六卷、几何摘要三卷、勾股测量二卷、九数存古十卷，凡九种，总曰中西算学通。外有少广拾遗一卷、方田通法一卷、几何补编四卷、西镜录订注一卷、权度通几一卷、奇器补诠二卷、正弦简胜补一卷、弧三角举要五卷、环中黍尺五卷、堑堵测量二卷、用勾股解几何原本之根一卷、几何增解数则附前条共一卷、仰观覆矩二卷、方圆幂积二卷、丽泽珠玑一卷、古算器考一卷、数学星槎一卷，凡一十七种，并为续编。

文鼎为学甚勤，每漏四五下，犹篝灯夜诵。居京师时，公卿皆延跂愿交。光地命子钟伦、弟鼎徵及群从执弟子礼。宿迁徐用锡、晋江陈万策、景州魏廷珍、河间王之锐、交河王兰生，皆以得与参校为荣。其于学无所不窥，辨先后天八卦位次，不合者证其合；读等子韵而定为以代而变、以地而变、以代与地交而变。诗文皆质直自言其意，有积学堂诗钞四卷、文钞六卷。六十年，卒，年八十九。上闻，特命地方官经纪其丧。

子以燕，字正谋。康熙三十二年举人，于算学颇有悟入，惜早卒。

孙瑴成，字玉如。幼有童乌之誉。在内廷，圣祖授以借根方法，瑴成知与古立天元一术同，有明三百年所不能知者，一旦复显于世。著有增删算法统宗十一卷、赤水遗珍一卷、操缦卮言一卷。官至左都御史，别有传。

瑴成子鈖、鈁，俱能以算学世其家。早卒。

文鼐，字和仲。初学历时，未有五星通轨，无从入算。文鼐与兄文鼎、弟文鼏，夜则披图仰观，昼则运筹推步。复与文鼎取元史算经以三差法布为五星，盈缩立成，然后算之，著步五星式六卷。早卒。

文鼐，字尔素。文鼎得中西书图，文鼐手钞略备。文鼎依岁差考订平议大星，嘱友人张慎锓之。浑盖复嘱文鼐作恒星、黄赤二星图，取其星名之同，而数有多寡异于古人者别识之，为经星同异考一卷。又著有授时步交食式一卷，又有几何类求新法算书中比例规解本无算例，文鼎作度算则用文鼐所补，而参之以陈荩谟尺算用法。

王锡阐，字寅旭，江苏吴江人。博览群书，与张履祥友善。讲学以濂、洛为宗。为人孤介寡合，兼通中西历学。生于明末，当徐光启等修新法时，聚讼盈庭。锡阐独闭户著书，潜心测算。天色澄霁，辄登屋卧鸱吻间，仰观景象，竟夕不寐，务求精符天象。著晓庵新法六卷，考古法之误而存其是，择西说之长而去其短，据依圭表，改立法数，识者莫不称善。康熙二十一年，卒，年五十五。梅文鼎曰："从来言交食只有食甚分数，未及其边，惟锡阐以日月圆体分三百六十度，而论其食时所亏之边，凡几何度。今推其法颇精确。"御制考成所采文鼎以上下左右算交食方向法，实本于锡阐。锡阐无子，其遗书知之者少。

锡阐精核，文鼎博大，各造其极，未可轩轾，皆在薛凤祚之上。

【校勘记】

〔一〕授时以六术考古今冬至　"术"原误作"历"。今据耆献类征卷四一七叶一上改。

〔二〕附说二卷　原脱此四字。今据耆献类征卷四一七叶二上补。

〔三〕太阳之有日差　"差"下原衍"加减"二字。今据耆献类征卷四一七叶二下删。

毛奇龄

毛奇龄，字大可，浙江萧山人。康熙十八年，以廪监生荐举博学鸿儒科，试列二等，授翰林院检讨，充明史馆纂修官。二十四年，充会试同考官。寻假归，得痺疾，遂不复出。

奇龄少颖悟，明季避兵县之南山，筑土室读书其中，著毛诗续传三十八卷。既，以避仇流寓江淮间，失其稿，乃就所记忆，著国风省篇一卷、诗劄一卷、毛诗写官记四卷。复在江西参议道施闰章处，与湖广杨洪才说诗，作白鹭洲主客说诗一卷。明嘉靖中，鄞人丰坊伪造子贡诗传、申培诗说，行世。奇龄作诗传诗说驳议五卷，引证诸书，多所纠正。洎在史馆，进所著古今通韵十二卷，圣祖仁皇帝善之，诏付史馆。归田后，僦居杭州，著仲氏易，一日著一卦，凡六十四日而书成。托于其兄锡龄之绪言，故曰“仲氏”，凡三十卷。又著推易始末四卷、春秋占筮书三卷、易小帖五卷、易韵四卷、河图洛书原舛编一卷、太极图说遗议一卷。其言易发明荀、虞、干侯诸家，旁及卦变、卦综之法。自后儒者多研究汉学，不敢以空言说经，实自奇龄始；而辨正图书，排击异学，尤有功于经义。奇龄分校会闱时，阅春秋房卷，心非胡传之偏，有意传述，〔一〕至是乃就经文起义，著春秋毛诗传三十六卷、春秋简书刊误二卷、春秋属辞比事记四卷，条例明晰，考据精核。又欲全著礼经，以衰病不能，乃次第著昏丧祭礼、宗法庙制及郊社、禘祫、明堂、学校诸问答，多发先儒所未及。至于论语、大学、中庸、孟子各有考证，而大学证文及孝经问，援据古今，辨后儒改经之非，持论亦有可采。

奇龄淹贯群书，诗文皆推倒一世，而自负者在经学，然好为驳辨，他人所已言者，必力反其词。古文尚书自宋吴棫后，多疑其伪；及阎若璩作疏证，奇龄力辨为真，遂作古文尚书冤词八卷。又删旧所作尚书广听录为五卷，以求胜于若璩。而周礼、仪礼，奇龄又以为战国之书，所作经问，其中排斥如钱丙、蔡氏之类，多隐其名，而指明攻驳者，惟顾炎武、阎若璩、胡渭三人，以三人博学重望，足以攻击，而馀子以下，不足齿录也。素晓音律，家有明代宗藩所传唐乐笛色谱，直史馆，据以作竟山乐录四卷。及在籍，闻圣祖仁皇帝论乐，谕群臣以径一围三隔八相生之法，因推阐考证，撰圣谕乐本解说二卷、皇言定声录八卷。三十八年，圣祖南巡，奇龄迎驾于嘉兴，以乐本解说进，温谕奖劳。圣祖三巡至浙，奇龄复谒行在，赐御书一幅。五十二年，卒于家，年九十四。〔二〕门人蒋枢编辑遗集，分经集、文集二部：经集自仲氏易以下，凡五十种；文集合诗、赋、序、记及他杂著，凡二百三十四卷。著述之富，甲于近代。李天馥尝谓："奇龄有不可及者三：不挟书册而下笔有千万卷，一也；少小避人，盛年在道路，得怔忪疾，遇疾发，求文者在门，扪腹四应，顷刻付去无误，二也；读书务精核，群经诸子及诸琐屑事，皆极其根柢，而贯其枝叶，偶一论及，辄能使汉宋儒者拄口不敢辨，三也。然奇龄恃其纵横博辨，肆为排击，欲以劫服一世，汉以后人俱不得免，而其所最诋者为宋人，宋人之中所最诋者为朱子。故后人反诋之者亦多。"全祖望尝发其集为萧山毛氏纠谬十卷。祖望称"奇龄之才要非流辈所易及，使其平心易气以立言，其足以羽翼儒苑无疑"。世谓公论云。

奇龄弟子平湖陆邦烈、山阴盛唐、遂昌王锡、会稽章大来、馀姚邵廷采等，著录者甚众，蠡县李塨最知名。廷采、塨自有传。

邦烈，字又超。尝取奇龄经说所载诸论，裒为圣门释非录五卷，谓圣门口语，未可尽非也。

【校勘记】

〔一〕心非胡传之偏 "胡"原误作"故"。今据耆献类征卷一一九叶二一下改。

〔二〕年九十四 "四"原误作"一"。今据碑传综表页五一八改。按耆献类征卷一一九叶二二下不误。

胡渭 子彦昇 叶佩荪

胡渭，初名渭生，字朏明，浙江德清人。年十五，为县学生，入太学。笃志经义，精舆地之学。尚书徐乾学奉诏修一统志，开局洞庭山，延常熟黄仪、顾祖禹，太原阎若璩及渭分纂。渭著禹贡锥指二十卷、图四十七篇，谓汉唐二孔氏、宋蔡氏于地理多疏舛，如三江当主郑康成说；禹贡"达于河"，"河"当从说文作"菏"；"荥波既猪"，"波"当从郑康成作"播"；梁州"黑水"与导川之"黑水"，不可溷为一。乃博稽载籍，考其同异，而折衷之。山川形势，郡国分合同异，道里远近平险，讨论详明。宋以来傅寅、程大昌、毛晃而下，注禹贡者数十家，精核典赡，此为之冠。又撰易图明辨十卷，专为辨定图书而作。初，陈抟推阐易理，衍为诸图，其图准易而生，故以卦爻反覆研求，无不符合。传者务神其说，遂归其图于伏羲，谓易反由图而作。又因系辞"河图洛书"之文，取大衍算数作五十五点之图，以当河图；取乾凿度太乙行九宫法造四十五点之图，以当洛书。阴阳奇偶，一一与易相应。传者益神其说，真以为龙马神龟之所负，谓伏羲由此而有先天之图。实则唐以前书绝无一字符验，而突出于北宋之初。由邵子以及朱子，但取其数之巧合，未暇究太古以来谁从授受。故易学启蒙、易本义前九图皆沿其说。然考宋史儒林传启蒙本属蔡元定创稿，非朱子自撰。其答刘君房书曰："启蒙本欲学者且就大传所言卦画蓍数推寻，不须过为浮说。而自今观之，如河图、洛书，亦不免尚有剩语。至于本义卷首九图，为门人所依附，朱子当日未尝坚主其说。元陈应润作爻变义蕴，始指诸图为道家假借。吴澄、归有光诸人亦相继排击。国朝毛奇龄、黄宗羲争之尤力。然皆未能穷溯本末，一一抉所自来。渭则于河图、洛书五行、九宫、参同、先天、太极，龙图，易数钩隐图，启蒙图、书，先天、后天、卦变、象数流弊，引据旧文，互相参证，以箝依托之口，使学者知图书之说，乃修炼、术数二家旁分易学之支流，非作易之根柢，视禹贡锥指尤为有功经学。又撰洪范正论五卷，谓汉人专取灾祥，推衍五行，穿凿附会，乱彝伦攸叙之经；撰大学翼真七卷，大旨以朱子为主，仅谓格致一章不必补传，力辟王学改本之误。所论一轨于正，汉儒傅会之谈，宋儒变乱之论，扫而除焉。康熙四十三年，圣祖仁皇帝南巡，渭以禹贡锥指献行在，御览嘉叹，宣至直庐赐馔，并御书诗扇及"耆年笃学"四字赐之。五十三年，卒，年八十二。子彦昇。

彦昇，字竹轩。雍正八年进士，授刑部主事，改山东定陶县知县。以开释冤狱被劾，按察使黄叔琳劝使自检举，彦昇曰："官不足惜，狱实冤，愿终雪之。"叔琳密访，果如彦昇言。彦昇曰："狱已雪，又何求？"不俟开复而归，杜门著书。于乐律尤有心得，谓琴律与笛律不殊，琴有缓急，不如笛便。马融以京房所加孔为商声，荀勖以第一孔为黄钟宫，后出孔为太蔟商。盖自汉至晋，旧法如此。宋人以体中翕声为黄钟，是以姑洗为黄钟也。以俗乐之合字属黄钟，是以下徵为正宫也。所著乐律表微八卷、凡度律二卷、审音二卷、制调二卷、考器二卷，多纠正古人之谬。又著春秋说、四书近是、丛书要录。〔一〕

叶佩荪，字丹颖，浙江归安人。乾隆十九年进士，改兵部主事。二十九年，充顺天乡试同考官。荐升郎中，授卫辉府知府，署开封，调南阳，擢河东道。所至以廉洁惠民为治，去之日，士民走送者万人。四十四年，授山东按察使。四十六年，授湖南布政使。寻罣吏议归。佩荪治易，尽取汉、唐、宋以来诸家传注，及河、洛、先天、月卦、卦气、卦变、反对诸说，必索其所以然，然后举而空之。曰："三圣人所言者，不可增损一字；三圣人所未言者，吾不敢加一字。"著易守四十卷，又有传经堂诗文集十二卷。四十九年，卒，年五十四。

【校勘记】

〔一〕丛书要录　"要录"原颠倒作"录要"。今据耆献类征卷四一六叶二下改正。

阎若璩　李铠　吴玉搢　宋鉴

阎若璩，字百诗，山西太原人。世业盐筴，侨寓淮安。幼多病，读书暗记，不出声。年十五，以商籍补山阳县学生员。研究经史，深造自得。尝集陶弘景、皇甫谧语，题其柱云："一物不知，以为深耻；遭人而问，少有宁日。"其立志如此。海内名流过淮，必主其家。年二十，读尚书，至古文二十五篇，即疑其伪。沉潜三十馀年，乃尽得其症结所在，作古文尚书疏证八卷，引经据古，一一陈其矛盾之故，古文之伪大明。所列一百二十八条，毛奇龄尚书古文冤词百计相轧，终不能以强辞夺正理，则有据之言，先立于不可败也。其疏证之最精者，谓："汉艺文志言鲁共王坏孔子宅，得古文尚书，孔安国以考二十九篇，得多十六篇。楚元王传亦云逸书十六篇。天汉之后，孔安国献之，古文篇数之见于西汉者如此。而梅赜所上，〔一〕乃增多二十五篇。此篇数之不合也。杜、林、马、郑皆传古文者，据郑氏说则增多者舜典、汩作、九共、大禹谟、益稷、五子之歌、胤征、典宝，汤诰、咸有一德，伊训、肆命、原命、武成、旅獒、冏命，凡十六篇，而九共有九篇，故亦称二十四篇。今晚出书，无汩作、九共、典宝等，此篇名之不合也。郑康成注书序，于仲虺之诰、太甲、说命、微子之命、蔡仲之命、周官、君陈、毕命、君牙，皆注曰亡，而于汩作、九共、典宝、肆命等，皆注曰逸，逸者即孔壁书也。康成虽云受书于张恭祖，然其书赞曰：'我先师棘下生子安国亦好此学。'则其渊源安国，明矣。今晚出书与郑名目互异，其果安国之书耶？"又云："古文传自孔氏，后惟郑康成注得其真。今文传自伏生，后惟蔡邕石经所勒者得其正。今晚出书'昧谷'，郑作'柳谷'；'心腹肾肠'，郑作'忧肾阳'，'劓刵劅剠'，郑作'膑宫劓割头庶剠'，与真古文既不同矣。石经残碑遗字，见于洪适隶释者五百四十七字，以今孔书校之，不同者甚多。碑云高宗飨国百年，与今书之五十有九年异。孔叙三宗以年多少为先后，碑则以传序为次，则与今文又不同。然后知晚出之书，盖不古不今，非伏非孔，而欲别为一家之学者也。班孟坚言司马迁从安国问故，故尧典、禹贡、洪范、微子、金縢诸篇多古文说，许慎说文亦云其称书孔氏。今以史记、说文与晚出书校，又甚不合。安国注论语'予小子履'，以为墨子引汤誓，其辞若此，不云此出汤诰，亦不云与汤诰小异，然则'予小子履'云云，非真古文汤诰，盖断断也。其注虽有'周亲'二句，论语、尚书诠释悬绝，此岂一人之手笔乎？"又云："书序益稷本名弃稷，马、郑、王三家本皆然，盖别是一篇，中多载后稷与契之言。扬雄法言孝至篇云：'言合稷契之谓忠，谟合皋陶之谓嘉'，雄亲见古文，故有此言。晚出书析皋陶谟之半为益稷，则稷与契初无一言，雄岂凿空者耶？"若璩又以朱子以来已疑孔传之依托，递有论辨，复为朱子尚书古文疑以伸其说。

康熙元年，游京师，旋改归太原故籍，补廪膳生。十八年，应博学鸿儒科试，报罢。昆山顾炎武以所撰日知录相质，即为改定数条，炎武虚心从之。编修汪琬著五服考异，若璩纠其缪数条，尚书徐乾学叹服。及乾学奉敕修一统志，开局洞庭山，既又移嘉善，复归昆山，若璩皆预其事。局中人辑其绪论一编，曰阎氏碎金。若璩于地理尤精审，山川形势、州郡沿革，了如指掌，撰四书释地一卷，续编兼及人名物类、训诂典制，又解释经义诸条，共为五卷。事必求其根柢，言必求其依据，旁参互证，多所贯通。又据孟子七篇，参以史记诸书，作孟子生卒年月考一卷，又著孔庙从祀末议十一事：一曰孔庙祀典，宜复八佾十二笾豆于太学；二曰十哲之外，宜进有若、公西华于庙庭，广为十二哲；三曰秦冉、颜何宜从祀，县亶宜补入；四曰公明仪宜从祀，乐正克宜进入两庑；五曰曾申、申详均宜从祀；六曰河间献王刘德宜入从祀；七曰诸葛孔明宜入从祀；八曰范仲淹宜入从祀；九曰蔡元定宜进于两庑；十曰黄榦请援蔡沈之例以进；十一曰两庑先贤先儒位次多凌躐，宜请厘正。其后康熙五十四年，增祀范仲淹于西庑，雍正二年复祀秦冉于东庑、颜何于西庑，增祀诸葛亮于东庑，县亶、乐正克、黄榦于西庑，乾隆三年，以有子升配东序，若璩私议已上，见于列圣施行矣。又著潜丘劄记六卷、毛朱诗说一卷、手校困学纪闻二十卷，因浚仪之旧而驳正笺说推广之，评定古文百篇，其师山阳吴一清所手授，续加阐发。又有日知录补正、丧服翼注、宋刘攽李焘马端临王应麟四家逸事、博湖掌录诸书，诗有眷西堂诸集。

世宗在潜邸，闻其名延至，赐坐，索观所著书，每进一篇，必称善。疾革，请移就外，以大床为舆，上施青纱帐，二十人舁之出，安稳如床箦。康熙四十三年，卒，年六十九。世宗遣使经纪其丧，亲制挽诗四章，复为文祭之。

子咏，康熙四十八年进士，官中书舍人，亦能文。

李铠，字公凯，江南山阳人。顺治十八年进士。补奉天盖平县知县，调铁岭，丁忧归。康熙十八年，荐举博学鸿儒科，试列二等，授翰林院编修，与修明史。荐官内阁学士。铠少孤力学，于书无不窥，至老愈勤。一生清节，尝与门人云："孟子为卿于齐，终不受禄。君禄且然，况交际乎？"其自守如此。所著有读史杂述、史断。王士祯称为有用之学。又有恪素堂集。

吴玉搢，字籍五，江南山阳人。廪贡生。精小学，著别雅五卷，考古书文字之异，取字体之假借通用者，系韵编次，各注所出，为之辨证，非俗儒剽窃所能及。又著金石存、说文引经考、六书述部叙考、山阳志遗。乾隆间游京师，秦蕙田延校五礼通考。后官凤阳府训导，卒。

宋鉴，字元衡，山西安邑人。乾隆十三年进士，官浙江常山知县，调鄞县。莅鄞七年，以廉能升广东南雄府通判，署连州知州，又署澳门同知、潮阳知县。所至有政声，以亲老告归，囊无长物，惟书数千卷而已。鉴经术湛深，尤精小学。尝以阎若璩古文尚书疏证文词曼衍而不尔雅，重辑尚书考辨四卷；又以经学不明，由于小学不讲，乃采经史、方言、释名、玉篇、广韵、水经注诸书，为说文解字疏，益以附、借、备三门，详赡博辨，甚有条理。他著有易见、尚书汇钞、汉书地理考、诗文集。

子葆淳，乾隆四十八年举人，隰州学正，国子监助教，能传其学。

【校勘记】

〔一〕梅赜所上　“赜”原误作“颐”。今据耆献类征卷四一五叶二〇下改。

万斯大　兄斯选　弟斯同　从子言　子经

万斯大，字充宗，浙江鄞县人。父泰，字履安，明崇祯九年举人，与陆符齐名。善诗兼熟史事，宁波文学风气，泰实开之。入国朝，以经史分授诸子，使从黄宗羲游，各名一家。卒，年六十。

斯大治经，以为非通诸经不能通一经；非悟传注之失，则不能通经；非以经释经则亦无由悟传注之失。其为学尤精春秋、三礼，于春秋则有专传、论世、属词比事、原情定罪诸义；于三礼则有论郊、论社、论禘、论祖宗、论明堂泰坛、论丧服诸义，其辨正商周改月改时，周诗周正，及兄弟同昭穆，皆极确实。宗法十馀篇，亦颇见推衍。答应撝谦书，辨治朝无堂，尤为精核。根柢三礼以释三传，较宋元以后空谈书法者殊，然其说经以新见长，亦以凿见短，置其非，存其是，未始非一家之学。性刚毅，慕义若渴。明臣张煌言死后，弃骨荒郊，斯大葬之南屏。父执陆符死，无后，斯大为葬其两世六棺。所著有学春秋随笔十卷、学礼质疑二卷、仪礼商三卷、礼记偶笺三卷、周官辨非二卷。康熙二十二年，卒，年五十一。兄斯选，弟斯同，从子言，子经。

斯选，字公择。学于黄宗羲。尝谓学者须验之躬行，方为实学，于是切实体认，知意为心之存，主非心之所发；理即在气中，非理先气后，涵养纯粹。年六十，卒。宗羲哭之恸，曰："甬上从游能续蕺山之传者，惟斯选一人。"

斯同，字季野。生而异敏。年十四五，[一]取家藏书遍读之，皆得其大意。从黄宗羲得闻蕺山刘氏之学，以慎独为主，以圣贤为必可及。宁波有五经会，斯同年最少，遇疑义，辄以片言析之。尚书徐乾学撰读礼通考，斯同与参定焉。博通诸史，尤熟于明代掌故，尝作明开国以后至唐桂王功臣将相内外诸大臣年表，以备采择。康熙十八年，荐博学鸿儒科，辞不就。会诏修明史，大学士徐元文为总裁，欲荐斯同入馆局，斯同复辞，乃延主其家，以刊修委之。元文罢，继之者大学士张玉书、陈廷敬，尚书王鸿绪，皆延之。乾隆初，大学士张廷玉等奉诏刊定明史，依据鸿绪稿本而增损之。鸿绪稿实出斯同手。尝病唐以后设局分修之失，谓：“一代治乱贤奸之迹，当具其表里。吾少馆于某氏家，其家有列朝实录，吾读而详识之。长游四方，就故家长老求遗书，考问往事，旁及郡志邑乘、杂家志传之文，靡不网罗参伍，而要以实录为指归。〔二〕盖实录者直载其事与言，而无所增饰者也。凡实录之难详者，吾以他书证之；他书之诬且滥者，吾以实录裁之。虽不敢自谓可信，而是非之枉于人者鲜矣。昔人于宋史已病其繁芜，而吾所述倍焉。非不知简之为贵也，吾恐后之人务博而不知所裁，故先为之极，使知吾所取者有可损，而所不取者必非其事与言之真而不可益也。”建文一朝无实录，野史因有逊国出亡之说，斯同断之曰：“紫禁城无水关，无可出之理，鬼门亦无其地。成祖实录称建文阖宫自焚，上望见宫中烟起，急遣中使往救，至已不及。中使出其尸于火中，还白上。所谓中使者，乃成祖之内监也。安肯以后尸诳其主？而清宫之日，中涓嫔御为建文所属意者，逐一刑讯，苟无自焚实据，岂肯不行大索令耶？且建文登极二三年，削夺亲藩，曾无宽假，以至燕王称兵犯阙，逼迫自殒。即使出亡，亦是势穷力尽，谓之逊国可乎？”由是建文之书法遂定。

斯同性不乐荣利，见人惟以读书励名节相切劘。康熙四十一年，卒，年六十。所著有历代史表六十卷、儒林宗派八卷、丧礼辨疑四卷、庙制折衷四卷、〔三〕庙制图考四卷、石经考二卷、周正汇考八卷、纪元汇考四卷、历代宰辅汇考八卷、宋季忠义录十六卷、南宋六陵遗事一卷、庚申君遗事一卷、群书疑辨十二卷、书学汇编二十二卷、昆仑河源考二卷、河渠考十二卷、石园诗文集二十卷。其历代史表稽考列朝掌故，端绪厘然，有助史学。又创宦者侯表、大事年表二例，为列史所无；儒林宗派，自孔子以下，汉后唐前传经之儒，及两宋、周、程、朱、陆各派，一一具列，其持论独为平允焉。

言，字贞一，斯选兄斯年子。副贡生。少随诸父讲社中，号精博。著有尚书说、明史举要。尝与修明史，独成崇祯长编。故国辅相子弟，多以贿求减先人罪，言悉拒之。尤工古文，同县李邺嗣尝曰："事古而信，笃志不分，吾不如斯大；粹然有得，造次儒者，吾不如斯选；学通古今，无所不辨，吾不如斯同；文章名世，居然大家，吾不如言。"有管村文集。晚出为安徽五河知县，忤大吏，论死。子承勋狂走数千里，哀金五千赎之归，时称孝子。

承勋，字开远。诸生。以荐用为磁州牧。工诗，有冰雪集。

经，字授一。黄宗羲移证人书院于鄞，申明刘宗周之学，经侍席末，与闻其教。及长，传父叔及兄言之学。又学于应撝谦、阎若璩。康熙四十二年，成进士，改翰林院庶吉士，散馆授编修。五十年，充山西乡试副考官。五十三年，督学贵州，及还，以派修通州城工，罄其家。素工分隶，经乃卖所作字，得钱给朝夕。晚增补斯大礼记集解数万言。春秋定、哀二公未毕，又续纂数万言。又重修斯同列代纪年。又续纂兄言尚书说、明史举要。皆先代未成之书。乾隆初，举博学鸿词科，不就。年八十二，家遭大火，遗书悉焚，经终日涕洟，自以为负罪先人。逾年，卒。著有分隶偶存二卷。

【校勘记】

〔一〕年十四五　"十四五"原颠倒作"四十五"。今据耆献类征卷四一三叶三三上改正。

〔二〕而要以实录为指归　原脱"指"字。今据耆献类征卷四一三叶四一上补。

〔三〕庙制折衷四卷　"四"原误作"二"。今据耆献类征卷四一三叶四二上改。

惠周惕　子士奇　孙栋　余萧客

惠周惕，原名恕，字元龙，江苏吴县人。父有声，以九经教授乡里，与徐枋善。周惕少从枋游，又受业于汪琬。康熙十八年，举博学鸿儒科，丁忧，不与试。三十年，成进士，改翰林院庶吉士，散馆以知县用，选直隶密云县知县，卒于官。

周惕邃于经学，为文章有榘度。著有易传二卷、诗说三卷、三礼问六卷、春秋问五卷，及砚溪诗文集。其诗说三卷，谓大小雅以音别，不以政别；谓正雅、变雅美刺错陈，不必分六月以上为正，六月以下为变；文王以下为正，民劳以下为变；谓二南二十六篇，皆疑为房中之乐，[一]不必泥其所指何人；谓天子诸侯皆得有颂，鲁颂非僭，其言并有依据。惠氏三世以经学著，周惕其创始也。子士奇。

士奇，字天牧。康熙五十年进士，改翰林院庶吉士，散馆授编修。五十二年、五十四年两充会试同考官。圣祖尝问廷臣谁工作赋，内阁学士蒋廷锡以王顼龄、汤右曾及士奇三人对。五十七年，孝惠章皇后升祔，礼成，特命祭告炎帝陵、舜陵。故事，祭告使臣，学士以上乃得开列，士奇以编修与，异数也。五十九年，充湖广乡试正考官，寻提督广东学政。雍正初，复命留任。三年，士奇在粤，以经学倡多士，三年之后通经者多。又谓："校官，古博士也。校官无博士之才，弟子何所效法？”访诸舆论，得海阳进士翁廷资，即具疏题补韶州府教授，部议格不行。奉旨：“惠士奇居官好，所举谅非徇私，着照所请，后不为例。”在任荐升侍读学士，去之日，粤人尸祝之。五年，奉旨修理镇江城，以产尽停工，罢官。乾隆元年，有旨调取来京。二年，补侍读。四年，以病告归，六年，卒，年七十一。撰易说六卷，杂释卦爻，专宗汉学，以象为主。尝谓：“汉儒言易，孟喜以卦气，京房以适变，荀爽以升降，郑康成以爻辰，虞翻以纳甲，其说不同而指归则一，皆不可废。今所传之易，出自费直。费氏本古文，王弼尽改为俗书，又创为虚象之说，遂举汉易而空之，而古学亡矣。易者象也，圣人观象而系辞，君子观象而玩辞，六十四卦皆实象，安得虚哉？”又撰春秋说十五卷，以礼为纲，而纬以春秋之事，言必据典，论必持平。礼说十四卷，〔二〕大学说一卷，于古音古字皆为分别疏通，复援引诸史百家之文，考汉制以求周制。士奇幼读史，于天文、乐律二志未尽通晓。及官翰林，因新法究推步之原，著交食举隅二卷。悟阳正阴倍之义，法存于琴邃，撰琴笛理数考四卷。〔三〕又所著诗有红豆斋小草、咏史乐府及南中诸集。子七人，栋最知名。

栋，字定宇。元和学生员。自幼笃志向学，家多藏书，日夜讲诵。于经史诸子、稗官野乘，及七经谶纬之学，靡不肄业及之。小学本尔雅，六书本说文，馀及急就章、经典释文、汉魏碑碣，自玉篇、广韵而下勿论也。乾隆十五年，诏举经明行修之士，陕甘总督尹继善、两江总督黄廷桂交章论荐，会大学士九卿索所著书，未及呈进，罢归。栋于诸经熟洽贯串，谓训诂古字古音，非经师不能辨，作九经古义二十二卷。尤邃于易，其撰易汉学，乃追考汉儒易学，掇拾绪论，使学者得窥其门径，凡孟喜易二卷、虞翻易一卷、京房易二卷，干宝附焉。又郑康成易一卷、荀爽易一卷，其末一卷，则栋发明汉易之理，以辨正河图、洛书、先天、太极之学。其撰易例二卷，乃镕铸旧说，以发明易之本例，随手题识，笔之于册，以储作论之材。其撰周易述二十三卷，以荀爽、虞翻为主，而参以郑康成、宋咸、干宝之说，约其旨为注，演其说为疏，书垂成而疾革，遂阙革至未济十五卦，及序卦、杂卦两传，虽为未完之书，然汉学之绝者千有五百馀年，至是而粲然复章。又撰明堂大道录八卷、禘说二卷，谓禘行于明堂，明堂之法本于易。古文尚书考二卷，辨郑康成所传之二十四篇为孔壁真古文，东晋晚出之二十五篇为伪。又撰后汉书补注二十四卷、王士祯精华录训纂二十四卷、九曜斋笔记、松崖笔记、松崖文钞，及诸史会最、竹南漫录诸书。嘉定钱大昕尝论："宋元以来说经之书，盈屋充栋，高者蔑古训以夸心得，下者袭人言以为己有。独惠氏世守古学，而栋所得尤精。拟诸前儒，当在何休、服虔之间，马融、赵岐辈不及也。"二十三年，卒，年六十二。其弟子知名者，余萧客最为纯实。

余萧客，字仲林，江苏长洲人。初撰注雅别钞八卷，就正于栋，栋曰："子书专攻陆佃、蔡卞、罗愿。佃、卞乃安石新学，愿非有宋大儒，不必辨，当务其大者。"萧客矍然。自是遍览四部书，撰古经解钩沉三十卷，凡唐以前旧说，自诸家经解所引，旁及史传类书，片语单词，悉著其目。自宋以来训诂之传，日就散亡。沿及明人说经者，遂凭臆谈。我朝经学昌明，著述之家争及于古。萧客是书，其一也。萧客又撰文选纪闻三十卷，文选音义八卷，文选杂题三十卷，选音楼诗拾若干卷。晚岁失明，生徒求教，皆以口授。乾隆四十三年，卒，年四十七。

【校勘记】

〔一〕皆疑为房中之乐　原脱“疑为”二字。今据耆献类征卷二二四叶二八上补。

〔二〕礼说十四卷　“礼”下原衍一“记”字。今据耆献类征卷一二四叶一下删。

〔三〕撰琴笛理数考四卷　“笛”原误作“邃”。今据耆献类征卷一二四叶二上改。

陈厚耀

陈厚耀，字泗源。江苏泰州人。康熙四十五年进士，大学士李光地荐其通天文、算法，召见，试以三角形，令求中线；又问弧背尺寸，厚耀具札进，称旨。四十八年，驾幸热河，厚耀扈行，上问北极出地高下，及地周、地径、地圜，厚耀具举以对。旋以母老就教职，得苏州。未逾年，召入南书房。厚耀学问渊博，自是通几何算法，学益进，授中书科中书。寻命与梅瑴成修书蒙养斋，赐算法诸书及西洋仪器等。书成，特旨授翰林院编修。五十三年，丁母艰，命赐帑银，着江南织造经纪其丧，丧毕，晋国子监司业，转左谕德。五十七年，充会试同考官。五十八年，以老乞致仕。六十一年，卒，年七十五。

厚耀以天算之法治春秋，尝补杜预长历为春秋长历十卷，其凡有四：一曰历证，备引汉书、续汉书、晋书、隋书、唐书、宋史、元史、左传注疏、春秋属辞、天元历理诸说，以证推步之异。其引春秋属辞载杜预论日月差谬一条，为注疏所无。又引大衍历义春秋历考一条，亦唐志所未录。二曰古历，以古法十九年为一章，一章之首推合周历正月朔日，冬至前列算法，后以春秋十二公纪年，横列为四章，纵列十二公，积而成表，以求历元。三曰历编，举春秋二百四十二年，一一推其朔闰及月之大小，〔一〕而以经传干支为证佐，述杜预之说而考辩之。四曰历存，以古历推隐公元年正月庚戌朔，杜氏长历则为辛巳朔，乃古历所推之上年十二月朔。谓元年以前失一闰，盖以经传干支排次知之。厚耀则谓如预之说元年至七年中书日者，虽多不失，而与二年八月之庚辰、四年二月之戊申，又不能合。且隐公三年二月己巳朔日食、桓公三年七月壬辰朔日食，亦皆失之。盖隐公元年以前非失一闰，乃多一闰。因定隐公元年正月为庚辰朔，较长历退两月，推至僖公五年止，以下朔闰，一一与杜历相符，故不复续载焉。〔二〕厚耀明于历法，故所推较预为密。又撰春秋战国异辞五十四卷、通表二卷、摭遗一卷、春秋世族谱一卷。邹平马骕为绎史，兼采三传、国语、国策，厚耀则皆摭于五书之外，独为其难。氏族一书，与顾栋高大事表互证，春秋氏族之学，几乎备矣。厚耀又著礼记分类、孔子家语注、十七史正讹诸书。

【校勘记】

〔一〕一一推其朔闰及月之大小　原脱"一一"二字。今据耆献类征卷一二三叶三〇下补。

〔二〕故不复续载焉　"载"原误作"推"。今据耆献类征卷一二三叶三一上改。

冯景

冯景，字山公，浙江钱塘人。国子监生。性嗜读书，善属文。康熙十八年，游京师，授经于侍郎项景襄家。是年诏举博学鸿儒科，公卿列其名将上，固辞不就。会有司营宫室，需楠木梁颇亟，有请易国子监彝伦堂梁者。景上书尚书魏象枢，〔一〕亟陈不可，事得寝。于是京师咸知有太学生冯景者。大学士索额图思致之一见，不可得。二十三年，馆侍郎金鼐家，因病将南还，鼐挽留不获，索诗以志念。归则设教于淮安洗马邱象随家，垂十年。复北游，一试京兆，报罢，遂绝意仕进。三十一年，商丘宋荦抚吴，闻景贤，以礼聘就幕府，情好甚笃。有贿干景一言于荦者，峻却之，以此益见重。荦内擢尚书，邀偕北上，以母老固辞。归里，贫老且病。五十四年，卒，年六十有四。

景为人严正，处师友间，惟以责善为事。仁和汪煜、汤右曾为给事中时，与景夙好，其所敷陈，数由景致书激勉之。王士祯转左都御史，景以受知故，冀其大有所匡济，致书讽之，有曰："民欲其无贫，何术而使藏其富？吏欲其无贪，何术而使生其廉？兵欲其无骄，何术而使戢其暴？工商欲其无困，何术而使阜其财？士欲其有耻，何术而使厉其志？"其责望甚切。在淮安时，淮扬有水患，景素不识汤斌，闻斌奉诏北上，作书陈致患之由。斌见书叹赏，称其文为不朽。景于学无所不窥，而说经之文尤邃。尝引欧阳子语，谓学者当师经师，经必先求其意，意得则心定，心定则道纯。纯则充，充则实，充实则发于文辉光，施于事果毅。阎若璩精于考核，景驳其四书释地中十事；若璩为古文尚书疏证，攻伪古文尚书之失，景助之，成淮南子洪保二卷。其自序云："儒者之学，莫大乎正经而黜伪，古文淆乱，莫之或正。阎子倡之，冯子和之，故曰"洪保"；阎子晋产也，冯子吴产也，而作合于淮南，以卒其业，故亦号"淮南子"。景著述颇富，多散失，有幸草十二卷、樊中集十卷、解春集十四卷。今存者解春集，盖取易林"解我胸春"之意云。

【校勘记】

〔一〕景上书尚书魏象枢　"上"原误作"致"。今据耆献类征卷四一六叶九上、三八上改。

魏荔彤　王又朴

魏荔彤，字念庭，直隶柏乡人。父裔介，官至大学士，自有传。荔彤十二岁，补诸生，以资入为内阁中书。选凤阳同知，振饥山左，活民数万口。以优叙，授漳州府知府。膺卓荐，擢江苏常镇道，署江苏按察使。居官能守家法，有惠爱声，于官斋署省事草堂，欲与民休息。尝兼摄崇明兵备道，给饷以时，兵弁感其德。以忤大吏去官，寓苏州，负累不得归。闻母讣，擗踊号呼，丧逾常节，遂婴委痹疾。雍正四年乃返里。生平嗜古学，勤著述。罢官后，犹杜门点勘四库、七略，上自经史，旁及天文、地理诸书，丹铅不去手。尤善易，著大易通解十五卷、附录一卷。其论画卦，谓与河图、洛书只可谓其理相通，不必穿凿附会。又以乾一、兑二、离三、震四、巽五、坎六、艮七、坤八，非生卦之次序。其论爻，则兼变爻言之，谓占法，二爻变者，以上爻为主；五爻变者，占不变爻；四爻变者，占二不变爻，仍以下爻为主，馀占本爻与彖辞，至论上经首乾坤，中间变之以泰否，下经首咸恒，中间交之以损益，尤得二篇之枢纽。其馀诸经，皆有论述。尝仿扬雄体作自述一篇，云："手注古九经，望道窥一贯。"其自负如此。又注释南华道德、素问诸书，所为诗文曰怀舫集，凡三十六卷。

王又朴，字介山，直隶天津人。雍正元年进士，改翰林院庶吉士，未散馆，授吏部主事。出为河南分司，以督修盐池、渠堰，失上官意，被劾去。寻起复，发陕西以运同用。总督尹继善奏调江南，署泰州通判，池州、徽州知府，政有惠声。精水利，能返潴为田，江南宿儒多称之。未几，致仕归。乾隆二十五年，卒，年八十。

又朴治经，精易学。幼读本义，以朱子所云不可，便以孔子之说为文王之说者为非。年近六十，寻味经文，觉卦爻各词非彖象传，实有不能明者。著易翼述信十二卷。大旨专以彖象、文言诸传，解释经义。自谓笃信十翼述之为书，其注释各卦，每爻必取变气，盖即之卦之遗法。其于河图、洛书及先天、后天，皆不列图，而叙其法于杂论之末，特为有识。古文受知于桐城方苞，许以力追秦汉，有诗礼堂文集五卷、诗集七卷。

顾陈垿

顾陈垿，字玉停，江苏镇洋人。少有文名，读书必诣微，多冥契创获，不主故常。康熙五十四年举人，以荐入湛凝斋，修律数渊源、中和乐府诸书。所纂修半出陈垿手，[一]每书上，圣祖必嘉奖，屡得温旨。书成议叙，授行人司行人。尝给札蒙养斋，赐第京师，敕官津送其父宏沛来京就养。宏沛至，陈塽方在热河，上遣官护陈塽回京省视。雍正元年，奉诏书出使山东、浙江，所至得大体，还，督通州仓。三年，以目疾乞归，闭户读书。四方以币乞文词，恒填户。笃于内行，居丧不饮酒食肉，不处内。沈起元官河南，欲延主大梁书院，援范文正公忧中掌学睢阳故事以劝，陈塽执象山责吕东莱故事，坚谢不赴。少读皇极经世书，至"无口过易，无身过难；无身过易，无心过难"四语，憬然汗下。晚读象山集，叹曰："先生之学，以躬行实践为主。"谓其近禅者妄也，自命为象山后人。有以程朱之学讽者，陈塽亦无所迕。性侃直而介，纂修时，总裁以文嘱点定，一日，尽驳其稿，总裁怒掷地，陈塽徐起拾之。明日，总裁悟，卒从其说。监仓洗手从事，官吏经纪不得恣侵牟，里居非公不至官府。乾隆元年，诏起官，以亲老不出。又时举博学鸿词、詹事府詹事王奕清，巡抚顾琮将论荐，而时议当俟巡抚偕总督、学政考试，陈塽与奕清书，遂辞不赴，时论高之。六年，开设乐部，以陈塽洞晓音律，有旨宣召，亦以疾辞。十二年，卒，年七十。

陈塽生平绝学有三：曰字学，曰算学，曰乐律。尝造八矢注字图说，谓字学居六艺之末，声音，乐也，形体，书也，而口出耳入，手运目存，则皆有数焉。学士惠士奇、通政孙勷得其书，置酒延陈塽请其说，陈塽为言经声纬音开发收闭之旨，及每矢实义，一矢未发则声不能出，字有所避，八矢尽而音定字死矣。二人叹为天授。初得徐光启历书，精求一月，遂创造开方、勾股诸法。在湛凝斋，外廷送算学三百馀员候试，主者令陈塽与试，圣祖亲策之，得七十二人，陈埒为冠，内廷呼为"算学状元"。少与同里王时翔为性命交，其诗名亦伯仲。娄东诗人虽各成家，大约宗仰吴伟业，陈埒晚出，欲自辟町畦，而不离正轨。所著又有钟律陈数、旋宫知义各一卷，无益之言一卷，读四书偶见三卷，读内则一卷，内则音释一卷，合注龙虎上经参同契二卷，注首楞严五卷，癸巳治疫记三卷，洗桐集九卷，抱桐集三卷。

【校勘记】

〔一〕所纂修半出陈埒手　"半"原误作"皆"。今据耆献类征卷一四三叶二三下改。

吴廷华　盛世佐

吴廷华，字中林，浙江仁和人。康熙五十三年举人，由内阁中书出为福州府海防同知。乾隆初，荐修三礼，在馆凡十年。二十年，卒，年七十四。廷华通诸经，尤深三礼。居官以经术饰吏治。暹罗入贡，世宗以三品服宠其陪臣，及归，欲以属礼接郡守。廷华曰："春秋之义，王人虽微，序诸侯上。使者秩虽高，陪臣也。"暹罗使为屈。琉球国贡硫磺，归挟中土物，关吏持之急。廷华引周礼环人送迎，门关无讥，及野庐氏第禁不时不物，为请关吏谢之。修三礼时，分辑诸图，发秘府所藏诸儒礼图七十馀家，详审同异，多所订正。著仪礼章句十七卷，以张尔岐仪礼句读过于墨守郑注；王文清仪礼分节句读，其笺注失之太略。因折衷先儒，补所未备，于丧礼为详审。又有三礼疑义、曲台小录、东壁书庄集。

盛世佐，字庸三，浙江秀水人。乾隆十三年进士，官贵州龙里知县，撰仪礼集编四十卷，集古今说礼者一百九十七家，而断以己意，持论谨严，无空腹高谈、轻排郑、贾之锢习。又杨复仪礼图久行于世，然其说本注疏，而时有并注疏之意失之者，世佐亦一一是正，至于诸家谬误，辨之尤详焉。馀姚卢文弨著仪礼详校，颇采其说。

顾栋高　陈祖范　吴鼎　梁锡玙　华玉淳　顾镇　蔡德晋

顾栋高，字复初，江苏无锡人。康熙六十年进士，授内阁中书。雍正时，引见，以奏对越次，罢职。乾隆十五年，特召内外大臣荐举经明行修之士，时所举四十馀人，惟大学士张廷玉、尚书王安国、侍郎归宣光举江南举人陈祖范，尚书汪由敦举江南举人吴鼎，侍郎钱陈群举山西举人梁锡玙，大理寺卿邹一桂举栋高。此四人，论者谓名实允孚焉。寻奉旨，皆授国子监司业。栋高以年老不任职，赐司业衔。皇太后万寿，栋高入京祝嘏，特旨召见，拜起令内侍扶掖。栋高奏对，首及三吴敝俗，请以节俭风示海内，上嘉之。陛辞，赐七言律诗二章，以宠其行。二十二年，南巡，召见行在，加祭酒衔，赐御书“传经耆硕”四字。二十四年，卒于家，年八十一。

栋高少与同里蔡德晋、金匮吴鼎精心经术，尤嗜左氏传，遇拂意，家人置左传于几上，则怡然诵之，不问他事。著春秋大事表五十卷、舆图一卷、附录一卷，以春秋列国诸事比而为表，又为辨论以订旧说之讹，凡百三十一篇。条理详明，议论精核，多发前人所未发。又毛诗类释二十一卷、续编三卷，采录旧说，发明经义，颇为谨严。其尚书质疑二卷，多据臆断，不足以言心得。大抵栋高穷经之功，春秋为最，而书则用力少也。其论学则合宋、元、明诸儒门径而一之，〔一〕援新安以合金溪，为调停之说，著有大儒粹语二十八卷。

陈祖范，字亦韩，江苏常熟人。雍正元年举人，其秋，礼部中式，以病不与殿试。归僦廛华汇之滨，楗户读书。居数年，诏天下设书院以教士，大吏争延为师，训课有法。或一二年辄辞去，曰："士习难醇，师道难立。且此席似宋时祠禄仕而不遂者处焉。吾不求仕，而久与其列，为汗颜耳。"乾隆十五年，荐举经学，祖范居首，以年老不任职，赐国子监司业衔。十八年，卒于家，年七十有九。所撰述有经咫一卷，膺荐时，录呈御览；文集四卷、诗集四卷、掌录二卷。祖范于学，务求心得。论易不取先天之学，论书不取梅赜，论诗不废小序，论春秋不取义例，论礼不以古制违人情，皆通达之论。

同县顾镇，传其学。

吴鼎，字尊彝，江苏金匮人。乾隆九年举人。以荐举经学，授国子监司业，荐擢翰林院侍讲学士，转侍读学士。大考降左春坊左赞善，迁翰林院侍讲，旋休致。所撰有易例举要二卷、十家易象集说九十卷，裒宋俞琰、元龙仁夫、明来知德等十家易说以继李鼎祚、董楷之后。其东莞学案则专攻陈建学蔀通辨作也。

兄鼐，字大年。幼而嗜学，与蔡德晋、秦蕙田及鼎为经会。尚书杨名时以经学荐，未授官。乾隆元年成进士，改工部主事，闻父讣，归，寻卒。著三正考二卷，驳胡安国夏时冠周月之谬，又谓三正通于民俗，引陈廷敬、蔡德晋诸说于三代诸书差互之处，一一剖其所以然，最足破疑似之见。又有易象约言。

梁锡玙，字确轩，山西介休人。雍正二年举人。乾隆十五年，以荐举经学，授国子监司业，与吴鼎同食俸办事，不为定员。十七年，命直上书房，累迁詹事府少詹事。大考降左庶子，擢祭酒，坐遗失书籍，镌级。膺荐时，以所撰易经揆一呈御览，鼎、锡玙并蒙召对，面奉谕旨云："汝等以经学保举，朕所以用汝等去教人。大学士、九卿公保汝等，是汝等积学所致，不是他途幸进。"复奉圣训云："穷经为读书根本，但穷经不徒在口耳，须要躬行实践。汝等自己躬行实践，方能教人躬行实践。"鼎、锡玙顿首祇谢，又奉谕："吴鼎、梁锡玙所著经学，着派翰林二十员、中书二十员，在武英殿各誊写一部进呈，原书给还本人。所有纸札饭食，皆给于官。着梁诗正、刘统勋董理其事。"

华玉淳，字师道，江苏无锡人。太学生。为学穷研经史，务究根柢，与族子纲俱从顾栋高游，兼长历算。纲著春秋朔闰表，玉淳为改正之。其答栋高书曰："今法以合朔时刻定月之大小，中气有无定闰之先后，而古历甚疏，不得以今法为准。杜氏就经传日月排成长历，未必尽合春秋时法。晋语十月惠公卒，韦昭注云：'内传左九月，而此云十月，贾侍中以为闰在十二月，后鲁失闰，以闰月为正月，晋以九月为十月而置闰也。'然则列国之历，又各有不同。因此疑经传日月参差，未必尽阙误，或赴告有异也。最可异者，先儒见经文两书闰月皆在岁终，遂谓古历闰皆十二月。以此解左传归馀于终，不知闰所以定时成岁，若闰必岁终，四时何以定？窃意闰者附月之馀日也，积聚馀分至中气，在晦则当置闰，是为一终，所谓归于终者如此。元杨恭懿上授时历奏云："暴秦焚书废古，伪作置闰岁终，西汉因之。然则太初未改历前，屡书后九月，乃仍秦历，非古法然也。"其言深明古今同异之故。栋高撰大事表，朔闰一表盖出二华手也。所自著有禹贡约义，论三江主郑康成、苏轼之说，极为有见；论九江则以为洞庭与德清胡渭合。晚欲撰述八书，以补三通所未备，未成而卒。诗宗查慎行，有澹园稿。

顾镇，字备九，江苏常熟人。乾隆三年举人。十五年，大学士蒋溥以经学荐，十九年成进士，补国子监助教，迁宗人府主事，以年老乞归。镇少从陈祖范游，砥行绩学，尤深诗礼。尝以讲学诸家尊集传而抑小序，博古诸家又申小序而疑集传，乃调停两家之说而解其纷，著虞东学诗十二卷。又以本朝庶孙为祖庶母服功，令无明文，陈祖范经咫极陈宜称之义，明当服三年，而读礼通考所载，言人人殊。镇乃引礼经曰"父之所不降，子亦不降也"。定服三年，作两议千馀言，时以为允。归后主讲金台、白鹿、钟山书院，诲诱不倦。兼工古文，同年友袁枚时就讲业。天性孝友，父殁水浆不入口。恩从子寡嫂甚挚。卒，年七十三。所著三礼劄记，未成。有虞东文录八卷、诗二卷、支溪小志、钱法考诸书。

蔡德晋，字仁锡，江苏无锡人。雍正四年举人。乾隆二年，礼部尚书杨名时荐德晋经明行修，授国子监学正，迁工部司务。德晋尝谓横渠以礼教人，最得孔门博约之旨，故其律身甚严。其论三礼多发前人所未发。著礼经本义十七卷、礼传本义二十卷、通礼五十卷。

【校勘记】

〔一〕其论学则合宋元明诸儒门径而一之　原脱"诸儒"二字。今据耆献类征卷一二七叶一〇下补。

诸锦　郑江

诸锦，字襄七，浙江秀水人。雍正二年进士，改翰林院庶吉士，散馆外补知县，就教职。选金华府教授。乾隆元年，举博学鸿词，召试一等三名，授编修，充三礼馆纂修官。六年，充福建乡试正考官。十二年，充山西乡试副考官。官至左春坊左赞善。锦少孤，奉母教，辛苦诵读。家贫，无买书资，闻吴下书贾某爱客，诣之，留数日。主人曰："观君举止，欲读竟此架上书耶？"锦笑而颔之。长洲顾嗣立、嘉定张大受为之延誉，名遂起。生平浸淫典籍，寝食俱废。闳览博物，于笺疏考核尤精。著毛诗说二卷、通论一卷，一以小序为主，毛、郑诸子外，有佳说则采之，有奥义则通之，疏证旁通，时有新意。又著补飨礼一卷，以吴澄所补仪礼经传诸篇，独缺飨礼，因据周官宾客之联事而比次之，并采左传、礼记中相发明者，条注其下。其以经补经，证佐天然，咸有条理。又著夏小正诂一卷，专释名物，亦多以经诂经。性耿介，官京师时，权贵之门，未尝一至。青浦王昶每过之，蘘鱼畠饭，杂谈经史而已。告归后，乡居十馀年，昕夕读书，不问外事，依然一老书生也。诗法山谷、后山，为王昶所称。晚岁辑浙中耆旧诗，题曰国朝风雅，凡十二册。自著有绛跌阁诗十一卷。三十四年，卒，年八十四。

郑江，字玑尺，浙江钱塘人。康熙五十七年进士，改翰林院庶吉士，充明史馆纂修官。雍正元年，充顺天乡试同考官，以校阅公明，议叙，授检讨。丁忧归里，服阕入都。尚书吴士玉奏充一统志纂修官，总裁方苞见江文，深相折服，因以志事属江。时纂修者众，惟江与常熟王峻属笔最多。十年，充顺天乡试同考官。十二年，晋赞善。十三年，充山东乡试正考官，试竣，复命督学安徽。迁侍讲，任满晋侍读，仍充明史纲目纂修官。寻以足疾告归。江幼孤贫，眇一目，读书务心得，不从事词华。性淡泊寡营，回翔书局者二十年，和硕果亲王喜延宾客，苞以江荐，力辞不赴。视学安徽，青阳有娶未婚族婶之武生，已廉其实，县令再三请贷，卒治其罪。巢县监生樊珍以争产诬其弟妇与邻人通，知县受赇，实其事。江驳之，言之抚军，事得释。诸生陶敬信之通经，江有龙之史学，皆疏荐，有龙献所著书，与修三礼。时服其知人。尝从长洲何焯游，湛深经学，谓春秋非啖、赵、刘、孙诸大儒，则圣经或几乎晦。武夷胡氏颇以己意武断，迂泛不切，因集诸家之说，著春秋集义二十卷。仁和杭世骏称其穿穴根据，不第为胡氏诤臣。又著诗经集诂四卷、礼记集注四卷，诗文称情而出，大类宋范正献，然自视欿然，有指其失及改定者，终身敬礼之。有筠谷诗钞七卷、书带草堂诗文集四十馀卷。乾隆十年，卒，年六十四。

沈炳震

沈炳震，字东甫，浙江归安人。贡生。少好博览，纪传年月世系，他人所不经意者，必默识之。及长，才益闳雅，著新旧唐书合钞二百六十卷，其书分为纲目，本纪列传，以旧书为纲，分注新书为目；诸志旧书多阙略舛错，则以新书为纲，分注旧书为目。又补列方镇表拜罢承袭诸节目，订正宰相世系表之讹谬，积数十寒暑乃成。鄞全祖望见其书，惊叹，谓可依王氏汉艺文志考证例，孤行于世。又著二十四史四谱五十卷，一纪元，二封爵，三宰执，四谥法。休宁汪由敦称其体，盖出表历之流，而变其旁行斜上者为标目，举帝纪之要，撮世家列传载记之纲领，类聚区分，合乎书志荟萃群言之法。外有九经辩字蒙读十二卷，排比文字，钩稽训诂，有裨经学。又历代帝系纪元歌一卷、唐诗金粉十卷、井鱼听编十六卷、增默斋诗八卷，杂著十卷。乾隆元年，荐试博学鸿词科，报罢。逾年，卒，年五十九。卒后六年，侍郎钱陈群以新旧唐书合钞奏进，诏付书局，其精粹者，采入唐书考证中。弟炳巽、炳谦。

炳谦，字幼孜。岁贡生。与炳震同举博学鸿词。工诗。

徐文靖 赵继序

徐文靖，字位山，安徽当涂人。雍正元年举人。乾隆元年，荐试博学鸿词，罢归。文靖家贫力学，考据经史，讲求实学。尝著山河两戒考十四卷，前八卷本唐僧一行之说，广采群书以为之证；后六卷则文靖所续补，详于考古，不涉占验。又管城硕记三十卷，推原诗、礼诸经之论，旁及子史说部，语必求当。鄞全祖望见之，服其考据精博。侍读学士张鹏翀尝取二书呈进。十五年，安徽巡抚荐举经学。十六年，会试，特授翰林院检讨，时年八十六矣。又著禹贡会笺十二卷，因胡渭锥指所已言，而推所未至。首列禹贡山水，次为图说十八，先引蔡传，博及诸书辨证之文，较渭书益密。又撰周易拾遗十四卷，主程子说，而于汉魏诸家亦有发明。又有竹书统笺十二卷，作于孙之騄考定竹书以后，首仿司马贞补史记例，作伏羲、神农纪年，多据毛渐伪三坟，殊失考正，然其笺引证群书，考订地理世系，则比之騄为详贯焉。文靖耄年犹健，低头据案，著书不辍。年九十馀，卒。初，侍郎黄叔琳主江南乡试归，曰："他人但以榜中有状头为满意耳。余得三人，曰任启运、陈祖范、徐文靖，其学皆醇而博。"

赵继序，字芝山，安徽休宁人。乾隆六年举人。继序治经，于汉宋无所偏主。尝谓训诂、制度、义理，皆儒者所当研究。或因精力不及，分门别户，互相刺谤。学者不知其方，流弊滋甚。所著周易图书质疑二十四卷，以象数言易，而不主陈、邵河洛之说，首为古经，次释经义，次为图三十有二，各系以说，而终以大衍象数考、春秋传论易考、易通历数周易考、异卦爻类象。其书多从卦变起象，而兼取汉宋诸儒之说，持论颇平允。又著有汉儒传经说，撰孔门弟子考、诗文集。同时颍州连斗山，字叔度。著有周易辨画四十卷，其说专主卦画立义，逐卦详列互体，剖析为微妙，颇有合于精理。又著有周官精义十二卷。

王文清　潘士权　余廷灿

王文清，字廷鉴，湖南宁乡人。雍正二年进士，授九溪卫学正，转岳州府教授，以忧归。乾隆元年，举博学鸿词，报罢。十四年，大学士史贻直、阿克敦，侍郎梅瑴成俱以潜心经学荐，诏分修三礼。逾年，选宝庆府教授，大学士朱轼奏留，改中书科中书，分修律吕正义，迁宗人府主事。寻乞养归。十七年，再举经学，以父丧不赴。文清淹贯经籍，尤深于礼，在三礼馆时，为桐城方苞所推挹。尝著周礼会要六卷，约括注疏诸说，疏通字义。又著仪礼分节句读，以句读为主，略有笺注，不欲其繁，皆便读者。又著考古源流六百二十八卷，为门二十。自序称合三通、学海、玉海、元龟、考索衍义、典汇、稗编诸本校之，卷帙不必全收，而要义具足折衷，间出鄙见，而臆说则无。凡肆力三十馀年，以力绵未能付梓，乃先摘其浅近切要者，为考古略八卷。他著又有三礼图五卷、丧服解十卷、祭礼解十卷、乐制考十卷、乐律问对四卷、周易中旨、阴符经发微、校定五代史、行己录、家训、治生要术、锄经馀草、诗文略等书。文清归后，布衣蔬食，杜门穷山中。桂林陈宏谋抚楚，勒碑所居曰"经学之乡"，聘主岳麓书院，成就者四百馀人。年九十二，卒。

潘士权，字龙庵，湖南黔阳人。附贡生。乾隆六年，考补天文生，呈请纂修占书，委署太常寺博士。十一年，以告归，年七十二，卒。士权少颖异，长益肆力于学。著有中庸一得，尤精象数、音律。游京师，为大学士孙嘉淦所称许。所著大乐元音七卷，前五卷据琴定乐，大旨本管子下徵之数一百八，下羽之数九十六。白虎通弦音离故首徵二说而通之。案弦审音，以首弦为下徵，二弦为下羽，三弦为宫，四五六七为商角徵羽，并附以仪礼乐谱十二篇，图说颇繁，然实本钦定律吕正义之说，旁为推演。其由琴而推诸乐，与婺源江永律吕新论所见略同，但不及永书精密耳。六卷附琴谱曲谱，七卷附历学音调，类例甚详。又著洪范补注五卷，前二卷阐蔡、沈之书，外篇三卷，则皆自撰，合蓍龟、卜筮、五行、卦气、声音、律吕，交互言之。

余廷灿，字存吾，湖南长沙人。乾隆二十六年进士，改翰林院庶吉士，散馆授检讨，充三礼馆纂修官。以母年八十乞养归，母殁，啜粥寝苫，值暴雨，入倚庐，地沮洳，家人藉以片板，麾去之。其学兼综经史及诸子百家、象纬、勾股、律吕、音韵，皆能提要钩玄。尝与休宁戴震、河间纪昀相切劘。晚主濂溪、石鼓、渌江、城南书院，教人以兼通汉宋为宗。著有存吾文集十六卷。嘉庆三年，卒，年七十。

任启运

任启运，字翼圣，江苏宜兴人。少读孟子，至卒章辄哽咽，大惧道统无传。家贫，无藏书，从人借阅。夜乏膏火，持书就月，至移墙不辍。事父母以孝闻。年五十四，举于乡。雍正十一年，计偕至都，会世宗问有精通性理之学者，尚书张照以启运名上。特诏廷试，以太极似何物对，进呈御览，得旨嘉奖。会成进士，遂于胪唱前一日引见，奉上谕任启运授翰林院检讨，在阿哥书房行走。上尝问以朝闻夕死之旨，启运对以生死一理，未知生焉知死。上谕云："此是贤人分上事，未到圣人地位从此作去，久自知之。"逾年抱疾，赐药赐医。越月谢恩，特旨绕廊而进，面称"知汝非尧舜不敢以陈于王前"，再四慰安，务令自爱。令侍臣扶掖以出，且遥望之。高宗登极，仍命在书房行走，署日讲起居注官。寻擢中允。四年，迁侍讲，晋侍讲学士。七年，擢都察院左佥都御史。八年，充三礼馆副总裁官。寻升宗人府府丞。九年，卒于所赐第，年七十五。赐帑金治丧，赐祭葬。

启运学宗朱子，尝谓诸经已有子朱子传，独未及礼经，乃著肆献祼馈食礼三卷，以仪礼特牲少牢馈食礼皆士礼，因据三礼及他传记之有关王礼者推之，不得于经则求诸注疏以补之，凡五篇：一曰祭统，二曰吉蠲，三曰朝践，四曰正祭，五曰绎祭。其名则取周礼以肆献祼享先王、以馈食享先王之文，较之黄榦所续祭礼更为精密。又宫室考十三卷，于李如圭释宫之外，别为类次：曰门、曰观、曰朝、曰庙、曰寝、曰塾、曰宁、曰等威、曰名物、曰门大小广狭、曰明堂、曰方明、曰辟雍，考据甚为精核。仪礼一经，久成绝学。启运研究钩贯，使条理秩然，不愧穷经之目。又礼记章句十卷，以大学、中庸，朱子既成章句，则曲礼以下四十七篇，皆可厘为章句；但所传篇次，序列纷错，爰仿郑康成序仪礼例，更其前后，并为四十二篇，其有关伦纪之大，而为秦、汉、元、明轻变易者，则众著其说，以俟后之论礼者酌取。外有周易洗心九卷、四书约指十九卷、孝经章句十卷、夏小正注、竹书纪年考、逸书补、孟子时事考、史要、女史通纂、女教经传、白虎通正讹、任氏家礼酌、任氏史册备考、同姓名考、记事珠、清芬楼文集等书。其周易洗心则年六十时作，观象玩辞，时阐精理。

启运研穷刻苦，既受特达之知，益思报称，年七十二，犹书自责语曰："孔、曾、思、孟，实为汝师。日面命汝，汝顽不知。痛自惩责，涕泗涟洏。呜呼老矣，瞑目为期。"及总裁三礼馆，喜甚，因尽发中秘所储，平心参订，目营手写，漏常二十刻不辍。论必本天道、酌人情，务求合朱子遗意，而心神并耗，竟以是终。十四年，诏举经学，上谕有"任启运研穷经术，敦朴可嘉"语。三十七年，命中外蒐辑古今群书，谕曰："历代名臣，洎本朝士林夙望，向有诗文专集及近时沉潜经史，原本风雅，如顾栋高、陈祖范、任启运、沈德潜辈，亦各著成编，并非剿说卮言可比。均应概行查明，在坊肆者，或量为给价；家藏者，或官为装印；至有未经镌刊，只系钞本存留者，不妨缮录副本，仍将原本给还。庶几副在石渠，用储乙览。”于是上启运所著书四种，入四库中。

全祖望

全祖望，字绍衣，浙江鄞县人。十六岁能为古文，讨论经史，证明掌故。雍正七年，以诸生充选，贡至京师。上侍郎方苞书，论丧礼或问，苞大异之。旋举顺天乡试，户部侍郎李绂见其文，曰："此黄震、王应麟以后一人也。"乾隆元年，荐举博学鸿词科。是春会试，先成进士，改翰林院庶吉士，不再与鸿博试。二年，散馆，以知县用。遂归不复出。方词科诸人未集，绂以问祖望，祖望为记四十馀人，各列所长，乃汇为词科摭言一书，先以康熙十八年百八十六征士，接以今科采诸人所著入之。已成大半，会将归，未卒业，仅得前后姓名及举主试录三卷。性伉直，既归，贫且病，饔飧不给，人有所馈，弗受。主讲蕺山、端溪书院，为士林仰重。二十年，卒于家，年五十有一。

祖望为学，渊博无涯涘，于书靡不贯串。在翰林，与李绂共借永乐大典读之，每日各尽二十卷。时开明史馆，复为书六通移之，先论艺文，次论表，次论忠义、隐逸两列传，皆以其言为韪。生平服膺黄宗羲，宗羲于明季诸人，刻意表章，祖望踵之，详尽而核实，可当续史。家居后，修宗羲宋儒学案，又七校水经注、三笺困学纪闻，皆足见其汲古之深。又答弟子董秉纯、张炳、蒋学镛、卢镐等所问经史疑义，录为经史问答十卷。仪征阮元尝谓经学、史才、词科三者,得一足传,而祖望兼之,其经史问答实足以继古贤,启后学,与顾炎武日知录相埒。晚手定文稿,删其十七,为鲒埼亭文集五十卷。又著有读易别录、孔子弟子姓名表、汉书地理志稽疑、公车征士小录、续甬上耆旧诗、天一阁碑目。

沈彤 王士让

沈彤,字冠云,江苏吴江人。自少力学,以穷经为事,贯串前人之异同,折衷至当。乾隆元年,荐举博学鸿词,报罢。与修三礼及一统志,书成,授九品官。以亲老归。彤淹通三礼,以欧阳修有周礼官多田少、禄且不给之疑,后人多沿其说;即有辨者,不过以摄官为词。乃详究周制,撰周官禄田考三卷,以辨正欧说,分官爵数、公田数、禄田数三篇,积算至为精密。其说自郑注、贾疏以后,可云特出。又撰仪礼小疏一卷,取士冠礼、士昏礼、公食大夫礼、丧服士丧礼为之笺疏,足订旧义之讹。其果堂集十二卷,多订正经学之文,若周官颁田异同说、五沟异同说、井田军赋说、释周官、地征等篇,皆援据典核。又撰春秋左传小疏、尚书小疏、气穴考略、内经本论。彤性至孝,亲殁,三年中不茹荤、不内寝。居恒每讲求经世之务。所著保甲论,其后吴德旋见之,称为最善云。十七年,卒,年六十五。

王士让,字尚卿,福建安溪人。雍正十年副贡生。乾隆元年,举博学鸿词,报罢,留京与修三礼。书成议叙,出知湖北蕲州,不四年卒于官。著有仪礼训解,其书不墨守郑注,博采先儒,下及同时三礼馆诸人论议,标举姓氏,然后下以己意。盖仿石渠论白虎通例也。

龚元玠　刘斯组　陈象枢　李荣陛

龚元玠，字鸣玉，江西南昌人。乾隆元年，以诸生举博学鸿词，后巡抚阿思哈复以经学荐，俱报罢。十九年，成进士，出知贵州铜仁县。县多山，易藏奸，城旧七门，元玠建卡为守门兵栖止。值风雨不得他适，防守遂严。学宫久圮，复倡修之。缘事降调，改抚州教授。再以承审失实，罢职归。元玠少贫，好读书，未尝从师学。尝取欧阳修限字读九经法，毕诵注疏。自是博通群籍，历碌贯串，不仅为一家言。所著十三经客难，凡易二卷、书四卷、诗四卷、三礼十三卷、春秋二十四卷、四书七卷、尔雅一卷，其孝经一卷，稿佚不传。又留心河务，穷竟源委。乡试时，考官孙嘉淦见其治河策，深为激赏。尝渡黄河，风不利舟，荡洪涛中，人有怖色，元玠独左右指视，无所畏。复买小舟，赴海口测量去路。著黄淮安澜先资编二卷。性至孝，年五十，遭父母丧，不茹酒肉，不入内室。乡人无少长，称龚先生。年八十二，卒。又著畏斋文集四卷。

刘斯组，字斗田，江西新建人。雍正二年举人，授分宜教谕。时广东奏择江西教职中贤能者，府置一员课士，斯组檄考第一，分属肇庆，兼主端溪书院。以左都御史孙嘉淦荐，与元玠同举博学鸿词，报罢。十八年，副都御史叶一栋复以经学荐，是年中明通榜。后历知广东西宁、河南杞县，有善政。及致仕，邑人祀焉。生平潜心经术，尤深于易，著有周易拨易堂解二十卷。又著太玄别训五卷，各以韵语发挥其义，欲以奥崛配雄。又有皇极绪言二十卷。

陈象枢，字驭南，江西崇仁人。以五经两中副榜贡生，特旨一体会试。雍正八年，成进士，授吏部主事，迁员外郎。以尚书甘汝来荐，加翰林院检讨衔。乾隆二年，督学四川，却道里费，抽俸以助诸吏廪给。四川自渝以下，江最险，夔人士旧试于渝。象枢曰："奈何予多士以危？"自往按试，夔有考院自此始。蜀人奉其教，与前学政陈瑸称"二陈夫子"。五年，复督学湖南，其教如在蜀。迁郎中，以母忧归。服阕，以任内误收考生，镌级。十五年，诏起用旧臣十四人，皆九列，象枢与焉。任职三年，实事求是。以劳疾卒，年五十八。象枢十二岁能古文，与新建周学健，奉新帅念祖齐名。初成进士，大学士朱轼言于朝曰："吾乡知名士也！"生平覃精经术，尤善仪礼，著仪礼补笺二十卷。又有易经发蒙六卷、五经渊源录一卷、经解补四卷、学庸定解五卷、读史一得五卷、复斋文集十卷、诗集八卷。

李荣陛，字奠基，江西万载人。乾隆二十八年进士，官湖南永兴县知县，绝苞苴，勤判决，豪猾屏迹。以母忧归。起官云南，权知云州。尝奉檄出勘普洱、大理府事，陟苍山，游洱海，访六诏遗迹，搨蒙氏钟铭而还。又权知恩乐县，县介哀牢、蒙乐两山间，为唐虞崇山地，雍正时始改归流。荣陛治之，化行徼外。补官呈贡，调嶍峨，年已六十六，以疾乞休。上官知其贫，延主大理书院，期年始办装归。荣陛幼有异资，甫授句读，即疑郑康成乱易篇次，欲改复费氏之旧；读诗至无将大车，以"尘""疷"非韵，疑"疷"为"痻"之误。自是深研经学，著周易篇第三卷、易考四卷、尚书编第二卷、尚书考六卷。精甘石家言，尝推步五星，谓于嘉庆五年三月十八日当聚奎，后果验。古文为上高李祖陶所称。

有厚冈文集二十卷、诗集四卷。

江永　胡匡衷

江永，字慎修，安徽婺源人。诸生。少读书，日记数千言。尝见大学衍义补征引周礼，爱之，求得其书，朝夕讽诵，遂研覃十三经注疏，凡古今制度及钟律声韵，无不探赜索隐。尤深于三礼及天文地理之学，以朱子晚年治礼，为仪礼经传通解书未就，黄氏、杨氏相继纂续，亦非完书，乃广摭博讨，大纲细目，一从吉、凶、军、宾、嘉五礼旧次，题曰礼经纲目，凡八十八卷，引据诸书，厘正发明，实足终朱子未竟之绪。尝一至京师，桐城方苞、荆溪吴绂质以礼经疑义，皆大折服。读书好深思，长于比勘，明推步、钟律、声韵，岁实消长，前人多论之者，梅文鼎略举授时而亦疑之，永为说曰："日平行于黄道，是为恒气恒岁，实因有本轮均轮高冲之差，而生盈缩，谓之视行。视行者日之实体，所至而平行者，本轮之心也。以视行加减平行，故定气时刻多寡不同，高冲为缩末盈初之端。岁有推移，故定气时刻之多寡，且岁岁不同，而恒气岁实终古无增损，当以恒者为率，随其时之高冲以算定气，而岁实消长可勿论也。"其论黄钟之宫，据管子、吕氏春秋以正淮南子天文训、汉书律历志之谬，曰："黄钟之宫，黄钟半律也，即后世所谓黄钟清声是也。唐时风雅十二诗谱，以清黄起调毕曲琴家，正宫调黄钟不在大弦而在第三弦，正黄钟之宫为律本遗意。国语伶州鸠因论七律而及武王之四乐，夷则无射曰上宫，黄钟太簇曰下宫。盖律长者用其清声，律短者用其浊声，古乐用均之法虽亡，而因端可推。韩子外储篇曰：夫瑟以小弦为大声，大弦为小声，虽诡其辞以讽，然因是知古者调瑟之法。黄钟、大吕、太簇、夹钟、姑洗、仲吕、蕤宾，用半而居小弦；林钟、夷则、南吕、无射、应钟，用全而居大弦也。管子书五声徵、羽、宫、商、角之序亦如此。"永此言实汉以来所未寻究者。其论古韵曰："考古音者，昉于吴才老，昆山顾氏援证益精博，〔一〕然顾氏考古之功多，审音之功浅。顾氏分古音为十部，犹未密也。真谆以下十四韵，当析为二部，而先韵半属真谆，半属元寒。考之三百篇，用韵画然。侯之正音近幽，当别为一部，虞模部之隅渝驱娄等字，萧豪部之萧廖焦好等字，皆侯幽之类，与本部源流各别，三百篇亦画然。侵覃以下九韵，亦当以侈敛分为二部，而覃盐半属侵，半属严添，盖平、上、去三声皆当为十三部，入声当为八部，而三代以上之音，始有条不紊也。"论今韵曰："平、上、去三声多者六十部，少亦五十馀部，〔二〕惟入声只三十四部。或谓支至咍，萧至麻，尤至幽，无入声。昆山顾氏古音表又反其说，于是旧有者无，旧无者有，皆拘于一偏。盖入声有二三韵而同一入者，如东、尤、侯，同以屋为入，真、脂同以质为入，文、微同以物为入，寒、桓、歌、戈同以曷、末为入之类。按其呼等，察其偏旁，参以古音，乃无憾也。"

晚年读书有得，随笔撰记，谓："周易以反卦为序次，卦变当于反卦取之，〔三〕否反为泰，泰反为否，故小往大来，大往小来，是其例也。凡曰来、曰下、曰反，自反卦之外卦来居内卦也。曰往、曰上、曰进、曰升，自反卦之内卦往居外卦也。"又谓："兵农之分，春秋时已然，不起于秦汉，证以管子、左传，兵常近国都，野处之农固不隶于师旅也。"其于经传稽考精审，多类此。所著有周礼疑义举要七卷，礼记训义择言六卷，深衣考误一卷，律吕阐微十卷，律吕新论二卷，春秋地理考实四卷，乡党图考十一卷，读书随笔十二卷，古韵标准四卷，四声切韵表四卷，音学辨微一卷，河洛精蕴九卷，推步法解五卷，七政衍、金水二星发微、冬至权度、恒气注历辨、岁实消长辨、历学补论、中西合法拟草各一卷，近思录集注十四卷，考订朱子世家一卷。乾隆二十七年，卒，年八十二。休宁戴震、歙县金榜之学，得于永为多。永卒后，震携其书入都，故四库全书收永所著书至十馀部。尚书秦蕙田撰五礼通考，摭永说入观象、授时类，而推步法解则载其全书焉。

胡匡衷，字朴斋，安徽绩溪人。岁贡生。绩学敦行，以孝友为乡里所重。于经义多所发明，不苟与先儒同异。所著有周易传义疑参十二卷，析程朱之异同，补程朱之罅漏，大抵多采宋元各家，羽翼程朱之说，以相订正，而亦时出己见，于二书深有裨益。礼经著有三礼劄记、周礼井田图考、井田出赋考、仪礼释官等书。其论井田，多申郑义，而授田一事，以遂人所言是乡遂制，大司徒所言是都鄙制。郑注自相违戾，作畿内授田考实一篇，列于卷首。积算特为精密，其释官则以周礼、礼记、左传、国语与仪礼相参证，论据精确，足补注疏所未及。又著有左传翼服、论语古本证异、论语补笺、庄子集评、离骚集注等书，其古文别为朴斋文集。年七十四，卒。

【校勘记】

〔一〕昆山顾氏援证益精博　“顾”原误作“陈”。今据耆献类征卷四一〇叶三四下改。

〔二〕少亦五十馀部　“亦”原误作“者”。今据耆献类征卷四一〇叶二〇上改。

〔三〕卦变当于反卦取之 下"卦"字原误作"对"字。今据耆献类征卷四一〇叶一四上改。按上文有"周易以反卦为序次"一句,"卦"字原亦误作"对"字,耆献类征亦误,今依此改。

卢文弨 孙志祖 邵瑛

卢文弨,字召弓,浙江馀姚人。父存心,乾隆初举博学鸿词科。文弨,乾隆十七年一甲三名进士,授翰林院编修,上书房行走。历官左春坊左中允、翰林院侍读学士。三十年,充广东乡试正考官。三十一年,充湖南学政,以条陈学政事宜不当,部议降三级用。三十三年,乞养归。文弨孝谨笃厚,潜心汉学,与戴震、段玉裁友善。好校书,所校逸周书、孟子音义、荀子、吕氏春秋、贾谊新书、韩诗外传、春秋繁露、方言、白虎通、独断、经典释文诸善本,镂板惠学者。又苦镂板难多,则合经史子集三十八种,而名之曰群书拾补。所自著有抱经堂集三十四卷、仪礼注疏详校十七卷、钟山劄记四卷、龙城劄记三卷、广雅释天以下注二卷,皆能使学者諟正积非,蓄疑涣释。其言曰:"唐人之为义疏也,本单行,不与经注合。单行经注,唐以后尚多善本,自宋后附疏于经注,而所附之经注,非必孔、贾诸人所据之本也,则两相龃龉矣。南宋后又附经典释文于注疏间,而陆氏所据之经注,又非孔、贾诸人所据也,则龃龉更多矣。浅人必比而同之,则彼此互改,多失其真。幸有改之不尽,以滋其龃龉,启人考核者,故注释文,合刻似便,而非古法也。"其特识多类此。文弨尝历主江浙各书院讲席,以经术导士。六十年,卒,年七十九。

同时江阴赵曦明，字敬夫，诸生。文弨校雠诸籍，资曦明之力为多。曦明著有读书一得六十卷，其体例与黄东发日钞相近；又有颜氏家训注七卷、桑梓见闻录八卷。

孙志祖，字诒穀，浙江仁和人。乾隆三十一年进士，改刑部主事，荐升郎中。擢江南道监察御史，乞养归。志祖清修自好，读经史必释其疑而后已。著读书脞录七卷，考论经子杂家，折中精详。又家语疏证六卷，谓王肃作圣证论以攻康成，又伪撰家语饰其说以欺世，因博集群书，凡肃所剿窃者，皆疏通证明之。又谓孔丛子亦王肃伪托，其小尔雅亦肃借古书以自文，并作疏证以辨其妄。幼熟精文选，后乃仿韩文考异之例，参稽众说，正俗本之误，为文选考异四卷。又辑前人及朋辈论说，为文选注补正四卷。又有文选理学权舆补一卷，辑风俗通逸文一卷，补正姚之骃辑谢承后汉书五卷。嘉庆六年，卒，年六十五。

邵瑛，字瑶圃，浙江馀姚人。乾隆四十九年一甲二名进士，授翰林院编修，改内阁中书。嘉庆三年，充湖北乡试副考官。旋以告归，不复出。瑛邃深经术，以左传杜注，孔氏正义所驳刘炫义，未免左袒，著刘炫规杜持平六卷。又以说文之字正十三经及逸周书、大戴礼、国语沿袭俗字之谬，著说文群经正字二十八卷。

翁方纲

翁方纲，字正三，顺天大兴人。乾隆十七年进士，改翰林院庶吉士，散馆授编修。二十四年，充江西乡试副考官。二十七年，充湖北乡试副考官。二十九年，督学广东，凡三任。四十四年，充江南乡试副考官。四十六年，擢国子监司业，寻迁洗马。

四十八年,充顺天乡试副考官。四十九年,迁詹事府少詹事。五十一年,督学江西。五十五年,擢内阁学士。五十六年,督学山东。嘉庆元年,赐千叟宴及御制诗珍物。四年,左迁鸿胪寺卿。十二年,重预鹿鸣宴,赐三品衔。十九年,重预恩荣宴,赐二品衔。二十三年,卒,年八十六。方纲弱冠入翰林,散馆日,上至方纲跪所,取卷阅之,谕曰:“牙拉赛音。”汉语,甚好也。既而屡司文柄,英才硕彦,识拔无遗。与同里朱珪、献县纪昀,俱以宏奖风流为己任。宝应刘台拱、海州凌廷堪、曲阜孔广森、南城王聘珍、钦州冯敏昌、东乡吴嵩梁等,皆从之游。生平精研经术,尝谓:“考订之学,以衷于义理为主。其嗜博、嗜琐、嗜异、矜己者,非也。”又曰:“考订之学,盖出于不得已,事有歧出而后考订之,说有互难而后考订之,义有隐僻而后考订之。论语曰多闻、曰阙疑、曰慎言,三者备,而考订之道尽于是矣。”时秀水钱载斥休宁戴震为破碎大道,以此相诋。方纲与歙县程晋芳言,谓:“诂训名物,岂可目为破碎?考订诂训,然后能讲义理也。钱、戴之争,究以戴说为正。然戴谓圣人之道必由典制名物得之,此却不尽然。”其论最为持平。

方纲读群经,有书、礼、论语、孟子附记。官鸿胪卿时,青浦王昶见其方考禹贡、顾命两篇,诸儒同异,相与辨论,断断竟日。晚居马兰峪,犹温肄三礼、三传,其精勤如此。尝与归安丁杰及王聘珍校正朱彝尊经义考凡千八十八条,为经义考补正十二卷。又著礼经目次、春秋分年系传表、十三经注疏姓氏、通志堂经解目录各一卷。于金石之学尤精审,尝取熹平石经一十二段残字,勒于南昌学宫。所著两汉金石记二十二卷,王昶谓其剖析毫芒,参以说文正义，几欲驾洪文惠而上之。他著有粤东金石略十二卷、苏米斋兰亭考八卷、小石帆亭著录六卷、米海岳元遗山年谱二卷、苏诗补注八卷、石洲诗话八卷。所为诗多至六千馀篇，自诸经注疏以及史传之考订，金石文字之爬梳，皆贯彻洋溢于其中。盖以学为诗者，有复初斋诗集七十卷、文集三十五卷。

朱筠　李威

朱筠，字竹君，顺天大兴人。赠太傅大学士珪之兄。父文炳，陕西盩厔县知县。筠与珪皆生于盩厔。九岁至京师，与珪同读书通经，文成斐然。乾隆十九年进士，改翰林院庶吉士，散馆授编修。三十二年，授赞善。三十三年，大考二等，擢侍读学士，充日讲起居注官。三十五年，充福建乡试正考官。三十六年，提督安徽学政。三十八年，诏求遗书，筠奏前明永乐大典一书，陈编罗载，请择其中若干部，分别缮写，以备著录，下军机大臣议。议上，奉旨："军机大臣议覆朱筠条奏内将永乐大典择取缮写各自为书一节，议请分派各馆修书翰林等官前往检查，恐责成不专，徒致岁月久稽，汗青无日。盖此书移贮年深，既多残缺，又原编体例分韵类次，先已割裂全文，首尾难期贯串，特因当时采摭甚博，其中或有古书善本，世不恒见。今就各门汇订，可以凑合成部者，亦足广名山石室之藏。着即派军机大臣为总裁官，仍于翰林等官内选定员数，责令专司查校，将原书详细检阅，并将图书集成互为校核，择其未经采录，而实在流传已少，尚可裒集成编者，先行摘开目录奏闻，候朕裁定。"其后纂辑四库全书，得之大典中者，五百馀部，皆世所不传，次第刊布海内，实筠发之。筠又奏言："请仿汉唐故事，择儒臣校正十三经文字，勒石太学。"奉谕缓办。旋因生员欠考捐贡案，降三级用，得旨朱筠学问尚优，着加恩授为编修，在办理四库全书处行走。比还，总办日下旧闻纂修事。四十四年，提督福建学政。

筠博闻宏览，以经学、六书倡，谓经学本于文字训诂，周公作尔雅，释诂居首，保氏教六书，说文仅存。于是刊布许氏说文解字叙，说之以教士。视学所至，尤以人才、经术、名义为急。在安徽时，躬拜奠婺故士江永、汪绂，祀之紫阳书院，每试，进诸生教之。辨色坐堂皇，至燃烛不倦。好金石文字，谓可证佐经史。为文以郑孔经义、迁固史书为质，尝谓取法乎上，仅得乎中。书法参六书，有隋唐以前体，承学之士，望为依归。筠宏奖后进，惟恐不至。陆锡熊、程晋芳、任大椿皆筠所取士，李威、洪亮吉、武亿、黄景仁、吴鼒皆其弟子。阳湖孙星衍为诸生时，以不见筠为恨，介亮吉为绍，愿遥执弟子礼。筠尝言翰林以立品读书为职，不能趋谒权要，少曾馆于刘统勋家。及统勋为大学士，筠不通谒。统勋遇于朝询之，筠曰："非公事，不敢谒贵人。"统勋叹息称善。四十六年，卒，年五十三。著有笥河集三十六卷。

李威，字畏吾，福建龙溪人。乾隆四十三年进士，改刑部主事，官至廉州府知府。威从朱筠游，传其学。尝争辨筠前，不以为忤。著有说文定本十五卷。晚讲陆王之学，与桐城姚莹最契，以为所谈不足为外人道也。著岭云轩琐记，謦切似呻吟语，惟每引圣人至精之理，与佛氏相比附。桐城方东树为删节以行。

王鸣盛　金曰追　吴凌云　汪照

王鸣盛，字凤喈，江苏嘉定人。幼从长洲沈德潜受诗，后又从惠栋问经义，遂通汉学。乾隆十九年一甲二名进士，授翰林院编修。二十三年，大考，翰詹第一，擢侍讲学士，充日讲起居注官。二十四年，充福建乡试正考官。寻擢内阁学士，兼礼部侍郎衔。坐滥支驿马，左迁光禄寺卿，丁内艰，遂不复出。鸣盛性俭，素无声色玩好之娱，晏坐一室，咿唔如寒士。尝言："汉人说经，必守家法。自唐贞观撰诸经义疏，而家法亡。宋元丰以新经学取士，而汉学殆绝。今好古之儒，皆知崇注疏矣。然注疏惟诗三礼及公羊传犹是汉人家法，他经注则出魏晋人，未为醇备。"著尚书后案三十卷，专述郑康成之学，若郑注亡逸，采马、王注补之。孔传虽出东晋，其训诂犹有传授，间一取焉。又谓："东晋所献之太誓伪，而唐人所斥之太誓实非伪，故附书今文太誓一篇，存古之功。"自谓不减惠氏周易述也。又著周礼军赋说四卷，发明郑氏之旨；又十七史商榷一百卷，于一史中纪志表传互相稽考，因而得其异同；又取稗史丛说，以证其舛误，于舆地、职官、典章、名物，每致详焉。别撰蛾术编一百卷，其为目十：说录、说字、说地、说制、说人、说物、说集、说刻、说通、说系，盖仿王应麟、顾炎武之意，而援引尤博。诗以才辅学，以韵达情，古文用欧曾之法，阐许郑之义，有诗文集四十卷。嘉庆二年，卒，年七十六。弟子金曰追。

金曰追，字对扬，亦嘉定人。诸生。受业王鸣盛，深于九经正义，每有疑讹，随条辄录，先成仪礼注疏正讹十七卷。阮元奉诏校勘仪礼石经,多采其说。时同县通经学者,又有吴凌云。

吴凌云,字得青,亦嘉定人。嘉庆五年岁贡。读书深造,经师遗说,靡不通贯。尝假馆钱大昕孱守斋,尽读所藏书,学益邃。所著十三经考异,援据精核,多前人所未发。又经说三卷、小学广韵说各一卷,海盐陈其幹为合刊之,题曰吴氏遗著。

汪照,原名景龙,字翊青,亦嘉定人。贡生。少有诗名,在练川十二子之列。通金石,善八分书,尝佐韩城王杰、青浦王昶幕。晚岁研穷经义,以大戴礼记注惟卢辩一家,馀姚卢文弨、休宁戴震虽曾厘正文字,未及解诂,乃纠集同异,采撷前说,一字之讹,折衷至当,肆力者三十馀年,成大戴礼记注补十三卷。昶序其书,言"后世有复十四经之旧,照书当与孔、贾并行"。推重甚至。他著有三家诗义证、宋诗选略、陶春馆吟稿。

钱大昕　族子塘　坫

钱大昕,字晓徵,江苏嘉定人。乾隆十六年,召试举人,授内阁中书。十九年进士,改翰林院庶吉士。二十二年,散馆授编修。二十三年,大考二等一名,擢右春坊右赞善。二十四年,充山东乡试正考官。二十五年,充会试同考官。二十七年,充湖南乡试正考官。二十八年,大考一等三名,擢翰林院侍讲学士。三十年,充浙江乡试副考官。三十二年,乞假归。三十四年,补原官,入直上书房,迁詹事府少詹事。三十九年,充河南乡试正考官,寻提督广东学政。四十年,丁父艰,服阕,又丁母艰。病不复出,主讲钟山、娄东、紫阳书院。嘉庆九年,卒,年七十七。

大昕幼慧,善读书。时元和惠栋、吴江沈彤以经术称,其学求之十三经注疏及唐以前子史小学诸书。大昕推而广之，错综贯串，发古人所未发。任中书时，与吴烺、褚寅亮同习梅氏算术及欧罗巴测量弧三角诸法。入翰林，礼部尚书何国宗世业天文，年已老，闻其善算，先往见之，曰："今同馆诸公谈此道者鲜矣。"大昕于中西两法剖析无遗，用以观史，自太初、三统、四分，中至大衍，下迄授时，朔望薄蚀，凌犯进退，抉摘无遗。汉三统为七十馀家之权舆，讹文粤义，无能正之者。大昕衍之，据班志以阐刘歆之说，裁志文之讹，二千年已绝之学，昭然若发蒙。大昕又谓："古法岁阴与太岁不同，淮南天文训摄提以下十二名，皆谓岁阴所在，史记太初元年年名焉逢摄提格者，岁阴非太岁也。东汉后不用岁阴纪年，又不知太岁超辰之法，乃以太初九年为丁丑岁，则与史汉之文皆悖矣。"又谓尚书纬四游升降之说，即西法日躔最高卑之说。又宋杨忠辅统天术以距差乘躔差减气泛积为定积，梅文鼎谓郭守敬加减岁馀法出于此。但统天求泛积必先减气差十九日有奇，与郭又异。文鼎不能言，大昕推之，曰："凡步气朔必以甲子日起算，今统天上元冬至，乃戊子日不值甲子，依授时法，当加气应二十四日有奇，乃得从甲子起。今减去气差，是以上元冬至后甲子日起算也。既如此当减气应三十五日有奇，今减十九日有奇者，去躔差之数不算也。求天正经朔又减闰差者，经朔当从合朔起算，今推得统天上元冬至后第一朔，乃乙丑戌初二刻弱，故必减闰差而后以朔实除之，即授时之朔应也。"

大昕始以辞章名，沈德潜吴中七子诗选，大昕居一。既乃研精经史，蔚为著述，于经义之聚讼难决者，皆剖析源流，文字、音韵、训诂、天算、地理、氏族、金石，以及古人爵里、事实、年齿，了如指掌。古人贤奸是非，疑似难明者，皆有确见。惟不喜二氏书，尝曰："立德、立功、立言，吾儒之不朽也。先儒言释氏近于墨，予以为释氏亦终于杨氏为己而已。彼弃父母而学道，是视己重于父母也。"大昕在馆时，尝与修音韵述微、续文献通考、续通志、一统志、天球图诸书。所著有唐石经考异一卷、经典文字考异三卷、声类四卷、二十二史考异一百卷、唐书史臣表一卷、唐五代学士年表二卷、宋学士年表一卷、元史氏族表三卷、元史艺文志四卷、三史拾遗五卷、诸史拾遗五卷、通鉴注辨证三卷、四史朔闰考四卷、南北史隽一卷、三统术衍三卷、术钤三卷、风俗通义逸文二卷、吴兴旧德录四卷、先德录四卷、洪文惠年谱一卷、洪文敏年谱一卷、王伯厚年谱一卷、王弇州年谱一卷、疑年录三卷、潜揅堂文集五十卷、诗集二十卷、词垣集四卷、潜揅堂金石文跋尾二十五卷、金石文字目录九卷、天一阁碑目二卷、养新录二十三卷、恒言录六卷、竹汀日记钞三卷。族子塘、坫，能传其学。

塘，字学渊。乾隆四十五年进士，改教职，选江宁府学教授。塘少大昕七岁，相与共学。又与大昕弟大昭及弟坫相切磋，为实事求是之学。于声音、文字、律吕、推步，尤有神解。著律吕古义六卷，据所得汉虑傂铜尺，正荀勖以刘歆铜斛尺为周尺之非。谓周本八寸尺，不可以制律，制律必用十寸尺，即昔人所云夏尺。周因夏商，夏商因唐虞古律，当无异度。又史记三书释疑三卷，于律算、天官家言，皆究其原本，而以它书疏通证明之。律书上九、商八、羽七、角六、宫五、徵九数语，注家皆不能晓，小司马疑其数错。塘据淮南子、太玄经证之，始信其确。又著伴官雅乐释律四卷、说文声系二十卷、淮南天文训补注三卷。其所作古文，曰述古编，凡四卷。年五十六。

坫，字献之。副贡生。游京师，朱筠引为上客。以直隶州州判官于陕，与洪亮吉、孙星衍讨论训诂、舆地之学。论者谓坫沉博不及大昕，而精当过之。嘉庆二年，教匪扰陕西，坫时署华州，率众乘城，力遏其冲。城无弓矢，仿古为合竹强弓，厚背纸为翎，二人共发之，达百五十步；又以意为发石之法，石重十斤，达三百步。前后毙贼无算，城获全。三年春，河南有谋启贼者，贼渠张天伦取道华州者三，卒不能东。以积劳得末疾，引归。著史记补注百三十卷，详于音训，及郡县沿革、山川所在。陕甘总督松筠重其品学，亲至卧榻问疾，索未刊著述，坫取付之，曰："三十年精力，尽于此书矣！"十一年，卒，年六十六。又有诗音表一卷、车制考一卷、论后录五卷、尔雅释义十卷、释地以下四篇注四卷、十经文字通正书十四卷、说文斠诠十四卷、新斠注地理志十六卷、汉书十表注十卷、圣贤冢墓志十二卷。

钱大昭　子东垣　绎　侗

钱大昭，字晦之，江苏嘉定人。太学生，大昕弟也。大昕深于经史，一门群从，皆治古学，能文章。大昭少于大昕者二十年，事兄如严师，得其指授，时有两苏之比。壮岁游京师，尝代友人校录四库全书，人间未见之秘，皆得纵观。由是学益浩博。又善于决择，其说经及小学之书，能直入汉儒阃奥。尝欲从事尔雅，大昕与书，谓"六经皆以明道，未有不通训诂而能知道者。欲穷六经之旨，必自尔雅始。"大昭乃著尔雅释文补三卷，及广雅疏义二十卷。又著说文统释六十卷，其例有十：一曰疏证，以佐古义，凡经典古义与许合者，在所必收；二曰音切，以复古音，以徐铉、徐锴等不知古音，往往误读，又许君言读若某者，即有某音，今并补正，又说文本有旧音，隋书经籍志有说文音隐，颜氏家训引之，唐以前传注家多称说文音某，今并采附本字之下；三曰考异，以复古本，凡古本暨古书所引，有异同者，悉取以折中；四曰辨俗，以正讹字，凡经典相承俗字，及徐氏新补新附字，皆辨证详明，别为一卷附后；五曰通义，以明互借，凡经典之同物同音，于古本是通用者，皆引经证之；六曰从母，以明孳乳。如完、刓、髡、軏等字，皆于元下注云从此；七曰别体，以广异义，凡重文中之籀、篆、古文奇字，皆有所从，其许未言者，亦略释之，经典两用者，则引而证焉；八曰正讹，以订刊误，凡许君不收之字，注中不应有，又字画脱误者，并校正之；九曰崇古，以知古字，如鷐、鳴、鷄、鵖之类，经典有不从鸟者，此古今字，今注曰古用某；十曰补字，以免漏略，如由、希、免、畾等三十九字，从此得声者甚多，而书中脱落，有子无母，非许例，今酌补之，亦别为一卷附后。

大昭于正史尤精两汉，尝谓注史与注经不同，注经以明理为宗，理寓于训诂，训诂明而理自见；注史以达事为主，事不明，训诂虽精，无益也。每怪服虔、应劭之于汉书，裴骃、徐广之于史记，其时去古未远，稗官、载记、碑刻尚多，不能会而通之，考异质疑，徒戋戋于训诂，乃著两汉书辨疑四十卷。于地理官制，皆有所得，又仿其例，著三国志辨疑三卷。又以宋熊方所补后汉书年表只取材范书、陈志，乃于正史外，兼取山经、地志、金石、子集，其体例依班氏之旧而略变通之，著后汉书补表八卷，计所补王侯，多于熊书百三十人。论者谓视万斯同历代史表有过之无不及。他著有诗古训十二卷、经说十卷、补续汉书艺文志二卷、后汉郡国令长考一卷、迩言二卷、嘉定金石文字记四卷。生平不嗜荣利，名其读书之所曰可庐，欲蕲至于古之随遇自足者。嘉庆元年，诏举孝廉方正之士，江南大吏以大昭应征，赐六品顶戴。十八年，卒，年七十。子东垣、绎、侗。

东垣，字既勤。嘉庆三年举人，官浙江松阳县知县。以艰归，服阕，补上虞县。东垣与弟绎、侗，皆潜研经史、金石，时称"三凤"。尝与绎、侗及同县秦鉴，勘订郑志。又与绎、侗、鉴及桐乡金锡鬯辑释崇文总目，世称精本。东垣为学，沉博而知要，以世传孟子注疏缪舛特甚，乃辑刘熙、綦毋邃、陆善经诸儒古注，及顾炎武、阎若璩、同时师友之论，附以己见，并正其音读，考其异同，为孟子解谊十四卷。他著有小尔雅校证二卷、补经义考四十卷、列代建元表、勤有堂文集。

绎，初名东墉，字以成。少承家学，尝以诸经句读征引家互有异同，据武亿原本参稽群籍，折中至是，为十三经断句考。又著方言笺疏十三卷，五方之民，言语不通，循声译字，字虽无定而音理可推。是书于展转互异处，寻其音变之原，古人以声释文之旨，于斯大启。他著有说文解字读若考三卷、阙疑补一卷、释大释小各一卷、释曲一卷、训诂类纂一百六卷。

侗，字同人。诸生。嘉庆十三年，淀津召试二等，赏大缎。充文颖馆校录。十五年举人，议叙知县。侗于说文用力致深，精讲韵学，熟于古音之通转。尝征集群书同物异名之文，比而释之，为释声八卷。其序曰："言小学者有二端：曰故训，尔雅、说文之属是也；曰声音，释名之属是也。有文字然后有训诂，而声音实在文字之先。故言小学必通训诂，言训诂必先识字，欲识字必先审声音，所谓声者萌芽于二仪初判之时，广益于草昧既开之后，非后世四声、七音、三十六母之说也。周公制尔雅，有释诂、言、训，独无释声与名者，是以刘氏广之，为释名一书。”又曰：“论语‘必也正名乎’，记曰‘书同文’。天下古今之名之文，可正而同也。天下古今之听音，则莫能一也。夫声随人变，则字亦随之俱变，书传所纪，异言殊俗，纷更错杂，新学后进，罔识据依。甚者不知“督邮”为“独摇”，而疑神农尚无此官，不知“文无”即“蘼芜”，而谓当归，以赠羁旅，此释声之书所以继释名而作也。”又曰：“尔雅而外，以为言故训者，首推许慎；言声音者，当宗刘熙，取其诠释诸名，俱以声为定准。盖有得乎六书形声之旨者，而彼所释必据声音以求故训，此所释则皆以声音概文字，故命名尔殊也。”其书冥思苦索，积年乃成。又有群经古音钩沉四卷、正名录四卷、九经补韵考二卷、说文音韵表五卷、重文小笺二卷、孳乳表二卷、方言义证六卷、吴语诠六卷。

侗于历算之学，亦能究其原本，大昕撰宋辽金元四史朔闰考，未竟而卒。侗证以群书、金石、文字，增辑一千三百馀条，日夕检阅推算，几忘寝食，卒因是感疾而殁。他著有金石录四十卷、续隶续三卷、古钱待访录二卷、乐斯堂文集。

范家相　姜炳璋　盛百二　翟均廉

范家相，字左南，浙江会稽人。乾隆十九年进士，授刑部主事，荐升郎中。三十三年，出知广西柳州府。岁馀，以疾告归，寻卒。家相幼时，母授之书，每篝灯治纺砖，即令侍读，丙夜不少假。弱冠薄游，为人主幕务，稍废学。年至四十，母责其泯泯无闻，乃复杜门研诵。其学源出萧山毛奇龄，奇龄说经引证浩博，善于诘驳，而盛气所激，其受攻击亦最甚。家相持论一出和平，不敢放言高论。生平最服膺者，尤在馀姚黄宗羲。性孝友直谅，敦古谊。晚岁手一编，矻矻不置。于诗尤深，著三家诗拾遗十卷，谓："三家之说与礼记、周官、左、国多不合，而毛独条条可复，此毛所以得掩前人。然朱子集传每取匡、刘、韩子之说以纠毛失，使三家并存，其驳三家者，或当甚于毛，惟仅一二弥觉可重。然则三家之是者固当信从，其非者亦不妨两存也。"其书摭拾经传子史，比惠栋九经古义、余萧客古经解钩沉，尤为赅备。又著诗沈二十卷，以注疏、集传为两大枢纽，惟其合者从之，间出新义，补所未备，而折衷孟子逆志论世之法。其谓"三百篇之韵，叶之而不协者有三：列国之方音不同，一也；古人一字每兼数音，而字音传讹已久，非可执一以谐声，二也；诗必歌而后出，每以馀音相谐，自歌诗之法不传，而馀音莫辨，三也"。其说足解顾炎武、毛奇龄两家之斗。他著有易说二卷、书义拾遗七卷、夏小正辑注四卷、四书贯约十卷、家语证伪十卷、韵学考原二卷、今韵津五卷、史汉义法十卷、史记蒙拾三卷、庙制问答二卷、刑法表四卷、南中日札四卷、文集二十卷。同时浙中学者有姜炳璋、盛百二、翟均廉。

姜炳璋，字石贞，象山人。乾隆十九年进士，官石泉县知县。少博通经史。为诸生时，督学雷鋐按郡，试以两汉总论，炳璋授笔抒二千馀言，浙东西遍传诵焉。其说经笃实近里，恪守先儒，语必有据。著诗序补义二十四卷，以诗序首句为国史所传，如苏辙之例，又参用朱子诗序辨说之义，以贯通两家，其纲领有云："有诗人之意，有编诗之意，如雄雉为妇人思君，凯风为七子自责，是诗人之意；雄雉为刺宣公，凯风为美孝子，是编诗之意。朱子顺文立义，大抵以诗人之意为是诗之旨。国史明乎得失之迹，则以编诗之意为一篇之要。"尤可谓解结之论。又著读左补义五十卷，破说春秋者屈经从例之弊，援据典博，参考亦颇融贯。又著有尊乡集。

盛百二，字秦川，秀水人。乾隆二十一年举人。官山东淄川知县，为政静而不扰，简而有要。听讼不多言而人自服。查核历城、济阳灾户，了了无遗，能吏莫之及。然素无宦情，在官一年，以忧去，遂不仕。少读书颖悟，于天文、勾股、律吕、河渠之学，必研其故。尝谓："羲和之法，遭秦火而不传，六天沸腾，莫知所从。自太初以后，踵事增修者，七十馀家。至御制律历渊源之书出，如披云见日，使千古术士诡秘之说，至今日而莫遁其形。始知大经大法，已略具于虞书数语之内。虽有古今中外之殊，其理莫能外也。"著尚书释天六卷，解尧典、舜典、允征、洪范之有关历象者，博采诸书，而详疏之。其大要以西法为宗，凡五易稿乃成。所论说于阴阳之理、性命之旨、治乱得失之故，洞若观火。晚居齐鲁间，主讲山枣、稿城书院十数年，多有成就。他著有柚堂文存四卷、皆山阁吟稿四卷、柚堂笔谈四卷、续八卷、观录四卷、问水漫录四卷、增订教稼书二卷。

翟均廉，字春沚，仁和人。乾隆三十年举人，官内阁中书。著周易章句证异十一卷，取周易古今诸本篇章句读之同异，逐卦逐爻，悉为胪列，考证精确。所言皆有依据，胜郭京举正以意刊改，托言于王、韩旧本者也。又著海塘录二十六卷，浙江海塘在海宁州南，唐宋以来，递有修筑，均廉征引各书，考订赅洽。卷首载圣祖、高宗亲临相度及诏谕，尤足以昭示后来。

褚寅亮　程际盛

褚寅亮，字搢升，江苏长洲人。乾隆十六年，召试举人，授内阁中书，官至刑部员外郎。寅亮少以博雅名。在刑部时，明于律，尤戒深刻，研鞫无冤滥。侍郎杜玉林尝以疑狱属之。心思精锐，于史书鲁鱼，一见便能订其误谬。中年覃精经术，一以注疏为归。从事礼经几三十年，墨守家法，专主郑学。郑氏周礼礼记注，妄庸人群起嗤点之，称仪礼为孤学，能发挥者固绝无，而谬加指摘者亦尚少。惟敖继公集说多巧窜经文，阴就己说。后儒苦经注难读，喜其平易无疵之者。万斯大、沈彤于郑注亦多所纠驳。至张尔岐、马駉但粗为演绎，其于敖氏之似是而非，均未能正其失也。寅亮著仪礼管见三卷，于敖氏洞见其症结，驱豁其雺露，时公羊何氏学久无循习者，所谓五始、三科、九旨、七等、六辅、二类之义，不传于世。惟武进庄存与默会其解，而寅亮能阐发之，撰公羊释例三十篇。谓三传惟公羊为汉学，孔子作春秋，本为后王制作，訾议公羊者，实违经旨；又因何劭公言礼有殷制，有时王之制，与周礼不同，作周礼公羊异义二卷，世称为绝业。又长于算术，著勾股广问三卷，嘉定钱大昕作三统术衍校正，刊本误字甚多，其中“月相求六扐之数”句“六扐”当作“七扐”；“推闰馀所在加十得一”句，“加十”当作“加七”，皆取寅亮说也。又著有十三经笔记十卷、诸史笔记八卷、诸子笔记二卷、名家文集笔记七卷,又有周易一得、四书自课录。乾隆四十六年,以病告归,主常州龙城书院八年。五十五年,卒,年七十六。

程际盛,原名炎,字焕若,亦长洲人。乾隆四十五年进士,授内阁中书,官至监察御史。际盛初学诗于同里沈德潜,及官京师,奉职三十馀年,退食而归,闭关却扫,惟以穷经为务。尤深研郑学,摘郑语之要,为周礼故书考、仪礼古文今文考、礼记古训考,凡三卷。书成于辛亥,在段玉裁汉读考未出以前,然其读经之法,则与玉裁暗合。又著说文古语考、骈字分笺各二卷,续方言补正一卷,青浦王昶称其书皆有功学者。又有清河偶录、稻香楼集。

翟灏 黄模 周广业

翟灏,字大川,浙江仁和人。乾隆十九年进士,官金华、衢州府学教授。灏见闻淹博,又能搜奇引僻,尝与钱塘梁玉绳论王肃撰家语难郑氏,欲搜考以证其伪。因握笔互疏,所出顷刻数十事。时方被酒,旋罢去,未竟稿,其精力殊绝人也。著有尔雅补郭六卷,以尔雅郭注未详未闻者百四十二科,邢疏补言其十,馀仍阙如,乃参稽众家,一一备说。又云:"古尔雅当有释礼篇,与释乐篇相随,祭名与讲武、旌旗三章乃释礼之残缺失次者。"又著四书考异七十二卷,皆贯串精审,为世所推。他著又有家语发覆,周书考证、山海经道常、说文称经证、汉书艺文补志、太学石鼓补考、通俗篇、湖山便览、无不宜斋诗文稿。五十三年,卒。

黄模,字相圃,浙江钱塘人。岁贡生。少工诗,与同里吴锡麒有李杜之目。生平淡于荣利,亲殁后,不复应举。覃思经术,一意著述，有夏小正分笺四卷、异议二卷，时称精核。又有三家诗补考、国语补韦、竹书详证、蜀书笺略、武林先雅及寿德堂诗集八卷。

周广业，字耕崖，浙江海宁人。乾隆四十八年举人。广业深研古学，著孟子四考四卷：一逸文，二异本，三古注，四出处时地，末附辨明王世贞论孟子用于齐必败，辟杨墨非功之说。又著经史避名汇考四十六卷、广德州志。

任大椿　族弟兆麟　基振

任大椿，字幼植，江苏兴化人。祖陈晋，字似武，乾隆四年进士，官徽州府教授，以通经闻。著易象大意存解一卷，发挥明简，切于人事；又有燕喜堂文集、后山诗集。

大椿，乾隆三十四年二甲一名进士，授礼部仪制司主事。仪制号繁剧，大椿请移司简曹，俾得竭半日一夜之力，假书诵习。四库馆开，以荐为纂修官，时非翰林而预纂修者八人，大椿博于闻见，考订精当，礼经类提要不出一手，皆大椿详定。旋以忧归里，服阕，迁员外郎，升郎中。五十四年，授陕西道监察御史，甫一月而卒，年五十二。

大椿家贫，尽色养，读书守道义，素不以空言讲学。服官行己，无愧古人。少工文词，既与休宁戴震同举于乡，习文论说，究心汉儒之学。初为袷禘、丧服等，辨驳孔、贾诸儒，兼难郑君。震以其思锐而议坚，引郑樵、毛奇龄贼经害道为戒。自是实事求是，所学淹通。于礼尤长名物，始欲荟萃全经，久之知其浩博难罄，因思即类以求，一类既贯，乃更求他类。所著弁服释例八卷、深衣释例三卷、释缯一卷，皆博综群籍，衷以己意。或视为尔雅广疏，实礼经别记之意。又以字书传世，莫古于说文、玉篇，而吕忱字林实承说文之绪，开玉篇之先，字林不传，则六书相传之脉，中阙弗续，著字林考逸八卷。又辑苍颉篇逸文为二卷，后族弟兆麟以二书未备，为之补正。他著又有小学钩沉二十卷、吴越备史注二十卷、列子释文考异一卷。诗尚清远，为嘉定王鸣盛所称，有集六卷。

兆麟，原名廷麟，字文田，震泽籍。太学生。嘉庆元年，举孝廉方正，以侍养辞。祖德成，字象先；父思谦，字纯仁：俱诸生，有学行。德成著白鹿洞规大义、澹宁文稿。思谦著易要、诗谱、中星考、经笥堂文集、薛胡语要、皇极经世钤解。

兆麟承家学，博闻敦行，又从长洲褚寅亮、彭绍升游。自经传子史、音韵古籀，及诗古文，皆颖悟解脱，心契其妙，为王鸣盛、钱大昕所重。金坛段玉裁先与兆麟兄大椿、基振游，后居苏州交兆麟，有“三任”之目。兆麟虽好古经说，然谓：“论典章名物在考证，论性道则无庸。东原博于考证，而原善之作，究未闻圣学宗旨。”尝辟莲泾精舍，祀尹和靖，立教规，讲经义经世之务，以宋以后说诗者异同杂糅，集周迄隋诸家之说不背于序者，为毛诗通说二十卷；以春秋三传缺一不可，辑啖、赵、程、张诸家说有裨三传者，为春秋本义十二卷；又著夏小正注四卷，尸子附录四卷，孟子时事略、孝经本义，小尔雅注、弟子职注、声音表、古乐谱、石鼓文集释各一卷，其夏小正注移“主夫出火”在三月，移“时有见稊始收”在五月，复补采芑鸡、始乳二条，鸣盛称其确当。又以课授生徒，编录三代、两汉之书，为述记四卷。其诗文曰有竹居集，凡十三卷。

基振，字领从。笃志研经，著尔雅注疏笺补，戴震序称其考索精详。震著尔雅文字考，多引其说。

梁上国　张崇兰

梁上国，字斯仪，福建长乐人。少为大兴朱珪所赏识，入读书社。乾隆四十年，成进士，改翰林院庶吉士，习国书，散馆改除。大学士于敏中惜其才，奏请留馆学习，寻以忧归。五十五年，再散馆，授编修。嘉庆二年，转御史。六年，巡视济宁漕务。七年，迁给事中，复除内阁侍读学士。九年，迁太常寺少卿，复迁奉天府丞。十二年，内迁詹事府少詹事，稽察觉罗官学。十四年，以前失察通仓盗米，罣吏议。十五年，复补内阁侍读学士。十八年，擢太仆寺少卿。是秋，奉命督学广西。十九年，晋太常寺卿。二十年，卒于官，年六十八。

上国通经知时务，凡当世之急务，乡里之利病，旁咨博访，多所建白。时楚蜀用兵，疏言六事，曰：正罪名，以申国法；尚谋议，以筹胜算；设统帅，以一兵权；添士卒，以壮军威；杜冒滥，以收实用；妥招抚，以净贼根。上览奏，趣令更立法纪，军政始肃。闽南奸民结党通兵役，号天地会，蔓延他郡，肆钞掠，有司匿不闻。复疏请敕大吏密察掩捕，获其渠，馀党解散，一方遂安。台湾噶玛兰居淡水厅之北，屡为海贼蔡牵、朱濆所觊觎。上国疏请收抚其地，上令督抚议，寻见施行。惟巡视南城时，以所辖六门，郭外辽阔，多歧径，奸慝易溷，因请分村落，定坊户，以便稽察；汰冗役，设乡约，以资讲谕；参用保甲法而通变之。吏议格不行。后十馀年，逆贼林清构煽营窟，适在近郊，时服其先见。

生平质直好学，不蹈脂韦，好面规人过。治经不苟同于人。古文尚书自阎若璩疏证出，同时毛奇龄冤词、朱鹤龄埤传仍以孔安国传为真本，自后学者尊信阎氏，无异词。上国著古文尚书条辨八卷，力攻阎氏，惟语多嫉激，世鲜好之。大兴翁方纲序其书，谓古文诸篇，皆圣贤之言，有裨于人国家，有资于学者，不宜轻议。阎氏多嫉激语，故梁子亦嫉激以敌之。此非梁子之过，阎氏之过也。然上国之学，不尽同于奇龄，有驳毛氏大学证文一卷。他著又有数目通典十卷、闽海人文五卷、山左山右辽沈粤西游记四卷、九山诗文集十二卷。上国之后，又有张崇兰。

张崇兰，字猗谷，江苏丹徒人。岁贡生。著古文尚书私议三卷，谓古文义理精密，隋书、唐正义原委具有明征，乃据惠栋古文尚书考分条析之，其阎氏书，惠所不采者，以为未安，不再辨。惠氏而下，袭其说而小立异同者，随所见为之剖晰，大旨与上国书同。崇兰学务根柢，善谈名理，有悔庐文钞五卷。

戴震

戴震，字东原，安徽休宁人。读书好深湛之思。少时，塾师授以说文，三年尽得其节目。年十六七，研精注疏，实事求是，不主一家。与郡人郑牧、汪肇龙、汪梧凤、方矩、程瑶田、金榜从婺源江永游，震出所学质之永，永为之骇叹。永精礼经及推步、钟律、音声、文字之学，惟震能得其全。性特介，年二十八，补诸生。家屡空而学日进。与吴县惠栋、吴江沈彤为忘年友。以避仇入都，北方学者，如献县纪昀、大兴朱筠；南方学者，如嘉定钱大昕、王鸣盛，馀姚卢文弨，青浦王昶，皆折节与交。尚书秦蕙田纂五礼通考，求精于推步者，大昕举震，蕙田延之，纂观象授时一门。乾隆二十七年，举乡试。三十八年，诏开四库馆，征海内淹贯之士，司编校之职，总裁荐震充纂修。四十年，特命与会试中式者，同赴殿试，赐同进士出身，改翰林院庶吉士。震以文学受知，出入著作之庭，馆中有奇文疑义，辄就咨访。震亦思勤修其职，晨夕披检，无间寒暑，经进图籍，论次精审。所校大戴礼记、水经注，尤精核。又于永乐大典内得九章、五曹算经七种，皆王锡阐、梅文鼎所未见，震正讹补脱以进，得旨刊行，御制诗冠其卷首。四十二年，卒于官，年五十有五。

震之学，由声音文字以求训诂，由训诂以寻义理。谓："义理不可空凭胸臆，必求之于古经；求之古经而遗文垂绝，今古悬隔，必求之古训。古训明则古经明，古经明则贤人圣人之义理明，而我心之所同然者，乃因之而明，义理非他，存乎典章制度者也。彼歧训诂义理而二之，是训诂非以明义理，而义理不寓乎典章制度，势必流入于异学曲说而不自知也。"震为学精诚解辨，每立一义，初若创获，及参考之，果不可易，大约有三：曰小学，曰测算，曰典章制度。其小学书，有六书论三卷、声韵考四卷、声类表九卷、方言疏证十卷。汉以后转注之学失传，好古如顾炎武亦不深省。震谓指事、象形、谐声、会意四者，为书之体；假借、转注二者，为书之用。一字具数用者为假借，数字共一用者为转注，初、哉、首、基之皆为始，卬、吾、台、予之皆为我，其义转相注也。又自汉以来古音寖微，学者于六书谐声之故，〔一〕靡所从入，顾氏古音表入声与广韵相反。震谓有入无入之韵，当两两相配，以入声为之枢纽，真至仙十四韵，与脂、微、齐、皆、灰五韵同入声；东至江四韵及阳至登八韵，与支之佳、咍、萧、宵、〔二〕肴、豪、尤、侯、幽十一韵同入声，侵至凡九韵之入声，则从广韵无与之配，鱼、虞、模、歌、戈、麻六韵，广韵无入声，今同以铎为入声，不与唐相配，而古音递转及六书谐声之故，胥可由此得之，皆古人所未发。

其测算书，有原象四篇、迎日推策记一篇、勾股割圜记三篇、历问一卷、古历考二卷、续天文略三卷、策算一卷。自汉以来畴人不知有黄极，西人入中国，始云赤道极之外，又有黄道极，是为七政。恒星右旋之枢，诧为六经所未有。震谓西人所云赤极，即周髀之正北极也，黄极即周髀之北极璇玑也。虞书在璇玑玉衡，以齐七政。盖设璇玑以拟黄道极也。黄极在柱史星东南、上弼少弼之间，终古不随岁差而改。赤极居中，黄极环绕其外，周髀固已言之，不始于西人也。又月建所指，亦谓黄极。夫北极璇玑，冬至夜半恒指子，春分夜半恒指卯，夏至夜半恒指午，秋分夜半恒指酉，以周髀四游所极推之，则月建十有二辰，为黄极夜半所指显然。汉人以为斗杓移辰者，非也。又汉以来九数佚于秦火，儒者测天，多不能尽勾股之蕴。西人传弧三角术，推步始为精密，其三边求角，及两边夹一角求对角之边，加减捷法，梅氏用平仪之理为图阐之，可谓剖析渊微。然用馀弦折半为中数，则过象限与不过象限，有相加相减之殊，未为甚捷也。震谓用馀弦者，或加或减，易生歧惑。乃立新术，用总较两弧之矢相较，折半为中数，则一例用减，更简而捷矣。盖馀弦者矢之馀也，八线法，弧小则馀弦大，弧大则馀弦小，弧若大过象限九十度，则馀弦反由小而渐大。惟矢不然，弧小则矢小，弧大则矢大，弧若大过象限九十度，则矢更随之而大，是矢与弧大小相应，不似馀弦之参差，故以易之。此立法之根，古人所未及也。

震所著典章制度之书，未成。有诗经二南补注二卷、毛郑诗考四卷、尚书义考一卷、仪礼考正一卷、考工记图二卷、春秋即位改元考一卷、大学补注一卷、中庸补注一卷、孟子字义疏证三卷、尔雅文字考十卷、经说四卷、水地记一卷、水经注四十卷、九章补图一卷、屈原赋注七卷、通释二卷、原善三卷、绪言三卷、直隶河渠书六十四卷、气穴记一卷、藏府算经论四卷、葬法赘言四卷、文集十二卷。

震卒后，其小学，则高邮王念孙、金坛段玉裁传之；测算之学，则曲阜孔广森传之；典章制度之学，则兴化任大椿传之：皆其弟子也。后十馀年，高宗以震所校水经注问南书房诸臣，曰："震尚在否?"对曰："已死。"上惋惜久之。

【校勘记】

〔一〕学者于六书谐声之故　原脱"谐声"二字。今据耆献类征卷一三一叶一二上补。

〔二〕宵　"宵"原误作"宥"。今据耆献类征卷一三一叶一二下改。

段玉裁　钮树玉　陈树华

段玉裁，字若膺，江苏金坛人。生而颖异，读书有兼人之资。年十三，补诸生，学使尹会一授以小学书，遂究心焉。乾隆二十五年举人，至京师，见休宁戴震，好其学，遂师事之。以教习得贵州玉屏县知县，旋调四川，署富顺及南溪县事。又办理化林坪站务。时大兵征金川，挽输络绎，玉裁处分毕，辄篝灯著述不辍。著六书音韵表五卷，古韵自顾炎武析为十部后，江永复析为十三部。玉裁谓支佳一部也，脂微齐皆灰一部也，之咍一部也，汉人犹未尝淆借通用。晋宋而后乃少有出入，迄乎唐之功令，支注脂之同用，佳注皆同用，灰注咍同用，于是古之截然为三者，罕有知之。又谓真、臻、先与谆、文、殷、魂、痕为二，尤、幽与侯为二，得十七部。其书始名诗经韵谱、群经韵谱。嘉定钱大昕见之，以为凿破混沌，后易其体例，增以新加十七部，盖如旧也。书成，自蜀寄震，震伟其所学之精。云"自唐以来讲韵学者所未发"。寻任巫山县，年四十六，以父老引疾归。卜居苏州之枫桥，键户不问世事者，三十馀年。

玉裁于周、秦、两汉书，无所不读，诸家小学，皆别择其是非，于是积数十年精力，专说说文，著说文解字注三十卷。〔一〕谓："尔雅以下，义书也；声类以下，音书也；说文，形书也。凡篆一字，先训其义，次释其形，次释其音，合三者以完一篆，故曰形书。"又谓："许以形为主，因形以说音说义，其所说义与他书绝不同者，他书多假借，则字多非本义，许惟就字说其本义，知何者为本义，乃知何者为假借，则本义乃假借之权衡也。说文、尔雅相为表里，治说文而后尔雅及传注明。"又谓："自仓颉造字时，至唐、虞、三代、秦、汉以及许叔重造说文，曰某声曰读若某者，皆条理合一不紊，故既用徐铉切音，又某字志之曰古音第几部，后附六书音韵表，俾形声相为表里。"始为长编，名说文解字读，凡五百四十卷，既乃隐括之，成此注。书未成，海内想望者，几三十年。嘉庆十七年始付梓，高邮王念孙序之曰："千七百年无此作矣。"

玉裁又以说文者，说字之书，故有“读如”无“读为”，说经传之书，必兼是二者。汉人作注，于字发疑正读，其例有三：读如、读若者，拟其音也，比方之词；读为、读曰者，易其字也，变化之词；当为者，定为字之误、声之误而改其字也，救正之词。三者分而汉注可读，而经可读，述汉读考，先成周礼六卷，又撰礼经汉读考一卷。其他十六卷，未成。仪征阮元谓玉裁书有功于天下后世者三：言古音一也，言说文二也，汉读考三也。其他说经之书，以汉志毛诗经、毛诗故训传本各自为书，因厘次传文还其旧，著重订毛诗故训传三十卷。以诸经惟尚书离厄最甚，古文几亡，贾逵分别古今，刘陶是正文字，其书皆不存，乃广蒐补阙，正晋唐之妄改，存周汉之驳文，著古文尚书撰异三十二卷。又录左氏经文，取郑注礼、周礼，存古文今文故书之例，附见公羊穀梁经文之异，著春秋左氏古经十二卷，而以左氏传五十凡附后。又有毛诗小学三十卷，汲古阁说文订十六卷、经韵楼集十二卷。二十年，卒，年八十一。

初，玉裁与念孙俱师震，故戴氏有段、王两家之学。玉裁少震四岁，谦焉执弟子礼，虽耄，或称震，必垂手拱立，朔望必庄诵震手札一通。卒后，王念孙谓其弟子长洲陈奂曰：“若膺死，天下遂无读书人矣。”玉裁弟子长洲徐颋、嘉兴沈涛及女夫仁和龚丽正，俱知名，而奂尤得其传。

钮树玉，字匪石，江苏吴县人。居东洞庭，隐于贾。笃志好古，不为科举之业。精研文字、声音、训诂，谓说文悬诸日月而不刊者也。后人以新附淆之，诬许君矣。因博稽载籍，著说文新附考六卷、续考一卷，又著说文解字校录三十卷。树玉后见玉裁书，著段氏说文注订八卷，所驳正之处，皆有依据。时又有元和举人徐承庆，著段注匡谬十五卷，尤胜钮氏书。

陈树华，字芳林，江苏元和人。乾隆元年，荫贡生。授湖南武冈州州同，以诖误回籍。已，复由县丞升知县，荐擢山西泽州府同知，以到任迟延，降补宁乡知县。树华勤学，有左癖。官湖南时，得庆元间吴兴沈作宾分系诸经注本，乃弃官归里，遍考他经传记子史别集，与左氏经传及注有异同者，成春秋内传考证五十一卷。同时戴震、卢文弨、金榜、王念孙，皆服其该洽。段玉裁自蜀归，移居苏州，读其书，叹为善本。因录其副，以订阮元十三经校勘记。后钱塘严杰授以庆元所刻淳化诸善本，令树华精详捃摭，其是非难定者，玉裁为折衷焉。树华又有国语补音订误及诗集。嘉庆六年，卒，年七十二。

【校勘记】

〔一〕著说文解字注三十卷　原脱“注”字。今据清史稿册一五页四二五七补。

凌廷堪

凌廷堪，字次仲，安徽歙县人。六岁而孤。冠后始读书。慕其乡江永、戴震之学。乾隆五十五年进士，改教职，选宁国府教授，奉母之官，毕力著述。嘉庆十四年，卒，年五十五。廷堪之学，无所不窥，于六书算历，以迄古今疆域之沿革、职官之异同，靡不条贯。尤专礼学，谓古圣使人复性者学也，所学即礼也。颜渊问仁，孔子告之者惟礼焉尔，颜子叹道之高坚前后。迨博文约礼，然后如有所立，即立于礼之立也。礼有节文度数，非空言理者可托。著礼经释例十三卷，谓仪礼委曲繁重，必须会通其例，如乡饮酒、乡射、燕礼、大射不同，而其为献、酢、酬、旅酬无算爵之例则同。聘礼、觐礼不同，而其为郊劳、执玉、行享、庭实之例则同。特牲馈食、少牢馈食不同，而其为尸饭、主人初献、主妇亚献、宾长三献、祭毕饮酒之例则同。乃区为八例，以明同中之异，异中之同：曰通例，曰饮食例，曰宾客例，曰射例，曰变例，曰祭例，曰器服例，曰杂例。礼经第十一篇，自汉以来，说者虽多，由不明尊尊之旨，故罕得经意。乃复为封建尊尊服制考一篇，附于变例之后。大兴朱珪读其书，赠诗推重之。

廷堪礼经而外，复潜心于乐，谓今世俗乐与古雅乐，中隔唐人燕乐一阕，蔡季通、郑世子辈俱未之知，因以隋沛公、郑泽五旦七调之说为燕乐之本。又参考段安节琵琶录、张叔夏词原、辽史乐志诸书，著燕乐考原六卷。江都江藩叹以为思通鬼神。外有充渠新书二卷、元遗山年谱二卷、梅边吹笛谱二卷、校礼堂文集三十六卷、诗集十四卷。仪征阮元尝命子常生从廷堪授士礼，又称其乡射五物考、九拜解、九祭解、释牲、诗楚茨考诸说经之文，多发古人所未发，其尤卓然者，则复礼三篇云。

江声　兄筠　孙沅　顾广圻

江声，字叔沄，江苏元和人。七岁就傅读书，问读书何为，师以取科第为言。声求所以进于是者。稍长，与兄筠共学，不事帖括。年二十九，遭父疾，晨夕侍床褥，不解衣带，至自涤楲，窬视秽以验疾进退。及居忧，哀毁骨立。逾三年，容戚然如新丧者。侍母疾、居丧，亦如父殁时。少读尚书，怪古今文不类，又疑孔传非安国所为。年三十五，师事同郡惠栋，得读所著古文尚书考及阎若璩古文尚书疏证。〔一〕年四十一，以栋既作周易述，搜讨古学，乃撰尚书集注音疏存今文二十九篇，以别梅氏所上二十八篇之伪造，取书传所引汤征、泰誓诸篇逸文，按书序录入，又取说文经子所引书古文本字，更正秦人隶书及唐开元改易古字之谬，辑郑康成残注及汉儒逸说，附以己见而为之疏，以明其说之有本，以篆写经，复三代文字之旧，凡四易稿，积十馀年而后成，共十二卷，说一卷，泰誓后得马融，颇以为疑，声辨之曰："融意以泰誓非伏生所传，故疑之尔。然泰誓'维四月，太子发上祭于毕'云云，尚书大传既引其文，所以不传者，生年老，容有遗忘。大传能引九共帝告片语，而不传其全文，是其明验也。汉书艺文志云：'尚书古文经五十七篇。'计伏生书二十八篇，三分盘庚为三十，加孔氏多出二十四篇，才五十四；加泰誓三篇，适五十七。若无泰誓，不符其数。融疑所称'八百诸侯，不期而会'，然娄敬说高祖尝言之，又疑'火流为雕，以谷俱来'为神怪，然孔子系易称'河出图，洛出书'，论语亦曰'凤鸟不至，河不出图，吾已矣夫'。符瑞之征，圣人且觊幸之，谓为子所不语，岂通论乎？诗思文'贻我来牟'即此'以谷俱来'之谓。融亦将斥为诞乎？融又以书传所引泰誓甚多，而疑此泰誓皆无有。案汤誓传自伏生，今古文皆有，而墨子两引汤誓中亦无之，泰誓亦犹是耳。大传引盘庚曰'若德明哉'，汤任父言卑应言引无逸曰'厥兆天子爵'，今经反遗其语。然则伏生既传之后，欧阳夏侯递有师承，犹不能无阙逸，况泰誓经灰烬之馀百年而出耶？"其论为阎、惠诸人所未及。声又病后世深求考老转注之义，至以篆迹求之，因为六书说，谓建类一首，即始一终亥，五百四十部之首；同意相受，即凡某之属，皆从某也。阳湖孙星衍亦推其说，以为尔雅肇、祖、元、胎之属，始也。始亦建类一首，肇、祖、元、胎皆为始，亦同意相受。说文此类亦甚多。推考、老之训，如口部之咽、嗌也，嗌、咽也；走部之走、趋也，趋、走也。犹之考转注老，老转注考矣。其同在口部、走部，即建类一首也。声亦以为然。而戴震以为贯全部则义太广，声折之曰："若止考老为转注，不已隘乎？且谐声一义，不贯全部乎？"声与震以学问相推重，其不相附和如此。

声尝为说文解字考证，及见金坛段玉裁所著，遂举稿本付之。又尝为毕沅校刊释名，为之疏证，皆以篆书。生平不为行楷，与人笔札，皆作古篆。俗儒往往非笑之，而声不顾也。其写尚书瀍水字、蘉字不在说文，"瀍"据淮南作"廛"，"蘉"据尔雅义作"孟"。人始或怪之，后服其非臆说。顾其书终以时俗不便识读，不甚行于时。又尝举经子古书，俱绳以说文字例，去其俗字，命曰经史子字准绳。又著论语竢质三卷、六书浅说一卷、恒星说一卷、艮庭小慧一卷。艮庭者，晚年因性不谐俗，取周易艮背之义自号也。声性耿介，不慕荣利。交游如王鸣盛、王昶、毕沅，皆重其品藻，而声未尝以私事干之。嘉庆元年，诏开孝廉方正科，江苏巡抚费淳首举声，赐六品顶戴。四年，卒，年七十九。

筠，字震沧。乾隆二十七年举人。幼依外家于无锡，为吴鼒高弟子。博雅好古，长于三礼、三传，著有读仪礼私记，其书多取敖继公、郝敬、万斯大诸家说，异于注疏者，订其是非，而亦时出新意。戴震、金榜甚称之。卒，年六十二。声子镠、孙沅，能世其学。

镠，字贡庭，诸生，后声一年卒。

沅，字子兰。优贡生。金坛段玉裁侨居苏州，沅出入其门者数十年。玉裁著六书音均表，发明平上入分合相配，曰："此表惟江声及沅知之外，无第三人知者。"沅先著说文释例，后承玉裁嘱，以段书十七部谐声表之列某声某声者为纲，而件系之；声复生声，则依其次第，为说文解字音韵表，凡十七卷。沅于段纰讹处，略笺其失，其言曰："支、脂、之之为三，真、臻、先与谆、文、欣、魂、痕之为二，皆陆氏之旧，而段氏矜为独得之秘，严分其界，以自殊异。凡许氏所合韵处，皆多方改使离之，而一部之与十二部亦不使相通，故丽之读秘，改为逼肊之乙声，删去声字；必之弋亦声，改为八亦声，而于开章一篆说，解'极一物'三字，即是一部、十二部、十五部合韵之理，于是绝不敢言其韵。直至亥字下重文说之也，十二、十三两部之相通者，惟民、昏二字为梗。故力去昏字以就其说。臾字由声十五部也，緥从臾得声、而緥即古綦字在一部，遂改臾字为凷声，以避十五部与一部之合音。凡此皆段氏之症结处也。"又曰："段氏论音，谓古无去。故谱诸书，平而上入。沅意古音有去无入，平轻去重，平引成上去，促成入上入之字，少于平去，职是故耳。北人语言，入皆成去，古音所沿，至今犹旧，非敢苟异，参之或然。"沅当时面质玉裁，亲许驳勘，故有不同云。卒，年七十二。

顾广圻，字千里，江苏元和人。诸生。吴中自惠氏父子后，江声继之，后进翕然多好古穷经之士。声弟子数十人，而徐颋、钮树玉及广圻，俱以通小学为声契赏。广圻读惠氏书，尽通其义。论经学云："汉人治经，最重师法。古文今文，其说各异。若混而一之，则轇轕不胜矣。”论小学云：“说文一书，不过为六书发凡，原非字义尽于此。”广圻天质过人，经史、训诂、天算、舆地，靡不贯通。至于目录之学，尤为专门。时人方之王仲宝、阮孝绪。兼工校雠，同时孙星衍、张敦仁、黄丕烈、胡克家延校宋本说文、礼记、仪礼、国语、国策、文选诸书，皆为之札记，考定文字，有益后学。又时为汉学者，多讥宋儒。广圻独取先儒语录，摘其切近者，为遁翁苦口一卷，以教学者。著有思适斋文集十八卷。道光十九年，卒，年七十。

【校勘记】

〔一〕阎若璩古文尚书疏证　原脱“尚书”二字。今据清史稿册一五页四二二七补。

崔述

崔述，字武承，直隶大名人。乾隆二十七年举人，选授福建罗源县知县。时武弁多藉海盗邀功，遇漳泉商船索贿，不与，遂诬为盗。述平反之，调上杭。关税向赢数千金，述悉解充缉盗公费。未几，投劾归，卜居相州，闭门著述。著书三十馀种，而考信录一书，尤为生平心力所专注。凡考古提要二卷、上古考信录二卷、唐虞考信录四卷、夏商考信录四卷、丰镐考信录八卷、洙泗考信录四卷、丰镐别录三卷、洙泗馀录三卷、孟子事实录二卷、考古续说二卷、附录二卷。又有王政三大典考三卷、读风偶识四卷、尚书辨伪二卷、论语馀说一卷、读经馀论二卷、名考古异录。其自叙著书大旨，谓不以传注杂于经，不以诸子百家杂于传注，以经为主，传注之合于经者著之，不合者辨之，异说不经之言，则辟其谬而削之。如谓易传仅溯至伏羲，春秋传仅溯至黄帝，不应后人所知反多于古人。凡纬书所云十纪，史所云天皇、地皇、人皇，皆妄也。谓战国时杨墨横议，常非尧舜，薄汤武，以快其私。毁尧则托诸许由，毁禹则托诸子高，毁孔子则托诸老聃，毁武王则托诸伯夷。太史公尊黄老，故好采异端杂说。学者但当信论孟，不当信史记，谓夏商周未有号为某公者，公亶父相连成文，犹所谓公刘也；古公亶父犹言昔公亶父也。谓："匡为宋邑，似畏匡过宋本一事，匡人其如予何？桓魋其如予何？"似一时一事之言，记者小异耳。其说皆为有见。

然述学主见闻，勇于自信，虽有考证，而从横轩轾，任意而为者亦多有之。他著有易卦图说一卷、五服异同汇考三卷、大名水道考一卷、莪田剩笔二卷、杂录二卷、琐记二卷、缀语二卷、大怪谈一卷、涉世杂谈一卷、闻见杂记四卷、知味录二卷、知非集三卷、无闻集五卷、小草集五卷。嘉庆二十一年，卒，年七十七。弟子石屏陈履和，为刊其遗书。

程瑶田

程瑶田，字易畴，安徽歙县人。乾隆三十五年举人，选嘉定教谕。嘉庆元年，举孝廉方正。十九年，卒，年九十。瑶田少师淳安方粹然，又与戴震、金榜同学于江永。笃志治经，震自言逊其精密。其学长于涵泳经文，得其真解，不屑屑依傍传注。以丧服缌麻章末，长殇、中殇降一等四句，郑氏误以为传文，故触处难通。又不杖期章，惟子不报传文，公妾以及士妾为其父母传文，郑氏以为失误。大功章"大夫之妾为君之庶子女子已嫁者未嫁者为世父母叔父母姑姊妹",旧读以大夫之妾为建首,下二为字贯之。郑氏谓女子别起贯下,斥传文为不辞。皆援据经史,疏通证明,以规郑失,著仪礼丧服文足征记十卷。又以考工记诸言磬句磬折,郑氏度直矩解之,致与前后经文不合,谓磬折不明,由于倨句不明,欲明倨句,先辨矩字。矩有直有曲,倨句之云折,其直矩而为曲矩,即今木石工所用之曲尺,著磬折古义一卷。又以郑注太宰九谷,稷、粱二者言人人殊,因询考农家,据说文释之,谓粱为粟,以稷为秫,今高粱也,著九谷考四卷。又宗法小记、释宫小记、考工创物小记、沟洫疆理小记、水地小记、解字小记、声律小记、释草小记、释虫小记各一卷,皆考证精确,为学者所宗。又论学小记一卷、外篇一卷,其论性,谓:"性从质形气而有,譬之水与镜,水之清,镜之明,质形气之清明也,是即性也。清明能鉴物,浊暗不能鉴物,此智愚所由分。然极浊极暗,清明自在其中,是即下愚不移者,其性之善自若也。又谓性不可见于情,见之情是心之起念,心只一念,善者居其先,恶则从善而转之耳。今为盗贼者,其初只有谋生一念,岂不欲择其善者为之,至皆不可得,乃不得已而为盗贼。又必有一二为盗贼者,从而引之,所谓习也。"他著又有禹贡三江考、读书求解、数度小记、九势碎事、修辞馀钞各一卷,统名通艺录。

瑶田性退让,初效郑康成为礼堂,继念非让,无以明礼。官嘉定时,以身率教,复以让名堂。及告归,邑人购忠烈名流手迹赠之,不肯受,曰:"先生不取吾邑一钱,岂破纸亦不受耶?"王鸣盛赠诗云:"官惟当湖陆,师则新安程,一百五十载,卓然两先生。"其推重如此。浙抚阮元尝聘修杭州府学乐器，多所参订。善鼓琴，年老失明，犹口授其孙，成琴音记三卷。诗为桐城刘大櫆所称，有集十八卷。

粹然，字心醇，棨如子，著有十三经注疏类钞一百卷、礼服古制二十卷，皆佚不传。

邵晋涵　周永年

邵晋涵，字二云，浙江馀姚人。乾隆三十六年进士，归班铨选，会开四库馆，特诏征晋涵及历城周永年、休宁戴震等，入馆编纂，改翰林院庶吉士，授编修。四十五年，充广西乡试正考官。五十六年，大考，迁左中允，荐擢侍讲学士，充文渊阁直阁事、日讲起居注官。晋涵左目眚，清羸。善读书，四部七录，靡不研究。尝谓尔雅者六艺之津梁，而邢疏浅陋不称，乃为正义二十卷，以郭璞为宗，而兼采舍人、樊、刘、李、孙诸家，郭有未详者，择他书附之。自是承学之士，多舍邢而从邵。尤长于史，以生长浙东，习闻刘宗周、黄宗羲诸绪，论说明季事，往往出于正史之外。在书馆时，见永乐大典采薛居正旧五代史，乃荟萃编次，得十之八九；复采册府元龟、太平御览诸书，以补其缺；并参考通鉴长编诸史及宋人说部碑碣，辨证条系，悉符原书一百五十卷之旧。书成，呈御览，馆臣请仿刘昫旧唐书之例，列于二十三史，刊布学宫，诏从之。由是薛史与欧阳史并传矣。尝谓宋史自南渡后多谬，庆元之间褒贬失实，不如东都有王偁事略。欲先辑南都事略，使条贯粗具，词简事增；又欲为赵宋一代之志，俱未卒业。其后镇洋毕沅为续宋元通鉴，嘱晋涵删补考定，故其绪馀稍见于审正续通鉴中。

晋涵性狷介，不为要人屈。尝与会稽章学诚论修宋史宗旨，晋涵曰："宋人门户之习，语录庸陋之风，诚可鄙也。然其立身制行，出于伦常日用，何可废耶？士大夫博学工文，雄出当世，而于辞受取与、出处进退之间，不能无箪豆万钟之择。本心既失，其他又何议乎？此著宋史之宗旨也。"学诚闻而耸然。他著有孟子述义、穀梁正义、韩诗内传考，并足正赵岐、范宁及王应麟之失，而补其所遗。又有皇朝大臣谥迹录、方舆金石编目、輶轩日记、南江诗文稿。嘉庆元年，卒，年五十四。

周永年，字书昌，山东历城人。少嗜学，聚书五万卷，筑籍书园，祀汉经师伏生等。博洽贯通，为时推许。乾隆二十六年进士，特诏征修四库书，改翰林院庶吉士，散馆授编修，充文渊阁校理官。四十四年，充贵州乡试副考官。永年在书馆，见宋元遗书湮没者多，采入永乐大典中，于抉摘编摩，自新喻刘氏兄弟公是公非集以下，凡得十馀家，皆前人所未见者，悉著于录。生平与邵晋涵及江都程晋芳、归安丁杰、曲阜桂馥交最契。尝借馆中书，与馥为四部考，佣书工十人，日夜钞校，会禁借官书乃止。其为学务观大义，不雠章句，自谓文拙不存稿。著有先正读书诀一卷。卒，年六十二。

孔广森　孔继涵

孔广森，字㧑轩，山东曲阜人。孔子六十八代孙，袭封衍圣公传铎之孙；户部主事继汾之子。乾隆三十六年进士，改翰林院庶吉士，散馆授检讨。年少入官，翩翩华胄，一时争与之交。然性淡泊，耽著述，不与要人通谒。告养归，不复出。及居大母与父丧，竟以哀卒，时乾隆五十一年，年三十五。

广森聪颖特达，尝受经戴震、姚鼐之门。经史小学，沉览妙解，所学在公羊春秋，尝以左氏旧学湮于征南，穀梁本义汩于武子。王祖游谓何休志通公羊，往往为公羊疢病，其馀啖助、赵匡之徒，又横生义例，无当于经，唯赵汸最为近正。何氏体大思精，然不无承讹率臆，于是旁通诸家，兼采左穀，择善而从，著春秋公羊通义十一卷、序一卷。凡诸经籍，义有可通于公羊者著录之，其不同于解诂者，大端有数事：谓古者诸侯分土而守，分民而治，有不纯臣之义，故各得纪年于其境内，而何邵公谓唯王者然后改元立号，经书元年为托王于鲁，则自蹈所云反传违戾之失。其不同一也。谓春秋分十二公而为三世：旧说所传闻之世，隐、桓、庄、闵、僖也；所闻之世，文、宣、成、襄也；所见之世，昭、定、哀也。颜安乐以为襄公二十三年，邾娄鼻我来奔，云邾娄无大夫，此何以书，以近书也。又昭公二十七年，邾娄快来奔，云邾娄无大夫，此何以书，以近书也。二文不异，同宜一世，故断孔子生后即为所见之世，从之。其不同二也。谓桓十七年经无“夏”，二家经皆有“夏”，独公羊脱耳。何氏谓夏者阳也，月者阴也，去夏者明大夫不系于公也，所不敢言。其不同三也。谓春秋上本天道，中用王法，而下理人情。天道者一曰时，二曰月，三曰日；王法者一曰讥，二曰贬，三曰绝；人情者一曰尊，二曰亲，三曰贤。此三科九旨，而何氏文谥例云三科九旨者，新周故宋，以春秋当新王，此一科三旨也。又云所见异辞，所闻异辞，所传闻又异辞，二科六旨也。又内其国而外诸夏，内诸夏而外夷狄，是三科九旨也。其不同四也。他如何氏所据，间有失者，多所裨损，以成一家之言。又谓左氏之事详，公羊之义长，春秋重义不重事，皆好学深思，心知其意，故能融会贯通，使是非之旨不谬于圣人，大旨见自序中。仪征阮元谓读其书，始知圣志之所在。又著大戴礼记补注十四卷、诗声类十三卷、礼学卮言六卷、经学卮言六卷、少广正负术内外篇六卷。骈体兼有汉、魏、六朝、初唐之胜。江都汪中读之，叹为绝手。然广森不自足，作堂于其居，名曰仪郑，自庶几于康成。惜奔走家难，劳思夭年，艺林有遗憾焉。

孔继涵，字体生，广森从父。乾隆三十六年进士，官户部主事，充日下旧闻纂修官。以母疾乞养归。继涵笃于内行，雅志稽古，于天文、地志、经学、字义、算数之书，无不博综。与休宁戴震友善，考证异同，良多资益。凡所钞校者数千百帙，集唐以来金石刻千馀种，与经义史志相比附。又汇梓罕存之本为微波榭丛书，及搜梓算经十书，皆为世所称。所自著有春秋世族谱、春秋地名人名同名录、春秋闰例日食例、左国蒙求、国语解订讹、周官联事考工车度记补、林氏考工记解、勾股粟米法、释数同度记、水经释地、红榈书屋集二卷、词四卷。四十八年，卒，年四十五。子广栻，能传其学。

广栻，字伯诚。乾隆四十四年举人。继涵所著春秋各书，未竟厥绪，广栻实终之。嘉庆四年，卒，年四十五。

刘台拱　刘玉麐

刘台拱，字端临，江苏宝应人。父世謩，举孝廉方正，不就，官靖江县训导，教士有声。台拱幼不好戏。六岁，母殁，哀毁如成人。九岁，作颜子颂，心慕理学。及长，见同里王懋竑、朱泽澐书，遂笃志程朱之学。乾隆三十五年举人，屡试礼部，不第。大兴朱珪校礼闱，得其卷，叹为绩学之士。时四库馆开，台拱在都，与朱筠、程晋芳、戴震、邵晋涵及同郡任大椿、王念孙等游，稽经考古，旦夕讨论。台拱齿最少，每发一义，诸人莫不折服。其学自天文、律吕，至声音、文字，靡不该贯。考证名物，精研义理，未尝离而二之，于汉宋诸儒之说，不专一家，惟是之求。精思所到，如与古作者晤言一室，而知其意指之所存。以论语、礼经为孔氏微言大义所在，用力尤深。选丹徒县训导，课士以敦品立行为先，暇则诵习古训，亲为讲画。取仪礼十七篇，除丧服外，各绘为图，与诸生习礼容，为发明先王制作之精意。迎两亲学署，雍雍色养，事继母尤孝。母或返家，书至，目辄瞤，尝客他所，忽心痛，骤归，母病危甚。台拱侍汤药，衣不解带者数旬，病遂愈。及两亲殁，水浆不入口，哀动邻里。既敛，枕苫啜粥，自是出就外寝，蔬食者五年。青浦王昶以为有曾、闵之孝，而王念孙则称其学与阎若璩相伯仲。朱筠尝曰："台拱大贤也，岂独学问过人也？"邵晋涵亦曰："予交友中，渊通静远，造次必儒者，台拱一人而已。"然台拱以圣贤之道自绳，与人游处，未尝一字及道学也。卒以哀毁过情，卧病不起，嘉庆十年卒，年五十五。

台拱慎于接物，而好诱掖后进，与王念孙及金坛段玉裁、江都汪中最称莫逆。中恃才傲物，独心折台拱，尝曰："君欲吾养德性，无骋血气，使吾见所不足，吾所以服也。"及中殁，台拱抚其孤喜孙成立。武进臧庸常以经义请益，台拱饮食教诲之，十七年如一日，庸心感焉。生平无他嗜好，唯聚书数万卷，及金石文字，日夕冥搜，而不务著述。卒后稿多零落，仅辑成论语骈枝一卷、仪礼传注一卷、经传小记三卷、荀子补注一卷、汉学拾遗一卷、文集一卷，及方言补校、淮南子补校、国语补诸书。其说论语如切如磋、如琢如磨，则据尔雅之文；有事弟子服其劳，有酒食先生馔，则据内则之文；子贡欲去告朔之饩羊，则据周官、大戴记、穀梁传之文；师挚之始，关雎之乱，则据周官、仪礼之文；入公门以下，则据聘礼之文；吉月必朝服而朝，孔子时其亡也而往拜之，则据玉藻之文：皆圣经之达诂，而传注之所未及。其疏释仪礼经文，能默念其意，既补郑注之缺，兼斥敖氏之妄，如横弓之为南踣弓，张侯设乏之在前一日，馔于东方之在东堂下，下饮之非在西阶下，朝祖之奠非用脯醢醴酒，皆条理致密。至于荀子补注缀评事之疏漏，汉学拾遗箴秘书之违失，凡所纠正，悉彻本源云。

刘玉麐，字又徐，亦宝应人。乾隆四十二年，拔贡生。以直隶州州判分发广西，历官郁林州州判，知象州、龙门、北流等县，所至有政声。嘉庆二年，贵州兴义府苗乱，延及泗城。玉麐襄理军储，为贼炮所击，殁于军，年六十。事闻，得旨荫恤。玉麐砥行砺学，博通经史，游京师，获闻戴震、程瑶田诸人绪论，又就正于刘台拱，所学日进。著有尔雅补疏、粤西金石录等书。殁后散佚，后人掇其说经之文，为甓斋遗稿。仪征阮元刻入经解中。

臧庸　弟礼堂

臧庸，本名镛堂，字在东，江苏武进人。高祖琳，已有传。庸与弟礼堂，俱事钱塘卢文弨。沉默朴厚，学术精审，续其高祖之学，拟经义杂记为拜经日记八卷，高邮王念孙亟称之。其叙孟子年谱，辨齐宣王、湣王之讹，闽县陈寿祺叹为绝识。又著拜经文集四卷、月令杂说二卷、乐记二十三篇注一卷、孝经考异一卷、子夏易传一卷、诗考异四卷、韩诗遗说二卷、订讹一卷、卢植礼记解诂一卷、尔雅古注三卷、说文旧音考三卷、蔡邕月令章句二卷、王肃礼记注一卷、圣证论一卷、尸子一卷、贾唐国语注一卷、萧该汉书音义二卷、校郑康成易注二卷。其辑子夏易传，辨此传为汉韩婴作，非卜子夏。其诗考异，大旨如王伯厚，但逐条必自考辑，不依循王本。庸初因宝应刘台拱获交仪征阮元，其后馆元署中为多。元写其书为副本，以原本还其家。嘉庆十六年，卒，年四十五。

礼堂，字和贵。事亲孝，父病疟，冬月畏火，礼堂潜以身温被。及卒，居丧如礼，三年不见齿。母遘危疾，刲股和药，私祷于神，愿减齿一纪。初娶妇时，教以孝弟长言，令熟听乃合卺，一家感而化之。尤精小学，善雠校。师事钱大昕，业益进。好许氏说文解字，以南唐徐氏兄弟治此，楚金尤专业，而世传小徐本，转写讹异阙者，据大徐本补之，益失真，得元板熊氏韵会举要所引小徐善本，重辑说文系传十五卷。又刺取许引诸经，为说文经考三十卷。又为南宋石经考二卷。慕古孝子孝妇事，作孝传百三十卷、尚书集解案六卷、三礼注校字六卷、春秋注疏校正六卷，补严氏蔚左传贾服注三卷，辑臧荣绪晋书二卷，爱日居笔记六卷。嘉庆十年，卒，年三十。

金榜　洪榜　汪龙

金榜，字蕊中，安徽歙县人。乾隆二十九年，召试举人，授内阁中书，军机处行走。三十七年一甲一名进士，授翰林院修撰。散馆后，养疴读书，不复出，卒于家。榜少工文词，以才华为天下望。后师事江永，友戴震，遂深经术，著礼笺十卷。复刺取其大者数十事为三卷，大而天文、地域、田赋、学校、郊庙、明堂，以及车旗、服器之细，贯串群言，折衷一是。朱珪读之，叹其词精而义核。榜治三礼，最尊郑康成，然博稽而精思，慎求而能断，尝援郑志答赵商云："不信亦非，悉信亦非，斯言也，敢以为治经之大法。"故郑义所未衷者，必纠正之，于郑氏家法不敢诬也。榜之友，又有洪榜。

洪榜，字汝登，亦歙县人。乾隆二十三年举人，应天津召试第一，授内阁中书。卒，年三十有五。粹于经学，著明象未成，终于益卦；因郑康成易赞作述赞二卷；又明声韵，撰四声均和表五卷、示儿切语一卷。江氏永切字六百十有六，是书增补百三十九字，又以字母见、溪等字注于广韵之目，每字之上以定喉、吻、舌、齿、唇五音，盖其书宗戴、江二家之说而加详焉。又有周易古义录、书经释典、诗经古义录、诗经释典、仪礼十七篇书后、春秋公羊传释例、论语古义录、初堂读书记、许氏经义诸书。为人律身以正，待人以诚，以孝友著于乡里。生平学问之道，服膺戴震。戴震所著孟子字义疏证，当时读者不能通其义，惟榜以为功不在禹下云。

汪龙，字辰叔，亦歙县人。乾隆五十一年举人。嗜古博学，尤精于诗。尝读诗生民、玄鸟二篇，疑郑笺迹乳卵生之说，不若毛传谓姜嫄、简狄从帝喾祀郊禖之正，遂稽传笺同异，用力于是经者数十年，成毛诗异义四卷、毛诗申成十卷。卒，年八十二。

王念孙　李惇　宋绵初

王念孙，字怀祖，江苏高邮人。父安国，官吏部尚书，谥文肃，自有传。念孙八岁能属文，十岁读十三经毕，旁涉史鉴，有神童之目。高庙南巡，以大臣子迎銮，献文册，赐举人。乾隆四十年进士，改翰林院庶吉士，散馆授工部主事。荐升郎中，擢陕西道御史，转吏科给事中。嘉庆四年，仁宗睿皇帝亲政。时川楚教匪猖獗，念孙陈剿贼六事，首劾大学士和珅，疏语援据经义，大契圣心。是年命巡淮安及济宁漕，授直隶永河道。六年，以河堤漫口，罢，特旨留督办河工。工竣，赏主事衔。河南衡家楼河决，命随尚书费淳查勘，且筹新漕；又命驰赴台庄，随同吉纶办河务。寻授山东运河道，在任六年，调永定河道。会东河总督与山东巡抚以引黄利运异议，召入都，决其是非。念孙奏引黄入湖，不能不少淤，然暂行无害，诏许之。已而永定河水复异涨，如六年之溢。念孙自引罪，得旨休致。道光五年，重宴鹿鸣，赏给四品衔。十二年，卒，年八十有九。

念孙故精熟水利，官工部，著导河议上下篇，及奉旨纂河源纪略，议者或误指河源所出，念孙力辨其讹，议乃定。纪略中辨讹一门，念孙所撰也。任河道十馀载，查工节帑，积弊一清，累得旨褒奖。所条上河务事，多议行。既罢官，日以著述自娱。著读书杂志八十二卷，分逸周书、战国策、管子、荀子、晏子春秋、墨子、淮南子、史记、汉书、汉隶拾遗，凡十种，于古义之晦误，写校之妄改，皆一一正之。一字之证，博及万卷，其精于校雠如此。初从休宁戴震受声音、文字、训诂，手编诗三百篇，九经、楚词之韵，分古音为二十一部，于支、脂、之三部之分，段玉裁六书音韵表亦见及此，其分至、祭、盍、辑为四部，则段书所未及也。念孙以段书先出，遂辍作。又以邵晋涵先为尔雅疏，乃综其经学，撰广雅疏证，日三字为程，阅十年而书成，凡三十二卷。其书就古音以求古义，引伸触类，扩充于尔雅、说文，无所不达。然声音文字部分之严，一丝不乱。盖藉张揖之书以纳诸说，而实多揖所未知，及同时惠栋、戴震所未及。尝语子引之曰："诂训之旨，存乎声音。字之声同、声近者，经传往往假借，学者以声求义，破其假借之字而读本字，则涣然冰释。如因假借之字强为解，则结籀不通矣。毛公诗传多易假借之字而训以本字，已开改读之先；至康成笺诗注礼，屡云某读为某，假借之例大明。后人或病康成破字者，不知古字之多假借也。"又曰："说经者期得经意而已，不必墨守一家。"引之因推广庭训，成经义述闻十五卷、经传释辞十卷。

引之，字伯申。能世其学。由编修官至礼部尚书，谥文简，自有传。论者谓国朝经述，独绝千古，高邮王氏一家之学，三世相承，自长洲惠氏父子外，盖鲜其匹云。

李惇，字成裕，江苏高邮人。乾隆四十五年进士。少异颖，七岁即知解经，有神童之目。年十三而孤，及长，与同县王念孙、贾田祖同力于学，又与任大椿、刘台拱、汪中、程瑶田等相研摩。邃深经传，尤长于诗及春秋。晚好历算，得宣城梅氏书，尽通其术，与钱塘齐名，著有群经释小八卷。考诸经古义二百二十馀事，多前人所未发。又有古文尚书说、毛诗三条辨、考工车制考、左氏通释、杜氏长历补、浑天图说、读史碎金、诗文集。惇事母孝，侍疾居丧，皆尽礼。质直寡言，笃于朋友。始为诸生，为学使谢墉所赏，将选拔贡，会贾田祖卒于旅舍，惇经营殡事，不与试，墉叹为古人。江都江藩好诋诃前人，惇谓之曰：“王子雍若不作圣证论以攻康成，岂非醇儒？”其面规人过如此。四十九年，卒，年五十一。

贾田祖，字稻孙。诸生。通左氏春秋，有春秋左氏通解。

宋绵初，字守端，亦高邮人。乾隆四十二年，拔贡生，官五河、清河训导。邃深经术，长于说诗，著韩诗内传征四卷，又有释服二卷、困知录。

王谟

王谟，字仁圃，江西金溪人。乾隆四十三年进士，授知县，乞就教职，选建昌府教授。以实学训士，生徒景附。后以告归，年七十六，卒。谟天才俊逸，精力过人。弱冠，赋江右风土，下笔千言。自少疾俗学，好博览。晚岁独抱遗经，泊然荣利之外。尝辑汉魏群儒著述之已佚者，分经、史、子、集四部，片议单词，无不甄录，为汉魏遗书钞五百馀种，用力至深。其经翼一门，一百八种经，已刊行，世共宝之。读书有心得，辄为札记，仿困学纪闻例，类别区分，为汝麋玉屑二十卷。嘉兴钱仪吉称其研核同异，文万旨千，无一语沿袭前人，无一义不求至是，洵足开牖后学。生平论撰甚富，诸经皆有诠释，著韩诗拾遗十六卷、逸诗诠三卷、夏小正传笺四卷、孟子古事案四卷、补孟子释文七卷，又有三易通占、尚书杂说、左传异辞、论语管窥、尔雅后释。尝以江西通志详今而略古，著江右考古录一卷，以六朝、五代人物废阙，江右人文见于史者多疏略，因网罗旧闻，著豫章十代文献略五十二卷。他著有补史记世家、古今人表问、汉唐地理书、家语广注、酒中正读书引凡数十卷。又汝麋诗钞八卷、文钞十二卷。

汪中　子喜孙　江德量　徐复　许珩　汪光爔

汪中，字容甫，江苏江都人。父一元，以孝子旌。中生七岁而孤，家酷贫，不能就外傅，母邹授以小学、四子书。稍长，助书贾鬻书于市，因遍读经史百家，过目成诵，遂为通人。年二十，补诸生，然时人未之知也。编修杭世骏主讲安定书院，论及孟子"往送之门"，以为昏礼，无明文。中引穀梁"祭门"、"阙门"证之，世骏折服，遂大称之。乾隆四十二年，拔贡，提学谢墉每试，别置一榜，署名诸生前，尝曰："余之先容甫，爵也。若以学，当北面事之矣！"以母老，竟不赴朝考。中尝有志于用世，故于古今沿革、民生利病，皆博问而切究之。

年三十，颛意经术，与高邮李惇、王念孙，宝应刘台拱为友，共讨论之。其治尚书，有尚书考异；治礼，有仪礼校本、大戴礼记校本；治春秋，有春秋述义；治小学，有尔雅校本及小学说文求端。同时治经诸人，如王念孙、阮元、郝懿行时采其说。中尝谓国朝古学之兴，顾炎武开其端。河洛矫诬，至胡渭而绌。中西推步，至梅文鼎而精。力攻古文者，阎若璩也。专治汉易者，惠栋也。凡此皆千馀年不传之绝学。及戴震出而集其大成，拟作六儒颂，未成。又尝博考先秦古籍，三代以上学制废兴，使知古人以为学者，为述学一书。凡虞夏第一，周礼之制第二，周衰列国第三，孔门第四，七十子后学者第五，又列通论、释经、旧闻、典籍、数典、世官，目录凡六，而自题其端，曰："观周礼太史云云，当时行一事则有一书，其后执书以行事；又其后则事废而书存。至宋儒以后，则并其书之事而去之矣。"又曰："有官府之典籍，有学士大夫之典籍，当时行一事则有一书，传之后世，奉以为成宪。此官府之典籍也。先王之礼乐政事，遭世之衰，废而不失，有司徒守其文，故老能言其事。好古之君子闵其浸久而遂亡也，而书之简毕。此学士大夫之典籍也。"又曰："古之为学士者，官师之长，但教之以其事，其所诵者诗书而已，其他典籍，则皆官府藏而世守之，民间无有也。苟非其官，官亦无有也。其所谓士者，非王、侯、公、卿、大夫之子，则一命之士，外此则乡学小学而已。自辟雍之制无闻，太史之官失守，于是布衣有授业之徒，草野多载笔之士，教学之官，记载之职，不在上而在下。及其衰也，诸子各以其学鸣，而先王之道荒矣。然当诸侯去籍，秦政焚书，有司所掌，荡然无存，犹赖学士相传，存其一二，斯不幸中之幸也。"又曰："孔子所言，则学士所能为者，留为世教。若其政教之大者，圣人无位，不复以教子弟。"又曰："古人学在官府，人世其官，故官世其业。官既失守，故专门之学废。"其书稿草略具亦未成，后乃即其考三代典礼及文字训诂、名物象数，益以论撰之文，为述学内外篇，凡六卷。其有功经义者，则有若释三九、妇人无主答问、女子许嫁而婿死从死及守志议、居丧释服解义；其表章经传及先儒者，则有若周官征文、左氏春秋释疑、荀卿子通论、贾谊新书序；其他考证之文，亦有依据。中又熟于诸史地理、山川、厄要，讲画了然，著有广陵通典十卷、秦蚕食六国表、金陵地图考。生平于诗文书翰，无所不工。所作广陵对、黄鹤楼铭、汉上琴台铭，皆见称于时。他著有经义知新记一卷、大戴礼正误一卷、遗诗一卷。五十九年，卒，年五十一。

中性质直，不为容止，疾当时所为阴阳拘忌、释老神怪之说，斥之不遗馀力。于时彦不轻许可，好嫚骂人，人目之曰“狂生”。然不没人之实，有一文一诗之善者，亦赞不容口。事母以孝闻，贫无菽水，则卖文以养。居丧哀戚过人，其于知友故旧，没后衰落，相存问过于生前。盖其性之笃厚然也。子喜孙。

喜孙，字孟慈。嘉庆十二年举人。由内阁中书，荐升户部员外郎，补河南怀庆府知府，卒于官。喜孙博学好古，于文字、声音、训故，多所究心，能绍家学。著有大戴礼记补、丧服答问纪实、国朝名臣言行录、经师言行录、尚友记、且住庵文稿。同郡人为汉学者，又有江德量、徐复、许珩、汪光爔。

江德量，字量殊，江都人。父恂，好金石文字，伯父昱通声音训诂之学。德量少承家学，及长，与汪中友善，励志肄经，学益大进。乾隆四十四年一甲二名进士，授翰林院编修，改江西道御史。居朝多识旧闻，博通掌故，公馀键户，以文籍自娱。著有古泉志三十卷，又撰广雅疏，未成。五十八年，卒，年四十有二。

徐复，字心仲，亦江都人。诸生。著有论语疏证。惜早卒。

许珩，字楚生，仪征人。诸生。著周礼注疏献疑七卷，厘正搜剔，论者谓为郑贾功臣。

汪光爔，字晋蕃，亦仪征。诸生。博通经史，尝辨惠氏易爻辰图之谬，又作荑稗释一卷，人叹其精核。卒，年四十三。

梁玉绳 弟履绳 汪远孙

梁玉绳,字曜北,浙江钱塘人。增贡生。同书嗣子。家世贵显,有赐书。玉绳不至富贵,自号清白士。与弟履绳互相砻错,有“二难”之目。同时杭世骏、陈兆仑、钱大昕、孙志祖、卢文弨,皆与接谈论。文弨尝称二人气象,玉绳则侃侃然,履绳暗暗然。其见重如此。玉绳尝语履绳曰:“后汉襄阳樊氏显重当时,子孙虽无名德盛位,世世作书生门户。愿与弟共勉之!”故玉绳年未四十,弃举子业,专心撰著。其瞥记七卷,多释经之文,有裨古义。尝谓:“经学自东晋后,分为南北;自唐以后,则有南学而无北学。北史儒林传曰江左周易则王辅嗣,尚书则孔安国,左传则杜元凯;河洛左传则服子慎,尚书、周易则郑康成。盖南北之不同如此。陆元朗南方学者,经典释文不独创始陈后主元年,其成书亦在未入隋以前。故序录中于王晓周礼音注云:‘江南无此书,不详何人。’于论语云:‘北学有杜弼注,世颇行之。’又其书中引北音只一再见,似书成后,入隋唐亦不增加。故北大儒如徐遵明诸人,皆不援及。旧唐书儒学传称元朗于贞观初拜国子博士,五经正义之作,未必非元朗创议。故正义于易、书、左传用王注、孔传、杜注,并同释文。正义中所谓定本者,出于颜师古手。师古之学,本其祖介,介家训书证篇每是江南本,非河北本。师古为定本时,辄引晋宋以来古今本,折服诸儒,则据南本为定,可知也。孔仲达本兼涉南北学,至其为正义时,已有颜氏考定本在前,且师古首董其事,仲达亦不能自主,遂专用南学而北学由此竟废。”近乃有治郑氏易书、服氏左传者,绍北学于千载之下,不亦难乎。

玉绳尤精乙部书，著史记志疑三十六卷，据经传以纠乖违，参班荀以究同异，凡文字之传讹，注解之傅会，一一析辨之，从事几二十年。刊行后，续有增加，复笔之上方。大昕称其书为龙门功臣，可与集解、索隐、正义并传。又以大昕言汉书人表尊仲尼于上圣，颜、闵、思、孟于大贤，弟子居上等者三十馀人；而老、墨、庄、列诸家，咸置中等，有功名教，因著人表考九卷，皆详审雅博，见称于时。他著有元号略四卷、吕子校补二卷、志铭广例二卷、蜕稿四卷，又庭立纪闻四卷、子学昌所记也。年七十六，卒。

履绳，字处素。乾隆五十三年举人。刻意于学，萧然如寒素，衣不求新，出则徒步。强识博闻，通声韵之学，尤精左氏传，其舅元和陈树华著春秋内外传考证，履绳复汇辑诸家之说而折其衷，成书六种，名曰左通：一曰补释，古注辑存虽富，惟合者录；二曰驳证，诸家诠释，或疏有证者驳；三曰考异，旁搜及石经群籍诸文；四曰广传，取材在公、穀、国语而外；五曰古音，证以风谣、卦繇；六曰臆说，详于别解轶闻，皆考辑详审。其补释三十二卷，外孙汪远孙为刊行，履绳不以所能病人，亦不以所知愧人，人乐亲之。五十八年，卒，年四十六。

汪远孙，字久也，浙江钱塘人。嘉庆二十一年举人，官内阁中书。幼聪颖，十岁，侍祖父受经，通大义。时浙江藏书家若赵氏小山堂、吴氏瓶花斋皆散轶，惟远孙曾祖宪所置尚存，即世所称振绮堂也。父以远孙嗜学，病中指楹书曰："以畀汝！"远孙自是务为根柢之学，排日读十三经注疏，以心得者辑为考异，于国语用力尤深，尝辑贾逵、虞翻、唐固之说，附以王肃、孔晁两家，为三君注辑存四卷；于韦氏注解讹者驳之，义缺者补之，辞意有未昭晰者详说之，搜辑旧闻，博求通语，为发正二十一卷；以公序本及他书校明道本，为考异四卷。又尝与嘉兴钱泰吉为校史之约，所校汉书地理志二卷，泰吉谓可与大兴徐松西域传并传。家有水北楼濒西湖，春秋佳日，焚香读书以为常。暇与里中耆彦结东轩吟社，四方贤隽至，则觞咏楼中。长洲陈奂游杭州，与之善。道光十五年，病革，以遗书嘱奂，遂卒，年四十七。奂为编定所著书，阅数年乃成。他著有三家诗考证、世本集证、借闲生诗三卷，词一卷。

庄述祖　庄绶甲　庄有可

庄述祖，字葆琛，江苏武进人。从父存与，官礼部侍郎，幼传太原阎若璩之学。博通六艺，而善于别择。时阎氏所辟伪古文，信于海内。言官学臣则议上，言于朝，重写二十八篇于学官，颁天下，考官命题，学者毋得讽读伪书。存与方直上书房，独曰："辨古籍真伪，为术浅且近也。古籍坠湮十之八，颇藉伪籍存者十之二，胄子不能旁览杂氏，惟赖习五经以通于治。若大禹谟废，人心道心之旨杀不辜宁失不经之诫亡矣；太甲废，俭德永图之训坠矣；仲虺之诰废，谓人莫己若之诫亡矣；说命废，股肱良臣启沃之谊亡矣；旅獒废，不宝异物贱用物之诫亡矣；冏命废，左右前后皆正人之美失矣。今数言幸而存，皆圣人之真言也。"乃为尚书既见三卷、说二卷，数称伪书，而古文竟获仍学官不废。他著象传论一卷、彖象论一卷、系辞传论二卷，附序卦传论、八卦观象解二卷、卦气论一卷、毛诗说二卷、补一卷、附一卷，周官记五卷、说二卷，春秋正辞十二卷、附举例一卷、要指一卷，四书说二卷，事迹别见列传。门人馀姚邵晋涵、曲阜孔广森，同邑刘逢禄及述祖皆通其学。

述祖十岁而孤。乾隆四十五年进士，选山东昌乐县知县，调潍县，明畅吏治，刑狱得中，豪猾敛迹。尝勘碱地，众以为斥卤也，述祖指路旁草问何名，曰"马帚"，述祖笑曰："此于经名'荓'。夏小正荓秀记时，凡沙土草荓者，宜禾，何谓碱？"众皆服。寻授桃源同知，不一月以乞养归，著书色养者十六年，未尝一日离左右。嘉庆二十一年，卒，年六十七。述祖原本家学，研求精密，于世儒所忽不经意者，覃思独辟，洞见本末，以为连山亡而尚存夏小正，归藏亡而尚有仓颉古文，略可稽求义类，乃著夏小正经传考释十卷；以斗柄南门织女记天行之不变，以参中火中纪日度之差，以二月丁卯知夏时，以正月甲寅启蛰为历元，岁祭为郊，万用入学为禘。又著古文甲乙篇，谓许叔重始一终亥，偏旁条例所由出，日辰干支，黄帝世大挠所作，沮诵、仓颉名之以易结绳，伏羲画八卦作十言之教之后，以此三十二类为正名百物之本，故归藏为黄帝易，就许氏偏旁条例，以干支别为序次，凡许书所存及见于金石文字者，分别部居，各就条例，书未竟而条理粗备。其馀五经悉有撰述，旁及逸周书、尚书大传、史记、白虎通，于其舛句讹字，佚文脱简，易次换第，草薙腋补，咸有证据，凡所著十七种。其刊行者，尚书今古文考证七卷、毛诗考证四卷、毛诗周颂口义三卷、五经小学述二卷、历代载籍足征录一卷、弟子职集解一卷、汉铙歌句解一卷、石鼓然疑一卷、文钞七卷、诗钞二卷。

庄绶甲，字卿珊。存与孙。诸生。承其家学，尽能通之，尤为述祖所爱重。著周官礼郑氏注笺十卷、尚书考异三卷、释书名一卷。

庄有可，字大久。绶甲同族。勤学力行，老而弥笃。取诸注传，精研义理，句栉字比，合诸儒之书，以正其是非，而自为之说。于易、书、诗、礼、春秋皆有传述，凡四十二种，四百三十馀卷。其周官指掌五卷，为德清戴望所称。

武亿

武亿，字虚谷，河南偃师人。父绍周，进士，官吏部郎中。

亿年十七，丧父，十九，丧母，哀痛毁瘠，以读书自励。时伊洛溢，屋圮，架洿以居，斧朽木燎寒，诵读不辍。已，复从大兴朱筠游，益为博通之学，士大夫无不慕与之交，然亿简傲真率，非其志掉臂，不以屑意也。乾隆四十五年进士，五十六年，授山东博山县知县。问土俗利病，厘比丘尼，请命于大吏，免玻璃入贡，劝节俭，创范泉书院，进其秀者讲授，敦伦实学。革煤炭供馈，里马草豆，不以累民。决辞无留狱。祷雨即沛。有以贿干者，曰："汝不闻雷声乎？吾矢祷久矣！"舆情大洽。五十七年，大学士和珅领步军统领事，闻妄人言山东逆匪王伦未定死，密遣番役四出踪迹之，于是番役头目杜成德等十一人横行州县，入博山境，手铁尺饮博，莫敢谁何。亿悉执之，成德尤崛强，痛杖之，叩头求解去。喧传其事者曰："亿卤莽，滥责无罪，将累上官。"巡抚吉庆以任性滥责平民，劾罢之，而不直书其事。亿莅任仅七月，及去，民携老弱千馀人走大府，乞留我好官；不可得，则日为运致薪米，门如市焉。嘉庆四年十月，谕大学士、尚书、侍郎及都察院通政使、大理寺堂官，于京外各员内操守端洁，才猷干济，及平日居官事迹可据者，各举所知。于是亿去官事闻。十一月，谕吏部："原任山东博山县知县武亿，即行文该员本籍，询问愿否来京引见？"而亿先以十月卒，年五十有五。

亿学问醰粹，于七经注疏、三史、涑水通鉴，皆能暗诵。既罢官，贫不能归，所至以经史训诂，教授生徒。勇于著录，有群经义证七卷、经读考异九卷、金石三跋十卷、金石文字续跋十四卷、偃师金石记四卷、偃师金石遗文二卷、安阳金石录十三卷，又有三礼义证、读史金石集目、钱谱、授堂劄记、诗文集等书，凡数百卷，皆稽之经史百家传记，旁引远征，遇微罅，辄剖抉精蕴，比辞达意，以成一例。大兴朱珪称亿不愧好古遗直云。

戚学标　陈熙晋　李诚

戚学标，字鹤泉，浙江太平人。幼有异禀，从天台齐召南游，称高弟。高宗纯皇帝巡浙江，学标献南巡颂。乾隆四十五年，成进士，官河南涉县知县。县苦阔布征，学标请于大府，得减额。权林县，有兄弟争产者，集李白句为斗粟谣以讽，皆感悔。性强项，多与上官龃龉，卒以是罢。后改宁波府教授，未几归。著汉学谐声二十三卷、总论一卷，用说文以明古音，谓六书之学三曰形声，声不离形，形者声之本也，而声又随乎气，气有阴有阳，故一字之音，或从阴，或从阳，或阳而阴，或阴而阳，或阴阳各造其偏。昔人知其然，故但以某声者明字音所出，以专其本，以读若某，设为譬况之词，使人依类而求，即离绝远去，而因此声之本，以究此声之变，无患其不合。说文从某、某声，从某、某亦声，从某、某省声，从某、读若某，从某、读与某某同，并二端兼举，声音之学莫备于此。后人惑于徐氏所附孙愐音切，不究本读，而一二宿儒言古音，如吴棫、陈第、顾炎武、江永之流，亦第就韵书辨析，不知说文形声相系，韵书就声言声，说文声气相求，韵书只论同声之应，其部居错杂分合，类出臆见，学者苟趣其便，衷于一读，且狃平上去入之界之不可移易，谐声之法废，而说文之学晦矣。其书论声一本许氏，由本声以推变声，既列本注，旁搜古读以为之证。末附说文补考二卷，多辨正二徐谬误。又有毛诗证读，不分卷，诗声辨定阴阳谱四卷、四书偶谈内外篇二卷、字易二卷、鹤泉文钞二卷，又有溪山讲授三台诗录、台州外书风雅遗闻、鹤泉诗钞、鹤泉集唐集李三百首等书。

陈熙晋，原名津，字析木，浙江义乌人。优贡生。以教习官贵州知县，历知开泰、龙里、普定县，仁怀同知，擢湖北宜昌府知府，权开泰。时教匪蒋昌华扰黎平，将兴大狱。熙晋缚其渠而贷诸胁从，全活无算。龙里民以钉鞋杀人，已诬服，而凶验不合，心疑焉。一日，方虑囚，见丛人中有曳鞋窃睨者，命执而鞫之，痕宛合，遂款服。老人道死，无主名，熙晋廉得其故，有小儿偕行，密呼儿，啖以果饵，儿遽效老人坠树状，狱乃白。龙里人为立生祠，仁怀亦如之。普定俗纠聚相雄长，号其魁曰“牛丛”，其获盗，不谒之官，辄积薪焚杀之。先是有挟仇焚三尸者，吏不敢捕。熙晋期必得，重绳以法，风顿革。其守宜昌也，楚大水，流庸聚宜昌，毕力抚绥，缮城垣，以工代赈。会秩满将行，为留六阅月葳其事，送者数千人，皆泣下。寻乞养归，未几卒。

熙晋邃于学，积书数万卷，订疑纠谬，务穷竟原委，每语及经史、三通、历朝会要，衮衮若成诵。尝谓杜预解左氏有三蔽，刘光伯规之而书久佚，惟正义引一百七十三事，孔颖达皆以为非，乃刺取经史百家及近儒著述，以明刘：其杜非而刘是者申之，杜是而刘非者释之，杜刘两说义俱未安，则证诸群言，断以己意，成春秋规过考言九卷。又谓隋经籍志载光伯左氏述义四十卷，不及规过，据孔颖达序称习杜义而攻杜氏，疑规过即在述义中。旧唐书经籍志载述义三十七卷，较隋志少三卷，而多规过三卷，此其证也。正义于规杜一百七十三事外，又得一百四十三事，盖皆述义之文，其异杜者三十事，驳正甚少，殆唐初奉敕删定，著为令典，党同伐异，势会使然。乃参究得失，援据群言，成春秋述义拾遗八卷。他所著有古文孝经述义疏证五卷、帝王世纪二卷、贵州风土记三十二卷、黔中水道记四卷、宋大夫集笺注三卷、骆临海集笺注十卷、日损斋笔记考证一卷、文集八卷、征帆集四卷、仁怀厅志二十卷。

李诚，字静轩，浙江黄岩人。嘉庆十八年，拔贡生，官云南姚州州判，终顺宁知县。诚研究经学，贯串该洽。罢官后，总督阮元尝檄修云南通志。著有十三经集解二百六十卷，首胪汉魏诸家之说，次采近人精确之语，而唐宋诸儒之征实者，亦不废焉。又有万山纲目六十卷、水道提纲补订二十八卷、宦游日记一卷、微言管窥三十六卷、医家指迷一卷。

丁杰　周春　吴东发

丁杰，原名锦鸿，字升衢，浙江归安人。乾隆四十六年进士，宁波府学教授。杰纯孝诚笃,尝奔走滇南迎父柩归葬。少家贫,就书肆中读,肆力经史,旁及说文、音韵、算数。初至都,适四库馆开,任事者延之佐校,遂与朱筠、戴震、卢文弨、金榜、程瑶田等相讲习,于大戴礼用功尤深。著有大戴礼记绎,又易郑注久佚,宋王应麟裒辑成书,国朝惠栋复有增入。杰审视两本,以为多羼入郑氏易乾凿度注,又汉书注所云郑氏,乃即注汉书之人,非康成,乃刊其讹,定其是,复摘补其未备,著周易郑注后定,凡十二卷。

杰为学长于校雠,与卢文弨最相似,得一书为审定句读,博稽他本同异,胡渭禹贡锥指号为绝学。杰摘其误甚多。尝谓:纬书移河为界在齐吕,填阏八流以自广。夫河患之棘,由九河堙废,而害始于齐,管仲能臣,必不自贻伊戚。班固叙沟洫志云:"商竭周移,秦决南涯,自兹距汉,北亡八支",则九河之塞,当在秦楚之际矣。又惠栋尚书大传辑本,杰以为疏舛,谓如鲜度作刑,以诘四方,误读,困学纪闻此谬之甚者。五行传文不类,读后汉书注始知误连皇览也。杰尝与翁方纲补正朱彝尊经义考,序年月,博采见闻以相证合。又与许宗彦阐绎墨子上下经,大有端绪。其为人校定之书曰:毛诗草木虫鱼鸟兽疏、方言、汉隶字原、复古编、困学纪闻补笺、字林考逸、苏诗补注。方言善本始于戴震,杰采获裨益最多,卢文弨以为不在戴下。汉隶字原考正,钱塘谓得隶之义例,杰又言字母三十六字不可增并,不可颠倒,见端知邦非精照为孤清,不可增浊声也;疑泥娘明微来日为孤浊,不可增清声也;非即邦之轻唇,不可并于敷;微即明之轻唇,不可并于奉;影为晓之深喉,喻为匣之深喉,晓匣影喻不可颠倒为影晓喻匪也。所著有小酉山房文集。嘉庆十二年,卒,年七十。

子授经,嘉庆三年,优贡;传经,六年,优贡:皆能世其家学,有"双丁"之目。授经佐其友严可均造甲乙丙丁长编,以校定说文。

周春,字松霭,浙江海宁人。乾隆十九年进士,官广西岑溪县知县。革陋规,几微不以扰民,有古循吏风。以忧去官,岑溪人构祠祀焉。嘉庆十五年,重赴鹿鸣。二十年,卒,年八十七。春博学好古,两亲服阕,年未五十,不谒选。所居凝尘满室,插架环列,卧起其中者,三十馀年。四部七略,靡不浏览。究心字母,遂遍观释藏六百馀函。于韵学有得,著十三经音略十二卷。他著又有中文孝经一卷、尔雅补注四卷、小学馀论二卷、代北姓谱二卷、辽金元姓谱一卷、辽诗话一卷、选材录一卷、杜诗双声叠韵谱括略八卷。

吴东发,字侃叔,浙江海盐人。岁贡生。少与兄以敬讲心性之学,以朱子为法。兄弟孝友,遭父丧,哀毁不能堪,时称两孝子。东发复潜心经术,尤邃于尚书,好金石之学,凡商、周、秦、汉之文及见者,无弗考究,一字未识,沉思冥索,必得乃已。尝从嘉定钱大昕游,大昕引为畏友。嘉庆八年,卒,年五十七。著有群经字考十卷,易、书、诗、论、孟,东发手自诠次,三礼、春秋属草未定,其子本履编成之。又有石鼓读,谓石鼓文中有次章,即用首章之前半重叠读之,如毛诗之例,刻时简省,不重书耳。仪征阮元称所言为前人所未发。又有读经笔记、书序镜、尚书后案质疑、经韵六书述、史记龟策传解、西铭释文、商周文拾遗、钟鼎款识释、金石文跋尾续。诗文奇古,有澉浦诗话、遵道堂诗文稿。

沈梦兰　宋世荦

沈梦兰，字古春，浙江乌程人。乾隆四十八年举人，以大挑知县，分发湖北，补宜都县知县。梦兰博通诸经，实事求是，尤邃于周官。成周礼学一书，分沟洫、畿封、邦国、都鄙、城郭、宫室、职官、禄田、贡赋、军旅、车乘、礼射、律度量衡十三门，取司马法、逸周书、管子、吕览、伏传、戴记诸古书，参互考证，合之书、诗、礼记、三传、孟子，先儒所病其牴牾者，无不得其会通，为之图，并取经传文之与周官相发明者，释于篇。他著有易书诗孟子学、五省沟洫图说。其易学自序云："自辑周礼学，于易象得井、比师、讼、同人、大有若干卦，错综参伍，知易之为道，先王一切之治法于是乎在。"而孟子学则又以疏证周官之故，汇其馀说，以成帙者。其沟洫图说凡南北形势、河道原委、历代沿革、众说异同，与夫沟遂经畛之体，广深寻尺之数，以及蓄水、止水、荡水、均水、舍水、泻水之事，皆备，复证之周官，考究详核。官湖北时，奉檄襄筑荆州堤工，上江堤埽工议及荆州论。沔阳水灾，复奉檄会勘，作水利说以谕沔民，原本经术，有裨实用，皆此类也。

宋世荦，字卣勋，浙江临海人。乾隆五十三年举人，以教习官陕西扶风知县。地当川藏孔道，夫马悉敛之民，计亩索钱，名曰"公局"。世荦多所裁革，无妄取。时教匪初定，州县多以获盗迁。擢扶风，民有持斋为怨家所讦者，大府飞檄至，捕而鞫之，皆良民，释弗顾。罢归，研求经训，熟于谐声、假借之例，著周礼故书疏证六卷、仪礼古今文疏证二卷。他著有确山骈体文四卷、红杏轩诗钞十七卷。

清史列传卷六十九

儒林传下二

孙星衍 毕亨 李贻德

孙星衍，字渊如，江苏阳湖人。少与同里杨芳灿、洪亮吉、黄景仁文学齐名。〔一〕袁枚品其诗曰："天下奇才！"与订忘年交。星衍雅不欲以诗名，深究经史、文字、音训，旁及诸子百家，皆心通其义。既，从钱大昕游，精研汉学。元和江声注尚书，以尧"稽古"为"同天"，皋陶"稽古"为"顺考古道"，前后歧说。星衍著论云："郑注稽古同天，言尧同于天也，郑意盖以尧称帝为同天。书正义误引其文云：'稽，同也；古，天也。'天为古之说虽见周书，未必唐时即有此义。"又尝于江宁瓦官寺阁见元应一切经并慧苑华严经音义，引仓颉为多，乃刺取其文，兼摭他书，为仓颉篇三卷。谓元应、慧苑书，世多不传，然足与陆德明经典释文并垂于世，嘱友人刊行。

乾隆五十二年一甲二名进士，授翰林院编修，充三通馆校理。五十四年，散馆，改刑部主事。故事，一甲进士改部，或奏请留馆；又编修改官，可得员外郎。前此吴文焕有成案，大学士和珅示意欲使往见，星衍不肯。自是编修改主事，遂为成例。官刑部，为法宽恕。大学士阿桂、尚书胡季堂悉器重之，有疑狱辄令依古义平议，全活甚众。退直之暇，仍理旧业，高丽使臣朴齐家入贡，特谒星衍，为书"问字堂"匾赋诗以赠。五十七年，迁员外郎，荐升郎中。六十年，授山东兖沂曹济道。嘉庆元年七月，曹南水漫滩，溃决单县地。星衍与按察使康基田鸠工集夫，五日夜从上游筑堤遏御之，不果决。基田谓此役省国家数百万帑金。寻权按察使，凡七阅月，平反数十百条，活死罪诬服者十馀狱。潍县有武人犯法，贿和珅门嘱托大吏。星衍访捕鞫之，械和门来者于衢。及回本任，值江南丰工及山东曹工同时漫溢，星衍以无工处所得疏防咎，特旨予留任曹工，分治引河三道。星衍治中段工毕，较济东道、登莱道上下段，省三十馀万两。先是，河工分赔之员，或得羡馀，谓之扣费。星衍不取，悉以给引河工费。时曹工尚未合，河督、巡抚亟奏合龙，移星衍任。寻又奏称合而复开，开则分赔两次坝工银九万两，当半属后任，而司事者并以归星衍。星衍亦任之，曰："吾既兼河务，不能不为人受过也。"四年六月，丁母忧归。

仪征阮元抚浙，聘主诂经精舍，星衍课诸生以经史疑义，及小学、天部、地理、算法、〔二〕词章，不十年，舍中士皆以撰述名家。服阕入都，奉旨仍发山东，十年，补督粮道。十二年，权布政使。值侍郎广兴在省供张烦扰，星衍不肯妄支。后广以贿败，豫、东两省多以支库获罪，星衍不与焉。汤陵旧在山西荥河，星衍据汉崔骃、晋伏滔及皇览说，皆云济阴有汤陵，任曹南时，常申上府，请釐祀典。至是，陵始修整，给地亩奉香火。又考太平寰宇记，知先贤闵子墓在范县，今所传在历城者误，为修筑之，申禁樵采。又以伏生传书二十七篇，使二帝、三王之训典不坠于地，欲奏请建立伏博士，乃具稿移学政，嘱邹平令访其嫡裔，资使读书。越七年竟得入告，奉旨准以伏生六十五代孙敬祖世袭五经博士。十六年，引疾归。

星衍博极群书，勤于著述。又好聚书，闻人家藏有善本，借钞无虚日。金石文字，靡不考其原委。尝病古文尚书为东晋梅赜所乱，官刑部时，即集古文尚书马郑王注十卷、〔三〕逸文二卷。归田后，又为尚书今古文注疏三十九卷。其序、例云："尚书古注散佚，今刺取书传，升为注者，五家三科之说：一、司马迁从孔氏安国问故，是古文说；一、书大传伏生所传，欧阳高、大夏侯胜、小夏侯建是今文说；一、马氏融、郑氏康成虽有异同，多本卫氏弘、贾氏逵，是孔壁古文说；皆疏明出典，其先秦诸子所引古书说，及纬书、白虎通等汉魏诸儒今文说，许氏说文所载孔壁古文注中存其异文异字，其说则附疏中。"其书意在网罗放失旧闻，故录汉魏人佚说为多。又兼采近代王鸣盛、江都段玉裁诸人书说，惟不取赵宋以来诸人注，以其时文籍散亡，较今代无异闻，又无师传，恐滋臆说也。凡积二十二年而后成。论者以为胜王鸣盛书。其他撰辑，有周易集解十卷、夏小正传校正三卷，明堂考三卷、考注春秋别典十五卷、尔雅广雅古训韵编五卷、魏三体石经残字考一卷、孔子集语十七卷、晏子春秋音义二卷、史记天官书考证十卷、建立伏博士始末二卷、寰宇访碑录十二卷、金石萃编二十卷、京畿金石考二卷、续古文苑二十卷、诗文集二十五卷。又有九经正俗字考、十三经佚注、集马昭孙叔然难王申郑之书、山海经音义、郑康成年谱。其所校刊,若岱南阁丛书、平津馆丛书均据善本,有资学艺。二十三年,卒,年六十六。

星衍性诚正,无伪言伪行,立身行事,皆以儒术,尤喜奖借后进。所至之地,士争归附。其所撰辑,能集众人之才智,准以己之识力,再三审择而后成编。其卒也,海内学者,皆悼慕之。

毕亨,原名以田,字九水,山东文登人。初从休宁戴震游,精汉人故训之学,尤长于书。后与星衍交,星衍以金縢"秋大熟"以下,据尚书大传及史记当为亳姑逸文。后人或以其文有启金縢之语,遂入于金縢篇中。亨释之曰:"尚书王出郊,谓祭天于郊,以周公配。书序所云成王葬周公于毕,告周公作亳姑,即其事。此经上文云今天动威,以彰周公之德。惟予小子,其亲迎。言亲迎而祭之,迎,迎尸也。惟郊祭周公之事,故云我国家,礼亦宜之,礼者谓祭也。尚书大传曰:乃不葬周公成周而葬于毕,尊以王礼,申命鲁郊。据此而言,则鲁之郊禘,由风雷之变始也。"星衍载其说文集中。星衍撰周易集解,左右采获,亨力居多。其尚书今古文注疏亦多采亨说,每称以为经学无双。曲阜桂馥说文义证引亨笃论百数十事。中嘉庆十二年举人。道光六年,以大挑知县分发江西,署安义县。有兄杀胞弟案,亨执不念鞠子哀泯乱伦彝刑兹无赦义,不准援赦。大府怒,将劾亨,会歙程恩泽重亨,事乃解。后补崇义县,以积劳卒于官,年且八十矣。著有九水山房文存二卷。星衍晚年所著书,又多付嘉兴李贻德,为卒其业。

李贻德，字次白。嘉庆二十三年举人。年二十六，谒星衍于江宁，事以师礼。星衍与上下古今，穷昼夜不息，嘱分纂十三经佚注，贻德因著春秋左氏传贾服注辑述二十卷。其书援引甚博，字比句栉，于义有未安者，亦加驳难。又有诗考异、诗经名物考、周礼賸义、十七史考异、揽青阁诗钞、梦春庐词。道光十二年，卒，年五十。

【校勘记】

〔一〕黄景仁文学齐名　“齐名”原颠倒作“名齐”。今据耆献类征卷二一三叶五上别作“相齐”。

〔二〕算法　“法”原误作“学”。今据耆献类征卷二一三叶九下改。

〔三〕即集古文尚书马郑王注十卷　原脱“王”字。今据耆献类征卷二一三叶一一下补。

陈鳣

陈鳣，字仲鱼，浙江海宁人。父璘，字昆玉，诸生。尝著许氏说文正义，未成而殁。

鳣博学好古，强于记诵，尤专心训诂之学。时同州人吴骞拜经楼多藏书，鳣亦喜聚书，得善本，互相钞藏。以故海昌藏书家，推吴氏、陈氏。嘉庆元年，举孝廉方正。督学阮元称浙中经学，鳣为最深，手摹汉隶“孝廉”二字，以颜其居；复为书“士乡”堂额以赠。三年，中式举人。在公车时，与嘉定钱大昕、大兴翁方纲、金坛段玉裁质疑问难；后客吴门，与黄丕烈定交，取所藏异本，往复异校。鳣学宗许郑，尝继其父志，取说文九千言，声为经，偏旁为纬，竭数十年之心力，成说文正义一书。又以郑康成注孝经，见于范书本传，郑志目录无之；中经簿但称郑氏解而不书其名，或曰是其孙小同所作。然郑六艺论序孝经、序春秋，皆云玄又为之注。郑注春秋未成，后与服子慎，遂为服氏注。故从来列郑注无及春秋者，窃以其注孝经亦未写定，小同追录成之，故不敢载入目录，中经簿所题，盖要其终；范书所纪，则原其始也。因缀拾遗文，为孝经郑注一卷。又以六艺论未见辑本，广为蒐讨，成一卷。又著郑康成年谱一卷，又著论语古训十卷，凡汉人之注及皇疏无不采取。玉裁见所著诸书，叹其精核。

晚筑讲舍于紫薇山麓，寝处其中，一意撰述。有石经说六卷、声类拾存一卷、埤苍拾存一卷、经籍跋文一卷，续唐书七十卷、恒言广证六卷、缀文六卷、对策六卷、诗人考三卷、诗集十卷。二十二年，卒，年六十五。

王聘珍

王聘珍，字贞吾，江西南城人。自幼以力学闻。乾隆五十四年，学使翁方纲拔贡成均，常客浙西，与歙凌廷堪论学，廷堪深许之。又为谢启昆、阮元参订古籍。为人厚重诚笃，廉介自守。治经确守后郑之学。著大戴礼记解诂十三卷、目录一卷。其言曰："大戴与小戴同受业于后苍，各取孔壁古文记，非小戴删大戴，马融足小戴也。礼察保傅语，及秦亡，乃孔襄等所合藏，是贾谊有取于古记，非古记采及新书也。三朝记曾子，乃刘氏分属九流，非大戴所裒集也。"又曰："近代校雠，不知家法，王肃本点窜此经，私定孔子家语，反据肃本改易经文；又或据唐宋类书，如艺文类聚、太平御览之流，增删字句，或云据永乐大典改某字作某。凡兹数端，率以今义绳古义，以今音证古音，以今文易古文，遂使孔壁古奥之经变而文从字顺，经义由兹而亡。故其发凡大旨，礼典器数，墨守郑义，解诂文字，一依尔雅、说文，及两汉经师训诂，有不知而阙，无杜撰之言，如五义义字据周礼注读若仪，五凿五字释若忤，青史子引汉书君子养之，读若中心养养之养，皆能根据经史，发蒙解惑。"凡积二十馀年而后成。阮元谓其书义精语洁，多所发明，为孔广森诸家所未及。江都焦循称其不为增删，一仍其旧，列为三十二读书赞之一。又著九经学，引申诂训，考定汉制，具有家法。又有经义考补。

洪亮吉　子饴孙　符孙　齮孙

洪亮吉，字君直，江苏阳湖人。六岁而孤，母蒋贤明，督课严，风雪夜受经至鸡鸣。亮吉纯孝，既壮，为婴儿戏娱母。家贫，橐笔出游，节所入养母。及归，闻母凶耗，恸绝坠水，得救免。三年彻酒肉，不入中门。少工文辞，与同邑黄景仁诗歌唱和，时称洪黄。后从安徽学政朱筠游，同幕戴震、邵晋涵、王念孙、汪中等皆通古义，乃立志穷经。家居，与孙星衍相䂙摩，学益宏博，时又称孙洪。

乾隆五十五年，一甲二名进士，授翰林院编修。五十七年，充顺天乡试同考官，即拜贵州学政之命。亮吉以古学教士，黔省僻远无书籍，为购经、史、通典、文选等，散置各府书院。奏："礼记宜用郑氏注，今功令试士从元陈澔注，舛漏不足阐发经义。"

未奉部议施行。嘉庆二年，命在上书房行走。三年正月，大考，命拟征邪教疏。时川、陕馀匪未靖，亮吉指陈规画，慷慨数千言。是月，因弟霭吉卒，引古人期功去官之义，病免，家居。又明年，高宗纯皇帝上宾，亮吉以供奉内廷奔京哭临。

仁宗亲政，诏求直言极谏之士。亮吉念身自微贱，受知两朝，居侍从之列，欲终不言则非人臣匪躬之义，言之又虑其不可以径达也。自闻诏后，不知寝食者累月。一日奋曰："吾终不可以立仗马辜圣天子恩。"乃反覆极陈时政累数千言。〔一〕略谓故福郡王所过繁费，州县供亿，致虚帑藏。故相和珅擅权时，达官清选或执贽门下，或屈膝求擢。罗列中外官罔上负国者四十馀人。手书为三函，乞成亲王、大学士朱珪、兵部尚书刘权之代奏。上见"视朝稍晏，小人荧惑"等语，以为论及宫禁，震怒，革职对簿，诏："亮吉读书人，体弱，毋许用刑。"亮吉感恸伏地。问何为上书，从容应曰："庶人传语，况翰林乎？"王大臣等当亮吉大不敬律，斩立决。奉旨免死，发往伊犁，交将军保宁严加管束。明年二月，亮吉至伊犁。四月，京师旱，上祷雨心切，命清理庶狱。故事：戍伊犁者满三年，则伊犁将军入奏，未及期不得上请。自四月二十四日皇上亲祷社稷坛之后，经旬尚未得雨。闰四月初三日，奉上谕："从来听言为致治之本，拒谏乃失德之尤。朕从不敢自作聪明，饰非文过，兼听并观，惟求一是而已。去年编修洪亮吉既有欲言之事，不自陈奏，转向成亲王及朱珪、刘权之私宅呈送，原属违例妄为，经成亲王等先后呈进原书，朕详加披阅，实无违碍之句，仍有爱君之诚。惟'视朝稍晏，小人荧惑'等句，未免过激，令王大臣等讯问，拟以重辟，施恩改发伊犁。然此后言事者日见其少,即有言亦论官吏之常事,而与君德民隐休戚相关之实绝无言者。岂非因洪亮吉获咎,钳口不敢言,以致朕不闻过,下情复壅,为害甚巨!洪亮吉所论,实足启沃朕心,故铭诸座右,时常观览。若实悖逆,亦不能坏法沽名。况皆属子虚,何须置辨?而勤政远佞,更足警省朕躬。今特明白宣谕王大臣,并洪亮吉原书,使内外诸臣知朕非拒谏饰非之主,实可与言之君。诸臣幸遇可与言之君而不与言,大失致君之道,负朕求治之苦心矣。仍各殚心竭思,随时密奏。军机大臣即传谕伊犁将军保宁,将洪亮吉释放回籍。"是日午刻,皇上朱笔亲书谕旨,交军机颁发中外。午后同云密布,即得甘霖。御制得雨敬述诗纪事,御制诗注有"纳言克己,乃为民请命之大端。本日亲书谕旨,将去年违例上书发往新疆之编修洪亮吉立予释回,宣谕中外,并将其原书装潢成卷,常置座右,以作良规。正在颁发,是夜子时,甘霖大沛,连宵达昼。旋据报近郊入土三寸有馀,保定一带亦皆深透。天鉴中诚,捷于呼吸,可感益可畏也。自辟新疆以来,汉员赐环之速,未有如亮吉者。"亮吉遂归,署其室曰"更生",表不杀恩。十四年,卒,年六十四。

亮吉伉爽有志节,自称性褊急不能容物,好古人偏奇之行,每恶胡广中庸,不悦孔光、张禹之为人。生平好学,不以所遇荣枯释卷帙,尝举荀子语为人戒有暇日。故其学于经、史、注、疏、说文、地理,靡不参稽钩贯,穷日著书,老而不倦。少好春秋左氏传,觉杜注望文生义,不遵古训者十居五六,于是冥心搜录,以他经证此经,以别传校此传,寒暑不辍者十年。遵汉艺文志例,分经为四卷,传为十六卷。训诂则以贾、许、郑、服为主,以三家固专门,许则亲问业于贾者也。掇及通俗文者,服子慎之所注与李虔所续者截然而两,徐坚初学记等所引可证也。地理则以班固、应劭、京相璠、司马彪等为主,补晋以前舆地图经可信者,亦酌取焉。又旧经多古字古音,半亡于杜氏,而俗字之无从钩校者又半出此书。因一一依本经与二传,暨汉、唐石经,陆氏释文与先儒之说信而可征者,逐件校正,疑者阙之,成春秋左传诂二十卷。其他所著有公羊穀梁古义二卷、六书转注录八卷、汉魏音四卷、比雅十二卷、弟子职笺释一卷、传经表二卷、通经表二卷、四史发伏十二卷、三国疆域志二卷、东晋疆域志四卷、十六国疆域志十六卷、西夏国志十六卷、乾隆府厅州县图志五十卷、晓读书斋杂录八卷、卷施阁诗文甲乙集三十二卷、更生斋诗文甲乙集十六卷、词二卷,又有外家纪闻二卷、伊犁日记二卷、天山客话二卷、北江诗话六卷。子饴孙、符孙、齮孙。

饴孙,字孟慈。嘉庆三年举人,湖北东湖县知县。博极群籍,闻见既洽,心力尤锐。撰世本辑补十卷、三国职官表三卷、史目表二卷、毗陵艺文志四卷、青埵山人诗十卷。又撰汉书艺文志考证、隋书经籍志考证,皆未成。二十一年,卒,年四十四。

符孙,字幼怀。撰齐云山人诗文集。

齮孙,字子龄。道光十九年举人,广东镇平县知县。著有梁疆域志四卷、淳则斋骈文二卷。

【校勘记】

〔一〕乃反覆极陈时政累数千言 “政”原误作“事”。今据耆献类征卷一三二叶二四下改。

桂馥　许瀚

桂馥，字东卉，山东曲阜人。乾隆五十五年进士，选云南永平县知县，居官多善政。嘉庆十年，卒于任，年七十。

馥博涉群书，尤潜心小学，精通声义。尝谓"士不通经，不足致用；而训诂不明，不足以通经"。故自诸生以至通籍四十年间，日取许氏说文与诸经之义相疏证，为说文义证五十卷。云"义证"者，取梁书孔子袪传中语也。其书荟萃群书，力穷根柢，为一生精力所在。馥与段玉裁生同时，同治说文，学者以桂段并称，而两人两不相见，书亦未见，段氏之书声义兼明，而尤邃于声。桂氏之书，声义并及，而尤博于义。段氏钩索比傅，自以为能冥合许恉，勇于自信，自成一家之言，故破字创义为多。桂氏敷佐许说，发挥旁通，令学者引申贯注，自得其义之所归。故段书约而猝难通辟，桂书繁而寻省易了，其专胪古籍，不下己意，则以意在博证求通，辗转孳乳，触长无方，亦如王氏广雅疏证、阮氏经籍籑诂之类，非可以己意为独断者也。馥尚有说文谐声谱考证，本欲与义证并行，殁后遇乱，散失数卷。馥又绘许祭酒以下及魏济阳江式，唐赵郡李阳冰，南唐广陵徐铉、徐锴兄弟，宋吴兴张有，钱塘吾丘衍之属，为说文统系图。大兴朱筠尝为之记。

及就宦滇南，追念旧闻，随笔疏记十卷，以其细碎比之匠门木杮，题曰札朴。然馥尝引徐幹中论鄙儒博学，务于物名，详于器械，考于训诂，摘其章句，而不能统其大义之所极，以获先王之心，故使学者劳思虑而不知道，费日月而无成功。谓："近日学者风尚六书，动成习气，偶涉名物，自负仓雅，略讲点画，妄议斯冰，叩以经典大义，茫乎未之闻也。”此尤为同时小学家所不能言，足以针肓起废。他著有晚学集十二卷、缪篆分韵五卷、续三十五举一卷。

许瀚，字印林，山东日照人。道光十五年举人，官峄县教谕。博综经史及金石文字，于训诂尤深。至校勘宋、元、明本书籍，精审不减黄丕烈、顾广圻。晚年校刊说文义证，谓原稿“台”下有“查高唐赋原文”六字，此为馥脱稿未校之书，因为之补正，数年乃成。甫成而板毁于捻寇，并尽瀚所藏经籍金石，遂悒郁而殁，年七十。

其答门弟子问曰：“说文序云：今叙篆文，合以古籀，而亦有以篆文为重文者，如丄之重文上、丅之重文下，皆篆文者，是盖重文为古籀者，即正文为篆文、重文为篆文者，即正文为古籀。郑康成注礼参用古今文，循是例也。古籀之外，又有奇字，古文之别体也。又有或、俗，篆文之别体也。许书古文宗孔氏，篆文宗仓颉篇。一字而数古文，皆孔氏，奇字则异孔氏者也；一字而数或体，皆仓颉，俗体则异仓颉者也。异孔氏、异仓颉而必取之者，为其合于六书也。此重文之例也。顾重文之在同部者易晓，重文之在异部者难知。如叫与嘂、逾与踰、跋与越之类，遽数难终。或疑此有重复错乱，则又不然。请即有明文者征之，如首古文百，百古之重文也，而自为部；儿古文奇字人，人之重文也，而自为部；介籀文大，大之重文也，而自为部。此必不可易者也。哥古文以为謌字，哥謌重文也，而歌在欠部，为歌之重文；皛古文以为靦字，皛靦重文也，而靦在面部，其重文作䩄，此又不可易者也。然则分寄重文于众部，谓非许君之妙用哉？又有一字复见各部者，如右在口部，又见右部；吁在口部，又见于部；啸为歗，籀文，又见欠部；鞈为鞷，古文，又见革部；悊为哲，或体，又见心部。类此者盖三十馀事，而为徐鼎臣校出者十有八事，类以为重出。许书传写既久，重字衍文固不能免，然如蘸草部，又为慭重文，校以汗简，则虁之误也；踞足部又为居重文，校以系传，则凥之误也。此又不可谓重也。”他著有别雅订五卷、印林遗著一卷。又有韩诗外传勘误、攀古小庐文。

朱彬　侄士端

朱彬，字武曹，江苏宝应人。乾隆六十年举人。彬幼有至行，年十一丧母，哀戚如成人。丁父忧，敛葬尽礼，三年疏食居外。时祖母刘尚存，寒暑饮食，尽心调护，一如其父在时。同怀兄早殇，与群从昆弟友于甚笃。自少至老，好学不厌，承其乡王懋竑经法。又与外兄刘台拱，高邮王念孙、引之父子，李惇，江都汪中，馀姚邵晋涵诸人互相切磋，每有所得，辄以书札往来，辨难必求其是而后已。于训诂声音文字之学，用力尤深。著有经传考证八卷，又辑礼记训纂四十九卷，取尔雅、说文、玉篇、广雅诸书之故训，虎观诸儒之论议，郑志弟子之问答，以及魏晋以降诸儒之训释，又刺取北堂书钞、通典、太平御览诸书之涉是书者，旁证国初及乾嘉间诸家之书，亦不下数十种，而一以注疏为主，撷其精要，纬以古今诸说，其附以己意者，皆援据精确，足以荟众说而持其平。他著有游道堂诗文集四卷。道光十四年，卒，年八十二。

子士彦，字休承。由编修官至吏部尚书，谥文定，自有传。

侄士端。

士端，字铨甫。道光元年举人，官广德州训导，引疾归。父毓楷有孝行，通许郑之学。士端少承家学，又从从父彬游，研究古义，于许氏形声之学尤精。尝以二徐本互校，择善而从，不擅改原文。又以钟鼎彝器诸文，考合说文所载古籀各体，著说文校定本二卷，考订精确，所斠正金坛段玉裁删改之失甚多。又著强识编八卷，萧山汤金钊称为有益经传之作。又有说文形声疏证、三家诗辑、宜禄堂金石记、检身录、吉金乐石山房诗文集。

汪德钺　吕飞鹏

汪德钺，字崇义，安徽怀宁人。嘉庆元年进士，改翰林院庶吉士，散馆授礼部主事，迁员外郎。充会典馆总纂官，以书吏缮写错误，夺职。卒，年六十一。

德钺性孝，尝刲股疗母疾。未达时，隐居其乡之云田坂，自谓与俗迕，昵我者琴、书、山、水四友也，因撰四一居士传。尝言君子立身，务厉廉耻，刻苦自治，日之所为，夜必书之。揭经书要义，撰箴铭自警。又言浮薄以厚药之，躁率以静药之，傲诞以敬药之；不能精进，病在因循。因字锐斋，又字三药。朱珪巡抚安徽，政体宽大。德钺上书谓："宜法子产之治郑，不宜如曹参之治齐；宜如蜀相诸葛武侯，不宜如东海相刘宽公。不忍于头会箕敛之人，而独忍于累累然匍匐入井之赤子耶？"珪善之。仁宗亲政，珪被召，德钺复上书言四事曰：辅盛德，教胄子，慎用人，以举众职；辨上下，以定民志。故事，曹司见长官，皆长揖，后乃易为半跪，因仍数十年。德钺启座主尚书纪昀争之，卒复长揖。山东巡抚议以肥城邱氏为左丘明后，据广韵引风俗通证之，咨部请立五经博士。德钺议驳曰："唐林宝元和姓纂于邱氏云，齐大夫，封于营丘，支孙以地为姓。左传有郳大夫丘弱。于左氏云，齐公族有左右公子，因以为氏，后乃出左丘，云齐国临淄县有左丘明之后，举左雍、左思为证。林宝唐博闻士，姓纂邱独不用应劭说，必证据明白始削之。邱氏谱近出，去林氏又千馀年，乃反引风俗通为证，误矣。又姓纂以倚相为邱明别族，今谱乃以为邱明祖，纰缪显然，何可信也！或谓善善从长，然欲报左氏传经之功，而俾非种冒承，左氏有灵，其式凭耶？"事遂寝。

德钺笃信宋儒书，然实潜心考据，闭户读书，日有札记。其说尚书，乃服维宏王，谓王当为大。左传引周书曰惠不惠，茂不茂，康叔所以服宏大也。此其证。说诗，不长夏以革，为夏楚也，革鞭也。书鞭作官刑，扑作教刑，古以与通。说仪礼士冠特牲筮日，谓写卦皆卦者事，执筮示主人，皆筮者事，士冠不言筮者，文不具，郑注以特牲书卦为卦者事，误也。又马融注论语以"三纲五常"解"因"，以"文质三统"解"损益"，朱子集注因之。德钺谓："三纲五常定之自天者也，非夏殷先王所创也，不可谓因。且孔子言礼，一而已，马以为五常，则益之以仁义智信。信如其说，曰殷因于夏之仁义智信，周因于殷之仁义智信，可乎？盖因与损益为一事，损者损其礼，益者益其礼。礼也者，吉凶军宾嘉之谓，非指其辞让之心为礼之端而言也。汤武革命，故礼亦随之，然革其节目，而不能革其大体。故同一始加冠，而牟追章甫委貌异其制；同一三加，而收冔弁异其名；同一尸，而夏立，殷坐，周旅酬；同一降神，而殷先求诸阳，周先求诸阴；同一牲，而异其黑白赤；

同一祭，而异其心肝，同一饮而异其明水醴；同一尊而异其山著。羲象乃因风气之醇浇而有盈缩，监前人之得失而裒益其多寡，是圣人之善其因也。礼者人之堤防也，其因与损益，亦若是而已。故君臣父子之名，不可即名以礼，而仁义智信之德，不可独以礼当之也。"其说皆能发前人所未发。著有周易义例一卷、周易杂卦反对互图一卷、七经馀说一卷、语录四卷、女范一卷、锐斋偶笔一卷、日记六卷、文钞六卷、诗一卷。又有诗经文辞异同考、三国志补注。

吕飞鹏，字云里，安徽旌德人。年十七，从宁国凌廷堪治礼，廷堪器之，以为能传其学。山阳汪廷珍视学安徽，喜士通古经义，补飞鹏县学附生。飞鹏少读周礼，长而癖嗜。廷堪尝著周官九拜九祭解，乡射五物考，援据礼经，疏通证明，足发前人所未发。飞鹏师其意而变通之，成周礼补注六卷。其大旨以郑氏为宗，广搜众说，补所未备，或旁采他经旧注，或兼取近儒经说，要于申明古义。又著周礼古今文义证六卷。平居书斋阁自铭诫，粹然出于儒先道学。乡饥，筹粟倡赈，人多德之；有争辩，一言立释。尝戒其子贤基曰："成名易，成人难。"又曰："言官不易为，毋陈利而昧大体，毋挟私而务高名。"其本行如此。贤基卒以忠节著。道光二十三年，卒，年七十三。

张惠言　子成孙　江承之　胡祥麟

张惠言，字皋文，〔一〕江苏武进人。少受羲经，即通大义。年十四，为童子师，修学立行，敦品自守。嘉庆四年进士，时大学士朱珪为吏部尚书，以惠言学行，特奏改庶吉士，充实录馆纂修官。

六年，散馆，奉旨以部属用。珪复特奏改授翰林院编修。七年，卒，年四十二。

惠言乡、会两试，皆出朱珪门，未尝以所能自异，默然随群弟子进退而已。珪潜察得之，则大喜，故屡进达之，而惠言亦断断相诤，不敢隐。珪言天子当以宽大得民，惠言言国家承平百馀年，至仁涵育，远出汉、唐、宋之上，吏民习于宽大，故奸孽萌芽其间，宜大伸法以肃内外之政。珪言天子当优有过大臣，惠言言庸猥之辈，幸致通显，复坏朝廷法度，惜全之当何所用。珪喜进淹雅之士，惠言言当进内治官府、外治疆埸者，与同县编修洪亮吉于广坐诤之。惠言少为辞赋，拟司马相如、扬雄之文，及壮，又学韩愈、欧阳修；篆书初学李阳冰，后学汉碑额及石鼓文。尝奉命诣盛京，篆列圣加尊号玉宝。惠言言于当事，谓旧藏宝不得磨治。又谓翰林奉命篆列圣宝，宜奉请驰驿，以格于例，不果行。

生平精思绝人，尝从歙金榜问故，其学要归六经，而尤深易、礼。著有周易虞氏义九卷、虞氏消息二卷。尝谓："自汉成帝时刘向校书，〔二〕考易说以为诸易家皆祖田何、杨叔、丁将军大义略同，惟京氏为异，而孟喜受易家阴阳，其说易本于气，而后以人事明之。八卦六十四象，四正七十二候变通消息，诸儒祖述之，莫能具。当汉之季年，扶风马融作易传授郑康成作易注，而荆州牧刘表、会稽太守王朗、颍川荀爽、南阳宋忠，皆以易名家，各有所述。惟翻传孟氏学，既作易注，奏上之献帝，翻之言易以阴阳消息六爻，发挥旁通，升降上下，归于乾元用九而天下治。依物取类，贯穿比附，始若琐碎，及其沉深解剥，离根散叶，畅茂条理，遂于大道。后儒罕能通之。自魏王弼以虚空之言解易，唐立之学官，而汉世诸儒之说微。独资州李鼎祚作周易集解，颇采古易家言，而翻注为多。其后古书尽亡。而宋道士陈抟以意造为龙图，其徒刘牧以为易之河图、洛书也。河南邵雍又为先天后天之图，宋之说易者翕然宗之，以至于今，牢不可拔，而易阴阳之大义盖尽晦矣。大清有天下，元和征士惠栋始考古义孟、京、荀、郑、虞氏，作易汉学，又自为解释，曰周易述。然掇拾于亡废之后，左右采获，十无二三。其所述大抵宗祢虞氏，而未能尽通，则旁征他说以合之。盖从唐、五代、宋、元、明朽坏散乱，千有馀年，区区修补收拾，欲一旦而其道复明，斯固难也。翻之学既邃，又具见马、郑、荀、宋氏书，考其是否，故其义为精。又古书亡，而汉魏师说可见者十馀家，然惟郑、荀、虞三家略有梗概可指说，而虞又较备然。则求七十子之微言，田何、杨叔、丁将军之所传者，舍虞氏之注，其何所自焉？故求其条贯，明其统例，释其疑滞，信其亡阙，庶以探赜索隐，存一家之学，其所未寤，俟有道正焉耳。”又著虞氏易理二卷、虞氏易候一卷、虞氏易言二卷。初，惠栋作周易述，大旨遵虞翻，补以郑、荀诸儒，学者以未能专一少之。仪征阮元谓汉人之易，孟、费诸家，各有师承，势不能合。惠言传虞氏易，即传汉孟氏易矣，孤经绝学也。惠言又著周易郑氏义三卷、周易荀氏九家义一卷、周易郑荀义三卷、易义别录十四卷、易纬略义三卷、易图条辨二卷。其易义别录序谓不尽见其辞，而欲论其是非，犹以偏言决狱也；不尽通各家，而欲处其优劣，犹援白而嘲黑也。故其所著皆羽仪虞氏易者。于礼，有仪礼图六卷、读仪礼记二卷，皆特精审。又有茗柯文五卷、词一卷。子成孙。

成孙，字彦惟。少时，惠言课以说文，令分六书谱之，成象形二卷。惠言著说文谐声谱，未竟而卒。成孙后从庄述祖游，得其大要，乃续成之，卷第篇例，多所增易，凡五十卷。其书分中、僮、薨、林、岩、筐、荣、蓁、诜、干、萋、肄、揖、支、皮、丝、鸠、芼、蒌、岨二十部，此乃于毛诗中拈其最先出之字为建首，加以易韵、屈韵，而又以说文之声分从之，犁然不紊，有各家所未及者。尝以示仪征阮元，元叹其超卓精细。后临桂龙启瑞见其稿，以为较段氏书为密，而不失之拘，古韵之书，此为集其大成。时启瑞著古韵通说，因节录之以备考。遭乱稿佚，惟节本九卷存。成孙兼精天学，同里董祐诚殁，为较刊其遗书。又著有端虚勉一居文集。

江承之，字安甫，安徽歙县人。学于惠言，时弟子从惠言受易、礼者十数，其甥董士锡受易，通阴阳五行家言；承之兼受仪礼，著有周易爻义、虞氏易变表、仪礼名物、郑氏诗谱。

胡祥麟，字仁圃，浙江秀水人。嘉庆十八年举人。少游吴江陆燿幕，讲求实学，治经好深沉之思。得张惠言虞氏易义消息，思索屡月，衍其说为虞氏易消息图说一卷。性鲠直，自名其斋曰省过。嘉兴钱泰吉目为诤友。道光三年，卒。诗学杨铁崖、李西崖，有省过斋诗钞。

【校勘记】

〔一〕字皋文　“文”原误作“闻”。今据耆献类征卷一三二叶三六上改。

〔二〕自汉成帝时刘向校书　“成”原误作“武”。今据耆献类征卷一三二叶三八上改。

许宗彦

许宗彦，字积卿，浙江德清人。父祖京，乾隆三十四年进士，官至广东布政使，〔一〕著有诗经述八卷、诗四卷。

宗彦九岁能读经史，善属文。侍郎王昶爱其才，作积卿字说以赠。嘉庆四年进士，是科得人最盛。总裁朱珪尤重宗彦，谓兼有张惠言、王引之、吴鼒诸子之长。授兵部主事。就官两月，以亲老遽引疾归，亲殁卒不出。居杭州，杜门以读书为事。其学无所不通，〔二〕探赜索隐，发千年儒者所未发。考周五庙二祧，以为周制五庙之外，别有二祧，为迁庙之杀，以厚亲亲之仁；宗庙之外别立祖宗，与禘郊同为重祭，以大尊尊之义。诸经无文、武二庙，不毁之误，误始于韦玄成，而刘歆因之，郑康成亦因之。祧者迁庙，乃谓为不迁之庙，名实乖矣。又考文、武二世室，以为周文武皆配于明堂太室，故有文武世室之号。孔颖达误谓伯禽称文世室，武公称武世室，以公羊传周公称太庙、鲁公称世室、群公称宫证之，舛甚。又考禹贡三江以为汉志言分江水首受江，东至馀姚入海。夫曰分江水、曰首受江，则非南江之正流可知；曰东至馀姚入海，则非在吴入海可知，与禹贡三江无与。又考太岁、太阴，以为太岁者岁星与日同次斗杓所建之辰也，太阴始寅终丑，太岁始子终亥。汉律志曰太初元年岁前十一月朔旦冬至，岁在星纪婺女六度，岁名困敦，此太岁始子之确证。武帝诏曰年名焉逢摄提格，此太阴始寅之确证。汉书天文志始误以甘石之言太阴者，系之太岁，而与太初之太岁遂差两辰，乃以为星有赢缩，非矣。又说六书转注，以为从偏旁转相注，说文曰转注者，建类一首，同意相受，考老是也。后序曰其建首也，立一为耑，即建类一首之谓也。如示为部首，从示之偏旁，注为神祇等字，从神祇注为祠祀祭祝等字，辗转相注，皆同意为一类。戴震指尔雅诂训为转注，而不知诂训出于后来，非制字时所豫有也。段玉裁引戴说，又言尔雅字多假借，而不知假借者本无其字，今如初哉首基之训，非本无首字而假初哉等字以当之也。其他所著学说能持汉宋儒者之平。礼论、治论诸篇，皆稽古证今，通达政体。尤精天文，得泰西推步秘法，自制浑全球，别具神解。尝援纬书四游以疏本天高卑，而知不同心非浑圆之理。考周髀北极璇玑，以推古人测验之法，七政皆统于天，而知东汉以前用赤道，不用黄道，为得诸行之本。又论日左右旋一理，以王锡阐解黄道右旋、赤道平行，戴震分黄道黄极为二行，其说颇不分明，为剖析之，皆言天家所未及。

性孝友，慎于交游。体羸而神理澄淡，见者皆肃敬之。仪征阮元会试举主也，重其学术行谊，以子女为姻家。宗彦尝训诸子曰："读书人第一须使此心光明正大，澄清如止水，无丝毫苟且私曲不可对人处。"故名所居曰鉴止水斋。二十三年，卒，年五十一。著有鉴止水斋集二十卷。

【校勘记】

〔一〕官至广东布政使　"广"原误作"山"。今据耆献类征卷一四八叶一七下改。

〔二〕其学无所不通　"学"下原衍一"问"字，又无"所"字。今据耆献类征卷一四八叶一八上删补。

郝懿行　牟庭

郝懿行，字恂九，山东栖霞人。嘉庆四年进士，授户部主事。二十五年，补江南司主事。道光三年，卒，年六十九。

懿行谦退，呐若不出口。然自守廉介，不轻与人晋接。遇非素知者，相对竟日无一语。迨谈论经义，则喋喋忘倦。所居四壁萧然，庭院蓬蒿常满，僮仆不备，懿行处之晏如。浮沉郎署，视官之荣悴，若无与于己者，而一肆力于著述，漏下四鼓者四十年。所著有尔雅义疏十九卷、春秋说略十二卷、春秋比一卷、山海经笺疏十八卷、易说十二卷、书说二卷、郑氏礼记笺四十九卷。懿行尝曰："邵晋涵尔雅正义，蒐辑较广，然声音训诂之原，尚多壅阏，故鲜发明。今余作义疏，于字借声转处，词繁不杀，殆欲明其所以然。"又曰："余田居多载，遇草木虫鱼有弗知者，必询其名，详察其形，考之古书，以征其然否。今兹疏中，其异于旧说者，皆经目验，非凭胸肊。此余书所以别乎邵氏也。"懿行之于尔雅，用力最久，稿凡数易，垂殁而后成。训故同异，名物疑似，必详加辨论，疏通证明，故所造较晋涵为深。高邮王念孙为之点阅，寄仪征阮元刊行。元总裁会试时，从经义中识拔懿行者也。其著春秋说略有十例：一曰说春秋不得褒贬天王，以明臣子之义；二曰说春秋不得妄生褒贬，春秋直书其事，褒贬自见；三曰说春秋者好于经所无处寻褒贬，春秋皆实录，其多一字，少一字，皆事实如此，非圣人意为增减；四曰春秋多阙文，然以义推之，皆大略可见；五曰春秋经文当从左氏，左氏阙误乃从公、穀；六曰左氏深于经，公、穀说经，字字求褒贬，左氏但叙本事，褒贬自见，得圣人浑厚之旨；七曰说春秋者好缘传生义，不顾经文，说经当一以经为主，范武子曰三传殊说，择善而从，此言可为治经者法；八曰春秋，刑书也，刑书之例，一成不移，故法必行而人知畏；九曰春秋，圣人义理之书，本不待传而明；十曰比事属辞，春秋教也，事同相比，事异相比，辞同相属，辞异相属，其义自见。河间纪昀睹其书，以为能划尽千秋藤葛。其笺疏山海经援引各籍，正名辨物，事刊疏谬，辞取雅驯。阮元谓吴氏广注，征引虽博，失之芜杂；毕沅校本，订正文字，尚多疏略；惟懿行精而不凿，博而不滥。

懿行妻王照圆，字瑞玉。博涉经史，当时著书家有高邮王父子、栖霞郝夫妇之目。照圆聪慧过人，每与懿行持论不合，净辨竟日，著有诗说一卷、列女传补注八卷、附女录一卷、女校一卷。又与懿行以诗答问，懿行录之为诗问七卷。其尔雅义疏亦间取照圆说。光绪七年，仓场侍郎游百川进呈懿行所著春秋、尔雅、山海经四种，奉旨："郝懿行所著书，当交南书房翰林阅看。据称郝懿行学问渊博、经术湛深，嘉庆年间海内推重。所著各书精博邃密，足资考证，即着留览。"八年，府尹毕道远等续进懿行及照圆所著书六种，奉旨着留览。懿行所著未经进者，有诗经拾遗一卷，汲冢周书辑要一卷，竹书纪年校正十四卷，荀子补注一卷，晋宋书故一卷，补晋书刑法志一卷、食货志一卷，宋琐语一卷，宝训八卷，蜂衙小纪、燕子春秋、海错各一卷，证俗文十八卷，笔录六卷，文集十二卷。懿行以养疴辍尔雅业，时浏览晋宋史钞、晋文百数十首，谓王右军虚谈废务、浮文妨要二语，切中当时之弊。所钞屏黜虚浮，一以切实为主。其自作杂文，亦出入汉魏晋宋之间，杂记数帙，旁征稗说，间采时事，皆意主劝戒。照圆所著未经进者，又有列仙传校正二卷、梦书一卷。

牟庭，初名庭相，字默人。亦栖霞人，贡生。与郝懿行友善，同研朴学。庭少懿行二岁，懿行每有著述，辄与商榷。庭尝谓孙叔炎受学康成，而郑注士昏礼曰壻悉计反，从士从胥，又汉书陈胜传应劭注沈音长含反，地理志应劭注沓音长答反，项羽传注，服虔曰惴音章瑞反，扬雄传注，服虔曰踢音石臭反。应、服与郑同时，年辈大于叔炎，然则谓反语始于叔炎，非也。懿行以为然。庭博通群经、兼明算术，尤好今文尚书之学。所著书五十馀种，遭乱亡佚，独诗切一书首尾完具。又周公年表、投壶算草、两句合与两股较及带纵和数立方算草各一卷，今尚存。

同时莱阳赵曾，字庆孙。乾隆五十四年举人，官江苏知县。为今文尚书及三礼、左氏之学。与庭友善。甘泉江藩尝称为山左翘楚也。

莫与俦 子友芝

莫与俦，字犹人，贵州独山人。嘉庆四年进士，改翰林院庶吉士，散馆改知县，授四川盐源县。县俗，富人好买无征之田，贫人鬻产，存赋，久辄逃亡。与俦责赋富人，而贳其隐占之罪。河西有宁远子税所横征，与俦言病民，得裁去。木里喇吗左所有山产银铜，郡守徇奸民之求，请布政司符县开矿，与俦觇知出银之山，实土官经堂所据，彼人重经堂视祖庙，且开厂聚众，滋扰夷境，患且不测，力持不可。上游是之，檄往覆勘，至则矿山者果在其经堂右，其众严兵以待，瞻与俦貌，又聆温语，皆解甲罗拜。县令入土司境，居有供，行有馈，与俦尽却其物，又悬诸禁。比还，老幼遮道，多有垂涕者。举治行卓异，以父忧去职。服阕，事母十四年，终养后，改遵义府学教授，创祠汉三贤于学宫左，日以朴学倡其徒，举阎若璩“六经宗服郑，百行法程朱”之榜，以树依归。其国朝专经大师所为故训，如易惠氏，书阎氏，诗陈氏，礼江氏，说文段氏、王氏，未尝隔三宿不言。其示诸生，谓：“学莫先于正趋向，趋向之正不正，视乎义利之明不明。”又谓：“读书当求实用，经典所载，孰非师法？言言而求诸身，事事而思其用，则读一卷书，自有一卷书之益。”遵义之人，争就受业，学舍不足，僦居半城市。道光二十一年，卒于官，年七十九。自来言都匀地理者，率自五代后始有据依，与俦参互史籍，作都匀府南齐以上地理考。所为书有二南近说四卷、仁本事韵二卷、诗文杂稿四卷。门人郑珍，子友芝，并通许郑之学，珍别有传。

友芝，字子偲。道光十一年举人。咸丰八年，截取知县，且选官，意不乐，弃去。同治初，中外大臣密荐学问之士，诏征十四人，友芝其一也。朋好争劝出仕，谢不就。友芝少承先训，通会汉宋两学，于苍雅故训、六经名物制度，靡不探讨，旁及金石目录家之说。遇人无贵贱，一接以和，而中故介然，有以自守。黔自有明开省，文献乃稍可述。与俦有贵州置省以来建学记，以见黔文兴起之所由。又蒐采黔人诗歌，断自明代，成黔诗纪略三十二卷。同治十年，卒，年六十有一。著有经说、诗文集，又声韵考略四卷、过庭碎录十二卷、樗茧谱注一卷、唐本说文本部笺异一卷、宋元旧本书经眼录三卷、附录二卷、遵义府志四十八卷。

陈寿祺　子乔枞　谢震　何治运　孙经世　柯蘅

陈寿祺，字恭甫，福建闽县人。父鹤书，岁贡生，以质行称。

寿祺少能文，年十八，台湾平，撰上福康安百韵诗并序，沉博绝丽，时称为才子。然寿祺自咎不能高行邃学不可告人，乃从同县孟超然游，为宋儒之学，懔然以古君子自期。嘉庆四年，成进士，改翰林院庶吉士，散馆授编修，寻告归。性至孝，不忍言仕。家贫无食，父命之入都。九年，充广东乡试副考官。十二年，充河南乡试副考官。十四年，充会试同考官。旋记名御史。寿祺以不得迎养，常愀然不乐。将告归，俄闻父忧，恸几绝，奔归。服除，乞养母。母殁，终丧，年五十三。有密荐于朝者，卒不出。

寿祺会试，出朱珪、阮元门，乃专为汉儒之学，与同年张惠言、王引之齐名。又及见钱大昕、段玉裁、王念孙、程瑶田诸人。故学益精博，解经得两汉大义，每举一义，辄有折衷，两汉经师，莫先于伏生，莫备于许氏、郑氏。寿祺阐明遗书，著尚书大传笺三卷，序录一卷，订误一卷，附汉书五行志，缀以他书所引刘氏五行传论三卷，序曰："伏生大传条撰大义，因经属指，其文辞尔雅深厚，最近大小戴记七十子之徒所说，非汉诸儒传训之所能及也。康成百世儒宗，独注大传，其释三礼每援引之。及注古文尚书洪范五事，康诰孟侯，文王伐崇戡耆之岁，周公克殷践奄之年，咸据大传以明事，岂非闳识博通，信旧闻者哉？且夫伏生之学，尤善于礼，其言巡狩、朝觐、郊尸、迎日、庙祭、族燕、闾塾、学校、养老、择射、贡士，考绩、郊遂、采地、房堂、路寝之制，后夫人入御、太子迎问、诸侯之法，三正之统，五服之色，七始之素，八伯之乐，皆唐虞三代遗文，往往六经所不备，诸子百家所不详。今其书散逸，十无四五，尤可宝重。宋朱子与勉斋黄氏纂仪礼经传通解，捃摭大传独详，盖有裨礼学，不虚也。五行传者，自夏侯始昌，至刘氏父子传之，皆善推祸福，著天人之应，汉儒治经，莫不明象数、阴阳，以穷极性命，故易有孟京卦气之候，诗有翼奉五际之要，春秋有公羊灾异之条，书有夏侯、刘氏、许商、李寻洪范之论，班固本大传揽仲舒，别向歆，以传春秋，告往知来，王事之表，不可废也。是以录汉书五行志附于后，以备一家之学"云。又著五经异义疏证三卷，序曰："石渠议奏之体，先胪众说，次定一尊，览者得以考见家法，刘更生采之，为五经通义，惜皆散亡。白虎通义亦多阙佚，且经班固删集，深没众家姓名，殊为疏失。不如异义所援古今百家，皆举五经先师遗说，其体仿石渠论，而详赡过之。许君又著说文解字，综贯万原，当世未见遵用，独郑君注仪礼既夕记，小戴礼杂记、周礼考工记，尝三称之。所以推重之者至矣。顾于异义为之驳者，祭酒受业贾侍中敦崇古学，故多从古文家说，司农囊括网罗，意在宏通，故兼从今文家说，此其判也。案张怀瓘书断叔重安帝末年卒，郑君别传康成永建二年生，郑氏于许为后进，而绳纠是非，为汝南之诤友。夫向歆父子，犹有左穀之违，何郑同室，奚伤箴肓之作，圣道至大，百世莫殚。仁者见仁，智者见智，蕲于事得其实，道得其真而已。今许郑之学，流布天下。此编虽略，然典礼之闳达，名物之章明，学者循是而讨论焉，其于昔人所讥国家将立辟雍、巡守之仪，幽冥而莫知其原者，庶乎可免也。"他著又有左海经辩二卷、左海文集十卷、左海骈体文二卷、绛跌堂诗集六卷、东粤儒林文苑后传二卷、东观存稿一卷。

寿祺归后，阮元延课诂经精舍，赵坦、徐养原、严杰、洪颐煊等皆从问业。元纂群经古义为经郛，寿祺为撰条例，明所以原本训辞，会通典礼，存家法而析异同之意。后主泉州清源书院十年，主鳌峰书院十一年，与诸生言修身励学，教以经术，作义利辨、知耻说、科举论，以示学者，规约整肃。士初苦之，久乃悦服。家居与诸当事书，于桑梓利弊，蒿目痗心，虽触忌讳，无所隐。明儒黄道周孤忠绝学，寿祺搜辑遗文，为之刊行；又具呈大吏，乞疏请从祀孔庙，议上如所请。道光十四年，卒，年六十四。子乔枞。

乔枞，字朴园。道光五年举人，二十四年，以大挑知县，分发江西。历官分宜、弋阳、德化、南城诸县。署袁州、临江、抚州知府。以经术饰吏治，居官有声。同治七年，卒于官，年六十一。

初，寿祺以郑注礼记多改读，又尝钩考齐、鲁、韩三家诗佚文佚义与毛氏异同者，辑而未就，病革谓乔枞曰："尔好汉学，治经知师法。他日能成吾志，九原无憾矣！"乔枞乃紬绎旧闻，勒为定本，成礼记郑读考六卷、三家诗遗说考十五卷。又著齐诗翼氏学疏证二卷、诗纬集证四卷。谓："齐诗之学，宗旨有三：曰四始，曰五际，曰六情，皆以明天地阴阳终始之理，考人事盛衰得失之原，言王道治乱安危之故，齐先亡，最为寡证，独翼奉存其百一，且其说多出诗纬，察躔象，推历数，征休咎，盖齐学所本也。诗纬亡而齐诗遂为绝学矣。"又著今文尚书经说考三十四卷、欧阳夏侯经说考一卷。谓："二十九篇今文具存，十六篇既无今文可考，遂莫能尽通其义。凡古文易、诗、书、礼、论语、孝经所以传，悉由今文为之先驱。今文所无辄废，向微伏生则万古长夜矣。欧阳、大小夏侯各守师法，苟能得其单辞片义，以寻千百年不传之绪，则今文之维持圣经于不坠者，岂浅尠哉？”

乔枞撰述多准寿祺遗训，又有诗经四家异文考五卷、毛诗郑笺改字说四卷、礼堂经说二卷。少喜治三礼，撰东夹西夹考一篇，推勘精密，王引之亟称之。最后为尚书说时，宿儒渐芜，考据家为世訾謷。独湘乡曾国藩见其书，以为可传。国朝古学元和惠氏、高邮王氏外，惟乔枞能修世业，张大其家法。寿祺同里治古学者，有谢震、何治运。

谢震，原名在震，字甸男，福建侯官人。乾隆五十四年举人，顺昌学教谕。震尝与闽县林一桂、瓯宁万世美为经会，与一桂、世美俱精三礼。震尤笃学嗜古，史传百家，篆隶金石，靡不通晓。然断断持汉学，好排击宋儒凿空逃虚之说。寿祺与震乡试同年，少震六岁，视为畏友。震重气谊，有志用世，而不遇于时。尝过汉中谓人曰：“终南亘七百馀里，连跨数郡，秦蜀门户也，守险安可忽？郧庸以西，夔巫以东，巴阆之北，武都之南，大山老林，蝗蝝其间。今将吏狃升平而弛控驭，不数稔，难其作乎？”及嘉庆初，邪教起，震言皆验。年四十，卒。弟子辑其遗著，有礼案二卷。精覈胜敖氏，又有四书小笺一卷、四圣年谱一卷。工诗，有樱桃轩诗集二卷。

何治运，字郊海，福建闽县人。嘉庆十二年举人。洽闻强识，笃志汉学。粤督阮元尝聘纂广东通志。后游浙中，巡抚陈若霖为锓其经解及论辨文字四卷，名何氏学。又著有公羊精义、论语解诂、孟子通义、周书后定、太玄经补注。道光元年，卒，年四十七。治运与寿祺友，及卒，寿祺以谓无与为质，不获以辅成其学也。

孙经世,字济侯,福建惠安人,寿祺弟子也。寿祺课士不一格,游其门者,若仙游王捷南之诗、礼、春秋、诸史,晋江杜彦士之小学,惠安陈金城之汉易,将乐梁文之性理,建安丁汝恭、德化赖其煐,建阳张际亮之诗古文辞,皆足名家,而经世学成早世,世以儒林推之。经世少喜读近思录,后沉研经义,谓:"不通经学,无以为理学;不明训诂,无以通经;不知声音文字之原,无以明训诂。"著说文会通十六卷、尔雅音疏六卷、释文辨证十四卷、韵学溯源四卷、十三经正读定本八十卷、经传释辞续编八卷。又著春秋例辨八卷、孝经说二卷、夏小正说一卷,诗韵订二卷、惕斋经说六卷、读经校语四卷。其四书集解十二卷、周易本义发明十二卷,则少作也。经世善事父母,居丧不御酒肉,不居内。泉俗好斗讼,大姓为甚,孙氏族众万数,渐渍身教,竟为仁里。新城陈用光督学闽中,举优行第一。尝诧于泾县包世臣曰:"吾归装得一济侯,胜笥河三百石矣。"笥河朱筠号,筠去闽时,士各馈一石,因积成山,建三百三十三士亭,故用光云然。经世又谓:"治经当体之身心,用之家国。"尝欲编定经义,纂集古今之言学言治以证明之,名曰通经略。书未竟,道光十二年,卒于京邸,年五十。

柯蘅,山东胶州人。从寿祺受许郑之学,尝以史汉诸表为纪传之纲领,而讹误舛夺,最称难治,乃条而理之,著汉书七表校补二十卷,为例十:一曰辨事误,二曰辨文字误,三曰辨注误,四曰辨诸家考证之误,五曰以本书证本书之误,六曰史汉互证而知其误,七曰汉书、荀纪互证而知其误,八曰汉书、水经注互证而知其误,九曰据纪传以补表之阙,十曰据今地以证表之误。钩稽隐赜，掇拾繁碎，凡前人之说皆取而辨其是非；至前人之未及者，又得二三千事，亦专门之学也。尤长于诗，论者谓可配其乡先辈王士祯、赵执信。著有声诗阐微二卷、旧雨草堂诗集四卷。其说经说史之作，门人集为旧雨草堂札记。

马宗梿　子瑞辰

马宗梿，字器之，安徽桐城人。由举人官东流县教谕。嘉庆六年成进士，又一年，卒。少从舅氏姚鼐学诗古文词，所作多沉博绝丽，既而精通古训及地理之学。乡举时，以解论语过位升堂合于古制，大兴朱珪亟拔之。后从邵晋涵、任大椿、王念孙游，其学益进。尝以解经必先通训诂，而载籍极博，未有汇成一编者，乃偕同志孙星衍、阮元、朱锡庚分韵编录，适南旋中辍。后元视学浙江，萃诸名宿，为经籍籑诂，其凡例犹昔年所手订也。生平敦实行，寡嗜好，惟以著述为乐。尝撰左氏补注三卷，博征汉晋诸儒之说，不苟同立异。论者谓足与顾炎武、惠栋两家之书相表里。其自序云："效子慎之作解谊，家法是守；鄙冲远之为疏证，曲说鲜通。"盖纪实也。所著别有毛郑诗诂训考证、周礼郑注疏证、穀梁传疏证、说文字义广注、战国策地理考、南海郁林合浦苍梧四郡沿革考、岭南诗钞，共数十卷。校经堂诗钞二卷。子瑞辰。

瑞辰，字元伯。嘉庆十年进士，改翰林院庶吉士，散馆授工部营缮司主事，擢郎中。因事罣误，发盛京效力。旋赏给主事，奏留工部，补员外郎。复坐事发往黑龙江效力，未几释归。历主江西白鹿山、山东峄山、安徽庐阳书院讲席。咸丰三年冬，发逆陷桐城，众惊走，贼胁之降，瑞辰大言曰："吾前翰林院庶吉士、工部都水司员外郎马瑞辰也！吾命二子团练乡兵，今仲子死，少子从军，吾岂降贼耶？"贼爇其背，而拥之行，行数里骂愈厉，遂死，年七十九。事闻，奉旨赠道衔，赐恤荫如例。敕建专祠。

瑞辰丰颐长身，言论娓娓，勤学著书，耄而不倦。尝谓诗自齐、鲁、韩三家既亡，说诗者以毛诗为最古。据郑志答张逸云注诗宗毛为主。毛义隐略则更表明，是郑君大旨本以述毛，其笺诗改读，非尽易传，而正义或误以为毛郑异义，郑君先从张恭祖受韩诗凡笺训异毛者，多本韩说。其答张逸，亦云如有不同，即下己意，而正义又或误合传笺为一。毛诗用古文，其经字多假借，类皆本于双声叠韵，而正义或有未达。于是撰毛诗传笺通释三十二卷，以三家辨其异同，以全经明其义例，以古音古义证其伪互，以双声叠韵别其通借。笃守家法，义据通深。同时长洲陈奂著毛诗传疏，亦为专门之学。由是治毛诗者多推此两家之书。

子三俊，字命之。优贡生。举孝廉方正。学宗程朱，兼取陆王之说。诗古文亦力追秦汉魏晋，以国难家仇，愤欲杀贼。四年六月，率练勇追贼，至周瑜城，力战死，年三十五。著有马征君遗集。

林春溥

林春溥，字立源，福建闽县人。嘉庆七年进士，改翰林院庶吉士，散馆授编修。历充顺天乡试、会试同考官。以父年八十，陈请归养，遂家居不出。咸丰十一年，重与恩荣宴，得旨赏加四品卿衔。十二月，卒，年八十七。

春溥自少至老，丹铅不少间，有得即随手劄记。其著述贯串经史，一衷至当。以金履祥通鉴前编本之皇极经世，强事系年，凿定甲子，乃推究竹书纪年，证以他书，上溯黄帝，下接左氏，为古史纪年十四卷。又唐僧一行大衍历每据竹书以推古年甲子，其佚杂见他说，端委靡竟，亦资异闻，乃表而列之，参稽同异，为说于后，为古史考年异同表二卷。又以武王克殷甲子见于武成逸书，乃参之传记，为武王克殷日纪一卷。又以传春秋者左氏，杜预始分经之年与传相附，乃参以公、穀、国语、史记诸书，附注其异文，其逸事不知日月，附录于后，为春秋经传比事二十二卷。又以战国诸侯史记灭于秦火，史迁掇拾秦记，日月不备，传闻异词，乃本通鉴纲目之旧，增而辑之，为战国纪年六卷、表一卷。又以竹书出后人缀辑，乃旁考诸家所引，疏通证明，复取后人所以致疑者，统为后案，为竹书纪年补证四卷。他著又有开辟传疑二卷、灭国五十考一卷、孔孟年表二卷、孔子世家补订一卷、孟子列传纂一卷、孟子外书补证一卷，四书拾遗五卷，古书拾遗四卷，开卷偶得十卷。

严可均　严元照

严可均，字景文，浙江乌程人。嘉庆五年举人，官建德县教谕，引疾归。

可均博文强识，精考据之学。与姚文田同治说文，遍索异同，为说文长编，亦谓之类考，有天文算数地理类、草木鸟兽虫鱼类、声类、说文引群书类、群书引说文类，积四十五册。又辑钟鼎拓本，为说文翼十五篇。将校定说文，撰为疏异，孙星衍促其成，乃撮举大略，就毛氏汲古阁初印本，别为校义三十卷，专正徐铉之失。又与丁溶同治唐石经，著校文十卷。自序云：“余弱冠治经，稍见宋椠本，既又念若汉、若魏、若唐、若孟蜀、若宋嘉祐、绍兴，各立石经，今仅嘉祐四石、绍兴八十七石，皆残本，而唐太和石壁二百二十八石，岿然独存，此天地间经本之最完最旧者。夫唐代四部之富，埒于梁隋，而郑覃、唐元度辈皆通儒，颇见古本，苟能刊正积非，归于真是，即方驾熹平不难，而仅止于是。今也古本皆亡，欲复旧观，已难为力，可慨也。然而后唐雕版，实依石经句读钞写，历宋、元、明转刻转误，而石本幸存，纵不足与复古，以匡今谬有馀也。独怪数百年来学士大夫，尠或过问者，间有一二好古之士，亦与冢碣寺碑同类而并道之。康熙初顾炎武始略校焉，观其所作九经误字、金石文字记，剌取寥寥，是非寡当；又误信王尧惠之补字以诬石经，顾氏且然，况其他乎？呜呼，石经者，古本之终，今本之祖，治经不及见古本，而并荒石经，匪直荒之，又交口诬之，岂经之幸哉？余不自揆，欲为今版本正其误，为唐石经释其非，为顾氏等祛其惑，随读随校，凡石经之磨改者、旁增者，与今本互异者，皆录出，辄据注疏释文，旁稽史传及汉唐人所征引者，为之左证，而石台孝经附其后焉。”

嘉庆十三年，诏开全唐文馆，可均以越在草茅，无能为役，慨然曰：“唐之文盛矣哉！唐以前要当有总集。”乃辑全上古三代秦汉三国六朝文，使与全唐文相接，多至三千馀家，人各系以小传，足以考证史文，皆从蒐罗残剩得之，覆检群书，一字一句，稍有异同，无不校订，一手写定，不假众力。唐以前文咸萃于此焉。又校辑诸经逸注，及佚子书等数十种，合经、史、子、集为四录堂类集千二百馀卷。又著有铁桥漫稿十三卷。其说文类考稿佚，惟声类二卷存。道光二十三年，卒，年八十二。

严元照，字九能，浙江归安人。诸生。治经务实学，尤熟于尔雅、说文。尝曰："说文，古文家学；尔雅，今文家学也。"著尔雅匡名八卷，旁罗异文佚训，钩稽而疏证之。又有悔菴文钞八卷，诗钞、词钞、娱亲雅言等书。嘉庆二十二年，卒，年三十五。

焦循　子廷琥　顾凤毛　钟怀　李钟泗

焦循，字里堂，江苏甘泉人。嘉庆六年举人。曾祖源，祖镜，父葱，世传易学。

循少颖异，八岁在阮赓尧家，与宾客辨壁上"冯夷"字，曰："此当如楚辞读皮冰切，不当读如缝。"阮奇之，妻以女。既壮，雅尚经术，与阮元齐名。元督学山东、浙江，俱招循往游。性至孝，丁父及嫡母谢艰，哀毁如礼。一应礼部试，后以生母殷病愈而神未健，不复北行。殷殁，循毁如初。服除，遂托足疾，不入城市者十馀年。葺其老屋，曰半九书塾，复构一楼，曰雕菰楼，有湖光山色之胜，读书著述其中。尝叹曰："家虽贫，幸蔬菜不乏。天之疾我福我也，吾老于此矣！"嘉庆二十五年，卒，年五十八。

循博闻强记，识力精卓，每遇一书，无论隐奥平衍，必究其源。以故经史、历算、声音、训诂，无所不精。幼好易，父问"小畜"、"密云"二语何以复见于"小过"，循反复其故不可得，既学洞渊九容之术，乃以数之比例求易之比例，渐能理解。著通释二十卷，自谓所悟得者：一曰旁通，二曰相错，三曰时行。旁通者，在本卦初与四易、二与五易、三与上易，本卦无可易，则旁通于他卦，亦初通于四、二通于五、三通于上，先二五后初四三上为当位，不俟二五而初四三上先行为失道，易之道惟在变通二五先行而上下应之，此变通不穷者也。或初四先行、三上先行，则上下不能应，然能变而通之，仍大中而上下应如乾四之坤初而成小畜，复失道矣。变通之小畜二之豫五，姤二之复五，复初不能应姤。初则能应小畜四，不能应豫四，则能应坎四之离，〔一〕上成井、丰，失道矣。变通之井二之噬嗑五，丰五之涣二，丰上不应，涣上则能应，井三不能应，噬嗑三则能应。此所谓时行也，比例之义，出于相错，如睽二之五为无妄，井二之噬嗑五亦为无妄，故睽之噬肤，即噬嗑之噬肤。坎三之离上成丰，噬嗑上之三亦成丰，故丰之日昃，即离之日昃；丰之日中，即噬嗑之日中。渐上之归妹三，归妹成大壮渐成蹇，蹇大壮相错成需，故归妹以须，须即需也。归妹四之渐初渐成家人，归妹成临，临通遁，相错为谦履，故眇能视、跛能履。临二之五，即履二之谦五之比例也。既复提其要，为图略八卷，又成章句十二卷，总名易学三书。

初，循以易学质王引之，引之以为凿破混沌。年四十七，病危，以书未成为憾。后乃誓于先圣先师，尽屏他务，凡四易稿乃成。其学易时，随笔记录，有易馀籥录二十卷，易话二卷，注易日记三卷，易广记三卷。又以古之精通易理、深得羲、文、周、孔之恉者，莫如孟子。生孟子后，深知其学者，莫如赵氏，伪疏舛驳，未能发明。著孟子正义三十卷，谓为孟子作疏，其难有十。然近代通儒，已得八九，因博采诸家之说，而下以己意。合孔孟相传之正恉，又著六经补疏，以说汉易者，每屏王弼，然弼解箕子，用赵宾说，读彭为旁，借雍为瓮，通孚为浮，解斯为厮，盖以六书通借解经之法，〔二〕未远于马郑诸儒为周易王氏注补疏二卷。〔三〕以尚书伪孔传说之善者，如金縢我之不辟，训辟为法，居东即东征，罪人即管蔡。大诰周公不自称王而称成王之命，皆非马郑所能及，为尚书孔氏传补疏二卷。以诗毛郑义有异同，正义往往杂郑于毛，比毛于郑，为毛诗郑氏笺补疏五卷。以左氏传称君君无道称臣臣之罪，杜预扬其辞而畅衍之，预为司马懿女婿，目见成济之事，将以为司马饰，即用以为己饰。万斯大、惠士奇、顾栋高等未能摘奸而发覆，为左氏春秋传杜氏集解补疏五卷。〔四〕谓礼以时为大，〔五〕训诂名物亦所宜究，为礼记郑氏注补疏三卷。以论语一书，发明羲、文、周公之指，参伍错综，引申触类，亦与易例同，为论语何氏集解补疏三卷，合之为二十卷。又录当世通儒说尚书者四十一家，书五十七部，仿卫湜礼记之例，以时之先后为序，得四十卷，曰书义丛钞。又著禹贡郑注释一卷、毛诗地理释四卷、毛诗鸟兽草木虫鱼释十一卷，陆玑疏考证一卷、群经宫室图二卷，论语通释一卷。

循于天文算术，以梅文鼎弧三角举要环中黍尺，撰非一时，繁复无次；戴震勾股割圜记务为简要，变易旧名；著释弧三卷。又以弧线之生，缘于诸轮，轮之弗明，法无从附，著释轮二卷。又以雍正癸卯律书用椭圆法实测，随时而差，则立法亦随时而改，著释椭一卷。又以九章不能尽加减乘除之用，而加减乘除可以通九章之穷，著加减乘除释八卷。又得秦道古数学大略，因著天元一释二卷，开方通释一卷。吴县李锐序之云："此书于带分寄母、同数相消之故，发挥无馀蕴。李栾城、郭邢台后为此学者，未能如此妙也。"他著有北湖小志六卷，扬州足征录一卷、邗记六卷，里堂道听录五十卷。最爱柳柳州文，习之不倦，谓唐宋以来一人而已。著有雕菰楼文集二十四卷，又词三卷、诗话一卷。循壮年即名重海内，钱大昕、王鸣盛、程瑶田等皆推敬之。始入都，谒座主英和，和曰："吾知子之字曰里堂，江南老名士，屈久矣！"殁后，阮元作传，称其学精深博大，名曰通儒，世谓不愧云。子廷琥。

廷琥，字虎玉。优廪生。性醇笃，善承家学，阮元称为端士。循尝与廷琥纂孟子长编三十卷，后撰正义，其廷琥有所见，亦本范氏穀梁之例，为之录存。循又以测圆海镜、益古衍段二书，不详开方之法，以常法推之不合；既得秦道古数学九章，有正圆开方法，为开方通释，乃谓廷琥曰："汝可列益古衍段六十四问，用正圆开方法推之。"廷琥布策下算，一一符合，著益古衍段开方补一卷。阳湖孙星衍不信西人地圆之说，以杨光先之斥地圆，比孟子之距杨墨，廷琥谓古之言天者三家：曰宣夜，曰周髀，曰浑天。宣夜无师承，浑盖之说皆谓地圆。泰州陈氏，宣城梅氏悉以东西测景有时差，南北测星有地差，与圆形合为说。且大戴有曾子之言，内经有岐伯之言，宋有邵子、程子之言，其说非西人所自创。因博搜古籍，著地圆说二卷。他著有密花馆诗文钞。

顾凤毛，字超宗，江苏兴化人。乾隆四十九年，高宗南巡，召试列二等。五十三年，副贡生。

父九苞，字文子，长于诗礼。九苞母任氏，大椿祖姑，通经达史，九苞之学，母所教也。四十六年，进士。归时，卒于路。著述不传。凤毛亦受经于祖母，年十一，通五经。及长，传九苞学，与焦循同学。循就凤毛问难，始用力于经。凤毛又学音韵律吕于嘉定钱塘，撰楚辞韵考、入声韵考、毛诗韵考，皆得塘旨。又撰毛诗集解、董子求雨考、三代田制考，未成而卒，年二十七。卒后，循理其丧，作招亡友赋哭之。

钟怀，字保岐，甘泉人。优贡生。与仪征阮元、同县焦循相善，共为经学，旦夕讨论，务求其是。居恒礼法自守，不与世争名，交游中称为君子。嘉庆十年，卒，年四十五。所著有春秋考异、说书区别录、祭法解、周官识小、论语考古、汉儒考等书，凡十三种。卒后，循刺其精华，编为菽崖考古录四卷。其汉儒考较陆德明所载，增多十馀人。

李钟泗，字滨石，亦甘泉人。嘉庆六年举人。治经精左氏春秋，撰规规过一书，抑刘伸杜，焦循服其精博。

【校勘记】

〔一〕则能应坎四之离　"四"原误作"三"。今据耆献类征卷四二二叶二下改。

〔二〕盖以六书通借解经之法　"解"上原衍一"其"字。今据耆献类征卷四二二叶三下删。

〔三〕为周易王氏注补疏二卷　原脱"氏"字。今据耆献类征卷四二二叶三下补。

〔四〕为左氏春秋传杜氏集解补疏五卷　原脱"左氏"二字。今据耆献类征卷四二二叶四下补。

〔五〕谓礼以时为大　"谓"原误作"以"。今据耆献类征卷四二二叶四下改。

李锐　汪莱　张敦仁　谈泰　陈懋龄

李锐，字尚之，江苏元和人。诸生。笃学朴厚，长于经义，习公羊春秋、虞氏易。尝著周易虞氏略例十八篇为一卷。幼好算术，因受经嘉定钱大昕，闻中西异同之奥。大昕诲之曰："凡为弟子者，不胜其师，不为贤弟子。"于是闭户沉思五年，尽通畴人家言。尤深古历，自三统以迄授时，悉能洞澈本原。以郑注召诰周公居摄五年二月三月，尝为一月二月，不云正月者，盖待治定制礼乃正言正月故也。郑君精于步算，此破二月三月为一月二月，以纬候入蔀数推知，上推下验，一一符合。江声、王鸣盛以为据召诰十二月戊辰逆推之，其说未核，因著召诰日名考，融会古历，以发明经术。大昕尝以太乙统宗宝鉴求积年术日法，一万五百岁实三百八十三万五千四十八分二十五秒为疑。锐据宋同州王湜易学，谓每年于三百六十五日二千四百四十分之外，有终于五分者，五代王朴钦天历是也。以七千二百为日法，有终于六分者，近年万分历是也。以一万分日法，有终于五六分之间者，景祐历法载于太乙遁甲中是也。以一万五百分为日法，此暗用授时法也。试以日法为一率，岁实为二率，授时日法一万为三率，推四率得三百六十五万二千四百二十五分，即授时之岁实也。大昕释然。

锐勤于探讨，每得一书，必穷幽极微。王孝通缉古算经，词隐理奥，无能通之者。锐与友人张敦仁，共著细草三卷，详论二十术而商功之平地，役功广袤之术，较若列眉。又于同邑顾广圻处得秦九韶九章算经，乃穷究天元一术论，其法与借根方不同，于是郭守敬、李冶之说始明，而知唐顺之、顾应祥书甚无谓也。锐尝谓四时成岁首载虞书，五纪明历见于洪范，历学乃致治之要，为政之本，以通典、通考置而不录，因著历法通考。其书体例，大略以颛顼、夏、殷六历记载久缺，太初历本之殷历，立法疏阔，三统术虽推法较密，然亦用太初四年增一日之术，是四分术无异太初也，故断自三统术始，国朝之椭圜法止。唐瞿昙悉达九执历、宋荆执礼会天历，史佚其法，乃于开元占经，宝祐四年会天历中，求其术而为之说，惜未成书，惟三统术注、四分术注、乾象术注、奉元术注、占天术注、日法朔馀强弱考六科而已。仪征阮元督学浙江，延锐校礼记正义，及辑畴人传，元以今之敬斋称之，敬斋，李冶号也。他著有方程新术草、勾股算术细草、弧矢算术细草、回回历元考、磬折说、戈戟考等书。卒以攻苦得疾，嘉庆二十二年卒，年四十五。又著开方说三卷，下卷未就，易箦时，命弟子黎应南续成之。

应南，字见山，广东顺德人。嘉庆二十三年举人，官浙江丽水、平阳知县。经史舆地，无不贯通，于天元尤精熟。尝仿水道提纲例，著地理沿革提纲，未成而卒，年四十八。

锐与甘泉焦循、歙县汪莱齐名，时称"谈天三友"。循自有传。

汪莱，字孝婴，安徽歙县人。优贡生。大学士禄康荐修天文、时宪二志，书成，选石埭训导。嘉庆十八年，卒于官，年四十六。莱少慕其乡江永、戴震诸人之学，力通经史百家，及推步历算。其学不由师授，默识静会，洞悉本原。性善攻坚，不苟同于人。尝与焦循、李锐论宋秦九韶、元李冶立天元一及正负开方法，锐谓少广一章，得此始贯于一。莱独推其有可知有不可知，互相齮龁。莱墨守西法，不逮锐之通变，然循称“锐善言古人所已言，而阐发得其真；莱善言古人所未言，而引伸得其间。绝学之显，厥由两君”云。其治经务熟习本文，博通注疏，以一知半解为陋。与人接，无崖岸。有以撰著相质者，必首尾研究，为之疏通证明。同县程瑶田撰磬折古义，以明一矩有半之句倨，谓设县于股，在鼓上稍右，股横于上，所以压之使正。泥成说者或疑之，莱核以重心比例之法，而磬鼓直县之制以定。莱尝制浑简平一方各仪器观测。官训导时，又考制乐舞等器一十七宗，一百五十八件。所著有衡斋算学七卷，参两算经、十三经注疏正误、声谱、说文声类、今有录及诗文集。

张敦仁，字古馀，山西阳城人。乾隆四十年进士，历官直隶南宫、江西高安、庐陵县知县，铜鼓川沙厅同知，江宁、扬州、南昌、吉安府知府，荐升云南盐法道。以末疾乞归。生平实事求是，居官勤于公事，暇则研究经史，虽老病家居，亦不废学。官扬州时，得元和顾千里所藏抚本礼记郑注，因取各本校雠，为考异二卷。又有盐铁论考证、通鉴补识误、通鉴补略诸书。尤嗜历算，初官江西，借录督学李潢所藏秦、李诸书，因得窥立天元一求一之妙。及来吴门，与李锐相友善，因共讨论。著辑古算经细草。又以大衍求一术载在秦书，鲜有知者，后著求一算术上中下三卷，上以究其原，中下以明其法，中为杂法，下则演纪也。又以测圆海镜有“翻法在记”之注，疑李冶别有开方记一书，佚而不传。因取秦书所载正负开方法，列式而详稽之，用补李氏佚书，为开方补记九卷，道光十四年，校刊成六卷，遂卒，年八十一。

李潢，字云门，湖北钟祥人。博综群书，尤精算学。与李锐齐名，称南北李。乾隆三十六年进士，官至工部左侍郎。

谈泰，字阶平，江苏上元人。乾隆五十一年举人。官山阳、南汇教谕。泰淹通经史，专志撰述，不为世俗之学，尤精律算。尝从钱大昕游，大昕赠序，称其学深造自得，交游中习于数者，戴东原殁后，幸得阶平。泰于算例，初从西法入，后觉其不善。及交汪莱、焦循，见循所撰天元一释，遂涣然冰释，谓可与同门李锐所校测圆海镜、益古演段相辅而行。泰尝引申大昕从子塘周径之说，为书一卷。又以梅瑴成赤水遗珍中，有方田度里一篇，正王制注疏之误。其法以原数立算，与郑康成注互合。但所列诸率，不明言乘除之数，恐观者无从稽核，因为之疏解，并用三率互视法详推，为王制井里算法解一卷，附列里数各表，使初学易明，皆有裨经义。他著有礼记源流考二卷、先圣生卒年月日辨二卷、三十六字母阴阳辨一卷、古今音韵识馀二卷、古今乐疑义三卷、丝竹考异与人歌谱三卷、九宫辨二卷、春秋战国岁次考二卷、谈氏族考一卷、多闻阙疑六卷、偶读漫记四卷、岁次月建异同辨一卷、明算津梁四卷、推步稿三卷、天元释例四卷、平方立方表六卷、北斗考三卷、畴人传三卷、桐音馆杂文四卷。

陈懋龄，字勉甫，亦上元人。乾隆五十七年，副贡生，官青阳教谕。博闻强记，学历于里中谢廷逸，得梅氏之传。著有经书算学天文考一卷，为仪征阮元所称。又有春秋朔闰交食考、六朝地理考。

朱珔　胡世琦　左暄　包世荣

朱珔，字兰坡，安徽泾县人。生三岁而孤，祖命为季父后，珔事嗣母孝，与生母同。嘉庆七年成进士，改庶吉士，与幸翰林院柏梁体联句宴，赐什物，散馆授编修。十二年，充山东乡试副考官。寻擢赞善，迁侍讲，与修明鉴，以事降编修。二十五年，充会试同考官。道光元年，入直上书房，屡蒙宣宗嘉奖，有“品学兼优”之褒。二年，充会试同考官。寻以母病乞养归。

珔爱书如命，治经蒐讨古训，不隅守一家之说，而必求心之所安。仪征阮元称其腓字手弓诸解，征实精确。嘉兴沈涛称其言易彖辞爻辞皆用韵，乾三爻“终日乾乾”，与田、人、天、渊韵，说文引“夕惕若夤”，夤亦韵；初九“潜龙勿用”，龙与用韵；上九、用九，悔与首韵。又言诗郑笺申毛非改毛，毛公训诂用假借字，郑所改字，即传之假借字，皆前人所未道。珔以我朝经学书散而不聚，因捃拾各家文集札记，分典章、名物、训诂、音韵四类，为诂经文钞七十卷，续二十卷。告归后，主钟山、正谊、紫阳书院垂三十年，以实学造士，成就者众。著有说文假借义证二十八卷、经文广异十二卷、文选集释二十四卷。古文宗桐城，有小万卷斋诗文集七十卷。又辑有国朝古文汇钞二百七十二卷。三十年，卒，年八十二。

胡世琦，字玉樵，亦泾县人。嘉庆十九年进士，改翰林院庶吉士，散馆授山东费县知县，再补曹县，以事罢归。世琦与珔少相友善，治经从文字、声音、训诂，以会通其旨趣。尝著小尔雅疏证，考校精博，为段玉裁所推。又著三家诗辑、禹贡地理汇说，未成而卒，年五十五。

左暄，字春谷，亦泾县人。拔贡生，官蒙城教谕。暄博通经史，勤于著述，有三馀偶笔十六卷，续笔十二卷。其体例仿宋景文笔记、洪容斋随笔，古义灿然。如于诗证棘革之字，同于尔雅；辨牺献之音，合于春秋公羊传；定提月是月之本通。又谓说文以偏旁谐声，可考古音，因斥徐铉反切尽依孙愐唐韵之非。朱琦称其考订精核，皆有益学者。他著有五经文字考异二卷、性道阐言二卷、瓶管记疑六卷、诗文钞各四卷。暄丰姿超迈，自壮年丧偶，不再娶。官教谕时，造就多名下士。告归后，犹闭户讨论，矻矻不倦。年九十一，卒。

包世荣，字季怀，亦泾县人。道光元年举人。深于汉学，尝谓毛公恪遵雅训，义最优，简直难晓，故郑氏时出别义以辅之，非好学深思者，莫能猝通。至于草木鸟兽之性质体用，诗人所由托兴。又古文习于礼，故举时、举地、举器服，即以见得失，寓美刺。斯三者有一不明，则茫然不得其解，因成训诂八卷、草木虫鱼四卷、舆地一卷，名曰学诗识小。世荣与甘泉薛传均、仪征刘文淇、旌德姚配中相友善，朝夕讲贯，博览群籍，尤嗜荀、屈、吕览、四史、通典、通鉴诸书，每岁必数过。又著有吉凶典礼器服乐章十卷，毛诗礼征。

李富孙 兄超孙 弟遇孙 冯登府

李富孙，字既汸，浙江嘉兴人。嘉庆六年，拔贡生。良年来孙，从祖集，字敬堂，乾隆二十八年进士，官郧县知县。精研经学，以汉唐为宗，尝为学规论，以课穷经，课经济。著有愿学斋文钞。

富孙学有原本，与伯兄超孙、从弟遇孙，有“后三李”之目。长游四方，就正于卢文弨、钱大昕、王昶、孙星衍，饫闻绪论。阮元抚浙，肄业诂经精舍，遂湛深经术，尤好读易。所经眼者不下百馀种，深斥图谶之说。著易解賸义，谓易学有三派：有汉儒之学，郑、虞、荀、陆诸家精矣；有晋唐之学，王弼、孔颖达诸家，即北宋胡瑗、石介、东坡、伊川犹是支流馀裔；至宋陈、邵之学，出本道家之术，创为图说，举羲、文、周、孔之所未及，汉以后诸儒之所未言者，以自神其附会之说，理其理而非易之所谓理，数其数而非易之所谓数，而前圣之易道晦矣。因叹李鼎祚所辑易解精微，广大圣贤遗旨，略见于此。然其馀三十六家之说，尚多未采，其遗文剩义，间见他书，犹可蒐辑，爰缀而录之，成书三卷、校异一卷。又著七经异文释，就经史传注、诸子百氏所引，以及汉、唐、宋石经，宋、元椠本，校其异同，辨其得失，折衷以求一是，凡易六卷、尚书八卷、毛诗十六卷、春秋三传十二卷、礼记八卷。同里冯登府称其详该奥博，为诂异义者集其大成。又谓说文一书，保氏六书之指，赖以仅存。自篆变为隶，隶变为真，文字日繁，讹伪错出。或有形声意义大相区别，亦有近似而其实异，后人多混而同之；或有一篆之形，从某为古籀，为或体，后人竟析而二之。经典文字往往昧于音训，擅为改易，甚与本义相迕。夫假借通用，说文自有本字，有得通借者，有不容通借而并为俗误者，因援据经典以相证契，俾世之踵谬沿讹，焯然可辨，为说文辨字正俗八卷。同里钱泰吉谓其书大旨折衷段注，而亦有段所未及者，读说文之津梁也。他著有汉魏六朝墓铭纂例四卷、鹤征录八卷、后录十二卷、曝书亭词注七卷、梅里志十六卷、校经庼文稿十八卷。

超孙，字引树。嘉庆六年恩科举人，会稽县教谕。剖析经义，尤深于诗，尝以毛诗草木虫鱼则有疏，名物则有解，地理则有考，而诗中所称之人，则未有纂辑成书者，因取诗人氏族名字，博考经史诸子及近儒所著述，并列国之世次，洎其人之行事，搜罗荟集，为诗氏族考六卷。官会稽时，课诸生，依宁化雷鋐学规条约，士习日上。又著拙守斋集。

遇孙，字金澜。嘉庆六年优贡生，处州府训导。幼传祖训，淹贯经史。著有尚书隶古定释文八卷。汉孔安国以科斗文难知，取伏生今文次第之为隶古定，宋薛宣因之成古文训。遇孙又以隶古文难知，引说文诸书疏通之，讹者是正，疑者则阙。性嗜金石，有芝省斋碑录八卷、金石学录四卷。官处州时，以处州地僻山远，阮元两浙金石志未免脱漏，乃搜辑百馀种，为括苍金石志八卷。他著有日知录补正一卷、校正一卷、古文苑拾遗十卷、天香录八卷、随笔六卷、诗文集十八卷。

冯登府，字云伯，浙江嘉兴人。嘉庆二十五年进士，改翰林院庶吉士，散馆授江西将乐县知县，不两月以亲病去官。服阕，官宁波府教授，大吏重其才，将荐举之，力辞。后以告归时已得咯血疾，闻英人滋事，宁郡失守，病遂剧。寻卒。登府劬书媚学，于两汉、唐、宋诸儒之经谊，旁及诸子百家传注，靡不强识博通，而声音训诂尤为深邃。尝从仪征阮元游，元重其学，契洽甚至。与同县李富孙交尤密，每著一书，辄与商榷。富孙以为钱大昕、全祖望之比。所著有三家诗异文疏证六卷、补遗四卷。以毛诗多假借字，三家诗多本字，因即宋王应麟书为之疏证，与传笺互相发明。又著三家诗遗说翼证二十卷。皆胜范家相书。又著论语异文考证十卷，蒐罗遗佚，并援前人之说，稽其同异，以阐明古义，诠释最为精审。又著十三经诂答问十卷，石经考异十二卷，金石综例四卷，并见称于时。其自谢诗有“新书难得故人刊”之语。熟于掌故，中岁游闽，修盐法志、福建通志，名震海峤间。他著有闽中金石志十四卷、金屑录四卷、石馀录四卷、浙江砖录一卷、唐宋词科题名录一卷、玉堂书史补六卷、梵雅一卷、小谪仙馆摭言十卷、酌史岩摭谭十卷。古文宗桐城，诗宗朱彝尊，兼工倚声，有文集八卷、诗四卷、词四卷。

同时海盐崔应榴，字秋谷，诸生。生平究心经史子集，老而弥笃。著吾亦庐稿四卷，阮元刻入经解中。又著有广孝编、广慈编、诗文集。

洪颐煊　兄坤煊　弟震煊

洪颐煊，字旌贤，浙江临海人。五世祖若皋，顺治十二年进士，著南沙文集十二卷。

颐煊苦志力学，与兄坤煊、弟震煊，读书僧寮，夜每借佛镫围坐，谈经不辍。时有“三洪”之称。学使阮元招颐煊、震煊就学行省，颐煊尤精研经训，熟习天文，贯串子史。嘉庆六年拔贡生，为山东督粮道孙星衍撰孙氏书目及平津馆读碑记十二卷，考据明审，于唐代地理尤多。所得入赀为直隶州州判，署广东新兴县事。适阮元督两广，知颐煊吏才短而文学优也，延之入幕，诹经咨史以为常。尝谓礼经莫大于宫室，宫室不明，则古人行礼之节，周旋升降，皆芒然莫知其处。宋李如圭释宫祗举其凡，近人考证亦多未密。因思古人宫室制度，与今人不甚相远，时醇世朴，寝庙明堂不若后世之千门万户，细绎礼经，皆有丈尺可寻，名位可辨，著礼经宫室答问二卷。又著孔子三朝记注八卷、孝经记注补证一卷、诸史考异十八卷、汉志水道疏证四卷、管子义证八卷、读书丛录二十四卷、经典集林三十五卷、台州札记十二卷、筠轩诗文钞十二卷。颐煊好聚书，岭南市多旧本，重赀购之。家藏善本书三万馀卷，碑版二千馀通，多世所罕觏，有倦舫书目十卷。

坤煊，字载厚。早慧，好读书，才气奋迅，精训诂之学，亦能为古文词。为督学朱珪所赏，以拔贡入京师。乾隆五十七年，举顺天乡试，榜发十馀日而殁。著有地斋诗文钞。

震煊，字百里。少有隽名，阮元称之曰："侍郎之后，复见洪生。"侍郎，天台齐召南也。元修十三经校勘记，震煊任小戴礼；修经籍籑诂，震煊任方言；所刊书籍，多经其手。尝谓太史公书以鲁定公十二年冬孔子去鲁适卫为误，定为十三年春，就史记正之。又读夏小正"鞠则见"，知鞠星即虚星，尔雅释诂"鞠，盈也"，盈与虚相反，鞠之为盈，犹治之为乱，甘之为苦。且用夏正日躔以求昏旦，绝无差忒，因著为说。又辨禹贡泽，郑康成以淇水为泽，亦古文家旧说。浙江即岷江非渐江，举汉地理志，郭璞山海经注，以证郦道元之误。兼精选学，在闽中时，适重构三百有三十土亭成，酌酒赋诗，叉手立就，举坐阁笔。嘉庆十八年拔贡生，既廷试，贫不能归，入直隶督学幕中。二十年，以微疾卒于深州，年四十六。著有夏小正疏义五卷、槲堂诗钞一卷、石鼓文考异一卷。

徐养原　臧寿恭　张应昌　周中孚　凌堃

徐养原，字新田，浙江德清人。嘉庆六年副贡生。养原读书有识，年十三，随父天柱官京师，从一时名宿问业，于学术源流，靡不洞晓。性至孝，父乞养归，顺事左右，说经以博亲欢。母善鼓琴，尝自制谱，乃复讲求音律以娱母。及父母殁，不复应举。家居诵读，考论非疾病丧纪不辍业。然安粗粝，远声誉，偶为邑人评所著书，嘉定钱大昕见之，大惊叹。浙抚阮元集高材生校勘诸经注疏，养原任尚书、仪礼，仪礼脱文错简，视他经为多。养原所校特精，为诸人所不及。尝言曰："古之儒者必修六艺，邮之书数，居之礼乐，皆以养性也"。〔一〕于是条通经传，著其大者，为明堂说、井田议、禘祫庙制郊社辨等篇。又考乐器、声律、歌诗，及考工记诸制，著顽石庐经说十卷。其说多墨守郑氏，至论明堂失之隘，计侯道失之远，若斯类比，乃参正他说，又著周官故书考四卷、仪礼今古文异同疏证五卷、春秋三家异同考一卷、论语鲁读考一卷。其仪礼疏证辨敖氏之误甚多，可与褚寅亮管见并传。其于六书，有六书故、檀园字说、僮籥、急就篇考异、说文声类、毛诗类韵、周易楚词经传诸子音证、古音备征记。字说，纠二徐释许之误，声类增析段氏十七部得十九部，求其得声之原。尤精算学，自言学之二十年，有周髀解、九章重差补图、刘徽割圜表、长广方说、带纵诸乘方记、乘方补记、三角割圜对数比例、对数新论，欲中西之法各明其真，无相杂糅。谓古义明，可以知西法之莫能外也。晚欲悉取太衍、天元、借根、对数诸法，次于古九章，以会数度之全。书未成，道光五年卒，年六十八。〔二〕他杂著及诗文，尚十馀种。嘉兴钱仪吉述人言谓"养原经为人师，行为仪表"。洵无愧云。

臧寿恭，原名耀，字眉卿，浙江长兴人。嘉庆十二年举人。性耿介，澹于进取。嗜汉儒经学，兼通天文勾股之术。乌程严可均少许可，独契寿恭，以女妻之。道光二十六年，卒。寿恭尝以诸家经学，后人辑述已遍，惟春秋贾服义尚无所属，乃著左氏春秋经古义、左氏传古义二书，凡七易稿，始成。经与传分者，依陆德明经典释文也。其据三统以考正岁星超辰朔闰之次。又备掇汉志所引刘歆之说，以左氏之学兴于歆，皆有裨古义，体例简质，亦得古注家法。卒后无子，传稿全佚，经则阙昭公二十三年以下。其弟子归安杨岘补完之，为六卷。寿恭依公穀日食三十六，以为正经止此，岘补获麟后日食，一与刘歆左氏日食三十七相足。寿恭又有春秋朔闰表、天步证验、勾股六术衍。

张应昌，字仲甫，浙江归安人，钱塘籍。嘉庆十五年举人，官内阁中书。应昌孝友恂谨，举止若寒素。键户著述，肆力于春秋者三十馀年。尝谓属辞比事，春秋教也。圣经书法，必联属其辞，排比其事乃明。若以例说春秋，则拘泥穿凿，害不胜言。盖史所谓例，乃策书之大体，简牍之恒辞，于圣经笔削无涉也。先儒传说，字字凿生议论，至谓圣人改正朔，贬天王，诛赏诸侯，黜陟列国，诬圣已甚，而卒于全经不可通。于是遍取三传以下，及国朝诸儒书四百馀家，汇辑辨说于卷首，分隶辨说于各门，破其褒贬穿凿之例，折衷一是，成春秋属辞辨例编八十卷。吴县吴钟骏称其网罗旧闻，比之李鼎祚周易集解、卫湜礼记集说。同治九年，同里詹事夏同善等进呈是书，得旨嘉奖，有"耆年好学"之谕。是年重宴鹿鸣。十三年，卒，年八十五。他著有补正南北史识小录二十八卷、国朝诗铎二十六卷、寿彝堂集。

周中孚，字信之，浙江乌程人。嘉庆十八年副贡生。博闻强识，邃于考证，以纪事纂言为己任。阮元修经籍籑诂，中孚与焉。著郑堂读书记，凡经十四卷、史二十二卷、子二十三卷、集二卷。又有孝经集解、逸周书补注、金石识小录等书，皆佚不传，惟存读书记五卷。

凌堃，字仲讷，亦乌程人。十岁失后母爱，日事榜箠，兄以杖死，堃求死不得，乃走山西习医卜，转徙恒、忻、朔、代间。友人授以易筋经术，尽传其技。尝遇盗数十人于野行劫，曳马挥鞭击之，盗披靡。后父官山西，寻得之，教之学。中道光十一年举人。性奇僻，好异书。与黟县俞正燮友善，侯官林则徐尝目之为国士。仪征阮元，堃座主也，命之治经，乃为汉学，深惩向壁虚造之言，尤恶新说，谓其以理杀人，如酷吏舞法。著尚书述、周易翼学、春秋礼辨。又著德舆子，论时政甚具。长推步算术，尝于学春秋之暇，表其嬗代兴废，又以岁星纪年及太岁超辰之法，汉以后失坠，因为之辨，著王朝列国纪年一卷，元刻入经解中。堃客代时，得不耕之地数顷，画沟洫，引滹沱水委折溉之，成甽田，亩稻十五六，黼分十之二，岁作疏防，又分其六七以利佃，径畛种诸蔬，沟渠育鱼虾，叹曰："推是以富天下，管仲不足为矣。"晚官金华教谕，于署中作圃行区田法，每亩倍收。咸丰十年，粤匪寇湖州，弃官归，城陷，骂贼死。

【校勘记】

〔一〕皆以养性也　原脱“皆”字。今据耆献类征卷四二二叶二五下补。

〔二〕年六十八　“六”原误作“五”。今据碑传综表页六三五改。按耆献类征卷四二二叶二六下不误。

胡承珙　胡秉虔

胡承珙，字景孟，安徽泾县人。嘉庆十年进士，改翰林院庶吉士，散馆授编修。十五年，充广东乡试副考官。寻迁御史，转给事中。自以身居言路，当周知天下利弊，陈之于上，方不负职，故其数年中陈奏，多见施行，而其条陈亏空弊端一疏，尤为深切著明。二十四年，授福建延建邵道，寻调补台湾道。台湾素称难治，承珙力行清庄弭盗之法。在台三年，民、番安肃。旋乞假归里。道光十二年，卒，年五十七。

承珙究心经学，尤专意于毛氏诗传。归里后，键户著书，与长洲陈奂往复讨论，不绝于月，著毛诗后笺三十卷。其书主于申述毛义，自注疏而外，于唐、宋、元、明诸儒之说，及近人为诗学者无不广征博引，而于名物训诂，及三家诗异同，类皆剖析精微，折衷至当；其最精者，能于毛传本文前后，会出指归，又能于西汉以前古书中，反复寻考，贯通诗义，证明毛旨。凡四易稿，手自写定，至鲁颂泮水章而疾作，遗言嘱奂校补。奂乃为续成之。又以郑君注仪礼，参用古今文二本，撮其大例，有必用其正字者，有即用其借字者，有务以存古者，有兼以通今者，有因彼以决此者，有互见而并存者，闳意妙旨，有关于经实夥。遂取注中叠出之字，并读如、读为、当为各条，排比梳栉，考其训诂，明其假借，参稽旁采，疏通而证明之，作仪礼古今文疏义十七卷。又谓惠氏栋九经古义未及尔雅，遂补撰数十条成二卷，小尔雅原本不传，今存孔丛子中，世多谓为伪书，作小尔雅义证十三卷，断以为真。复著有求是堂诗文集三十卷。

胡秉虔，字伯敬，安徽绩溪人。嘉庆四年进士，官刑部主事，改甘肃灵台县知县，升丹噶尔厅同知，卒于官。秉虔自幼嗜学，博通经史。尝入都肄业成均，夜读必尽烛二条。应酬纷纭，课不少减。后出彭元瑞、朱珪、阮元之门，又与姚文田、王引之、张惠言为同年友，故其学有根柢。尤精于声音训诂，著古韵论三卷，辨江、戴、段、孔诸家之说，细入毫芒，确不可易。说文管见三卷，发明古音古义，多独得之见，末论二徐书，有灼见语，盖其所致力也。他著有周易小识八卷、尚书小识六卷、论语小识八卷、卦本图考一卷、尚书序录一卷、汉西京博士考二卷、甘州明季成仁录四卷、河州景忠录三卷。又有经义闻斯录、槐南丽泽编、月令小识、四书释名、小学卮言、对床夜话、惜分斋丛录、消夏录、诗文集。

沈钦韩　陈逢衡

沈钦韩，字文起，〔一〕江苏吴县人。嘉庆十二年举人，安徽宁国府训导。钦韩质敏，而为学甚勤，暑夕苦蚊，置两足于瓮，读书常至漏三下。家贫借读于人，计日以归，〔二〕辄成诵。遂淹通经史，旁及诸子百家、类书杂记。其学自诗赋古文词外，尤长于训诂考证。尝谓左氏亲承圣训，博验宝书，依经立传，而公穀家攻之，欲显复晦。杜氏注出，虽得列学官，然多入以邪说，阴败礼教，其蠹左氏也，逾于明攻，为左传补注十二卷、左氏地理补注十二卷。以汉书颜氏注浅陋，章怀后汉书注杂集众手，刘氏注司马八志，颇宏富而少统贯，为两汉书疏证七十四卷。以裴氏三国志注专补其事迹，而典章名物阙焉，为补训故八卷、〔三〕释地理八卷。以地理之学，古书惟存郦氏水经注，近人戴震校定其倒置羡脱，赵一清为之刊误，其书乃渐可读。然戴氏短在凭肊，赵氏蔽于轻信，至如古书之有足证，与近今志乘之目验可据者，二家又皆蒐讨未逮也，故为水经注疏证四十卷，然后郡县之废置沿革，山川之高深变迁，流合派分，昔通今塞，皆如提挈在手，指掌可谈。又为韩昌黎集补注、王荆公诗补注、文集注，苏诗查注补正，又注范石湖集，深明唐、宋两朝典章故实，多得作者之意，其为注先写于书，上下左右几无间隙，〔四〕乃录为初稿，久之增删，又录为再稿，每一书成，辄三四易稿。兼工诗古文辞，尤嗜骈体，气骨骞举，脉络微至，为自来所未有。著有幼学堂文集八卷、诗集十七卷。道光十一年，卒，年五十七。

陈逢衡，字穆堂，江苏江都人。诸生。道光元年，举孝廉方正，力辞不就。父好藏书，为瓠室，积十万馀卷，与马氏玲珑山馆齐名。逢衡四岁入塾，读书成诵。比长，喜治经，耻为帖括学。中年开读骚楼，招致东南文学之士，户外之屦恒满。又尝北游燕蓟，窥边关而返。著有竹书纪年集证五十卷、叙略一卷，逸周书补注二十四卷、穆天子传注补正六卷，读骚楼诗二卷、二集二卷。博物志考证为晚年定本，尤精核，凡奇情异事，而核以庸言至理，旁推交通，无不毕贯。嗜古之儒多韪之。道光十一年，卒，年七十一。

【校勘记】

〔一〕字文起　"文起"原作"小宛"。今据耆献类征卷二五九叶四七上、四八下改。按小宛系沈钦韩之号。

〔二〕计日以归　原脱"以"字。今据耆献类征卷二五九叶四七上补。

〔三〕为补训故八卷　"故"原误作"诂"。今据耆献类征卷二五九叶四七下改。按同书包世臣所撰行状作"诂";而王鎏所撰墓志作"故",今从墓志。

〔四〕上下左右几无间隙　原脱"间"字。今据耆献类征卷二五九叶四七下补。

刘逢禄　宋翔凤　戴望

刘逢禄,字申受,江苏武进人。祖纶,大学士,谥文定,自有传。外祖庄存与、舅庄述祖,并以经术名世,逢禄尽传其学。嘉庆十九年进士,改翰林院庶吉士,散馆授礼部主事。二十五年,仁宗睿皇帝大事,逢禄搜集大礼创为长编,自始事至奉安山陵,典章具备。道光四年,补仪制司主事。时河南学政请以尚书汤斌从祀文庙,议者以斌康熙中在上书房获谴,乾隆中尝奉驳难之。逢禄揽笔书曰:"后夔典乐,犹有朱均,吕望陈书,难匡管蔡。"尚书汪廷珍善而用之,遂奉俞旨。是年,越南贡使陈请为其国王母请人参,得旨赏给,而谕旨有"外夷贡道"之语,其使臣欲请改为"外藩",部中以诏书难更易,逢禄草牒复之曰:"周官职方王畿之外,分九服,夷服去王国七千里,藩服九千里,是藩远而夷近。说文羌、狄、蛮、貊字皆从物旁，惟夷从大从弓。考东方大人之国；夷俗仁，仁者寿，有东方不死之国，故孔子欲居之。且乾隆间奉上谕，申敕四库馆不得改书籍中'夷'字作'彝''裔'，舜东夷之人，文王西夷之人。我朝六合一家，尽去汉唐以来拘忌嫌疑之陋，使者无得以此为疑。"越南使者遂无词而退。逢禄在礼部十二年，恒以经义决疑事，为众所钦服，类如此。

其为学务通大义，不专章句，由董生春秋窥六艺家法，由六艺求观圣人之志。尝谓："世之言经者，于先汉则古诗毛氏，后汉则今易虞氏，文辞稍为完具。然毛公详故训而略微言，虞翻精象变而罕大义，求其知类通达、微显阐幽者，则公羊在先汉有董仲舒氏、后汉有何劭公氏，子夏丧服传有郑康成氏而已。先汉之学，务乎大体，故董生所传非章句训诂之学也；后汉条理精密，要以何劭公、郑康成氏为宗。然丧服于五礼特其一端，春秋文成数万，其旨数千，天道浃，人事备，以之贯群经，无往不得其原；以之断史，可以决天下之疑；以之持身治世，则先王之道可复也。"于是寻其条贯，正其统纪，为公羊春秋何氏释例三十篇；又析其凝滞，强其守卫，为笺说一卷、〔一〕答难二卷；又推原穀梁氏、左氏之得失，为申何难郑四卷；又博征诸史，刑礼之不中者，为议礼决狱四卷；又推其意为论语述何、夏时经传笺、中庸崇礼论、汉纪述例各一卷，别有纬略二卷、春秋赏罚格一卷。慼时学者说春秋，皆袭宋儒直书其事、不烦褒贬之说，独孔广森为公羊通义，能抉其蔽，然不能信三科九旨为微言大义所在，乃著春秋论上下篇，以张圣权。

逢禄论春秋左氏传据太史公书本名左氏春秋，若晏子春秋、吕氏春秋比。自王莽时国师刘歆增设条例，推衍事迹，强以为传春秋，冀夺公羊博士，师法所当以春秋归之春秋，左氏归之左氏，而删其书法凡例及论断之谬于大义，孤章断句之依附经文者，庶以存左氏之本真，俾攻左者不得为口实，更成左氏春秋考证二卷。知者谓与阎惠之辩古文尚书等。逢禄于易主虞氏，于书匡马郑，于诗初尚毛学，后好三家，有易虞氏变动表、六爻发挥旁通表、卦象阴阳大义、虞氏易言补各一卷，又为易象赋卦气颂，撮其旨要，尚书今古文集解三十卷、书序述闻一卷、诗声演二十七卷，又以其馀力取史记天官书及甘石星经为之疏证，成书数卷。又著说文衍声记以举分韵之要，又仿经典释文之例，存异文古训，为五经考异，已就两经而未成。他著石渠礼论一卷、诗文集八卷。道光九年，卒，年五十六。弟子潘准、庄滨澍、赵振祚皆从学，公羊及礼有名。

宋翔凤，字于庭，江苏长洲人。嘉庆五年举人，湖南新宁县知县，亦庄述祖之甥。述祖有"刘甥可师，宋甥可友"之语，刘谓逢禄，宋谓翔凤也。翔凤通训诂名物，志在西汉家法，微言大义，得庄氏之真传。著论语说义十卷，序曰："论语说曰：子夏六十四人，共撰仲尼微言，以当素王。微言者，性与天道之言也。此二十篇，寻其条理，求其恉趣，而太平之治、素王之业备焉。自汉以来，诸家之说，时合时离，不能画一，常综核古今，有纂言之作，其文繁多，因别录私说题为说义。"又有论语郑注十卷、大学古义说二卷、孟子赵注补正六卷、孟子刘熙注一卷、四书释地辨证二卷、卦气解一卷、尚书说一卷、尚书谱一卷、尔雅释服一卷、小尔雅训纂六卷、五经要义一卷、五经通义一卷、过庭录十六卷、论语发微、经问、朴学斋札记。咸丰九年，重赋鹿鸣。次年，卒，年八十二。

戴望，字子高，浙江德清人。诸生。望始好辞章，继读博野颜元书，为颜氏学。最后谒长洲陈奂，通声音训诂；复从宋翔凤授公羊春秋，遂通公羊之学。著论语注二十卷，用公羊家法，演刘逢禄论语述何之微言。他著有管子校注二十四卷、颜氏学记十卷、谪麐堂遗集四卷。望性倨傲，门户之见持之甚力。生平作书，点画悉本小篆，见者以为江声复生。同治十一年，卒，年三十七岁。

【校勘记】

〔一〕为笺说一卷　原脱“说”字。今据耆献类征卷一四八叶三六下补。

雷学淇　王萱龄

雷学淇，字瞻叔，顺天通州人。父鐏，字宗彝。乾隆二十七年举人，江西崇仁县知县。道光初元，诏天下臣民严冠服之辨，鐏著古今服纬，以申古义，抑奢侈。至九年书成，年九十矣。

学淇，嘉庆十九年进士，任山西和顺县知县，改贵州永从县知县。生平好讨论之学，每得一解，必求其会通，务于诸经之文，无所牴忤。以父鐏著古今服纬，为之注释，附以释问一篇、异同表二篇。又以夏小正一书，备三统之义，究心参考二十馀年，以尧典中星诸经历数，采虞史伯夷之说，据周公垂统之文，检校异同，订其讹误，网罗放失，寻厥指归，著夏小正经传考二卷；又考定经传之文，为之疏证，成夏小正本义四卷。每慨竹书纪年自五代以来，颇多残阙，爰博考李唐以前诸书所称引者，积以九年之蒐辑，颇复旧观，著考定竹书纪年十四卷。谓孟子先至梁后至齐，此经之明文，即无他左验，亦当从之为说。况竹书曰梁惠成王后元十五年，齐威王薨；十七年，惠成王卒。然则惠王后元十六年，齐宣王始即位，孟子至梁当即在后元十六年王卒之前一岁也。史记误谓惠王立三十六年即卒，故云三十五年。孟子至梁而以惠王改元之后十六年为襄王之世，今据竹书称梁惠会诸侯于徐州，改元称王，故孟子呼之曰王。史谓孟子至梁之二年，惠王卒，襄王立。以本经考之，其言可信。但卒于改元后之十七年，非三十六年也。襄王既立，孟子见其不似人君，乃东至齐。据竹书即齐宣即位之二年也。梁至齐千数百里，故曰千里而见王。若孟子先见齐宣王，由邹之齐六百馀里，不得云千里矣。齐人取燕，孟子明谓宣王时事，史记于齐失载悼子侯剡二代，将威、宣之立，皆移前二十二年。于齐人伐燕事，不知折衷孟子，而年表谓在湣王十年，司马温公终求其说而不得，乃将宣之即位下移十年，以迁就孟子。自后说者疑信各半，皆未有定论。今据纪年则伐燕在宣王七年，实周赧王之元年，凡孟子书所记古人年岁，以史记、汉书之说推之，皆不合者，以纪年推之无不合。且以竹书长历推验列宿之岁差、历代之日蚀，自唐虞以来无有差贷。尝自云传笺注疏，取舍多殊，非敢訾议前贤，期于事理之合云尔。他著校辑世本二卷、古经天象考十二卷、附图说二卷，亦嚣嚣斋经义考及文三十二卷。

王萱龄，字北堂，顺天昌平人。道光元年副贡，旋举孝廉方正，官新安、柏乡两县教谕。嗜汉学，精训诂，受业于高邮王引之，经义述闻中时引其说。著有周秦名字解诂补一卷，即补引之所阙疑者。

沈涛

沈涛，字西雝，浙江嘉兴人。嘉庆十五年举人，官江苏如皋县知县，擢守直隶真定等府，有政声。以候补道分发江西，历署盐法、粮储道。会粤匪事棘，随巡抚张芾婴城拒守四十九日，解围后，授福建兴泉永道。未到官，改发江苏，病殁泰州。涛幼有神童称，尝从金坛段玉裁游，深研经训。著有论语孔注辨伪二卷，谓孔注之伪，其证有五：汉书艺文志不云有孔氏说，是安国未尝作传，一也；集解序云古论惟安国为之集解而世不传，既不传矣，平叔所集又从何得？二也；司马迁亲从安国问故，宜不背其师说，今考之孔子世家、弟子列传，皆与孔注不合，三也；郑康成就鲁论篇章，考之齐古，为之注，以齐古读正，凡五十事。今释文所引郑读之从古者，孔注率同鲁论，安国既注古论，字岂转不从古？四也；说文序称论语古文，今说文所引之字，每与孔注不同，五也。盖当涂之世，郑学盛行，平叔思有以难郑，故托安国以欺天下后世耳。他著有说文古本考十四卷、铜熨斗斋随笔八卷、交翠轩笔谈四卷。

生平学尚考订，兼嗜金石。官真定时，搜郡中古碑，自周穆王至元顺帝，凡二百五十馀种，多前人所未见，为常山贞石志二十四卷。又有文集四卷、诗集四卷、诗话三卷。

江藩　黄承吉　黄奭

江藩，字子屏，江苏甘泉人。监生。受业吴县余萧客及元和江声，得惠栋之传。博综群经，尤深汉诂，旁及九流二氏之书，无不综览。所为古文词，豪迈雄俊，作河赋以匹景纯元虚江海二赋。性不喜唐宋文，每被酒辄自言文无八家气，人目为狂，不顾也。为人权奇倜傥，能走马夺槊，豪饮。遍游齐、晋、燕、赵、闽、粤、江、浙，韩城王杰极重之。曾恭撰纯庙诗集注，由杰进呈，恩赏御制诗五集。后谕召对圆明园，值林爽文陷台湾，报至，遂辍，人惜其遇。幼蓄书万馀卷，以好客贫其家，岁饥，尽以易米。作书窠图志感。年五十，以易筮之，得坎之节，乃思守所传之经，终老于家，因自号节甫。

初，惠栋作周易述，未竟而卒，阙自鼎至未济十五卦，序卦、杂卦二传，藩乃著周易述补五卷，羽翼惠氏。歙凌廷堪谓栋犹不免用王弼之说，藩悉无之，方之惠书，有过之无不及也。又著汉学师承记八卷，于两汉儒林家法之承授，国朝经学之源流，厘然可考。又取诸家撰述专精汉学者，仿唐陆德明经典释文传注姓氏之例，著国朝经师经义目录一卷，凡言不关乎经义小学，意不纯乎汉儒诂训者，悉不著录。论者以为二百年来谈汉学不可少之书。又录孙奇逢以下诸人，分南学、北学附记，著宋学渊源记三卷。少尝为尔雅正字，道光元年，年六十一，复重加删订，为尔雅小笺三卷。他著有隶经文四卷、炳烛室杂文一卷、江湖载酒词二卷。卒穷困以终。初，藩著汉学师承记，仁和龚自珍诤之，大旨谓读书者实事求是而已，若以汉与宋为对峙，恐成门户之见。

其后寿阳祁寯藻嘱光泽何秋涛为续记，秋涛曰："是编当依阮元畴人传之例，改为学人传，若特立一汉学之名，宋学家群起而攻之矣！"方东树汉学商兑所由作也。然藩所著宋学渊源记多以禅学为宋学，亦为世所讥云。

黄承吉，字谦牧，江苏江都人。嘉庆十年进士，补广西兴安县知县，调摄岑溪。时有乙为甲佣，忽告归不至，乙妻子控甲因斗毙乙。承吉察甲辞色非杀人者，究得乙匿于广东罗定州，欲以诈甲财，遣役捕获之，甲冤始白。寻以事罢归。承吉幼聪敏，博综两汉诸儒论说，兼通历算，与同里江藩、焦循、李钟泗友善，以经义相切劘。时有"江焦黄李"之目。族祖生有字诂、义府二书，承吉为加按语，以发明声音训诂。其他著述，校证经史，多旷识。尝以司马迁为孟子后尊圣道、明六经第一人，而扬雄谓迁行不副文，是非谬于圣人；班固助雄抑迁，以为己地，即以其语为迁传赞。汉书本不应为雄立传，固特变史例，全录雄自序为传，遂于仕莽事略不及。因并论雄毁东方朔致毁柳下惠为乡原仁贼，设劝风二字贬赋，就以诬陷司马相如，追序甘泉赋，自谓风戒，其实通篇皆以昆仑谀颂赵昭仪。所作太玄，自谓合天应历，然皆臆数，与天历不合。著文说十一篇以辨正之，总三十馀万言。仪征阮元称其正文章、明臣节，卓然必传。又有周官析疑二十卷，读毛诗记经说，梦陔堂文集十卷、诗集五十卷。道光二十二年，卒，年七十二。

黄奭，字右原，江苏甘泉人。以赀入为刑部郎中。道光中，以顺天府尹吴杰荐，钦赐举人。奭少聪敏，家世货殖，而奭独嗜学。尝从南城曾燠游，燠异之曰："尔勿为时下学，余荐老师宿儒一人为尔师。”乃江藩也。奭修重礼，延藩馆其家四年，自是专精汉学。藩以惠栋著十三经古义，惟尔雅未成，命奭卒其业。奭乃就陆德明释文叙录十家旧注，博引群书为之疏证；更于十家外捃拾为众家注，成尔雅古义十二卷。藩卒，又独学十馀年，闭户探寻，足不出外。其学专郑氏，辑有高密遗书十三种。尝以所学质于仪征阮元，元称其勤博。他著有端绮集二十八卷、存悔斋集杜诗注三卷。

凌曙

凌曙，字晓楼，江苏江都人。国子监生。曙好学根性，家贫，读四子未毕，即去乡作杂佣保，而绩学不倦。年二十，为童子师。问所当治业于歙包世臣，世臣曰：“治经必守家法，专法一家以立其基，则诸家渐通。”乃示以武进张惠言所辑四子书汉说数十事，曙乃稽典礼，考故训，为四书典故核六卷，歙洪梧甚称之。既治郑氏学，得要领。又从吴沈钦韩问疑义，益贯穿精审。后闻武进刘逢禄论何氏公羊春秋而好之。及入都，为仪征阮元校辑经郛，尽见魏晋以来诸家春秋说，深念春秋之义存于公羊，而公羊之学传自董子。董子春秋繁露识礼义之宗，达经权之用，行仁为本，正名为先，测阴阳五行之变，明制礼作乐之原，体大思精，推见至隐，可谓善发微言大义者。然旨奥词赜，未易得其会通，浅尝之夫，横生訾议，经心圣符，不绝如线。乃博稽旁讨，承意仪志，梳其章，栉其句，为注十七卷。又病宋元以来学者空言无补，惟实事求是庶几近之，而事之切实无过于礼，著公羊礼疏十卷、公羊礼说一卷、公羊问答二卷。家居读礼，以丧服为人伦大经，后儒舛议，是非颇谬，作礼论百篇，引申郑义。阮元延曙入粤，课诸子。曙出与元商搉，乃删合为三十九篇为一卷。道光九年，卒，年五十五。

曙有甥仪征刘文淇，贫而颖悟，爱而课之，遂知名，其学实则曙出云。

朱骏声

朱骏声，字丰芑，江苏吴县人。年十三，受许氏说文，一读即通晓。十五为诸生，从钱大昕游，钱一见奇之，曰："衣钵之传，将在子矣！"嘉庆二十三年举人，官黟县训导，肆力著述，诸生造门请业者，常数十人，官舍至不能容。俞正燮叹曰："朱君真名士也！"咸丰元年，以截取知县入都，进呈所著说文通训定声等四十卷，序云："此书以苴说文转注假借之隐略，以稽群经子史用字之通融。题曰说文，表所宗也；曰通训，发明转注假借之例也；曰定声，证广韵、今韵之非古而导其源也。先之以东字，遵康熙字典之例，使学者便于检阅也。终之以韵准，就今一百六韵区分之，俾不缪于古，亦不悖于今也。附之以说雅，明说文之上继尔雅，可资以参互考订也。"文宗披览，嘉其赅洽，赏国子监博士衔。旋迁扬州府学教授，引疾未之官。六年，卒，年七十一。

骏声著述甚博，不求知于世。兼长推步，明通象数。尝论尔雅太岁在寅，推大昕说，谓其时自以实测之，岁星在亥，定太岁在寅，命之曰摄提格，以纪年岁星所合之辰即为太岁。然岁星阅百四十四年而超一辰，至秦汉而甲寅之年，岁星在丑，太岁应在子。汉诏书以太初元年为摄提格者，因六十纪年之名，历年以次排叙，不能顿超一辰，故仍命以摄提格也。于是后人以寅卯等为太岁，强以摄提格等为岁阴，其实尔雅所云岁阳、岁阴，非如后人说也。他著有六十四卦经解八卷、尚书古注便读四卷、诗传笺补十二卷、仪礼经注一隅二卷、夏小正补传二卷、大戴礼记校正二卷、左传旁通十卷、左传识小录三卷、论孟塙解二卷、悬解四卷、经史问答二十六卷、天算琐记四卷、数度衍约四卷、离骚补注一卷、淮南书校正六卷、说解商十卷、小学识馀四卷、说丛十二卷。

薛传均 薛寿

薛传均，字子韵，江苏甘泉人。诸生。少工骈文，腐丽冠侪辈。后博览群籍，强记精识，然沉潜谦退，不以所能自高。十赴乡试，辄报罢。以家贫，就福建督学陈用光聘。用光见所著书，恨相见晚。旋以疾卒于汀州试院，年四十一。传均于十三经注疏及资治通鉴功力最深，注疏本手自校勘，旁行斜上，朱墨烂然，于先儒训诂，抱残守阙，实事求是，未尝以臆窜改。读史则研究治乱得失之故，于遗文琐事，亦记诵靡遗。嘉定钱大昕说文答问深明通转假借之义，传均博引经史以证之，成疏证六卷。又以文选中多古字，条举件系，疏通证明，为文选古字通十二卷。

薛寿，字砚伯，江苏江都人。诸生。性介直，嗜学。幼即著扬州十二经师颂，以志向往。督学祁寯藻赏其精于说文，擢第一，告其友曰："吾试扬州得二士。"谓刘毓崧及寿也。寿专力许书，于音韵尤有深造，好以读若例说诗经用韵正转，又欲分广韵入声缉盍为一部，叶帖以下为一部，皆未有成书。著有续文选古字通二十卷、读经劄记二卷、学古斋文集二卷。

方成珪　赵坦　严杰

方成珪，字国宪，浙江瑞安人。嘉庆二十三年举人，官海宁州学正，升宁波府教授。成珪研精小学，尤勤于校雠，官俸所入，悉以购书，储藏数万卷，丹黄殆遍，老尤矻矻不倦。尝以晋干宝易注亡于北宋，其学原本孟京辅翼奉六情十二律风角之占，而证诸人事，则专以殷周之际水衰土王，反复推阐，以明经义。盖易之兴于殷末世，周盛德当文王与纣之事，圣言足征，确有依据。因捃摭佚文，详为疏释，为干常侍易注疏证二卷。又谓古韵书之存者，莫善于集韵。因据宋椠本及近时段玉裁、严杰、汪远孙、陈庆镛诸家校本，正曹刻之误；复以方言、说文、广雅、经典释文、玉篇、广韵诸书正宋椠本及景祐元修之误，为集韵考正十卷。吴县吴钟骏及定海黄式三叙其书，深推其精博。又谓流俗字书，承讹袭谬，其所为字有出于类篇、集韵外者，或矫其弊，则又一以说文绳今隶，惟元李文仲字鉴，述古准今，斟酌悉当，因详加考释，为字鉴校注五卷。其他著述，有韩集笺正十卷，正宋廖莹中世綵堂本韩愈集注之误，又宝研斋诗钞二卷。咸丰间，以老病告归，卒。

赵坦，字宽夫，浙江仁和人。诸生。道光元年，举孝廉方正。坦少与钱塘严杰以品学相砥砺，邃于经术。长洲陈奂游杭州，闻两人绪论，服其渊博。坦善说易，谓孟氏主卦气，而章句阙佚难考；虞仲翔原出孟氏，发明消息之恉，然于卦爻过求变动，又与居则观象之经不合。惟郑康成采爻辰卦气诸说，别为变通，闳深博大，确可依据，惜仅存十之三四。因本武进张惠言书，循其例而引申其说，著周易郑注引义十二卷，其书之例凡十七：曰中气，曰三才，曰六位，曰当位，曰据乘承，曰得应，曰杂卦气，曰相直，曰互卦，曰卦象，曰爻辰值宿，曰爻辰取象四时五行十二肖，曰爻辰通消息卦，曰爻辰得卦气，曰爻体，曰爻体通辰，曰爻位相就。其系传引义，取于乾凿度为多，亦惠言意也。又著春秋异文笺十三卷，又宝甓斋札记、文集多说经之文。

严杰，字厚民，浙江钱塘人。国子生。仪征阮元尝使编经籍纂诂及皇清经解。著有小尔雅疏证、蜀石经残本、毛诗考证。

刘文淇　子毓崧　孙寿曾　方申

刘文淇，字孟瞻，江苏仪征人。嘉庆二十四年，优贡生。父锡瑜，以医名世。

文淇孯精古籍，贯串群经，于毛、郑、贾、孔之书，及宋元以来通经解谊，博览冥搜，实事求是。尤肆力春秋左氏传，尝谓左氏之义，为杜注剥蚀已久，其稍可观览者，皆系袭取旧说，爰辑左传旧注疏证一书。先取贾、服、郑三君之注，疏通证明，凡杜氏所排击者纠正之，所剿袭者表明之，其沿用韦氏国语注者，亦一一疏记；他如五经异义所载左氏说，皆本左氏先师，说文所引左传亦是古文家说，汉书五行志所载刘子骏说，实左氏一家之学，经疏、史注、御览等书所引左传，不载姓名而与杜注异者，皆贾、服旧说。凡若此者，皆称为旧注，而加以疏证；其顾、惠补注，及近人专释左氏之书，说有可采，咸与登列；末始下以己意，定其从违。上稽先秦诸子，下考唐以前史书，旁及杂家、笔记、文集，皆取为证佐，俾左氏之大义炳然著明。草创四十年，长编已具，然后依次排比成书，为左氏旧注疏证八十卷。又谓左传义疏，多袭刘光伯述议，隋经籍志及孝经疏云：述议者，述其义疏议之。然则光伯本载旧疏，议其得失，其引旧疏，必当录其姓名。孔颖达左传疏序只云据以为本，初非故袭其说，至永徽中，诸臣详定，乃将旧注姓氏削去，袭为己语。因细加剖析，成左传旧疏八卷。又据史记秦楚之际月表，知项羽曾都江都，核其时势，推见割据之迹，成楚汉诸侯疆域志三卷。又据左传、吴越春秋、水经注等书，谓唐宋以前，扬州地势南高北下，且东西两岸未设堤防，与今运河形势迥不相同，成扬州水道记四卷。又读书随笔二十卷、文集十卷、诗一卷。文淇事亲纯孝，父年笃老，目眚，侍起居，朝夕扶掖，寒夜侍寝以温其足。舅氏凌曙极贫，遗孤毓瑞，文淇收育之，延同里方申为其师，遂补诸生。卒，年六十六。子毓崧、孙寿曾，能世其学。

毓崧，字伯山。道光二十年，优贡生。从父受经，长益致力于学。以文淇故治左氏，缵述先业，成春秋左氏传大义二卷。又以文淇考证左传旧疏，因承其义例，著周易、尚书、毛诗、礼记旧疏考正各一卷。又谓六艺未兴之先，学各有官，惟史官之立为最古，不独史家各体各类，并支裔之小说家，出于史官，即经、子、集三部及后世之幕客、书吏，渊源所昉，亦出于史官。班氏之志艺文，论述史官，尚未发斯旨。其叙九流以明诸子所出之官，必有所授，而其中仍有分省失当者，既析九流中小说家流归入史官，又辨道家非专出于史官，改为出于医官；又增益者凡三家，曰名家出于司士之官，兵家出于司马之官，艺术家出于考工之官，统为十一家，博稽载籍，穷极根要，成史乘、诸子通义各四卷。又经传通义十卷、王船山年谱二卷、彭城献征录十卷、旧德录一卷、通义堂笔记十六卷、文集十六卷、诗集一卷。卒，年五十。

寿曾，字恭甫。同治三年、光绪二年，两中副榜。父毓崧，主金陵书局，为江督曾国藩所重。毓崧卒后，招寿曾入局中，所刊群籍，多为校定。初，文淇为左氏春秋长编，晚年欲编辑成疏，甫得一卷而殁。毓崧思卒其业未果，寿曾乃发愤以继志述事为任，严立课程，孜孜罔懈，至襄公四年而卒，年四十五。其读左劄记、春秋五十凡例表，皆治左疏时，旁推交通，发明古谊者，属草亦未竟。他著有昏礼别论对驳义、南史校议集平、传雅堂集、芝云杂记。

方申，字瑞斋，本出自申，为舅氏后，故姓方，亦仪征人。诸生。性至孝。少孤，奉母甘旨，备尽色养。受学于文淇，通虞氏易。自言幼年读宋易注，怪其舍实象而言虚理。及长，博考古注，参阅诸纬与春秋内外传，然后知易之有卦象，犹诗之有比兴，笺诗者不言比兴，则美刺之意不彰；述易者不言卦象，则吉凶之理不著，著周易卦象集证一卷。又以易家言象，虞氏最密，惠栋所述凡三百三十则，张惠言所述，凡四百五十六则，顾其所引仍属未备，且间有字误，乃缕析条分，一一罗列，共得逸象千二百八十一则，著虞氏易象汇编一卷。又以诸家易象，虽与虞氏未尽符合，然揆其宗旨所在，则固不甚相远，著诸家易象别录一卷。又著周易互体详述一卷、周易变卦举要一卷。道光二十年，卒，年五十。

胡培翚　杨大堉

胡培翚，字载平，安徽绩溪人。嘉庆二十四年进士，官内阁中书、户部广东司主事。居官勤而处事密，时人称其治官如治经，一字不肯放过。绝不受胥吏财贿，而抉隐指弊，胥吏咸惮之。假照案发，司员失察者数十人，惟培翚及蔡绍江无所污，然犹以随同画诺镌级。归里后，立东山书院，又主讲钟山、云间于泾川，一再至，并引翼后进为己任。去泾川日，门人设饮饯者，相望于道。笃友谊，郝懿行、胡承珙遗书，皆赖培翚次第付梓。道光二十九年，卒，年六十八。门人祀之钟山书院。

绩溪胡氏自明诸生东峰以来，世传经学。培翚涵濡先泽，又学于歙凌廷堪，尤邃精三礼。官京师时，尝与新城陈用光，泾朱珔、胡承珙，桐城徐璈、光聪谐，武进张成孙，元和蒋廷恩，太仓陈奂、陈兆熊，鹤山冯启蓁，邵阳魏源，考定郑康成之生为永建二年七月五日，公祀之万柳堂。初著燕寝考三卷，王引之见而善之。既为仪礼正义，上推周公、孔子、子夏垂教之恉，发明郑、贾得失，旁逮鸿儒经生之所议，张皇幽渺，阐扬圣绪，二千馀岁绝学也。其旨见与顺德罗惇衍书，曰："培翚撰正义，约有四例：一曰疏经以补注，二曰通疏以申注，三曰汇各家之说以附注，四曰采他说以订注，书凡四十卷。至贾氏公彦之疏，或解经而违经旨，或申注而失注意，不可不辨，别为仪礼贾疏订疑一书。宫室制度以朝制、庙制、寝制为纲，以天子、诸侯、大夫、士为目，学制则分别庠序，馆制则分别公私，皆先将宫室考定，而以十七篇所行之体，条系于后，名曰宫室提纲。陆氏经典释文于仪礼颇略，拟取各经音义及集释文以后各家音切，挨次补录，名曰仪礼释文校补。"培翚覃精是书，凡四十馀年。晚岁患风痺，犹力疾从事，尚有士昏礼、乡饮酒礼、乡射礼、燕礼、大射仪五篇，未卒业而殁。

门人江宁杨大堉从学礼,为补成之。他著有禘祫答、研六室文钞。

杨大堉,字雅轮,江苏江宁人。诸生。笃学寡交,研穷经训。初从元和顾广圻、吴县钮树玉游,备闻苍雅阃奥,著说文重文考六卷,纯以声音求假借,以偏旁繁省求古籀异同之变。又作五庙考,专驳王肃之失。江督陶澍以防海议试诸生,大堉洋洋千言,大略谓:"中国官恃客气,居上临下,视洋人若小负贩。顾彼虽好利,而越数万里海洋至此,此必非无所挟持者,卤莽行之,必生边隙。将来之患,不可胜言。"时承平久,人习附和之谈,读者变色。他著论语正义、毛诗补注、三礼义疏辨正。经乱皆散失。

迮鹤寿

迮鹤寿,字兰宫,江苏吴江人。道光六年进士,选池州府教授。父朗,乾隆五十四年举人,凤阳府训导,以文章名。

鹤寿少承父教,好学笃行,精研古义,每事必究其根原。尝谓刘歆三统历称成王元年正月己巳朔,此命伯禽俾侯于鲁之岁也。先是周公摄政五年,孟统二十九章首积月六千五百八十无闰馀,积日十九万四千三百十三,大馀三十三,小馀七,故推至此年为正月己巳朔。金仁山移侯鲁于摄政之元年,则正月乃庚辰朔矣。其精心探索,类如此。以汉翼氏治齐诗,言闻五际之要,十月之交篇五际之说,出于齐诗,则四始之说亦出齐诗,五际必兼四始言之,盖四始为之纲,五际为之纪也。四始五际配阴阳五行,久成绝学,因考诗篇之部分,值岁之多寡而铨次之,著齐诗翼氏学四卷。论者谓其泄千馀年不传之秘。又尝读刘昭续汉志注所引帝王世纪有尧时垦田若干顷、民口若干人数语，因推衍三代土田户口之数，至三万馀言。又为夏殷周九州经界疏证、分土疏证，谓近代言禹贡者必东极朝鲜，南逾岭峤，西跨蟲台，北抵沙漠，荒远无凭，非则壤成赋之指，周九州之界，限自雁门以北，长沙以南亦非所辖。又谓封建之法，有谷土三等地，有廛里九等地，有沟洫三等地，有采邑三等地，有山林六等地，有山泽邑居地，孟子与周礼一举其土地，一举其封疆，非有二制。井田始于公刘，夏殷之田不以井授，武王亦祇行于圻内，非尽天下而井之，或五十，或七十，或百亩，若今江南之行田，改移甚便，复为孟子班爵禄、正经界两章疏证，以畅其说，凡百二十卷。鹤寿通籍时，年已五十四，官教授十年，犹闭户著书，矻矻不倦云。

丁晏

丁晏，字柘堂，江苏山阳人。性嗜典籍，勤学不辍。阮元为漕督，以汉易十五家发策，晏条对万馀言。江藩称其摭群籍之精，阐汉易之奥。好学深思，为当世冠。道光元年举人。晏以顾炎武云梅赜伪古文雅密，非赜所能为，考之家语后序及释文正义，而断为王肃伪作。谓肃雅才好博，好作伪以难郑君。郑君之学昌明于汉，肃为古文孔传以驾其上，后儒遂误信之，而皆莫能发其覆。近世惠栋、王鸣盛颇疑肃作而未能畅明其旨，特著论以申辨之，撰尚书馀论二卷。又以胡渭禹贡锥指能知伪古文而不能信好古学，既为正误以匡其失，复采获古文，甄录旧说，断以己意，自史、汉、水经注及许、郑古学，傅以后儒之解，证以地志，辑禹贡集释三卷。

生平笃好郑学，于诗笺、礼注，研讨尤深。以毛公之学得圣贤之正传，其所称道与周秦诸子相出入，康成申畅毛义，修敬作笺，孔疏不能寻绎，误谓破字改毛，援引疏漏，多失郑旨。因博稽互考，证之故书雅记，义若合符，撰毛郑诗释四卷。康成诗谱、宋欧阳氏补亡，今通志堂刊本，讹脱舛驳，爰援正义，排比重编，撰郑氏诗谱考正一卷。以康成兼采三家诗，王应麟有三家诗考，附刊玉海之后，舛缪错出，世无善本，乃蒐采原书，校雠是正，撰诗考补注二卷、补遗一卷。郑氏注礼至精，去古未远，不为凭虚臆说，迄今可考见者，如仪礼丧服注，多依马融师说，士虞记"中月而禫"注二十七月，依戴礼丧服变除，周礼大司乐"鼓鼖"注依许叔重说，与先郑不同，小胥"县钟磬"注二八十六枚在一虡，依刘向五经要义小宗伯注，五精帝依刘向五经通义射人注，称今儒家依贾侍中注考工记山以章注作獐，依马季长注礼记檀弓瓦不成味注当作沬，依班固白虎通王制大绥小绥注当为緌，依刘子政说苑，玉藻元端朝日郑读为冕，依大戴礼朝事义，祭法幽宗雩祭，郑读为禜，依许氏说文。郑君信而好古，原本先儒，确有依据，凡此释义，补孔之遗阙，皆前人未发之秘，疏通证明，烛若爟火，撰三礼释注共八卷。又辑郑康成年谱，署其堂曰六艺，取康成六艺论，以深仰止之思。然晏治经学，不掊击宋儒，尝谓汉学、宋学之分，门户之见也。汉儒正其诂，诂正而义以显；宋儒析其理，理明而诂以精：二者不可偏废。其于易述程子之传，撰周易述传二卷。于孝经集唐玄宗，宋司马光、范祖禹之注，撰孝经述注一卷。尤熟于通鉴，故经世优裕。尝与人论钞币，谓轻钱行钞，必有利而无害。论禁洋烟，谓不禁则民日以弱，中国必疲，禁则利在所争，外夷必畔，且禁烟当以民命为重，不当计利。立法当以中国为先，不当扰夷。后悉如其言。在籍时，办堤工，司赈务，修府城，浚市河，开通文渠中支，均有功于乡里。

咸丰二年，粤匪蔓延大江南北，两江总督檄行府县教练乡勇，广积谷米，为守御计，以晏主其事。旋以事为人所劾，奉旨遣戍，捐缴台费，部议免行。十年，捻匪扰淮安北关，晏号召团练，分部要隘，城以获全。十一年，以团练大臣晏端书荐，奉旨随同差遣委用，叙前守城绩，由侍读衔内阁中书加三品衔花翎。同治十一年，重宴泮林。晏少多疾病，迨长，读书养气，日益强固。治一书毕，方治他事。手校书籍极多，必彻终始。光绪元年，卒，年八十二。所著书四十七种，凡一百三十六卷，其已刊者，为颐志斋丛书。

王筠

王筠，字贯山，山东安丘人。道光元年举人。游京师三十年，与汉阳叶志诜、道州何绍基、晋江陈庆镛、日照许瀚商确今古。后官山西乡宁县知县，乡宁在万山中，民朴事简，讼至立判。暇则把一编不去手。权徐沟，再权曲沃，地号繁剧，二县皆治，然亦未尝废学。少喜篆籀，及长，博涉经史，尤长于说文。尝谓："桂馥书专胪古籍，取足达许说而止，不下己意。惟是引据失于限断，且泛及藻缋之词。段玉裁书体大思精，所谓通例又前人所未知，惟是武断支离，时或不免。"又谓："文字之奥，无过形、音、义三端。古人之造字也，正名百物，以义为本，而音从之，于是乎有形。后人之识字也，由形以求其音，由音以考其义，而文字之说备。六书以指事、象形为首，而文字之枢机，即在乎此。其字之为事而作者，即据事以审字，勿由字以生事。其字之为物而作者，即据物以察字，勿泥字以造物，且勿假他事以成此事之意，勿假他物以为此物之形，而后可与苍颉、籀、斯相质于一堂也。今说文之词，足从口，木从中，鸟鹿足相似从匕，苟非后人所窜乱，则许君之意荒矣。"乃标举分别，疏通证明，著说文释例二十卷。"释例"云者，即许书而释其条例，犹杜元凯之于春秋也。又以二徐书多涉草略，加以李焘乱其次第，致分别部居之脉络，不可推寻，段玉裁既创为通例，而体裁所拘，未能详备，乃采桂、段诸家之说，著说文句读三十卷。"句读"云者，用张尔岐仪礼郑注句读之名，谓汉人经说率名章句，此书疏解许说，无章可言，故曰"句读"也。

筠治说文之学垂三十年，其书独辟门径，折衷一是，不依傍于人。论者以为许氏之功臣，桂、段之劲敌。其后吴县潘祖荫见其书，谓筠书晚出，乃集厥成，补弊救偏，为功尤巨云。又有说文系传校录三十卷、文字蒙求四卷。他著有毛诗重言一卷，附毛诗双声叠韵说一卷、夏小正正义四卷、弟子职正音一卷、正字略二卷，蛾术编、禹贡正字读、仪礼郑注句读刊误、四书说略。咸丰四年，卒，年七十一。同治四年，子彦侗，由礼部进呈所著释例、句读二书，奉旨览。

俞正燮 王曜南

俞正燮，字理初，安徽黟县人。读书过目不忘。年二十馀，负其所业，北谒孙星衍于兖州。时星衍既为伏生建立博士，复求左氏后裔。正燮因作左丘明子孙姓氏论、左山考、申杂难篇，星衍多采其文，以折众论，故其议论学术，与星衍恒相出入。道光元年举人。十二年，馆新城陈用光所，为校顾氏方舆纪要。明年，仪征阮元主会试，闱中经义策问，皆折衷群言，如读唐人正义、马氏通考而汰其繁缛，会有惊其迂诞者，束之高阁。元后知之，尝语人引以为恨。正燮足迹半天下，得书即读，读即有所疏记，每一事为一题，巨册数十，鳞比行箧中，积岁月证据周遍，断以己意，一文遂立。其治经以汉儒为宗，不缠牵于注疏，偶有所作，荟萃群书，走笔立就。尤善言天象暨日官法，以为泰西法极精，然岂三代、秦、汉人所豫解？以某时法衡某时象，是非犁然，则三代、秦、汉人不能委其过。又善言地舆说方域，以为中外同轨不道险，今昔异履不详宪，惟殊方遐国人所忽，必当察。乃至掌故之巨，名物之细，声诂之雅，七纬三式，释典道藏，素灵之册，景教之碑，诸儒挢舌方皇者，引称首首如肉贯串，皆非恒量所测识。手成官私巨书，如钦定左传读本、续行水金鉴之类，不自名者甚多。自名者有癸巳类稿、癸巳存稿、说文部纬校补、海国纪闻，而类稿为最著。十九年，为江苏学政寿阳祁寯藻校写三古、六朝文目，因聘掌教惜阴书舍，未逾年卒，年六十六。

性孝友，少时侍父献句容县训导署中，饮食必先尝，味不正者不敢进。居乡邑，言动不苟，诱掖后进，亹亹忘倦。所得修脯，尽济亲友之急。寯藻尝以“经师人表”称之。

弟正禧，亦举人，湛深经史，善论文，多义行，与正燮齐名。

王曜南，字灿文，安徽婺源人。贡生。敦行嗜学，殚心经义，综核汉唐以来注疏，及宋五子书，剖晰异同，数十年寒暑不辍。

晚更融贯百家，独抒心得，著述极富。咸丰元年，举孝廉方正，辞不就，授徒自给。平居深衣方履，兢兢以守身为主。著有礼书条考十五卷、乐律条考五卷、春秋绎义十二卷、春秋总说四卷、十二公时事略二卷、诗经集义九卷、毛诗采要四卷、禹贡水道释图二卷、仪礼醒要四卷、离骚集注二卷、务本堂文集六卷。

姚配中

姚配中，字仲虞，安徽旌德人。诸生。少颖悟，博览经史百家，尤嗜易。初得张惠言虞氏义，因研究李氏集解以郑为主，而参以汉魏经师，成周易参象，后复定为周易姚氏学，凡十六卷。其言曰："天一地二、天三地四、天五地六、天七地八、天九地十者，何也？一也。一者，元也。元者，易之原也。是故不知一者，不足与言易。元藏于中，爻周其外，往来上下，而易道周。是故不知周者，不足与言易。日月为易，坎离相推，一阴一阳，穷理尽性，是故不知太极之始终者，不足与言易。爻画进退，变化殊趣，差之毫厘，谬以千里，是故不知四象之动静者，不足与言易。以十翼为正鹄、以群儒为弓矢，博学以厚其力，思索以通其神，审辨以明其旨，庶乎其不远也夫。"时仪征刘文淇，甘泉薛传均，丹徒柳兴恩，泾包世荣、包慎言，并治汉学，与配中善，皆叹为莫及。配中又以月令一编，实先王体天穷民之大经，其义一本于卦气，为周易通论月令二卷。

素嗜琴，时琴学有金陵、常熟、武林三派，而皆出广陵。配中谓其传谱多误，因为琴学二卷。尝语泾包世臣，谓："七弦各有本数、倍数、半数，损益上下，旋相为宫，以定宫、商、角、徵、羽，正变清浊之位，而六十律三百六十四声俱以和相应。凡吟猱必在角羽位，盖君臣所有事，皆为民物，故吟而上，猱而下，往复迟回，必当民物之位也。”世臣请其鼓琴，配中于对几设副琴，鼓半，副琴弦自鸣，几案间杯盎及棖槅，〔一〕时或响应。怪问之，曰：“凡物各有数，数同则声应。唐书载寺磬无故自鸣，万宝常为克磬成痕而鸣止。盖其磬与宫中钟同数，钟鸣则磬应，克之则数与钟异，故鸣止也。”配中家贫而守坚，有司慕其学行，求识面不可得。督学张鳞尤重之，谓拔贡吕贤基曰：“姚生学行宁广，九学无匹。若归，当益亲近请业，庶不致终于孤陋寡闻也。”道光二十四年，卒，年五十三。

世荣，字季怀；慎言，字孟开：并举人。世荣著有诗礼征文十卷，慎言著有经义考义、公羊历谱十卷。

【校勘记】

〔一〕几案间杯盎及棖槅　“槅”原误作“隔”。今据耆献类征卷四二二叶四五下改。

罗士琳　顾观光

罗士琳，字次璆，江苏甘泉人。国子生。尝游京师，考取天文生，以推算道光初元日月合璧、五星联珠，见知于时，为同辈所嫉，不得官。东出山海关，客汴梁、楚中，所至为名德通人所宾接，仪征阮元尤推重之。事母孝，家贫糊口四方，以供菽水，未尝一日辍学。咸丰元年，举孝廉方正，未就试。三年，粤匪陷扬州，死于难，年垂七十矣。

士琳少治经学，精六书，已乃专力步算。尝以春秋置闰失者十之四，旧史误者十之三，传钞错者十之二，若夫元术绝灭，七历互相后先，则不过十之一。乃稽其同异，著春秋朔闰异同。又因读书而旁及算术，著淮南天文训存疑、周无专鼎考。初精西法，著宪法一隅、比例汇通，后连获佚书，悔其少作，以为天算书得周髀精意者，莫过于宋秦九韶之正负开方法，与国朝李锐之天元一术，而元朱世杰实集其成。遂壹意专精，通贯其术，其言秦氏学有勾股截积和较算例；言李氏学有勾股容三事拾遗三卷、附例一卷、三角和较算例一卷、弧矢算术补一卷；言朱氏学有四元玉鉴细草二十四卷、四元释例一卷、演元九式一卷、台锥积演一卷、校正算学启蒙三卷。四元玉鉴，锐尝欲补草而未果，士琳殚精一纪，就原书二十四门，门各补草。阮元以为精思神解，即今之世杰。算学启蒙，道光中始出，士琳校其名术义例，多与玉鉴相表里，因列七证，定为世杰书。如谓玉鉴斗斛之斗别用㪷，此假借字，本汉书平帝纪及管子乘马篇，尚杂见于唐以前。孙子、五曹、张丘建诸算经，其钧石之石，说文本作祏，玉鉴作硕，硕与石古虽互通，然假硕为钧石之石，则仅见于毛诗甫田疏引汉书食货志，而算书罕见。又若玉鉴畹田之畹，虽见于李籍九章音义，而字书所无，此书并同，亦其证也。时称其确。他著有推算日食增广新术一卷、缀术辑补二卷、校正国朝明安图割圜密率捷法四卷、续畴人传六卷、博能丛话、观我生室賸稿。

顾观光，字宾王，江苏金山人。少好读书，博通经史百家。精校勘，好辑古人逸书，不下数十种，其古史逸文，即所以补马氏绎史者也。尤究极中西历算，能抉其所以然，而蒐补其未备。西人求对数，以正数屡次开方、对数屡次折半，立术繁重，同时诸人并有新术，而未尽其理。观光别为变通，以求二至九之八对数，因任意设数，立六术以御之，得数皆合。复立还原四术，又推而衍之，为和较相求八术。自来言对数者，未之闻也。又谓数之用，莫便于施之八线，而西人未言其立表之根，因冥思力索得之，仍用诸乘差法迎刃而解，尤造微之诣。其他算术，亦多所纠正。著有算剩初续编二卷，九数存古、九数外录、六历通考、九执历解、回回历解、推步简法、新历推步简法、五星简法等书。尝谓："积世积测，积人积智，历算之学，后胜于前。微特中国，西人亦然。然旧法者新法之所从出也，而要不离乎旧法之范围，且安知不紬绎焉而别有一新法在乎？故凡以为已得新法，旧法可唾弃者，非也。"时以为通论。他著有古韵二十二卷、七国地理考十四卷、国策编年考一卷。同治元年，卒，年六十四。

曾钊　林伯桐　李黼平　吴懋清

曾钊，字敏修，广东南海人。道光五年，拔贡生。官合浦县教谕，调钦州学正。钊笃学好古，读一书必校勘讹字脱文，遇秘本或雇人影写，或怀饼就钞，积七八年，得数万卷。自是孳求经义，文字则考之说文、玉篇，训诂则稽之方言、尔雅，虽奥晦难通，而因文得义，因义得音，类能以经解经，确有依据。入都时，见武进刘逢禄，逢禄曰："笃学若冕士，吾道东矣！"冕士，钊号也。仪征阮元督粤，震泽任兆麟见钊所校字林，以告元，元惊异，延请课子。后开学海堂，以古学造士，特命钊为学长，奖劝后进。尝因元说日月为易为合朔之辨在朔易，更发明孟喜卦气引系辞悬象莫大乎日月，死魄会于壬癸，日上月下，象未济为晦时。元以为足发古义，宜再畅言之，以明孟氏之学。因著周易虞氏义笺七卷。他著有周礼注疏小笺四卷，谓惟王建国，国谓诸侯国，贾马说是，引左传师服曰：天子建国注立诸侯，祭法天下有王分地建国，注建国封诸侯为证。又引诗周颂序赉大封于庙也。乐记武王未及下车而封黄帝之后于蓟，封帝尧之后于祝，封帝舜之后于陈，以驳贾疏王国未立、先建诸侯之说，谓辨方正位，郑司农云正君臣之位，其说不可破。郑君引召诰谓定宗庙失之周营洛，原以均诸侯贡道，非有迁都之意。故周未东迁以前，宗庙皆在丰镐。诗振鹭潜及黍离序可证。汉书韦玄成传礼庙在大门内，不敢远其亲也。五行志董仲舒灾异对曰：高庙不当居辽东，讥原庙也。苟洛立宗庙，是原庙不始于汉矣。如斯之类，皆特精审。又诗说二卷，长洲陈奂诗疏中，往往采其说。又诗毛郑异同辨一卷、毛诗经文定本小序一卷、考异一卷、音读一卷、虞书命羲和章解一卷、论语述解一卷、读书杂志五卷、面城楼集十卷。其辑古书，有杨议郎著书一卷、异物志一卷、交州记二卷、始兴记一卷。歙程恩泽典试粤东，耳钊名，欲取作榜首。适钊持服未预试，榜发后，恩泽邀钊饮于蒲涧，作诗云："我求明珠向南海，离朱吃诟惊愚顽。昆仑第一未即得，羊须首捋缘希悭。"谓钊也。

钊好讲经济之学，二十一年，洋人焚掠海疆，以祁𡎴还督两粤，番禺举人陆殿邦献议填大石、猎德、沥滘河道，以阻火船。𡎴举以问钊，钊言易称设险者，不恃天堑，不藉地利，在人相时设之而已。入省河道三，猎德、沥滘皆浅，由大石至大黄滘水深数丈，三四月夷船从此入，当先事防之，以固省城。城固，然后由内达外。墳甚韪之，委钊相度堵塞形势，钊以大石为第一要区，纠南海、番禺二县团勇三万六千昼夜演练，防务遂密。二十三年，墳谋修复虎门炮台，钊进炮台形势议十条，已而廉洋贼起，墳以钊习知廉州情形，委钊与军事，海贼投首。咸丰四年，卒于家。

林伯桐，字桐君，广东番禺人。嘉庆六年举人。生平好为考据之学，宗主汉儒，而践履则服膺朱子，无门户之见。事亲孝，道光六年，试礼部归，父已卒，悲恸不欲生。居丧悉遵古礼，蔬食不入内者三年。自是不复上公车，一意奉母，与两弟友爱。教授生徒百馀人，咸敦内行，勉实学，尝言："内行者默而成之，不言而信者也。行之著于外，非其人之意，鹤鸣九皋，声闻于天，不自知也。"又曰："笃行君子，无所慕于外，而有所得于己，非学则不能，故称人必曰学行也。"粤督阮元、邓廷桢皆敬礼之，元延为学海堂学长，廷桢聘课其二子，然伯桐以道自重，绝不预外事。二十四年，选授德庆州学正，阅三年，卒于官，年七十。

伯桐于诸经无不通，尤深于毛诗，谓传笺不同者，大抵毛义为长。孔疏多以王肃语为毛意，又往往混郑于毛。为毛诗学者，当分别观之，庶几不失家法。因考郑笺异义，为毛诗通考三十卷。又著毛诗传例二卷，又缀其碎义琐辞，著毛诗识小三十卷，皆极精核。他著有易象释例十二卷、易象雅训十二卷、三礼注疏考异二十卷、冠昏丧祭仪考十二卷、左传风俗二十卷、古音劝学三十卷、史学蠡测三十卷、供冀小言二卷、古谚笺十一卷、两粤水经注四卷、粤风四卷、修本堂稿四卷、诗文集二十四卷。

李黼平，字绣子，广东嘉应州人。幼颖异。年十四，精通乐谱，及长，治汉学，工考证。嘉庆十年进士，改翰林院庶吉士，散馆授江苏昭文县知县。莅事一以宽和慈惠为宗,不忍用鞭扑,狱随至随结。公馀即手一编,民间因有“李十五书生之目”。以亏挪落职,系狱数年,乃得归。会粤督阮元开学海堂,聘阅课艺,遂留授诸子经。所著毛诗紬义二十四卷,元为刻入皇清经解中,后主东莞宝安书院,课士一本诸经,人咸爱重之。道光十二年,卒,年六十三。他著有易刊误二卷、文选异义二卷、读杜韩笔记二卷。其论诗谓心声所发,含宫嚼羽,与象箾胥鼓相应、故所为诗,专讲音韵,能得古人不传之秘。有著花庵集八卷、吴门集八卷、南归集四卷、续集四卷。

吴懋清,字澄观,广东吴川人。嘉庆十五年举人。懋清聪敏力学,年十二,能诵十三经,长益肆力于笺注义疏。学政姚文田、陈嵩庆亟赏之。会试不第,馆京师,为连平颜伯焘、海康陈昌齐、定安张岳崧及同邑林召棠所推重,名噪一时。乡试受知于胡承珙,暇时出所学相质,以是日益进。其学巨储而约举,喜深湛之思。汉唐以来作者,皆搜剔纂录,以为生古人后,读书始得如是。为文渊深古茂,力追先正。性孝友,乐善,教人以敦行为本。时出所学诱后进,学者以列弟子籍为荣。晚年著述自娱,虽病目,精思不衰。道光二十五年,卒,年七十二。著有尚书解五卷、尚书古今文测七卷、尚书三文订讹六卷、今古文尚书洞答二卷、尚书订定古本七卷、诗经解五卷、诗经测九卷、毛诗订本七卷、毛诗复古录六卷、周官郑注订讹十二卷、仪礼测八卷、大戴礼记测十三卷、春秋传注订一卷、纂辑十三经注疏十九卷、四书解十二卷、四书摧解十卷、论语考八卷、孟子考八卷、朱文公仪礼通解弗一卷、国语韦注订讹四卷、天洞测一卷、诗赋杂文十八卷。

魏源　邹汉勋

魏源，字默深，湖南邵阳人。道光二年，顺天举人。试卷进呈，宣庙手批嘉赏，名籍甚。入赀为内阁中书，改知州。二十四年，成进士，发江苏以知州用，权东台、兴化县事。二十九年，大水，河督将启闸，源力争不能得，则躬赴制府击鼓，总督陆建瀛闻报，立往勘，始得免启。七州县士民皆德之。未几，补高邮州，坐驿递迟误，免。寻以缉获枭匪功，副都御史袁甲三奏复其官。咸丰六年，卒，年六十三。

源经术湛深，读书精博。初崇尚宋儒理学，后发明西汉人之谊，于书则专申史记、伏生大传及汉书所载欧阳、夏侯、刘向遗说，以难马、郑，撰书古微十二卷；于诗则谓毛诗晚出，顾炎武、阎若璩、胡渭、戴震皆致疑于毛学，而尚知据三家古义，以证其源，因表章鲁、韩坠绪，以匡传笺，撰诗古微二十二卷；于春秋则谓汉书儒林传言董生与胡毋生同业治春秋，而何休注但依胡毋生条例，于董生无一言及。近日曲阜孔广森、武进刘逢禄皆公羊专家，亦止为何氏拾遗补缺，而董生之书未之详焉。若谓董生疏通大义，不列经文，不足颉颃何氏，则其书三科九旨灿然大备，且宏通精淼，内圣而外王，蟠天际地，远在胡毋生、何休章句之上，撰董子春秋发微七卷。他所著有庸易通义、说文拟雅、两汉经师今古文家法考、论语孟子类篇、孟子小记、小学古经、大学古本、孝经集传、曾子章句、明代食兵二政录、老子本义、孙子集注、元史新编，多未成，其例目见集中。

性兀傲，高自标树。惟论古今成败、国家利病、学术本末，反复辨论不少衰，四座皆屈。尝谓禹分天下为九州，外薄四海，咸建五长，而朔南所暨，说者谓北距大漠，不能越乎其外。至我朝而龙沙、雁海之国，万潼亿毳之民，独峰驼无尾羊之部，奔走万里，臣妾一家，因借观史馆秘阁官书，参以士大夫私家著述，故老传闻，排比经纬，驰骋往复，成圣武记十四卷，统四十馀万言。又喜谈经济，其论河务，谓宜改复北行故道。咸丰五年铜瓦厢之决，河复北流，由大清河入海，适与所论相合。又作筹鹾篇，上两江总督陶澍，谓鹾政之要，不出化私为官，而缉私不与焉。自古有缉场私之法，无缉邻私之法。邻私惟有减价敌之而已，非减价何以敌私？非轻本曷以敌减价？非裁费曷以轻本？非变法曷以裁费？迨陆建瀛当汉岸火灾之后，始力主行之，晚遭夷变，谓筹夷事必知夷情，知夷情必知夷形，因据粤督林则徐所译西夷之四洲志，〔一〕及历代史志、明以来岛志、近日夷图夷语，成海国图志一百卷。番禺陈澧常叹以为奇书，又谓其调客兵不如练土兵，及裁兵并粮，水师将弁用舵工、炮手出身诸条为最善。惟议攻篇以夷攻夷之说，尚有可议。后源至粤闻其说大悦，因定交焉。其虚心受善如此。所自著有古微堂文内集三卷、外集七卷、诗集六卷，而贺长龄所著皇朝经世文编，亦源襄辑之力居多。

邹汉勋，字叔绩，湖南新化人。咸丰元年举人。父文苏，字望之。岁贡生。以古学教授乡里，辟学舍曰古经堂，制度悉依周礼，与诸生肄士礼其中。其考据典物，力尊汉学，而谈心性，则宗朱子。道光十一年，卒，年六十三。子六人，皆以才称。

汉勋为最。年十五，通左氏义，佐伯兄汉纪撰左氏地图说、博物随钞，又佐仲兄汉潢撰群经百物谱诸书。年十八九，撰六国春秋。乡居苦书少，诣郡学借观，鬻亩购书，未尝计贫。以汉去古未远，诸经注皆有师承，故推阐汉学，不遗馀力。所著读书偶识三十六卷，自言破前人之训故，必求唐前之训故方敢用；违笺传之事证，必求汉前之事证方敢从。尤深音韵之学，初著广韵表十卷，自叙谓五韵之别，万有二千，经之以五，纪之以三，判之以八，程之以廿，奠之以五，而万有二千具矣。何谓奠之以五？五者五音也，氐卬上去入是也。四声本五，误仞为四，与夫言六音、七音、八音、十声者皆非也。何谓程之以廿？廿者廿声也，喉、舌、唇、齿是谓四声，有深喉浅喉、舌头舌腹、齿本齿头、开唇合唇声，二之故八，是应八音，深喉舌腹譬之八音，犹革木皆一声，馀六物犹金石丝竹匏土皆三声，一其二，三其六，故有廿声。何谓判之以八？八者八呼也，呼有内外、有大小、有轻重，错之则八，释家谓之八梵，等韵家谓之八等，汉晋之儒谓之横口、闭口、笼口、蹴口，而皆有轻重，总之曰外言内言。何谓经之以五，纪之以三？均类之谓也。韵有宫、商、角、徵、羽，是谓五韵；韵有三统，五而三之，则十又五类：一曰戈黄钟为宫之类；二曰孤林钟为徵之类；三曰娲大蔟为商之类，是为宫韵；四曰冈大蔟为宫之类，五曰公南吕为徵之类，六曰扃姑洗为商之类，是为商韵；七曰官姑洗为宫之类，八曰昆应钟为徵之类，九曰涓蕤宾为商之类，是为角韵；十曰乖林钟为宫之类，十一曰傀大蔟为徵之类，十二曰该南宫为商之类，是为徵韵；十三曰高南吕为宫之类，十四曰甘姑洗为徵之类，十五曰弇应钟为羽之类，是为羽韵。此之谓经之以五，统之以三。晚为五韵论，说尤精粹。时以江戴目之。于史学，长地理。尝谓知古者期以用于今，今古之不相通，官名、氏族、法制、典章、州郡、地名皆是，而地名尤丛杂难据，故考核独详。

性溺苦于学，衣履垢敝，不精修饰。初应聘校刊王夫之之遗书，凡五十一部，三百馀卷，均录其序跋，附以案语，以是知名。后应聘修宝庆及贵阳、大定、兴义、安顺诸郡志，所撰新宁形势说及贵阳循吏传，皆洞中日后情事。公车报罢，访同郡魏源于高邮，互出所著相参订。汉勋研究历算，与源共撰尧典释天一卷，又为绘天象诸图。会贼陷江宁，乃间道归长沙。时弟汉章已随江忠源守南昌，汉勋上曾国藩以援、堵、守三策并用之说，谓不援江西、堵广西，湖南亦不能守。国藩用其言，命江忠淑偕汉勋率楚勇千人援南昌，围解。叙劳，以知县用。未几，忠源擢安徽巡抚，约汉勋从。既至庐州，助守大西门，贼三为隧道攻之，城坍数丈，登陴矣，汉勋力击却之。忠源上其功，有诏褒奖，以同知直隶州用，赏戴花翎。凡坚守三十七日，水西门地雷复发，城遂陷，汉勋愤甚，痛饮，拔所佩刀直前杀贼十数人，力尽死之，年四十九。事闻，赠道衔，祀庐州及湖南昭忠祠。

生平于易、诗、礼、春秋、论语、说文、水经等书，皆有撰述，凡二十馀种，合二百馀卷。同治二年，土匪焚其居，俱毁于火。后人搜辑剩稿，惟存读书偶识八卷、五韵论二卷、颛顼历考二卷、教艺斋文三卷、诗一卷、红崖刻石释文一卷、南高平物产记二卷。

【校勘记】

〔一〕林则徐所译西夷之四洲志　“译”原误作“绎”，“洲”误作“州”。今据小方壶斋舆地丛钞再补编第一帙改。

陈澧　侯康　侯度

陈澧，字兰甫，广东番禺人。道光十二年举人，河源县训导。澧九岁能为诗文，及长，与同邑杨荣绪、南海桂文耀为友。复问诗于张维屏，问经学于侯康。凡天文、地理、乐律、算术、古文、骈文、填词、篆隶、真行书，无不研究。中年读诸经注疏、子史，及朱子书，日有课程，遂辍作诗。初著声律通考十卷，谓："周礼六律六同，皆文之以五声，礼记五声六律十二管，还相为宫。今之俗乐，有七声，而无十二律；有七调而无十二宫；有工尺字谱，而不知宫、商、角、徵、羽。惧古乐之遂绝，乃考古今声律为一书。自周礼三大祭之乐，为千古疑义。今考唐时三大祭各用四调，而周礼乃可通，以此知古乐十二宫本有转调；又据隋书及旧五代史而知梁武帝万宝常皆有八十四调，宋姜夔谓八十四调出于苏祗婆琵琶，近时凌廷堪燕乐考原遂沿其误。至唐宋俗乐，凌氏已披寻门径，然二十八调之四韵，实为宫、商、角、羽，其四韵之第一声皆名为黄钟。凌氏于此未明，其说亦多不合。且宋人以工尺配律吕，今人以工尺代宫商。此今人失宋人之法，律吕由是而亡。凌氏乃以今人之法驳宋人，尤不可不辨。若夫古今乐声高下，则有隋志所载历代律尺，皆以晋前尺为比，而晋前尺则有王厚之钟鼎款识传刻尚存，今依尺以制管，隋以前乐律皆可考见。宋史载王朴律准尺，亦以晋前尺为比，又可以晋前尺求王朴乐，求唐、宋、辽、金、元、明乐，高下异同，史籍具在，可排比勾稽而尽得之。至于晋泰始之笛，可仿而造；唐开元之谱，可按而歌；古器古音，千载未泯。"又切韵考六卷、外篇三卷，谓："孙叔然、陆法言之学存于广韵，宜明其法而不惑于沙门之说。”又汉志水道图说七卷，谓“地理之学，当自水道始。知汉水道，则可考汉郡县。”湘乡曾国藩见声律、水道二书，服其精博。南海邹伯奇亦谓所考切韵，超越前人。

其于汉学、宋学，能会其通。谓：“汉儒言义理，无异于宋儒；宋儒轻蔑汉儒者，非也。近儒尊汉儒，而不讲义理，亦非也。”著汉儒通义七卷。晚年寻求大义及经学源流正变得失所在而论赞之，外及九流诸子、两汉以后学术，为东塾读书记。谓孝经为道之根源，六艺之总会；谓论语为五经之錧辖；谓中庸肫肫其仁，此语最善形容，可据以增成朱注爱之理、心之德之说，爱是肫恳，心德亦是肫恳。论语言仁者五十八章，以爱与心德解之，而稍觉未密合者，以肫恳之意增成之，则无不合。谓孟子所谓性善者，人人之性皆有善，荀、杨辈所未知，程朱谓论性不论气不备，然孟子言性非不兼气，质性中有仁、义、礼、智者，乃所谓善，本无不圆备之病。其论治经之法，谓说诗者解释辨驳，然不可无紬绎词意之功。谓读礼者既明礼文，尤明礼意，而礼意则郑注最精，谓郑氏诸经注有宗主，复有不同。中正无弊，胜于许氏异义、何氏墨守之学。时惠栋、张惠言、孔广森、刘逢禄之书，盛行于世。澧谓虞氏易注多不可通，所言卦象，尤多纤巧。惠栋易学有存古之功，然当分别观之。又谓汉书儒林传云费直以彖象系辞十篇文言，解说上下经，此千古治易之准的；谓公羊以叔术为贤者，此公羊之谬，不宜墨守；谓何劭公注有穿凿之病；谓孔广森通义序云春秋重义不重事，以宋伯姬为证，然若公羊不详记此事，则伯姬死于火耳，何以见其贤？又谓三传各有得失，知三传之病，而后可以治春秋；知杜、何、范注，孔、徐、杨疏之病，而后可以治三传；三传注疏之病，动关圣人之褒贬，宜弃其所滞，择善而从。其论汉以后诸儒，谓魏晋以后，天下大乱，圣人之道不绝，惟郑学是赖。谓国朝考据之学，源出朱子，不可反诋朱子。尝曰："吾之书但论学术，非无意于天下事也。以为政治由于人才，人才由于学术。吾之意专明学术，幸而传于天下，此其效在数十年后。故于论语之四科，学记之小成大成，孟子之取狂狷、恶乡原，言之尤详，则意之所在也。"

其教人不自立说，尝取顾炎武论学之语而申之，谓博学于文，当先习一艺；韩诗外传曰好一则博，多好则杂也，非博也，读经、史、子、集四部书，皆学也，而当以经为主，尤当以行己有耻为主。为学海堂学长数十年，至老主讲菊坡精舍，与诸生讲论文艺，勉以笃行立品，成就甚众。邵阳魏源著海国图志初成，中有可议者，澧论辨之。后源至粤，见而大悦，遂与定交，并改其书。宝应刘宝楠著论语正义，未成而卒，命子恭冕成之，并言当就正于澧。恭冕后寄书至粤道意。光绪七年，粤督张树声、巡抚裕宽以南海朱次琦与澧皆耆年硕德，奏请褒异，奉旨朱次琦、陈澧均着加恩赏给五品卿衔。八年，卒，年七十三。卒后，门人请于大吏，祀其主菊坡精舍。所著读书记已成十五卷，又稿本十卷，遗命名曰东塾杂俎。他著有说文声表十七卷、水经注提纲四十卷、水经注西南诸水考三卷、三统术详说三卷、弧三角平视法一卷、琴律谱一卷、申范一卷、摹印述一卷、东塾集六卷。

子宗谊，字孝通。性孝友，勤学。尤好读朱子书，著朱子语类日钞一卷。年二十一，卒。

侯康，字君谟，亦番禺人。道光十五年举人。少孤，事母孝。家贫，欲买书，母称贷得钱，买十七史读之，卷帙皆敝，遂通史学。及长，精研注疏，湛深经术，时人比之孔广森、汪中。与同里陈澧交最久，澧严事之，在师友之间。尝谓："汉志载春秋古经十二篇者，左经也，经十一卷者，公、穀经也。今以三传参校之，大要古经为优，穀梁出最先，其误尚寡；公羊出最晚，其误滋甚。"乃取其义意可寻者，疏通证明之，著春秋古经说二卷。又治穀梁以证三礼，以公羊杂出众师，时多偏驳，排诋独多，著穀梁礼证，未完帙，仅成二卷。又以左氏传注，近儒多尊贾服而排杜，然杜固有胜贾服者，欲著一书以持其平，亦未成。其馀群经小学皆有论说，多前人所未发。又欲仿裴松之注三国志例，尽注隋以前诸史，尝曰："注古史与近史异，注近史者群书大备；注古史者遗籍罕存，当日为唾弃之馀，今日皆见闻之助，宜过而存之。"因为后汉书补注续一卷、三国志补注一卷。后汉称"续"者，以有惠栋补注；三国志，杭世骏注未完善，故不称续也。又以隋以前古书多亡，著书者多湮没不彰，补撰后汉三国晋宋齐梁陈魏北齐周十书艺文志，而自注之。后汉、三国成经、史、子三部，各四卷，馀未成。又考汉魏六朝礼仪，贯串三礼，著书数十篇。澧尝叹以为精深浩博。初擅诗名，又爱南北朝诸史所载文章，为文辄效其体，为粤督阮元所赏。体羸弱而读书恒至夜深，以此致疾，十七年，卒，年四十。弟度。

侯度，字子琴。与康同榜举人。以大挑知县，分发广西，署河池州知州。州居万山中，无城。广西贼起，度伐木为栅，因山势联络，坚固可守，又使民十家为牌，民有从贼者，仿赵广汉缿筒法，使良民告奸民，十得六七。既而贼攻桂林，巡抚复命度守城，宿堞旁数月，贼退。以病告归，至家遂卒，时咸丰五年，年五十七。度洽熟经传，尤长礼学，时称“二侯”。嘉兴钱仪吉尝称其研核传注，剖析异同，如辨懿伯、惠伯之为父子，三老五更之为一人，证明郑义，皆有据依。所著书为夷寇所焚。其说经文，刻学海堂集中。

邹伯奇

邹伯奇，字特夫，广东南海人。诸生。少聪颖绝人，于诸经义疏，无不犟究。覃思声音文字度数之原，尤精历算，能荟萃中西之说而贯通之。尝作春秋经传日月考，以时宪术上推二百四十二年朔闰及食限，然后以经传所书，质其合否，乃知有经误、传误、术误之分。又谓向来注经者，于算学不尽精通，故解三礼制度，多所疏失，因作深衣考，以订江永之谬；作戈戟考，以指程瑶田之疏。以文选景福殿赋阳马承阿，证古宫室阿栋之制；以体积论臬氏为量，以重心论悬磬之形，皆绘图注说，援引详确。又以甄鸾五经算术疏略、王伯厚六经天文篇亦无辨证，因即经义中有关天算，或先儒所未发，或阐发而未明者，随时录出之，成学计一得二卷。时番禺陈澧邃于经学，兼明历算，与伯奇最契。伯奇语澧谓墨子书有算术，且有西法，发书读之，相对抚掌。澧因欲告仪征阮元，以墨子补入畴人传，会元卒乃已。又尝谓澧大戴礼说明堂所谓二九四七五三六一八者，此当有图而记其数，横书之自左而右，及图亡字存，后人纵写之自右而左，故错乱如此。且图有赤点白点，以记户牖，故曰赤缀户也，白缀牖也，缀者点也。澧闻为之惊喜，后以告镇江柳兴宗，亦惊喜，为录其说而去。其论算术，谓董方立而后诸家极思生巧，出于前人之外，如华严楼阁，弹指即见，实抉窔奥，然恐后之学者，不循途辙，遽趋捷法，将久而忘其所自，是亦可忧。人服其所虑之远。其于天象，著甲寅恒星表、赤道星图、黄道星图各一卷，又谓绘地难于算天，乃手摹皇舆全图，其格纬度无盈缩，而经度渐狭，相视皆为半径，与馀弦之比例，横九辐、纵十一辐，合之则成地球滂沱四颓之形。又变西人之旧作地球正背两面全图，其正面以京师为中，背面之中即为京师，对冲之处旁为廿四向，审中土与各国彼此之势，经纬俱以十度为一格。因推演其法，著测量备要四卷，进备物致用四目：一丈量之器，二测望之仪，三检数之书，四画图之具。又按度考数四目：一明数，二步量，三测算，四步图。测量制器，本与西人重学、光学、化学相连。

伯奇冥搜古籍，深明其理，故测地绘图，尤多创解。时修南海县志，图为伯奇手创，密合无憾。南丰吴嘉善、钱塘夏鸾翔游粤，闻其名，与订交，甚笃。鸾翔客死，为刻其遗书。同治三年，侍郎郭嵩焘特疏荐之，两奉优诏，令督抚送咨。伯奇澹于仕进，坚以疾辞。江督曾国藩欲于上海机器局旁设书院，延伯奇教授，嘱学使刘熙载致书，亦不就。八年，卒，年五十一。所著又有补小尔雅释度量衡一卷、格术补一卷、对数尺记一卷、乘方捷术三卷、存稿一卷。

华长卿

华长卿，原名长懋，字枚宗，直隶天津人。道光十一年举人。

咸丰三年，选开原训导，在任二十六年，以病告归。奉天学政王家璧以勤学善教荐，奉旨加国子监学正学录衔。光绪七年，卒，年七十七。

长卿幼有宿慧，工诗，与任丘边浴礼、宝坻高继珩称畿南三才子。夙讲小学，于许书研究有年，尝按其偏旁，别为编纂，以谱六书之统系，为说文形声表十五卷；又按画分部，详注音义及所从之字于下，为正字原七卷；又著说文引经考一卷；又取尔雅十九篇，专论字义，与形声表互相发明，为说雅十九卷。生平敦行励学，究心经史。其治经，有古本周易集注十二卷、尚书补阙一卷、毛诗识小录四卷、春秋三传异同辨二卷、论语类编一卷。其于史，以自晋迄隋南北扰攘，阅时最久，统绪易紊，年岁易淆，名位易舛，因仿五代史十国年谱，始晋惠甲子终隋开皇八年，为两晋十七国南北朝年表三卷；又以五代当黜朱梁而以后唐继唐，黜石晋而以南唐继后唐，因取纲目事实，始唐天祐四年，终宋开宝九年，笔削增改，为唐宋阳秋五卷。自序谓诛乱讨逆，褒忠贬奸，正名分以植伦常，辨是非以定功罪。不以建都为统绪，而以族姓为绍述，窃比蜀汉继东都之例。官开原时，府尹倭仁奇其才，聘纂盛京通志，逾年成志稿三十卷。开原地处边隅，向学者少，长卿劘以经史，士风日起。尤好甄拔寒畯士，有一艺之长，莫不容接。每谈经籍，夜分不倦。他著又有历代宰相表五卷、文庙从祀考二卷、石鼓文存一卷、汉碑所见录三卷、疑年录小传四卷、畿辅人物表六卷、方舆韵编二卷、姓薮四卷、泉谱二卷、韵籁四卷、诗文钞三十二卷、词钞二卷。

同时献县刘书年，字仙石。道光二十五年进士，官编修。邃于经学，有贵阳说经残稿一卷，为吴县潘祖荫所称。

柳兴恩 许桂林 钟文烝

柳兴恩，原名兴宗，字宾叔，江苏丹徒人。道光十二年举人。贫而好学，敦实行。受业于仪征阮元，初治毛诗，以毛公师荀卿，荀卿师穀梁，穀梁春秋千古绝学。元刻皇清经解，公羊、左氏俱有专家，而穀梁缺焉。乃发愤沉思，成穀梁春秋大义述三十卷。以郑六艺论云穀梁子善于经，遂专从善经入手，而善经则以属辞比事为据。事与辞则以春秋日月等名例定之。其自序曰："乌乎，穀梁之学之微也久矣！乃今而知春秋托始于隐之旨，独在此矣。何言之？公羊予桓公以宜立，穀梁罪桓以不宜立。宜立则罪在桓，不宜立则罪在隐。传曰先君之欲与桓，非正也邪也，探先君之邪志，以与桓，是则成父之恶也。如传意，则隐在惠公为贼子，传曰为子受之父，为诸侯受之君，废天伦，忘君父，如传意则隐于周室为乱臣。孟子曰，孔子成春秋，而乱臣贼子惧。夫所谓贼者，岂待剚之刃乃为贼哉？成父之恶，即贼子矣。所谓乱者，岂但犯上作逆乃为乱哉？废伦忘君，即乱臣矣。乌乎，以轻千乘之国者，而不能逃乱贼之诛，然则千秋万世臣子之惧心，必自隐公始矣。况传曰先君既胜其邪心以与隐，是惠公未失正也。明其不必托始于惠也。传曰让桓不正，见桓之弑逆，隐实启之也，并明其无庸托始于桓也。且惠反诸正以与隐，隐乃不行即位之礼以启桓，是隐之纳于邪也。然则隐之元年尤邪正绝续之交，春秋之托始于此，即于不书公即位见之，孔子志在春秋，故知我罪我之言，亦出于不得已。此春秋之微言，亦即春秋之大义也。

其书凡例,谓圣经既以春秋定名,而无事尤必举四时之首月,后儒谓日月非经之大例,未为通论。穀梁日月之例,泥则难通,比则易见,与其议传而转谓经误,不若信经而并存传说,述日月例第一;谓春秋治乱于已然,礼乃防乱于未然,穀梁亲受子夏,其中典礼尤与论语夏时周冕相表里,述礼例第二;谓穀梁之经与左氏、公羊异者以百数,汉书儒林传云穀梁鲁学,公羊乃齐学也,此或由齐鲁异读音转,而字亦分,述异文第三;谓穀梁亲受子夏,故传中用孔子、孟子说,其他暗合者更多,述古训第四;谓自汉以来,穀梁师授,鲜有专家,要不得摈诸师说之外,述师说第五;谓汉儒师说之可见者,惟尹更始、刘向二家,然搜获寥寥,其说已亡,而名仅存者,自汉以后并治三传者,亦收录焉,述经师第六;谓穀梁久属孤经,兹于所见载籍之涉穀梁者,循次摘录,附以论断,并著本经废兴源流,述长编第七。"书甫成,就正于元,元惜其见之之晚。番禺陈澧尝为穀梁笺及条例未成,后见兴恩书,叹其精博,遂定交焉,并出其说备采,不复作。他著有周易卦气辅四卷、虞氏逸象考二卷、尚书篇目考二卷、毛诗注疏纠补三十卷、续王应麟诗地理考二卷、群经异义四卷、刘向年谱二卷、仪礼释宫考辨二卷、史记汉书南齐书校勘记、说文解字校勘记、宿台斋诗文集。光绪六年,卒,年八十有六。

弟荣宗,字翼南。著有说文引经考异十六卷。同时为穀梁之学者,有许桂林、钟文烝。

许桂林,字同叔,江苏海州人。嘉庆二十一年举人。少孤,孝于母及生母,无间言。家贫,不以厚币易远游。体素弱不耐劳,惟读书始精神焕发,故日以诂经为事。道光元年,丁内艰,以毁卒，年四十三。桂林于诸经皆有发明，尤笃信穀梁之学，著春秋穀梁传时日月书法释例四卷。其书有引公羊互证者，有驳公羊而专主者，阳湖孙星衍尝以条理精密、论辨明允许之。又著易确二十卷，大旨以乾为主，谓全易皆乾所生，博观约取，于易义实有发明，别有毛诗后笺八卷、春秋三传地名考证六卷、汉世别本礼记长义四卷、大学中庸讲义二卷、四书因论二卷。尝以其馀力治六书九数，著许氏说音十二卷，以配说文，又著说文后解十卷，又以岐伯言地大气举之气外无壳，其气将散，气外有壳，此壳何依，思得一说，以补所未及。盖天实一气，而其根在北，北极是也。北极不当为天枢，而当为气母，因采集宣夜遗文，以西法通之，著宣西通三卷。又以算家以简为贵，乃取钦定数理精蕴，撮其切于日用者，著算牖四卷。生平所著书四十馀种，凡百数十卷。仪征阮元尝手书"谈天秘欲传宣夜，学海深须到郁州"句赠之。甘泉罗士琳从之游，后以四算名世。

钟文烝，字殿才，浙江嘉善人。道光二十六年举人。文烝于学无所不通，而其全力尤在春秋穀梁经传补注一书。尝谓春秋一书，非记人事，乃记人心也。凡人事皆人心之所为也，惟穀梁子独得此意。又谓穀梁解春秋似疏而密，甚约而该，经固难知，传亦难读。学者既潜心于兹，又必熟精他经，融贯二传，备悉周秦诸子及二千年说者之得失，然后补苴张皇，可无遗憾。因沉潜反覆三十馀年，成书二十四卷。序曰："鲁之春秋，鲁所独也。孔子之春秋，孔子所独也。故梁郑正其名，石鹢尽其辞，正隐治桓，皆卓然出于周初典策之上。夫梁郑旧文也，而名有所必正，则其加损旧文者可知矣。石鹢微物也，而辞必有所尽，则大焉者可知矣。正隐治桓，揭两字于卷首，则全书悉可知矣。然而斯义也，左氏、公羊不能道，独穀梁子称述而发明之。实为十一卷，大指总要之处，推之千八百事，无所不通。故穀梁传者，春秋之本义也。”其书网罗众家，折衷一是，其未经人道者，自比梅鷟之辨伪书，陈第之谈古韵略，引其绪以待后贤。文烝兼究宋元诸儒书，书中若释禘祫、祖祢、谥法，以及心志不通、仁不胜道、以道受命等，皆能提要挈纲，实事求是。又著论语序说详正一卷。光绪三年，卒，年六十。

朱右曾

朱右曾，字尊鲁，江苏嘉定人。道光十八年进士，改翰林院庶吉士，散馆授编修。二十五年，召对，称旨，授徽州府知府。丁忧，服阕，补镇远府，调遵义府。所治连蜀境，伏莽甚众。桐梓民杨凤倡乱，右曾坚守五阅月。以失守属邑罢官。遵义围解，奉旨开复，署大定府。卒。

右曾覃思著述，精于训诂、舆地之学，以逸周书孔晁注疏略，乃集诸家之说，正其训诂，详其名物，为周书集训校释十卷。不言逸周书，亦不言汲冢书者，复汉志之旧题也。又著春秋左传地理征二十卷，据杜氏地名谱而进退之，定著国邑、土地、山川名一千二百八十一，阙者二百二十六，考其封域，详其并吞，而系以汉及今之郡县。又辑服氏解谊三十卷，兼取刘歆、贾逵、郑众之说。又诗地理征二卷，长洲陈奂治毛诗，于其精当处，引用颇多。

郑珍　王崧

郑珍，字子尹，贵州遵义人。道光十七年举人，以大挑二等，选荔波训导。咸丰五年，叛苗犯荔波，知县蒋嘉穀病，珍率兵拒战，卒完其城。苗退，告归。同治二年，大学士祁寯藻荐于朝，特旨以知县分发江苏补用，卒不出。三年，卒，年五十九。

珍初受知于歙县程恩泽，语之曰："为学不先识字，何以读三代、秦、汉之书？"乃益进求诸声音文字之原，与古宫室冠服之制。方是时，海内之士，崇尚考据。珍师承其说，实事求是，不立异，不苟同，洞知诸儒者之得失。复从莫与俦游，益得与闻巨儒宗旨。于经最深三礼，墨守司农，不敢苟有出入。仪礼十七篇皆有发明，半未脱稿，所成仪礼私笺，仅有士昏、公食大夫、丧服、士丧四篇，凡八卷，而丧服一篇，反覆寻绎，用力尤深。又以周礼考工记轮舆郑注精微，自贾疏以来不得正解，说者日益支蔓，成轮舆私笺三卷。尤长于说文之学，所著说文逸字二卷、附录一卷、说文新附考六卷，皆见称于时。他著有凫氏图说、深衣考、汗简笺正、说隶等书，又有巢经室诗钞、文钞、明鹿忠节公无欲斋诗注，而所撰遵义府志，古今文献，蒐罗精密，好古之士比之华阳国志。珍尝谓遵义，汉牂柯也，自郡人尹珍道真从许慎应奉受经书图纬，教授南域后，无有以经术发闻者。于是以道真自命，而取以为名，故学成而裒然为西南巨儒焉。

子知同，能传其学。

王崧，字乐山，云南浪穹人。嘉庆四年进士，山西武乡县知县。滇士最为朴陋，崧独遍览群籍，学问淹通。仪征阮元总督云贵、延崧主通志，称其地理、封建诸篇，能得魏收、杜佑之遗法。著有说纬六卷。

刘宝楠　子恭冕　潘维城

刘宝楠，字楚桢，江苏宝应人。父履恂，字迪九。乾隆五十一年举人，国子监典簿。著有秋槎杂记。

宝楠生五岁而孤，母氏乔教育之。始从从父台拱请业，以学行闻乡里。为诸生时，与仪征刘文淇齐名，人称扬州二刘。道光二十年进士，授直隶文安县知县。文安地洼下，堤堰不修，遇伏秋水盛涨，辄为民害。宝楠周履堤防，询知疾苦，爰检旧册，依例督旗屯及民同修，而旗屯恒怙势相观望，宝楠执法不阿，功遂济。尝夜冒雨至大城助修固、献等堤，堵塞演马庄堤工决口。在县三岁，皆获有秋。再补元氏，会岁旱，县西北境蝗，袤延二十馀里。宝楠祷东郊蜡祠，令郡保设厂购捕，蝗争投坑井，或抱禾死，岁则大熟。咸丰元年，调三河。值东省兵过境，故事，兵车皆出里下。宝楠谓兵多差重，非民所堪，雇车应差，给以民价，民得不扰。在官十六年，衣冠朴素，如诸生时，勤于听讼。官文安日，审结积案千四百馀事。每鸡初鸣，烛入，嘬食少许，兴坐堂皇，随鞫随结，毋许吏胥搀言。凡涉亲故族嘱讼者，谕以睦姻，概令解释。讼狱既简，吏多去籍归耕。曹舍昼闭，或赁与人，为书画肆，远近翕然，著循良称。咸丰五年，卒，年六十五。

宝楠于经，初治毛氏诗、郑氏礼，后与刘文淇及江都梅植之、泾包慎言、丹徒柳兴恩、句容陈立，约各治一经。宝楠发策得论语，病皇、邢疏芜陋，乃蒐辑汉儒旧说，益以宋人长义，及近世诸家，仿焦循孟子正义例，先为长编，次乃荟萃而折衷之，著论语正义二十四卷。其最有功经训者，如谓有子言礼之用章，是发明中庸之说；夫子五十知天命，是知天生德于予之义；告子、游、子夏问孝，是言士之孝；乘桴浮海，是指今高丽地；兴于诗、立于礼、成于乐，民可使由之，不可使知之，是夫子教门弟子之法；文王既没，文不在兹乎，是指所得之简策；言樊迟从游于舞雩之下，问崇德、修慝、辨惑，是鲁行雩祭、樊迟举雩祭之词以问；朋友切切偲偲、兄弟怡怡，是言朋友责善，兄弟不可责善；谓伯鱼为周南、召南，是谓伯鱼受室后示以闺门之戒；四海困穷，是指洪水之灾，尧举舜敷治之。凡此皆先圣贤之旨，沉霾二千馀载，一旦始发其蕴。至八佾、乡党二篇所说礼制，皆至详确，因官事繁，未卒业，命子恭冕续成之。他著有释谷四卷，于豆、麦、麻三种，多补正程氏九谷考之说；汉石例六卷，于碑志体例，考证详博。宝应图经六卷、胜朝殉扬录三卷、文安堤工录六卷。所为文渊雅翔实，有韫山楼诗文集。子恭冕。

恭冕，字叔俛。光绪五年举人。守家学，通经训。入安徽学使朱兰幕，为校李贻德春秋贾服注辑述，移补百数十事。后主讲湖北经心书院，敦品饬行，崇尚朴学。幼习毛诗，晚年治公羊春秋，发明新周之义，辟何劭公之缪说。同时通儒皆韪之。卒，年六十。著有论语正义补、何休论语注训述、广经室文钞。

潘维城，字阆如，江苏吴县人。从同里夏文焘游，继受业元和李锐，为钱大昕再传弟子，得闻经师绪论。谓论语为何晏所乱，惟郑康成兼通古今文，集诸儒之大成，乃蒐辑郑注，又采汉魏古义及近儒之说，为古注集笺十卷。

子锡爵，卒其业。

龙启瑞　苗夔　庞大堃

龙启瑞，字翰臣，广西临桂人。父光甸，字见田。嘉庆二十四年举人，历官黔阳、武陵知县，乍浦、台州同知。所至断滞狱，修文教，摘奸发伏，以廉干称。著有宰黔防乍录及诗文集。道光二十九年，卒，年五十八。

启瑞，道光二十一年一甲一名进士，授翰林院修撰。二十三年，充顺天乡试同考官。二十四年，充广东乡试副考官。二十七年，大考翰詹，二等七名，以侍讲升用。七月，提督湖北学政。湖北人士知礼尚文，启瑞专以根柢之学振之。著经籍举要一书以示学者，又以学政之职有三要：一曰防弊，二曰厉实学，三曰正人心风俗，故所作文檄，告诫周详。既，复举旧日所闻及近所施行者，为视学须知一卷。三十年，丁父忧，回籍。咸丰元年六月，广西巡抚邹鸣鹤奏办团练，以启瑞总其事。二年七月，省城围解，以守城叙功，得旨以侍讲学士升用，并赏戴花翎。五年，回京。六年四月，擢通政司副使。十一月，提督江西学政。七年三月，授江西布政使。时发逆踞东南，江西仅省会暨一府未没于贼，库藏久虚。启瑞焦劳筹度，饷糈赖以不竭。会岁旱蝗，斋心祈祷，力求驱捕之法，蝗患顿除。尝劝民积谷备荒，复以暇修普济、育婴诸善政，惠心泽民，都邑感慕。八年九月，卒于官。同治十一年，奉旨入祀江西名宦祠。

启瑞少与其乡吕璜、朱琦、王锡振为古文，步趋桐城。已，从上元梅曾亮游，文日益进。后交汉阳刘传莹，切劘经义，尤讲求音韵之学，贯穿于顾、江、苗、段、王、孔、张、刘诸家之书，而著古韵通说二十部。其论古韵宽严得失曰："论古韵者，自顾氏以前失之疏，自段氏以后过于密，江氏酌中亦未为尽善。顾氏规模粗备，其考据精确，有不可磨灭者。段氏分之、脂、支三部，发前人所未发，馀所分者，求之古经，率多可据。虽分配入声未极精审，不免千虑之失，然而分合周备，条理井然，可谓文而不烦、博而知要者矣。后之阳湖张氏、高邮王氏、曲阜孔氏、歙江氏诸子之学，博足以综其蕃变，精足以定其指归，皆由段氏精而求之，以极于无可复加之地。至张氏之分为二十一部，与高邮王氏略同，其依据说文，折衷经韵，使人观形可以得声之误，复审音可以定形之讹，而于通转流变之间，尤能言之尽意。同时武进刘氏复有诗声衍之作。观其序论及标目部分，盖亦窃取张氏之意而为之者也。其论入声，同部异韵及异部同用，较诸家尤为明备，觉段氏之精于说文犹未见及。张氏有言，凡言古韵者分之不嫌密，合之不嫌广，惟分之也密，故其合之也脉络分明，不至因一字而疑各韵可通，亦不至因各韵而疑一字之不可通。故今之集古韵也，意主于严，而其为通说也，则较之顾氏而尚觉其宽。其分也有所以可分之由，其合也有所以得合之故，皆为剖而明之，不敢拘前人成说，不敢执一己私见，亦曰参之古书以求其是，质之人心而得其安而已。"论本音曰："许书实兼音、形、义三者为训，谐声一门，几居全书之八。然比而论之，无不与经训符合，未有母声在此而子声在彼者，间有出入，即可据为古音通转之证。中有读若、读同之例，虽偶用方言俗字，未必尽出古音，然要取诸同部，其转入他部者，亦必有说。每文下所载古文，或体亦然。今于经韵后载说文谐声诸字，以见音随字寓之原，而于偏旁读若小异者，皆为梳鬄而证明之。其有古今音变难为强说者，仍从盖阙。”论通韵曰：“二十部大旨贵于密而不贵于疏，然证之于古，或龃龉而不合，则不得不为之说，以通其变。然其所通者，必有其所以可通之故，而非若唐人之通韵，仅取便于时俗而已。”论转音曰：“转音即双音之异名，天地间自有不可磨灭者。古经中用韵及字书偏旁有不合者，苟求之于是，无不可通。必谓古一字只有一音，非确论也。此条所以济本音通韵之穷，而读古书及说文者，愈释然而无疑矣。”论通说曰：“学者从事于二十部之古韵，则于其纷纭轇轕者，有若泾渭之难淆，燕越之各判矣。然于此而与之道古，或不免拘执而难通，又将讳其所不合以为安，则又与于诬古欺人之甚，故为之说，有十以通之，大都本通韵之文为之根柢。通韵只通其数字，通说则举其一字。盖全书皆严其所以分之界，而于此终著其所以合之由，是古韵之学之大成也，故以名其全书焉。”

启瑞又以尔雅一书，学者多苦其难读，因采邵、郝、卢、阮诸说，于发疑正读之交讲明，至是间复参以己见，著尔雅经注集证三卷。他著有小学高注补正、是君是臣录、班书识小录、通鉴识小录、诸子精言、庄子字诂及经德堂诗文集十二卷。

苗夔，字仙簏，直隶肃宁人。幼即嗜六书形声之学，读许氏说文，若有夙悟。已，又得顾炎武音学五书，慕之弥笃。曰：“吾守此终身矣！”举道光十一年优贡生。高邮王念孙父子闻夔之说，礼先于夔，与畅论音学源流，由是誉望日隆。夔以为许叔重遗书，多有为后人妄删或附益者，乃订正说文，凡六朝、五代以来声传讹者八百馀字，为说文声订二卷。顾氏音学所立古音表十卷，宏纲已具，然犹病其太密，而戈麻既杂西音，不应别立一部，于是并耕、清、青、蒸、登于东、多，并戈、麻于支、齐，定以七部，櫽括群经之韵，字以声从，韵以部分，为说文声读表七卷。宋濂篆韵集钞谓说文建首五百四十字，即苍颉读，六朝、五代人无能得其句读者，皆以俗韵失之也。夔以毛诗韵部定其音纽，为建首字读一卷。诗自毛传、郑笺而后，主义理者多，主声韵者少，虽有陆元朗诗经音义，亦不能专主古音，然古音时有未尽改者。夔治毛诗，尤精于谐声之学，尝以齐、鲁、韩三家证毛，而又以说文之声读参错其间，采太平戚氏之汉学谐声、诗经正读，无锡安氏之韵征，为毛诗韵订十卷。书出，识者叹其精审。他著有说文声读考、集韵经存、韵补正、经韵钩沉四种。咸丰七年五月，卒，年七十五。生平苦思专一，虽处困约，有以自怡。将殁，戒其子葬众书丛中。子玉璞乃择书之尤嗜者，纳棺中殉焉。

庞大堃，字子方，江苏常熟人。嘉庆二十四年举人。究心音韵之学，尝谓顾、江、戴、段、孔、王诸家分部互有出入者，以入声配隶无准耳。入声有正纽反纽，今韵多从正纽，古韵多从反纽，故用王氏说，别出缉盍十八部：第一部歌、戈、麻，分支、齐、佳；第二部鱼、虞、模，分麻，其入铎、陌，昔分药、觉、麦、锡，皆喉音；第三部蒸、登，分耕；第四部之、咍，分皆、灰、尤，其入职、德，分屋、麦；第五部东、冬、钟、江；第六部尤、侯、幽，分虞、萧、宵、肴、豪，其入屋、沃、烛、觉，分锡；第七部阳、唐、耕；第八部萧、宵、肴、豪，其入药，分铎、屋、沃、觉、麦、锡；第九部耕、清、青，分庚；第十部支、佳，分齐，其入麦、锡，分昔，皆鼻音；第十一部真、谆、臻、文、殷、魂、痕，先分删、山、仙；第十二部脂、微、齐皆灰，分咍、祭，其入质、术、栉、物、迄、没、黠、屑，分牵、薛；第十三部元、寒、桓、删、山、仙，分先；第十四部祭、泰、夬、废，分霁、怪，其入月、曷、末、牵、薛，分黠、屑，皆舌齿音；第十五部侵、覃、添、咸、凡，分盐；第十六部缉、合、帖、洽、乏，分叶；第十七部谈、盐、衔、严；第十八部盍、叶、狎、业，分帖，皆唇音。祭无平上声，缉、盍无平上去声，阳类阴类各九部，阳奇阴偶两两相配，一从陆氏法言，所定为正纽；一从顾、江、戴、王氏所定为反纽。其转音之法有五：一，正转同部者是也；一，递转同音者是也；一，旁转相比及相生者是也；一，双声同母者是也。

大堃又谓欲明古音，必先究唐韵，乃可定其分合。因取徐铉所引孙愐音切，参以徐锴之篆韵谱，按部排纂，为唐韵辑略五卷、备考一卷。又以说文正字按部排纂，以声相统，而别出其流变之字，为形声辑略一卷、备考一卷。又以说文谐声，经典用韵，合之唐韵，按部排纂，以纽相承，而表出其分收之字、别收之字，为古音辑略二卷、备考一卷。其论等韵，则谓字母三十六为天地自然之音，不可增减，不可移易，取切韵指掌图、四声等子、切韵指南参互考订，合门法为八、分十六摄为六十一图，以唐韵、广韵、集韵、五音集韵及玉篇、玉海之字，按纽排纂，附注切音，为总图以提其纲，为略例以举其凡，为备考以核其实。又推之玉篇、广韵、皇极经世之论音，以畅其说，又推之天竺、西番藏经十二家之译字，以尽其变，为等韵辑略三卷。他著有易例辑略五卷。

子钟璐，官至刑部尚书。

陈立

陈立，字卓人，江苏句容人。道光二十四年进士，改翰林院庶吉士，散馆授刑部主事，荐升郎中、记名御史，授云南曲靖府知府。召对时，显皇帝有"为人清慎"之褒。时以道梗，不克之任，流转东归。所至宾礼，先后受事，皆刑名至重，立处以详慎。于丧服变除，宗法淆异，多能折衷，协于礼律。少读书过目成诵。随父客扬州，师江都梅植之受诗古文辞；师江都凌曙、仪征刘文淇受公羊春秋、许氏说文、郑氏礼，而于公羊致力尤深。文淇尝谓汉儒之学经唐人作疏，其义益晦，徐彦之疏公羊，空言无当。近人如曲阜孔广森、武进刘逢禄谨守何休之说，详义例而略典礼、训诂。立乃博稽载籍，凡唐以前公羊古义，及国朝诸儒说公羊者，左右采获，择精语详，草创三十年，长编甫具，南归后，乃整齐排比，融会贯通，成公羊义疏七十六卷。初治公羊，因及汉儒说经师法，谓莫备于白虎通，先为疏证以条举旧闻，畅隐抉微为主，而不事辨驳，成白虎通疏证十二卷。

幼受尔雅，因取唐人五经正义中所引犍为舍人、樊光、刘歆、孙炎、李巡五家悉甄录之，谓郭注中精言妙谛，大率胎此，附以郭音义及顾、沈、施、谢诸家切释，成尔雅旧注二卷。又以古韵之学蔽蚀已久，而声音之原起于文字，说文谐声即韵母也，因推广归安姚文田说文声系之例，刺取许书中谐声之文，部分而缀叙之，以象形、指事、会意为母，以谐声为子，其子之所谐又即各缀于子下，其分部则兼取顾、汪、戴、孔、王、段、刘诸家，精研而审核之，订为二十部，成说文谐声孳生述三卷。为文渊雅典硕，不尚空言，大抵考订服制典礼及声音训诂为多，有句溪杂著六卷。生平甘淡泊，耻干谒，与人交，恳款恻怛。客扬州久，师门谊最笃。卒，年六十一。

桂文灿

桂文灿，字子白，广东南海人。道光二十九年举人。同治元年，献所著经学丛书。谕曰："桂文灿所呈诸书，考证笺注，均尚详明。群经补正一编，于近儒惠栋、戴震、段玉裁、王念孙诸经说，多所纠正，荟萃众家，确有依据，具见潜心研究之功。"二年正月，应诏陈言四十条，若津贴京员、制造轮船、海运滇铜诸奏，先后得旨允行。光绪九年，选湖北郧县知县。留江夏。治狱，每决一狱，大吏未尝不称善。十年，海上事起，长江戒严，文灿建议宜增枪队练军法，并在田家镇多设守御方略，以防未然。又以邪说诬民，宜正人心为急务。拟宣讲圣谕章程，及履任，无幕客，无家人，事无大小，皆躬亲之。未及期年，以积劳卒于任。

粤东自阮元设学海堂，经学日兴，人才彬彬辈出。其后承学之士，喜立门户，遵朱者与郑违；遵郑者又与朱违。文灿追述阮元遗言，谓周公尚文，范之以礼；尼山论道，教之以孝。苟博文而不能约礼，明辨而不能笃行，非圣人之学也。郑君、朱子皆大儒，其行同，其学亦同。因著朱子述郑录二卷。他著有易大义补一卷、书古今文注二卷、禹贡川泽考四卷、毛诗传假借考一卷、郑读考一卷、释地六卷、诗笺礼注异考一卷、周礼通释六卷、今释六卷、春秋列国疆域考一卷、图一卷，箴膏肓、起废疾、发墨守评各一卷、四书集注笺四卷、论语皇疏考证十卷、重辑江氏论语集解二卷、孟子赵注考证一卷、孝经集证四卷、集解一卷、群经补证六卷、经学辑要一卷、经学博采录十二卷、群经舆地表一卷、说文部首句读一卷、子思子集解一卷、弟子职解诂一卷、周髀算经考一卷、广东图说九十二卷、四海记一卷、海国表一卷、海防要览二卷、掌故纪闻二卷、疑狱纪闻一卷、牧令刍言二卷、潜心堂文集十二卷。

陈奂　金鹗　管礼耕　陆元纶

陈奂，字硕甫，江苏长洲人。诸生。咸丰元年，举孝廉方正。奂始从吴县江沅治古学。金坛段玉裁寓吴，与沅祖声善，尝曰："我作六书音韵表，惟江氏祖孙知之，馀鲜有知者。"奂尽一昼夜探其梗概。沅尝假玉裁经韵楼集，奂窃视之，加朱墨后，玉裁见之，称其学识出孔、贾上。由是奂遂受学玉裁，刻说文解字注，校订之力奂居多。游京师，高邮王念孙暨子引之，栖霞郝懿行、绩溪胡培翚、泾胡承珙、临海金鹗咸与奂缔交。引之著经义述闻，每一卷成，必出相质；承珙撰毛诗后笺，自鲁颂泮水以下，奂为补编；郝氏尔雅义疏、胡氏仪礼正义、金氏求古录，皆为校刊以行。

奂尝言大毛公诂训传，言简意该，汉儒不遵行，锢蔽久矣。遂殚精竭虑，专攻毛传，以毛传一切礼数名物，自汉以来无人称引，韬晦不彰。乃博征古书，发明其义，大抵用西汉以前旧说，而与东汉人说诗者不苟同。又以毛氏之学，源出荀子，而善承毛氏者，惟郑仲师、许叔重两家，故于周礼注、说文解字多所取说，著诗毛氏传疏三十卷。叙曰："郑康成初学韩诗，后见毛诗义精好，为作笺，亦复间杂鲁诗，并参己意，故作笺之旨，实不尽同毛义。

近代说诗兼习毛、郑，不分时代，不尚专修，不审郑氏作笺之旨，而又苦毛义之简深，猝不得其涯际，漏辞偏解，迄无巨观。窃以毛诗多记古文，倍详前典，或引伸，或假借，或互训，或通释，或文生上下而无害，或辞用顺逆而不违，要明乎世次得失之迹，而吟咏情性，有以合乎诗人之本志，故读诗不读序，无本之教也。读诗与序而不读传，失守之学也。汉书艺文志毛诗二十九卷、毛诗故训传三十卷，古经传本各自为书，自传与笺合并，而久失原书之旧。今置笺而疏传者，宗毛诗义也。是书剖析同异，订证阙讹，有功毛氏不浅。如葛覃传父母在以下九字为笺语窜入，引泉水笺为证，与我行其野篇宣王之末以下十九字为传误入笺者，皆确不可易。毛于言告言归下，既云妇人谓嫁曰归，于此则第训宁为安，盖归宁即序之归安父母，谓已嫁而可以安其父母之心，即所谓无父母遗罹也。潜夫论断讼篇云，不枉行以遗忧，故美归宁之志，一许不改，盖所以长真洁而宁父母也。此正足以发明序传之义。又如以烦撋解生民之蹂黍，里旅证公刘之庐旅，皆确有依据，而以尔雅之不遹不迹不彻为一句，以释日月、沔水、十月之交三诗，尤为精绝。"又以疏中称引博广难明，更举条例立表示图，为毛诗说一卷，准以古音依四始为毛诗音四卷，仿尔雅例编毛传为义类十九篇一卷，以郑多本三家诗与毛异，为郑氏笺考征一卷。又有诗语助义三十卷。公羊仪礼考征一卷、师友渊源记一卷、禘郊或问、宋本集韵校勘记。

其论尚书大传与毛传同条共贯，论春秋之学，从公羊以知例，治穀梁以明礼。穀梁文句极简，必得治礼数十年而后可明其要义。论释名与毛传、说文多不合，然可以讨汉末说经家之沿流。论丁度集韵云："集韵总字具见类篇，先以类篇校集韵，再参之释文、说文、玉篇、广韵、博雅，则校雠之功过半矣。"又云："陆氏释文宋本当于集韵求之，今尚书释文经开宝中陈谔等删改之本，集韵则未经删改者也。"皆为后学开途径。于子书中尤好管子，尝命其弟子元和丁士涵为管子案四卷。家居授徒，从游者数十人。同郡管庆祺、马钊、费宝锷，浙西戴望、蒋仁荣，其尤著也。同治二年，卒，年七十有八。

金鹗，字诚斋，浙江临海人。优贡生。博闻强识，邃精三礼之学。受知于山阳汪廷珍，至京师，居廷珍第中，与廷珍析难辨论，成礼说二卷。陈奂往见之，与语，恨相见晚。嘉庆二十四年，卒于京邸。所著求古录一书，取宫室、衣服、郊祀、井田之类，贯串汉唐诸儒之说，条考而详辨之，发明三礼，不拘墨守。奂书称其镕铸故训，真为一代大作手。胡承珙毛诗后笺中亦往往引用其说。鹗又尝辑论语乡党注，厘正旧说，颇得意解。卒后，稿全佚。奂求得之，厘为求古录礼说十五卷、乡党正义一卷。后吴县潘祖荫复得其遗著，汇刊之为礼说补遗二卷。

管礼耕，字申季，江苏元和人。岁贡生。父庆祺，受业长洲陈奂，尝手校陆氏释文。礼耕守家学，尤长诂训。冯桂芬为说文段氏注考证，嘱成十五卷。礼耕虽博通载籍，而细谨不轻，著书尝言唐以正义立学官，汉、魏、六朝遗说，积久半阙不完。凡所考见，独存释文，而今本踳剥非其旧。思综稽群籍为校证，未及半而卒，年四十。著有操敔斋遗书四卷。

陆元纶，字绩铭，江苏长洲人。道光二十三年，副贡生，充八旗官学教习。咸丰元年，举孝廉方正，辞不受。九年，卒，年五十九。少颖敏，从吴钟骏游，肆力于经学，中年于三礼义疏，用力最深，自马、郑、贾、孔而下，及国朝江永、戴震、惠士奇、惠栋、段玉裁诸家说礼之书，无不考核。屡访陈奂，研究六书奇训、学术源流。晚更究心宋五子书，以为立身事亲之法。于廿四史、通鉴纲目及他丛书中嘉言懿行，可师可法，随笔手钞，名曰宗辉录。林则徐抚吴时，深赏之。朱琦尝谓："束修自励，研经好学，若陆生者，吴中硕士也。"所纂有三礼汇钞、说文小笺。著有御珍驾斋集。

黄式三　子以周

黄式三，字薇香，浙江定海人。岁贡生。事亲孝，父兴梧性端严，先意承志，恒得欢心。尝赴乡试，母裘暴疾卒于家，驰归痛绝，誓不再应乡试。父老，且卧病数年，衣食醴洗，必躬亲之。比殁，持丧以礼。于学不立门户，博综群经。治易言卦辞，一意相承；六十四卦爻辞同者，亦一意相承。又释系辞传衰世之意，谓："伏羲氏衰而神农作，易之兴也，其于中古乎？"中古，谓神农也。以此申郑君神农重卦之义，著易释四卷。治春秋，作释救执、释人、释名、释杀盗、释入、释以，以订杜预释例之讹，谓鲁春秋一国之史，不赴告不书，孔子修之，不得增史之所不书。传引列国史文之异者，以备参考，疑以传疑，其事不可牵合为一，必牵合反害于经也，著春秋释二卷。尤长三礼，论禘郊、宗庙，谨守郑学；论封域、井田、兵赋、学校、明堂、宗法诸制，有大疑义，必厘正之。其复礼说、崇礼说、约礼说，识者以为不朽之作。

生平于经说，不拘汉宋，择是而从。恒恐私智穿凿，得罪圣经，中夜自思，怵然不寐。尝著论语后案二十卷，谓郑康成就鲁论篇章考之，齐古为之注，当时贵之。魏末，何平叔之徒，酷嗜庄老，而作集解以行世。晋、宋、齐、梁媚佛成俗，圣教不明其始，以儒乱释，其终遂以释乱儒。皇疏黜郑注而宗何，有由来矣。邢氏只删皇氏而就简耳。自朱子注既出，六百馀年之儒说，群奉正宗。后之人补辑郑君之遗逸，考校何氏之异同，各明嫥家，卒未闻有继汉轶魏，实能驾朱子上者，则朱子之所得大且多也。虽然，汉魏诸说之醇，有存于何氏之解、皇邢之疏及陆氏释文诸书，而不可尽废者，诸经注疏与子史中杂引经文，及诸说解有可拾遗而补阙者，元明数百年遵朱子注，有能发明之而纠正之者。近日大儒实事求是，各尽所长，有考异文者，精训诂者，辨声类者，稽制度名物者，撰圣贤事迹者，有考验身心、辨析王霸，学务见其大者，有不惑于老释、复明析于儒之近老释，学务得其正者，凡此古今儒说之荟萃，苟有裨于经义，虽异于郑君、朱子，皆宜择是而存，因广收众说，附以己意而为是书。吴县吴钟骏、上元朱绪曾皆以为汉宋持平之著，可垂国胄。他著有尚书启蒙四卷、诗丛说一卷、诗序说通二卷、诗传笺考二卷、周季编略九卷、儆居集经说四卷、史说四卷。尝作求是室记曰："天假我一日，即读一日之书，以求其是。"作畏轩记，曰："读经而不治心，犹将百万之兵而自乱之。"盖自道云。

读史喜文献通考，而时论定马氏之阙失。尝应聘佐军幕，当路以外寇问，作备外寇议，问者色沮。式三曰："不从此言，数年后必有大寇。"事果验。同治元年，卒，年七十四。从子以恭，子以周，俱能传其学，江东称经师者，必曰黄氏。

以恭，字质庭。光绪元年举人。著有尚书启蒙疏二十八卷、读诗管见十二卷。八年，卒，年五十四。

以周，字元同，同治九年举人。由大挑教职，历署遂昌、海盐、於潜训导，补分水训导。光绪十四年，以学政瞿鸿禨保荐，赐内阁中书衔。十六年，复以学政潘衍桐保荐，奉旨升用教授，旋补处州府教授。二十五年，卒，年七十二。性孝友，四岁丧母，长而追思不已，事继母如所生。少传父式三学，与从兄以恭作经课，互相质。督学吴存义试宁波，以明堂考命题，以周据隋宇文恺传，谓考工记夏后氏世室堂修二七二为衍文，存义深赏之。尝居浙城，闻兵警，以周独研索经义，积十昼夜，而知孟子夏五十、殷七十、周百亩之异，异在步尺，非在井疆，自谓足破二千年之疑难。其坚锐如此。

初治易，著十翼后录；治群经，著读书小记。而三礼尤为宗主，以为三代下经学，郑君、朱子为最，而汉学家破碎大道，宋学家弃经臆说，不合郑朱，何论孔孟？因守顾炎武经学即理学之训，以追讨孔门之博文约礼。其考帝王礼典，务在求通以告后圣可行，如后世不明报祀立庙之典，说之曰："刘歆云天子七庙，七者其正法数，可常数者也，宗不在此数中，宗变也。苟有德则宗之不可预为设数，故周公为无逸之戒，举殷三宗以劝成王。刘氏此说甚明。盖殷三宗，周成宣后，世宗其德，别立庙以报祭之。凡报必有庙，特不在宫寝左，与正庙并尔。展禽言虞报幕，夏报杼，商报上甲微，周报高圉、太王。窃谓三宗祖甲，亦商之所报也。姜嫄、亚圉、成王、宣王、亦周之所报也。鲁颂閟宫毛传以为先妣姜嫄之庙在周，左传敢忘高圉、亚圉，贾逵、服虔以为周人不毁其庙而报祭之。王子朝之乱,单子盟百官于平宫,杜预以为平王庙时尚在,则成王、宣王亦必有宫矣。"又如旧说误指馈食为时享礼,说之曰:"周官大宗伯分肆献祼、馈食、时享为三等,礼经特牲少牢皆以馈食名篇,非时享矣。士虞礼云,孝子某哀荐祫事,适尔皇祖某甫,以隮祔,尔孙某甫。皇祖者太祖也,故称新死者为尔孙。适尔皇祖者,谓之太祖庙而合祭之也。故曰哀荐祫事。其祔祭之礼,亦明云如馈食,则馈食合祭也明矣。特牲礼筮日筮尸之命辞云,适其皇祖,文同士虞礼。少牢礼云用荐岁事于皇祖,岁事者祫事也。以荐岁事于皇祖,告即特牲礼,告以适尔皇祖之义,则特牲、少牢馈食为荐祫事也明矣。自注疏不以馈食为祭名编,礼家遂以此为大夫士之时祭礼,而天子时享,据此为例,则天子馈食礼遂失,而时享一日历七庙,反有日力不足之疑矣。时享之礼杀于馈食,郑注以馈食当时享,失之。时享日享一庙,而七庙之牲可同日视之。祭后有绎为馈食,时享无绎。"又如详考明堂封禅之制,则曰封禅古礼也,自汉人侈其志,后世莫敢举;明堂古制也,自汉人侈其事,后世莫敢行。皆议礼者之失也。详考学校、选举之制,则以古学校必升士,而斥汉以后学校不升士之弊。以古乡举、里选在学校,贤能皆有学之人,而斥汉以后选举不由学校之弊。凡此类皆务告古礼可行。初读秦蕙田五礼通考,病其吉礼好难郑,军礼太阿郑,因著礼说略。后乃仿戴君石渠奏议、许君五经异义,为礼书通故一百卷,凡叙目四十九。阅十九年而后成书。自叙称:"高密笺诗而屡易毛传,注礼而屡异先郑,识已精通乎六艺,学不专守于一家。是书之作,窃取兹意。"论者谓其博学详说,去非求是,足以窥见先王制作之堂奥,比秦蕙田书博虽不及，精或过之。又以经有训诂，所以明经而造乎道也。乃仿仪征阮元性命古训，广为二十四目，著经训比义三卷。论者谓陈北溪字义墨守师说，戴震孟子字义疏证专难宋儒，是书详引诸经各注，异于陈戴之自立一帜，有益后学。

生平以明经传道为己任，辨虚无，辨绝欲，而以执一端立宗旨为贼道。镇海胡洪安悦象山之言，与以周纵言义礼，以周曰经外之学，非所知也。江苏学政黄体芳聘主南菁讲舍凡十五年，又兼课宁波辨志精舍诸生经，成就甚众。晚以子思承孔圣以启孟子，著子思子辑解七卷，举子思所述夫子之教，必始诗书而终礼乐，及所明仁义为利之说，谓其为传授之大旨。书成，年六十九矣。他著有军礼司马法考征二卷、儆季杂著二十二卷、黄帝内经九卷、集注九卷。

李善兰

李善兰，字壬叔，浙江海宁人。诸生。甫入学，偶受教官训言，遂辞出，终身不就试。少从长洲陈奂受经，通辞章训诂之学，而于算术好之独深。年十岁，窃九章阅之，以为可不学而能。后得测圆海镜、勾股割圜记，所造渐精。因思割圜法非自然，深思得其理，尝谓："道有一贯，艺亦有一贯。测圆海镜每题皆有法有草，法者本题之法也，草者用立天元一曲折以求本题之法，乃造法之法，法之源也。算术大至躔离交食，细至米盐琐屑，其法至繁，以立天元一演之，莫不能得其法。故立天元一者，算学中之一贯也。"并时明算如钱塘戴煦，南汇张文虎，乌程徐有壬、汪曰桢，归安张福僖皆友善，时相问难。

咸丰初，客上海，识英吉利伟烈亚力、艾约瑟、韦廉臣三人，伟烈亚力精天算，通华言，善兰以欧几里几何原本十三卷、续增二卷，共十五卷，明时只译六卷，因与伟烈亚力同译后九卷。西士精通几何者尠，各国俗本多掣去七、八、九、十四卷，其第十卷阐理幽玄，非深思力索，不能骤解，故讹夺甚多。善兰笔受时，辄以意匡补译成。伟烈亚力言西士他日欲得善本，当反求诸中国也。伟烈亚力又言美国罗密士为天算名家，取代数、微分、积分合为一书，分款设题，较若列眉，复与善兰同译之。译成，名曰代微积拾级，共十八卷。代数变天元四元别为新法，微分、积分二术，又借径于代数，实中土未有之奇秘。善兰随题剖析，自言得力于海镜为多。又与艾约瑟译重学二十卷，附曲线说一卷。又与伟烈亚力译谈天十八卷，又译物学八卷。以粤匪陷吴越，从曾国藩安庆军中，相依数岁。同治七年，巡抚郭嵩焘以通算荐，征入同文馆，充算学总教习、总理衙门章京，积官至户部郎中，晋三品卿衔。善兰课同文馆生以海镜，而以代数演之，合中西为一法，成就甚众。光绪十年，卒于官，年垂七十矣。

所著群经算学考，未成，毁于兵。有方圆阐幽一卷、弧矢启秘三卷、对数探原二卷、垛积比类四卷、四元解二卷、麟德解三卷、椭圆正术解二卷、新术一卷、拾遗四卷、火器真诀一卷、对数尖锥变法释一卷、级数回求一卷、天算或问一卷、附考数根法一卷，统名则古昔斋算学。善兰聪强绝人，盖有天授。其于算能执理之至简，驭数之至繁，故衍之无不可通之数，抉之即无不可穷之理。所译各书，皆信笔直书，了无疑义。世谓梅文鼎悟借根之出天元，善兰能变四元而为代数，盖梅氏以后一人云。

李联琇

李联琇，字秀莹，江西临川人。父宗瀚，由编修官至工部侍郎。联琇少失怙恃，奋然自励于学。道光二十五年成进士，改翰林院庶吉士，散馆授编修。咸丰二年，大考第一，擢侍讲学士。三年，提督福建学政，迁大理寺卿。五年，调江苏学政，与巡抚赵德辙会疏，请以宋陆秀夫从祀孔子庙廷，诏从之。以病告归。同治四年，主讲江南钟山书院，院长旧多大师，联琇绩学敦行，别择精审，来学者日盛。兵燹之馀，士气复振。总督沈葆桢称其与故院长钱大昕、姚鼐诸人埒。光绪四年，卒，年五十九。院中人士祀之讲堂。

联琇为学，自天文、舆地、名物、训诂、典章、制度，旁及琐闻轶事，钩鈲解释，洞见症结。所为书数十万言，皆实事求是。又遇事敢言，于江西团练，举在籍绅士熊守谦等八人；西北捻匪萌芽，疏请山东巡抚视贼聚散而痛惩之，举滕县知县黄良楷专任捕务，后良楷卒，杀贼捍患，显名当世。性澹泊，寓江苏二十年，屏绝荣利，贵要不通一书。大学士曾国藩与语，云将疏荐之，辞退，语人曰："吾官侍从，因病乞休，若再用荐起，负平生所学矣。且荐剡而谋之其人，私也；吾不可使相国有私。"其介特如此。有好云楼初二集四十四卷。

吴树声

吴树声，字鼎堂，云南保山人。道光二十四年举人，以知县分发山东，摄沂水县事。土匪窜扰，邻邑震动，率乡勇击走之。

劝农桑，备水旱，著沂水桑麻话、备蝗略等书，为民谋者甚至。调署肥城，时粤匪方炽，东省戒严。肥邑故系土城，又多圮，特改建石城。工竣，而贼自丰口渡河而北，城固得无恐。补东阿县，调署寿光县，大计举卓异，又调章丘。同治十二年，卒于任。

树声精小学，用宋戴侗六书故之例，变说文部居，成六书微一百一十卷，首列建首字，次列建首字所生之字，后列新沾建首字，总以子母相生为例，次谐声，次会意，而全书大指，则首重字形，而声与义次之，参互错综，仍归建首一义，条理秩然。古人制字源流，藉此可见。又以顾炎武并唐韵五支之半及九麻之半各字，与七歌、八戈韵字为第六部，其五支韵中字皆改为歌、戈一类。议者或讥其武断。江永古韵标准以平声支、脂、之、微、齐、佳、皆、灰、咍、尤、魂、戈，去声未、怪韵字为第二部，以歌、戈、麻、支、纸、置、韵字为第六部，与顾氏书虽微有出入，而大旨则同。段玉裁以之、咍韵字合为第一部，而为第一类；以歌、戈、麻、支字合为第十七部，脂、微、齐、皆、灰字合为第十五部，支、佳字合为第十六部，而总为第六类；以为周秦之韵与今韵异者，古本音也，于古本音龃龉不合者，古合韵也。在段氏自有心得，惟以古人声歌必有一定之韵，如后世之一东、二冬，且必有一定可合之韵，如后世之通某转某者，则殊不然。古人声歌无非天籁，既曰天籁，则必有古音，既不能以后世之音概古人之音，又岂能以古时一方之音概古时天下人之音乎？古人音韵皆矢口而成，并无部类，亦无同通之可言也。其与今韵异者，皆古音也。不必言协，亦不必言合，其古音与古音异者，皆方音也。孔子系易，邹鲁之音也，与三百篇除鲁颂外，出入者甚多。屈、宋南音也，与两汉续骚用韵亦多出入。窃疑古者无歌、麻两部，唐韵之七歌、八戈、九麻，皆起于西域九麻之半、车、家等字，皆自鱼、虞、模转入；七歌、八戈，与九麻之半、麻、加等字，皆自支韵施、为等字转入。因检古书中韵语有歌、麻字为韵者，一一拈出，知古人自有此一类音韵，成歌麻古韵考四卷，援据赅审，发前人所未发。又辑古语二字合音，如终葵为椎，蒺藜为茨、邾娄为邹之类，成合音辑略一卷。又撰诗小学三十卷，训释字义，纯用双声叠韵求之，有不得通者，始参用旁通引申之义，谓诗中有古字、有讹字、有假借字，皆言乎其形也。其声与义则有合音，有一字数义、一义数用，一经误读，便成舛谊，乃疏通证明，或因声而定义，或以义而知声，知其为古字而后不误于后世字，知其为讹字而后可求其正字，知其为假借字而后不牵混于所借之字，知其字之形而后可以定其声与义，知其字之声与义而后益无误于字之形，推明古训，实事求是。其书出段玉裁毛诗小学上。又著论语尊经录五卷，不主一说，专寻绎经文而得其义。他著有孟子小学一卷、两汉书小学五卷、经传释词续五卷，皆熟精故训，为专门之学。

刘庠

刘庠，字慈民，江西南丰人。祖衡，已入循吏传。庠幼从父读书京师，执经于湘乡曾国藩之门。国藩称其博学不倦，以咸丰元年顺天乡试举人，官内阁中书，充国史馆、方略馆校对。后归里，值国藩驻师抚州，遣使迎之，屡欲登荐，庠以养亲辞；及移师祁门，复欲招佐军幕，为缓师期二日，仍以父病不就。父殁，不复仕。国藩聘主徐州云龙书院。值发逆初定，士习荒陋，庠以经学授诸生，士气始振。旋又主海州敦善书院、清江浦崇实书院，先后三十馀年。教人以勤学笃行为主，尝嫉今之学者稍有所知，即泰然自封，或更务为高远，以欺世而盗名，故其说经典，综汉宋两家融会而贯通之。晚悔考据之无益，谓其竞尚攻击，务求胜人，多至无所忌惮。每见后进，必劝以读有宋诸子，江淮髦俊游其门者，成就甚多。著有俭德堂易说、说文蒙求、说文谐声谱、唐藩镇名氏年表、后汉职官考、后汉郡国职官表、通鉴校勘记、班许水道类记、文选小学、汉魏音补辑、意林补、读史随笔、诗文集。

朱一新

朱一新，字鼎甫，浙江义乌人。同治九年举人，官内阁中书。光绪二年进士，改翰林院庶吉士，散馆授编修。十一年，充湖北乡试副考官，转陕西监察御史。十二年，上遇灾修省疏，劾及内侍，懿旨诘责，降主事，告归。二十年，卒，年四十九。二十三年，以学政恽彦彬奏，奉旨赏加五品衔。

一新生而颖异，四岁与群儿戏，虑有倾跌者辄趋掖之。长嗜濂、洛、关、闽之学，务通经以致用，学政徐树铭亟赏之。乡试，受知刘有铭、李文田。官翰林时，与袁昶、朱采、黄国瑾相友善。尝偕诸友游西山，遇雨感疾，狂言。所语皆民穷财尽，不力求振作，非只外患必有内忧，而尤以俄为虑。闻者咸慨其忠义愤发。法兰西窥越南，上疏请击之。尝画海防策，谓宜分北洋为一军，江浙为一军，闽粤为一军，治水师，扼险要，储将才，精器械，兴团练，开饷源，而归本于求实是而励人才。时论壮之。及迁台谏，数上封事，侃侃直陈，惟论是非不计利害。

归后，两广总督张之洞延主广雅书院讲席，院中额取两广生监百名，分斋肄业。一新设院规，先读书而后考艺，重实行而屏华士，仿古颛蒙之学，分经、史、理、文四者，延四分校主之。诸生人赋以册，记质疑问难，以次答焉，成就甚众。因辑其讲学之词，成无邪室答问五卷。其论学术，谓："近世汉与宋分，文与学分，道与艺分，岂知圣门设教但有本末先后之殊，初无文行与学术治术之别？"又以道咸以来士夫好讲西汉公羊之学，流弊至于蔑古荒经，因反覆论难，以正其失。谓："公羊家多非常可怪之论，西汉大师自有所受，要非心知其意，鲜不以为悖理伤教。故为此学者稍不谨慎，流弊滋多。近儒惟陈立深明家法，不过为穿凿，馀多蔓衍支离，不可究诘。凡群经略与公羊相类者，无不旁通而曲畅之，即绝不相类者，亦无不锻炼而傅合之、凭臆妄造以诬圣人。二千年来经学之厄，盖未有甚于此者。"

至其论西学西教、新疆铁路、吉林兵防等数十条，尤为学识通达。论日本民情浮动，而狡悍好胜，与西俗同。故西人之亲中国不如其亲日。第日之患俄，则视中国尤甚。俄既得库页岛，勾结虾夷，为居高临下之势，则日之陆路可危；以海参崴为泊舟之地，直指长崎一帆可达，则日之水路可危。故俄之经营海参崴，中国之忧，亦日人之患也。乃不思唇齿辅车之至计，转为远交近攻之狡谋，螳螂捕蝉，黄雀在后，愚亦甚矣。彼惟刻不忘俄，故竭力要结西人，欲为连横之计。其变服色，易徽号，皆所以媚西人耳。抑知天下惟壤地相接者，利害相同。日处东海，不能为欧洲轻重，欧美诸国惟利是视，若有事时，欲如英法之救土耳其，岂可得哉？虽然，当今时势，既不能闭关自治，则交邻之道，固不能不讲求。日之交邻，虽云下策，差愈于无策耳。”时中日之衅未兆，论者叹其见之远。又著有奏疏一卷、诗古文词杂著八卷、京师坊巷志四卷、汉书管见四卷、德庆州志、东三省内外蒙古地图考证。

清史列传卷七十

文苑传一

魏禧　兄际瑞　弟礼　礼子世效　世俨　李腾蛟　邱维屏　曾灿
　　林时益　梁份

魏禧，字冰叔，江西宁都人。父兆凤，明诸生。甲申之变，兆凤号哭竟日，不食，匿迹山中，翦发为头陀，隐居金精之翠微峰。是冬筮离之乾，遂名其堂为易堂。年四十，卒。

禧儿时不乐嬉戏，嗜古论史，斩斩见识议。年十一，补县学生。甲申后，日哭临县庭，与兄际瑞、弟礼，及南昌彭士望、林时益，同邑李腾蛟、邱维屏，彭任、曾灿等九人，为易堂学，皆躬耕自食，切劘读书，而三魏之名遂遍海内。禧束身砥行，才学尤高，门前有池，颜其居曰勺庭，学者称勺庭先生。禧为人形干修颀，目光射人。少善病，参术不去口。性秉仁厚，宽以接物，不记人之过，与人以诚，虽受绐，怡如也。然多奇气，论事每纵横排奡，倒注不穷，事会盘错，指画灼有经纬。思患豫防，见几于蚤。悬策而后，验者十常八九。方流贼之炽也，承平久，人不知兵，且谓寇远猝难及，禧独忧之，移家山中。山距城四十里，四面削起百馀丈，中径坼，自山根至顶，若斧劈然。缘坼凿磴道，梯而登，因置闸为守望。士友稍稍依之。后数年，宁都被寇，翠微峰独完。

喜读史，尤好左氏传及苏洵文。其为文，凌厉雄健，〔一〕遇忠孝节烈事，则益感激，摹画淋漓。年四十，乃出游，涉江逾淮，于苏州交徐枋、金俊明；杭州交汪沨；乍浦交李天植；常熟交顾祖禹；常州交恽日初、杨瑀；方外交药地、槁木，皆遗民也。当是时，南丰谢文洊讲学程山，星子宋之盛讲学髻山，弟子著录者，皆数十百人，与易堂相应和。论者谓西江自欧阳、邹、魏宗阳明，讲性学；陈、艾依复社，工帖括，其声力气焰，皆足动一时。易堂独以古人实学为归，而风气之振，由禧为之领袖。僧无可尝至山中，叹曰："易堂真气，天下无两矣！"无可，明检讨方以智也。友人亡，其孤不能自存，禧抚教，安业之。凡戚友有难进之言，或处人骨肉间，禧批郤导窾，一言辄解其纷。或讶之，禧曰："吾每遇难言事，必积诚累时，待其精神与相贯注，夫然后言。"

康熙十八年，〔二〕诏举博学鸿儒，禧以疾辞。有司催就道，不得已，舁疾至南昌就医，巡抚舁验之，禧蒙被卧，称疾笃，乃放归。后二年，赴扬州，卒于仪征，年五十有七。妻谢氏绝食十三日，以身殉。著有文集二十二卷、〔三〕日录三卷、诗八卷、左传经世十卷。

际瑞，原名祥，字善伯，禧兄。学使侯峒曾见其文，亟赏之。国变后，禧、礼并谢诸生。际瑞叹曰："吾为长子，祖宗祠墓，父母尸饔，将谁责乎？"遂出就试。顺治十七年，岁贡生。宁都民乱，赣军进讨，索饷于山砦。际瑞身冒险阻，往来任其事，屡濒于死。际瑞重信义，人以为无宿诺之子路。翠微峰诸隐君子暨族戚，倚际瑞为安危者三十馀年。康熙十六年，滇将韩大任踞赣，当事议抚之，久未就。大任曰："非魏际瑞至，吾不信也。"时际瑞馆总镇哲尔肯所，遂遣之。家人泣劝毋往，际瑞曰："此乡邦宗族所关也。吾不行，恐祸及；行而无成，吾自当之。"遂往，甫入营，官兵遽从东路急攻，大任疑卖己，谓际瑞曰："先生将为贾林乎，抑郦食其也？"际瑞无以应，因拘留之八月。大任变计走降闽，拔营之日，际瑞遂遇害，年五十八。子世杰殉焉。际瑞笃治古文，喜漆园太史公书。著有文集十卷、五杂俎五卷。

礼，字和公，禧弟。少鲁钝，受业于禧，禧尝笞詈之，礼弗憾，曰："兄固爱弟也！"禧喜过望。方九岁，父将析产，持一田券，踌躇曰："与祥，则礼损矣！奈何？"礼适在旁，应声曰："任损我，毋损伯兄！"父笑曰："是固鲁钝者耶？"礼寡言，急然诺，喜任难事。恒郁郁不得志，〔四〕乃益事远游，足迹遍天下。所至必交其贤豪，物色穷岩遗佚之士。年五十，倦游，返于翠微左干之巅，构屋五楹。是时伯叔踵逝，石阁勺庭，久虚无人，诸子各散处，不复居易堂。礼独身率妻子居十七年，未他徙。卒，年六十六。著有诗文集十六卷。子世傚、世俨。

世傚，字昭士。生二十馀月，母口授九歌，辄能成诵。稍长，从仲父禧读，殚意著述。性狷急，勇于事。禧尝谓其文一如其人，锋锐所及，往往有没羽之力。以多病不应试。遍游燕、楚、吴、越，一至岭南，适王士祯使粤，见所作，愿折节与交。著有耕庑文稿十卷。

世俨，字敬士。善病如其兄，然不废翰墨。与从兄世杰及兄世傚，时称小三魏。著有为谷文稿八卷。

李腾蛟，字咸斋，亦宁都人。明诸生。〔五〕于易堂中年最长，诸子皆兄事之，严敬无敢斁。后居三巘峰，以经学教授。著周易賸言。年六十，卒。

邱维屏，字邦士，亦宁都人，三魏姊婿也。明诸生。督学侯峒曾奇赏之，再试皆第一。为人高简率穆，读书多玄悟。所为古文，为易堂诸人所推，禧尝从之学。晚为历数、易学及泰西算法，僧无可与布算，退语人曰："此神人也！"彭士望与维屏交三十馀年，未尝见其毁一人，然维屏独推服禧，尝贻禧书曰："拒谏饰非者大恶也，不拒谏而尝自拒谏，不饰非而尝自饰非，尤恶之恶也。足下敢于自信自处，有故而持之益坚，拒谏饰非，盖有如此者！"禧得之痛服。维屏教授弟子，手批口讲，日夜不辍业。康熙十八年，卒，年六十六。垂殁，示子曰："食有菜饭，穿可补衣，无谲戾行，堪句读师。"士望服其言。著有周易剿说十二卷、松下集十二卷、邦士文集十八卷。

曾灿，字青藜，亦宁都人。明给事中应遴仲子。岁乙酉，杨廷麟竭力保南赣，应遴以闽峤山泽间有众十万，命灿往抚之。既行，而应遴病卒，赣亦破，乃解散。寻祝发为僧，游闽、浙、两广间，大母陈及母温念灿成疾，〔六〕乃归宁都，以大母命受室，筑六松草堂，躬耕不出者数年。后侨居吴下二十馀年，客游燕市以卒。著有六松堂文集、西崦草堂诗集。

林时益，本明宗室，名议霶，字确斋，江西南昌人。彭士望同里，两人谋居，士望与魏禧一见定交，极言金精诸山可为岭北耕种处，乃携家偕士望往，侨居十馀年，与魏氏昆弟相讲习。康熙七年，诏明故宗室子孙，众多窜伏山林者，还田庐，复姓氏。时益久客宁都，弗乐归，卜居冠石，结庐佣田，非其力不食。冠石宜茶，时益以意制之，香味拟阳羡，所谓林茶者也。晚好禅悦。著有冠石诗集五卷、确斋文集。

梁份，字质人，江西南丰人。少从彭士望、魏禧游，讲经世之学，工古文辞。尝只身游万里，西尽武威、张掖，南极黔、滇，遍历燕、赵、秦、晋、齐、魏之墟，览山川形势，访古今成败得失、遐荒轶事，一发之于文，方苞、王源皆重之。其论山海关，谓关自明洪武间始设。隋置临渝于西，唐为榆关东北，古长城燕、秦所筑，距关远，皆不足轻重。金之伐辽，自取迁民始。李自成席卷神京，败石河而失之。天之废兴，人之成败，而决于山海一隅，荒榛千百世之上，而偏重于三百年间。天下定则山海安，山海困则天下举困，其安危之重如此。生平以未游山海为憾。为人朴挚强毅，守穷约至老不少挫。卒，年八十九。著有怀葛堂文集十五卷、西陲今略八卷。

【校勘记】

〔一〕凌厉雄健　“健”原误作“杰”。今据耆献类征卷四二五叶二〇下改。

〔二〕康熙十八年　“八”原误作“七”。今据耆献类征卷四二五叶二〇下改。本卷顾有孝传亦误，依此改。

〔三〕著有文集二十二卷　“文”上原衍一“古”字。今据耆献类征卷四二五叶二〇下删。

〔四〕恒郁郁不得志　“恒”原误作“以”。今据魏禧传稿附魏礼传稿（之三四）改。

〔五〕明诸生　原脱“明”字。今据魏禧传稿附李腾蛟传稿（之三四）补。

〔六〕大母陈及母温念灿成疾　原脱“陈”及“温”二字。今据魏禧传稿附曾灿传稿（之三四）补。

顾柔谦　子祖禹

顾柔谦，字刚中，江苏无锡人，迁常熟。幼时家难蜂起，资产皆尽。尝同兄出门游，有数人拥之行，行乃挤堕大泽中。〔一〕母忽心动，急呼老仆往迹之，得不死。补弟子员。甲申之变，柔谦哀愤，往往形诸诗歌，读者悲之。不妄交游，以父执师事马世奇，〔二〕而江阴黄毓祺、嘉定黄淳耀，皆一见定交。诸人殉国难，柔谦皆设位以哭，尽哀。柔谦子祖禹见柔谦常闭门默坐，或竟日不食。祖禹叩头宽譬，柔谦乃曰：“汝能终身穷饿，不思富贵乎？”祖禹跪应曰：“能。”柔谦曰：“汝能以身为人机上肉，不思报复乎？”祖禹复应曰：“能。”柔谦喜曰：“吾与汝偕隐耳。”遂更名隐，署其室曰伐檀。常夜蹴祖禹曰：“汝他日得志，如旧怨何？”祖禹曰：“每忆幼时，祖母抱儿置膝上，为言家难及堕大泽中事，祖禹不敢忘。”柔谦曰：“嘻，汝何见之隘？吾家数传以来，颇盈盛。以祖父之才而竟中折，天也！于彼何尤？且彼败我家者，曾有胜我乎？吾苟有力，犹当衣食而覆被之，慎无以前事为念。且同室之中，宁彼以非礼来，吾不可以非礼报。汝谨识之！”著有补韵略、六书考、定山居赘论。

祖禹，字复初。性沉敏，有大略，善著书。柔谦精于史学，尝谓明一统志于战守攻取之要，类皆不详，山川条列，又复割裂失伦，源流不备。祖禹承其志，撰历代州域形势九卷、南北直隶十三省一百十四卷，川渎异同六卷、天文分野一卷，共一百三十卷，名曰读史方舆纪要。凡职方、广舆诸书，承讹袭谬，皆为驳正。详于山川险易，及古今战守成败之迹，而景物名胜，皆在所略。创稿时年二十九，及成书，年五十矣。宁都魏禧见之，叹曰："此数千百年所绝无仅有之书也！其论最伟且笃者有二：一以为天下之形胜，视乎建都，故边与腹无定所，有此为要害，彼为散地，此为散地，彼为要害者；一以为有根本之地，有起事之地，立本者必审天下之势，而起事者不择地。盖深思远识，有在于言语文字之外。"其倾倒如此。世以其书与梅文鼎历算全书、李清南北史合钞，称三大奇书，然李书实非二者匹也。祖禹与禧为金石交，禧客死，祖禹经纪其丧。徐乾学奉敕修一统志，延致祖禹，将荐起之，力辞罢，后终于家。

【校勘记】

〔一〕行乃挤堕大泽中　原脱"堕"字。今据耆献类征卷四六八叶五四上补。按下文有"堕大泽中事"语可证。

〔二〕马世奇　"世"原误作"士"。今据耆献类征卷四六八叶五四下改。

周茂兰　杨无咎　金俊明　葛芝　纪映钟　冷士嵋　王大经　顾有孝

周茂兰，字子佩，江苏吴县人。明吏部主事顺昌子。年十九，补诸生。顺昌被逮，下狱死。崇祯初，茂兰刺十指血书疏，讼父冤。后以疏中有“鼎湖劝进”字非宜，因复刺舌血改书以进，卒得白。时死难之家，皆追封三代，茂兰力也。顺昌忠清绝世，无宦产，遗子女八人，茂兰转侧闾巷间，次第婚嫁，并为顺昌营赐茔，起特祠。奉母吴尤尽孝，以忧劳毁瘠成痼疾，后遇异僧授导引术，疾乃瘳。国变后，杜门不出，有诏纂修明史，大吏荐茂兰，辞弗就。晚岁喜静坐，及读先儒语录，尤邃于易，间及二氏书。与里中耆逸方外，挥麈清游，洒然自得。是时天童、三峰两家聚讼不解，青原、南岳又有派数多寡之争，茂兰以调人为之骑邮，不辞劳攘。汤斌抚吴，式庐就见，固请应宾筵，讲乡约，为国人矜式，茂兰力辞。彭定求尝谒之，茂兰勉以循礼尚耻，定求为悚然。康熙二十五年，卒，年八十二。卒前数日，谓子靖曰：“生平无不可对人言者，差可见先人于地下！”将属纩，复自语曰：“今日方闲。”良久乃殁。著有参同契衍义。

靖，字敉宁。诸生。博学，工书法。受业于陆陇其之门，讲求身心性命之理，能传其家学。著有篆隶考异八卷。

杨无咎，字震百，亦吴县人。父廷枢，明末殉难芦墟。无咎年十二，痛未从死。杜门隐居七十馀年，与徐枋、朱用纯相友善，三人者并以先人死忠，乃益用名节相砥砺，时称吴中三高士。无咎幼颖慧，覃思经学，多前人所未发。工书法，嗜鼓琴，自遭大故，绝不复鼓。生平著述甚富，然随手散佚。徐枋临殁时，招无咎至，命五岁孙出拜，曰：“此亡儿，文止遗腹子也。儿向辱先生教，不幸早卒。今余且死，念非先生无可托者，愿以此累先生。”其为枋信重如此。无咎卒，年八十九。著有谭经录、三易卦位图说、小宛集，又有示后、管窥诸录，论世、唐风诸选。

继妻张工诗词，十岁作采莲赋，为通人所称。与无咎穷居偕隐，日手经史教二子。著有花樵集十馀卷。

金俊明，原名衮，字孝章，亦吴县人。明诸生。少随父官宁夏，往来燕赵间，以任侠自喜。诸边帅争欲延至幕府，不就。既归里，折节读书，自经史子传，以至天文、水利诸书，靡不研究，著名复社中。尝赴乡试，以焦氏易筮得蛊之艮，愀然曰："天岂欲我高尚其志乎？"遂不赴试。国变后，弃诸生。杜门佣书自给，不复出。工诗古文，善书画，小楷师曹娥碑，草书师圣教序。四方士大夫以诗文及书来请者，相次不绝。晚益自名一家。三吴碑版多出俊明笔。喜画树石，尤工墨梅，时拟之郑思肖兰。尝写陶诗及画梅寄王士祯兄弟，士祯甚宝之，世称"三绝"。天性孝友，修行纯洁。平居缮录经籍秘本，及交游文稿，凡数百种。居丧，手书孝经数百本以示人。有学使慕其名，欲招致之，不可得，叹曰："清真绝俗，虽古之沉冥，不过也。"与汪琬交莫逆，琬尝谓其激昂奇伟之材，与傲兀不平之气，不得已寓诸书画间云。卒，年七十四。著有春草间房集、退量稿、阐幽录、康济谱。

葛芝，原名云芝，字瑞五，江苏昆山人。明诸生。少镞砺名行，于书无所不窥，工古文辞。九岁时，闻周顺昌罹珰祸，吴氓击杀缇骑，垂涕曰："更益我数岁，庸讵不能相从于难乎？"时娄东二张负天下望，芝为南张婿、西张高第弟子，名重一时。既遭国变，弃诸生，潜心求道，一以姚江为宗。焚香危坐，闭户谢客。渡浙江，入石浪山，访沈国模、史孝咸，讲性命之学。久之忽豁悟，因遍叩同学，复以所得质之孝咸，孝咸复书，谓"既瞥地证入，犹当造纯一不已之域。”芝入山瞑坐，逾十旬，时携妇张于林下，从容笑言，妇亦知玄学，夫妇之间自相师友，訚訚如也。其论学，谓“心本无欲，欲者非心”。又谓“利欲不能攻，得丧不能撼，生死不能易，举天下之物莫能役之，其学定也”。又谓“情出于性，而害性者必情，犹之火生于木，而害木者必火”。尝取谢康乐诗语，名其轩曰双寂，谓“张子房之借箸，房玄龄之善谋，谢安石之围棋赌墅，刘穆之之五官并用，孟珙之军中读易，皆得之寂”。论者谓其颇杂于禅。著卧龙山人集十四卷、容膝居杂录六卷。

纪映钟，字伯紫，江苏上元人。明诸生。崇祯时，张溥、杨廷枢、张采、周钟等举复社，四方云集响应。江南既人文荟萃，映钟尤喜结纳，众推映钟以江宁顾梦游为职志。梦游早殁，映钟独领袖群英。国变后，弃诸生，躬耕养母，自称钟山遗老。少与龚鼎孳友善，鼎孳既贵，招至京，下榻焉。寓京十稔，此外未尝轻投一刺。尤负诗名。泰州邓汉仪称其诗宗唐人，惟其读史十年，故下笔崭然独与人异。及卒，友人为文祭之，有“依隐玩世，壮语高姿，达官访以当世之务，名士题以风流之师”。时以为实录。所著有真冷堂集补、石仓集、檗堂诗钞。

冷士嵋，字又湄，江苏丹徒人。诸生。兄曦，福王时以参将守曲阿，死。士嵋遂绝意进取，以图书诗史自娱，终身不入城市。古诗宗汉魏，近体祖初盛，晚年刻意学杜，多激壮之音，为文章，数千言立就。博辨条达，自成一家。家本素封，多藏书，经乱后遂贫，以授徒自给。结江泠阁，著书其中。与同志张自烈、魏禧、魏礼、宗元豫、盛远、文点相赠答。尝北渡淮，南泛洞庭，过大庾岭，入会稽，穷览名胜，所至辄纪以诗，尽罄其赀而归。大学士张玉书过访之，不报谒；及还朝招之，不往。或劝之仕，士嵋曰："吾仕无害于义，然不欲负初心也。"生平笃友谊，文点尝以先世手泽湮灭为憾，士嵋慨然以所存温州待诏、三桥、湖州三世墨迹赠之，皆世所罕觏。晚岁家益贫，无子，寄居焦山僧舍。四方求诗文者甚众。卒，年八十馀。著有江泠阁诗集十四卷、文集四卷、续集二卷。

王大经，字伦表，江苏东台人。家贫，年二十，始肆力于学。通六经子史百家言，为古文有奇气。当明末时，以布衣谈天下事，多奇中。国变后，授徒养亲，不复出。康熙间，御史魏双凤见其文，曰："当世轶才也。"荐之朝，不起。会诏举博学鸿儒，太仆卿郝浴将荐之，力辞乃已。其学以濂洛为宗，所为文议论独出己见，不蹈袭前人。尝作许由巢父论，谓："尧、舜、巢、许皆治乱之圣人，有尧舜而养人之欲，给人之求，使天下安然各得其所欲，各遂其所求，而天下之乱以治。有许由、巢父而一无所欲，一无所求，使天下之贪者廉、躁者静、竞者让，澹焉各怀一无欲无求之意，以去泰去甚，而天下之乱又以治。学尧舜者，必先自学巢许始。"晚筑室淘水之东，颜曰独善，学者多归之。著有周易释笺、毛诗备考、三礼折衷、四书逢源录、史论、字书正讹、医学集要、柳城塾课等书，又辑有泰州中十场志十卷、重修靖江县志十八卷，多佚不传，惟存独善堂文集八卷。卒，年七十二。

顾有孝，字茂伦，江苏吴江人。诸生。康熙十八年，举博学鸿儒，不就。居钓雪滩，以选诗为事。唐律及国朝近体诗，皆有选本。诗隽永，不苟作。家贫好客，宾至辄留，有"齑菜孟尝君"之目。每脱粟对饭，欣然一饱而去。生平胸无柴棘，负海内重望，不欲自显于时。所交率高尚士，与徐介白、俞无殊、周安节称莫逆。有孝长身玉立,意气自豪,樗蒱博簺,穷日夜不休。四方过松陵者,必停桡相问讯,以是名满大江南北。少受业陈子龙之门,其没也,梦子龙招之,自为遗令,嘱门生勿拟私谥,亲友勿作祭文,以头陀殓。辑有唐诗英华,所自著有雪滩钓叟集。

冒襄 子丹书 归庄

冒襄,字辟疆,江苏如皋人。明副贡生。少游董其昌门,其昌序其十四岁时诗,方之王勃。性至孝,时流寇纵横,父起宗以吏部郎出历官副使,犯权贵忌,抑陷襄阳监军,置必死地。襄走京师,泣血上书,乃得调宝庆,于是孝子之名闻天下。所与游皆当时雄俊,与桐城方以智、宜兴陈贞慧、归德侯朝宗矜名节,持正论,品核执政,裁量公卿,时称四公子。襄负盛气,高才飙涌,尤能倾动人。尝置酒桃叶渡,会东林六君子诸孤,酒酣,辄狂以悲,诃詈奄党。因与诸孤结社金陵相抗,马、阮当国,憾之。党狱兴,捕得贞慧,几死,襄仅免。国变后,遂无意用世。性喜客,家故有水绘园,擅池沼亭馆之胜,四方名士招致无虚日。尝恣游大江南北,穷览山水,每于歌楼酒壁,纵谈前代名卿党逆、门户排击、是非邪正之事,以及南都才人学士,名倡狎客、文酒游宴之欢,风流文采,映照一时。当事屡荐于朝,皆不就。贞慧子维崧少而才,邀至家,饮食教诲之,以成其名。好周三党之急,尝鬻产两救凶荒,全活无算,家遂中落。晚年却扫家居,构匿峰庐以图书自娱。年八十,犹作擘窠大书,体势益媚,人争宝之。康熙三十二年,卒。著有水绘园诗文集、朴巢诗文集,又编其师友投赠诗文为同人集十二卷。子丹书。

丹书，字青若。贡生，官同知。能读父书。祖起宗殁时，呼至榻前，手勒十字示之曰："尔父天生孝子，不可不学。"丹书谨受教。庚申秋，贼挟利刃突入襄家，丹书以身护父身，受四创，襄得脱，人称至孝。著有枕烟堂、西堂等集。

归庄，字元恭，江苏昆山人。明诸生。太仆寺丞有光曾孙。负才使气，善骂人。少入复社，于书无所不窥。古文得有光家法。工诗，善行草。与顾炎武相友善，尝题其斋柱云："入其室，空空如也；问其人，嚣嚣然曰。"时皆笑之，有"归奇顾怪"之目。福王时，仲兄昭，字尔德，参史可法幕，死扬州。叔兄继登，亦为长兴乱民所害。昆山破，嫂陆氏、张氏俱死焉。庄父亦寻卒。乱定，奉母隐居，寻兄骨归葬，遂不出。尝作万古愁曲子，瑰瓌恣肆，于古之圣贤君相无不诋诃，而独痛哭于桑海之际，为世所传诵，拟之离骚天问。魏禧至吴门，庄访之，出所为文相攻谪。禧初以为狂，至是始心折焉。崇祯中，尝请于学使，改名祚明。自是之后，或称"归妹"，或称"归乎来"。表字或称元功，或称园公、悬弓。没后，其婿金侃辑其遗诗及文，名字一从其旧。炎武有赠庄诗云："如君节行真古人，一门内外惟孤身。出营甘旨入奉母，崎岖州里良苦辛。"庄死，哭以诗云："弱岁始同游，文章相砥砺。中年共墨衰，出入三江汭。悲深宗国墟，勇画澄清计。不获骋良图，斯人竟云逝。"其见重如此。著有恒轩集、山居诗。

陆圻　弟堦　从子繁弨

陆圻，字丽京，浙江钱塘人。少与弟培并有盛名。父运昌知江西吉水县，尝曰："圻温良培刚毅，他日当各有所立。"事亲孝，尝刲股疗母病，久而知医。居丧执礼，人拟之高子皋。与陈子龙等为登楼社，世号西泠十子体。十子者，圻与同里丁澎、柴绍炳、毛先舒、孙治、张丹、吴百朋、沈谦、虞黄昊、陈廷会也。少明敏，善思误书。尝闻韩非子至"一从而咸危"，曰："是'一徙而成邑'也。"其诗文采组六朝，医方口令，触口悉成俪语。性喜成就人，门生后辈下至仆隶，苟具一善，称之不容口。或问"卿自比毛先舒、吴任臣如何"，曰："志伊学海，稚黄雅宗，故当不及。"遭乱匿海滨，寻至越，入闽为浮屠，母趣之归。常卖药长安市上，适湖州庄廷鑨私撰明史，以圻名高，列之卷首，与查继佐、范骧皆被株连。事白，叹曰："今幸得不死，奈何不以馀生学道邪？"先遁之黄山，子寅徒步入山，号泣请归，曰："昔者所以归，以汝大母在。〔一〕今大母亡矣，何所归？"以祭墓请，诺之。既归，弟堦患心痛，留治之八月馀，与弟同室卧，终不入内。既愈，遂游岭南。会金堡遁迹浮屠，南雄知府陆世楷为营丹崖精舍居之，緪铁锁上下，圻因依焉。忽易道士服遁去，遂不知所终。或云隐武当山为道士，莫得其详也。

子寅，既举进士，释褐后，往来万里，寻数年不得，竟以死，时称其孝。圻著有从同集、威凤堂集、西陵新语诗礼二编、灵兰堂墨守。

堦，字梯霞。少与兄圻、培为复社之冠，称"陆氏三龙门"。与陈子龙相友善，以经济文章自任。国变后，培避兵横山，自经死。堦奉母隐于河渚，以佃渔为食。圻每月一归省，归则牵一舟奉母居其中，饮食欢笑以为乐。圻以史事被逮，堦走京师力为营救，旋得释。归授徒，从游者如市。同郡贫士伪堦名投闽中，闽士争辟馆舍委贽焉。继知其故，堦笑曰："彼亦名士，以贫故借仆名，且安见仆非伪也？"浙抚张鹏翮闻堦名，构书院于万松山，集十一郡学士读书其中，延为师，每会，赴者千人。因辑所讲四书录为大全六十卷。年八十三，卒。又著有白凤楼集十四卷。

繁詔，字拒石，堦子。穷居著书，以孝义为乡里表率。工骈体文，年十五作春郊赋，辞藻流美，笔不停挥。伯父圻以为王筠芍药逊其敏，正平鹦鹉让其工。时陈维崧、吴绮皆下世，繁詔自许俪语为海内无双。弟子章藻功等得其讲画，多足名家。诗豪华精整，著有善卷堂诗文集十二卷、拒石子二十卷、小赋、杂著、诗续各二卷。康熙三十九年，卒。

【校勘记】

〔一〕以汝大母在　原脱"以"字。今据耆献类征卷四七五叶五二下补。

柴绍炳　毛先舒　丁澎　沈谦　孙治　吴百朋　陈廷会　虞黄昊　张丹

柴绍炳，字虎臣，浙江仁和人。生而端重，甫入塾，闻正心诚意之旨，欣然若有会。及长，与同里汪沨、应撝谦相切劘，自天文、舆地、乐律、典礼、农田、水利、兵制、赋役，无不涉其崖略。明亡，弃诸生，隐居南屏山，以实学开群蒙。著考古类编十二卷，尤究心音韵，著古韵通八卷。同时毛先舒擅长音学，绍炳辄掎摭其疵病，先舒无以难也。性抗直，不能容人过，与人辨疑必归于正，虽十往反不惮。时有创异说论学于广坐者，绍炳之友陈廷会面斥其非，其人愕而反走，问门者曰："彼岂柴先生耶？"其为人敬惮如此。教子弟悉本躬行，自言有得于曾子省身之学，题其居为省轩。痛父卒于官，不及含饭。丧将终，犹哭泣，友人规之曰："礼有卒哭，谓何？"答曰："谓不设行哭礼耳。哀至泪随，岂能忍耶？"既葬，犹时过墓林欷歔，见者哀之。与兄同居，终身不析箸。工诗文，西泠十子中，绍炳名最著。尝与先舒为十子诗选，斟酌论次，力追渊雅。康熙八年，诏举山林隐逸之士，巡抚范承谟将荐之，力辞不就。逾年卒，年五十五。他著有省过记年录、家诫、明理论各二卷，省轩文钞十卷、诗钞二十卷，白石轩杂稿八卷。

毛先舒，字稚黄，亦仁和人。初以父命为诸生，改名骙。父殁，弃诸生，不求闻达。少奇慧，八岁能诗，十岁能属文。十八岁著白榆堂诗，陈子龙见而奇赏之，因师子龙。复著有歊景楼诗，子龙为之序。又从刘宗周讲学，文不一格而必本经术，常曰："文须具根柢，根柢无他，诚厚虚静而已矣。诚通天心，厚养元气，虚则受益，静乃生慧。文章本根，端在乎是。"与毛奇龄、毛际可齐名，时人为之语曰："浙中三毛，文中三豪。"诗音调浏亮，有七子馀风。以古学振起西泠，天下士翕然称之。柴绍炳尝谓其诗如伶伦调管，气至音成，比竹之能而欲近天籁。人以为中的。好谈韵学，著韵学指归，以为字有声、有音、有韵，而韵为尤要，顾韵有六说：一穿鼻，二转辅，三敛唇，四抵腭，五直喉，六闭口。又撰唐韵四声表、词韵、南曲韵，大指与柴氏韵通、顾氏韵正相表里。其讲学以宋儒为归，取宋儒习语有裨实行者录之，题曰针心类钞。惟论格物，则专言去欲，谓欲去则理存，所谓闲邪而存诚，克己而复礼也。康熙二十七年，卒，年六十九。著有东苑文钞二卷、东苑诗钞一卷、思古堂集四卷、匡林二卷、潠书八卷、小匡文钞四卷、蕊云集一卷、晚唱一卷、格物问答三卷、螺峰说录一卷、圣学真语二卷、诗辨坻四卷，南唐拾遗记、〔一〕声韵丛说、韵白、鸾情集选、填词名解。

丁澎，字飞涛，亦仁和人。顺治十二年进士，官刑部主事，调礼部。十四年，充河南乡试副考官，荐升郎中。以事谪塞上，居五年乃归。澎少有隽才，未达时即名播江左。与仲弟景鸿、季弟潆皆以诗名，时称三丁。有白燕楼诗流传吴下，〔二〕士女多采摭以书衫袖。初官刑部，无事日作诗，与宋琬、施闰章辈称燕台七子。既，调礼部，兼司主客。贡使至，译问主客为谁，廉知为澎，持紫貂、银鼠、美玉、象犀，从吏人易其诗归国，京师搢绅荣之。澎天性愉爽，不耐披剔，染翰伸纸，宛尔妍好。其诗盖以自然胜也。及谪，渡辽海，崎岖三千里，至靖安，卜筑东冈，躬自饭牛，与牧竖同卧起。一日，爨无烟，取芦粟、小米和雪啮之。日晡，忽闻扣门声，童子喜从隙窥之，虎方以尾击户，澎吟诵自若。所作诗，语多忠爱，无怨诽意。著有扶荔堂集、信美堂诗选。

沈谦，字去矜，亦仁和人。少颖慧，六岁能辨四声。长益笃学，尤好诗古文，隐于临平东乡。尝谓其友张丹曰："居山食贫，亦能不改其乐。所憾无黔娄之妇、颖士之奴，声名藉藉，户外车辙恒满耳。"性孝友。父殁，毁瘠呕血，东乡盗起，焚其堂。堂故属兄，既烬，割己宅居之。兄欲徙，谦念兄贫苦，僦屋居，留以让兄。人以此益重之。与柴绍炳、毛先舒皆长于韵学。绍炳作古韵通，先舒作南曲正韵，谦作东江词韵，皆为时所称。诗初喜温李，后乃由盛唐以窥汉魏。尤工于词，海盐彭孙遹见谦及董士骥词，俱极推许。著有东江草堂集。

孙治，字宇台，亦仁和人。诸生。与陆圻、陈廷会齐名友善，人见之者以为神理都肖。宛平梁以樟至武林，一见倾契，谓人曰："若孙子者，所谓云中白鹤，邴根矩、刘士光之俦也。"精京氏易及潜虚，尝与圻各占晴雨，皆验，人咸异之。以著述称于时，四方求文，户外屦满。其文刻意摹古，虽质不佻。笃于友谊，吴百朋宰南和，客死。治往经纪其丧。著有鉴庵集。

吴百朋，字锦雯，浙江钱塘人。少奇敏，读书五六行并下，操笔为文，数千言立就，未尝起草。博物洽闻，与徐世臣辈创为瑰丽奇伟之文，天下诵之。陆圻目之曰："天下经纶徐世臣，天下青云吴锦雯。"尝游寓兰陵，酒徒剑客及弄阮咸、拨箜篌者盈座上，日解缊袍贳酒。酒酣，对客挥毫，诗才斐娓，兼有气势。崇祯十五年举于乡，入国朝，久乃谒选，两为苏州推官，改令南和，有异政。病殁于官，百姓建祠祀之，儿童亦叠瓦砾为小屋，祠吴公云。所著有朴庵集。

陈廷会，字际叔，亦钱塘人。以家贫教授河间。性至孝，居父丧，断酒肉，儽然骨立，旦夕哀号，闻者为之酸感。营葬发穴，得旧棺，急掩之曰："冥漠君不安，即亲灵未妥也。"文笔雅健，陆圻以为典册类相如。尤笃于友谊，圻弟培殉难，嘱以妻子，廷会为教其子繁弨成立。

虞黄昊，字景明，亦钱塘人。康熙五年举人。官临安教谕。十岁善属文，尝薄柳州乞巧更作辞巧，文人知其远到。五言古体，尤号独步，比于毛先舒。

张丹，初名纲孙，字祖望，亦钱塘人。与毛先舒、陆圻等所称西泠十子者也。丹性淡泊，喜游览深溪邃谷，不避险阻。为诗悲凉沉远，七律义兼比兴，擅杜甫之长。朱彝尊尤赏其五言古体，波澜老成，盖诸子中之杰特者。所著有秦亭诗集十二卷。

【校勘记】

〔一〕南唐拾遗记　“记”原误作“书”。今据中国丛书综录册二页三六〇右改。

〔二〕有白燕楼诗流传吴下　原脱“楼”字。今据耆献类征卷一四〇叶三二上补。

王晫　沈用济

王晫，初名棐，字丹麓，浙江仁和人。诸生。性好博览，聚所藏经史子集数万卷，于霞举堂纵观之，每读一书，必首尾贯穿，始放去。其所论著，终始条贯，斐然成一家言。生平好宾客，客至典衣命酒。士大夫至武林者，多与纳交。当时名士宴集，未尝不在。然束身自下，悃愊如山中人。性至孝，事父严谨，无事必侍左右。父命与幼弟析产，欲更授一屋，以厚适长，固却曰：“已违古人取少之义，敢益多取以重戾耶？”〔一〕父卒，丧葬尽礼，走千里遍告当世能文者，乞为志传成帙，曰幽光集。晚辟墙东草堂，吟啸其中。堂内设量书尺，每岁积四方投赠诗文于除夕量之，准以六尺上下。家既落，犹喜刻书。尝刻有檀几丛书五十卷。所自著有遂生集十二卷、今世说八卷、霞举堂集三十五卷、杂著十种十卷、墙东草堂词。其今世说，一仿刘义庆书而成，惟载入己事，颇乖体例云。

沈用济，字方舟，浙江钱塘人。国子生。母柴氏，名静仪，工诗善琴,著有凝香室诗钞。用济少承母教,家居色养,以琴咏相娱。及长,出游,至山东登岱岳,又之楚、之闽、之粤,足迹半天下。莅广南,与屈大均、梁佩兰定交,所诣益进。及之关塞,留右北平,一变燕赵声。至京师,安和亲王蕴端重之,名大噪,一时名流几莫与抗。然以诗质同人,或讥弹之,即改定不自惬也。幼与弟溯泗,合刻其诗,名荆花集。毛先舒、陆繁弨深赏之。溯泗气逸体裕,进止合度。用济则持格极严,而饶有思致,晚益遒上。妇朱氏,名柔则,亦能诗画,尝作画卷,系以诗寄用济,用济即日归,一时传为美谈。用济尝与成都费锡璜著汉诗说十卷。所自著有方舟集。贫老无子,依参议张廷枚终身。殁后,遗稿,廷枚为收弃之。

【校勘记】

〔一〕敢益多取以重戾耶　原脱"取"字。今据耆献类征卷四七五叶六上补。

欧阳斌元　陈宏绪　徐世溥　贺贻孙　章恺　陈允衡

欧阳斌元,字宪万,江西新建人。明诸生。幼奇慧,读书十行俱下,终身不忘。学使蔡懋德、侯峒曾俱以国士目之。同邑姜曰广、杨廷麟尤相推重,廷麟尝曰:"斌元奇才博学,王景略之流亚也。"生平师多于友,学一艺即下拜称弟子。好物色异人,虽道旁乞人语,有得即叩首同寝食,留旬月不舍去。尝道遇道士许云房,云房仰天叹曰:"河鼓星曲缩失度,朔方当失大将,天下自此乱矣!"斌元异之,从受易数。又尝师事西洋人学铳,及天文、日月食、测量诸法。后与乐平王纲、南昌彭士望为兄弟交，讲求经济，以学业相砥镞。作十交赞谓："今日交道将绝，我辈交友各以类从。我无浚求，彼得恰受，不苟不滥，不亦善乎？"福王时，从吕大器至南京，每会以斌元习知典故，多令起草授事。旋为大器草疏劾马士英二十四大罪，士英衔之。斌元惧祸，就史可法幕，可法甚奇之。尝为画守白洋河策，可法大叹服。在军中与同卧起，疏荐推官，士英摈弗用，遂归。国变后，隐居不出，以幽忧卒，年四十四。斌元为文，能独开风气，与陈宏绪、徐世溥皆不惑于公安、竟陵之说。著有文集十二卷。

陈宏绪，字士业，亦新建人。明兵部尚书道亨子，以任子荐，授直隶晋州知州。时真定属邑多被兵，阁臣刘宇亮出督师，欲移师入晋州，宏绪拒不纳，遂被劾，缇骑逮问，士民哭阙下，颂其保城功，得释。谪浙江湖州经历，署长兴、孝丰二县事，有惠政。尝献剿抚流寇策，谓："变起于夷狄者，患其骤至而不患其持久。变起于内地者，患其蔓延而不患其猝发。自古御寇，要不外剿、抚两途，而剿有剿之方略，抚有抚之机权，未有仅持空名而遂能妄冀其实效者。欲定剿贼方略，则必先变主客之情形，然后逞志于一击；觇其骁悍所在，以全力扼之，则馀匪胆落，可以徐议招抚矣。而招抚之机权，则又有前人已验之实事，各因其意向而招徕之，行之以渐，守之以诚，贼不足平也。"寻免归。入本朝，屡荐不起，移居章江，辑宋遗民录以见志。工古文，与徐世溥齐名。为文不务诡奇，不假修饰。所作酉阳藏书、钞本书二记，王士祯见之，叹曰："名下固无虚士也。"著有士业全集十六卷、寒夜录四卷、周易备考四卷、诗经解义八卷、尚书广义若干卷。

徐世溥，字巨源，亦新建人。明诸生。父良彦，官宣大巡抚，以忤魏阉削籍，戍清浪。崇祯初，起大理卿，迁工部侍郎。

世溥博学能文，艾南英闻其名，与约为兄弟。钱谦益、姚希孟、万时华辈皆以杓斗推之。南赣巡抚潘曾纮得祥符王执俭所修宋史，特嘱世溥重加更定。国变后，山居晦迹，绝意进取。陈名夏柄政，欲修征辟故事，作手书遣司理持礼币往山中致之，世溥坚拒不受。司理去后，盗夜入其室索币，以火炙之，遂死。世溥才雄气盛，屡试不第，以著述自娱。著有易系若干卷、夏小正解一卷、韵蕞一卷、榆溪诗钞二卷、逸诗二卷。其榆墩集文九卷、诗二卷、熊人霖选十之一，为刊行。

贺贻孙，字子翼，江西永新人。九岁能文，称神童。时江右社事方盛，贻孙与陈宏绪、徐世溥等结社豫章。国变后，高蹈不出，顺治七年，学使慕其名，特列贡榜，不就。御史笪重光按部至郡，欲具疏以博学鸿儒荐。书至，贻孙愀然曰："吾逃世而不能逃名，名之累人实甚。吾将变姓名而逃焉。"乃翦发衣缁，结茅深山，无复能踪迹之者。初工诗，继撰史论，识者拟之苏轼。后又著激书，激书者备名物以寄兴，纪逸事以垂劝，援古鉴今，错综比类，言之不足，故长言之；长言之不足，故危悚惕厉，沉痛恻怛，必畅其所欲言而后已。虽自写其忧患沉郁之怀，抑将以律己者律人，激浊扬清，为世运人心劝。始自贵因，终于空明。凡四十一篇。晚年家益落，布衣蔬食，无愠色，惟日以著作自娱。所著又有易触、诗触、诗筏、掌录、水田居诗文集。

章慥，字仲实，江西南城人。明诸生。隐居华子冈，灌园养母。与谢文洊论学，有针芥之投，文洊每心折焉。好读史，衡论精审，发前人所未发。魏禧称其发微阐幽，有功后学。著有二十一史童观集、阅史偶谈。

陈允衡，字伯玑，江西南昌人。父本，官御史，直声动天下，风采凝峻，有山斗之目。家东湖，避乱寓芜江，杜门穷巷，以诗歌自娱。与王士禛、施闰章交最笃，尝在广陵论士禛诗，譬之昔人云："偶然欲书此语。"士禛以为得诗文三昧。

五言清深冲淡，似韦苏州、倪元镇。体清羸，双瞳碧色，食贫，不轻以言干人。有引其家伯玉者，答曰："吾爱吾琴耳。"因署其堂曰爱琴，并以名其诗。结屋南州之苏公亭畔，啸歌自适。好表章故人，遗书所选娄坚徐世溥古文，人竞传之。尝因平湖陆叔度著古人几部，始管夷吾终史天泽，虽成大功、定大业者咸在，而亦有功成身死、名立毁至者，定是不变，无以语权，乃更定之，录古之明哲保身者八十一人，仍颜为古人几部，共六卷。选魏裔介以下五十馀家诗为国雅，又有诗撰、诗慰等书。所自著有澄怀阁，爱琴馆诸集。

毛乾乾　李子金

毛乾乾，字用九，初名愓，江西南康人。明诸生。甲申后，绝意进取，筑室匡庐山，讲学其中。山中老稚妇女，皆称毛先生，而天性纯笃，言动不苟，有志于圣贤身体力行之学。及长，毅然以明道为己任，尽焚诸制艺，以格物穷理为主。间有与程朱小不合者，人辄疑之，乾乾曰："理之是非得失，虽程朱不嫌质辨，非敢有所訾议也。岂若阳儒阴释者自立门户，故相矛盾乎？"尤精推数，通中西之学。谢廷逸访之，以所著推步全仪为贽，乾乾惊曰："古人无此仪器也!”与之论方圆分体、方圆合义、方圆衍数,不谋而合,遂以女妻之。后与廷逸偕隐宜兴。宣城梅文鼎造门求见,乾乾与论周径之理,方圆相容相变诸率,先后天八卦位次不合者,文鼎师之。乾乾亦谓人曰:“文鼎、廷逸老人畏友也。”家贫,尝卖卜中州、金陵、姑苏。所为文,体格奇古,学使至不能句读。晚年著论孟述,未成遂病,康熙四十八年,卒。著有乐述、易述、书述、〔一〕大学中庸述、测天偶述、推算偶述、诗经音韵、延陵书院会语语录、诗文集。乐述凡三卷,六易稿乃成。

谢廷逸,字野臣,江苏宜兴人,寄居江都。精历算之学,著述甚富,多前人所未发。书不传,是以知其名者寡云。

李子金,原名之铉,以字行,河南鹿邑人。少聪颖,九岁,文理灿然。明末李自成寇河南,学使改试士于辉县,或征召名俊七八十人,结大社苏门山。社时,观者如堵,主社请进,众弗敢前,子金以一寒畯少年,独历阶上。已而文出,沉雄华畅,一日之间,声动两河。学使拔置柘城诸生。甲申后,弃去。以著述自娱。生平负壮志、慕崔浩、李泌之为人,论古今成败如指掌。其为学,研经钻史,要以适于用者为极。凡奇僻奥邃,人所不能通者,必冥心孤诣,务求其所以然之故。尤精算数,尝游京师,与客聚饮,客问郑家楼高几许,子金以小尺就地上纵横量之,使一人缒上,垂繘于地,不差铢黍。又尝渡河,睨视水面,即知水深浅。与王锡阐、梅文鼎、游艺、揭暄辈,以算术相高。其所研究经籍之外,丝竹博弈,无所不好,亦无所不工。友人田兰芳尝讥其玩物丧志,子金不以介意也。性和易,不拘形检,自贩夫孺子及富贵家素不相识者,有邀之至亦不辞,然鄙猥之谈,未尝出诸口;闻有言人过者即色变，拂衣竟去。年八十，欲收拾秦汉以来仪文度数，以续三礼，未成而卒。著有律吕心法三卷、书学慎馀二卷、〔二〕算法通义五卷、天弧象限表二卷、几何易简集四卷、秝范三卷、闲居五操一卷、传声谱一卷、解环谱一卷、周易后天图说一卷、狂夫之言三卷、蛩吟录一卷，凡十二种，总名曰隐山鄙事，其刊行者仅六种。

【校勘记】

〔一〕书述　原脱此二字。今据耆献类征卷四一五叶四五上补。

〔二〕书学慎馀二卷　原脱"学"字。今据耆献类征卷四一五叶三下补。

李世熊　薛镕

李世熊，字元仲，福建宁化人。明诸生。少豪宕不羁，于书无所不窥，而独好屈原、韩非、韩愈之书。每纵论古今兴亡、儒生出处，及江南利害、备兵、屯田、水利诸大要，慷慨自负。其为文奇伟凄丽，长于推测情变，冯之图谓其得秦文气多、汉文气少，世熊叹为知言。尝单车走泉州，出安海潜视郑芝龙。唐王时，黄道周、何楷、曹学佺以尚志博学荐，征拜翰林博士，不赴。大兵入闽，序应岁贡，辞。自是杜门不出，有齮龁于郡帅者，亲知逼入郡，世熊复书曰："天下无官者十九，岂尽高士？来书谓不出山，虑有不测。夫死生有命，岂遂悬于要津？且仆年四十八矣，去诸葛瘁躬之日，仅少六年；视文山尽节之辰，已多一载。〔一〕何能抑情违性，重取羞辱哉？"时蜚语汹汹，世熊讫不为动，疑谤亦释。

住泉上里四十馀年，〔二〕足迹不入州府。居恒常戚戚，其母谓之曰："汝官耶？"对曰："然。儿弱冠食饩，岁縻朝廷十馀金而无所于用，能无愧乎？"因号曰愧庵。辛卯、壬辰间，建昌溃，贼黄希孕过其里，有卒摘世熊园中二橘，希孕立鞭之。驻马园侧，视卒尽过，乃行。粤寇至燔民屋，火及世熊园，其魁刘大胜遣卒扑救，曰："奈何坏李公居室。"故诸乡落多残破，而其乡独完。有司以世熊故，亦恒薄其乡人徭赋。魏礼尝谓儿曹曰："李先生真万历时人，非二百馀年承平积厚之气不产是也。"尝诣江西，泛彭蠡，登匡庐，放浪山水，与谢文洊、甘京、彭士望、魏禧、魏礼游，甚相契。耿精忠反，遣使者敦聘，世熊严拒之，卒得免。世熊以文章气节著一时，乡人宗之，有为不善者，曰："毋使李先生知也。"康熙二十五年，卒，年八十五。著有寒支集八卷、钱神志二十卷、史感、物感各一卷，本行录三卷、经正录三卷、宁化县志七卷。

薛铭，字子燮，福建福清人。明侯官诸生。崇祯末，屡却征辟。入国朝，抱道守节，喜综述忠孝节义旧闻。其为文，清幽遒劲，长于叙事。尝作道德经跋，谓道德经为大易后一书，其道博大难名，取之无尽，百家众技，所为源流。又谓其书为百家用者十二三，为吾用者十八九。又谓儒者之书为中人设法，故云为多而神化少；老氏之书为贤智者加鞭，故云为少而神化多。其推尊甚至。又尝取楚骚、越绝书合订之，谓："大泌山人称吴、楚、越皆大国，采风不及，故有骚以补楚之缺，有越绝以补吴越之缺。余谓离骚古诗之始变也，越绝杂说耳。谓骚以补风则可，谓越绝以补风则不可。虽然，以屈平之才之忠，作越绝书者之隐其姓名，有待来世，其志皆可哀，庶几类我而恍遇之乎！"其所寄托如此。著有南窗草存六卷、南窗草又存十卷、存存草十卷、草腴二卷、筠阳诗集二卷、篨书十卷、礼经微解十卷、先儒语录钞十卷。

【校勘记】

〔一〕且仆年四十八矣去诸葛瘁躬之日仅少六年视文山尽节之辰已多一载　“仆”原误作“余”，“载”误作“岁”，又脱“去”及“视”二字。今据耆献类征卷四七五叶二二下改补。

〔二〕住泉上里四十馀年　原脱“里”字。今据耆献类征卷四七五叶一八上、二二上、二三下补。

林古度　余怀

林古度，字茂之，福建福清人。寓居江宁。工诗，少赋挝鼓行，为东海屠隆所知。与曹学佺相友善，所为诗，清绮婉縟，亦复相似。后楚人钟惺、谭元春游金陵，古度悦之，诗格一变。旧家华林园侧，有亭榭池馆之美。明亡，胥化为车库马厩，别卜居真珠桥南，陋巷窟门，贫甚。暑无蚊帱，冬夜眠败絮中，或遗之帷帐，则举以易米。施闰章怜之，谓古度曰："暑无痌病，于寒无毡，君能守之，当为计。"古度笑谓愿守之以虎，客皆绝倒。乃制纻帐，书绝句其上，嘱同志各题一诗以寄之，虑其不能守也。儿时一万历钱，终身佩之。尝寓法水寺，诗人袁孟逸死，厝寄寺旁，古度吊之，取折扇画停棺败室状，题诗其上，以授僧，卒为募葬。晚年与王士祯唱和于红桥、平山堂间，诸名流咸集。古度携其诗稿嘱士祯曰："千秋之事，一以付子！"士祯选其辛亥以前诗不入楚音者二卷，为茂之诗选。又著有赋一卷。年八十七，卒。

余怀，字澹心，福建莆田人。侨居江宁，才情艳逸，工诗。生明季乱离之际，词多凄丽。尝赋金陵怀古诗，王士祯以为不减刘禹锡，与杜濬、白梦鼐齐名，时号“余杜白”。金陵市语转为“鱼肚白”。词藻艳轻俊，为吴伟业、龚鼎孳所赏。晚隐居吴门，徜徉支硎、灵岩间，征歌选曲，有如少年，年八十馀矣。尝撰板桥杂记三卷，记狭邪事，哀感顽艳，亦唐人北里志之类。又有砚癖，蓄砚最多，既老，分与内外诸孙，著砚林一卷。后竟以客死。著有味外轩文稿、研山堂集、秋雪词一卷，宫闺小名后录一卷。

杜濬　弟岕

杜濬，字于皇，湖广黄冈人。明副贡生。少倜傥，尝欲赫然著奇节，既不得有所试，遂刻意为诗，于并世人，独重宣城沈寿民、吴中徐枋。避地金陵，寓居鸡鸣山之右，茅屋数间，梁欹栋朽，求诗者踵至，濬多谢绝。功令有排门之役，有司注籍优免。濬曰：“是吾所服也。”躬杂厮舆，夜巡绰，众莫能止。性廉介，不轻受人之惠。晚年穷饥自甘，王猷定尝问穷愁何似，答曰：“往日之穷以不举火为奇，近日之穷以举火为奇。”猷定笑曰：“所言抑何俊也！”濬尝曰：“吾有绝粮，无绝茶。”尝举所用茶之败叶，聚而封之，谓之“茶丘”。已而贫益甚，往来维扬间，遂卒，年七十七。贫无以葬，陈鹏年知江宁府，始葬诸蒋山北梅花邨。著有变雅堂集。弟岕。

岕，明诸生，亦工诗。与濬同避乱金陵。方壮，丧偶，遂不复娶。所居木榻敝帷，数十年未尝易。每日中不得食，儿女啼号，而意色间无几微不自适。后濬七年卒，年亦七十七。著有些山集。

陈恭尹　陈子升　屈绍隆

陈恭尹，字元孝，广东顺德人。明赠兵部尚书邦彦子。性聪敏端重，幼承父训，习闻忠孝大节。邦彦殉国难时，恭尹十馀龄，无家可归，留闽、浙者七年。一日，有父友遇于途，责之曰："君先人未葬，宗祀无托，奈何徒欲以一死塞责，绝忠臣后耶？"恭尹泣而谢之。既乃归葬先人于增城，因泛舟出虎门，渡铜鼓洋，访故人于海外，久之归。与陶窳、梁无技就同邑何衡、何绛兄弟家，抑志读书相砥砺，世称为北田五子。已，复游赣州，转泛洞庭，再游金陵，至汴梁，北渡黄河，徘徊太行之下。于是南归，戢影田间，筑室羊城之南，以诗文自娱，自称罗浮布衣。恭尹修髯伟貌，气局深沉，其为诗真气盘郁，激昂顿挫，足以发幽忧哀怨之思，而寓忠孝缠绵之致。自言志学以往皆为忧患之日，故于文辞取诸胸臆者为多。又有志当世之务，尝绘九边图，疏明扼吭，晰若毫芒，不欲仅以诗传也。年七十一，卒。著有独漉堂集，新城王士祯、赵执信至粤，于广州诗人独重恭尹。其后杭世骏、洪亮吉皆于恭尹推挹尤至云。

陈子升，字乔生，广东南海人。明诸生。读书一览辄成诵。幼时应童子试，太守颜俊彦赏其文，拔之冠一郡，称曰"奇童"。虽世贵，而学力刻苦。兄子壮，明末殉国难，子升以同产窜避，艰险万状。明亡后，麦秀黍离之感，一发于诗。有中洲草堂遗集。

屈绍隆，字翁山，广东番禺人。明诸生。遭乱弃去，为浮屠，名今释，后返初服，更名大均。能书善诗。尝读书祁氏寓山园，不下楼者五月。久之,游吴,北走秦陇,与李因笃辈为友。又自固原携妻至代州、上谷,走马射生,纵博饮酒,世嘲笑之,不顾也。再上京师,下吴会,溯江宁,还粤。诗长于山林边塞,五言近体尤工,与陈恭尹齐名,王士祯亟称之。著有九歌草堂集。

李邺嗣　陈汝登　周容　陈洪绶　彭孙贻

李邺嗣,原名文允,以字行,浙江鄞县人。明诸生。生而风骨不凡。年十二三能诗,有秀句。年十六,随父棡官岭外,通人张孟奇叹异之,为忘年交。及长,益肆力为诗古文辞。与黄宗羲校覆古文雅郑,而推原于道艺之一,又与万泰、徐凤垣等从清苑梁以樟倡和。尝自言得宗羲而后敢为文,得以樟而后敢为诗,其诗文破除王、李、钟、谭之窠臼,卓然成家。鄞人多师事之。里中有鉴湖社,仿场屋之例,糊名易书,以邺嗣为主考,甲乙楼上,少长毕集楼下候之,一联被赏,多士胪传,如加十赉。甲申后,父被逮杭州,邺嗣亦驱至定海,缚马厩中七十日。甫得脱,父丧自杭归,一恸几绝。后再下府狱,得免。自是绝意人世,酒痕墨迹,多在僧寮野庙中。尝与万泰救黄宗炎,得不死。康熙三年,南屏之难,大帅搜得其与中土荐绅往还笔札,欲按籍杀之。邺嗣以奇计使中止,其所保护尤多。有客以故宫什器求售,邺嗣一见其题识,流涕汍澜,其人亦泫然去。全祖望尝谓:“邺嗣一身,流离国难,则宋之谢翱、郑思肖;委蛇家祸,则晋之王裒,唐之甄逢;周旋忠义之间,则汉之王敞、闾子直”云。所著有汉语、南朝语、续世说新语。汉语不列曹氏一门,三语中亦多寓笔削予夺。又集甬上耆旧诗为三十卷,人为之传,搜寻残帙,于布衣孤贱,尤所惋结。书成，立诗人之位，祀以少牢，闻者为之轩渠。又有果室文钞六卷、诗钞七卷。

陈汝登，字山学，亦鄞县人。初受业于黄宗羲之门，后从万斯同游，笃学工诗文，与全祖望交莫逆，祖望辑续甬上耆旧诗，多汝登雠校。性纯粹，笃友谊，遇才士力不赡者，倾筐相助，无所吝。同里陈坊赤贫，辄割十亩所入周之，晚年坐是困乏，然文酒自娱，颓然白发，神明不衰。闺门以内，画纸敲针，至老如一日。著有证人讲义、续证人讲录、竹湖日知录、二山老人集。

周容，字鄮山，亦鄞县人。明诸生。少即工诗，出入于少陵、圣俞、放翁之间。尝以诗谒钱谦益，谦益称为才子，〔一〕录入吾炙集，赋越绝一首以赠之。国难后，弃诸生，放浪湖山间。无日不饮，无饮不醉，狂歌恸哭，杂以诙谐，世比之徐渭。少为御史徐心水所赏契，心水避乱天童，海贼劫之去，要质金帛，容挺身入贼垒，以身质之，心水得返，而容代受刑酷，乘间窃归，自是足为之躄，因别署躄翁。生平负才使气，足迹遍天下，所至皆有诗。与巨鹿杨思圣相友善。已而归里，筑室数楹，为终老计。会有以非意干之者，乃复入京师，时举博学鸿儒科，朝臣争欲荐之，以死力辞。康熙十八年，卒于京邸，年六十一。阎若璩尝曰："鄮山，吾家白耷山人之俦，而诗过之。"白耷山人者，沛县阎尔梅也。容工书画，书法欧褚，画不拘宗法，疏木枯石尤佳。所为文，眷眷故国，全祖望谓读其神宗皇帝御书记、白尚书古卣记，及发冢铭，黍离麦秀之音，令人魂断。时称容画胜于文，诗胜于画，书胜于诗云。著有春酒堂诗集十卷、文集四卷、诗话一卷。

陈洪绶，字章侯，浙江诸暨人。工诗善画，与莱阳崔子忠齐名，号“南陈北崔”。年四岁，就塾妇翁家，画汉前将军关侯像于壁上，长十尺馀，翁见之大惊，下拜。既长，师事刘宗周，讲性命之学。崇祯末，入赀为国子生。寻归里。既，遭乱，混迹浮屠，纵酒自放，醉后，恸哭不已。有求画者靳不与，及酒间召妓，即自索笔墨，小夫稚子，无弗应也。尝与友期饮西湖，遇他舟径登其席，主人知为洪绶，亟称其画，大骇，竟去。其绘事本天纵，尤工人物，得李公麟法。论者谓在仇、唐之上。诗有逸致，为画所掩，朱彝尊、王士祯皆赏之。尝与毛奇龄约某时萧山相访，以年暮畏死先期至。晚亦称老迟。著有宝纶堂集。

彭孙贻，字仲谋，浙江海盐人。明拔贡生。天性孝友，读书过目成诵。与同邑吴蕃昌创瞻社，为名流所重，时称“武原二仲”。貌魁伟，好诙谐，豪于饮，人有“长鲸”之目。生平耻为龌龊士，动以古人自命。痛父殉国难，蔬食箨冠，终身不仕。工诗，七言律诗效放翁，为王士祯所赏。其虔台寒食怨一篇，感刘生之义，实抱先人隐痛焉。著有甲申亡臣表、流寇志、方士外纪、彭氏旧闻录、五言妙境、茗斋集。

【校勘记】

〔一〕谦益称为才子　“子”原误作“人”。今据耆献类征卷四七三叶七下改。

冯班　兄舒　吴殳　宗元鼎

冯班，字定远，江苏常熟人。少为诸生，与兄舒齐名。连蹇不得志，遂弃去。发愤读书，工诗。其诗沉酣六代，出入温、李、小杜之间。其论诗，谓王李死拟盛唐，戒不读唐以后书，诗道因是大坏。爰穷流溯源，自三百篇以下，一一考其根柢，明其变化。又尝与兄舒评点才调集，以国初风气矫太仓、历城之习，竞尚宋诗，遂藉以排斥江西，遵崇昆体。又著严氏纠谬，辨沧浪诗话之非。班博雅善持论，为文亦考据精确，了无牵合附会。尝谓韩吏部之文，古文也；欧公之文，只是今文；不如唐人四六，尚有古意古语。所著钝吟杂录十卷，凡家诫二卷、正俗一卷、读古浅说一卷、严氏纠谬一卷、日记一卷、诫子帖一卷、遗言一卷、通鉴纲目纠谬一卷、将死之鸣一卷。其论事多达物情，论文皆究古法，虽间有偏驳，而所得为多。性不谐俗，意所不可，掉臂去。胸有所得，曼声长吟，旁若无人。然当其被酒无聊，抑郁愤闷，辄就座中恸哭。班行第二，时目为"二痴"。赵执信于近代文章家，多所呰謷，独折服班，一见班所著，即叹为至论，至具朝服下拜。尝谒班墓，以私淑门人刺焚于冢前，倾倒甚至。书四体皆精，尤工小楷，有晋唐人风致。顺治十年，卒。著有冯氏小集、钝吟诗文稿。

子行贤，字补之。能诗善书。康熙十八年，举博学鸿儒，不售，归里，卒。其诗初学温李，如其父，晚乃稍规白傅，变绮丽而清真，著有馀事集。

舒，字已苍。幼承父教，笃志读书。年四十，谢去诸生，与弟班并自为冯氏一家之学。吴中称"二冯"。其学肆力于古，含咀经史，穿穴百家，尤邃于诗。宾筵客坐，辨论锋起。凡当世所推尚，若前后七子，悉受掊击。嘉定程嘉燧时目为诗老，而舒涂抹其集几尽。家多藏书，皆宋元善本，丹黄甲乙，手自雠勘，构小阁，设两厨，各题一铭，以宝藏之。娄东张溥倡为复社，屡招舒，舒以社名犯父偏讳，谢弗往。平生抗直，遇事敢为，不避权势，小人嫉之如仇。明崇祯丁丑，邑绅钱谦益、瞿式耜为奸民张汉儒诬讦，舒委曲营救。汉儒党陈履谦，窜舒名于捕檄中，遂并逮舒，下锦衣狱，移刑部，讼系经冬，诵读不辍。会汉儒等败，舒乃得释，归里。邑中漕粮诸弊，惟舒洞悉其详，思苏民困，顺治初屡上书争之邑令。时邑令瞿四达性贪酷，憾甚，群小又构衅其间，指所选怀旧集为谤讪，曲杀之，士林痛焉。所著有空居集北征、浮海诸诗，空居阁杂文二卷、炳烛斋文一卷、文毂二卷、历代诗纪一百卷。又有诗纪匡谬一卷、校定玉台新咏十卷，犹子武校而刊之。

武，字窦伯，能诗善书。著有书法正传二卷、遥掷集十卷。

吴殳，字修龄，江苏昆山人。工诗，王士禛尝以善学西昆许之。其论诗，谓诗之中须有人在，赵执信服膺以为知言。所著围炉诗话七卷，有云："意喻之米，文炊而为饭，诗酿而为酒；饭不变米形，酒则变尽。"又云："唐诗有比兴，其词婉而微；宋诗少比兴，其词径以直。"又云："作诗学古则窒心，骋心则违古。惟学古人用心之路，则有入处。"阎若璩尝读之，叹以为"哀梨并翦"云。

宗元鼎，字定九，江苏江都人。七岁咏梅，为先达所赏。酷嗜梅花，堂有古梅一株，时人谓之"宗郎梅"。性狷介，釜甑屡空，未尝以贫告人。父母殁，后事庶母尽子职，乡里诵其孝。所居荒僻高亢，不宜秔稻。元鼎课老仆树黍秫，力耕而食。客至，始一出柴门。地多柳，龚鼎孳榜曰新柳堂。后隐于东原，在城东数十里，宜陵之南，仍名其堂曰新柳堂。后有芙蓉别业，相传为谢安石旧址，一时前辈如周亮工、曹溶、王士禄兄弟、邹祗谟等重其才名,不惜千里命驾,式其庐,皆叹为南阳高士,宗氏少文敬微复生。时学诗者或尚七子,或尚钟谭,元鼎诗以风调为主,少宗晚唐,中年仰攀初、盛,风格一变。王士祯尝曰:"今日善学才调集者,无如元鼎。"古文诗馀亦工。康熙十八年,贡太学,部考第一,铨注州同知。未仕,卒。所著有新柳堂诗集数十卷、芙蓉集二十卷、小香词二卷。元鼎与从弟元豫、元观,从子之瑾、之瑜,时称广陵五宗。

元豫有史论、杂文数十卷,元观及之瑾、之瑜,皆工诗。

任元祥　董以宁　邹祗谟

任元祥,字王谷,江苏宜兴人。明诸生。工诗古文辞。与陈维崧、侯方域相友善,尝规陈维崧仓猝取办有才无情,好何李云间而不知宗杜;又规侯方域师杜五言古而不知有汉魏。时以为确论。文初学六朝,一变入韩欧,再变浸淫汉氏,熟于明制。所著制科、职官、制禄、漕运、赋役、制钱等议,皆能指其得失。尝与魏禧遇于毗陵,元祥貌朴鲁,对人讷讷,禧意轻之。及观其文,乃大惊,语人曰:"彼神明内蕴,致工也,予则瞠乎其后矣!"又尝与汤士锜讲阳明之学,以为颜之卓尔,孟之跃如,周子之无极,程子之天理,王子之良知,其归一也。性孝友,持身严肃,言动不苟,建宗祠,定宗法,族人世世遵之。著有鸣鹤堂诗集十一卷、文集十卷。殁后,贫不能付梓,妻黄蚕绩刺绣十馀年,倾其赀为刻诗十卷。时称贤妇焉。

董以宁,字文友,江苏武进人。诸生。少明敏,为古文诗歌数十万言,尤工填词,以是声誉蔚起。〔一〕同里结国仪社,其启札皆以宁为之。与邹祗谟齐名,时称“邹董”。又与陈维崧及祗谟有才子之目。今所传国仪集,皆以宁少作也。性豪迈,慷慨不可一世。喜交游,急然诺。缠绵婉笃,比于胶漆。魏裔介未一识以宁面,而倾倒欲绝。以宁于历象、乐律、方舆之指,多所发明。晚年弃词章之学,专肆力于经,于易阐错综之妙;于春秋则欲参三传,别为一书。执经弟子,恒数百人。其学盖与任元祥相埒云。著有正谊堂集、蓉渡词。

邹祗谟,字訏士,亦武进人。顺治十五年进士。性颖特,过目不忘。自经籍、子史及天文、百家之书,古今人爵里姓氏、世次年谱,靡不悉记。性至孝,母教之极严,即以读书娱其母。与人真挚,交久不忘。妙于言语,小词单文,令人色飞神艳。古文辞与陈维崧、董以宁、黄永,称“毗陵四子”。尝见宁都三魏文,叹曰:“今乃有如是文乎?”逢人辄称道,海内知有三魏者,实自祗谟始也。王士祯在扬州,祗谟与撰倚声集,以继卓珂月、徐野君词综之后。著有远志斋集、丽农词。

永,字云孙,亦武进人。顺治十二年进士,官至刑部员外郎。

【校勘记】

〔一〕以是声誉蔚起　“起”原误作“然”。今据耆献类征卷四〇三叶四上改。

谷应泰

谷应泰,字赓虞,直隶丰润人。聪敏能强记,少工制举文。及长,肆力经史,于书无所不窥。顺治四年进士,改户部主事,寻迁员外郎。授浙江提学佥事。校士勤明,所拔多一时名俊,陆陇其其尤粹者也。杭州擅湖山之胜,应泰衡校之暇,辄登临眺览,创书舍为游息地。既去官,浙人怀之,为修葺勿置。应泰嗜博览,思采集有明一代典章事实,购得山阴张岱石匮藏书,用袁枢通鉴纪事本末例,为明史纪事本末八十卷。时明史未经钦定,靡所折衷,如纪惠帝逊国,历载黔滇游迹;懿安后死节,而以为青衣,步入成国公第,皆不免沿野史传闻之误。然排比次序,首尾秩然,每篇论断,仿晋书体,以骈偶成文,遣词隶事,曲折详尽,取材博而用力勤,论者多韪之。又著有筑益堂集。

窦遴奇　井在　米汉雯

窦遴奇,字德迈,直隶大名人。顺治三年进士,改户部主事,擢郎中。出为江南颍寿道佥事,迁徽宁广德道。以疾归,卒,年五十四。遴奇和易坦直,经纬大政,不露崖岸。初以户曹督饷上谷,旋榷芜湖关,董理漕政。所至清白自持,务除积弊。治江南,清盗薮,诛豪强,风纪肃然。与人洞倾底里,无妄言,人多服其诚。工诗,刘体仁谓其古体朴雅,近体简远,其至处往往与元次山抗行。归后益肆力于风雅,著有倚雉堂集十二卷。

井在,字存士,顺天文安人。顺治十六年进士,官山西兴县知县。初任平阳司李,精敏独任,决狱多平反,疑案不可究诘者,务宽期以致正凶,不急于锻炼入人罪。尝谓急之则弥缝益密,缓之则泄漏可期。及令永安,值李唐宗与刘尽忠谋逆,事觉,率乡勇直捣其巢,斩之,南岭平。再迁兴县,缘事罢归,日以诗文自娱。著有天文纂要八卷、铁潭诗集六卷、文集二卷、合河署诗集一卷、讲约六谕解一卷、篪潭集四卷。

米汉雯，字紫来，顺天宛平人。顺治十八年进士，历知河南长葛、江西建昌等县。康熙十八年，召试博学鸿儒，授翰林院编修。二十年，充云南乡试正考官，以事削籍。旋供奉内廷，擢侍讲，赐第西华门。寻卒。汉雯为明太仆寺卿万钟孙，王崇简之婿。性放浪不羁，多技艺，金石篆刻，靡不精妙。家蓄古砚，太仆物也。尝渡江，沉于水，遣没人求之，勿得。将解缆，忽红霞起水面，光烛天，舟人索之，砚随手出焉。工诗，所交游皆海内知名士，新城王士祯与友善，时有唱和。书画颇得家法，径寸大字尤劲媚。或评之曰："紫来天才，造诣当在友石先生之上。"时呼"小米"。其诗名盖为书画所掩。著有漫园诗集、始存集。

杨思圣　申涵光　殷岳　张盖

杨思圣，字犹龙，直隶巨鹿人。顺治三年进士，改翰林院庶吉士，散馆授编修。六年，充会试同考官。历官至侍读学士。寻授山西按察使，擢河南布政使，调四川。思圣天材隽妙，幼有神童之目。与申涵光、殷岳读书广羊山中。工诗，擅晋人书法。官翰林时，世祖召词臣能书者，面给笔札，思圣所书缣幅，独称旨，赏赉甚厚。嗣陈臬山右，屡决大狱。迁豫治蜀，均以廉洁称。时蜀方新造，土荒不治，又连年用兵，岁榷不满三千缗。思圣悉心综理，首募开荒，增额至数万；次招外商，平剂物价，四方担负日集，蜀境渐复。凡四载，入觐，拜袍服之赐。既，欲自投劾归，巡抚羁留之。遂病，行抵轵关，卒。思圣于诗抉唐贤之精髓，明人中独喜李空同、何大复，涵光称其俊音亮节，上宗老杜，近比信阳。魏裔介作五君咏，首推思圣及蔚州魏象枢，时称杨魏。生平鉴别人伦，接引寒素，有若饥渴。疾亟，殷岳为延太原傅山治之，冒暑五昼夜，走千里。及至，而思圣已没。其得士心如此。著有且亭诗集。

申涵光，字和孟，直隶永年人。明太仆寺丞佳胤子。少颖异，博涉经史，为文章高洁宕逸，尤长于诗。闻父殉国难，痛不欲生，徒步走都门，于抢攘中扶柩归里，郡人为之感动。顺治间，世祖诏访故明死事诸臣，或误列佳胤为自缢，涵光复麻衣绖带入京师，具述投井状。遂蒙特恩谕祭，赐墓田，予谥节愍。〔一〕辇下士大夫高涵光孝行，争折节订交。既归，则杜门奉母，足迹绝于城市。自髫龄嗜为诗，吐纳百氏，不名一家，而音节顿挫沉郁，一以少陵为师。早与杨思圣、殷岳为石友，后又与岳及同里张盖称“畿南三才子”。里居十馀年，乃襆被出游，陟泰山，过历下，登李攀龙白雪楼，复访杨思圣于太原。既而偕殷岳谒孙奇逢于夏峰，执弟子礼，自是获闻天人性命之旨，不复作诗。康熙七年，诏征山林隐逸之士，大学士魏裔介欲荐之，力辞乃止。涵光玩味诸先儒之书不释手，尝曰：“主静不如主敬，敬自静也。”又曰：“求放心，只是敬。”又曰：“士人要有岸然自命之气，又有歉然若不足之心。”皆格言也。晚年学益进，悔名之为累也，蓬蒿满径，长吏式庐者，逊避不出。卒，年五十九。著有聪山集十四卷。

弟涵盼，亦以文学有声。

殷岳，字伯岩，直隶鸡泽人。父太白，明陕西副使，为杨嗣昌诬陷下狱。岳走京师上书讼冤，而父遽卒，乃乞遗骸归。顺治初，除江苏睢宁知县，骑驴之任。申涵光移书劝之归，岳慨然曰：

"吾岂以一官易我友!"遂罢归,仍骑驴还,不持一钱,曰:"恐无以见吾故人也。"所居乡曰小砦,茅屋三楹,幽廊曲槛,与涵光唱和相乐。后南游福州,客死,年六十八。其为诗,自魏晋以下屏不观,所作惟古体,莽莽然肖其为人。有留耕草堂诗一卷。

张盖,字覆舆,直隶永年人。明诸生。少敦气节,以能诗闻,兼工草书。甲申后,得狂疾,筑土室村外,闭户绝人迹,穴而进食,岁时一出拜母,虽妻子不见也。饮酒醉,辄痛哭,惟申涵光、殷岳至,则延之入土室,谈甚洽。其为诗,哀愤过情,恒自毁其稿。久之狂益甚,竟死。涵光辑其遗诗得百篇,其五言尤高简,在右丞、左司之间。

【校勘记】

〔一〕予谥节愍　"节"原误作"端"。今据申涵光传稿(之三四)改。

宋琬　曹尔堪

宋琬,字玉叔,山东莱阳人。父应亨,明天启中进士,官直隶清丰县知县,有惠政,罢归。崇祯十六年,殉节莱阳,赠太仆寺卿。

琬少负隽才,著声誉。顺治四年进士,授户部主事。七年,监督芜湖钞关,洁己恤商,税额仍溢。累迁吏部郎中。十年,授陕西陇西道。十一年,道出清丰县,民扶老携幼,遮邀至所建应亨祠下,追述往绩,相持泣恋。琬益自刻励,期不坠先绪。适秦州地震,加意抚恤,生全者无算。十四年,迁直隶永平道。十七年,调浙江宁绍台道。十八年,擢按察使。时登州于七为乱,琬同族子因宿憾,思陷琬,遂以与闻逆谋告变,立逮下狱,阖门缧系者三载。缘坐中有需外讯,下督抚治之,巡抚蒋国柱鞫得诬状,上闻,颇与部谳牴牾,命覆质,得申雪。康熙三年冬,得旨免罪,放归。流寓江南,寄孥泖上,往来秦淮、钟阜,陟金焦,揽武林山水以自适。十年,有诏起用,复来京师。琬始官吏曹,与给事中严沆,部郎施闰章、丁澎辈相唱和,有"燕台七子"之目。既出任外台,猝罹无妄,凡所遭丰瘁,一发之于诗。王士祯点定其安雅堂集为三十卷。十一年,授四川按察使。十二年,入觐,值吴三桂叛,成都陷,琬家属皆在蜀,闻变惊惋,遂以疾卒,年六十。所为诗零落略尽。越二十馀年,族孙邦宪仅缀辑为拾遗六卷。琬诗格合声谐,明靓温润,抚时触绪,类多凄清激宕之调,而境事既极,亦复不戾于和平。王士祯尝举施闰章相况,目为南施北宋云。

曹尔堪,字子顾,浙江嘉善人。顺治九年进士,改翰林院庶吉士,散馆授编修,迁侍读,升侍讲学士,以事罢归。尔堪淹博强记,多识掌故。所过山川厄塞,无不指画形势。与之游无贵贱,俱能识其家世,积久不忘。人比之虞世南行秘书李守素"人物志"。尝扈瀛台、南苑受诏,与吴伟业同注唐诗,书成,得旨嘉许。工诗,在京师时,与宋琬、沈荃、王士祯、施闰章相唱和。士祯尝荟蕞其诗,并王士禄、汪琬、程可则诗刻之,称海内八家。罢官后,优游田园间,为远游篇什益富。为诗清丽可讽,尤侗谓尔堪兄弟,人目为云礽王谢、风貌阮何。卒,年六十三。著有南溪文略二十卷、词略二卷、杜鹃亭稿。

施闰章　高咏

施闰章，字尚白，安徽宣城人。祖鸿猷，以儒学著，世绍其业，孝友雍睦，江南言家法者推施氏。闰章少失怙恃，鞠于祖母，侍祖母孝。事叔父誉如父，誉怒必跪解之，俟色霁乃起。里征士沈寿民有声当世，闰章从之游，遂博综群籍，善诗古文辞。顺治六年成进士，授刑部主事，历员外郎，引经断狱，期于平允。寻以试高等，充山东学政，取士必先行而后文，崇雅黜华，有冰鉴之誉。秩满，迁江西参议，分守湖西道，所辖吉、临、袁三府，故残破，岁凶瘠致盗。闰章遍历岩谷间，拊循帖然，人呼为“施佛子”。尝作弹子岭大坑、叹竹源坑等篇，告诸长吏，读者皆曰“今之元结也”。俗多溺女，复作歌劝诱，捐资收养，全活无算。遇事爬梳薅栉，不以为劳。尤崇奖风教，于袁重建昌黎书院，于吉葺白鹭书院，课诸生。屡会讲青原山，从者至千百人。临江城圮，筑辄溃。闰章祷于神，越日城成。新淦峡江患虎，制文祝之，俄有虎自坠深堑，迄无害。岁旱，徒跣号吁，雨大浃。新淦人或阋墙，适闰章讲学其地，闻孝弟忠信礼让之言，兄弟相持哭，诣阶下服罪。其诚感如此。康熙六年，以裁缺归，民留之不得，咸醵金创龙冈书院，祝瓣香焉。初，闰章驻临江，江环城下，民过之，每叹曰：“是江如使君清。”因改名“使君江”。及是去职，倾城送江上，会水涨，所乘舟为御史赠，轻不能渡，民争买石膏载之，已渡乏食，乃鬻其舟。十八年，召试博学鸿儒，列二等四名，授翰林院侍讲，纂修明史，核同异，析是非，无所回枉。二十年，充河南乡试正考官。二十二年，转侍读。寻病卒，年六十六。闰章之学，以体仁为本，磨礲砥砺，历寒暑靡间。每语所亲曰："我辈既知学道，自无大戾名教，但终日不见己过，便绝圣贤之路；终日喜言人过，便伤天地之和。"

平生廉谨，而解推不倦。广置义田，以赡宗戚。笃穷交，好扶掖后进，才士失志，多方为之延达。死丧困危，振恤备至。天下士益归其门，奉为楷模。文章率原本道义，不欲驰骋张皇。意朴气静，守欧曾矩度。诗与莱阳宋琬齐名，号南施北宋。新城王士祯爱闰章五言诗，温柔敦厚，得风人之旨，而清辞丽句，叠见层出，别为摘句图。士祯门人洪昇问诗法于闰章，闰章曰："尔师如华严楼阁，弹指即见。余则不然，如作室者，瓴甓木石，一一就平地筑起。"议者以为确不可易。又谓："山谷言近世少年不肯深治经史，徒取给于诗，故致远则泥。此最为针砭。诗如其人，不可不慎。"观其持论，即宗旨可见云。著有学馀堂文集二十八卷、诗集五十卷、端溪砚品一卷、试院冰渊一卷、矩斋杂记二卷、蠖集诗话二卷、拟明史七卷、青原志略补辑十二卷。闰章与同邑高咏友善，据东南词坛者数十年，号曰宣城体。

高咏，字阮怀，亦宣城人。幼有神童之目。祖维岳，知湖北兴国州，清直无长物。咏卖书给膏火，日夕一编。其学无所不窥，然秋闱屡蹶，年近六十，始贡入太学。昆山徐乾学奇其才，延入家塾。康熙十八年，举博学鸿儒，召试，授翰林院检讨，与修明史，所撰史稿，皆详慎不苟。未几，假归，卒。时论谓己未荐举诸人，难进易退，立意较然，如咏庶可无愧。诗近体极澹远之致。歌行优入古人，以兼工书画，世称三绝。有遗山堂、若岩堂等集。

王庭　从兄翃　李明嶅

王庭，字言远，浙江嘉兴人。少家贫，杜门自守，日事诗古文。顺治六年，成进士。时两广初定，以三甲除广州府知府。十一年，充广东乡试同考官。迁广西左江道、按察副使，移四川川北道、布政使，擢四川按察使、江西右布政使。以忧归，服阕，补山西右布政使。所至以清惠称，岳岳不屈。居外八年，未尝与京朝官通一函。所迁皆极边，即日单车就道。在江西时，奏免浮粮数十万，民甚德之。年六十一，致仕。归后，布衣芒屩，足迹不入城市。至民间利弊所系，则力争之。嘉、秀、善三邑田赋，旧有互嵌，聚讼数百载，莫能定谳。庭为著嵌田论，设十二问答，剖晰详尽，人咸折服，议遂定。优游林下几三十年，以著书明道自任。尝以宋明诸儒互有得失，因以己意订正之，著理学辨一卷。其意欲扫众说之轇轕，破诸家之门户，然好为异论，兼取陆王，世所不许也。诗格闲澹，不傍古人。少与从兄翃相唱和，既历任，凡山川风土、废兴治乱之迹，友朋离合之感，皆见于诗。五言清古，有陶韦之风，与石湖邢昉相伯仲。著有秋闻三仕、二西漫馀诸草。卒，年八十七。

翃，字介人。家故业染，手古书与布商、菜佣相答。弱冠，偶览元人词曲，欣然会意，曰："此无难。"据案学之，竟合调，遂工词。崇祯末，诗归盛行，人沿竟陵派。翃慨然以起衰自任，独尚唐音。既遭世变，多感愤叹咤之作。游山阴，与陈洪绶友善。所居室如斗大，抱膝苦吟，不问家人生产。然好奇计，多大言，遇知己，岸帻抵掌，谈论不休。从弟庭，官岭南，翃诣之。次赣州被盗，诗集杂著皆没于水。抵广州，终夜拥被记忆，十不存一，复摭拾记闻，作诗二百馀首。比归，又为鼠啮。途次京口，卒。殁后，朱彝尊选钞一帙，庭序而刊之，名曰二槐诗存。

李明嶅，亦嘉兴人。顺治元年举人，官福建古田教谕，受知于巡抚佟国鼐，延掌书记。时闽有流民数千入境，或疑为寇，欲发兵剿之。明嶅力白其冤，皆得免。又土匪事平，将檄按闽士之胁从者，人情汹惧。明嶅谓国鼐曰："此邦初定，犹新国也，宜用轻典；请广招徕，以安反侧。"国鼐从之，于是诸生毕出复业，全闽以安。后引疾归，以著述终其身。工诗文，尝入苏门山，与孙奇逢辨析理学宗传，奇逢推重之。著有乐志堂诗集。

熊伯龙　刘子壮

熊伯龙，字次侯，湖北汉阳人，原江西进贤籍。顺治六年一甲二名进士，授国史馆编修。十一年，充浙江乡试正考官。十六年，奉命提督顺天学政。累官祭酒、侍读学士，荐升至内阁学士，兼礼部侍郎衔。伯龙博学，工诗古文词，制义尤精，与刘子壮齐名，世称熊刘。所为古文雄浑雅健，在陈廷敬、张玉书之间。诗直抒胸臆，五言古体，尤有太古之音。性谨厚，自少至老，手一编不置。历官二十年，恂恂如诸生。不妄交游，不立崖岸。易箦时，惟以不得泽被生民为憾。著有贻榖堂集，集中代言诸作，尤朴茂，有东京之遗。

刘子壮，字克猷，湖北黄冈人。顺治六年一甲一名进士，授国史馆修撰。廷对策万言，略谓二帝三王治本于道，道本于心，讲学为明心之要，修身为齐家、治国、平天下之本。一时士林传诵。八年,充会试同考官。寻告归。九年,卒,年四十四。子壮博综群籍,精制举文,雄厚排奡,凌铄一切。诗古文亦以气胜。九岁失恃,每念母辄为孺子泣,遂以“屺思”名其堂。性端悫,旦昼所为,夜必焚香以告,数十年如一日。所著有屺思堂集。

胡亶

胡亶,字保叔,浙江仁和人。顺治六年进士,改翰林院庶吉士,散馆授编修。出为江苏常镇道,镇多黠盗,每擒治一人,辄株连百馀家。大吏欲按籍钩索,亶毅然争曰:“鼠辈特欲缓须臾死,害及无辜,庸可信乎?”使者数至,数不与,复正色曰:“杀人媚人,吾不为也!何惜一官为数百人请命耶?”卒力白之。会海寇犯境,亶亲佩弓鞬,力保危城,惠泽留于江上。入为鸿胪寺卿,进右通政。以亲老乞养归。居官三十年,室无妾媵,橐无旨蓄,世称清白吏。归后不以寸牍干官府,然邑有利弊,则竭力争之。事父母以孝闻,父患脾疾,日夜侍汤药,衣不解带,目不交睫,中裙厕腧,皆自涤之。父卒三日,勺水不入口,一恸呕血数升,遂以哀毁成疾。寻亦卒。

亶博综群书,古文辞亦典雅。尤精天官家言,日月薄蚀、星辰躔度,推测毫发无遗。在京师,与监中西洋专家反覆辨论,群皆叹服。尝著中星谱一卷,推论昼夜永短、寒暑循环、地殊势异,与所引经传记载,考定岁差,釐分昏旦,皆简明详切。其书成于康熙八年,在钦定算书以前。明徐光启新法算书以后,应撝谦得其书,时时观玩,以为乡野邨落不问何地何时,苟有星光,皆能得其漏刻,可谓奇书。又著有周天现界图、步天歌行世。晚岁甘旨之馀，闭门力学，不问家人生产。性谦下，不以行能骄人。著述甚富，末年毁于火。后人求留札梓之，曰励斋文集。

唐梦赉　孙蕙　杜溙　王钺　张贞

唐梦赉，字济武，山东淄川人。顺治六年进士，改翰林院庶吉士，散馆授检讨。会命翰林院译文昌化书，梦赉慨然曰："此非圣之书，何由得彻御览？"因上疏陈孔孟之道，谓不在六经之科者，不当并进，请移此以辑圣贤经世大训，以佐平明之治。越数日，御史张煊以外补，上疏反噬，干重典，给事中阴润压阁其间，梦赉复疏纠之，侃侃数千百言，甚切直，卒罢归。

梦赉少有异姿，髫年问父读书以何句为要，父曰："在止于至善。"时虽从事章句，遂知求程朱之学。及壮，负经济才，凡天经地志、性理体数、会计之书，无不贯综洞悉。平生所著，约数十万言，皆穷极理奥，斐然成家。其所论筹饷积谷、铜钞改漕之法，尤凿凿可见诸施行。论者谓贾长沙、陆宣公无以过之。工诗文，王士祯称其文近蒙庄，诗近东坡。归后居般水之阳，与士祯、高珩相友，益肆力希古作者。性好山水，尝变姓名出游，所历燕、赵、吴、越，悠然忘返。事亲以孝闻，视异母弟如手足，以大宅让其弟，而卜筑城东南隅。好善，笃友谊。同年友林嗣环客死杭州，为营葬，又为其子完娶，手录遗稿以归，而嗣环实未尝一面也。汲引后进，经其指授，率成名士。尝仿云栖放生池遗式，于城西傅家湾二水汇处作放生矶，数里上下，网罟俱绝。康熙三十七年，卒，年七十二。士祯伤之，以为郑子皮死，无与为善云。著有志壑堂集二十四卷、后集八卷、选集十四卷、济南府志二十四卷、淄川县志八卷、借鸽楼小集二卷、林皋漫录。

孙蕙，字树百，亦淄川人。顺治十八年进士，官至给事中。少以文章气节显。初任江苏宝应知县，循卓有声。县水旱七年，荒疲甚。蕙饮冰茹檗，抚字维劳，大吏以苛令浚河，将中以非法，士民感愤，不呼而至者万馀人，负畚河干，两月之工，六日夕遂成。大吏不能难，转荐其贤，士民绘图歌诗以纪之。及官给谏，甫岁馀，章十数上，有格于例者，圣祖多断行焉。会三方底定之后，请蠲陕西田粮，疏劾录用叛帅，蹇谔不避权要。康熙二十年，充福建乡试正考官，道路所经，于吏治民隐，亟致意。蕙为人磊落洞达，见义必为，有贲育之勇。尤喜为诗，簿书期会，舟车行役，皆未尝废。诗格清丽，无尘俗气。王士祯称其五七言，虽古作者亦无以加。尝汇历代循良事迹为录，惟载县令而不及他官，盖谓令与民最近也。自秦汉以迄近代为一卷。他著有笠山诗选五卷、安宜治略等书。

杜漺，字子濂，山东滨州人。生而英特，七岁塾师授李翰蒙求，读竟，悉谙典故。顺治四年成进士，授直隶真定推官，屡决大狱。从总督张存仁平榆园贼，以所俘嘱讯，漺录渠魁，释胁从，凡活数百人。以治行高等荐，入为礼科给事中。荆隆口河决，疏请专遣大臣行河，且言疏上游以去其壅，导支流以杀其势，然后乘水涸并力塞之。在台谏十阅月，疏数十上，侃侃直陈。出分守温处道参议，迁副使，备兵通蓟，以事去官，旋白。复以副使备兵淮海，缺裁，改巡视宁绍道，缺裁家居。十二年，复起，为开归道参政，兼理驿传、盐法。漺当官屹屹，再任监司，惩豪猾，行保甲，剔盐弊，而尤以除溺女、淹丧、锢婢三事为善政，民甚德之。生平风流儒雅，吐属无俗语。诗有奇气，类山阴徐渭，南城陈允衡撰国雅，取溓诗压卷，人以为定论。兼工书法，遒媚得大令之神。性孝友，尝以母命置篷室，询知为士人女，赠奁嫁之。康熙二十四年，卒，年六十有四。著有湄湖吟、湄村全集。

王钺，字仲威，山东诸城人。顺治十六年进士。兄镆，官至江南布政使，有破梦斋诗草。钺以母老留养，不赴官。母殁，康熙八年，选广东西宁县知县，在任八年，讼庭阒寂。孙延龄反，陷梧州，警报达西宁，远近震动。镇帅班际盛驻兵水口，亦谋走避，钺移书极言不可，际盛然之，贼果退。已而贼复至，知西宁有备，遁去。以治最行取，平南王尚可喜具疏请留。钺知之信必反，可喜不能制，遂引疾归，杜门讲学，晚岁益进。十八年，举博学鸿儒，辞不赴。家居三十馀年，耽静乐善，为乡里祭酒，所为文通畅详赡。诗学宋人，自成结构。著有水西纪略、粤游日记一卷、星馀笔记一卷、朱子语类纂十三卷、读书蕞残三卷、暑窗肊说二卷、世德堂集四卷。

张贞，字起元，山东安丘人。康熙十一年拔贡生，官翰林院孔目。十八年，举博学鸿儒。以母忧，未与试。博雅好古，精鉴别，工金石篆刻，尤工古文。尝游施闰章之门，与王士祯交莫逆。士祯垂老，求贞定其文，亦手定贞文。论者谓可于愚山、尧峰间展一席地。不喜为诗，自谓生平好读诗，然为之不似，盖天性也。事母孝，间岁出游吴越，与高士名僧邂逅山间，觞咏为乐，购书千百卷归。晚居杞城故园，著述自娱，以古有杞宋无征之叹，博引古书，作杞纪二十卷。士祯谓其体大思精，得史迁家法。闰章亦谓其原原本本可补正史之遗。又著有乡贤传、或语、耳梦录、半部稿、潜州集、娱老集。

李来泰

李来泰，字仲章，江西临川人。年十二，补诸生，屡试辄冠其曹，有英绝领袖之目。顺治九年成进士，授工部主事，釐剔积弊。十二年，提督江南学政，饬学校十二事。尝谓："学臣宗伯属也，上以导乡会之源，下以端校塾之习，实兼有司徒敷教之意。夫教士譬之射然，内志正，外体直，持弓矢审固矣，犹必容尽比于礼，节尽比于乐，然后可以言中。不然，羿、蒙、养由基之技，于矍相何取焉？"其持论如此。所奖拔多寒畯，士习丕变。十七年，授江苏苏松粮储道，除耗费，申官兑之法，民以为便。顾以漕折不中额，夺官。寻起用，康熙五年，授分守苏松常道。是年八月，缺裁，遂乞免，归。十八年，应博学鸿儒科，试列二等第一，授翰林院侍讲，与修明史，迁侍读。二十年，吏部、都察院遵谕甄别各部院司属官，年老不称职者，来泰例应革任，特邀恩免，供职如故。是年秋，充湖广乡试正考官，所取文皆雅正，不尚诡异，时称得人。二十三年，卒于京师。来泰文穷极雕镂，诗独以平正通达行之。著有莲龛集四十馀卷，毁于火。后人搜集，仅得其半，今存者十六卷。

侯方域　王猷定

侯方域，字朝宗，河南商丘人。祖执蒲，明太常寺卿；父恂，户部尚书；季父恪，祭酒：皆以东林忤阉党。方域少问业于上虞倪元璐，元璐谓文必驰骋纵横，务尽其才而后轨于法。尝游江左，寓金陵，司业山阴周凤翔得其所撰策，立造访之，谈宴弥日。是时主复社者，太仓张溥，贻书推为领袖；主几社者，青浦陈子龙，赠诗曰："汉家宣室为君开。"其他海内清望，胥缔附之。

性豪迈不羁，尝与杨廷枢、夏允彝醉登金山，临江悲歌，指评当世人物，而料事尤多奇中。方恂之督师援汴也，方域进曰："大人受命讨贼，〔一〕庙堂议论牵制，愿破文法以赐剑，首诛一甲科令守之不应征办者，而晋帅许定国师噪，当斩以徇军。事办威立，疾驰渡河，收中原土砦团结之众，以合左良玉于襄阳，约陕督孙传庭掎角并进，则汴围不救自解矣。"恂叱曰："此跋扈也，小子多言！"趣遣归，道遇永城叛帅刘超，方域曰："君所坐不过杀一御史，奈何遽反？今畿辅有警，君帅所部，疾走勤王，必可转祸为福；即不然，亦湔洗恶名。失此则身死名裂。"超不能从。怀宁阮大铖，故魏阉义儿也，屏居金陵，谋复用。诸名士共檄大铖罪，作留都防乱揭，宜兴陈贞慧及贵池吴应箕主之。大铖愧且恚，然无可如何，知方域与二人者相善也；私念因方域以交于二人，事当已，乃嘱其客来交欢。方域觉之，谢客弗与通。大铖乃大怒，恨次骨。甲申，南都拥立，大铖骤柄用，兴大狱，将尽杀党人，捕贞慧入狱。方域夜出走，渡杨子江，依镇帅高杰，得免。

生平颇以经济自诩，任侠使气，然一语合，辄吐肝肺，誉之不容口。既负才不试，以明经累举于乡，辄报罢。顺治八年，中式副榜。初放意声伎，已而悔之，发愤为诗古文，倡韩欧学于举世不为之日。尝游吴下，将刻集，集中文未脱稿者，一夕补缀立就，人益奇之。顺治十一年，卒，年三十七。方域健于文，与宁都魏禧，长洲汪琬并以古文擅名。禧策士之文，琬儒者之文，而方域则才人之文。盖其天才英发，吐气自华，善于规橅，绝去蹊径，不戾于古，而亦不泥于今。当时论古文，率推方域为第一，远近无异词。所著有壮悔堂文集、四忆堂诗集。

王猷定，字于一，江西南昌人。拔贡生。父时熙，明进士，官太仆寺卿。天启中，名在东林。猷定工诗古文。为人倜傥自豪，对客断断讲论，每举一事，辄原其本末，听之醉心。少时驰骋声伎、狗马、陆博、神仙，迂怪之事，无所不好，故产为之倾。史可法闻其贤，征为记室。可法迎立福王，传檄四方，情文动一时，皆猷定为之谋也。袁继咸奉命江楚，亦疏荐猷定可大用，猷定坚卧，复书累千言，道不乐仕进意。既入国朝，遂绝意人世，日以诗文自娱。晚寓浙中西湖僧舍，大吏重其人，皆虚左事之。按察使宋琬尤与相契。已而琬以事被逮，宾客散亡，猷定独周旋患难中。所为文多郁勃，如殷雷未奋；又如崩崖压树，枒槎盘礴，旁枝得隙，突然干霄。自明季公安、竟陵之说盛行，文体日琐碎。猷定能独开风气，名与方域相埒。论者谓其自出机杼，成一家言，然如义虎、汤琵琶等传，颇苦其诞而不经云。其行书楷法，亦自通神。所著曰四照堂集。

【校勘记】

〔一〕大人受命讨贼　“命”原误作“诏”。今据耆献类征卷四二三叶二〇下改。

王士禄　弟士祜　徐夜　傅扆

王士禄，字子底，山东新城人，刑部尚书士祯之兄。顺治九年进士。清介有守，笃于友爱。自少能文章，工吟咏，以诗法授诸弟，咸有成就，而士禛遂以风雅为海内宗仰。始举礼部，投牒改官，选莱州府教授，寻迁国子监助教，擢吏部主事，迁员外郎。康熙二年，充河南乡试正考官，以磨勘罣吏议，逮下狱，久之得雪，免官。时士禛方任杨州推官，两亲皆就养，士禄因南游往省。既见士禛，持之泣。士禄都不及患难事，直取一巨编置前曰："弟视吾诗，较前差进否？"遂移棹杭州，历览湖山之胜。居数年再起，补吏部员外郎。好持正论，学士张贞生、御史李棠先后建言，〔一〕下吏议，力直之，人以为难。未几，又坐免。母殁，归，饮食不入口者数日。竟以毁卒，年四十八，时康熙十二年也。其为文条鬯芊蔚，绝去雕饰，诗则幽闲澹肆，极乎性情之所之，而一归于正。于唐人独爱孟襄阳，尝吟曰："自从举世矜高调，谁识襄阳孟浩然。"其于诸书，能综择折衷，独成义例，辨子贡诗传、申公诗说皆伪书，尤有功经学。所著有读史蒙拾、然脂集、表馀堂诗存、十笏山房、辛甲、上浮诸集。弟士祜。

士祜，字子侧。〔二〕幼颖异。十岁时，客有疑焦竑字弱侯者，即从末坐应曰："此出考工记竑其辐广以为之弱也。"咸惊其夙慧。尝与诸兄弟夜集东堂，拟和辋川绝句。士祜诗先成，士禄为击节。既贡成均，与兄士禄，弟士禛同在都门，时交推之，有"三王"之目。吴江计东尝曰："三王并负才名，子侧之才，讵肯作蜂腰哉？"其为时所重如此。性友爱，士禄以典试磨勘下狱，士祜奔走营救，炎蒸风雨，不以为劳。既出，兄弟相抱泣。士禛官扬州，病困，士祜驰千里往视，昼夜手自调药，病遂已。康熙九年成进士，未仕而卒，年五十。尝南游，溯大江而上，过京口，遍眺三山，至姑孰,揽青山、采石之胜,更历吴楚,篇什遂多。士祯搜辑为古钵山人遗集。其诗长于情韵,在吴兴,与宋琬辈游白雀寺,赋五言古诗清绝,人比之孟浩然"微云河汉"云。

徐夜,字东痴,亦新城人。为士禄外从兄弟,初名元善,慕嵇叔夜之为人,更名夜,字曰嵇庵。年二十九,弃诸生,居东皋郑潢河上,柴门土室,〔三〕绝迹城市。久之乃出,游钱塘、过孤山,访林逋故居;渡浙江,溯桐庐,登严光钓台,展谢翱墓,徘徊赋诗而返。会开博学鸿儒科,有司欲举以应诏,以疾辞,遂杜门不复出。诗学陶韦,巉刻处更似孟郊。士祯目之为"磵松露鹤",尝索其稿不可得,乃就所藏为编缀百馀篇刻之。

傅扆,字兰生,亦新城人。顺治十二年进士,除直隶河间府推官,明允为畿辅第一。浃岁之间,五登荐剡。十四年,行取入京,授御史。十七年,出按江西,闻九江兵缺饷七月,且变,疾驰至湖口,逆风而渡,镇卒列营东郊,将弁属櫜鞬迎道左,扆具威仪而入,盛服坐堂皇,谕以大义,给两月饷,士卒皆震动感泣,乱遂定。十八年,以乞养归。康熙十八年,举博学鸿儒,罢归。扆事继母以孝闻。修躯伟貌,须眉如戟。博闻强记,能诗文,作词曲,亦跌宕有致。尝于沧州道上赋柳枝词二十首,多可诵。同里王士祯少于扆,扆见其赋激赏之,以文章相切劘。为人忠信朴直,尝训诸子曰:"吾愿汝为道义君子,不愿汝为功名中小人也。"卒,年七十四。著有奏疏二卷、古赋一卷、诗文集二十卷、词曲二卷、诗话二卷、读书涉笔二卷、砚田漫笔四卷、续笔二卷、姓谱增补十卷、韵府补遗六卷、增订尧山堂外纪一卷、新城轶事一卷、傅氏博考一卷。

【校勘记】

〔一〕御史李棠先后建言　“李”原误作“张”。今据耆献类征卷一四〇叶四上、五下改。

〔二〕字子侧　“侧”原误作“测”。今据耆献类征卷四二三叶四〇上、四二上、四三下及四五上改。

〔三〕柴门土室　“柴”原误作“掘”。今据耆献类征卷四二六叶二六上改。

顾大申　邱象升　象升弟象随　马世俊　崔华　朱克生

顾大申，字震雉，江苏华亭人。顺治九年进士，授工部主事，荐擢郎中。分司夏镇河道，升洮岷道佥事，卒于官。大申留心经济，尝著河渠论十二则、图经二十八篇。后浚刘河、吴淞江，皆用其议。官夏镇河道时，节省公费，以筑镇城。设两湖书院以造士，人服其廉干。诗工乐府，七律高华，可追王李，大抵袭七子之馀风。初与同郡王广心、周茂源、宋徵舆诸人倡和，又与施闰章相酬答。博雅喜文辞，善书画。尝辑毛诗、楚骚及文选诗，并唐人诗，著诗原二十五卷，于诗教颇有裨益。他著有鹤巢集、燕京倡和、泗亭诸集。后自删并为堪斋诗存八卷。云间自陈卧子后，诗格渐衰，惟大申可以接武云。

邱象升，字曙戒，江苏山阳人。顺治十二年进士，改翰林院庶吉士，散馆授编修。迁侍讲，外调广东琼州府通判。缺裁，补湖北武昌府通判。官至大理寺左寺副。少与弟象随以诗文名，时称“二邱”。所至有政绩，官琼州时，黎酋数叛，象升简精锐自将，擒其渠，黎震慑不敢动。及摄广州海防事，时平南王藩府人倚势虐乡民，大吏莫敢问。象升乘间启平南王，有再犯者，论如律，藩府肃然。官武昌时，值通城民变，单骑往谕，通城民数千环之，象升喻以巡抚意，令速解散，“大军至无遗类矣！”辞意慷慨，乱遂定。入为大理寺卿，引经折狱，多所平反，大学士李霨甚贤之。以乞养归，卒，年六十一。幼聪警，日读书盈寸。乱后益发愤，旁及诗歌古文，皆有神解。笃于友谊，既病，犹校刊其亡友张春重、靳应升遗集。著有岭海縠音、入燕、白云草堂诸集。

象随，字季贞。年十四，即工诗，才名藉甚。顺治十一年，拔贡生。康熙十八年，召试博学鸿儒，授翰林院检讨，官至洗马。性孝，父殁，庐墓三年。母以食鱼致疾，遂终身不食鱼。通籍后，积俸置祭田，族人赖之。著有西山纪年集。

马世俊，字章民，江苏溧阳人。顺治十八年一甲一名进士，授翰林院修撰，官至侍读。未第时，留京师，贫甚，以卷谒龚鼎孳。鼎孳叹曰：“李峤，真才子也！”岁暮，赠薪炭金。及廷对，侃侃直陈，称王者天下为家，不宜示同异，时论伟之。何焯谓：“我朝大魁，前刘后韩，世俊居其间，鼎足而三”云。幼聪颖，工诗古文辞，兼精书画，有“二右”之目。谓右军、右丞也。所为诗，潜思隽旨，声戛金石，一洗诗人之习。性朴俭，释褐时，贫不能具轩，策蹇驴，老苍头携宫袍随之，士林传为佳话。著有匡庵诗文集。

崔华，字不雕，江苏太仓州人。顺治十七年举人，居直塘。性孤洁寡合，吴伟业目为直塘一崔。诗清异出尘，尝有句云：“溪水碧于前渡日，桃花红似去年时。”又有云：“丹枫江冷人初去，黄叶声多酒不辞。”人呼为“崔黄叶”。王士祯，华举主也，极赏其诗。著有樱桃轩集。

朱克生，字国桢，江苏宝应人。诸生。幼颖异，七岁能文，于书无所不读，尤肆力于诗。与陶澂、陈钰唱和，以风格相高，为宝应三诗人。新城王士祯、长洲汪琬皆爱重之。所为诗，才气高爽，士祯以为得少陵之骨。其论诗云："自三百篇外，一变而为离骚，再变而为苏李，三变而为曹刘，四变而为阮、陆、陶、谢、鲍、庾，五变而为沈、宋、李、杜、高、岑、王、孟，于是菁华竭矣。诗者节宣性情者也，若夫探奇索隐，钩深抉幽，或云似杜少陵，或云似李长吉，或云似皮袭美、陆鲁望，不知奇非字句雕斫之谓，而格局变化之谓也。隐非崄巇诡僻之谓，而含章蓄意之谓也。深贵蕴藉而不贵晦昧，幽贵沉郁而不贵尖细。其为道也，独杜少陵备之，若长吉则具其一体，皮陆又李唐之最下者也。"又尝仿左太冲体作武夷山赋，工丽雅赡，名闻一时。生平足迹半天下，所至皆纪以诗。性孝，康熙三年就试铨曹，闻父病，冒暑南还，八昼夜抵里。好急人难，表章前哲，尝搜罗邑中忠孝节义诸事迹，为人物志。著有毛诗考证、恒阳消夏录、雪夜丛谈、秋舫日记、忆游偶记、诗准、环溪秋崖诗集。又辑有唐诗品汇。康熙十八年，卒，年四十九。

从子经，字恭亭。岁贡生。著有燕堂诗钞八卷。

秦松龄　倪灿　严绳孙

秦松龄，字留仙，江苏无锡人。顺治十二年进士，改翰林院庶吉士，散馆授国史馆检讨。以逋粮案削籍。康熙十八年，荐举博学鸿儒科，试列一等，复授检讨。二十年，充日讲起居注官。

寻充江西乡试正考官，历左赞善，迁谕德。二十三年，充顺天乡试正考官，复以磨勘落职。松龄官庶常时，世祖章皇帝召试咏鹤诗，有“高鸣常向月，善舞不迎人”之句，指示阁臣曰：“此人必有品。”置第一。既削籍，以荐从军荆襄，总督蔡毓荣请于军中讲学，松龄为陈说忠孝大义，介胄之士无不耸听。及归，里居二十馀年，耽研经训，尤深于诗，著有毛诗日笺六卷，仿黄氏日钞之例，取欧、苏、王、吕、程、李、辅、严诸家，以及明郝敬、何楷，近时顾炎武之言，互相参校，而以己意断之。不专主小序，亦不专主集传，有疑义乃为疏解，亦不尽解全诗。新城王士祯甚称之。家有园在惠山之麓，暇辄招集故人遗老，倡和其中。与士祯同年，友善。常缄诗一编，题曰寄阮集。著有苍岘山人文集六卷、诗集五卷，微云词一卷。

倪灿，字暗公，江苏上元人。康熙十六年举人。十八年，召试博学鸿儒，列一等二名，授翰林院检讨，卒于宫。著有雁园诸集。灿为诸生，以淹雅著名。既官检讨，与修明史，所为艺文志序，穷流溯源，与姜宸英刑法志序并称杰作。书法诗格，亦秀绝一时云。

严绳孙，字荪友，江苏无锡人。明刑部尚书一鹏孙。六岁能作径尺大字，及长，以诗古文辞擅名。康熙十八年，以布衣举博学鸿儒，试日遇目疾，仅赋省耕诗一首。圣祖素重其名，列二等末，授翰林院检讨，与修明史，充日讲起居注官。二十年，充山西乡试正考官。二十二年，迁右中允。寻告归。绳孙读书不务强记，案上唯置一编，终日不易，然既读，则终身不忘。性高旷，淡于荣利，拜官日，即揭归去来辞于壁。在史馆，分撰明史隐逸传，所作序文，容与蕴藉，多自道其志行。归后，杜门不出，筑堂曰雨青草堂，亭曰佚亭，布以窠石、小梅、方竹，宴坐一室以为常。兼工书画，梁溪人争以倪云林目之。为文宗范史，详雅有度。诗词婉约深秀，独标神韵。四十一年，卒，年八十。著有秋水集诗八卷、文七卷、词二卷。

丁炜　林侗　侗弟佶　许友　友子遇

丁炜，字瞻汝，福建晋江人。少孤，弱龄补诸生。顺治十二年，定远大将军济度统师取漳州，诏便宜置郡县以下官，且致闽士试幕下，量授职。既试，炜居第一，授漳州教谕。岁馀，改河南鲁山县丞，迁直隶献县，内迁户部主事。时议税闽盐，炜力陈不可，事得寝。除兵部武选司郎中，调职方司。出为江西赣南道，时乱初定，师旅驿骚，调拨尠暇日，炜身亲经度，单露于郊原，咸得其理。又上所部十弊，请禁革，总督于成龙善之。闽人佃于赣者，乘乱暴横，号"田贼"，淫杀无辜。炜设法捕治之，民情大洽。迁湖北按察使，有重囚二十馀人，皆劫盗所诬者。炜廉得实，竟雪其罪。俄以事谪官居武昌，适武昌叛卒夏包子作乱，胁使署伪巡抚，炜以死誓，东走安庆，谒安徽巡抚杨素蕴，乞师会剿。事平，补云南姚安府知府。素蕴移抚湖广，以炜事闻，复按察使，赴阙，道得目疾，假归数年，卒。

炜善为诗，其论诗曰："钟谭诗归出明季，操觚家奉为津筏。去文存质，将以救飞扬蹈厉之失。然天地英华，刊削瀌落，风气之衰，亦中于运祚。"又曰："诗贵新不贵袭，贵独造不贵依傍。然厌常之弊，或至诡趋俗流之失，究且忘源。海内诗人渐以汉、魏、三唐为不足法，骎骎流入宋元以下，意在标新领异，方驾前人。究之仿苏袭黄蹊径，故未脱也。则何如现于汉、魏、三唐之为近古无弊乎？”又曰：“清而不已，间入于薄；真而不已，或至于率。率与薄相乘，渐且为俚为野。”又曰：“诗贵合法，法胜则离；诗贵近情，情胜则俚。”故炜诗力追唐贤，莱阳宋琬、新城王士祯、秀水朱彝尊皆推之，以为丽而则，清而腴。著有问山诗集十卷、文集八卷，紫云词一卷。

林侗，字同人，福建闽县人。岁贡生。尝随宦关中，蒐讨金石，著来斋金石考、昭陵石迹考略、李忠定年谱、井野识途、荔水庄诗草。年八十八，卒。弟佶。

佶，字吉人。康熙五十一年，特赐进士，授内阁中书。佶工于楷法，亦善篆隶。文师汪琬，诗师陈廷敬、王士祯。琬之尧峰文钞、廷敬之午亭文编、士祯之精华录，皆其手书付雕。廷敬、士祯之集皆刻于名位烜耀之时，而琬集则缮写于身后，故世以是称之。佶家多藏书，徐乾学锓通志堂经解，朱彝尊选明诗综，皆就传钞。著有朴学斋集。

许友，初名宰，字有介，福建侯官人。诸生。善画工书，诗尤孤旷高迥。钱谦益尝录其诗入吾炙集，王士祯、朱彝尊并称之。少师倪元璐，晚慕米芾为人，构米友堂祀之。著有米友堂诗集。子遇。

遇，字不弃。岁贡生。知河南陈留县事，调江苏长洲，仕有惠政。公馀，礼士唱酬，吟咏不辍，卒于官。少授诗于王士祯，七绝尤擅长，亦工画松竹、梅石。有紫藤花庵诗钞。遇子鼎、均俱能诗。

鼎，字伯调，雍正元年举人。官浙江遂昌知县，有少少集、刺桐城纪游。

均，字叔调。康熙五十七年进士，改翰林院庶吉士，散馆授吏部主事。性严正，勇于任事。擢礼部郎中。有玉琴书屋诗钞。闽中以诗世其家者，咸曰许氏也。

黎士弘

黎士弘，字愧曾，福建长汀人。少师宁化李世熊，称入室弟子。以诗文名。应试三山，见福州曾异撰，作兰与兰语诗为贽，异撰大击节，且语人曰："黎生，汉魏之苗裔也。"新建徐世溥尝与钱谦益书，谓："今海内人士，惟愧曾及汉阳李文孙耳。"而周亮工谓黎自可单行，若比汉阳，恐疑哙伍。其为名流推奖如此。顺治十一年，举顺天乡试，授江西广信推官，以裁缺补永新知县。举廉卓第一，擢甘肃甘州同知；再举廉卓，迁江苏常州知府。会吴三桂叛，三秦震动，大吏奏除洮岷道副使，署甘山道事。王辅臣叛，河东失守。士弘以镇兵云集，必一事权，言于巡抚，谓："恢复河东非用河西之兵不可；用河西兵，非责之提督张勇不可。"疏奏授勇靖逆将军节制诸镇，及复兰州，士弘多赞画焉。宁夏营将叛杀提帅，镇城危急，改镇宁夏，严守御，安反侧，又密请免卫所逋粮七万五千馀石。康熙十八年，贼平。叙功，晋布政司参政，以母老乞归，家居。二十八年，卒，年八十。少时诗好李贺，文好王勃。所为文清新俊逸，未尝步武前人，而动与古会；诗格随年而变，不相近也。然大抵刊落陈言，多清真朴老之作。著有托素斋诗文集十卷，仁恕斋笔记三卷。

汪琬 叶燮

汪琬,字苕文,江苏长洲人。顺治十二年进士,授户部主事,充大通桥监督。迁员外郎,改刑部郎中。以奏销案,降北城兵马司指挥。再迁户部主事,榷江宁西新关。以疾假归,结庐尧峰山,闭户著书者九年。康熙十八年,以左都御史宋德宜、翰林院掌院学士陈廷敬荐,召试博学鸿儒,列一等,授翰林院编修,纂修明史,在史馆六十日,撰史稿百七十五篇。以病乞归。康熙二十九年,卒,年六十七。初,圣祖仁皇帝尝问廷敬:"今世谁能为古文者?"廷敬举琬以对。遂荐琬应鸿博,及琬病归,仁皇帝南巡,还次无锡,谕巡抚汤斌曰:"汪琬久在翰林,文名甚著。近又闻其居乡,不与外事,是诚可嘉!"特赐御书一轴。当时荣之。琬少孤,自奋于学,锐意为古文辞。古文自明代肤滥于七子,纤佻于三袁,至启祯而敝极。国初风气还醇,一时学者始复唐宋以来之矩矱。

琬学术既深,轨辙复正,其言大抵原本于六经,灏瀚疏畅,颇近南宋诸家,庐陵、南丰,固未易言;接迹唐归,无愧色也。其叙事尤善,一时公卿志铭表传,必以琬为重。诗则兼范成大、陆游、元好问之胜。少年所拟六朝、三唐诸体,则夷然弃之。尝叹文章家好名寡实,鲜自重特立之士,故褒讥不少宽假。又性卞急,不能容人过,意所不可,辄面批折人,虽诗文小得失,不肯稍徇,以是人多嫉之。士友相传:"汪钝翁喜嫚骂人。"钝翁,琬号也。然坦率无城府,后进片语之佳,称扬不容口。遇其服善处,不难俛首至地。常语人曰:"学问不可无师承,议论不可无根据,出处不可无本末。”其大指如此。其所历京朝官，虽僚属皆有名迹可纪，为刑部郎，援经附律，务毋枉纵。为兵马司指挥，惩豪家奴以势凌胁人者，见路死暴尸，亲为收瘗。任满去，民送之者溢衢巷。再入户部，尽心钩校，议民输粮加漕赠外五米十银，为官收官兑法，而旗弁之横息；议裁吴三桂兵饷，以充国用，而强藩之势沮：其端皆自琬发之。琬前自辑诗文为类稿六十二卷，先刊板置之尧峰皆山阁；归田后十年，为续稿三十卷，又取明史列传稿、汪氏族谱及其父行略，为别集二十六卷刻之。后复取其惬意者，为尧峰诗文钞，嘱门人林佶缮之，惠周惕序之。世间多有其本，而类稿遂不显。

叶燮，字星期，浙江嘉兴人。父绍袁，明天启中进士。燮幼颖悟，年四岁，绍袁授以楚辞，即能成诵。及长，工文，喜吟咏。康熙九年成进士，十四年，选江苏宝应县知县，旋罢归，遍游四方。晚年乃定居吴县之横山，人因以横山目之。始燮之官宝应也，适三逆煽乱，军事旁午，地当南北往来之冲，接应靡暇日。县境滨临运河，东西延袤二百里，时虞溃决。又值岁谷不登，民乏食。燮极意经画，境赖以安。以伉直不附上官意，用细故落职，而嘉定知县陆陇其亦同时登白简，燮闻之不以去官为忧，以与陇其同劾为幸也。于是纵游泰岱、嵩高、黄岳、匡庐、罗浮、天台、雁荡诸山，海内名胜略遍。年七十有六，犹以会稽五泄近在数百里内未游为憾，复裹三月粮，穷其奥而归。归遂疾，越一年卒。燮言诗以杜甫、韩愈为宗，陈见俗障，扫而空之。其论文，与长洲汪琬不合，往复诋諆；及琬殁，慨然曰：“吾失一诤友，今谁复弹吾文者？”取向所短汪者悉焚之。寓吴时，以吴中称诗多猎范陆之皮毛而遗其实，遂著原诗内外篇，力破其非。吴人士始而訾謷，久乃更从其说。新城王士祯称燮诗古文镕铸古昔，能自成一家言。所著有已畦文集十卷、诗集十卷、原诗四卷、残馀一卷。

王命岳

王命岳，字耻古，福建晋安人。少受易于漳浦黄道周，家贫，有志尚。顺治十二年进士，改翰林院庶吉士。世祖章皇帝御试戡定云贵策，命岳以天下疮痍，物力未复，江楚协饷维艰，宜仿赵充国屯田西陲，以服诸羌，俟兵食既足，然后抵孙李之隙，一举可平。奏上，上异之，擢工科给事中。命岳上经国远图疏曰："国家所最急者财也。今岁入千八百一十四万有奇，岁出二千二百六十万有奇，出浮于入者四百馀万。通计国用所以不足之故，皆由养兵耳。各省镇满汉官兵俸米豆草之费，至千八百三十八万零，大兵所过，刍秣之费约四十万，其在京王公及百官俸薪、披甲月饷，不过二百万有奇耳。是岁费二千二百馀万，凡十分在用兵，一分在杂用也。今各行省之地，兵燹旱潦，荒田极多，宜令各省驻防官兵分地耕种，稍仿明洪武中屯田之法，给与牛种耕具饩粮，使自食其力，其为利甚溥。而今日不行者，由各将帅所隶兵丁，皆以仆从充数，下至厨役优伶，皆应兵名，故食粮有兵，充伍无兵，官有升迁，兵随官去，既无定兵，难议屯种。为今之计，当先核兵，使有定数，官有升降，兵无去来，然后可给地课耕，渐收富强之利。窃见今日因贼而设兵，因兵而措饷，因饷而病民，而民复为贼，辗转相因，实可隐忧。故深筹经国远图，而不为苟且目前之计。"议格不行。

已，复疏请复军屯卫官，曰："今日小丑未尽，用兵未休，师行粮食，所费不赀。不得已而取诸民，民穷势变，所伏隐忧，又有在意计之外者。夫富强之法，莫若兵屯。前陈经国远图疏已议格矣，大抵将帅乐责饷于官，而不乐责耕于民，故称不便耳。窃谓前明军卫屯田之制，当洪武中养兵百万，不费民间一钱。今天下各卫与食田之军具在，一举而清之，国家可崇朝而得数百万之饷、数百万之兵。请备言之：自我朝定鼎以来，胜国指挥、千百户等官，悉落职不袭，而军独拥田，又或典兑于乡绅富民之家，虽曰今日屯田，已派入民田纳粮，其实在胜国时，屯以养军，亦未尝不纳粮于官也。臣请按籍而稽其现属旧军管掌者，报名于官，官给新帖，人有限田，岁时操练，以备战守。无漕之地，专御封疆；有漕之地，更番挽运。其有绝户无人，或有人而已经典兑者，令自首以归于官，官选经制之兵，以补受屯之军。如此则经制之兵，不必处处皆设。按屯之数，可以得兵，养兵之费，不必仰给司农，按屯之数，可以得饷矣。而又复设指挥、千百户等官，以劳久功多之臣膺其任，世其子孙，官有长子孙之心，必有护桑梓之念，而债帅虐民之患息；军有世管之官，即安受约束之条，而奸猾偷盗之弊亡。此臣所以因清屯而请设官也。"时云南岁饷军九百万有奇，总括一省夏税、秋粮、盐课、矿商、鱼牛税，共正杂银止十六万有奇。命岳忧国计日绌，疏言："九百万两者，天下正赋，其数尚不及此。以尽天下之正赋，而奉一隅之滇南；以九百万之金，而营十六万顷之地；竭百姓脂膏以事边兵，则国必虚。国虚民怨，天下之患，不在云南馀寇矣。为今之计，急议兵屯，以纾国用。按云南原有旧屯计一万一千一百七十一顷零，科粮三十八万九千九百九十二石零，皆现有原种之军。今敕令巡抚责成原军换帖领种，永为世业。军既领田，即为我兵，籍其丁壮，复为劲旅。如军故丁绝，招人代垦，兵燹之后，牛耕种绝，抚臣暂发二十万金，借给军民，牛孳种收，经年销算，二十万金必无亏损，又可以收复三十八万九千馀石之旧额。不惟此也，官收额内，军馀额外，米粟既登，价值自贱。如天之庇，一石三金，则视今年每石二十金者，已省饷费四分之三矣，况贱于此者乎？臣惟平西王一意办寇，抚臣袁懋功一意办屯，庶兵食兼足，不致竭天下奉一隅，以酿祸患。"世祖下其奏，诏发银十万如所议施行。其馀上吏治、枢政、漕弊、救荒诸疏，皆军国大计。由工科历户、兵二科。既，乞假归，密访海盗情状，还朝，上靖寇四事：一曰审长短之形，明布置之法；二曰知接济之途与物；三曰收难民之心以破贼讹，用反间之术以携贼心；四曰芟除土贼以孤贼党，安插投诚以消隐患。上嘉纳之。

圣祖仁皇帝嗣位，奉使广东，却尚藩金，粤人以为吴隐之复生。浙江布政使员尽忠居官贪秽，吏部奏迁广东左布政使，制下矣，命岳劾其不职，请为粤东残黎驱除大憝，圣祖褒叹久之，曰："非王命岳，莫敢言。"寻迁刑科给事中，疏请敕下密议剿抚陈豹之策，又以肇、高、雷、琼诸郡兵饥且叛，请速处置，朝议欲裁天下教官，以其禄俸佐兵饷，抗疏力争乃止，上为动容。以议狱不当，坐谪官。康熙六年夏，直隶大旱，诏求直言，命岳犹草民间利病，讽有心者入告，尝以天子冲龄，万几之暇，宜披览古今以为法戒，乃录夏商至元明故实，名曰千秋宝鉴。书既成，未及上而卒，年五十九。时比之汲黯、田锡云。著有耻躬堂文集十八卷、读易杂卦牖中天一卷、读诗牖中天一卷。

梅清　梅庚

梅清，字润公，安徽宣城人。少读书，竟夜不倦。既长，英伟豁达，以博雅称。顺治十一年举人，再赴礼部试，不第。南北往还，周览燕、齐、梁、宋之间，士大夫多与之交。新城王士祯、昆山徐元文尤倾服焉。清所为诗，凡数变，当年壮气盛时，叱咤成篇，久之意不自满，取旧作校删过半，其沉挚缠绵之意，则见于岩栖旅食者为多，自订为天延阁前后集。晚岁又合未刻之稿，编为瞿山诗略，共三十三卷。康熙三十六年，卒，年七十五。清工书，仿颜真卿、杨凝式，画尤多奇气，尝作黄山峰十二幅，极烟云变幻之胜。清族人庚，与清齐名。

庚，字耦长。少孤，能力学，承其祖鼎祚、父朗中之传，益昌大之。善八分书，间作画，旷逸有雅韵，尤长于诗。同邑施闰章一见称赏，引为忘年交。客游京师，公卿咸为倒屣。性狷介，不妄投一刺，人以此益重之。康熙二十年，举江南乡试，为秀水朱彝尊所得士，亦游王士祯门，屡困公车。士祯主礼闱，复被黜。士祯赠诗，有"如何古战场，亦复失李华"之句。寻知浙江泰顺县，以经术佐吏治。邑苦岁修海船，庚莅任五年，累不及民，民德之。尝自作修船谣，人以比舂陵行。未几，以老告归，卒。著有天逸阁集。

刘体仁　刘榛　周在浚

刘体仁，字公勇，河南颍川卫人。顺治十二年进士。有家难，弃官，从苏门孙奇逢讲学。后官吏部郎中，与长洲汪琬、新城王士祯以诗文相倡和。体仁善鼓琴，尝于慈仁寺弹御风操，士祯赠诗，有“与君更作他年约，黄鹄山前访戴行”之句。京口黄鹄山，戴容所居也。后五年，果相遇黄鹄山下。其友素嗜琴，殁数年，体仁一日过其墓，停车酹酒，为操一曲而去。其标致如此。诗有奇气，刻削似孟东野。喜作画，鉴识甚精，与孙承泽以博古相高。尝仿云烟过眼录为识小录一册。诗初名蒲庵集，后为七颂堂文诗集，凡十四卷。“七颂”者，慕成连、陆贾、司马徽、桓伊、沈驎士、王绩、韦应物之为人，人为之颂，故以名堂也。

刘榛，字山蔚，河南商丘人。诸生。少聪颖力学，恒以古人自处。性冲穆，落落不妄交游。与睢州田兰芳、同里郑廉相友善。其文法，初得之同里徐作肃，以秀洁称，其后学益进，文益工，粹然儒者之言。四方以文字来请者无虚日，与兰芳齐名。中岁，历齐、鲁、吴、越，与当世贤士大夫盱衡古今得失、人物臧否，上下数千百年间，出其博考广览之所得，一一瞭然如指诸掌。孙奇逢、汤斌、宋荦亟称之。性至孝，以父早卒，不及逮事为憾，名其庐曰事庵。生母张教之极严，每予杖，拱手俯受，退则莱舞于侧以为常。尝从学使游两浙，忽念母辞归。生平以义自高，不恤人言，谤亦随之。然诸轻豪少年，遇榛广坐中，未尝不敛容屏息。窦克勤建朱阳书院，欲聘之，会卒，年五十六。著有女使韵统、虚直堂集诸书。

郑廉，字介夫，亦诸生。工古文辞，与相切劘。著有柳下堂集。

周在浚，字雪客，河南祥符人。官经历。父亮工，官户部侍郎，著有赖古堂集。在浚夙承家学，淹通史传，尝注南唐书十八卷，为王士祯所称。又尝合天发神谶碑三段，贯以巨铁，重为释文一卷，考证精审，论者谓可正金石、集古二录之误。工诗，尝作金陵百咏及竹枝词，流传最盛。著有云烟过眼录二十卷、晋稗、梨庄、遗谷集、秋水集。

吴兆骞　弟兆宜　顾贞观　杨宾

吴兆骞，字汉槎，江苏吴江人。少有隽才，童时作胆赋五千馀言，其师计名见之，诧曰："此子异时有盛名，然不免于祸矣。"及长，继复社主盟，才名动一世。时有"江左三凤凰"之目，谓华亭彭师度、宜兴陈维崧及兆骞也。顺治十四年，举于乡，以科场事逮系，遣戍宁古塔，居塞上二十三年，侘傺不自聊，一发之于诗。尝作长白山赋数千言，词极瑰丽。圣祖遣侍臣祭长白山，归献之，上动容，咨嗟。后其友顾贞观商于纳兰性德，徐乾学为纳锾。康熙二十年，蒙恩赦还。逾三年卒，年五十四。著秋笳集三卷、西曹杂诗一卷、前集一卷、杂体诗一卷、后集一卷、杂著一卷。兆骞骈体文惊才绝艳，诗风骨遒上，出塞后尤工。故当时以才人目之。弟兆宜。

兆宜，诸生。亦善属文，尝注徐、庾二集，又注玉台新咏、才调集、韩偓诗集，其笺释词藻，颇足备参考云。

顾贞观，字远平，江苏无锡人。康熙十一年举人，官内阁中书。贞观美风仪，才调清丽，文兼众体。能诗，尤工乐府。少与吴兆骞齐名。年二十馀，游京师，题诗寺壁。柏乡魏裔介见之，即日过访，名遂大起。兆骞以事戍宁古塔，贞观悉力为之赎锾，得入关，尝作金缕曲二阕以寄兆骞。纳兰性德见之曰："山阳思旧之作，都尉河梁之什，并此而三矣。"为人俊爽，敦古谊，闻塞外多暴骨，即募僧敛金，遍历战场，收瘗无算。又游踪所至，赎去乡鬻身者数家。晚岁移疾归，构积书岩，坐拥万卷。临殁时，自选诗一卷，授门人杜诏，不满四十篇。其嗜古淡，不自足如此。所作弹指词，声传海外，与陈维崧、朱彝尊称词家三绝云。他著有纑塘、积书岩等集。

杨宾，字可师，浙江山阴人。父坐友人累，偕妻戍宁古塔。宾年十三，上奉祖母，下携弱弟，艰苦备尝。圣祖南巡，宾与弟宝叩御舟，请代父戍，不得达。遂间关往侍，父殁，例不得归葬。宾走京师，日搏颡哀吁于当道舆前，有怜之者，为奏请更例，遂迎母奉父柩归。时称杨孝子。少聪慧，八岁能擘窠书。稍长，工诗古文，务为有用之学，不乐仕进。康熙十七年，侨寓吴门，巡抚举宾应博学鸿儒，力辞，去。侍父戍所时，著柳边纪略，"柳边"者，插柳为边，今宁古塔界。其书网罗巨细，足以订史书之谬，而补版图之缺。塞外人称杨夫子。诗主沉着，身后散佚，惟存一卷，皆辛苦愁惨之音。

计东 宋实颖

计东，字甫草，江苏吴江人，寄籍浙江嘉兴。工为文，年十五补诸生，声誉日起。顺治十四年，举顺天乡试。十八年，以江南奏销案，被黜。大学士王熙器重东，屡欲荐之，未果。会诏举博学鸿儒，而东已前一年卒，年五十二。东少负经世才，意气勃发，尝自比王猛、马周。始遭世变，著筹南五论，经画明晰，持谒史可法，可法奇之，以时势所值，弗能用也。伏匿里门，深自韬晦。既，贫无以养，始出就举。已而复黜，益放废，矢志纵游四方，自京师北走宣、云，南历漳、洺、邢、魏，东之济、兖，览山川之形胜，所至交其贤士大夫，相与投分赠言而去。外若不羁，内行修谨，事母至孝。尝从睢州汤斌讲学，寓书柏乡魏裔介论圣学知统录，历指程朱见知闻，知诸子之当补入者，又以统有正必有闰，陆氏之徒亦当择其行谊及论说近正者存之，以大著其防。若举而去之，其学终不可泯，宗之者反得藉为口实。所论殊有确见。又从长洲汪琬受欧曾义法，故作文具有本原，而一出以醇正和雅。初游河南时，见商丘宋荦，辄引重，目为严武、李德裕一流人。既，荦巡抚江苏，东殁已二十馀年，特序其遗文刊之，为改亭集十六卷，又诗集六卷。

宋实颖，字既庭，江苏长洲人。顺治十七年举人。康熙十八年，举博学鸿儒，罢归。后官兴化县教谕。少负盛名，一时有"江东独秀"之目。醇静寡欲，动止有常。至京师，辄摄衣据诸贵人上坐，意气岸然。自名公卿讫四方士，日夜持谒，以望见颜色为幸。既为慎交社宗主，提唱后学，士林重之。缪彤尝执经于门，其学得诸实颖为多。尝作黜朱梁纪年图论云："王莽不得为新，安禄山不得为燕，全忠岂独得为梁乎？且其时移檄，兴复唐室者，有晋、岐、蜀、淮南四国，或为唐之臣子，或为唐之世族，则唐实未尝亡也。今黜朱梁纪年，而以晋、岐、淮南之称天祐者为主。始于天祐四年，至后唐庄宗同光元年，而亦春秋书公在乾侯之义也。"学者服其持论之正。实颖一门节孝，母妻两弟皆死难。与计东称石交，以女字其子。无何，计东子殇，女不食，殉之。著有读书堂、老易轩、玉磬山房等集。

唐甄　余淼

唐甄，字铸万，四川达县人。父阶泰，明吴江知县。甄性至孝，侍亲官舍，亲疾衣不解带。及居丧，独处殡室，三年枕块席苫。痛故乡沦陷，遂卜地葬吴门之虎丘，顺治十四年举人，选山西长子县知县，导民蚕桑，以身率之，日省于乡，三旬而树桑八十万本，民业利焉。甫十月，以逃人诖误去官。僦居吴市，仅三数椽，萧然四壁，炊烟常绝，日采废圃中枸杞叶为饭，衣败絮，陶陶然，振笔著书不辍。曰："君子当厄，正为学用力之时。穷厄生死，外也，小也，岂可求诸外而忘其内，顾其小而遗其大哉？"乃研精覃思，著衡书。曰"衡"者，志在权衡天下也。后以连蹇不遇，更名潜书，书分上下篇：言学者为上篇，始自辨儒，终于博观，凡五十篇；言治者为下篇，始于尚治，终于潜存，凡四十七篇。其自述曰："上观天道，下察人事，远正古迹，近度今宜，根于心而致之行，如在其位而谋其政，非虚言也。"宁都魏禧见而叹曰："是周秦之书也！今犹有此人乎？"康熙四十三年，卒，年七十有五。又著有毛诗传笺合义、春秋述传、潜文、潜诗、日记。

余淼，字生生，四川青神人。明诸生。世袭锦衣卫。国变后，谋结勋卫子弟兵，杀流贼，不克，逃之江南，参戎幕。复去之鄞，遂家焉。所居借鉴楼，临西湖上，结七子诗社，日与诸名士唱和其中。淼年最长，群奉为祭酒。当是时，诸名士在湖上居者，有观日堂、南轩、岁寒馆，与借鉴楼相望，诗笺往复不辍。淼居楼中二十年，尝曰："吾虽死，犹当作湖上寓公。"全祖望谓自山东焦先生以理学居鄠大函山中，吾乡得私淑伊洛之传，其外刘正仲以授经，葛庆隆以诗，张玉田以卜，与青神余生生，皆寓公之生色者也。著有增益轩诗草。

毛际可　方象瑛

毛际可，字会侯，浙江遂安人。顺治十五年进士，授河南彰德府推官，改知城固县，调祥符。康熙十八年，举博学鸿儒，罢归。寻膺卓异，行取，赐袍服，以事去官。少负隽才，淹雅博闻，以文章名。居官有异政，为推官，翦进豪猾，归德防将倚势淫掠，穷治之，皆弃市；然于疑狱，多所平反。盗犯房有才等十三人，奏当大辟，力白其冤，释之。宰城固，值岁旱，祷涌泉洞之龙湫，下山即雨。及官祥符，巡抚闻其司刑有名，委以通省钦部件，戴星出入无虚日。直大兵过，有肆扰者，立白其帅，置之法。及归，益致力为古文，虚怀善下，辄好人讥弹其文。至于朋友往还，必以无所规益相督勉，尤乐汲引后进。四方从游，恒屦满户外。其学不及毛奇龄之博，而亦不似奇龄之强悍坚僻。二十二年，浙抚修通志，聘为总裁。康熙四十七年，卒，年七十六。著有春秋五传考异十二卷、松皋文集十卷、安序堂文钞三十卷、松皋诗选二卷、拾馀诗稿四卷、浣雪词钞二卷、黔游日记一卷。

方象瑛，字渭仁，亦遂安人。明少傅逢年孙。天资颖异，九岁能诗，十岁作远山净赋，惊其长老。少负气自豪，里中为文会，友人方苦吟面壁，象瑛与毛际可独握手修篁怪石间，纵谈天下事，诵所为诗歌。日向午，振笔直书，云舒涛怒，不可端倪。国初浙闽未定，避兵杭州，后复游鄴、游燕、游越、游楚。康熙六年成进士，授内阁中书。十七年，充顺天乡试同考官。十八年，以仓场总督严沆荐，召试博学鸿儒，列二等，授翰林院编修，与修明史。二十二年，四川平，补行乡试，充正考官；及还，为锦官集二卷，凡山川之厄塞、风土之同异，悉见于诗。寻迁侍讲，以告归家居。时苞苴干牍，一不至于门。邑多秕政，与仲兄象璜吁当道，岁省费以万计。卒之日，邑人为建思贤祠于城南。著有健松斋诗文集三十四卷、封长白山记一卷、松窗笔乘三十卷。

黄与坚　顾湄　王撰　王昊

黄与坚，字庭表，江苏太仓州人。童年颖悟，三岁能识字，五岁能诵诗。十四岁慨然有志于古学，欲遍读周秦以下书。甫三年读周末诸子及六朝以上者几尽，究心经术，辑解甚多，易学阐其一也。性拓落，与人交，当生死患难，不肯相背负。顺治十六年进士，授知县。康熙十八年，由江南巡抚慕天颜荐举，召试博学鸿儒，授翰林院编修，与修明史。二十三年，充贵州乡试正考官，寻迁赞善。明史告成，复命分修一统志，虽出入禁林，而所居委巷版门，竟日无剥啄声，凝尘蔽榻，寂寞著书，如穷愁专一之士。著有忍庵集，其文醇雅而不冶，简质而不繁，谨严而不夸；诗风情骨格在韩偓、元好问之间。吴伟业选娄东十子诗，以与坚为冠，其九人为周肇、许旭、顾湄、王撰、王撰、王抃、王摅、王昊、王曜昇也。

肇，著有东冈集。

旭，著有秋水集。

顾湄，字伊人，亦太仓州人。居州之凤里，事母以孝闻。其父梦麟长于毛郑之学，稽经缉传，自成一家。吴伟业尝访湄于其里，茅斋三楹，衡门两版，庭阶洁治，地无纤尘。出而叹曰："梦麟有子矣！"诗陶冶性情，清丽婉约，陈瑚以为远过元人。所著有水乡集。

王揆，字端士，亦太仓州人。顺治十二年进士。父时敏，字逊之，崇祯初以荫历官太常寺卿。工诗文，兼精隶画，画师黄子久，为海内所珍。与从子王鉴、弟子王翚，称"三王"，时敏尤为领袖。入国朝，隐居不仕。卒，年八十九。著有西田集。

揆承家学，与弟撰、抃、摅，结课赋诗，宗尚正轨。揆诗曰芝廛集，田雯甚称之。康熙十八年，巡抚慕天颜疏荐博学鸿儒，揆力辞。居乡，志切民生，尝请当事釐剔芦洲税课蠹弊，刘家河久淤，上书巡抚请浚凿之。

撰字异公。兼工画及隶书，有三馀集。

抃，字怿民，诗工乐府，有健庵集。

摅，字虹友，兄弟中尤矫矫，有芦中集。沈德潜谓太原王氏昆季多才，不啻过江王谢云。

揆，子原祁，官至户部左侍郎。

王昊，字维夏，亦太仓州人。束发授书，一过能记诵。稍长，涉猎书史，诗古文辞纵笔为之，并如宿习。作鸿门行兀奡惊拔，吴伟业叹为绝才。于娄东十子中，尤铮铮有声。性傲岸，不肯就省试。时吴下文社盛起，争欲致昊，昊亦具供张设为槃敦以应之。往来江浙间，与诸豪俊缔交好，家以是困。乃归筑当恕轩，寝处其中，研经绎史，授徒自给。康熙十八年，举博学鸿儒，召试，授正字。上以昊文学素著，念其年迈，加内阁中书衔。命下而昊已卒,年五十三。所著当恕轩随笔,时称博洽。又有硕园集。

弟曜昇,字次谷。诸生。与昊皆有文名,以奏销罣误,悒悒出游,入都客死。著有东皋集。

叶封

叶封,字井叔,先世籍浙江嘉兴。父长青,令黄陂,以殉节死,县人德之,因家焉,遂为湖北黄陂人。家贫,读书樊山下,益自刻苦。黄冈王泽弘闻而重之。顺治十六年成进士,除福建延平府推官。延有巨猾,善持官府短长,封按诛其魁,馀皆屏息。然折狱矜慎,他郡有冤者,皆愿得封谳之。缺裁,改河南登封县知县,劝开垦,革火耗,平徭役,厚储偫,息争讼,礼学校,兴教化,一切经术治之。县距河五百里,岁派河夫民费不赀。封条十事上之,巡抚佟凤彩纳其言,疏改民夫为官雇,邻郡皆德之。迁西城兵马司指挥。田雯、宋荦、曹禾、王又旦、颜光敏辈咸与唱酬。康熙十八年,荐试博学鸿儒,报罢。二十六年,铨授工部主事,封已卒,年六十五。封家武昌之樊湖,以渔钓自娱。洎宦游嵩阳,诗益雅健可诵。王士祯尝点定其慕庐集,又取其嵩山诸诗为嵩游集,序而刻之。他著有嵩志二十一卷,复旁求汉唐以来碑版文字,为嵩阳石刻集记二卷,辨证精博,人比之刘敞、薛尚功云。

董俞 田茂遇

董俞,字苍水,江苏金山卫人。顺治十七年举人。康熙十八年,举博学鸿儒,罢归。童时喜读古人诗,略上口,即能为声偶之言，与兄含并以才名显。尤善赋学，尝为镜赋、燕赋、采桑赋，清婉流丽，论者谓可与吴绮相颉颃。入都时，与王士祯相唱和。尝渡洞庭至鹿角山，风浪大作，覆舟蔽湖而下，僮仆震慑无人色，俞坦然危坐，赋二诗投湖中，竟得无恙。其镇静如此。俞父官少宰，本贵公子，江南逋赋之狱起，绅士同日除名者万馀人，俞隶焉。遂弃帖括，究极于风雅正变之间，爰及汉魏，下乞三唐，朝齑暮盐，萧然如寒畯，而其诗亦闳深涵演，非小乘所敢望。晚卜筑南村，灌园锄菜，啸歌自得，著有樗亭、浮湘、度岭等集。又与田茂遇同编高言集。

兄含，字阆石。顺治十二年进士，著有艺葵集、安蔬堂集。

田茂遇，字楫公，江苏青浦人。顺治十四年举人，授山东新城知县，〔一〕不赴。康熙十八年，举博学鸿儒，罢归。少负时名，善属文，读书穿穴经传，落笔为诗歌古文，衮衮不能自休。师夏允彝，以诗文雄于时。陈子龙尝以伟器称之。赴试时，客都门，与王崇简、魏裔介唱和成帙。与人交，倾身为之尽力，穷达盛衰，不得而移。尤好奖掖后进，妻孥终岁布衣粝食，客至则治具甚盛，留数月不厌。世谓茂遇家贫而能好客，才高而能好善。子龙殁后，代其子偿官田租。二十年，又为梓其遗集，谓人曰："无以偿黄门大德，生平每以为愧。"晚筑水西草堂，觞咏以老。选有燕台文钞、十五国风、高言集、清平词等书，所自著为水西草堂集。

【校勘记】

〔一〕授山东新城知县　"山东"原误作"直隶"。今据耆献类征卷四二六叶一〇上改。

吴农祥　王嗣槐　徐林鸿　陆次云

吴农祥，字庆百，浙江钱塘人。诸生。明中允太冲长子。少异敏，一览成诵。家富藏书，农祥登楼去梯，尽发所藏读之，学益博。与吴任臣齐名，武林呼为“二吴”。性耿介，不以私干人，族兄守苏州六年，宾客阗咽，农祥一以书问无恙而已。他日邂逅于可中亭，欲载与俱归，不可，则以缣置船中，农祥遽舍船去。康熙十八年，举博学鸿儒，罢归，著书自娱。总督李之芳既定闽乱，闻农祥名，请见，欲留之幕中，固辞。为文条贯五经，尤精于易，与萧山毛奇龄友善，然质疑辨难，不肯苟同。骈散文、诗赋、小词俱工。益都冯溥评骘诸人，古文称农祥、汪琬，骈文称农祥、陈维崧，诗赋称农祥、毛奇龄，小词推陈维崧、彭孙遹，又以农祥为首。其见重如此。康熙十七年，卒，年七十七。所著有萧台集二百四十卷、梧园杂志二十卷、流铅集四十卷、诗馀二十四卷，又啸台读史、绿窗读史、钱邑志林、唐诗辨疑。

王嗣槐，字仲昭，浙江仁和人。诸生。康熙十八年，举博学鸿儒，老不与试，授内阁中书。性简脱，与俗忤。日偕友人散发袒裸，嬉笑怒骂，不复知人间事，然慷慨善谈论，于书无所不窥。少工骈体，晚乃专为大家文，尤善作赋诗，与陆繁弨并推。益都冯溥延致邸第，与吴农祥、吴任臣、毛奇龄、陈维崧、徐林鸿，称为“佳山堂六子”。荐鸿博时，撰赓盛诗一百韵，又为长白、瀛台二赋，文词瑰丽。二十七年，太皇太后升祔，礼成，撰孝德广运颂，上南巡，奏献于灵隐寺。后群臣送圣驾，特召嗣槐至河干，温谕嘉许，观者荣之。尝谓太极图说出于北固老僧华山道士，疑非周子作，著太极图说论十四卷。论者谓可破图书之伪，有功易义。他著有桂山堂偶存、啸石斋词。

徐林鸿，字大文，浙江海宁人。钱塘诸生。康熙十八年，举博学鸿儒，罢归。工词翰，时娄东、云间、江左与武林诸名士，以文章震耀一时。林鸿以年少驰骋其间，争相引重。尝游豫章，涉江，笑谓送客曰："吾过洪都，惜子安已没，无可与言诗者。客或乞吾书，正恐麻姑碑版，羞见吾耳！"其简傲如此。尤善鉴别，顾豹文出雷尊饮林鸿，问曰："此何年制？"林鸿曰："北齐文宣帝天保六年，避暑晋阳宫作也。"验其下款识，果然。所学博通今古，凡山川险隘，钱谷盐策之出纳，律令格式之宽严，皆总其要。又工于奏疏，大吏交引自助。赋才浏亮，古诗音逼齐梁，近体和平婉丽，独不爱填词。有强之者，倚声歌之悉中律。其于史事，尤洞达本末，不曲徇党人之论。分撰通志，发凡起例，纲目秩然。论者以林鸿不与修明史为惜。性笃于友谊，汉阳王世显、南昌王猷定客死杭，太仓王昊、四明周容卒京师，皆为治丧。尝为贵阳使作龙番诸志。所自著有两间草堂诗文集四十卷。

陆次云，字云士，浙江钱塘人。康熙十八年，举博学鸿儒，罢归。后官河南郏县知县，以忧归。复起知江苏江阴县。居官有善政，去郏之日，民走送累百里。宰江阴，载酒征歌，风雅好客，一时名士至常郡者必过访。绩学能诗文，所为诗本性情，时有新意。著述甚富，有八纮绎史四卷、纪馀四卷、八纮荒史二卷、峒溪纤志三卷、志馀一卷、湖壖杂记一卷、北墅绪言五卷。其馀论经史者，有尚论持平二卷、析疑待正二卷、事文标异二卷，又有澄江集一卷、玉山词一卷。

顾景星　张仁熙　刘醇骥　王戬

顾景星，字黄公，湖北蕲州人。性颖悟，六岁能作赋，八九岁遍读经史，目数行下，时称圣童。为文纵横奥衍，与广济张仁熙、竟陵胡承诺俱著名江汉间。熊文灿挈海贼过蕲，诸贼中张献忠尤黠。景星年十六闻之，曰："熊公不得死所矣。"明年，献贼果焚榖城叛，福王立授景星推官，马士英使人密招，却之。因浮家淀湖，为长隐计。康熙十八年，以贡生举博学鸿儒科，因病不与试。居京师，与施闰章友善，出所为诗嘱为之雠校，闰章称其恢博雄悍，不让古人。景星记诵淹博，才气尤不羁，著述富赡。归后杜门息影，翛然遗世，颜其堂曰白茅，取易无咎之义也。有白茅堂集四十六卷、读史集论九卷、䁥池录一百十八卷、顾氏列传十五卷、南渡来耕集七十三卷、阮籍咏怀诗注二卷、李贺诗注四卷。

张仁熙，字表仁，湖北广济人。明诸生。家多藏书，年十一，属文有奇气。文宗尚王李，谓归太仆秀善而衷于宋氏之理，秀善则易柔，衷于宋氏则理信而诎于气，乃贯穿史学，慨然思有以见用于世。与同里刘醇骥相切劘，文震孟极赏之，自是名著江汉间。流寇躏楚，职方杨又先议安插格里眼、左金王诸降贼蕲黄山后，号曰"新民"。仁熙奏记，谓新民坐食民粟，而弗佃旧民之亩，食且尽将去而蚕食他方。公乃以为槛虎，不忧其饿而噬人，误矣。昔武侯兵民杂处渭滨而不乱，以屯田耳。项襄毅之于房、竹，王文成之于桶冈、大藤，亦在操纵有方，始能镇服。"后卒如所料。国变后，山居谢绝贵游，宋荦守黄州，于雪堂筑东斋，延仁熙与论诗。仁熙谓时弊虽深，慎勿相救。公安救历下失于佻，竟陵救公安陷于孱。时以为知言。会诏中外臣荐隐逸，尚书吴正治诸人欲举仁熙，或以为不可屈，遂止。尝自结五经社，与从兄肆力于学，垂老犹进，曾玄孙，口授六经大义，书法在颜、米间。卒，年八十四。著有藕湾诗集十卷、二集十卷、文集九卷、雪堂墨品一卷。又有日庵野录、雨湖庄论别录、草窗秘录、近诗文都三十卷。

刘醇骥，字千里，亦广济人。生而有文在手曰"历"。及长，治诗古文辞，诗宗盛唐，五七言近体尤工，文宏丽，生狞奡兀，几不能句，或讥之，益自喜。年过壮，始悔之。尝自序其诗云："奉嘉隆间二三名人集，要去其袭迹，以近古为是。不能作宋元下廉纤支折语。"又作钟惺谭元春传，谓："学王李未至，袭风格，备铿锵，犹俟诸三馀。俭儒苦古帙浩繁，便援公安、竟陵，而以其窍鸣也。"其不肯附和时流，类如此。又究心儒先书，以岁贡入都，与魏裔介、曹本荣、魏象枢讲业极欢，或劝之仕，曰："吾固不任是也。"遂归，李呈祥分巡兴国，率博士弟子数十人迎至赤庵，师事之。康熙十四年，卒，年六十九。所著书诗、赋、传记、〔一〕通书五经诸解、大易论、语孟解、学庸古本解，共百卷。已刊行者，古本大学解二卷、芝在堂集十五卷。卒后同里金德嘉晤裔介、象枢，皆啧啧称醇骥君子云。

王戬，字孟穀，湖北汉阳人。康熙四十七年，副贡生。嗜学好古，于书无所不窥。工诗古文辞，下笔千言立就。与同邑李以笃、彭心锦、文师鸿、江颖齐名，时称"汉阳五家"，又称"楚中二王"。前湘潭王岱，后戬也。诗宗温李，一洗近调。少刻意研究，上下千古，源流派别，瞭如指掌。既受业王士祯门，乃尽变少作，蓄才于法，一以气韵为主。士祯谓其“衔华佩实，自名一家。楚才自胡承诺、顾景星而外，仅见此人”。居京师时，汤右曾、吴士雯咸推重之，文酒唱和无虚日。善饮，彻夕不辞。座客出僻典相难，辄曰：“出某书某卷。”其淹雅如此。后中外辟举山林隐逸九人，戬与焉，不赴。性笃孝，父士乾，教授长沙，为人诬讼罢官，徒步走三千里诉于司寇，事得白。著有突星阁诗集。

【校勘记】

〔一〕所著书诗赋传记　原脱“书”字。今据耆献类征卷三九七叶六四下补。

刘献廷

刘献廷，字继庄，顺天大兴人。先世本吴人，〔一〕以祖父官太医，遂家顺天。献廷年十九，复寓吴，居吴江者三十年。晚更游楚，复之燕，后返于吴。康熙三十四年，卒，年四十八。少颖悟绝人，嗜读书，竟夜不卧。父母禁不与膏火，则燃香代之，因眇一目。及长，博览经史百家，慨然负大志，不肯为词章之学。尝言：“圣人所以谓人为天地之心者，以天地不能为者，人心之知能为之。剥复否泰，存乎运而转移之者心之仁。〔二〕人苟不能斡旋气运，徒以其知能为一身家之谋，则不得谓之人，何足为天地之心哉？”故其为学主于经世，自象纬、律历以及边塞、关要、财赋、军器之属，旁而岐黄者流，以及释道之言，无不留心。生平讲学之友，严事者无锡顾培、衡阳王夫之，而尤心服者南昌彭士望也。

昆山徐乾学善下士，又多藏书，大江南北宿老争赴之。献廷游其间，超然独得，议论不随人后。鄞万斯同于书无所不读，最心折献廷，引参明史馆事。顾祖禹、黄仪长于舆地，亦引献廷参一统志。献廷谓诸公考古有馀，而犹未切于实用。

其论向来方舆书，大抵详于人事，而天地之故概未有闻。当于疆域之前，别添数则，先以诸方之北极出地为主，定简平仪之度，制为正切线表，而节气之后先、日蚀之分杪、五星之陵犯占验，皆可推矣。诸方七十二候，各各不同，如岭南之梅十月已开，桃李腊月已开；而吴下梅开于惊蛰，桃李开于清明，相去若此之殊。今世所传七十二候，本诸月令，乃七国时中原之气候。今之中原，与七国之中原不合，则历差为之。今于南北诸方，细考其气候，取其核者详载之为一则，传之后世，则天地相应之变迁，可以求其微矣。燕京、吴下水皆东南流，故必东南风而后雨，衡湘水北流，故必北风而后雨。诸方山水之向背分合，皆当按籍而列之，而风土之刚柔，暨阴阳燥湿之征，又可次第而求矣。其论水利，谓西北乃二帝、三王之旧都，二千馀年未闻仰给东南。何则？沟洫通而水利修也。自刘石云扰，以讫金元，千馀年不知水利为何事。故西北非无水也，有水而不能用也。不为民利，乃为民害，旱则赤地千里，潦则漂没民居，〔三〕无地可潴，无道可行。虞集始奋然言之，郭守敬始毅然行之，未几竟废，三百年无过而问者。有圣人者出，经理天下，必自西北水利始。西北水利莫详于水经郦注，虽时移势易，十犹可得六七。郦氏略于东南，人以此少之，不知水道之当详，正在西北。欲取二十一史关于水利、农田、战守者，详加考核，附诸家论说为之疏，以资异日施行者之考证。又言朱子纲目非其亲笔，故多迂而不切，而关系甚重者反遗之，当别作纪年一书。凡献廷所撰著，其运量皆非一人一时所能成，故虽言之甚殷，而难于毕业，是亦其好大之疵也。

其生平自谓于声音之道，别有所窥，足穷造化之奥，百世而不惑。尝作新韵谱，其悟自华严字母入，而参之以天竺陀罗尼、泰西腊丁话，小西天梵书，暨天方、蒙古、女真等音，又证之以辽人林益长之说，而益自信。同时吴殳自谓苍颉以后第一人，献廷则曰："是其于天竺以下书皆未得通，而但略见华严之旨者也。"献廷之法，先立鼻音二，以鼻音为韵本，有开有合，各转阴阳上去入之五音，阴阳即上下二平共十声，而不历喉腭舌齿唇之七位，故有横转无直送，则等韵重叠之失去矣。次定喉音四为诸韵之宗，而后知泰西腊丁话、女真国书、梵音尚有未精者，以四者为正喉音，而从此得半音、转音、伏音、送音、变喉音，又以二鼻音分配之，一为东北韵宗，一为西北韵宗，八韵立而四海之音可齐。于是以喉音互相合，凡得音十七，喉音与鼻音互相合，凡得音十。又以有馀不尽者三合之，凡得音五，共三十二音为韵父，而韵历二十二位为韵母，横转各有五子，而万有不齐之声摄于此矣。尝闻康甲夫家有红毛文字，惜不得观之，以合泰西腊丁话之异同。又欲谱四方土音，以穷宇宙元音之变，乃取新韵谱为主，而以四方土音填之。谓诸方有土音，又有俚音，盖五行气运所宣之不同，各谱之为一则，合之土产，则诸方人民性情风俗之征，皆可推而见矣。又言："圣王之治天下，自宗法始。无宗法，天下不可得治。宜特为一书以发明之。"亦未就。故有赀数千金，以从游者众，有困乏，或罹患难，则倾赀济之，用是遂匮。倦游归，方谋与同志著书，不一年而殁。殁后，其弟子黄宗夏，辑其遗书为广阳杂记，鄞全祖望称为薛季宣、王道甫一流云。

【校勘记】

〔一〕先世本吴人　“人”原误作“中”。今据耆献类征卷四一四叶三三下改。

〔二〕存乎运而转移之者心之仁　原脱上“之”字。今据耆献类征卷四一四叶三一下补。

〔三〕潦则漂没民居　“漂”原误作“湮”。今据耆献类征卷四一四叶三六上改。

黄仪　钮琇

黄仪，字六鸿，江苏常熟人。精舆地学，尝谓班固地志所载诸川，第言其所出所入，而中间经历之地，不可得而闻，惟水经备著之。然非绘图不能了然心目，乃反覆寻究，每水各为一图，凡都邑建置沿革、山川险易，皆缕析而条分之，参伍错综，各得其理。阎若璩尝问仪：“后汉志温县济水出，王莽时大旱遂枯绝，是河南无济，今且千六百七十馀年矣，何郦道元言之详且析也？”仪曰：“新莽时虽枯，后复见，郦氏所谓其后水流径通津渠，势改寻梁脉水，不与昔同是也。只缘杜君卿不信水经专主司马彪志，窃以彪不过纪一时灾变，非谓永不截河南过也。”仪又言：“赵奢解阏与之围，阏与有四：水经注梁榆水径梁榆城南，即阏与故城也，赵奢破秦于此。卢谌赋云访梁榆之虚郭，吊阏与之旧平。梁榆城今在辽州和顺县。括地志阏与聚落，今名乌苏城，在潞州铜鞮县西北二十里，赵奢破秦军处。铜鞮今沁州。上党涅县有阏与聚，刘昭注云，史记赵奢破秦兵阏与，涅在今武乡县，隋地理志武安县有阏与山在县西南五十里，即赵奢拒秦处，武安属今彰德府磁州，若在武安去邯郸仅六十里，何烦奢卷甲而趋之二日一夜乎？当在潞州者近是矣。"尚书徐乾学奉诏修一统志，开局洞庭山，仪与阎若璩、胡渭及常熟顾祖禹，并入幕分纂，从前或有沿误者，悉用其说厘正焉。仪又著有订晋书地理志。诗学晚唐，词亦俊迈，吴江钮琇称之，谓可追响东堂，齐踪西麓。晚岁移居邑之莺沙，著有纽兰集。

钮琇，字玉樵，江苏吴江人。康熙十一年拔贡生，历知河南项城县、陕西白水县，兼摄沈丘、蒲城事，后终广东高明县。项城多旷土，民逋赋逃亡。琇悉捐旧逋，具牛种以招徕之，皆复业。其由项城署沈丘也，始至阅狱，有男女六人讼系已十七年，问之，乃江南之狱所株连者。琇毅然释之，以状闻，上官使归故籍。前令方迁太常博士，将行，诣琇拜曰："我在官十三年，不敢出此人；君到三日即释之，才识过我多矣！"蒲城岁方祲，白昼剽劫，率吏卒捕其魁，沉诸河。其馀党之蔓延者，村民缚以来，尽杀之，盗乃息。高明虽小邑，正供之外，尚有杂税。听民输纳，岁不过十一二，公需不给，则省官用以足之。邑有地名大沙围，赋繁而多水灾。琇下车，即鸠工筑堤数百丈，自是水潦无害。卒于官，旅榇萧然，越数年，乃得归葬。高明人祀之名宦祠。琇博雅工诗文，簿书之暇，不废笔墨。宰高明时，成觚賸一书，记明末国初杂事，能举见闻异词者折衷之，可补正史之阙。其文幽艳凄动，有唐人小说之遗。诗少作，惊才绝艳，方驾齐梁。中岁则婉丽悲激，长于讽谕。如和杜秋雨叹、泣柳词，皆有关理乱，足备诗史。著有白水县志十四卷、临野堂集十三卷、文集十卷、诗馀二卷。

邵远平　姚之骃

邵远平，初名吴远，字戒三，浙江仁和人。康熙三年进士，改翰林院庶吉士，散馆授户部主事，荐升郎中。十四年，督学江西，升光禄寺少卿。十八年，江西巡抚佟国桢荐应博学鸿儒，召试，授翰林院侍读。二十年，充广东乡试正考官，迁庶子。二十二年，充日讲起居注官，晋翰林院侍读学士，擢詹事府少詹事，与修一统志。寻致仕归，息影湖庄，杜门谢客，以琴史自娱，于世务泊如也。圣祖南巡，御书"蓬观"字以赐，乃自号蓬观子。性耿直，不喜媕阿。视学江右时，值滇逆叛，然士子至者，辄随其后先试之，甲乙殿最，取决俄顷，无不惊服。

远平高祖经邦，明正德进士，刑部主事，迁员外郎。建言获罪。著弘简录一编，自唐迄宋，以辽金附载之，于元未遑及。远平循其例续之，去旧史之重复鄙俚，博征信于载籍，以为元之不足者文也，入制诰于帝纪，采著作于儒林，补以熊禾等十六人传，而于文苑，分经学、文学、艺学三科，悉加甄录，至于忠臣、义士，采辑尤多。惟十三志不存，然分载于纪传，阙者以补，晦者以明，凡四十二卷。朱彝尊称其用高曾之规矩，损益三十史官之词，傅以华采，一家之学，非官局所能逮也。别著有史学辨误、戒三文存、河工见闻录、京邸、粤行等集。诗酷摹唐音，颇见宏赡。其京邸集多典礼纪颂之章，世竞传之。

姚之骃，字鲁斯，浙江钱塘人。康熙六十年进士，改翰林院庶吉士，官至御史。之驷为诸生时，值四十六年圣祖南巡，以所著类林新咏进呈，蒙留乙览，梓以行世。生平博雅好古，尤长于史学，尝蒐辑后汉书之不传于今者八家，凡东观汉记八卷，谢承后汉书四卷，薛莹后汉书、张璠后汉记、华峤后汉书、谢沈后汉书、袁山松后汉书各一卷，司马彪续汉书志四卷，总二十一卷，名曰后汉书补逸。又尝摘取元明诸书，分门杂载，为元明事类钞四十卷。元时故实载于说部者最少，之驷志疆域，则引刘郁西使记，以证拓境之远；志任官，则引经世大典，以证铨法之密；又如引诗会小传以志马祖常之耿直；引名臣言行录，以志霍肃公之公正：皆足补志传所未备。至记宫殿一门，杂取元掖廷记、元人诗集，搜罗甚博，更可与析津志诸书相参云。

沈珩　沈光邦

沈珩，字昭子，浙江海宁人。康熙三年进士，授内阁中书。十八年，召试博学鸿儒，授翰林院编修，与修明史。二十年，充顺天乡试副考官。明年，以疾乞归。性警颖嗜学，少事制举业，辄见知先达诸名家，识者知其器识不凡。其学以穷经研理为务，屡会诸生讲太极图说、西铭、白鹿洞规及性理、经术诸书，有龙山齐安诸会语，欲学者于日用事务间，求致知力行之要，阐明濂、洛、关、闽之传。论交当世，同人有辨及异同者，珩瞿然曰："今日当论邪正，不当论是非。"闻者缩舌。所为文规仿庐陵，自少迄老，丹铅不去手，著述甚富。已刊者为耿岩文钞初集、二集及诗集。卒，年七十七，时康熙三十四年也。珩留心经济，会里中揭竿索饷，族人愤之，珩蹶足曰："此不可以愤为也，愤则无噍类矣。"佯与之约饷千金，卒擒其魁。归后寓鸳湖，时嘉兴同知孙曰恕督修海船，访珩于僧寺，珩引唐代转运船场之利病，见于眉山之论者以为说。孙大称善。后水师平海寇，孙曰恕所部，樯橹之助尤多云。

沈光邦，字廷飏，浙江临海人。康熙十七年举人，官内阁中书，迁福建漳州府同知。未之任，卒。少颖异，能自制刻漏壶，尝精求易说，取河洛象数，以探先后天成卦之由。参朱子启蒙三角六角乘除勾股之法，配以天文律吕，在星象设作三圈，在律管分用八变，适与六十四卦纵横上下自然相生。积二十年，书成，名易律通解。后宋世荦读之，谓论奇而法深，合易义，足为后学津梁。精算术，树臬以测日影，翦纸为仪象，以求日月星辰之次舍，与阴阳寒暑之推迁，皆不爽毫发。而尤深于律学，纵考古今律法，上自隶首，下及汉唐以后诸家，皆穷其旨要。幼年读书楼上，足不下楼者三年。受知于李绂。所为诗多精湛之思，有香鱼十二咏、爆竹八十韵，盛传于时。

陆棻　徐嘉炎

陆棻，字义山，浙江平湖人，原名世枋。幼时大兵南下，收平湖，父被执，棻奔赴求代，营将指扇上诗示之曰："儿能读是，即救汝父。"棻朗诵曰："收兵四解降王缚，教子三升上将台。此宋人赠曹武惠诗也，将军不杀人，即今之武惠矣。"营将喜，挟与北，育之，为所器重。将议昏，以先问名于杨，辞归，遂补诸生，入国学，试授中书。康熙六年成进士，管内秘书院典籍。十八年，以荐召试博学鸿儒，列一等，授翰林院编修，分纂明史。寻迁詹事府左春坊左赞善。二十九年，充福建乡试正考官。三十二年，充顺天武乡试副考官。旋奉命直南书房，上召至乾清宫暖阁，出五台山金莲花，限韵赋诗，立就，蒙优奖。三十三年，大考列第一，超擢内阁学士，兼礼部侍郎衔、总裁诸书局。在阁时，长至奏勾决本，棻请出矜疑二十馀人。后一年，告归。棻天性孝友，笃志承欢，与伯兄南雄府知府世楷友爱，世楷先逝，棻教养遗孤，俾成立。居处简易，虽贵显欿然不自足。其读书务精察，不计卷帙，行文未尝拘一格，顾必及于格。尝谓缁衣曰，言有物而行有格，格者法也，车涂有九轨，仍一轨耳。与世楷及谭璁、谭瑄、朱彝尊共学，棻作正统论五篇，与四人论议不合，论成皆韪棻言。三十八年，卒，年七十。所著雅坪文稿十卷、诗稿四十卷、词谱三卷、应试进呈诗文合刻一卷。又编历朝赋格十五卷，起自荀卿、宋玉，下迄元明，分三格五类，为赋家准则。

徐嘉炎，字胜力，浙江秀水人。明兵部尚书必达曾孙，与松江夏存古、嘉兴钱不识，警敏相颉颃，有“三神童”之目。又与从父善同席研，人称“大小阮”。康熙十八年，以户部侍郎于可托荐，由国子生召试博学鸿儒，列一等，授翰林院检讨。嘉炎在史馆中，著作迥异恒人。二十年，大兵收滇黔，群臣皆献颂，嘉炎亦仿铙歌鼓吹曲，自圣人出至文德舞，因事立名，凡二十四章。二十四年，元夕，圣祖于南海大放灯火，使臣民纵观，又作红门花火记，皆称旨。嘉炎强记绝人，九经诸史均能成诵。阎若璩护短而善争，见嘉炎每折服之。尝侍直，上命背诵咸有一德全篇，不失一字，至“厥德靡常”数语，则敛容奏曰：“臣不敢诵。”上为嗟异。又问宋元祐三党诸人是非，嘉炎数对诸人姓名始末，及先儒论断优劣，语甚详，特赐御书临苏轼诗一卷。二十五年，充日讲起居注官。二十九年，充贵州乡试正考官，荐升内阁学士，兼礼部侍郎衔，充三朝国史及会典、一统志副总裁官，以疾告归。赐御书“直西清”额及对联诗幅。著有抱经斋集二十卷。

任辰旦　徐咸清

任辰旦，字千之，浙江萧山人。康熙六年进士，授江苏上海县知县。十八年，举博学鸿儒，报罢，复以良吏荐。二十二年，入为工科给事中，迁兵科。二十三年，充湖广乡试正考官。二十五年，转大理寺丞，以忧归，卒，年七十。幼奇慧，与毛奇龄同学，诵贾长沙疏，三过即成诵，旬日不忘，奇龄甚敬之。尝为权书十篇，以示有用。善诗文，然不多作，偶为之，穷极工丽，擅庾鲍之胜，辄弃去不存。官上海时，量减额租，及修筑黄龙浦闸，民利赖之。大兵南征，州县趣造鸟船渡湖，驿骚遍村堡，辰旦入乡度木，百姓独遮道，饷以茶枣，得木皆给以值，民各辞金，揖让林木间。辰旦命不取值者，即还其木，乃领去。奇龄尝作上海集课记，以纪其绩。官给事中时，疏五上，请酌减苏松赋额，以遂民生；预筹经费，以贻良法；慎用人以肃纪纲；核廉贪以饬吏治；酌藩司护印以重宪职：言皆切直。陈鹏年为辰旦典试所得士，传其学。著有介和堂诗文集二卷、言近录一卷。

徐咸清，字仲山，浙江上虞人。国子生。康熙十八年，举博学鸿儒，罢归。少奇慧，一岁能识字，五岁通一经。甫束发，即以文章名。娶商周祚女，嗜学能诗，就稽山辟广庭，构药栏，设长筵，发所藏书，暇辄与之博考群籍，抽牍赋诗。女昭华执经于毛奇龄，亦有诗才。咸清洞精字学，于三苍、尔雅诸书，自李程以下，正变沿革，源流瞭然。又博极坟典，恣其考核，古今篆隶，无不殚晰。尝取训纂、说文、玉篇、玉海，以正字形；取切韵、唐韵、广韵、集韵，以正字声；而纵考经史子集，暨唐、宋、元大小篇帖，凡有系于说文者，悉搜采以正字义，名曰资治文字，凡一百卷。毛奇龄称其订证之确，引据之博，为古今巨观。入都时，高阳李霨工小学，与论字，辨诘是非，深为折服。罢后，冯溥荐之，会有沮之者，遂止。归十年，卒。

颜光敏　李澄中　曹贞吉　谢重辉　王苹　张笃庆

颜光敏，字逊甫，山东曲阜人。颜子六十七世孙。幼好读书，九岁工行草，十三娴诗赋。康熙六年进士，除国史馆中书舍人。会圣祖幸太学，加恩四氏子弟之官于朝者，光敏由中书授礼部主事。次年，充会试同考官，出督龙江关税务，调吏部主事，荐升考功司郎中，充一统志纂修官。光敏书法擅一时，尤工诗，辇下称诗有十子之目，谓田雯、宋荦、王又旦、丁澎、曹禾、曹贞吉、谢重辉、叶封、汪懋麟及光敏也。新城王士祯尝曰："吾乡后来英绝，当让此人。"其五言原本三谢，七古在李颀、杜甫之间，近体秀逸深厚，出入钱刘。吴江计东谓以此鼓吹休明，即孔颜世室中之乐府琴瑟也，当时以为知言。读书折衷群儒，言自出新义，其于大学章句，持论尤断断。雅善鼓琴，精骑射、蹋鞠。喜山水，尝西登太华，循伊阙，南浮江淮，观涛钱塘，溯三衢，凡所游历，光敏必命画工为图，得金石文，恒悬之屋壁。性孝友，厚于睦族。居乡以礼让人，立朝遇政事侃侃不阿，有一善未尝自矜也。眉宇英异,锐意读书,明于律法、勾股之数。著有未信编、乐圃集、旧雨堂集、南行日记。二十五年,卒,年四十七。颜氏多以忠孝文学著。

光敏兄光猷,字秩宗。康熙十年进士,改翰林院庶吉士,散馆授刑部主事,历升郎中,外擢河东盐运使。著易经说义、水明楼诗。

弟光敩,字学山。康熙二十七年进士,改翰林院庶吉士,散馆授检讨。三十二年,充浙江乡试正考官。次年,提督浙江学政。清白自励,杜绝干请。去任时,浙人为立清德碑。

李澄中,字渭清,山东诸城人。始生时,父梦李攀龙入室。少颖异,弱冠工为文,试必冠诸生。尤好为诗,今体学盛唐,古体学汉魏。时方趋宋元诗,鲜知之者,久始翕然宗之。康熙十八年,召试博学鸿儒,授翰林院检讨,充明史纂修官,奋笔侃侃无所避。尝召赴瀛台,泛舟赋诗,称旨,赐予稠叠。大学士真定梁清标嘱为文,操纸千言立就,曰:"真奇才也!"由赞善历升中允、侍讲。二十九年,充云南乡试正考官。或以多金遮马首,澄中勃然曰:"敢以此污我耶?"疾斥之去。比还,行箧萧然。孝竹松子石而外,诗数册而已。寻转侍读。年六十六,告归。澄中橐笔侍从,十有三年,衣食粗自给。及归,以长子为寡嫂胡氏后,又为外曾祖邱氏立嗣,皆割田予之。坐是家中落,退居潍上,茅屋数椽,仅蔽风雨,亦终无戚戚意。三十九年,卒。

国初诗人,山左为盛,澄中与莱阳宋琬、新城王士祯兄弟、安丘曹贞吉、曲阜颜光敏,后先并起,各有所就,了无依傍,故诗家以为难。著有卧象山房集三卷、附录二卷、日云邨集八卷。

曹贞吉，字实庵，山东安丘人。康熙三年进士，官至礼部郎中。生而嗜书，以歌诗为性命。始得法于三唐，后乃旁及两宋，泛滥于金元诸家，所为诗，气清力厚，一往情深，而不喜矜言体格。尝为黄山纪游诸作，宋荦见之曰："此山名作，向推虞山，今被实庵压倒矣。"在京师时，和王士祯文姬归汉等长歌，极有笔力。士祯选十子诗略，贞吉与焉。间倚声作词，追踪宋人。吴绮名家词选，以为压卷，流传江左，一时推为绝唱。为人介特自许，意所不欲，万夫不能回。以是多取嫉于人，而亦以是为清议所重。尤笃于师友，尝从施闰章游，闰章殁，经纪其后，不遗馀力。每与汪士鋐话及往事，涕泗交颐。所作拜愚山野殡三章，低徊欲绝。著有朝天鸿爪、黄山纪游等集。其后人汇刊之，曰珂雪诗。然士祯感旧集所撰诸诗，皆不见集中，盖全稿多散失云。

谢重辉，字千仞，山东德州人。以父荫起家，官刑部郎中，引疾归。博雅好古，工诗。与侍郎田雯齐名，为王士祯所推，名在康熙十子中。王士祯尝称其去肤存骨，去枝叶存老干，后世有元次山、杜清碧其人，当相赏于弦指之外。居官以清节著，不名一钱。尝监崇文门税，至于缺额。晚所诣益进，十子诗略中，盛年传作，概削不存。有杏村诗集七卷。

王苹，字秋史，山东历城人。世居浙之杭州。父钺官江南上元县卫守备。流寓济南，居泺水之浒。苹性孝，好读书，负奔轶之才，嗜古好奇，视乡里间举无足当意者，人以狂士目之。尤致力于诗，闭门苦吟，绝交游。王士祯赏其诗，并奇其人。德州田雯过历下，见其诗，物色之，称于巡抚张鹏，延见，讲布衣之好。

既友蒲州吴雯，所为诗益清拔绝俗，有“乱泉声里才通屐，黄叶林间自著书。黄叶下时牛背晚，青山缺处酒人行”之句，时称为王黄叶。康熙四十五年成进士，授知县，以母老，改就成山卫教授。成山近海僻陋，苹载书往，集诸生晨夕讲论，人始知学。岁馀，以养母乞归，白头侍奉，孺慕若小时。盖其笃孝质直，立身有本，异于薄俗诗人之有文无行者。所居近望水泉，元于钦所编七十二泉之第二十四也，自称七十二泉主人。五十九年，卒，年六十。所著曰二十四泉草堂集，又有蓼村文集四卷。

张笃庆，字历友，山东淄川人。康熙二十五年，拔贡生。学殖淹博，洋洋纚纚，动辄千言。少受知于学政施闰章，会有博学鸿儒之征，或有欲荐之者，笃庆力辞。既贡京师，公卿耳其名，问字唱酬者，屦满户外。应京兆试，不利，归而杜户，卧昆仑山下，益发愤著书。诗以盛唐为宗，歌行尤擅场，不失空同、大复家法。所著有班范肪截、五代史肪截、两汉高士赞、八代诗选，诗文名昆仑山房集。

乔莱

乔莱，字子静，江苏宝应人。父可聘，明末御史，以伉直著声。莱，康熙六年进士，授内阁中书。十一年，充顺天乡试同考官。十八年，礼部主事赵随举应博学鸿儒，召试，列一等，授翰林院编修，与修明史。二十年，滇黔平。二十一年二月，补行乡试，命莱为陕西正考官，还充实录馆纂修官。二十四年，大考一等四名，间日覆试，列第五，上褒其“学问优长，文章古雅”，充日讲起居注官。寻擢中允，纂修三朝典训，迁侍讲，转侍读。会御史奏浚海口泻积水，而河道总督靳辅上言浚海口不便，请于邵伯、高邮间，置闸泄水，复筑长堤抵海口，以束所泄之水，使水势高于海口，则趋海自速。下廷臣议，多是河臣言。适莱入直，召问，莱疏陈四不可行，略言："河臣议开大河，筑长堤，堤在内地者，高丈六尺，河宽百五十丈；近海者堤高一丈，河宽百八十丈。势必坏陇亩，毁村落，不可行一。河臣议先筑围埂，用车踏去埂内之水，取土筑堤，淮阳地卑，原无干土，况积潦已久，一旦取土积水中，投诸深渊，工安得成，不可行二。河臣欲以丈六之堤，束水一丈，是堤高于民间庐舍多矣，伏秋风雨骤至，势必溃，即当未溃之时，潴水屋庐之上，岂能安枕？不可行三。至于七州县之田，向没于水，今束河使高田中之水，岂能倒流入河？不能入河，即不能入海，淹没之田，何日复出？不可行四。"上是之。河臣议乃寝。二十六年，罢归。三十三年，召来京，旋卒，年五十三。莱少从王士禛游，士禛称其使粤时诗奇秀峭拔；古文师汪琬，琬极推之。晚研经学，潜心读易，所著易俟二十卷，杂采宋元诸家易说，推求人事，参以古今治乱得失，盖诚斋易传之支流。诗文有应制集、使粤集、归田集。

子崇修，字介夫。贡生。以学行闻。雍正元年，与漳浦蔡世远、同邑王懋竑同召见，授铜陵县教谕。著有乐玩斋集、陶园集。

崇修子亿，字慕韩。国子监生。与沈德潜交善，工诗，近体在王、孟、钱、刘间，五言古体，直追汉魏。著有小独秀斋诗、窥园吟稿、三晋游草、夕秀轩遗草、惜馀存稿、剑溪说诗二编、杜诗义法、诗朦记、艺林杂录。

林麟焻　张远

林麟焻，字石来，福建莆田人。康熙九年进士，官内阁中书。二十一年，检讨汪楫奉命册封琉球，麟焻为副，却宴金廪费，琉球人德之。使还，除户部主事，晋员外郎。二十六年，充四川乡试副考官，转礼部郎中。三十三年，出为贵州提学佥事，拔单寒正文体，士风丕变。旋告归。麟焻少从王士祯游，以诗名。尝题塔山、牡丹绝句二首，士祯亟赏之。官中书时，日与海内名流递相唱和。嗣耿逆之乱，麟焻知闽变将作，潜由邵武出杉关入京，人服其先见。归后，葺北村别业，觞咏其中，不与外事。著有玉岩诗集七卷、竹香词一卷、列朝外纪、莆田县志。

张远，字超然，福建闽县人。生两月而孤，从母陈氏受章句，辄了了。稍长，贯穿经书大义，下笔有奇气。避逆藩乱，挟策游四方，千里间关，未尝一辍铅椠。侨寓常熟为赘婿，因家焉。偶至西江，题诗滕王阁，侍郎曹溶过而嗟赏，招入幕。所至为延誉，名大起。王士祯、宋荦皆深器之，引为入室弟子。与朱彝尊、查慎行等唱和甚富。举康熙三十八年乡试第一，晚得云南禄丰县知县，卒于官。远尝谓闽越自林子羽以平澹之诗鸣，严沧浪、高廷礼先后倡为盛、中、晚之说，习以成风。逮晋安风雅书出，后之作者，袭其肤浅浮泛之词，以步趋唐人馀响，遂以不振。所为诗近元白长庆体，在晋安诗派中为别调。沈德潜称其大段疏朗，异于局束，如辕下驹云。著有无闷堂诗集四十卷、文集一卷。

徐倬

徐倬，字方虎，浙江德清人。十岁就童子试，冠一军。十七游会稽，受知于倪元璐，遂执经于门。元璐复挈之谒刘宗周，自是以正学为依归。尝作近思录序云："邵子举元会运世与皇帝王霸之略，推测于无穷，自谓能以一心观万心，以一身观万身，以一物观万物，以一世观万世；而不知观万心者止观一心也，观万身者止观一身也，观万物者止观一物也，观万世者止观一世也。朱子先天之学，得之邵子，而近思录取四子而不及邵，其亦虑学者穷大而失居乎？"时明季社事朋兴，争欲引倬为重。倬耻事征逐，独讲学于羌山、荷浦之间，从游者日众。康熙十二年成进士，改翰林院庶吉士，以选入史馆，授编修。乞归养者十年，服阕入京，转司业。三十二年，充顺天乡试正考官，所得多佳士，姜宸英、顾图河、汪绎皆出其门。寻升侍读，以年老乞归，时已七十矣。

四十四年，圣祖南巡，倬子元正扈从，奉旨许以水道先行省亲，法驾驻西湖，召试在籍诸臣，以倬为第一。四十五年，倬缮录所著全唐诗录一百卷进呈，得旨嘉奖，特由侍读擢礼部侍郎，以旌好学，并御制序文，赐帑金刊板。五十年，倬年八十九，特赐御书"寿祺雅正"四大字匾额。逾年，卒。倬兼工诗古文辞，少与如皋冒襄父子友善，晨夕相唱和，一时名士咸推之。其诗如弹丸脱手，无郊岛寒瘦之习。晚岁学既老，为文益巨，碑版之作，烂照四方，求请者踵相接。著有修吉堂文稿八卷、应制集二卷、寓园小草一卷、燕台小草一卷、梧下杂钞二卷、苹蓼间集二卷、甲乙友钞一卷、黄发集二卷、词集二卷、耄馀残沈二卷。其后合刊之，统名苹郇类稿。

元正，字子贞。康熙四十八年进士，由编修官至工部尚书。著有清啸楼草一卷、鸾坡存草一卷。徐氏五世翰林，倬其第二世，元正其第三世云。

蒋伊　陆肯堂　吴暻

蒋伊，字渭公，江苏常熟人。少肆力于学，为诸生时，即负经世志。康熙十二年成进士，上所著玉衡、臣鉴二录，自唐虞下至元明，采其事要，备法戒，昭劝惩，奉旨留览。改翰林院庶吉士，散馆授御史，巡视中城。时南方用兵，城邑残破，民多流亡。上疏言新复州县，宜禁剽掠、缓征输，责有司招徕开垦，课其户田，以为殿最。又以奸民挟仇，动藉叛逆诬良善，请严反坐之律。有司若敢以贿枉法者，治重罪。至于苏州驻防满兵，縻饷扰民，亦请移驻他要地。均下所司议行。十五年，疾归。十八年，入京，补广西道监察御史。时连年用兵，征调四出，且初开捐例，选途杂壅，乃草四疏，绘十二图上之，上览奏，动容嗟叹。其他论六部积习，及救荒要策，皆深忧至计、老成谋国之言。十九年，出为广东粮储参议，革耗羡，禁馈献，除差徭。日买干鱼自给，不取民间一物。又建义学，设书院，集诸生肄业其中，月会旬课，一年人知向学，粤人德之。会诏求学行兼长者，充督学任，九卿以伊荐，迁河南按察副使，提督学政。二十六年，试开封，得疾卒，年五十七。

生平见义勇为，笃于师友。会试出熊赐履门，赐履被放，伊闻之饮泣，谓所知曰："非敢阿好，为斯道惜耳。"尝读近思录伊川答友人示奏稿书云："公专以畏乱为主，吾欲以安民为先。祈财以活人，不若轻财而重民。"生平常服膺斯言，为学兼通儒释，戒子孙行功过格，无故不得特杀。著有蒋氏家训一卷、疏稿一卷、莘田文集。卒后，士请立祠祀之。后二十年，上赐御书祠堂匾，曰"怀荩兴文"，以褒遗直。子二：陈锡，官至云贵总督；廷锡，官至文华殿大学士。自有传。

陆肯堂，字邃深，江苏长洲人。康熙二十四年一甲一名进士，授翰林院修撰。二十六年，充江西乡试正考官，旋充日讲起居注官。官至侍读，卒，年四十七。肯堂颖悟嗜学，初受知于朱彝尊，王鸿绪、徐乾学、汪琬皆推重之，相与订交。工诗古文辞，滂沛闳阔，如万斛泉，不可压止。所撰诰命、制敕、传记、诗章，务归典要。朝廷大著作，多出其手。圣祖尝谓阁臣曰："陆肯堂学问人品俱优。"屡拜文绮之赐，尝以疾乞归。上命内阁学士哈山、三宝偕医往视，其恩遇如此。著有三礼辨真、怀鸥舫诗存、陆氏人物考。

吴暻，字元朗。江苏太仓州人。康熙二十七年进士，历官至兵科给事中，以事落职。旋入直武英殿，充书画谱纂修官。幼擅才华，工诗，近体清稳，时称雅音。家人奴隶咸通音律。尤留心掌故，始官户部，于疆域、户口、田地、漕运、钱法、盐课、茶马、关税、杂税、物产、三库、十仓、常平、官俸、兵食、经费、设官、廨署，自汉唐至国朝，皆为考订。著左司笔札二十卷，又有西斋集。

高层云　子不骞

高层云，字二鲍，江苏华亭人。康熙十五年进士。十八年，举博学鸿儒，报罢。旋授大理寺左评事。二十四年，充广西乡试副考官，又充一统志纂修官。层云官评事六年，意所平反，或与卿贰不合，必力争之；不得，则为两议以上，辄如所请行。寻授吏科给事中。二十六年，文皇后上宾，诏诸王大臣集议丧礼永康左门外，诸亲郡王、贝勒、贝子、公等环坐，阁臣等议礼毕，向诸王跪白其议。时大学士李之芳年老，踣地。层云弹奏，谓集议国政，异时无弗列坐，天威咫尺，非大臣致敬诸王之地。诸王不宜倨受其跪，失藩臣礼。上是其言，著为令。时遣台省汉官随大军往鄂罗斯，层云慷慨请行，举朝伟之。京师亢旱，有诏求直言时政。层云请停江淮屯田，以苏民困，上嘉纳焉。迁通政司右参议，又迁太常寺少卿。二十九年，卒，年五十七。层云俶傥瑰玮，好大节，不为娖娖细谨。少刻意为诗文，初入都时，上方幸学，即泚笔为临雍赋，见称于时。诗拟少陵，颇能超俗，尤工书画，时称"太常三绝"。著有改虫斋集。子不骞。

不骞，字槎客。圣祖南巡，至松江，诏求名士可备顾问者，靖逆侯张云翼以不骞对，遂以布衣召试行在，称旨，命献诗及骈体文，日已晡，脱口立就。上大悦，使扈从入都，赐第西华门，供奉内庭。历朝秘书多贮皇史宬，人莫至，命不骞乘马入宬，检视御衣、御砚、御书，赐赉与诸臣等。旋授翰林院待诏，乞旨敕所司行释褐礼，上许焉。所纂方舆考略、月令辑要、分注御选唐诗，既成，乞假葬母归，遂不出。不骞少亲炙朱彝尊，交惠士奇、何焯、张大受诸名士，嗜古最深。其为学长于考订，说古今典礼，悉有据依。诗专尚唐音。归后优游林泉，以诗文给朝夕。二十九年，卒，年八十七。著有商确集、罗裙草、傅天集、松玗书屋集。

庞垲 袁佑 边连宝

庞垲，字霁公，直隶任丘人。祖招俊，著尚书正旨。康熙中，钦定书经传说汇纂多采用招俊说。垲幼有至性，七岁时，父缘事被逮，母每夕叩天求佑，垲即随泣拜弗辍。年十四，涉猎子史，工为文。康熙十四年举人，十八年召试博学鸿儒，授翰林院检讨，分修明史。明都御史某者，谄附魏阉，其裔暮夜怀金，求勿入魏党传，力拒之。二十四年，大考，降补内阁中书。寻迁工部主事，荐升户部郎中。勤于吏事，暇则读书，败屋土锉，弹琴咏歌以自适。旋授福建建宁府知府，会浦城令以严苛激变，邑人乘夜焚册局，杀吏胥，罢市，令惧而逃。垲闻兼程赴浦，集绅民明伦堂，谕毋生乱，变遂定，仅坐重罪一人，流二人，浦人感之，立书院以祀。所属九仙山多盗，往往掠人索赎。垲绝其窝引，遣役密捕之，前后获数十人，境内帖然。未几，告归，年六十九，卒。

垲少嗜吟咏，洎官京师，与海盐彭孙遹，长洲冯勖，山阳邱象随、李垲，诸城李澄中等相倡和，取杜甫诗研索其法，所诣益进。其论诗云："性情礼义，诗之体也；始终条理，诗之用也。"又曰："在心为志，发言为诗。吐纳英华，莫非情性。"故其所作，一以自然为宗，雅而醇，奇而不肆，合乎中唐风格。著丛碧山房文集八卷、杂著三卷、翰苑稿十四卷、舍人稿六卷、工部稿十一卷、户部稿十卷、建州稿五卷、和陶稿一卷、归田稿一卷，又有诗义固说二卷。

袁佑，字杜少，直隶东明人。康熙十一年拔贡，官内阁中书。十八年，召试博学鸿儒，授翰林院编修。三十六年，充浙江乡试正考官，官至中允。少警敏，下笔数千言。官中书时，侍直南苑，著纪事诗六十首，为时所称。在史馆，与毛奇龄分厅起草，日吟一诗，然后下直。其诗材力与庞垲相埒。本原风雅，体凡数变，每变益工。性至孝，母尝疾革，吁天乞减算益母寿。母殁，居丧尽礼。服除，终不食肉。著有诗礼疑义、左史后议、老子别注、离骚荀扬文中子补注、庄子注论、杜诗注驳、雪轩集。

边连宝，字肇畛，直隶任丘人。诸生。父汝元，与同里庞垲，以诗艺相切劘。连宝能世其家。雍正十三年，学政钱陈群拔之，贡成均。廷试时，礼部尚书任兰枝与侍郎李绂司校阅，署第一，发视相贺。乾隆元年，荐试博学鸿词，报罢。十四年，复荐经学，辞不赴。时友人戈涛亦被荐，劝之行，答曰："吾自审未能如汉伏胜、董仲舒，安敢矫诬以幸取哉？"自是无意进取，益肆力于古学。其为诗直达胸臆，才力纵恣，出入韩愈、孟郊、白居易、卢仝之间。著有随园集、古文病馀草、续草、长语。卒，年七十四。

清史列传卷七十一

文苑传二

陈维崧　吴绮　章藻功

陈维崧，字其年，江苏宜兴人。明左都御史于廷孙。父贞慧，以节概称，著书自娱，往还多当世硕望。

维崧资禀颖异，十岁，代祖作杨忠烈像赞。比长，侍父侧聆诸名士议论，耳濡目染，学日进。或宴会，援笔为记序，顷刻千言，瑰玮无比。皆惊叹，折辈行与交。嗣偕王士禄、士祯、宋实颖、计东等倡和，名益大噪。时有“江左三凤凰”之目，维崧其一也。补诸生，久之不遇。因出游，所在争客之。性落拓，馈遗随手尽。独嗜书，无不渔猎，虽舟车危骇，咿唔如故。尝由河南入都，与秀水朱彝尊合刻一稿，名朱陈村词，流传至禁中，蒙赐问，人以为荣。年过五十，会开博学鸿儒科，以大学士宋德宜荐，召试列一等，授翰林院检讨，与修明史。在馆四年，勤于纂辑。尝怀江南山水,以史局需人,不果归。疾笃,吟断句云"山鸟山花是故人",犹振手作推敲势,遂卒,年五十八,时康熙二十七年也。

维崧清臞多须,海内称为陈髯,与字并行。生平无疾言遽色,于诸弟笃友爱。其游公卿间,谨慎不泄,遇事匡正,以故人乐近之,而卒莫之狎。所著两晋南北史集珍六卷、湖海楼诗八卷、迦陵文集十六卷、词三十卷。集中文有散有骈,骈体自喜特甚。长洲汪琬谓:"唐以前不敢知,自开宝后七百年,无此等作矣!"琬固少许可者。维崧与琬论六朝之文,钩入深微,多出诸贤寻赏之外。所作散文,亚于骈体。诗始为雄丽跌宕,一变而入杜甫沉郁之调,横绝一世。词至千百八首,尤凌厉光怪,变化若神,前此未有也。国初以骈俪文擅长者,推维崧及吴绮。绮才地视维崧稍弱,维崧导源庾信,泛滥于初唐四杰,故气脉雄厚;绮则追步李商隐,以秀逸胜,盖异曲同工云。

吴绮,字薗次,江苏江都人。五岁能诗,长益淹贯。顺治十一年拔贡生,以荐,授秘书院中书舍人。奉诏谱杨继盛乐府,迁兵部主事,荐历郎中,授浙江湖州府知府,多惠政,不畏强御。湖州人称为"三风太守",谓多风力,尚风节,饶风雅也。未几,罢归。贫无田宅,购废圃以居。有求诗文者,以花木润笔,因名其圃曰种字林。日读书,坐卧其中,箪瓢屡空,泊如也。性坦易,喜宾客。在湖州时,四方名流过从,赋诗游宴无虚日,其去官亦坐此。所作诗词骈体,合编为林蕙堂集二十六卷。诗才华富艳,瓣香晚唐,词最有名,儿童妇女皆能习之,以有"把酒祝东风,种出双红豆"之句,号曰红豆词人。又尝著岭南风物记,叙述简雅,与宋范成大桂海虞衡志相伯仲。辑宋金元诗永,能刊除宋人生硬之病与元人缛媚之失。选声集标举平仄，足为倚声家程式。

章藻功，字岂绩，浙江钱塘人。康熙四十二年进士，改翰林院庶吉士。藻功以孝友闻，诗文贯串经史，登临诸咏，流连悱恻，情见乎词。国初以骈体名者，推陈维崧、吴绮，藻功欲以新巧胜二家，然遁为别调。著有思绮堂集。

朱彝尊　子昆田　孙稻孙　李良年　谭吉璁　钟渊映　龚翔麟

朱彝尊，字锡鬯，浙江秀水人。明大学士国祚曾孙。康熙十八年，诏举博学鸿儒科，以布衣试入选者，富平李因笃、吴江潘耒、无锡严绳孙及彝尊四人，皆除翰林院检讨，与所擢五十人同纂修明史。二十年，充日讲起居注官。是年秋，充江南乡试副考官。二十二年，入直南书房。命紫禁城骑马，赐居禁垣东，数与内庭宴，被文绮时果之赉。二十三年元日，南书房宴归，圣祖仁皇帝以肴果赐其家人，彝尊皆恭纪以诗。是时彝尊方辑瀛洲道古录，私以小胥录四方经进书，为学士牛钮所劾，降一级。二十九年，补原官。寻乞假归。仁皇帝南巡江浙，彝尊屡迎驾于无锡，召见行殿，进所著经义考，温谕褒奖，赐御书“研经博物”匾额。

彝尊自少时以诗古文辞见知于江左之耆儒遗老，又博通书籍，顾炎武、阎若璩皆极称之。年逾五十，以布衣入翰林，数被恩遇。主江南试时，作告江神文、贡院誓神文以自励。所撰经义考共三百卷，仿鄱阳马氏经籍考而推广之，自周迄本朝，各疏其大略，分存、佚、阙、未见四门，于十四经外，附以逸经、毖纬、拟经、家学，承师、宣讲，立学、刊石，书壁、镂版、著录，而以通说终焉。乾隆四十二年高宗纯皇帝亲制诗篇题识卷首，命浙江巡抚三宝刊行，世以为荣。彝尊之在史馆也，凡七上总裁书，论定凡例，访遗书，请宽其期，毋如元史之迫于时日，多所乖谬。辨从亡、致身录之不足信，谓方孝孺之友宋中珩、王孟缊、郑叔度、林公辅诸人咸不及于难，则文皇当日无并其弟子友朋为一族戮之之事，其所谓九族者本宗一族也；谓东林多君子而不皆君子，异乎东林者亦不皆小人。作史者不可先存门户之见，而以同异分邪正、贤不肖。世皆以为有识。彝尊又尝慨明诗自万历后作者，散而无统，作明诗综百卷，于公安、竟陵之前，铨次稍详；若启祯死事诸臣，复社文章之士，〔一〕亦力为表扬之。其自序云："或因诗而存其人，或因人而存其诗，间缀以诗话，述其本事，期不失作者之旨。"彝尊诗不名一格，少时规橅王孟，未尽所长；中年以后，学问愈博，风骨愈壮，长篇险韵，出奇无穷。益都赵执信论国朝之诗，以彝尊及王士祯为大家，谓王之才高而学足以副之；朱之学博而才足以运之。彝尊又好为词，其体近姜白石、张玉田，而加恢宏焉。〔二〕所著词综三十四卷、日下旧闻四十二卷、曝书亭集八十卷。欧阳子五代史注、瀛洲道古录，则其所草创未成者。四十八年，卒，年八十一。子昆田。

昆田亦工诗文，早卒。有笛渔小稿，附曝书亭集中。孙稻孙。

稻孙，字稼翁。贡生。天资超敏，擩染家法，诗格遒上，尤工分隶。初从汪士鋐学书，后取柳诚悬、米南宫书，晨夕摹之，遂自成一家。王掞为春秋馆总裁官，引为助，因挟其家藏二百七十馀家之书，以备纂修。纂成，例得州判，以赴友人难关中，不及选。乾隆元年，举博学鸿词，复报罢。性刚介，不谐于俗。晚益穷困，犹守曝书亭藏书八万卷,又刊经义考过半。年七十,游扬州,复吁卢见曾全刻之。厥后开四库馆,诏求遗书,得全帙上献,流传海内。论者谓其能守先泽。生平足迹半天下,家居后,追忆旧游,作纪行绝句二卷,又拟乐府三卷,订定罗浮蝴蝶诗二卷。所著六峰阁诗,皆少作,又有续稿十馀卷。

李良年,字武曾,亦秀水人。诸生。生有隽才。与兄绳远、弟符,并著诗名,时称"三李"。少与朱彝尊、王翃、周篔、缪泳、沈进集里中为诗课,良年与彝尊齐名,时又称"朱李"。诗初学唐人,持格律甚严。尝钞撮诗中禁字一卷授学者,继乃舍初盛趋中晚,及宋元诸集。词不喜北宋,爱姜尧章、吴君特,所作颇似之。古文长于议论,为长洲汪琬所推许。生平游踪遍天下,后至京师,举博学鸿儒科,罢归。康熙三十三年,卒,年六十。著有秋锦山房集二十二卷。

绳远,字斯年。由诸生入国学,考授州同知。著有寻壑外言五卷、獭祭录五十卷、正字通补正二十卷。

符,字分虎。著有香草居集七卷。

谭吉璁,字舟石,浙江嘉兴人。彝尊姑之子也。少有孝行,途遇寇以身蔽父,寇舍之去。以诸生试国子监第一,授弘文院撰文、中书舍人。康熙九年出为陕西延安府同知。吴三桂之叛,吉璁守榆林城,独完。十八年,荐试博学鸿儒科,报罢。旋迁山东登州府知府。未几卒。吉璁勤于读经,能文,好著述。顾炎武尝曰:"我行天下,仅见此人。"其见重如此。所著有延绥镇志二十四卷、肃松录二卷、尔雅纲目一百二十卷、嘉树堂集二十卷、鸳鸯湖棹歌一卷。

钟渊映，字广汉，亦秀水人。诸生。少好学，熟于诸史。所为诗文，横绝时人。其论驳援据古昔，虽老儒巨公莫能难。居恒遇胜己者，执礼甚恭；不如己者，或相对终日不与语，以故乡曲之士多疾之。与朱彝尊、李良年等交最契，而年最少。彝尊每叹以为不及远甚也。尝以五代史与通鉴间有异同，而蜀梼杌、南唐书之属，尚不下数十家，欲搜采以为五代史注，约彝尊共成之。甫事编纂，得呕血疾，良年贻书止之，犹日夕编摩不肯辍。彝尊游大同，转客太原，渊映与书数百言，谓五代之主，其三皆起晋阳，最后刘氏三世固守其地。思览其废墟，考其遗迹。未几，游京师，介其友叶舒崇往见汪琬，与琬辨论六经、三史之源流，诗歌古文辞之利病，夜漏四十刻犹不止。琬欲傲以所不知，而渊映性甚敏，识甚高，琬为之心折。旋出居庸关，病复作，旬日卒，时年三十。所著历代建元考十卷，论者谓较吴肃公改元考、万光泰纪元叙韵，实为赅洽。其信志堂遗诗二卷，彝尊为序刊之，亦称其和平醇雅，卓然可传。

龚翔麟，字天石，浙江仁和人。康熙二十年副贡生，由工部主事历迁至御史。翔麟当官有干实，居台中号敢言。尤以文学名，诗出入六季、三唐，而归宿于眉山苏氏。词以石帚为宗，旁及梅溪、玉田、蜕岩诸家之体，与朱彝尊、李良年、李符、沈皞日、沈岸登，时称浙西六家。初居武林田家湾，自号曰田居。其后得横河沈氏之居，谓之玉玲珑山馆。著有田居诗稿十卷、续三卷、红藕庄词三卷。

皞日，字融谷，浙江平湖人。贡生。官湖南辰州府同知。著有楚游、燕游等集，又有柘西精舍词一卷。

岸登，字覃九，亦平湖人。性耽泉石，不求闻达，裋褐蔬食，屡空晏如。兼工诗画。著有黑蝶斋诗钞四卷、词一卷。

【校勘记】

〔一〕复社文章之士　“士”原误作“事”。今据耆献类征卷一一八叶一〇上改。

〔二〕而加恢宏焉　原脱“而”字。今据耆献类征卷一一八叶一〇下补。

周篔　沈进　汪森

周篔，初名筠，字青士，浙江嘉兴人。少嗜学。遭乱，弃举子业，隐于市，且贾且读，未尝一日无诗。与王翃、范路、沈进、缪泳、朱彝尊、朱一是相倡和，四方名士过者，辄留饮，或醵金会餐，泊舟于门，相接也。胸无柴棘，视朋友如一身，贫乏者周之，倾橐不少惜。友人寄千金于篔笥，道溺死。篔为具棺敛，呼其子至，以笥还之。其后生计日窘，往来嘉善、桐乡间，以诗格授人。每出，少年子弟三五执诗卷随之行，援止者，或数日留，留或不辞去。尝元日挈子旼至武康铜井，入径山，会日暮雪甚，虎迹交于途，循涩径前进，旼哭于后，不少顾。既至僧舍，僧曰：“山多虎，居士远来，得不心动乎？”曰：“吾不失道，心一动则饱虎口矣。”朱彝尊典试江南，榜发后，侍郎田雯与之宴，篔布衣紃履，与其友颜光敏至，众皆愕眙，光敏曰：“此浙人周青士。”雯肃之上坐，欢饮而散。或漆人头为饮器，坐客莫敢视，篔独引满三杓。其傥荡不羁多类此。

筼每作诗，低头沉思，行街市中，若无所见。尝行吟慈云寺中，误触当事舆，询知筼，乃免。又假嘉善柯氏园月夜吟诗，意得甚。适郡丞以事至，部与园邻，搅吟声不寐，诘朝拘至，将加戮辱，或援之乃解。王士祯闻之，笑曰："袁彦伯不遇谢镇西，几不免虎口。"一日念彝尊不置，走京师访之，居二年，未尝一诣贵人。时徐乾学好士，筼同里徐善主其家，善与筼同卧起，乾学欲一见之，不得也。将归，或削三缄赠行，曰："挟此可得百金。"答曰："筼不耐持竿牍伺候人。"却不受。行至宿迁，卒，年六十五，时康熙二十六年也。所为诗清超朴淡，奇趣流行，五言尤胜。尝醉书云："立言颇突兀，应事还粗疏。"彝尊读之，笑曰："先生自写其形影也。"古文出入欧曾，尤精词律，遍搜唐、宋、元诸词家，分别体裁，著词纬三十卷、今词综十卷，又有采山堂集二十四卷、析津日记三卷、投壶谱一卷。

沈进，初名叙，字山子，亦嘉兴人。诸生。工诗，少与朱彝尊相唱和，时号"朱沈"；后与周筼赋诗，合成一帙，又号"周沈"。家贫，授徒以自给。渔猎诸子百家，喜寂静，故沉思刻意，下笔有幽致。尝游京师，客给事中谭吉瑄家，吉瑄与彝尊中表。陆圻过彝尊，遇进问姓名，圻大声曰："得非梅花高馆落、春草断垣生之沈山子耶？"相与饮尽欢而散。性狷狭，一介不取，惟招之饮，不拒。语人曰："谷风之诗，忘我大德，思我小怨。夫人受恩于人，本无可怨，思之而怨生，只见其小而已。"晚号知退叟。所居蓝邨力圃，屋三楹，毁其一，因目为半巢居，教子读书其中，陶然自乐也。卒，年六十四。其诗早尚清丽，晚编所作归于冲澹。著有文言会粹、行国录、东园诗、蓝村稿、半巢居稿、退叟行吟、力圃萧闲诗、袁溪文稿，共三十馀卷。

汪森，字晋贤，浙江桐乡人，原安徽休宁籍。官广西桂林府通判，调太平，迁知河南郑州事。会丁母忧，未赴官。服阕，补刑部山西司员外郎，擢户部江西司郎中。年六十一，以告归。森少工韵语，与嘉兴周篔、沈进相切劘。既，复与黄宗羲、朱鹤龄、朱彝尊、潘耒诸大师商推，艺业益进。乃营碧巢书屋以当吟窝，筑华及堂以宴宾客，建裘杼楼以藏典籍，海内名士，舟车接于远道，诗名籍甚。官粤西十年，历摄临桂、永福、阳朔三县，桂林、太平二府，所至有惠政。衡靖盗窜于苗，诏楚黔粤会剿，制府檄随营监记，森侦其渠马三奇繇靖奔北，复遁生苗杨湾波浪地，乃提士卒兼程进，涉诸险隘，直捣其巢。马三奇势迫出战，中石毙，馀胥就缚。及还，督抚郊劳曰："武弁拥铁骑千百，建功乃属文士耶？"其为所倚重如此。尝以粤西舆图阙略，考据难资，因博采历代诗文轶事，记录成帙。归田后，复借朱彝尊家藏书，荟萃订补，为粤西诗载二十四卷，附词一卷、文载七十五卷、丛语三十卷。其文载，于形势扼塞、控置得失、兴废利弊，纪录尤详。论者谓为明周复俊全蜀艺文志之亚。所为诗五言古，得力于陶；七言古有高岑风格，近律则浸淫于大历诸家。少与兄文桂、弟文柏相唱和，黄宗羲甚赏之，称"汪氏三子"。晚岁家居，以著述自娱，辑虫天志、名家词话等书。卒，年七十四。所著有小方壶存稿十五卷、桐扣词三卷。

尤侗　子珍

尤侗，字展成，江苏长洲人。少博闻强记。弱冠补诸生，才名籍甚。历试于乡，不售，以贡谒选，除直隶永平府推官。吏治精敏，不畏强御，怙势梗法者，逮治无所纵。坐挞旗丁，镌级归。康熙十八年，召试博学鸿儒，授翰林院检讨，分修明史，撰志传多至三百篇。居三年，告归。先是，侗所作诗文，流传禁中，世祖章皇帝以“才子”目之。后入翰林，圣祖仁皇帝称为“老名士”，天下羡其荣遇，比于唐李白云。三十八年，圣驾南巡，至苏州，侗献平朔颂、万寿诗，上嘉焉，赐御书“鹤栖堂”匾额。四十二年，驾复幸吴，赐御书一幅，即家授侍讲，盖异数也。侗性宽和，与物无忤，汲引后进，一才一艺，奖借不容口。兄弟七人，友爱无间，白首如垂髫。四十三年，卒，年八十七。其诗词古文，才既富赡，复多新警之思，体物言情，精切流丽。每一篇出，传诵遍人口。著述甚富，全集五十卷、馀集七十卷、鹤栖堂集十卷。子珍。

珍，字谨庸。康熙二十年进士，改翰林院庶吉士，散馆授编修。二十七年，充会试同考官。寻充大清会典、明史、三朝国史纂修官、日讲起居注官，迁赞善，以养亲归。珍濡染庭训，深于诗学，少宗唐人，归田后宗宋人，晚复悔之，仍归于唐。性平和服善，每作一诗，字字求安，有讥弹之者，应时改定。与沈德潜交最善，德潜尝授经其家，中夜论诗不少休。所著沧湄劄记，道作诗甘苦极详，又有沧湄类稿五十卷、晬示录二十卷。卒，年七十五。

汪楫　汪懋麟　王岩　刘心学　心学孙中柱　张琎

汪楫，字舟次，安徽休宁人，寄籍江苏江都县。岁贡生。署赣榆训导。康熙十八年，巡抚慕天颜荐应博学鸿儒，召试列一等，授翰林院检讨，纂修明史。楫言于总裁，先仿宋李焘长编，凡诏谕、奏议、邸报之属汇辑之，由是史材皆备。二十一年春，充册封琉球国正使，条奏七事：其一谓国朝文教诞敷，颁赐御书于封疆大吏，宜并及海外属国。上允其请，命赍宸翰以往。比至，宣布威德，王及臣民皆大悦服。濒行，例有馈赠，楫概却不受，国人建却金亭志之。归撰使琉球录，详载礼仪暨山川景物；又因谕祭故王入其庙，默识所立主，兼得琉球世缵图，参之明代事实，诠次为中山沿革志。上以楫奉使尽职，敕部优叙。久之，出知河南府，治绩为中州最。尝置学田于嵩阳书院，聘詹事耿介主讲席，士习丕振。寻擢福建按察使，迁布政使。莅官五载，民戴其惠。召来京，途次得疾。会圣祖南巡，强起迎谒扬州，上熟视曰："非汪楫耶？今老矣！"以御书命侍郎李楠就第宣赐。二十八年，卒，年六十四。〔一〕楫伉直，意气伟然，能力学。处广陵南北辐辏鱼盐之地，日索奇文秘籍读之，四方客至，非著声实而擅文章者，则闭户不出见。少工诗，与三原孙枝蔚、泰州吴嘉纪齐名。所作以古为宗，以清冷峭蒨为致，务去陈言，又不堕涩体。诗文有悔斋正续集、观海集。

汪懋麟，字季角，江苏江都人。与楫同里，同有诗名，时称"二汪"。康熙六年进士，授内阁中书。十八年，荐举博学鸿儒，以持服不与试。服阕，以主事候补，左都御史徐乾学复荐，懋麟遂以刑部主事入史馆，充纂修官，讨论严密，撰述最多。懋麟学持正而才通敏，其为中书时，楚人朱方旦挟邪说倾动公卿，懋麟独作辨道论诋之。学士熊赐履见其文，与之定交。及居刑曹，勤于职事，听断矜慎，虽强御不顾也。城南武某以一车一马贩米于南花园，宿董之贵家。之贵利其资杀之，以车载尸，鞭马曳之他去。武父得尸于道，得车马于刘氏之门，讼诸官，谓刘杀其子。懋麟曰：“杀人而置其车马于门，非理也。”乃微行纵其马，马至之贵门，骇跃悲鸣，冲户以入。懋麟收之贵，讯鞫得实，置于法。其发奸摘伏率此类。旋罢归，键关谢宾客，昼治经，夜读史，日有程课，锐意成一家言。甫三年，遽以疾卒。著有百尺梧桐阁集二十六卷。

王岩，字筑夫，江苏宝应人。明诸生。为人端严，事母以孝闻。凡祀其先人，致斋三日，独处于外。入国朝，乃绝意仕进，与兴化陆廷抡倡为古文，其文考据经典，而取道于北宋诸家，执经问字者，踵相接。推官李念慈、刑部主事汪懋麟与其兄耀麟，皆学文于岩，岩遗稿盈尺，曰异香集，曰白田布衣集，为当时所称，不在魏禧、汪琬下。朱彝尊为之序，谓其立言淳质，于奸声獶杂之际，独能道古。其后阮元谓岩与廷抡之为古文，出于雷伯籲。

伯籲，陕西泾阳人。明季国初时，隐居扬州艾陵湖。

刘心学，字近思，亦宝应人。父永澄，字练江，明兵部主事，与弟永沁，从顾宪成、高攀龙讲学东林，而善于刘宗周、文震孟。卒后，宗周作淮南赋诔之，谓其风节行谊，为罗洪先、邹守益之流亚。

心学少孤，承母韩及永沁教，补明廪生。构兴让堂，延诸正人讲学，刘宗周曰：“近思以垂髫继父业，予往来江淮，必过其庐，为留旬日，相与阐身心性命之旨，悉了悟无所疑。窃幸练江之学不坠。”尝侍其祖疾，辍省试，浃旬不解衣。入国朝，隐棋酒间。御史朱克简称为古之遗直。所著有明史摘要六卷，又辑神宗以后事，为四朝大政录二卷，陆嘉淑以为可无野史亭之遗憾云。孙中柱。

中柱，字雨峰。康熙中，由廪生授临淮县教谕，迁国子监学正。工诗古文辞，与朱彝尊、查慎行、汪懋麟、乔莱、王式丹相倡和。历官户部郎中，奉命监京仓。上赐诗轴曰："求端从有术，及物岂无因？"盖特眷也。出为直隶真定府知府。府沿明季陋规，多羡馀，一切裁去。蠡县李塨为诗纪其事曰："吾友王摩诘，夙称太守贤。政声今到耳，果不酌贪泉。"摩诘者王源也。未几，乞归。所著有渔山园集一卷、兼隐斋诗十一卷、又来馆诗六卷、并州百篇诗一卷，及史外丛谈、六馆日钞诸书。田雯序其诗曰："体制必摹古人，而意到神行，简参蓟莅，所谓潘陆之华，绮季之实，殆其兼之。"

子家珍，亦工诗。著有蠖堂稿、北省集、藕花书屋集。

张琎，字韫仲，亦宝应人。明崇祯举人。革代之际，故明商丘县知县梁以樟隐居宝应，琎与友善，以理学节义相切劘。所著有木侍楼集。

琎同邑乔迈，字子卓，翰林院侍读乔莱之兄。明增生。博览群书，于典故多所辨证，尤工五言诗。著有岁寒堂集。

【校勘记】

〔一〕年六十四　"四"原误作"七"。今据碑传综表页五二二改。按耆献类征卷一六二叶五下不误。

孙枝蔚　李念慈

孙枝蔚，字豹人，陕西三原人。布衣。康熙十八年，举博学鸿儒，以年老不能应试，特旨偕邱钟仁等七人授内阁中书。枝蔚始遭闯贼乱，尝结里中少年奋戈逐贼，失足堕土坎中，幸不死，乃走江都，从贾人游，累致千金，辄散之。既而折节读书，肆力诗古文，僦居董相祠，高不见之节。王士祯官扬州，特访之，先之以诗，称为奇人，遂订莫逆交。然未尝一日忘故乡也，因颜所居曰溉堂，以寓西归之思。时左赞善徐乾学方激扬士类，一时才俊争趋之，枝蔚独弗屑也。三十六年，卒，年六十七。其为诗词，气近粗，然有真意，称其人品之高。所著溉堂前集九卷、续集六卷、后集六卷、诗馀二卷，原本秦声，多激壮之词。

李念慈，字屺瞻，陕西泾阳人。顺治十五年进士，授直隶河间府推官，改新城县知县。缘逋赋事，罢归。会有荆襄之役，以奉檄运饷功再起，补湖北天门县知县。康熙十八年，与孙枝蔚同举博学鸿儒，报罢。性好吟诗，嗜游览，足迹几遍天下。所居曰谷口山房，史称池阳谷口，在泾阳县西北四十里，念慈旧庐在焉，故名。著谷口山房集十卷，施闰章称其雄爽之气，勃勃眉宇。自秦之晋，南游江淮，所遇山川风物，寄兴属怀，情随境移，蔚焉蒸变，盖秦风而兼乎吴楚者。

潘耒　徐釚　曹禾

潘耒，字次耕，江苏吴江人。〔一〕幼孤，生而宿慧，读书目数行下。受业于同郡徐枋、顾炎武，能承其教。群经诸史，旁及算术、宗乘，无不通贯。嘉定陆元辅、平湖陆陇其交口许为淹洽。康熙十八年，以布衣召试博学鸿儒，授翰林院检讨。与修明史，即作修史议以上，谓："明更三百年未有成史，今欲创为一书，前无所因，视昔之本东观以作后汉，改旧书以修新唐者，其难百倍。宜搜采博而考证精，职任分而义例一，秉笔直而持论平，岁月宽而卷帙简。”总裁善其说，令撰食货志兼他纪传，自洪武以下五朝稿，皆所订定。寻充日讲起居注官，纂修实录、圣训。二十一年，充会试同考官，称得士，名益盛，忌者颇众。二十三年，甄别议起，坐浮躁降调，遂归。四十二年，上南巡，复原官，大学士陈廷敬欲荐起之，力辞而止。耒有至性，初被征，辞以母老，不获命乃行。除官后，复牒吏部，以独子终养请代题者三，卒格于议，始受职。逮居丧，哀毁骨立。尤笃师门之谊，枋殁，周恤其孤孙，俾得所。刻顾炎武日知录并诗文集。

生平嗜山水，历游罗浮、天台、雁荡、武夷、黄海、匡庐、中岳，尽穷其胜，各纪以诗文，有遂初堂诗集十六卷、文集二十卷、别集四卷。诗不事雕饰，直抒所见，登临怀古诸作，一时名流多折服。文蹊径较平，而气体浑厚，空所依傍。耒又因炎武音学五书，为类音八卷。炎武欲复古人之遗，耒则务穷后世之变，以为旧字母三十六，有复有漏，今删五增十九，成五十母，各具阴阳。每母之字，横播为开口、齐齿、合口、撮口四呼，四呼之字各纵转为平、上、去、入四声，四声之中各以四呼分之，惟入声十类，馀三声皆二十四类，凡有字之类二十二，有声无字之类二，以有字者排为韵谱，平声得四十九部，上声得三十四部，去声得三十八部，入声得二十六部，共为一百四十七部。盖因等韵之法，而又推求以己意，于古不必合，于今不必可施用，然审辨通微，实自成一家言。晚岁研究易象数，著论十三篇，多所心得。四十七年，卒，年六十三。

徐釚，字电发，江苏吴江人。国学生。康熙十八年，召试博学鸿儒，授翰林院检讨。会当外转，遽乞归，后以原官起用，不就。四十七年，卒，年七十三。釚好古博学，弱冠天才骏发，下笔数千言。其诗始尚华秀，比壮游，与四方豪隽相切劘，格调一变，成南州草堂集三十卷。又尝刻菊庄乐府，昆山叶方蔼称其锦丽幽深，耐人寻味。朝鲜贡使仇元吉见之，以金饼购去。釚既工倚声，因辑词苑丛谈十二卷，援据详明，具有鉴裁。又有本事诗十二卷。

曹禾，字颂嘉，江苏江阴人。康熙三年进士，官内阁中书。十一年，充顺天乡试同考官。十八年，召试博学鸿儒，授翰林院编修。二十年，充日讲起居注官，典试山东，荐升祭酒。工诗，在京师时，与田雯、宋荦等相唱和，称"诗中十子"。尝疏请封禅，为给事中王承祖所驳，方象瑛与倪灿读其文，谓"钟惺评司马相如封禅颂，言长卿岂有所求？直是胸中好文字，不肯埋没。禾亦想是此意"云。天性简易，沉酣六经子史，尝撰靖难十六功臣传，论者谓得史汉神髓。罢归后，集后进孔毓玑、汤大辂、耿人龙、徐恪之、高玉行辈为文会，家故贫，至典衣鬻产以给饮馔。尝与盛符升选王士祯诗。著有峨嵋集。

【校勘记】

〔一〕江苏吴江人　"江"原误作"县"。今据清诗纪事卷三页三八二改。按耆献类征卷一一八叶一六上不误。

吴雯　傅山　程康庄

吴雯，字天章，山西蒲州人，原奉天辽阳籍。诸生。父允升，任蒲州学正，卒于官，遂家于蒲。康熙十八年，召试博学鸿儒，报罢。雯少明慧，流览群籍，自六经、三史外，先秦、两汉，下逮六朝、唐、宋、元、明四部之书，旁及释老、内典、秘笈，皆能钩贯旨趣，含咀英华，所得一发之于吟咏。既屡试不售，游京师，谒父执梁熙、刘体仁、汪琬，皆激赏之。尤以诗见知于王士祯，目为仙才，尝语人云："仆与海内谈诗，几五十年，雅材固不乏，然得髓者，终属蒲坂生。"一日，与叶方蔼同直，诵其警句。方蔼下直就访之，名大起。大学士冯溥以扇索其诗，雯大书二绝答之。其坦率如是。卒以不遇，亦不悔也。历游燕、赵、齐、鲁、吴、越、秦、楚之区，晚访旧京师，归。未几，居母忧，以毁卒。雯诗有乡人元好问之风，不使才，不逞博，不尚声华，不求媚好，峻洁微远，自露天真。性尤服善，赵执信论诗，好用冯氏法攻人之短，后相值于都门，雯出卷相示，曰："曩之所攻，悉改之矣。"四十三年，卒，年六十一。著有莲洋集二十卷。莲花洋在普陀山下，雯据名山记华岳山下有莲洋村，因取以名其集云。

傅山，字青主，山西太原人。少与孙传庭共学，过目成诵，愤明季诸搢绅腐恶，乃坚苦持气节。袁继咸为张振孙所诬，山约曹良直等三上书讼之，不得达。后乃伏阙陈情，袁竟得雪。马士奇作传，以谓裴瑜、魏劭复出。既，曹良直任兵科，山贻书曰："谏官当言天下第一等事。"曹悚然，即疏劾周延儒、骆养性，直声振一时。甲申后，居土穴，养母。给事中李宗孔、刘沛先荐应博学鸿儒科，时年七十四矣，固辞不获，至京师，疾甚，大学士冯溥首过之，卧床不能具礼。蔚州魏象枢以山老病上闻，免试，特授内阁中书，放还。山工分隶及金石篆刻，画入逸品。赵执信推山书为国朝第一。尝失足堕崩岩,见风峪甚深,石柱林立,则高齐所书佛经也,摩挲终日乃出。其嗜奇如此。精医,晚年颇资以自给。二十二年,卒,年八十二。

子眉,能养志。每日樵山中,置书担上,休担则取书读。山时出游,眉与子共挽鹿车,暮宿逆旅,山课读经、史、骚、选诸书,诘旦必成诵乃行。所著有霜红龛十二卷,眉诗附焉。

程康庄,字坦如,山西武乡人。官陕西耀州知州。工诗古文词,为时辈所推重。尝登焦山,搜瘗鹤铭遗迹,缺蚀不完,别购善本磨崖刻之。复招王士祯同游,相视叫绝,各赋一诗纪其事,人艳称之。蒋超谓其文祢韩祖马,儿视樊、玄孙刘云。著有日课堂集。

黄虞稷

黄虞稷,字俞邰,原福建晋江籍。父居中,明季为南京国子监监丞,甲申闻变,不食死。虞稷遂家上元,为上元人。诸生。七岁能诗,号神童。康熙十八年,举博学鸿儒,遭母丧不与试。既,左都御史徐元文荐修明史,召入史馆,食七品俸,分纂列传及艺文志。二十三年,充一统志纂修官。二十八年,总裁徐元文假归,特诏携志稿于家编辑,元文奏言虞稷学问渊博,健文笔,乞随相助,许之。至包山书局,刻苦搜讨,逾年力疾竣事。竟以劳卒,年六十有三。虞稷笃内行,持己矜廉而勇于义。王士祯、毛奇龄、吴雯咸称其诗。家世藏书,凡八万卷,与江左诸名士约为经史会,以资流览。及来京师,辇下士大夫辄就之借阅,无虚日。著千顷堂书目三十二卷,自题曰闽人者,不忘本也。所录有明一代之书,最为详备,其史部分十八门,簿录一门,用尤袤遂初堂书目之例,以收钱谱、蟹录之属,又有楮园杂志、我贵轩、朝爽阁、蝉窠诸集。

毛晋

毛晋,原名凤苞,字子九;后改名晋,字子晋,号潜在,江苏常熟人。明诸生,以布衣自处。父清以孝弟力田起家。杨涟宰常熟时,择县中有干识者十人,每有大役,倚以集事,清其首也。晋奋起为儒,好古博览,构汲古阁、目耕楼,藏书数万卷,延名士校勘,刻十三经、十七史、古今百家及从未梓行之书,天下购善本书者,必望走隐湖。毛氏所用纸,岁从江西特造,厚者曰"毛边",薄者曰"毛太",至今犹沿其名。晋为人孝友恭谨,与人交有终始,好施予。遇岁歉,载米遍给贫家。水乡桥梁,往往独力成之。推官雷某赠诗曰:"行野渔樵皆谢赈,入门僮仆尽钞书。"盖纪实也。所著有和古今人诗、野外诗题跋、虞乡杂记、隐湖小志、海虞古今文苑、毛诗名物考、宋词选、明诗纪事、词苑英华、僧弘秀集、隐秀集、汲古阁书目,共数百卷。其所藏秘籍,以宋本、元本椭圜印别之,又以甲字印钤于首,其馀藏印,用姓名及"汲古"字者以十数,别有印曰"子孙永宝",曰"子孙世昌",曰"在在处处有神物护持",曰"开卷一乐",曰"笔研精良人生一乐",曰"汲古",曰"弦歌草堂",曰"仲雍故国人家",曰"汲古得修绠"。子五,俱先晋卒。

季子扆,字斧季,陆贻典婿也。最知名,尤耽校雠,有"海虞毛扆手校",及"西河汲古后人""叔郑后裔"朱记者皆是也。兼精小学，何焯辈并推重之。

孙绥万，字嘉年，工诗。著有破崖诗稿。

郑元庆

郑元庆，字芷畦，浙江归安人。从父骏孙，邃于易、礼。元庆幼传其业，并通史传及金石文字。覃思著述，期有用于世。毛奇龄、朱彝尊、胡渭并折行辈与之交。侍郎李绂知其所学，及诏开博学鸿儒科，曰："如元庆之博物，真其选也。"又有诏开礼局，曰："如元庆之治经，真其选也。"尚书张伯行亦雅重之，欲荐而未得。全祖望比诸康成之邃密、渔仲之瑰奇。尝撰石柱记篆释五卷，湖州石柱，欧阳修谓非颜鲁公不能书，顾唐设五县而记遗其二。朱彝尊摭德清、武康二县事迹补之，元庆为之篆释，征引考证，颇为赡博。又著湖录一百二十卷，凡七易稿而后成。先是，湖州知府侯官陈一夔嘱元庆修府志，其发凡起例，一禀毛奇龄、朱彝尊、潘耒论定。又挟铅椠，遍涉七州县，访其故家文献，驳难辨正，无间寒暑。朱彝尊见之喜甚，尽出曝书亭藏书，供博览纵观，有明历朝实录及万历以前直省、府、州、县旧志数十万卷，又增润十之四五。生平精力，殚于是书。乾隆初，知府胡承谋修志多宗之，全祖望谓行水金鉴为河道傅泽洪开雕盛行，罕知出于元庆，然别无显证，惟所著小谷口荟蕞、今水学、两河薛镜、七省漕程附见其中。

晚更殚穷经义，其著书处名鱼计亭，亭前莳花叠石，图书盈架，庭后有方池，大旱不涸。诸友过从者，相与征文考献，永日忘疲。生平慕郑子真之为人，自号郑谷口。所著有周礼集说、〔一〕

诗序传异同、礼记集说参同、官礼经典参同、家礼经典参同、丧服古今异同考、春王正月考、海运议。

【校勘记】

〔一〕所著有周礼集说　“礼”原误作“易”。今据耆献类征卷四一八叶三上改。

吴嘉纪　邓汉仪　陶季

吴嘉纪，字宾贤，江苏泰州人。布衣。家安丰盐场之东淘，地滨海，无交游，自名所居曰陋轩。贫甚，虽丰岁常乏食，独喜吟诗，晨夕啸咏自适，不交当世。郡人汪楫、孙枝蔚与友善，时称道之。遂为王士祯所知，尤赏其五言清冷古淡，雪夜酌酒为之序，驰使三百里致之。嘉纪因买舟至扬州，谒谢定交。由是四方知名士，争与唱和。嘉纪工为危苦严冷之词，尝撰今乐府，凄急幽奥，能变通陈迹，自为一家。所著陋轩集，多散佚，友人复裒集之，为四卷。其诗风骨遒劲，运思亦劖刻，由所遭不偶，每多怨咽之音；而笃行潜修，特为一时推重云。

邓汉仪，字孝威，亦泰州人。康熙十八年，召试博学鸿儒，以年老授内阁中书。汉仪少颖悟，读书数千言。尤工诗，称骚雅领袖。试归，日以吟觞自适，暇或扁舟至郡，坐卧董子祠中，执经问业者，车马塞路。生平著述甚富，游淮有淮阴集，居扬有官梅集，游粤有过岭集，游颍有濠梁集，游燕有燕台集，游越有甬东集，膺荐有被征集，皆逐年编纪，手自删订。所选诗观凡四集，别裁伪体，力追雅音，海内诗家咸宗之。

陶季，江苏宝应人。初名澂，字季深，以字行，复去“深”称季，人咸目为陶季。幼负异才，潜心经史，既弃举子业，专肆力于诗古文辞。与莱阳董樵同以布衣游辇下。樵字樵，俱以一字为字，遂赋诗定交，称莫逆。时方诏举博学鸿儒，公卿争欲荐，季力辞不就。性嗜游，北抵燕、赵，南浮湘、沅，西逾太行，东历海岱。所著诗，多于舟车中得之，因名舟车集。王士祯删定其客滇南、闽中诸诗，以高岑、龙标相况。所著湖边草堂集及舟车集二十卷。

邵长蘅　陈玉璂

邵长蘅，字子湘，江苏武进人。性颖悟，读书目数行下。十岁，补诸生，旋因事除名。束发能诗，既冠则以古文辞名。客游京师，会开博学鸿儒，海内之士，悉集辇下，若施闰章、汪琬、陈维崧、朱彝尊辈，咸与长蘅雅故，时时过从，于喁叠唱。旋入太学，再应顺天乡试，报罢，归。寄情山水，放游浙西，揽湖泖之胜。会苏抚宋荦礼致幕中，讲艺论文，敦布衣之好。长蘅亦觥觥持古义，无所贬损，时论贤之。内惇笃，居亲丧，力行古礼。常独力创始祖康节祠，族子被略为豪家奴，捐金赎之。性坦易，与人交，煦然以和，意所不可，即鬐张面赤，不能媕婀。为文不沾沾摹仿，要以读书养气为主。王士祯常称为荆川后一人，汪琬则以为文章似柳子厚，人品似陆鲁望。始为诗，浏漓顿挫，步武唐贤，晚乃变而之宋，格律在苏、黄、范、陆间。常选有明何、李、王、李四家诗，矫钱氏偏驳之论，而以程嘉燧诗为纤佻，识者韪之。康熙四十三年，卒，年六十有八。所著自康熙戊午以前，为青门簏稿，凡文十卷、诗六卷；己未迄辛未，为青门旅稿，文四卷、诗二卷；壬申以后，为賸稿，文五卷、诗三卷。长蘅始除诸生名，自署青门山人，因题其集。

陈玉璂，字赓明，亦武进人。康熙六年进士，授内阁中书。十八年，试博学鸿儒，罢归。少有大志，凡天文、地志、兵刑、礼乐、河渠、赋役诸大事，究心源流，言之娓娓。读书至夜分，两眸欲阖，用艾灼臂。能诗文，下笔千言，旬日间动至盈尺，时称俊才。宾客辐辏，酬应旁午，弹琴投壶，亦乐为之。偶有触发，见诸诗文。然其失亦在贪多务得云。著有史论数百卷，又有学文堂集四十三卷。

叶奕苞　蔡方炳

叶奕苞，字九来，江苏昆山人。诸生。少负异才，博雅，擅诗歌。康熙十八年，举博学鸿儒，试毕，阁臣以卷进呈，上顾杜立德、冯溥、叶方蔼等曰："此外岂无漏珊瑚之网者乎？"于是冯溥以吴农祥、徐林鸿、徐咸清、王嗣槐对，杜立德以白梦鼐、施清、高向台对；叶方蔼以奕苞对，且曰："渠，臣从弟也。"上不怿，乃俱放归。奕苞为人礧砢，善使气，目光闪闪，若岩下电。酒间谈说，声如洪钟，乡里中颇有狂名。家有茧园，善绘事。著述甚当，今存金石录二十七卷、续跋七卷，钱曾称其学识远出赵明诚上。

蔡方炳，字九霞，亦昆山人。诸生。父懋德，死闯贼之难，槁葬太原城外。方炳与弟方炌往负柩归，哀感行路。康熙十八年，举博学鸿儒，以病辞。性嗜学，尤留心政治、性理，工诗文，兼善篆草，韬晦穷居。尝绘著书图，一时名流，题咏殆遍。著有增订广舆记二十四卷、铨政论一卷、历代茶榷志一卷、马政志一卷、愤助编二卷及耻存斋集。

赵执信　冯廷櫆　洪昇

赵执信，字伸符，山东益都人。福建按察使进美从孙。进美诗名甚著，有清止阁集。

执信承其家学，少颖慧，工吟咏。康熙十八年进士，改翰林院庶吉士，散馆授编修。是时方征鸿博之士，绩学雄文者，麇集辇下，执信往来其间，倾倒座人，尤为朱彝尊、陈维崧、毛奇龄所引重，订忘年交。性喜谐谑，士以诗文贽者，合则投分；不合则略视数行，挥手谢去，以是得狂名。二十三年，充山西乡试正考官。寻擢右春坊右赞善。二十八年，以国恤中在友人寓宴饮观剧，为给事中黄仪所劾，遂削籍，时年未三十也。既归，放情诗酒，所居因园依山，构亭榭，各极天趣。性好游，尝逾岭南，再涉嵩少，五过吴阊、维扬、金陵间。所至冠盖逢迎，乞诗文书者坌至。徜徉五十馀年，年八十三，卒。

执信诗自写性真，力去浮靡。生平服膺常熟冯班，遗书称私淑弟子。娶王士祯甥女，初犹相重，以求作观海集诗序，士祯屡失其期，遂相诟厉。〔一〕尝问古诗声调于士祯，士祯靳之，执信乃发唐人诸集排比钩稽，竟得其法，为声调谱一卷。又因士祯与门人论诗，谓如神龙见首不见尾，或云中露一鳞一爪而已，遂著谈龙录，有云："诗以言志，诗之中须有人在，诗之外尚有事在。"又云："文以意为主，言语为役，主强而役弱，则无令不从矣。"虽意诋士祯，实通论也。大抵士祯诗以神韵缥缈为宗，执信诗以思路劖刻为主；士祯之规模阔于执信，而流弊伤于肤廓；执信之才力锐于士祯，而末派亦病于纤巧。论者谓两家互救其短，乃益见所长云。执信手定因园集十三卷，后人又裒其所著，为饴山文集六卷、诗馀一卷。

冯廷櫆，字大木，山东德州人。康熙二十一年进士，授内阁中书。幼有奇童之目，读书一览辄记不忘。性孤峭，不入贵人之门。官闲无事，枕籍书卷，尤工于诗。二十六年，充湖广乡试副考官，试毕，登黄鹤楼，俯江汉之流，眺内方、大别诸山，南望潇、湘、洞庭，慨然远想，有诗百馀篇。识者以为骚之苗裔也。生平深相契者，惟赵执信，僋直归，辄相过从，共探六义之旨。朝士或得诸葛铜鼓，两人各为长歌七百言，诸名士皆阁笔，王士祯尤心赏不置。其为诗新妍峭蒨，神韵泠然，随年编次，为京集、晴川集、雪林集、曹村集，身后散佚，其孙德培搜辑，得五百篇，为六卷，名曰冯舍人遗诗，执信为之序。二十九年，卒，年五十二。

洪昇，字昉思，浙江钱塘人。国子生。游京师时，始受业于王士祯，后复得诗法于施闰章。其论诗引绳切墨，不顺时趋，与士祯意见亦多不合，朝贵轻之，鲜与往还。见赵执信诗，惊异，遂相友善。所作高超闲淡，不落凡境。兼工乐府，宫商不差唇吻，旗亭画壁，往往歌之。以所作长生殿传奇，国恤中演于查楼，执信罢官，昇亦斥革。年五十馀，备极坎壈。道经吴兴浔溪，堕水死。著有稗村集。

【校勘记】

〔一〕遂相诟厉　原脱“相”字。今据耆献类征卷一一七叶二五上补。

金德嘉

金德嘉，字会公，湖北广济人。少向学，有志于古。乡举后，得安陆教授，倡明正学，有安定遗风。康熙二十年成进士，改翰林院庶吉士，散馆授检讨，编纂明史、一统志及礼记讲义、通鉴讲章，殚思萃力，馆中推为硕儒。二十六年，充贵州乡试副考官。寻致仕归。归后，键户著书，足不入城府几二十年。尝作朱陆异同考，谓"集群圣之大成者孔子，集群贤之大成者朱子"。又谓："姚江之徒龙溪、绪山，假尊师，煽羽翼，土苴传注，糟粕前贤；末流乃有何心隐、李卓吾，漭荡溃决，此岂姚江所及料哉？"又谓："天下非无材之患，有材而不逊志于学则大患。古人之学为己而已，非蕲以胜也。一有胜人之意，则必言与言角，夫天下后世卒不可胜，则其胜人也亦暂矣。是故学莫大于为己，己诚学则不暇与人角。"故其为学，实践躬行于主敬存诚，未尝稍斁。生平与王士祯交最善，所为文磊磊落落，直抒胸臆。时同郡顾景星、张仁熙、刘醇骥为文往往追摹秦汉，宗尚王李，訾归有光为秀才婉媚。德嘉独不为高论，力主韩欧，存先民矩矱。诗力追三唐而出之浑脱，陈维崧亟称之。著有续纂元明名臣言行录，〔一〕又居业斋文集二十卷、别集十卷。

【校勘记】

〔一〕著有续纂元明名臣言行录　原脱"明"字。今据耆献类征卷一二一叶二上补。

吴苑

吴苑，字楞香，安徽歙县人。康熙二十年进士，改翰林院庶吉士，散馆授检讨。二十七年，充会试同考官，寻充日讲起居注官。二十九年，充顺天武乡试正考官。三十年，迁右中允。三十一年，迁侍讲。圣祖仁皇帝临雍劝讲，超擢国子监祭酒。视事日，即以振起士风、划剔积弊为先务。国子生教习例与助教并坐，有欲抑之旁坐者，请于苑，苑曰："助教爵尊于教习。顾教习者八旗子弟师也，若等其父兄也，岂有父兄为子弟延师，屈之旁坐乎？"闻者帖服。旧例，国子生始就舍，有到监钱，岁满当咨吏部考职，有出咨钱。苑曰："师道也，以市道行之，可乎？"悉禁革之。自是诸生益励学，课试无敢不身至者。苑匡坐横经，奖其才俊，董其怠荒，昕夕寒暑无少倦。八旗子弟在官学者，旧止讲经义，不与考校之列。苑令一体考校，并奏请乡会试，八旗量增中额。又奏请教习八旗子弟者，期满，悉授知县。皆报可。其试教习，以文为去取，不听干求，得陆士暻等二十四人，皆寒素。人服其至公。补刻明代及国初丙戌以后十八科题名碑，并请摹御书阙里"万世师表"额，榜之庙中，得旨允行。大学士王熙称为近今第一祭酒。

苑少颖异，博通今古，不专为帖括之学。廷对策，极论淮黄分合之势，略言："用淮刷黄，其说始自明潘季驯，而后来治河者因之。然河自宋熙宁间决澶渊曹村，北流断而南徙，至南清河始与淮合。前此刷黄者何水乎？"指陈剀切，非经生家语。尝与纂一统志、明史礼志、礼经讲义，每奏一篇，总裁未尝不称善。〔一〕与人交，重然诺，敦气谊，尤笃于师友。性至孝，一日读阳城责诸生归养语，曰："吾，人师也，身教之谓何？"即以母老乞归。所为诗多和平啴缓之音，到家一章，沈德潜谓读者忠孝之心，油然兴起云。著有北黟山人集、大好山水录。三十九年，卒，年六十三。

【校勘记】

〔一〕总裁未尝不称善　"总裁"原误作"上"。今据耆献类征卷一二〇叶四一上改。

梁佩兰　程可则　方殿元　王隼　吴文炜

梁佩兰，字芝五，号药亭，广东南海人。顺治十四年，乡试举第一，屡上公车不得志。日与其同志砥砺文学，金台举社事，推佩兰与朱彝尊辈主坛坫，一时风雅称盛。佩兰每有所作，争相钞诵。康熙二十七年成进士，年六十矣。放榜日，佩兰方坐论正平岑牟与摩诘郁轮袍事，得捷音，色不为动，第曰："老而成名，归得肆力于丘索足矣！"改翰林院庶吉士，不一年遽乞假归。途经齐、鲁、吴、越，与旧游诗筒酒盏，放浪湖山。里居十五年，属下诏敕守土官促词臣久于外者，令赴馆就职。佩兰入都，散馆以不能国书不入等，放归。寻卒。

佩兰为人孝友，不事家人生产，轻金重义，屡空晏如。结社兰湖，以诗酒为乐。好诱掖后进，客以他事请者，引疾不听；闻持诗文至，则披衣倒屣，指画不少倦。与南海程可则，顺德陈恭尹，番禺王邦畿、方殿元暨殿元长子还、次子朝，同以诗鸣粤中，人称为岭南七子。其诗从汉魏入，不借径三唐，新城王士祯、秀水朱彝尊、吴江潘耒尤推重之。四十七年，卒，年七十七。著有六莹堂前后集十六卷。

程可则，字周量，亦南海人。顺治九年会试第一，以磨勘不得与殿试。可则益沉酣经史。十七年春，应阁试，授内阁撰文中书，寻改内秘书院。十八年，赍诏颁赐山东。康熙八年，以户部主事充顺天乡试同考官，晋员外郎，督理右翼仓务，公慎称职。十年，迁兵部职方司郎中，奉命往山西勘问总兵赵良栋，白其冤。十二年，出知广西桂林府，会檄撤藩部归京师，百务纷拏，可则以敏干称。寻卒于任。可则诗文名世，自两汉、六朝、三唐以来，罔不网罗搜讨，期自成一家言。在都下，与宋琬、施闰章、王士禄、士祯、陈廷敬、沈荃、曹尔堪连日夜为文酒欢，所为诗其音和以舒，其气廉以达，论者谓亚于士祯，品在刘体仁、董文骥之右，惟士禄可称鲁卫云。所著有海日堂集、遥集楼草、萍花草。

方殿元，字蒙章，广东番禺人。康熙三年进士，官山东郯城、江苏江宁县知县。殿元初应礼部试，往来齐、鲁、郑、卫、吴、越间，见民困俗伪，乃考古酌今，为升平二十书，至京师欲上之，不果。及官知县，能以经术饰吏治。既引疾去，侨寓苏州，犹于故里置祭田百亩，且以田给兄弟之贫者。所为诗文，皆有原本，尤长于乐府。著有九谷集，又著环书，究天人窍奥，自成一家。

长子还，次子朝，居吴，喜以诗结纳四方诗人，来吴者登广歌堂，赋诗饮酒无虚日。吴下二方之名倾动艺苑。还著有灵洲集，朝著有勺园集。

王隼，字蒲衣，亦番禺人。父邦畿，明末副贡，以诗名，隐居罗浮，著有耳鸣集。隼七岁能诗，早年志栖遁，尝弃家入丹霞，寻入匡庐，居太乙峰六七年，始归。性好琵琶，家稍裕，即理书卷，手胝口沫无休时。窘即弹琵琶，琵琶声益急，则其窘益甚。娶潘楳元女，能诗兼通史汉诸书，乐贫偕隐，字曰孟齐。女瑶湘亦能诗。卒，年五十七。著有诗经正讹、岭南诗纪、梳山七书、大樗堂集十二卷。

吴文炜，字山带，广东南海人。康熙三十二年举人。十岁能诗，与梁佩兰同塾，唱和数十篇，初效李长吉体，争奇嗜险，相矜为乐，名噪一时。晚以诗古文辞提倡后学，主于自然灵妙，而诗画尤矜贵，秀水朱彝尊尝游粤将归，文炜作墨竹卷子赠其行，并题句云："未得便留山屐住，罗浮晴看紫茏葱。"论者谓不减徐文长风韵。家藏书甚富。三十五年，卒，著有金茅山堂诗集。

史申义　顾图河　周起渭

史申义，字蕉饮，江苏江都人。康熙二十七年进士，改翰林院庶吉士，散馆授编修。三十八年，充云南乡试正考官，荐官礼科给事中，乞病归。初，申义年十五，补诸生，即以琼花、霜钟诸赋，声噪一时。与同里顾图河用诗学相切劘，时称"维扬二妙"。所为诗抽思深窅，结体清高，不失风骚之旨。王士祯方以诗倡率海内，尝称申义及汤右曾足传衣钵，时又称"王门二弟子"。圣祖尝以后进诗人询大学士陈廷敬，以申义及周起渭对，上赐御书绫幅，以示嘉奖，翰苑又有"两诗人"之目。生平以士祯为师，以姜宸英、梁佩兰、吴雯、查慎行、何焯为友。所著有芜城、使滇、过江等集。

顾图河，字书宣，江苏江都人。康熙三十三年一甲二名进士，授翰林院编修。廷试时，仁庙阅对策至治河一条，曰："熟悉形势，必生长江淮留心时务者。"入史馆数月，即乞假归。里居十年，复还京，预修大清一统志诸书。四十五年，命提督湖北学政。未几卒。少负异禀，嗜古贪书，寒暑无间。家在城东七十里外，偶入城必载书满车。诗早年妍秀，颇为时称；继乃焚弃其稿，务为恢奇奥衍之作。古体多学眉山，近体多学剑南。史申义谓其具凌跨百代之力，尽得古人师承，而自立于宗派后云。著有雄雉斋集。

周起渭，字渔璜，贵州贵筑人。康熙三十三年进士，改翰林院庶吉士，散馆授检讨。四十四年，充浙江乡试正考官，荐升詹事府詹事。时辇下若姜宸英、汤右曾、顾图河诸人，方以诗古文辞树帜文坛，后进率望而却步，独起渭以隽才相与角逐。尝作万佛寺大钟歌，一时推为杰作。史申义尝赠句云："孰与夜郎争汉大，手携玉尺上金台。"其倾倒如此。起渭为诗，上自建安，下逮竟陵，无不研究，而尤肆力于苏轼、元好问、高启诸家。著有桐野诗钞。

郑梁　裘琏

郑梁，字禹梅，浙江慈溪人。康熙二十七年进士，改翰林院庶吉士，散馆授户部主事，荐升郎中。三十三年，充会试同考官。旋出知广东高州府。总督欲开硐州，檄梁议。梁谓："硐州在海外，最险阻，开之不足为利，将来鲸鲵出没，为患滋大。"议遂寝。三十五年，大旱，设坛建醮十馀日，不雨，梁弛屠沽之禁，具特牲，自为文祷于社稷、城隍，即日雨如注。已而民复苦雨，又为文祷之，雨遂止。逾年，郡城遍揭帖，言某日贼且至。属吏仓皇入报，梁曰："第去无虞。"顷之，呼道人孔姓者至，曰："署中多鬼，烦汝厌之。"道人授笔作书，书讫，梁出揭帖示之曰："此非汝笔耶？"道人惶恐伏罪，逐之，郡内以安。盖梁于祈雨设醮时，已预知其人有奸宄状，故瞬息间，擿伏如神，属吏皆服。性至孝，守高二载，即陈终养。比得所请而父溱已殁，哀毁特甚。溱与黄宗羲交最密，尝命梁师事宗羲。梁以陈师道年三十一见黄鲁直，尽焚其稿而学焉，今见宗羲时亦三十一，故诗文皆以见黄稿为冠。宗羲殁后，梁建二老阁，设位其中，岁时祀之。家中藏书甚富，与范氏天一阁相埒。学有心得，诗近陈献章，文类归有光，宗羲极称之。尝以晓行诗得名，晚年右体不遂，以左笔驱染，跌宕文史如平时。著有寒村诗文集三十四卷。

裘琏，〔一〕字殷玉，亦慈溪人。生而孤露，天才过人，能为诗古文及乐府词，对客据几，立尽数纸。家故有玉湖楼，藏书数千卷，罔不钩玄提要。年未壮，著作等身。康熙二十六年，纂修大清一统志，总裁徐乾学访士于黄宗羲，宗羲举琏，时与修者十四人，皆海内耆硕，琏以后辈得与所纂。志成，工且速。乾学览而伟之，叹曰："昔人十六国春秋，安得如此整齐慎核乎？"圣祖南巡，琏献迎銮赋。康熙五十一年，六旬万寿，复献升平乐府。五十四年成进士，圣祖取琏卷亲阅，有"对策甚好，字亦端楷"之褒，列二甲第一名，改翰林院庶吉士。时琏年逾七十，遂乞身归里，徜徉鸳湖、交溪、西泠、槜李间，以山水自娱，著作日益富。雍正七年，卒，年八十六。所著有复古堂集、天尺楼古文、述先录、横山文集诗集、玉湖诗综、明史崇祯长编。

【校勘记】

〔一〕裘琏　“琏”原误作“连”。今据清诗纪事卷七页八五七改。按琏字殷玉，自以从玉为是。下同。

储欣　从孙大文

储欣，字同人，江苏宜兴人。康熙二十九年举人。少孤，率两弟苦读，博通经史。弱冠后萃里中友十二人，约曰：“非圣贤之书勿视，非其行勿繇，不幸有过，必面责，改然后止。”又约曰：“文之课月有三，合而课者一；为书之艺七，离而课者二。为书之艺五：论、表、判、策、诗赋古文辞，诸体胥备。”行之七八年，寒暑不辍。由是负东南文望。年六十，始领乡荐，一试礼部，不遇，遂杜门著书。所选唐宋十家文全集录五十一卷，以明茅坤选本只为经义计，乃于八家外，增李翱、孙樵，书出风行海内。乾隆中，御选唐宋文醇，盖因其本而增益之，御制序亦称欣用意良美云。欣自谓于先秦、两汉班马、唐宋诸大家之书，多成诵。尝仿非国语，著曲台疑八十篇有奇。为文谨洁明畅，有唐宋家法，而于苏轼为近。其宗旨见所作蜀山东坡书院记。慈溪姜宸英亟称之曰：“自南渡后，此道浸绝，今乃得之宜兴储氏，诗五言雅淡，可追唐风。”性和易，不可干以非义。馆于鹾商，或嘱以夤缘，毅然曰：“吾雅不识夤缘事。”拂衣归，教诸子有方，及门多达者。康熙四十五年，卒，年七十六。著有春秋指掌三十卷、前事一卷、后事一卷、在陆草堂集六卷。

大文，字六雅，欣从孙。康熙六十年进士，改翰林院庶吉士，散馆授编修。父方庆，康熙六年进士，官山西清源县知县，有循声，工古文辞。十八年，举博学鸿儒，著有遁庵集。

大文少聪颖，十岁从父之官，所过险厄，睥睨指顾，初以制艺名，后肆力为古文，从从祖欣游，读书九峰楼数十年，欣尝称之为东坡化身。姜宸英见其文，亦惊叹曰："旷代异才也！"其为文征引典博，间有隶事太繁之失，后颇自悔。尝论南丰文，称为峻绝；又谓文尚简，然必衷于道而后能简。苏氏之文，人美之曰畅，然文忠至黄州而益简；至惠州昌化军而又益简。世以为知言。归田后，益潜心古学，于史家地理与夫山川阻隘、边关厄塞，靡不详究，所作荆州论十一篇、襄阳论、广陵西城一篇，推求古今城郭异地，山川异名，援据史籍，如绘图聚米，当年进退攻守之要，成败得失之由，皆口讲而指画之。论者谓国朝二百馀年，惟阎若璩明于沿革，大文详于险易，顾祖禹方舆纪要考证史文，虽极博洽，往往以两军趋战、中途相遇之地，即指为兵家所必争，不及二人精核云。所著存研楼文集十六卷，论形势居七卷，又二集二十五卷。时主东南坛坫者，为长洲何焯、吴县吴士玉二人，皆推大文为祭酒。

性宽而介，家佣或窃其资，勿问。有里豪占其祖遗产，里党多不平。大文曰："独不见东坡买田事乎？"弗与校。尝送试至省，学使致书馈赠，坚却之。同年生为本省大僚手书询问，终不往谒。其操守如此。又尝游安徽之旌阳，辟吕成公旧学以为讲堂，偕其裔日夕论说。又应山西巡抚之请，购司马文正集为多士楷模，并为纂省志三百馀卷。后主维扬之安定书院，学者翕然宗之。

姜宸英　严虞惇　性德

姜宸英，字西溟，浙江慈溪人。明太常寺卿应麟曾孙。少工举子业，兼善诗古文辞，屡踬于有司，而声誉日起。圣祖仁皇帝稔闻之，尝与秀水朱彝尊、无锡严绳孙并目为"三布衣"。会开博学鸿儒科，翰林院侍读学士叶方蔼约侍讲韩菼连名上，适方蔼宣诏入禁中浃月，菼乃独牒吏部，已不及期，方蔼旋总裁明史，荐之入馆，充纂修官，食七品俸，分撰刑法志。宸英极言明三百年诏狱、廷杖、立枷、东西厂卫之害，痛切淋漓，足为殷鉴。尚书徐乾学罢官，即家领一统志事，设局于洞庭东山，疏请宸英偕行。宸英在京时，大学士明珠长子性德从宸英学，明珠有幸仆曰安三，颇窃权，宸英不少假借。性德尝以为请，宸英益大怒，掷杯起，绝弗与通。安三知之，憾甚。以故连蹇不得志。久之得举顺天乡试。康熙三十六年成进士，及廷对，进呈名稍殿，上识其手书，特拔置第三人，授翰林院编修，年已七十矣。三十八年，充顺天乡试副考官，比揭榜，御史鹿祐以物论纷纭，劾奏，命勘问，并覆试举子于内廷。上谕："诸生俱各成卷，尚属可矜，落第怨谤，势所必有，焉能杜绝？只黜数人，馀仍令会试。"正考官李蟠遣戍，宸英坐蟠系狱事未白，病卒，年七十二。

宸英孝友，与人交悃愊无城府，然遇权贵不少阿。常熟翁叔元任祭酒时，劾汤斌伪学，宸英与叔元旧识，遽移书责之。生平读书，以经为根本，于注疏务穷精蕴。自二十一史及百家诸子之说，靡弗披阅。绩学勤苦，至老犹笃。故其文闳博雅健，有北宋人意。魏禧尝谓："侯方域肆而不醇，汪琬醇而不肆，惟宸英在醇肆之间。"论者以为实录。诗亢奡滂葩,宗杜甫而参之苏轼,以尽其变。书法钟王,尤入神品。著有江防总论、海防总论各一卷,湛园集八卷,苇间诗集十卷,又劄记二卷,皆证经史之语,虽小有疏舛,而考论礼制,精核者居多。

严虞惇,字宝成,江苏常熟人。康熙三十六年一甲二名进士,授翰林院编修。虞惇生有异禀,九经三史,幼即成诵。官翰林,馆阁文字,多出其手。己卯科场狱兴,虞惇子侄连售,试官蟠与宸英皆其同年友,用是罣吏议,镌级。闲居数年,圣祖南巡阅河,虞惇迎驾毗陵,献诗十章,温旨召问,赐御书一幅。旋起补国子监监丞,转大理寺寺副。寺副权轻位下,守故事,行文书而已。虞惇毅然独不轻其官,论谳奏当,必衷至是,虽啖以利、怵以威,不能夺也。通仓盗米案,有以私怨锻入人罪者,虞惇持不可而止。俄有内务府杀人移狱事,虞惇先上书本寺少卿邵观,历指疑状,又出不意,执其人讯之,吐实,谳始定。四十八年,充四川乡试副考官,五十二年,充湖广乡试正考官,皆称得人。累迁至太仆寺少卿。五十二年,卒,年七十四。虞惇著述甚富,其读书质疑三十一卷,意在玩味研求,于毛朱两家,择长弃短,不存门户之心,并不涉调停之见,殊有功诗学。为文鼓吹六籍,陶铸群言,与欧曾为近。诗思沉力厚,不苟同于人。江苏人士刻其集,以继明归有光,盖本同郡而有光官止太仆,名位又适相符也。议者颇谓不愧云。

性德,原名成德,字容若,纳兰氏,满洲正黄旗人。康熙十五年进士,授乾清门侍卫,少从姜宸英游,喜为古文辞;乡试出徐乾学之门,遂授业焉。善诗,其诗飘忽要眇,绝句近韩偓,尤工于词。所作饮水、侧帽词，当时传写，遍于村校邮壁。生平淡于荣利，书史外无他好。爱才喜客，所与游皆一时名士。晚更笃意经史，嘱友人秦松龄、朱彝尊购求宋元诸家经解，后启于乾学，得钞本一百四十种，晓夜穷研，学益进。尝延友人陆元辅，合订删补大易集议萃言八十卷、陈氏礼记集说补正三十八卷。又刻通志堂九经解一千八百馀卷，皆有功后学。精鉴藏书，学褚河南，见称于时。尝奉使觇梭龙诸羌。三十四年，卒，年三十一。殁后旬日，适诸羌输款，上时避暑关外，遣中使拊其几筵，哭而告之，以其尝有劳于是役也。著有通志堂诗集五卷、词四卷、文五卷、渌水亭杂识四卷，又有全唐诗选、词韵正略。

刘岩　唐孙华　徐葆光

刘岩，原名枝桂，字大山，江苏江浦人。康熙二十五年，以诸生贡太学，名震京师。孝惠章皇后崩，诏行三年丧，廷臣议以日易月，欲使太学生上书而难其首，祭酒某潜列岩名，乃著太学生伏阙上书论，申明大义，反复千馀言，士大夫争相传诵。既不苟仕进，因绝意科名。大学士张玉书叹曰："有才如此，讵以布褐老乎？"劝以易名应试，三十八年，举顺天乡试，四十二年，成进士，改翰林院庶吉士，散馆授编修。四十八年，充会试同考官，以戴名世南山集牵罣吏议，当长流，旋有旨赐还，隶旗下。〔一〕五十五年，卒。雍正元年，诏赦妻女归原籍。

岩幼敏慧，精于音律、绘事，以善弈名。同里左文戒之曰："子诚以此聪慧用之读书，何书不可读？"遂发愤为学，昼夜不倦。父禁之，则窃油置床下，俟人静复篝灯默诵。夏畏蚊啮，置灯帷帐中，帐顶成墨。尝谓周礼媒氏“仲春之月，令会男女，于是时，奔者不禁。”奔谓已有媒氏之言，而六礼不备者也，六礼有一不备，犹正名曰奔，所以谨男女之别，而厚廉耻之防；驳震川误解礼注例，以孔子录柏舟，即春秋表共姬之旨，皆有裨世教。又以世人说四书，多务为新奇可喜之论、深远难测之说，谓朱子格物穷理，究极精微，未有不全读朱子之书，而能窥四书之精蕴者。甘元焕称其根柢古训，发撝义理，粹然儒者之言。古文豪宕峭折，于欧苏为近。诗品高洁，不尚词华，沈德潜亟称之，老尤好吟咏，日赋一诗，得八百馀篇。性孝友，闻继母疾，驰三十里归，亲涤溺器。生平寡言笑，动循礼法。著有拙修斋稿、大山诗、石桥诗集、匪莪堂文集。

唐孙华，字实君，江苏太仓州人。康熙二十七年进士，选陕西朝邑知县。会圣祖咨访实学，廷臣以孙华对，召试乾清宫，称旨，授礼部主事，兼翰林院行走，寻调吏部。三十五年，充浙江乡试副考官。以事落职，归。少入慎交社，有文名，徐乾学甚重之。明珠闻其名，馆之家，使为子揆叙师。揆叙辨慧过人，每以僻事疑义相质难，孙华引端竟绪，揆叙心厌焉。后徐乾学开一统志局于洞庭东山，复招孙华往。及通籍，年五十五矣。既归，遂坚卧不出，与二三老友登临游宴，有香山洛下之风。圣祖南巡，孙华迎驾吴门，揆叙私之曰：“上注意先生，先生亦有意复出乎？”孙华曰：“吾年七十矣，即在位义犹当退，顾且出，何所求耶？”卒谢之。孙华天才敏赡，九试冠军，名震江左。晚岁肆力穷经，所诣益进。论诗，谓学问性灵，缺一不可。故所作不趋高超，言皆有物。生平善养生，不服药，亦无疾苦。雍正元年，卒，年九十。著有东江诗钞。

徐葆光，字亮直，江苏长洲人。为诸生，负盛名。圣祖仁皇帝南巡，伏谒献诗。既举京兆，康熙五十一年，试礼部，不第，特赐一体殿试，遂以一甲三名进士，授翰林院编修。葆光才品为馆阁冠，琉球国王嗣位，充册封副使，赐一品麟蟒服，后乞假归，著中山传信录六卷。居数年，诏起葆光以御史记名，会卒，时雍正元年也。所作古文辞，纯明峻洁，诗尤雄健排奡，出入眉山、剑南之间。有二友斋文集十卷、诗集二十卷、海舶集三卷。

【校勘记】

〔一〕隶旗下　“旗下”原误作“汉军”。今据耆献类征卷一二三叶一九上改。

查慎行　弟嗣瑮　族子昇　查揆

查慎行，字初白，浙江海宁人。少受学黄宗羲，治经邃于易，尤工诗。方为诸生，游览牂牁、夜郎，以及齐、鲁、燕、赵、梁、宋，过洞庭，涉彭蠡，登匡庐峰，访武夷九曲之胜，所得一托于吟咏，故篇什最富。康熙三十二年，举顺天乡试。其未通籍时，即名闻禁中。四十一年，圣祖东巡，以大学士陈廷敬、李光地、张玉书先后奏荐，驿召至行在，赋诗，诏随入都，直南书房。四十二年，特赐进士出身，改翰林院庶吉士，散馆授编修。时慎行族子昇，以谕德侍直内廷且久，宫监辄呼慎行为“老查”以别之。上幸海子捕鱼，赐群臣，命赋诗。慎行有云：“笠檐蓑袂平生梦，臣本烟波一钓徒。”俄宫监传“烟波钓徒查翰林”，时以比“春城寒食韩翃”，传为佳话。会比岁西巡，凡幽岨之区、瓯脱之境，为从古诗人所未历，慎行悉以五七言发之，每奏一篇，上未尝不动色称善。又常随驾木兰，褒衣襜服，行山谷间，上望而笑曰：“行者必慎行也。”其风度如此。寻充武英殿校勘官，在局二年，竣事，仍入直。未几，假归，遭弟嗣庭案株系，阖门就逮，罪且不测。世宗识其端谨，且曰：“慎行诗每饭不忘君，杜甫流也。”特原之，放归田里。雍正六年，卒，年七十八。

浙人称诗者，首推朱彝尊，慎行、汤右曾继之。所著敬业堂集五十卷，合生平所历，各为一集，多至五十四种。黄宗羲比之陆游，王士祯则谓“奇创之才慎行逊游，绵至之思游逊慎行”。所评良允。五七言古体尤近苏轼，曾补注苏诗五十二卷。其教人为诗，谓“诗之厚在意不在词，诗之雄在气不在貌，诗之灵在空不在巧，诗之淡在脱不在易”，可谓通论。盖自明人喜称唐诗，至国朝初年嫌其窠臼渐深，往往厌而学宋，粗直之病亦生焉；得宋人之长，而不染其弊，固当于慎行屈一指云。他著又有周易玩辞集解十卷，陪猎笔记、黔中风土记、庐山游记各一卷。

嗣瑮，字德尹，慎行弟。康熙三十九年进士，改翰林院庶吉士，散馆授编修，荐升侍讲。性警敏，数岁即解切韵谐声。随伯兄慎行学为诗，兄唱弟酬，斐然可观。生平游迹遍天下，所至与贤豪长者往还，题咏无虚日。官翰林时，名与慎行相埒，亦以嗣庭罪逮，谪遣关西。雍正十二年，卒于戍所，年八十二。著查浦诗钞、查浦辑闻、南北史识小录、音类通考。

昇，字声山，慎行族子。康熙二十七年进士，改翰林院庶吉士，散馆授编修，入直南书房。推挽后进，无嫉忮心。由谕德庶子升少詹事，赐第西华门，题其堂曰淡远。会疾，上以赐第不吉，改赐厚载门外。四十六年，以积劳卒于官，年五十八。昇诗笔清丽，尤工书，得董其昌神韵，圣祖屡称赏之。著有淡远堂集。

查揆，又名初揆，字伯葵，亦海宁人。嘉庆九年举人，官顺天蓟州知州。揆家贫养亲，读书抗志。少受知于阮元，尝称以为诂经精舍翘楚，既乡荐，钱大昕、法式善皆寓书于元，望其入京。其名动公卿如此。性通而介，耻干谒，数往来西湖上，不妄与人交。尝渡钱塘，之甬上，之括苍，旅食四方，无知之者。文笔雄秀冠时，每赋一篇，必为杰构。诗出入查慎行、厉鹗之间，而警动过之，卓然成家。其论诗大旨主乎消纳，谓严沧浪"香象渡河，羚羊挂角"，只是形容"消纳"二字之妙，世人不知，以为野狐禅。金元以降，冗弱之病，正坐不能消纳云。海宁查氏名家叠出，揆起于慎行、昇后，足继家学。著有筼谷文集、菽原堂集。道光十四年，卒，年六十五。

汪份　弟士鋐

汪份，字武曹，江苏长洲人。康熙四十三年进士，改翰林院庶吉士。五十二年，散馆授编修。五十三年，充广西乡试副考官。六十年，奉命督学云南，未之官，卒，年六十七。份少嗜学，年十四随大父任山东沂州府，大父以官逋系狱，份侍侧读书，连日夜不辍，[一]狱吏奇之。为文词气雄迈，与陶元淳、何焯俱以文学知名。时徐乾学、翁叔元方收召后进，份与元淳、焯俱游其门，而自矜持，不求亲昵，以是屡踬。其后焯交绝于两家，元淳亦与叔元忤，惟份无违言。份气和而性伉直，尝与赵执信会广坐中，执信傲睨，人不能堪，份忽愤发，面数其失，执信气为之夺。又与方苞交最笃，苞称钱谦益文秽恶，份初不谓然，后卒以为知言。尝订四书大全及唐宋八家古文，行于世。晚岁辨春秋书爵非褒、书人非贬，为书三卷，义多儒先所未发。又著有河防考十卷、遄喜斋集。弟士鋐。

士鋐，字文升。康熙三十六年一甲一名进士，授翰林院修撰，官至右中允，入直南书房。少受学于份，与份暨兄钧、弟倓，俱知名，时称"吴中四汪"。士鋐善诗古文词，尤工书法，与姜宸英齐名，号"姜汪"。其论书，谓："不学古隶，不知波折往复之理；不习晋帖，不知回还牵结之妙；不玩唐碑，不知古人各自成家之法。去其短，集其长，毋矜奇，毋尚险，庶几归于正而合于古。"性廉介，尝扈从太原，大吏馈翰林人各二百金，士鋐言于众曰："彼厚敛于民，而以翰林为口实，不可。"立共却之。又论漕运事，谓："自古善言理漕者，莫如唐之刘晏，晏为江都转运，治船运漕，数倍其值，人皆以为浮费，晏独不惜。船场既兴，人人充足，船亦数年不坏。后人反其术，工甫毕，人皆冻馁，船亦随败。以是知损上益下谓之益，惟留其有馀，则事可久而功易成。"其言深中利弊。生平著述甚富，尤勤于考古，陈鹏年出瘗鹤铭于江，士鋐为考一卷，时称详核。他著又有长安宫殿考、全秦艺文志、三秦纪闻、玉堂掌故、华岳志、元和郡县志补阙、近光集、馀集、四六金桴、赋体丽则、秋泉居士集。

【校勘记】

〔一〕连日夜不辍　原脱"连"字。今据耆献类征卷一二三叶一四下补。

王式丹　吴廷桢　徐昂发　张大受　李重华

王式丹，字方若，江苏宝应人。康熙四十二年一甲一名进士，授翰林院修撰，旋以告归。式丹绩学嗜古，为诸生有盛名，巡抚宋荦极赏之。荦尝取长洲徐昂发、顾嗣立、吴廷桢，泰州宫有鹿、缪沅，嘉定张大受，武进杨伦、徐永宣，吴县吴士玉，高邮李必恒，常熟蒋廷锡，华亭王图炳，扬州郭元釪诸人诗合刻之，为江左十五子诗选，而式丹为之首。式丹诗排奡陡健，一洗吴音啴缓，盖以昌黎为的，而泛滥于庐陵、眉山、剑南、道园之间。查慎行俯首下心以兄事之，田雯、王士祯皆推许焉。论者谓士祯、朱彝尊后，演其诗者惟慎行及式丹。年六十，入翰林，分修皇舆表、佩文韵府、一统志，凡大撰作，同馆皆推之，然不自表襮，好奖藉后进，有一长，津津道之不容口。平居宽然，若无所别择，至于是非得失，关名教节义之大，则毅然不可以夺。居官十年，吟诵自娱，旅况萧然，泊如也。归里后，以同年生事牵连对簿，久之事得白。侨居郡城，与乡士大夫论文为乐，士多从之游。五十七年，卒，年七十四。著有楼邨集二十五卷。

吴廷桢，字山抡，江苏长洲人。少负异禀，为文章惟意所适，咸浑然若天成。尤工诗。康熙三十五年举人，以北籍被黜。圣祖南巡，廷桢迎驾于郊，巡抚宋荦指以奏曰："此吴中才子也。"上因以巡幸为题，限江韵试之，廷桢诗将成，上适以行抵何处问左右，答曰："已抵吴江。"廷桢因作结句云："民瘼关心忘处所，侍臣传语到吴江。"上悦，复还举人，入直武英殿。四十二年成进士，改翰林院庶吉士，散馆授编修，荐升左谕德。四十七年，充江西乡试正考官，称得士。临川李绂其首也。吴中风尚颇急士宦，又好以声名相轧，廷桢独淡然无营。居馆中，凡册封督学诸优差，皆辞不与开列，而专致力于书局。尝纂修佩文韵府、月令辑要等书。凡一切代言之作，院长必以相属。论者谓宋欧、李、二王称台阁四大家，廷桢庶几媲美。竟以劳卒，上闻，有"学充养粹"之褒。著有南村集、古剑书屋文钞十卷。

徐昂发，字大临，江苏昆山人，原长洲籍。康熙三十九年进士，改翰林院庶吉士，散馆授编修。五十三年，充福建乡试副考官。五十九年，提督江西学政。昂发文酒自豪，常倾四座。未第时，作宫词百首，遍播旗亭酒社间。尤长于考证，所著畏垒笔记四卷，虽不及顾炎武、朱彝尊之淹通，然持择矜慎，叙述简洁，正舛订讹，足资闻见。骈文追踪六朝，诗刻峭清新，有透空碎远之音。沈德潜称其五言古从杜陵出，近体得力樊南而能自出面目。同时谈艺，罕与俪者。有畏垒山人诗集四卷。

张大受，字日容，江苏长洲人。康熙四十八年进士，改翰林院庶吉士，散馆授检讨。五十九年，充四川乡试正考官，旋奉命督学贵州。秩满，再留任。大受生有异才，于经史百家之言，无不贯串。少从学于朱彝尊，为彝尊、汪琬、韩菼所赏识。圣祖南巡，尝召至御舟赋诗，因宣入纂修馆。大受世居吴郡匠门，喜诱掖后进，四方造门请业者无虚日。临川李绂微时，客游吴中，大受器其才，奖励逾格，卒成一代名贤。既入翰林，汲引尤众，有负之者弗与校，且若不知也。善诗古文，尤工骈体，清新独出。著有匠门老屋集三十卷。

李重华，字实君，江苏吴县人。雍正二年进士，改翰林院庶吉士，散馆授编修。十年，充四川乡试副考官。少有俊才，从张大受游，得其指归。其诗宗法在杜韩间。尝谓诗有三要：发窍于音，征色于象，运神于意，三者缺一不可。生平游踪，历蜀、秦、齐、楚，登临凭吊，发而为诗，嵚嵚历落，颇得江山之助。时长洲蒋恭棐以古文名，重华以诗名，时莫能轩轾也。所著诗话二卷，或引而不发，或金针度人。沈德潜谓可希风昌穀谈艺录。其说经尤长于诗，能推求言外之意，有三经附义六卷，又有贞一斋集。

何焯　陈景云　景云子黄中

何焯，字屺瞻，江苏长洲人。先世曾以"义门"旌，学者因称义门先生。〔一〕焯少读书，数行并下，为文才思横溢。性耿介，廉于财，虽晨炊未具，不计也。康熙四十一年冬，圣祖南巡，驻涿州，召直隶巡抚李光地语，询草泽遗才，光地以焯荐，召直南书房。明年，赐举人，试礼部，下第；复赐进士，改翰林院庶吉士，仍直南书房。寻命侍读皇八子府，兼武英殿纂修官。及散馆，得旨再教习三年，寻丁内外艰，又十年，始复以光地荐授编修。焯初受知于尚书徐乾学，为忌者所中，失欢。翁叔元延致之，及叔元劾尚书汤斌，焯上书请削门生籍，天下快焉。授编修之明年，驾至热河，有构飞语以闻者。上还京，即命收系。及所司尽籍其邸中书籍以进，上览之曰："是固读书种子也。而其中曾无失职觖望语。"又见其草稿，有辞吴县令馈金札，〔二〕益异之，乃尽以其书还之，罪止解官，仍参书局。焯即趋局校书如故。

是时诸王皆右文，所聚册府，多资焯校之。世宗在潜藩，亦以困学纪闻嘱焯笺疏，焯蓄书数万卷，凡经传、子史、诗文集、杂说、小学，多参稽互证，以得指归。其校定两汉书、三国志，乾隆五年从侍郎方苞请，令写其本付国子监，为新刊本所取正。钱大昕尝称其考证汉书最有功，凡有题识，论人必迹其世，彻其表里；论事必通其首尾，尽其变；论经时大略，必本其国势民俗，以悉其利病。其详审绝伦如此。所见宋元旧椠本，一一记其异同。又工于楷法，蝇头朱字，粲然盈帙。好事者得其手校本，不惜重价购之。其真、行书并入能品。吴人与汪士鋐并称"汪何"。上尝命书朱子四书章句集注，奏御嘉奖，命即锓板。焯与方苞论文不甚合，然苞有作，必问其友曰："焯见之否？是能纠吾文之短者！"晚岁益有见于儒者之大原，常叹王伯厚虽魁宿，尚未脱词科习气，因欿然自附于不贤识小之徒，欲因文见道，以探本于儒术。今世所传义门读书记旧雕本，止六卷。同邑蒋维钧嗜何氏学，博搜遐访，扩至十数种。康熙六十一年，卒，年六十二。上曰："何焯修书勤，学问好。朕正欲用之，不意骤殁，深可悯恻！"赠侍讲学士，赐金，给符传归丧；复命有司存恤其孤。门人著录甚众，吴江沈彤、长洲陈景云为尤著。

陈景云，字少章，亦长洲人。诸生。博闻强识，讲求通儒之学。年十七，睢州汤斌抚吴，试士拔第一。康熙中，试京兆，不遇，馆藩邸三年，以母老辞归。后藩邸再遣使敦促，谢不赴。少从何焯游，焯殁，以名德见推，为吴中文献轻重者几二十年。性孝友，居父母丧，每恸必绝。与人交，有始终，外和内刚，不因人热。所居老屋数楹，朝齑暮盐，人不能堪，处之怡然。乾隆二十年，卒，年七十八。景云为学，凡经史四部书，丹铅不离手，尤长于史，能背诵通鉴。举前明三百年事谈之，更仆不倦。为文章简严有法。著读书纪闻十二卷、纲目辨误四卷、两汉订误四卷、三国志校误三卷、韩文校误三卷、柳文校误三卷、文选校正三卷、通鉴胡注正误三卷、纪元考略二卷、文集四卷。子黄中。

黄中，字和叔。诸生。少时即留心史学，以经济自负。乾隆元年，荐举博学鸿词，〔三〕为大学士海宁陈世倌所知。在京师，尝上书论用人、理财、治兵三大事，世倌得书，韪其言。会诏求骨鲠朴直之士，如古马周、阳城者，世倌欲举以应，时黄中已去京师，招以书，辞。所著导河书三篇，水利、边防诸议，援古证今，达于当世之务。山阴胡天游傲睨当世士，鲜当意者，顾独为黄中屈，有所著作，必以见示，辄为发其釁、别其良，未尝不相视而笑也。晚年归家，病宋史芜杂，撰纪传表百七十卷。又著新唐书刊误二卷，国朝谥法考三卷，殿阁部院年表、督抚年表各六卷，东庄遗集四卷。其卒也，贫甚，至不能庀丧具。或以金赙者，妻张氏固却之，曰："奈何以贫故，伤夫子义？"僨居以葬之。

【校勘记】

〔一〕学者因称义门先生　原脱此八字。今据耆献类征卷一二三叶六上、下补。

〔二〕有辞吴县令馈金札　原脱"札"字。今据耆献类征卷一二三叶五下、八上补。

〔三〕荐举博学鸿词　"词"原误作"儒"。今据本卷朱彝尊传附孙稻孙传云"乾隆元年，举博学鸿词"改。

沈元沧 子廷芳 沈名荪 名荪子嘉辙 陈奕禧 汪惟宪

沈元沧，字麟洲，浙江仁和人。康熙四十四年、五十六年，两举副贡生。早岁属文，为毛奇龄、万斯大所赏。尤喜为诗，查昇见之，妻以女。时昇方奉旨纂修佩文韵府，元沧为荟萃排比，进呈辄称旨。寻诏入武英殿书局任事，总裁奏请考试，上曰："沈元沧学问，朕素知，不必考试。"又尝诏廷臣曰："沈元沧书法赵董，与其外舅正同。"以议叙，授广东文昌县知县，在任四年，有循声。琼俗以诸生充里胥，作奸犯科，不可惩以法；又多锢婢事，元沧痛治之；仿朱子社仓法，劝谕贮赈，民甚德焉。后以牵累，诖吏议，编管宁夏。未逾年，卒，年六十八。生平于学无所不窥，论史有卓识。尝谓："儒者论古，第持义理之空言，而不能置身其际，熟察情势，岂足以服古人之心？且非孟子知人论世之法也。"诗兼宗唐宋，朱彝尊、汤右曾、陈鹏年咸推重之，与查慎行相唱和。著有滋兰堂诗集二十卷、文集六卷、礼记类编三十卷、云旅词、念旧词、奇姓编、充安斋杂著、今雨轩诗话、杜诗补注汇、黎岐杂记、平黎议。

沈廷芳，字畹叔，浙江仁和人。幼入塾，读杨忠愍传，慕其为人。父宰广东文昌，坐遣戍宁夏，母留居嘉善，每岁往来省觐，忘行路之劳。南河总督高斌留参幕事，斌喜宋儒书，廷芳习闻之，因有志励学。乾隆元年，由监生召试博学鸿词，授翰林院庶吉士，散馆授编修。旋迁山东道监察御史，疏请免米豆税，户部议行。故尚书彭维新起为侍郎，劾罢之。俄坐言事不当，免，高宗命仍旧职，补江南道，巡视济宁漕务。七年，奏崇文门内智化寺，明英宗为逆阉王振营造，李贤撰碑，称振丰功大节，谀阉乱道，观者发指。乞敕有司毁像仆碑，并将英宗谕祭碑移瘗他所。得旨如所请行。旋授山东登莱青道。莱州老儒高凤起等晦名乐道，因加礼焉。暇则屏驺从，巡视田亩，问民疾苦，人识所乘白马，见其来，曰："我使君也。"迁河南按察使，以母老乞退，再补山东按察使，遂以老致仕归，归时数千人送至崮山驿，廷芳慰之，日暮各流涕散去。廷芳少从方苞游，穷极载籍，所为文皆准绳墨。其诗学出于查慎行，而出入汉魏、三唐，有法度。由翰林而谏垣而外任，一官一集，变而愈工。兖州有南池，唐杜甫所常游也。廷芳在泲上日，建少陵祠，立碑为文记之。厉鹗尝称其碑词甚工。年七十一，卒。著有理学渊源十卷、十三经注疏正字八十卷、续经义考四十卷、鉴古录十六卷、古文指授四卷、隐拙斋诗集三十卷、文集二十卷、盥蒙杂著四卷。

沈名荪，字涧芳，浙江钱塘人。康熙二十九年举人。名荪起孤生，绩学能文，以家贫亲老，奔走四方，藉馆谷为养。年逾四十，始举京兆试，五上春官，岁丙戌，榜前梦罗昭谏见过，自是不复试。谒选，得湖南攸县知县，复以年老见斥，殁于京师。少从王士祯游，与查慎行、朱昆田友善，工诗。尝与昆田仿两汉博闻之例，摘取南北史字句之鲜华、事迹之新异者，为南史识小录八卷、北史识小录八卷。论者谓其遗文琐事，足备选用，实艺文类聚诸书之比。他所著有蛾术堂文集十卷、青灯竹屋诗三卷、退翁诗一卷、笔录十卷、史膂八卷、傔录一卷、冰脂集四卷。门人赵昱校刊其诗八卷，总名之曰梵夹集。子嘉辙。

嘉辙，字栾城。诸生。能以诗世其家。尝与同里吴焯、陈芝光、符曾、赵昱、赵信、厉鹗等，捃摭南宋旧闻，人各为诗百首，成南宋杂事诗七卷。其诗萃说部之菁华，采词家之腴润，世甚称之，嘉辙其首倡也。嘉辙与鹗交尤密，鹗尝删定其遗集付梓，今不传。

陈奕禧，字谦六，浙江海宁人。岁贡生。由山西安邑丞入为户部郎中，出知贵州石阡府，改江西南安知府，卒于官。少善诗，尝以"斜日一川汧水北，秋山万点益门西"，见赏于王士祯。尤工书法，专效晋人，所藏秦、汉、唐、宋以来金石甚富，皆为题跋辨证。圣祖尝命其入直内廷，世宗亦敕其书勒石，为梦墨楼帖十卷。日本国王嗜之，海舶载往，辄得重值。所居官，有循声。山西、贵州、江西皆祀之名宦。令直隶深泽时，饮泉甘之，作亭其上，署曰香泉，因以为号。论者谓其治绩诗名，乃为书所掩云。著有金石遗文录、皋兰载笔、益州于役记、春蔼堂集、虞洲集。

汪惟宪，字子宜，浙江仁和人。雍正七年拔贡生。性好静，有洁癖。每大比，以场屋污渍，多不终试。所居吴山之麓，门无杂宾，日以文酒为乐。选贡时，以疾未赴，学使怒，遣学官押之入试，且谓之曰："生若务为名高，不随牒上计，我将以箠扑报生矣！"惟宪谢不敢，然竟以病不出。善诗文，于书无所不读。诗学松圆，清淡粹雅，五言尤工。论者谓览其诗，乃别见贞白之性。文亦力追古作者。书法似苏长公、李檀园，为世所称。晚年犹日钞得意书数十页，赏鉴书画，别真赝甚精。得友人佳什，辄津津不去口。著有尊闻录、积山诗文集十卷。

倪璠 王琦 赵殿成 冯应榴

倪璠，字鲁玉，浙江钱塘人。康熙四十四年举人，官内阁中书。璠见闻博洽，长于史学，尝著有神州古史考一百五十卷。以无力付梓，惟将浙江一省刊行。又著有方舆通志文一卷、补辽金元三史艺文志。性喜为骈体文，以吴兆宜庾开府笺注合众手而成，颇伤漏略，乃详考诸史，作年谱一篇，冠于集首。又旁采博蒐，重为注释，为庾子山集注十六卷。其哀江南赋一篇，引据时事，尤称典核。书既出，吴注遂不复行。时有王琦、赵殿成者，生稍后于璠。琦著有李太白诗集注三十六卷、李长吉歌诗汇解五卷，殿成著有王右丞集笺注二十八卷，皆有名于时。

王琦，字琢崖，亦钱塘人。与齐召南、杭世骏友善。早鳏，杜门著述，有林处士风。精熟释典，殿成注右丞集时，以右丞本通佛理，顾起经旧注，多未及详，特嘱琦助为之，以补所未备。

赵殿成，字武韩，浙江仁和人。雍正初，举孝廉方正，不就。事父母以孝闻，父病，刲股肉以进，母殁，悲恸，右目为失明。又著有古今年谱、群书索隐、临民金镜录。

冯应榴，字诒曾，浙江桐乡人。乾隆二十六年进士，官内阁中书，迁宗人府主事。三十五年，充湖北乡试副考官。三十六年，充顺天乡试同考官，荐升吏部郎中。五十一年，充顺天乡试同考官，寻转御史，迁户科给事中。五十四年，充山东乡试正考官。历官至鸿胪寺卿。

父浩，字养吾。由编修官御史，尝为玉溪生诗评注八卷、樊南文集详注八卷，极精赡。又有孟亭诗文集。

应榴夙承家学，肆力于诗，以苏诗注本疏舛尚多，因为合注五十卷，附录五卷，所采自正史外，凡丛书脞说，靡不搜讨，于古典之沿讹者正之，唱酬之失考者补之，舆图之名同实异者核之，即友朋商搉之言，亦必标取姓氏。其虚怀集益如此。钱大昕谓王注长于征引故实，施注长于臧否人伦，查注详于考证地理，惟应榴实兼三家之长。又著有学语稿。

方楘如

方楘如，字若文，浙江淳安人。康熙四十五年进士，官直隶丰润知县，坐事免。乾隆元年，举博学鸿词，以格于部议，不与试。后以经学荐，不就。少受业于毛奇龄，博闻强记，经史百家，靡不淹贯。于汉儒笺注，尤能指其讹舛。尝讲祫禘郊庙之制，畅达精确，具有折衷。与同社及门析疑问难，能发前人所未发。古文奥劲，有笔力。时与方苞并称。惟喜雕琢襞积，遂成别派，不屑屑为诗，然亦清婉有法。方苞、杭世骏极推重之。鸿词之征，方苞称楘如及柯煜、龚缨、余华瑞四人，能无愧怍焉。晚主敷文讲席，口授指画，有叩即应。仪表丰伟，年八十，声如洪钟，世比之欧阳永叔。楘如从奇龄读书，而说经一遵古注，义理必折衷朱子，亦不效毛氏之排摈也。著有周易通义十四卷、尚书通义十四卷、毛诗通义十四卷、郑注拾沈一卷、离骚经解一卷、集虚斋学古文十二卷。又有十三经集解、四书口义、四书考典、读礼记、朴山存稿、续稿。

弟棻如，字若芳，诸生。亦工诗。著有缘情诗略。

方式济

方式济，字屋源，安徽桐城人。康熙四十八年进士，官内阁中书。

父登峄，贡生，官工部主事。善诗，著有依园诗略、星砚斋存稿、垢砚吟、葆素斋集、如是斋集，以戴名世狱为所株累，谪戍卜魁。卜魁，黑龙江地也。由新城之白都讷，渡诺尼江而北，乃至其处。

式济随父戍所，服勤左右，以慰晨昏。暇坐土室中，罗群经撰说之，又据所见闻，考核古迹，为龙沙纪略一卷。如辨混同江源出长白山，土人呼为松阿里江。松阿里江北与诺尼江合流，东北受黑龙江，又南受乌苏里江汇注于海，因其纳三江之大，故名混同。盖松阿里自南而北，黑龙江自北而南，历二千五百里之遥，两江不能混称，其上游未会时，则仍当称松阿里江，此足证金史混同江一名黑龙江之误。又辨金史宋瓦之讹松花，又搜讨黑龙江源与塞外入江诸小水，及精奇尼江、诺尼江诸派，多盛京通志所未载。

诗格廉悍，乐府尤矫矫不群，沈德潜甚称之。蔡世远称为乐天知命、无入不自得君子。后与父登峄并殁塞外。著有五经一得陆塘初稿一卷、出关诗一卷。

子观承，官至直隶总督。

顾嗣立　吴之振

顾嗣立，字侠君，江苏长洲人。性嗜书，尤耽吟咏。弟兄六人，皆名满京国。嗣立颉颃其间，称白眉焉。兄嗣协构依园，嗣立辟秀野园，水木亭台之胜，甲吴下。康熙三十八年，举于乡。会圣祖南巡，有以嗣立名荐者，进所撰元诗选，上嘉叹焉。四十四年，车驾复幸江南，以宋荦荐，召试行在，被选，至京师，给笔札，分纂宋、金、元、明四代诗选、皇舆全览诸书。以勤勚最，议叙内阁中书。五十一年，会试，特赐进士，改翰林院庶吉士，散馆仍留教习。五十三年，复以荐入武英殿，纂辑鸟兽虫鱼广义，会新例当授中书，不就。五十四年，散馆，改知县。以需次，移疾归。六十一年，卒，年五十四。

嗣立操履耿介。为钱唐徐旭龄婿，旭龄驻节江南，嗣立读书衙斋，未尝一与其属吏相接。及旭龄薨，无子，为经纪丧事，不遗馀力。性复轻财，好施与，家日贫而风流文雅，照映一时。素豪饮，家有古酒器三，仿刘景升三雅，受十三斤，而嬴馀各递杀，尝署门曰："凡酒客过门，延入与三雅，诘朝相见决雌雄。[一]盖终其身无与抗者。尤善诗，始得力于遗山、虞、杨诸家，而其后渐近于雄伟变化，有昌黎、眉山之胜。江苏巡抚宋荦选刻江左十五子诗中，尝谓："诗本天籁，人藉以道性情，历千百劫光景常新，自明人倡谓唐以后无诗，欧阳、苏、陆概从芟薙，又何论乎大德、元贞以还，暨玉山、铁崖诸君子哉？"因锐意蒐辑元人诗集，自元遗山而下，汇为百家，又广为三百家，凡四集，合千二百卷，网罗浩博，一一采自本书，有元一代之诗，以此为巨观。又笺注韩昌黎、温飞卿二家诗，皆极赅洽，而诗林韶濩、闾丘辨囿二书，亦所论定。自著有秀野集、闾丘集。

吴之振，字孟举，浙江石门人。贡生。官中书科中书。勇于为善,乡人多称之。买名园曰黄叶村庄,自号黄叶村农,有黄叶村庄集。康熙初年,山林诗,之振最有名。常刻宋诗钞一百六卷,所采至百数十家,多秘本,掇拾精华,删除冗赘,各以小传冠集首,略如中州集之例,而品评考证,其文加详,其诗派亦近宋人,七言,绝句尤足自张一军。课蚕词十六首,推为绝唱。又选国朝施闰章、宋琬、王士祯、士禄、陈廷敬、沈荃、程可则、曹尔堪八家诗,行世。

【校勘记】

〔一〕诘朝相见决雌雄　原脱"决雌雄"三字。今据耆献类征卷一二三叶一八上补。

杜诏　楼俨

杜诏,字紫纶,江苏无锡人。诸生。少从严绳孙、顾贞观游,得其指授。工诗,尤善填词。康熙四十四年,圣祖仁皇帝南巡,献迎銮词十二章,试列高等,特命供职内廷。尝与同人写御制金莲花赋,各赋纪恩诗,诏独进一词,拔置第一。旋命纂修历代诗馀及词谱等书。五十年,举人。五十一年,钦赐进士改翰林院庶吉士,以终养告归。诏天才秀逸,论诗专主性灵,缘情绮靡,出入温李之间。尝选唐诗叩弹集十二卷、续集三卷,皆中晚之作,故生平得力亦在大历以后。词格近草窗、玉田。告归后,卜居南垞,倡导后进,为骚雅主盟。性好山水,尝恣游秦、陇、江、楚、闽、粤、兖、豫诸名胜,所至赋诗纪游。或山僧地主乞为文,以镌诸石。古文亦得庐陵神髓。晚与道士荣涟、僧天钧结九龙三逸社,有庐山东林风。雍正十三年，大学士嵇曾筠荐举博学鸿词，辞不获命，未入都病卒，时乾隆元年，年七十一。生平不喜谈人短，尝曰："吾能记善，不能记恶。"亲友入仕者，必赠言曰："留有馀于百姓，无专事严察，取快一时。"有冒诏名受贿者，置之不辨，曰："吾不可居其实耳，何妨受其名？"人以为长者之言。著有云川阁集九卷、浣花风髓、蓉湖渔笛谱、词稿、读史论略。

楼俨，字敬思，浙江义乌人。少颖异，绩学，工填词。家贫，转徙云间。康熙四十六年，圣祖仁皇帝南巡，献织具图诗词，特擢第一。四十八年，奉诏修词谱，以荐与分纂之役。书成，议叙，选广西灵川县知县。逆僮负固，俨率壮勇，越巉岩深箐，直捣其巢，贼魁就缚。巡抚陈元龙上其功，迁广州理瑶同知。荐升按察使，调江西。以告归。其学于词最深，自宋以下词家原委派别，求其指归，与杜诏同馆，辨析体制，考订源流，曾驳正万氏词律百馀条，最中窾要。又以张綖之诗馀图谱、程明善之啸馀谱及毛先舒词学全书，率皆谬妄错杂，因自订群雅集一书，以四声二十八调为经，而以词之有宫调者为纬，并以词之无宫调者，依世次为先后，附于其下。朱彝尊尝为之序。所论辨有宋词四声二十八调考略、白云词韵考略、词韵入声考略、书吴江沈氏九宫谱后，皆可为后学津梁。著有蓑笠轩，仅存稿。

王澍

王澍，字箬林，江苏金坛人。康熙五十一年进士，改翰林院庶吉士，散馆授编修，充三朝国史、治河方略、御纂春秋三馆纂修官。五十七年，教习庶吉士。六十年，考选户科给事中，命稽察钱局。以善书法，特命充五经篆文馆总裁官。六十一年，升户科掌印给事中。雍正元年，上屡诏求言，召对内廷，蒙貂皮克什之赐。是年冬，奉旨六科胥隶都察院，澍疏言："六部事有误，都察院察之；都察院有误，六科驳之：此祖宗设官意也。若隶台臣，〔一〕为所管辖，给事浸废科参，自是有将顺而无匡救，所关匪细。"语侵台长，上怒，立召讯，人皆为澍危。澍与同官从容奏对，上意解，改吏部员外郎。然自是科臣虽隶总宪，得封驳如故。四年，以乞假葬亲，归。乾隆元年，被命起官，以疾不赴。四年，卒，年七十二。

澍经学宗宋儒，传注言性理，一本程朱。尝著大学困学录一卷、中庸困学录一卷，发挥学问之功。其大学补传第五章，辨陆王致知之误，极为分明。又著集程朱格物法一卷、集朱子读书法一卷，排比联络，融会其意，以救陆王静悟、以读书为粗迹之弊。又著白鹿洞规条目二十卷，分类条析，证以经史百家之语，凡更六年，三易稿而后成。生平孝于亲，居丧哀毁尽礼。与人交，无贤不肖，久而弥笃，终始无异心。古今文雄深朴茂，而书法尤一时独步。何焯、汪士鋐率推先之。尝著淳化秘阁考正十卷，取米芾、黄伯思、顾从义三家之说而研究之，以史传正讹误，以笔迹辨依托，而行款标目以及释文之类，亦一一考核。又别为古今法帖考一卷，溯阁帖之缘起及诸帖之沿流。又自以所得笔法为一卷，并附于后。论者谓其书在米、黄、顾三家之上，其真书入率更之室。篆书法李斯，尤称一代作手。告归后，书益工，远近士夫家，以金币请者无虚日。然不问家人生产，贫士丐其翰墨以举火者，亦应之不倦。金坛良常山馆最擅名，款署良常王澍。世遂称王良常云。澍鉴别古碑刻尤精，所著竹云题跋四卷，于源流同异，考证特详。又著有禹贡谱二卷、大学本文一卷、大学古本文一卷、中庸本文一卷、虚舟题跋十卷、补原三卷。

【校勘记】

〔一〕若隶台臣　“臣”原误作“丞”。今据耆献类征卷一三五叶三八下改。

万承苍　盛际斯　际斯子乐　尚廷枫

万承苍，字宇光，〔一〕江西南昌人。康熙五十二年进士，改翰林院庶吉士，散馆授编修。以康熙六十年主试李绂为流言所中相累，罢官。世宗宪皇帝察其诬，复原职。乾隆元年，充广西乡试正考官。九年，充福建乡试副考官。荐升至侍讲学士。尝侍直嗽作，屏息不敢发声。温语垂问，赐茶、茶膏各一器。少喜读宋儒书，与绂友善。绂主张陆学，于朱子有深文。承苍常戒其偏重。绂豪于诗文，然见承苍作，未尝不心折也。官京师时，与绂共居，日偕全祖望相聚讲学，间或考据史事，分韵赋诗，麦饭葱汤，互为宾主，未尝藉绂以求进。及得罪，怡然受之。归后，益杜门励学。所著易传论互体最精，一扫宋元林、吴诸子之谬。又有万学集、孺庐集。

盛际斯，字成十，江西武宁人。以选贡入大学，授乐平教谕，迁吉安府教授。少嗜学，治经书，废寝食，尤深于春秋。为文奇肆，出入左史秦汉，偶以示人，人不能读。尝与何焯论史，焯异之曰：“天下才也！”官教谕时，以师道自任，进诸生于古。有二生以不友闻，际斯踧踖不安，召至，述古今孝弟事，复自伤教化不明，咨嗟太息。二生皆流涕，顿首谢，遂相友爱终其身。性庄静寡言笑，端坐竟日，课儿辈以古人学，期于有用，又不必期于用。雍正七年，卒，年七十。著有春秋心传、清崖集、诗薮。子乐、大谟，皆能传其学。

乐，字水宾。诸生。性聪敏，七岁能诗。十一岁通经史。乾隆元年，举博学鸿词，罢归，以著述自任。杨垕、汪轫皆师之。诗格高敻，不蹈宋人蹊径，于江西诗派外，又别树一帜。著有剑山集。

大谟，字于埜。岁贡生。以经学荐，工古文。

尚廷枫，字岳师，江西新建人，原陕西兴安籍。以父潆官浙江提督，荫户部主事。乾隆元年，举博学鸿词，罢归。廷枫有轶才，经史诸子，靡不旁涉。下笔云飞涛卷，莫测涯涘。在京师日，与万光泰、袁枚有"三异人"之目。李绂极赏之，尝言于副都御史孙国玺，以旷世逸才列荐。性诡诞不羁，忽结驷连骑，忽布衣蓝缕。诗骨清旷，间有奇气。工送别、言情诸作。蒋士铨尝以独标正宗许之。著有贺莲集。

【校勘记】

〔一〕字宇光　"光"原误作"兆"。今据碑传综表页六〇三改。按耆献类征卷七二叶二上不误。

陈仪　陈潢

陈仪，字子翙，顺天文安人。生而颖异，读书过目不忘，嗜古文辞。康熙五十四年进士，改翰林院庶吉士，散馆授编修，与修三朝实录。雍正三年，直隶大水，诸河泛溢，〔一〕坏民田庐无算，命怡贤亲王偕大学士朱轼相度浚治。王欲得善治河者与俱，轼素器仪，遂以仪对。王延见，访以治河所宜先，仪曰："朱子有言，治河先从低处下手。天津上应析木，古渤海逆河之会，百川之尾闾也。今南北二运并涨，东西两淀争奔，骈趋于三岔一口，而强潮复来拒之，牴牾洄漩而不时下，下隘则上溢，〔二〕其势宜然。故欲治河，莫如先扩达海之口；欲扩海口，莫如先减入口之水。入口之水减，则达海之口宽，而北之永定，南之子牙，中之七十二清河，乃得沛然入三岔口而东注矣。"四年春，随王行视水利，轼以忧归，而教令笺奏，皆出仪手。命仪以侍讲摄天津同知。仪先疏下流，使四出毋壅，徐理其上，作长堤束之。凡四阅月而工成。转侍读，擢庶子。

五年，王奏设水利营田官，分四局，仪领天津局，兼属以文安、大城堤工，二邑形如釜底，积潦不消，秋复大水，夹堤内外皆巨浸。仪购菰蒋十馀万束，立表下楗，以御险要。堤本民工，仪言于王，请发帑金数万，为民兴修，用以代赈，堤遂完固。南运长屯堤，地隶静海不过数武，吏舞法，岁调发霸州、文安、大城民协修，百里裹粮，咸以为苦。仪除其籍，民便之。畿辅七十馀河，疏故浚新，仪所勘定者，殆十六七云。八年，擢侍讲学士。时议设营田观察使二员，分辖京东西，以督率州县，仪以佥都御史兼领丰润诸路营田于天津，仿明汪应蛟遗制，筑十字围，三面开渠，与海河通，潮来渠满则闭之，以供灌溉。白塘、葛沽之间，斥卤尽变膏腴。丰润、玉田多沮洳之区，仪教之开渠筑圩，皆成良田。十一年，大雨，山水暴涨，淹没田庐万计。仪疏闻，或以侵官为疑，仪不顾。谕总督筹赈，命仪董其事，全活甚众。转侍读学士。寻罢观察使，还领史职如故。乾隆二年，调补鸿胪寺少卿，未任，归。

仪笃于内行，先世所遗田数百亩，悉推以让其兄。既仕，禄入，皆分给诸昆弟。殁无馀财。七年，卒，年七十三。著述甚富，有集十八卷。子玉友，刻于闽中。又有毛诗臆评、乡党私记、学庸私记、南华经解、兰雪斋读离骚、广前定录、天游录。

玉友，雍正八年进士，福建台湾府知府。所至有惠政，闽人称之。

陈潢，字天一，浙江秀水人。饶学识，为河督靳辅幕客。辅治河，多资其经画。圣祖仁皇帝南巡阅工，尝问辅曰："尔必有通今博古之人为之佐。"辅以潢对，特赐潢参赞河务按察司佥事衔。两河既奠，仿古沟洫法，为沟田之制。旋以吏议夺职，寻卒。先是，辅过邯郸，见题壁诗，异之，踪迹其人，则潢也。礼之，入幕。殁后，辅再起，疏请于朝，复其职。著有河防摘要，论治河要策：一曰河性，主于顺而利导之；二曰审势，谓凡有所患，当推其致患之由；三曰估计，谓工料省其败速，所费较所省尤大；四曰任人，主于慎选择、明赏罚，而归本在正己率属；五曰源流，谓河水本清，其淤涨皆由挟他水混流；六曰堤防，主明潘季驯堤束水、水刷沙之说，尤以减水坝为要务；七曰疏浚，主于溃决之处，先固两旁，不使日扩，乃修复故道，而借引河以注之；八曰工料，工主于核实，料主于预备；九曰因革，言今昔形势不同；十曰善守，谓黄河无一劳永逸之策，在时时谨小慎微，而归重于河员之久任；十一曰杂志，述治河之委曲；十二曰辨惑，驳当时之异议也。张霭生追述之，为河防述言一卷。

【校勘记】

〔一〕诸河泛溢 原脱“诸”字。今据耆献类征卷七三叶二八上补。

〔二〕下隘则上溢 “隘”原误作“满”。今据耆献类征卷七三叶二八上改。

杨椿 子述曾

杨椿，字农先，江苏武进人。幼颖异，端悫如成人。弱冠工古文词，为姜宸英、朱彝尊所赏。康熙五十七年成进士，改翰林院庶吉士，散馆授检讨，分修政治典要。雍正初，充明史及一统志、国史三馆纂修官，迁左中允。擢侍读学士，充日讲起居注官，兼修三朝实录。高宗御极，以祭告使秦蜀，还奏途次见闻七事，其豁河、滩地、浮粮，及酌给山西佐杂养廉二事，议行。复纂修宪皇帝实录。乾隆二年，以原官致仕，家居两载。特召修明鉴纲目，前后居馆局二十馀年，校理精密，三馆推重焉。尤贯串有明一代事，论者谓可匹鄞县万斯同。淹通经义，于易、诗、书、春秋、三礼，多所撰述。尝与侍郎齐召南论周礼，往复十馀书不倦。又尝进经史讲义虞书“敕天之命”章，援引传注，略言：“圣人之于臣，惟论其理之是非，不计其词之工拙；惟鉴其心之诚伪，不问其事之有无。皋陶戒舜，曰无教逸欲，有邦益；曰无怠无荒，舜岂教逸欲而怠荒者哉？二臣言之不以为忤，帝舜受之不以为非，有虞之治所以不可及也。”即蒙召对，往复推阐，一时传为盛事。晚以子述曾、承曾官京师，留就养，犹日研诸经不辍。二子劝少休，曰:“我年视卫武作懿戒时尚远,敢有怠乎?”卒,年七十八。著有周易尚书定本、诗经释辨,春秋类考、周礼订疑、稽古录、水经注广释、古今类纂、毗陵科第谱牒等书。所为古文,同时李绂、方苞皆极推服。晚自删定,为孟邻堂集二十六卷、别集六卷。

述曾,字二思。少承家学,于诸史尤精心贯串。椿编纂明史纲目三编时,述曾预属草,方苞见之,称为史才。乾隆元年,举博学鸿词。七年,以一甲第二名进士,授翰林院编修。十二年,充云南乡试副考官。十五年,充广东乡试副考官。十七年,大考一等,擢侍读,充陕西乡试副考官。二十三年,再应御试,遇足疾,降编修。二十四年,充通鉴辑览馆纂修官。二十八年,授右中允。二十九年,升侍读。三十年,充陕西乡试正考官。三十一年,充日讲起居注官。三十二年,通鉴辑览书成,将脱稿而卒,年七十。始编辑览时,折衷体例书法本末条件,总裁一委之,又详订舆地谬讹,汇为笺释,与朱筠、蒋和宁、张霁、王昶诸人,同事发凡起例,断断不少假。及卒,大学士傅恒以述曾在事八载,实殚心力入告,奉旨赏给四品职衔。居翰林院时,所上经史发明传注,具有家法。其释书“大陆既作”,因陈畿辅水利,论汉书魏相传,因条救荒之策,及治淮黄柬浚之法,大指谓黄河两岸之坝,宜塞南岸而开北岸,则涨流可消,民居可捍,皆有裨于实用。事亲以孝闻,与人交不为姁姁昵比,而通怀接物,后进皆乐就之。诗宗杜、韩、苏,然不多作,有南圃文稿二十卷。

厉鹗　符曾　吴颖芳　严遂成

厉鹗,字太鸿,浙江钱塘人。康熙五十九年举人。少贫,性孤峭,不苟合。始学为诗,即有佳句,于书无所不窥,所得皆用之于诗,故时多异闻轶事。内阁学士李绂典浙江试,闱中得鹗卷,阅其谢表,曰:"此必诗人也。"亟录之。计偕至京,尤以诗见赏于侍郎汤右曾。试礼部,报罢,右曾欲止而授之馆,比遣迎之,则已襆被出都矣。十馀年间,再上公车。乾隆元年,浙江总督程元章荐应博学鸿词科,试日,误写论在诗前,又报罢,而年亦且老。值部铨期近,思得薄禄养亲,复入京,行次天津,旧友查为仁留之水西庄,同撰周密绝妙好词笺,遂不就选而归。十八年,卒,年六十二。

鹗搜奇嗜博,馆于扬州马曰琯小玲珑山馆者数年,肆意探讨,所见宋人集最多,而又求之诗话、说部、山经、地志,为宋诗纪事一百卷、南宋院画录八卷。又著辽史拾遗,采摭群书至三百馀种,常自比裴松之三国志注。又著秋林琴雅、东城杂记、湖船录诸书,皆博洽详赡。先世本慈溪,徙居钱塘,故仍以四明山樊榭名其居。所著樊榭山房集二十卷,幽新隽妙,刻琢研炼,尤工五言,取法陶、谢及王、孟、韦、柳,而别有自得之趣。同时以博学鸿词征者,有胡天游、全祖望,论者谓鹗之诗,天游之文,祖望之考证,求之近代,罕有其比。其诗馀,尤擅南宋诸家之胜。鹗无子,殁后,栗主委榛莽中。何琪见之,取送黄山谷祠,洒扫一室供之。侍郎王昶嘱同人于忌日荐酒脯焉。

符曾,字幼鲁,亦钱塘人。以大理卿汪漋荐,累官至户部郎中。乾隆十二年,举博学鸿词,值父忧,不与试。诗脱手清便,气韵尤高,陈撰、沈德潜皆推服之。尝与同里沈嘉辙、吴焯、陈芝光、赵昱、厉鹗、赵信等,同撰南宋杂事诗,人各百首,采据浩博,足资考证。查慎行名之曰“七君子”，为之序而广其传。著有春凫小稿、半春唱和诗。

吴颖芳，字西林，浙江仁和人。少端重，沉默寡言笑。幼赴童子试，为隶所诃，以为大辱。自是壹志稽古，终身不复仕进。生平博览群籍，常怪郑樵通志务与先儒为难，于是取六书、七音、乐略，一一尊先儒而探其源，成吹豳录五十卷、说文理董四十卷、音韵讨论四卷、文字源流六卷、金石文释六卷。晚年名益著，通政使雷鋐视学两浙，武进庄存与典试浙江，皆鸣驺访之，索所著书而去。少与厉鹗善，鹗基之，学诗每一篇成，必数改而后定，故存诗虽少，而格弥精。家素封，有桑竹园池之胜，客至则探筒拈赏花、钓鱼、围棋、赋诗、鼓琴、吹笛等各一事，必尽欢乃去。精通内典，凡缁庐幽邃之区，每过必流连忘返。年八十，卒。有临江乡人诗集四卷。

严遂成，字崧瞻，浙江乌程人。雍正二年进士，官山西临县知县。乾隆元年，举博学鸿词，未试，丁忧归。后补直隶阜城县知县，迁云南嵩明州知州，调镇雄州，以事罢，复以知县就补云南而卒。历官燕、晋、滇南，开兔坡险道，创凤山书院，治河决狱，所至有声。遂成天才骏发，始为诗示厉鹗，未之许也。后益肆力，不屑苟同昔人，雄奇绮丽，二者兼有，工于咏物，读史诗尤隽。尝自负为咏古第一。论者谓朱彝尊、查慎行后，能自成一家。著有明史杂咏四卷，持论允当，人以诗史目之。袁枚称其咏张魏公云：“传中功过如何序，为有南轩上笔难。”冷峭蕴藉，恐朱子在九原亦当干笑。他著有诗经序传辑疑二卷、海珊诗钞十一卷、补遗二卷。

车腾芳　许遂　韩海

车腾芳，字图南，广东番禺人。少失恃，事父至孝，或出授徒，间日必归省。康熙五十九年举人。乾隆元年，荐博学鸿词，与里人许遂同征，亲老，辞不赴。知县亲临其门，趣治装，至京后期，即乞养归。主邑讲席二十馀年。生平敦志行，严取予。粤大商知腾芳与鹾使厚，乘间以事嘱为之请，酬金数千，峻拒不纳。新会何洪筑室城南，将归江门，效古推宅之谊，亦固辞。公车时，泊舟淮清，有为夏之蓉护眷入都者，舟夜漏，装尽湿，腾芳以己装资之。及夏之蓉督学来粤，以书屡邀，皆坚谢不往。后官海丰教谕，兼主讲惠阳书院，会稽梁国治为惠潮道，时与过从，倾倒备至。吴鸿视学至惠，雅重腾芳，从容问儿孙应试者几人，腾芳以失学对，吴益叹异，赠诗有"眼青敢谓因吾辈，头白何期识此翁"之语。其为名流心折如此。论者谓羊城有道德能文章者，以腾芳为最。在官七年，乞休，卒，年八十四。著有萤照阁集十六卷。

许遂，字扬云，亦番禺人。康熙三十五年举人。性警敏，读书淹贯，为文豪放自喜。尤长于诗。授江南清河知县，力请上官蠲逋赋，凡兴作便民者辄为之，以事罣吏议去职。杜门著作，名益起。会开博学鸿词科，巡抚杨永斌荐之，格于部议，不得与试。归过清河，清河人士留宴久之，去官久而民尤爱慕不衰。诗格律高古，得太白神似。著有真吾阁前后集。

韩海，字伟五，亦番禺人。生而敏慧，尤肆力诗古文词。是时岭海文社数百人，推梁佩兰执牛耳，海以后进居末座。佩兰顾独与海言，诗成辄称善。坎坷场屋二十馀年，居无聊乃为诗，俯仰呻吟，以舒其胸中噫嗌之气。性不喜酒，而托兴甚豪，嗜游至罗浮，登飞云绝顶，观日出，自言天风一吹，几欲驾两翼去。雍正元年，举于乡，年近五十矣。十一年，成进士，官封川教谕。初到任，集诸生谕敦实行、崇古学，学舍一新。会举博学鸿词，总督鄂弥达、巡抚杨永斌欲首荐海，再三征至，命赋五色瑞露及夏莲诗，海有云："欲待移根归太液，须寻十丈藕如船。"盖寓言也。鄂弥达览诗愕然，遂不复强，而海疾亦作矣，越数日卒于家，年六十。著有东皋诗文集二十卷。

马维翰

马维翰，字默临，浙江海盐人。康熙六十年进士。雍正二年，选吏部主事，迁员外郎，补陕西道监察御史。迁工科给事中，转户科，以出丈四川田亩，留任建昌道。总督构之，维翰直揭部科，解职赴部质，寻复原官。乾隆二年，授江南常镇道，以忧归。生而器识宏达，九岁能诗文。官吏部时，始视事，发胥吏奸，予杖，铨政肃然。摄他司，益整暇。其清丈川南东也，粮浮于田，必请减相要害，改黎州千户所为清溪县，兑占、桑昂邦等跳梁焚掠，及乌蒙大兵会剿，维翰驻打箭炉，供糗粮刍茭，络绎不绝，与厮养同饮食甘苦，捐俸佐军需。西夷旋平，凉山地震，维翰疾驰勘灾，散赈得实，建昌人感之。三渡水，摩歩蛮歼厂夫，〔一〕大吏谋进剿，维翰力陈营兵不辑、开厂病蛮状，得请罢厂撤兵，诛止其魁，全活无算。性伉直，登进士后，值内大臣验看，诸人皆跪，维翰不可。隆科多呵之，维翰夷然不为动。隆科多笑曰："不料渺小丈夫，乃风骨如许！"答曰："区区一跪，尚未见维翰风骨也。"及赴部质时，亲王总部事，捽令免冠，维翰不肯，问故，曰："旨解职，非革职也。"所著诗文精悍如其人，入蜀后所诣益进。同时浙西称坛坫者，举莫之及。诗宗杜韩，以纵横排奡为长，然神锋太俊者居多。沈德潜谓其莽莽苍苍，纵笔挥霍，虽未神来，已梯陗险。五年，卒，年四十八。著有墨麟诗十二卷、续十卷、古文十卷、旧雨集二卷。

【校勘记】

〔一〕摩㱔蛮歼厂夫　"㱔"原误作"些"。今据耆献类征卷二一〇叶二八下改。按摩㱔蛮今称纳西族，我国少数民族之一。

卢见曾

卢见曾，字抱孙，山东德州人。父道悦，康熙九年进士，官河南偃师县知县。著有公馀漫草、清福堂遗稿。见曾，康熙六十年进士，雍正三年，出为四川洪雅县知县，邑庶而贫，狱讼繁兴。见曾除杂派，清积牍，一以俭勤为治。四年，以忧归。服阕，九年，补安徽蒙城县知县，迁六安州知州。州豪户多占水塘为田，历讼不决，见曾大兴劝垦，督饬檄旁午，谤者四起，不顾，塘至今为赖。十二年，调亳州知州，州有龙凤沟已淤塞，见曾倡开之，水患遂除。十三年，擢江南江宁府知府。未逾月，调安徽颍州，颍有西湖，宋欧阳修尝筑塞白龙沟，注水湖中，灌溉腴田，以为民利。明季湖废，见曾欲复之，或难之曰："是湖之盗田者众，埂界难明，奈何？"见曾语于众曰："盗湖为田，利止湖旁数十家耳。然水大至，荡啮害田庐。若复湖，则水有蓄泄，利及一州，而又免淹没之患。”众皆曰善。自是湖乃复。见曾又葺欧阳修、晏殊、吕公著、苏轼四贤祠，以宋佥书赵令畤、明通判吕景蒙配享，示有功于湖者，不敢忘也。寻以荐擢江西饶九南道。乾隆元年，擢两淮盐运使，淮商习骄蹇，疾见曾整峻，中以蜚语，遂被吏议。五年，奉诏戍台。九年，起谪戍，补直隶滦州知州。逾年，擢永平府知府。洋河自塞外入，经抚宁之东北境，康熙时河身东徙，至是水暴涨，啮且及城。见曾与知县钱鋆、端木长浤议筑坝挑引河，上图议于总督那苏图以闻，上报可。自是患遂息。

见曾短小精悍，有吏才，那苏图特荐之，谓其人短而才长，身小而智大。十六年，迁长芦盐运使。十八年，复调两淮盐运使。扬州地故濒海，土薄水浅，沟道久湮，见曾醵赀浚之，扬城遂无水潦患，又修小秦淮红桥二十四景及金焦楼观，以备宸游。后以告归。三十年，高宗南巡，赐御书“德水耆英”匾额，时年七十六矣。见曾勤于吏治，所至皆有殊绩，然爱才好士，官盐运时，四方名流咸集，极一时文酒之盛。金农、陈撰、厉鹗、惠栋、沈大成、陈章等前后数十人，皆为上客。尝校刊乾凿度、高氏战国策、郑氏尚书大传、李鼎祚周易集解及子史等书，又补刊朱彝尊经义考，皆有功后学。又采山左诸人诗，仿中州集例，系以小传，为山左诗钞，足备乡邦文献。青浦王昶谓其爱才好事，百馀年来所罕见。所著雅雨堂诗八集，文十馀卷，其出塞集一卷，先已刊行，馀毁于火，后人采掇刊之，为文四卷、诗二卷。

蒋恭棐　朱桓

蒋恭棐，字维御，江苏长洲人。康熙六十年进士，改翰林院庶吉士，散馆授编修。生而慧敏，四岁通四声。十岁为文章有奇气。时江左文多矜奇异，恭棐独守先正矩矱。李光地见而叹曰："今之思泉、震川也。"及入翰林，充玉牒馆纂修官，制诰典册，多出其手。后复充大清会典、五朝国史馆纂修，以休致归。乾隆十六年，上南巡吴中，恭棐侍直宫门，蒙温旨垂问，赐内府缎匹。归后，主讲安定书院。十九年，卒，年六十五。生平湛深经学，诗尚唐音，于文爱庐陵、临川。钱陈群尝与张照屈指当代古文，咸推恭棐云。藏书数千卷，皆手评数过。著有西原草堂文集。

朱桓，字勖为，江苏宜兴人。雍正十一年进士，改翰林院庶吉士，散馆授编修，充八旗志书馆纂修、日讲起居注官。乾隆三年，充顺天乡试同考官，乞养归。高宗南巡，迎驾，拜缎匹之赐。优游林下二十馀年，卒，年六十七。生而颖敏，十五岁随父世勋官京师，与之讲经义，辄多疑悟。工诗古文辞，殚精著述，性乐施与。邑有善举，知无不为。所著有历代名臣言行录，自秦汉迄明，凡二十四卷；又有多识类编十二卷、行远类编一卷、毛诗名物略十卷。

郑方坤 兄方城 黄任

郑方坤，字则厚，福建建安人。雍正元年进士，知直隶邯郸县。举卓异，擢知景州，调河间同知，迁山东登州府知府。时禁人口出海，抵奉天而未入籍者，悉勒还本土。方坤言于大吏，以为司牧者但当严奸宄之防，不得闭其谋生之路，遂奏请弛禁。调武定府，岁大饥，方坤请移登莱谷八万石济之，且请发帑银、截留武定等县漕米五万石以备赈，大吏入告，上从之。无何，兖州饥，调方坤治之，释贫民之夺富室谷而诬为盗者百馀人。旋以足病，自免。方坤记诵广博，其诗下笔不休，有凌厉一切之概。尤力攻严羽诗不关学之非，故虽好驰骋，不甚规规于法，然才华既富，有真意以驱之，自非涂泽者所及。又杂采前人说部中说经之文为经稗，凡易、书、诗、春秋各一卷，三礼共一卷，四书共一卷，以多摭诸说部之中，故名稗言，犹正史外别有稗官，其书荟萃众说，部居州分，论者谓其于考核之功，深为有裨。他著有补五代诗话十卷、全闽诗话十二卷、国朝诗钞小传二卷、岭海丛编共百卷、蔗尾诗集十五卷、文集二卷。方坤与兄方城友于最笃，竞爽齐名，有却扫斋倡和集。

方城，字则望。雍正十一年进士，官四川新繁知县，有惠政。以蜀闱磨勘罢官，大吏延主讲锦江书院，未几卒。所自著曰行炙集。

黄任，字莘田，福建永福人。康熙四十一年举人，官广东四会知县。任工书，好宾客，口如悬河，一座尽倾。官四会时，旧堤绵亘数十里，将就堙。任相度土宜，畚筑厚且坚，不匝月蒇事。值岁饥，为粥以食饿者，全活无算。有砚癖，自号十砚老人。罢官归，压装惟端石数枚、诗束两牛腰而已。其诗源出温李，刻露清新，不堕涩体，绝句尤绮靡。与同郡内阁学士谢道承，顺天府丞余甸、周绍龙，奉天府丞陈治滋，御史吴文焕，南安知府游绍安，行人刘敬与，同知郭启元，通判林正青，举人郭雍等，数唱和。乾隆二十七年，重赴鹿鸣宴，乡里荣之。其诗初名十砚斋集，继曰秋江诗集、最后总名香草斋集。

王峻　王延年

王峻，字艮斋，江苏常熟人。少敏慧，与同里宋顾乐并受业于陈祖范，一时称为"王宋"。雍正二年进士，改翰林院庶吉士，散馆授编修。七年，充浙江乡试副考官。十年，充贵州乡试副考官。乾隆元年，充云南乡试正考官。二年，补江西道监察御史，遇事敢言。拜官甫三日，劾左都御史彭维新，直声震都下。遭母忧去官，遂不出，主讲安定、云龙、紫阳书院，以古学提倡后进，所赏识后多知名。性刚褊，视时俗依阿、龌龊畏葸者流，不欲与为伍；而人有一事一节之长，〔一〕则称赏不置。尝修苏州府志，有明季大僚曾污伪命者，其子孙赂千金，求更一二字，终不许。尤精地理之学，谈九州山川形势，曲折向背，虽足迹所未到，咸瞭如指掌。尝谓水经正文与注混淆，欲一一厘定之，而唐以后水道之变迁，地名之同异，郦注所未及者，则摭正史及传记、小说、近代志乘以补之，名曰水经广注，手自属稿，未成，惟成汉书正误四卷，于何焯、陈景云二家之说，多有采取。诗宗尚两冯，参以赵执信、何焯之说，不独前后七子深加摈斥，即王士祯亦多未惬。然集中黔行诗最为清矫刻削，转似蜀道集。古文直抒性灵，不加雕琢。书法摹李北海，所书碑碣，盛行于世。他著有艮斋诗文集。十六年，卒，年五十八。

王延年，字介眉，浙江钱塘人。雍正四年举人。乾隆元年，举博学鸿词。后官国子监学正。十七年，会试，以年逾耄耋，擢司业，加翰林院侍讲衔。延年精史学，尝以建安袁氏作通鉴纪事本末，不言田制，则度地居民之法亡；不言漕运，则凿渠引河之利塞;不言府兵,则耕牧战守之功隳。至于耶律鸱张辽海,而陈邦瞻不究其终;党项虎视河湟,而薛应旂不称其始:绍建安者又如此。爰钩较抉擿,成补通鉴纪事本末一书,仁和杭世骏序之,比延年于唐杜君卿、宋刘原父云。又尝应总督李卫聘,修浙江通志,沿革离合,表分晰特详,遂为全志之冠。大学士蒋溥、刘统勋尝以延年经学荐,俱称其老成敦朴,潜心经史。晚年进呈所撰书,屡荷恩遇,尤为稽古之荣。

【校勘记】

〔一〕而人有一事一节之长　原脱"一事"二字。今据耆献类征卷一三六叶一七下补。

张鹏翀　孙致弥　金兆燕

张鹏翀,字天扉,江苏嘉定人。幼多疾,资素钝。年十七,忽开悟,读经史如宿习,作文及诗,下笔数千言立就。雍正五年进士,改翰林院庶吉士,散馆授编修。十三年,充云南乡试正考官。鹏翀早擅诗名,才思敏赡,尝客松江府署,刻寸烛赋诗二十首;于京邸,作雁字落叶七律,自晨至午,上下平韵俱就。又工绘事,尤长山水,兴会所至,槃礴淋漓,书复苍润劲秀,时称三绝。乾隆二年,大考二等,试日未亭午已纳卷,其受上特知始此。旋进万寿圣德诗百章,经史法戒诗五十章,又陈十慎箴,皆称旨。六年,擢侍讲,充河南乡试正考官,迁詹事府右庶子,充日讲起居注官。七年,擢詹事府少詹事。九年,升詹事。鹏翀尝进所作春林澹霭图,并题七言绝句六首,上依韵赐和;继进日长山静画扇,赐诗六章，复命和太液池泛舟咏雪示词臣张鹏翀韵，澄海楼望海禁体诗。屡诏御前作画，御题秋夜读书图、秋湖夜泛图，俱用恭进诗韵，又赐御画枇杷折枝图、松竹双清图，最后赐御书双清阁额，皆有诗恭纪。其他经进及诸臣同和者，尚数百篇，前后赏赉无算。其为诗，叉手击钵，顷刻即成。每有敕和，先成以进者必鹏翀，故上爱其才，不次拔擢。十年，以省墓乞假归，御制五律一章，赐白金百两，宠其行。道抵临清，以疾卒。遗疏入，上为惋惜。十一年，召内阁学士沈德潜对便殿论诗，上曰："尔诗以风格胜，然不如张鹏翀敏捷。"咨嗟久之。鹏翀修髯鹤立，人比之东方朔、苏轼，自署南华山人。所著有进呈集、赓韵集、传宣集、双清阁集、南华诗钞、南华文钞。

孙致弥，字松坪，亦嘉定人。明登莱巡抚元化孙。幼贫力学，工书，得董其昌笔法。诗跌宕流逸。康熙初，被荐，召试称旨。十七年，颁孝昭皇后谥于朝鲜，以太学生赐二品服，充副使，命采东国诗。是年，举顺天乡试。二十七年成进士，改翰林院庶吉士。因邑民漕折事牵累去官，久之得雪，以原官用。四十一年，充山西乡试副考官，庶常典试始此。寻授编修，累迁至侍读学士，卒。致弥诗，自言从刘随州、刘宾客入，然五七言古体，绝似苏陆。常熟冯班题其集曰："蚕吐五采，双双玉童；树覆宝盖，清谈梵宫。"谓绝好宋诗也。稿散佚，鹏翀得其写本，选而刊之，为杕左堂集六卷、词四卷、续集三卷。

金兆燕，字钟越，安徽全椒人。乾隆三十一年进士，官国子监博士，改扬州教授。兆燕幼称神童，与张鹏翀齐名。工诗词，尤精元人院曲。王昶尝称其游黄山诸作，奇崛可喜。偶作旗亭画壁记，卢见曾爱而刻之。性不耐静坐，多言笑，时目为“喜鹊”。官扬州时，开坛坫，号召名士，每风月佳夕，联舫于红桥白塔间。吴锡麒谓其分笺角胜，落笔如飞，蹩躠追之，不能及也。著有棕亭古文钞十卷、骈体文钞八卷、诗钞十八卷、词钞七卷，总名国子先生集。

陈兆仑

陈兆仑，字星斋，浙江钱塘人。幼聪慧，七岁就傅，日诵书百馀行，辄通晓大义。年十五，毕十三经，旁涉子史，以博闻强识称于时。雍正八年成进士，以知县分发福建。闽浙总督郝玉麟器之，延主鳌峰讲席，兼领通志局事。十三年，入都，适内阁中书悬缺，例得入试，遂以第一名授中书，兼撰文，充军机章京。乾隆元年，召试博学鸿词，授翰林院检讨。二年，充世宗宪皇帝实录馆纂修，兼三朝实录馆校对。六年，充湖北乡试正考官。七年，充日讲起居注官，累充大清会典、明纪纲目、续文献通考纂修官。十七年二月，上御经筵，以撰拟讲义称旨，擢左春坊左中允。六月，大考二等一名，擢翰林院侍读学士。十八年，迁太仆寺卿，充续文献通考总裁。十九年，擢顺天府府尹。值岁大水，所在告灾。兆仑苦心规画，抚绥安集，无不得所。畿辅役繁，民力疲敝。旧设官车，议佥富户以代，兆仑奏罢之。时西路出师，征发禁旅与索伦兵。兆仑经画宿顿储蓄，条理井井，军民晏然。复冒雪送之居庸关外，时时下马相劳苦，军中见之，莫不欢呼踊跃。二十一年，迁太常寺卿。二十三年，上谒陵回銮，以同官迎驾失仪，降太常寺少卿。寻命入直上书房，迁通政使司副使。三十二年，复授太仆寺卿。前后恭和圣制进呈所著诗文，屡拜御制御书、书籍、砚墨、文绮、丰貂之赐。三十三年，乞假归。三十五年，假满，仍直上书房。三十六年，卒，年七十有二。

兆仑精六书之学，尤长经义，于易、书、礼，均有论述，不专主一家。其为诗文，不以气炫才，不以词害志，醇古澹泊，清远简放，适如心所欲出。始成进士，观政海疆，非其好也，每发为诗歌，以自洒濯。暨尹京兆，而意致萧散，有山泽间仪，京师士大夫奉为文章宗匠。尝自言："吾书第一，文次之。"梁同书亦谓："我朝不以书名，而书必传者，兆仑也。"著有紫竹山房文集二十卷、诗集十二卷。

商盘　童钰

商盘，字宝意，浙江会稽人。雍正八年进士。初以知县用，特旨改翰林院庶吉士，习国书，散馆授编修。寻以养亲乞外补，授同知。累官至云南元江府知府。以大兵进征缅甸，跋涉戎行，遂于乾隆三十二年病卒，年六十七。盘自幼工诗，初效樊南，既而出入元、白、苏、陆间，乐府歌行，尤瑰丽纵恣，跌宕自喜。少读书于土城山之质园，旧传为勾践教西施歌舞处，亭台花竹，甲于一郡。盘束发受书，即婆娑其下，因以名集，才情富赡，所为篇什甚多。后经删汰，尚存三千首，为集三十二卷，尤精音律。工谈笑，所至必倾倒名士。其风流儒雅，论者比之温岐、杜牧云。

童钰，字二如，亦会稽人。少弃举业，专攻诗古文。客大梁最久，性豪侠，不事家人生产。与同郡刘文蔚、沈翼天、姚大源、刘鸣玉、茅逸、陈芝图，结社联吟，称"越中七子"。尝往栖凫村，月中行吟，得一诗，绾一结记之，比晓已二十四结矣。善画，尤长于梅。画成，辄题一诗，有“万树梅花万首诗”之句，时称二绝。生平与袁枚未尝相见，而极为倾倒。好聚书，典衣鬻婢易之，无少惜，所藏几逾万卷。又好金石书画，馆谷所入，用以恤戚党，有馀则悉以购焉。河南巡抚阿思哈聘修省志，凡三十六县，分疏总校，条例谨严，人多称之。卒后，袁枚为编其诗，为十二卷。

何梦瑶　劳孝舆　罗天尺　苏珥

何梦瑶，字报之，广东南海人。雍正八年进士，官奉天辽阳州知州。梦瑶以博雅著，凡天文、术数、乐律、算法、医学，无不究心。少与顺德罗天尺、苏珥结南香诗社，一时称盛。元和惠士奇视学广东，梦瑶与天尺、珥及南海劳孝舆、吴世忠，顺德陈世和、陈海六，番禺吴秋，有“惠门八子”之目。出宰粤西，治狱明慎，宿弊革除，民称神君。大吏将以博学鸿词荐，辞不赴。晚年与杭世骏、耿国藩交契，朋樽谈宴，酬唱极欢。尝慨音乐不明于世，谓蔡元定律吕新书本原九章训释以教门人，顾明其理而不得其器，则无所考证。乃取圣祖仁皇帝御制律吕正义研究八音协律和声之用，述其大要，又取曹廷栋所著琴学参核之，谓曹书折衷前贤，琴论其说甚辨，而于正义似有未合。正义本管子、淮南子之说，以琴三弦为宫，而曹以一弦为宫。管律生声之理，正义谓气旋折出，至管口而得声；而曹谓出管口尚须加分乃得声，此其不合者也。然既旋相为宫，则一弦二弦无非宫矣，弦音全半相应，管则下一律乃相应，固无异说，则亦不害其为同矣。爰取曹书删注，合前所训述二书为编，时称其决择精当。又以数学与推步之术，我朝咸推宣城梅氏。然梅氏所著之书，丛脞凌杂，始末不能明备，圣祖仁皇帝钦定数理精蕴及钦定历象考成，穷方圆之微渺，会中西之异同，伊古以来，未有此鸿宝巨典也。因著算迪一书，由梅氏之书而通之。笔算、筹算、表算、方程、勾股、开方、带纵、几何借根方诸法，皆述梅氏之学。至于割圜之八线、六宗、三要、二简，及难题诸术，本之梅氏而又阐精蕴、考成之旨。甘泉江藩极称之，谓："近日为此学者，知法之已然，不知立法之所以然，知之者惟梦瑶也。"生平富于著述，尤以诗名，炼不伤气，清不入佻，南海诗人之薮，而梦瑶为之魁。其匊芳园诗钞，杭世骏为之序。他著有匊芳园文钞、庄子故、皇极经世易知录、医碥、伤寒论、近言、绀山医案、三角辑要、移橙馀话。国朝二百年来，粤人论撰之富，博极群书，精通艺术，未有逾梦瑶者。

劳孝舆，字阮斋，亦南海人。雍正十三年拔贡生。少好游，渡琼登罗浮绝顶，浮江观衡岳，著作日富。受知学使惠士奇，名大起。雍正八年，诏修一统志，孝舆与纂粤乘，发凡起例，多出其手。会稽鲁曾煜为总裁，亟称之。乾隆元年，举博学鸿词，报罢；以拔贡廷试第五人，出为贵州知县。时苗乱始定，民未安居。孝舆初至，奉檄委治古州屯务，使经理三堡，遂入苗山，由二岭至山婆，逾圭翁、斗巴，直达琴台，措置八堡屯田，足茧万山者七月。将去，屯之民蚁行盘路而下，攀辕曰："公衣食我，忍未及睹饱暖而去也？"皆泣下。历锦屏、清镇、清溪、毕节诸邑，以文学饰吏治。布政使陈德荣深与投契，所上劝民开垦、养蚕种树诸说，德荣多采纳，檄行诸郡，至今民以为便。补龙泉，不欲以催科见长，毁嘉靖旧码，易为今制，输粮者获羡归，民大悦，为建劳公书院尸祝之。最后调镇远，卒于官，年五十。孝舆才气豪放，学亦博赡。著有阮斋文钞四卷、诗钞六卷、春秋诗话五卷、读杜识馀五卷。

罗天尺，字履先，广东顺德人。少以淹雅闻。年十七应试，日竟十三艺。元和惠士奇按试广东，拔之，大加称许，手录其荔支赋、珠江竹枝词示诸生，声望蔚起。乾隆元年，举博学鸿词，以亲老不就。是秋举于乡，一上春官，即归奉母，后卒于家。天尺笃友谊，纂粤乘时，同事劳孝舆以忤俗横被口语，天尺力白其诬，众论帖然。又与何梦瑶交密，邮诗招隐，殆忘形迹，所居里曰石湖，因以自号，世称后石湖，谓前有范石湖也。著有五山志林，其博核足媲广东新语。诗文曰瘿晕山房集。

苏珥，字瑞一，亦顺德人。性脱略不羁，笃于学，诗有别趣。惠士奇称之曰"南海明珠"。性嗜酒，无日不饮，然笃于内行，执亲丧三年，一勺不入口。人饷以珍异，必焚香荐于寝，而后敢尝。会荐举博学鸿词，大吏上其名，南海劳孝舆同被征，约与俱，珥曰："予有母八十，不畏碧玉老人见哂乎？"乾隆三年举于乡，无计偕意，母促之乃行。及南返，不复出。为文长于序记，与其书称二绝，皆见重于时。所著宏简录辨定、笔山堂类书、前明登科入仕考，皆散佚，惟安舟遗稿传于世。

林蒲封　杨仲兴

林蒲封，字桓次，广东东莞人。雍正八年进士，改翰林院庶吉士，散馆授编修。乾隆十年，充会试同考官。十二年、十五年，两充顺天乡试同考官，荐升侍讲学士。寻奉命提督江西学政，未到任，卒。蒲封经术湛深，于天文、律吕，靡不研究。侍从二十年，性耻奔竞，退食之暇，闭户著述，萧然如寒素。尝采唐魏徵十思十渐、李德裕丹扆六箴、宋司马光五规，括其大意，作保业、惜时、远谋、重微、务实五箴，以献。屡和御制诗，称旨。纂修国史，凡有舛误，侃侃正论。编纂皇朝文颖，校刊经史、三通，无不精当。兼工书法。卒后，命驰驿归葬。著有读史录十四卷、鳌洲诗文集。

杨仲兴，字直庭，广东嘉应州人。雍正八年进士，授福建清流县知县。以詿吏议，去。后复起江西兴安县知县，累迁至湖北按察使。复夺职，改官刑部郎中，以疾乞归。仲兴精力过人，手披口答，五官并用。所至山川厄塞、民食缓急，与夫学校书院兴废，必尽心力规画。尤工古文辞，袁枚尝称其古奥深峭，浸淫两汉，非止规摹昌黎。著有性学录、读史提要、观察纪略、四馀偶录、文集。

彭端淑 弟肇洙 遵泗

彭端淑，字仪一，四川丹稜人。生而颖异，十岁能文，与弟肇洙、遵泗读书紫云山下，相为师友，如是者六年。雍正十一年进士，授吏部主事，迁员外郎、郎中。乾隆十二年，充顺天乡试同考官。二十年，出为广东肇罗道。肇罗为三江要口、五州之屏藩重地也。端淑至省，察政治，黜陟能否，每按部，驺从不过一二人。罢州县送迎馈犒，吏民称歌。又延名宿何梦瑶主讲端溪书院，暇复选开敏有才者，亲自饬厉，成就甚众。时州县积案三千馀，端淑权情事轻重，依律断理，旬月之间，积案为清。大吏由是深相倚重。后运米粤西，归道失足落水，援救得免，叹曰："人于宦途不满意，辄以咎人，此谁挤之者？今不葬鱼腹，天于我厚矣！复何望焉？”遂请告归，家居十馀年，主锦江书院讲席，以实学课士。年八十一，卒。端淑博洽，工诗文，诗学汉魏，文学左史，皆诣极精微。官京师时，与弟肇洙、遵泗俱知名一时，有“三彭”之目。蜀诗自费密父子后，奉节傅作楫、铜梁王恕继之，皆能步武唐贤，古文则罕问津者，惟端淑为崛起云。著有白鹤堂文集、雪夜诗谈、晚年诗稿。

肇洙，字仲尹。与端淑同榜进士，由刑部主事历官至河南道监察御史。有抚松堂文集。

遵泗，字磐泉。乾隆二年进士，改翰林院庶吉士，散馆授兵部主事，后官同知。诗由小杜追踪少陵，有丹溪遗稿。

黄之隽

黄之隽，字石牧，江苏华亭人，原籍安徽休宁。少聪颖，读书过目成诵。康熙六十年进士，改翰林院庶吉士。雍正元年，奏中元祭圣祖仁皇帝文，称旨，越日召见，授编修，充日讲起居注官。奉命提督福建学政。二年，迁中允。三年，巡抚毛文铨劾之隽庇护生员，命回京。四年，降编修。五年，复以浮开廪册，革职。乾隆元年，尚书徐本荐试博学鸿词，时之隽年逾七十，试日属稿成，以目眵不能就烛下作书，遂纳卷出，罢归。又十馀年，卒。之隽倜傥自喜，初罢官归，囊无馀赀，惟嗜蓄书，著目者二万馀卷。其为学排陆王而尊程朱，持论甚正。而综览浩博，才华富赡，下笔不能自休，撰述甚富。手编唐堂集五十卷、又补遗二卷、续集八卷。尝纂修江南通志，时人比之范成大、梁克家。诗别开生面，仍复不失正轨。尝集句为香屑集十八卷，凡古今体九百三十馀首，千首中句无重出，一首中人无叠见，〔一〕且有叠韵不已，至于倒押前韵，而对偶工整，意义通贯，排比联络，浑若天成。又集唐人文句为之序，亦二千六百馀言，组织工巧，一一如自己出，虽非正格，实为唐宋以来所未有云。

【校勘记】

〔一〕千首中句无重出一首中人无叠见　"千"原误作"十"，又"一首中"颠倒作"一中首"。今据耆献类征卷一二五叶八下改正。

周宣猷　陈长镇　易宗涒

周宣猷，字辰远，湖南长沙人。雍正十一年进士，选浙江桐庐知县，调海盐，迁盐运司运判，以事罢官。乾隆十六年，高宗纯皇帝南巡，献诗，复原衔。卒，年六十一。宣猷居官有异政，桐庐敝俗，民无后者，得典人妻生子；年限满而无子，则价赎如其数。宣猷痛切申诫，此风遂革。海盐多奸民猾吏，持官府短长，宣猷胜以严威，滞案一空。邑有虎灾，为文牒芦茨乡之神，三日猎人报获虎甚众，患浸息。松江海溢，宣猷督赈，不以劳瘁自惜，胥役无所容奸，遇疑狱一讯辄服。运判，故美官，宣猷不以脂膏自润。暇则与士大夫文酒唱酬，两司分校，才士多出其门。既罢，贫无以养亲，乃就馆维扬。少工诗文，与全祖望、厉鹗交最契。诗得大历十子之遗。晚走吴、越、燕、赵，南抵黔阳，凡所游历，一寓诸诗。妻万氏亦能文，工隶法。所著有柯椽集一卷、雪舫钞八卷，又有史断、史记难字、南北史襭、眠云集、禾中杂韵、风铃馀韵等书。

陈长镇，字宗五，湖南武陵人。幼好学，有笃行。雍正初，举孝廉方正，不就。乾隆元年，复举博学鸿词，时举主为湘潭陈树萱，或以同姓为嫌，因报罢。多罗平郡王慕其学行，强致其母谕以要之，甚见敬礼。十三年，成进士，改翰林院庶吉士，告归，道闻母丧，呕血数升，至家数月，卒。诗学昌谷，出入于少陵、昌黎间。文亦奇奥，自成一家言。著有白云山房集。

易宗涒，字公申，湖南湘乡人。国子生。父贞言，以孝行旌。尝遇寇，弃子，负祖父入密筱中，获免。宗涒生有至性，遵父行，敦孝友，居母丧，庐墓三年。少好学，博极群书，与兄宗瀛，有机云之誉。乾隆元年，兄弟同举博学鸿词，多罗慎郡王慕其名，并延致邸中教习，甚见礼遇。宗瀛以选得曹娥场盐大使，王以诗送之。宗涒居王邸七年，及归，赠"世孝"二字以宠其行。宗涒邃于经术，所著七政、六宗、三江、九河诸论，实能贯穿群言，折衷至当。有半霞楼诗文集、历代名人贤媛齿谱。年逾九十，卒。

宗瀛，字公仙。贡生。天资明敏，词藻翩翩。有翠涛书屋集。

汪师韩

汪师韩，字韩门，浙江钱塘人。雍正十一年进士，改翰林院庶吉士，散馆授编修。乾隆元年，翰林院掌院学士奏直起居注。记注之有协修，自师韩始。入直数月，闻母病，假归。旋丁母忧，服阕，尚书张照为武英殿总裁，疏荐校勘经史，师韩承诏任事，未尝一诣照第。八年，充湖南学政，降调入都，大学士傅恒荐入上书房，复授编修，任馆职。故事，保举者称举主，事以师礼。师韩曰："古人讥拜爵公朝，谢恩私室。公贤者，我何得循俗例以薄待公也？"未几，复落职。客游畿辅，直隶总督方观承延主讲莲花池书院讲席，会奉旨核天下书院院长。观承因以入奏，上犹记忆，以"好学问"称之，师韩闻而感涕，作诗四章纪其事。师韩少以文名四方，时称为近代之刘贡父、王厚斋。兼工诗，通籍后，习国书，赋龙书五十韵，临川李绂见之叹异，携入八旗志书馆，馆中见者，多不知其辞所出。中年以后，壹意穷经，诸经皆有著述，于易尤邃，著有观象居易传笺十三卷、孝经约义一卷、韩门缀学五卷、续编一卷、谈诗录一卷、诗学纂闻一卷、上湖纪岁诗编五卷、上湖分类文编十卷，又有诗四家故训、春秋三传注解、补正文选、理学权舆等书。

顾我锜　柯煜

顾我锜，字湘南，江苏吴江人。诸生。幼负异姿，复沉潜好学，酷嗜文选，每夜必手录五篇，录讫辄成诵。性至孝，日侍亲侧，即闾里亦罕往还。以是学日益进。尝随其师陈其凝视学山东，渡黄河，纵游泰岱、孔林诸名胜，意有感触，一寄于诗。其凝与高大立皆诗坛宿老，我锜与之唱和，成海岱吟四卷。鄂尔泰任江苏布政使时，以古学延访人才，得五十三人，我锜为冠。后辟修通志，以水利、艺文二志属之，与任启运等质疑辨难，原原本本，诸家莫及。工诗文，生平晨夕编摹，笔不停挥。其所选辑者，有古诗编略十五卷、唐音汇钞二百卷、宋诗选十卷、元诗选四卷、青丘集选四卷。所自著者，有纲目志疑二卷、三馀笔记六卷、堪著斋杂志十卷、邑乘备考四卷、浣松轩文集六卷、诗集六卷、外集十卷。后鄂尔泰奏应博学鸿词，檄至而我锜已殁，鄂深叹息焉。

柯煜，字南陔，浙江嘉善人。康熙六十年进士，以磨勘名黜。雍正元年，复成进士。官湖北宜都知县，改衢州府教授。煜祖耸，父宏本，皆以诗名；叔父崇朴、维桢，康熙十八年并举博学鸿儒。煜擩染家学，见闻殚洽。又尝受业于朱彝尊。工诗词骈体，所为诗兼有钱谦益、汪琬两家之长。大学士王顼龄尝以山林绩学荐，引见，充明史纂修官。乾隆元年，方苞荐举博学鸿词，煜时已病，喟然曰："方君此举，使海内穷士闻之，一鸣咽耳！"俄卒，年七十一。著有石庵樵唱七卷、月中箫谱词。

江昱　马荣祖

江昱，字宾谷，江苏仪征人。江都诸生。少有"圣童"之目。安贫嗜学，与弟恂著述酬唱，怡怡然。雷鋐、刘藻、沈德潜皆以"国士"称之。尤精尚书，著尚书私学四卷。尝与程廷祚辨论尚书古文，[一]至晡忘食，袁枚目为"经痴"。通声音训诂之学，仿宋人押韵析疑之例，分别字义异同，著韵歧四卷。长于诗，与厉鹗、陈章相倡和，最工咏物，绝句似李庶子、刘宾客。其论诗不拘宗派，以本诸性情、止乎礼义为主。深辟历下、公安之非，而斥王、李尤力。好南宋人词，作论词诗十八章，厉鹗等争相叹服。

弟恂，以拔贡生官湖南知县。昱奉母就养，不与公事，惟眺咏山川，著潇湘听雨录八卷。嗜金石文字，辨衡山岣嵝一碑出近时伪撰，足祛千古之惑。他如石鼓、铜柱，其考究为博雅诸家所未及。又著清泉县志，体例严洁，一洗旧志之陋。乾隆四十年，卒,年七十。他著有松泉诗集六卷、蕢洲渔篴谱疏证、草窗集外词疏证、山中白云词疏证、药房杂志、不可不知录、唐律颔珠集、精粹词钞。〔二〕

恂子德量,字成嘉。著有泉志三十卷。

马荣祖,字力本,江苏江都人。雍正十年举人。乾隆元年,举博学鸿词,罢归,以选授河南阌乡知县。阌乡城废不修者三百年,请于大府重新之。设荆山书院,亲为诸生讲授。研鞫狱讼,务得情实,四境大治。继补鹿邑县,治如在阌乡。旋告归,卒,年七十六。少负异才,淹贯史学。时江淮间多治诗,荣祖独治古文,尝拟刘彦和为文颂百首,又为演连珠箴百首,穷探窔邃,奥衍横骛,见称于时。著有亭云堂、石莲堂等集。

【校勘记】

〔一〕尝与程廷祚辨论尚书古文　“廷”原误作“延”。今据耆献类征卷四二〇叶一六下改。按碑传综表页五七六,同。

〔二〕精粹词钞　“词”原误作“诗”。今据耆献类征卷四二〇叶一七下改。

蒋衡

蒋衡,字湘帆,又名振生,江苏金坛人。少为诸生,试辄不利。皤然曰:“吾不能习世俗骫骳之文以诡遇。”乃益肆力于古,受文法于妇翁王源,而峭利坚削,时或过之。时吴中书家推杨宾,衡师之。复博涉晋唐以来各家名迹,积学既久,名噪大江南北。性好游,足迹半天下。所至赋诗作书,歌啸不能自已。尝入关，年羹尧招至幕下，衡长揖傲睨，日借临剧迹妙拓以自验所学，绝不干预他事。偶游碑洞，观诸石刻，慨然曰："十三经皆当时经生所书，非欧虞笔也。中有舛谬，且残缺。当今崇儒重道，必校正，一手重书，庶足佐圣天子右文之治。"遂矢志键关，蠲吉张筵祀先圣，先书左传、礼记，计历一纪，至乾隆三年，十三经次第毕成。扬州马曰琯为出白金二千锾，装潢成三百册，五十函。四年，总督高斌特疏进呈御览，藏懋勤殿，奉旨授国子监学正衔。当写经时，以恩贡选英山教谕，又举博学鸿词，皆力辞不赴。其专精如此。八年，卒，年七十二。卒后五十年，上命将衡所书十三经刻石太学，御制序文以垂万世。生平论书，谓不能为人宗祖，亦当与古人弟昆，有拙存堂临帖二十八卷。著有易卦私笺二卷、拙存堂诗文集。

子骥，字赤霄。能传其家学。

刘大櫆　吴定　王灼

刘大櫆，字才甫，安徽桐城人。貌丰伟而性直谅，嗜读书，工为文章。以布衣游京师，时内阁学士同邑方苞以古文辞负重名，大櫆持所业谒苞。苞一见惊叹，告人曰："如苞，何足算耶？邑子刘生，乃国士尔。"闻者始骇之，久乃益信。雍正七年、十年，两举副贡生。乾隆元年，苞举应博学鸿词科，为大学士张廷玉所黜，既乃知为大櫆，深惋惜。十五年，廷玉特举大櫆经学，又报罢，出为黟县教谕。数年去官，归。四十四年，卒，年八十二。大櫆虽游方苞之门，所为文造诣各殊，苞择取义理于经，所得于文者义法；大櫆并古人神气音节得之，兼集庄、骚、左、史、韩、柳、欧、苏之长，其气肆，其才雄，其波澜壮阔，尝著观化篇，奇诡似庄子。其他言义理者，又极醇正。诗能包括前人，镕诸家为一体。著有海峰文集八卷。从游者多以诗文鸣，而姚鼐、吴定为最著。

吴定，字殿麟，安徽歙县人。敦品励学，事亲谨，三年之丧如礼，自期功及师友丧，饮食起居必变于常。少与姚鼐同受古文法于刘大櫆，尤相友善。定为文严于法，虽鼐所为文，亦常断断持不可也。家本贫，至老贫益甚，屡试不售。嘉庆初，举孝廉方正，人以为不愧。晚年专力经学，歙学者自江永、戴震辈皆主考据，定独锐意深求义理。卒，年六十六。著有周易集注十卷、紫石泉山房文集十二卷、诗集六卷。集中所论冠婚丧祭诸作，鼐皆以为有益于人心风俗云。

王灼，字宾麓，安徽桐城人。乾隆五十一年举人，官东流县教谕。灼讲学穷经，自汉、唐、宋诸家，无不穿穴贯通，而折衷于义理。少从刘大櫆游，大櫆称其初试落笔，已脱世俗语言数十辈。古文步趋大櫆，雅洁可诵，记传尤有精采。诗沉雄雅健，绝句得古乐府遗意。同时如鲍桂星、张惠言皆折行辈推与之。著有悔生诗文钞。

明安图　刘湘煃　邵昂霄

明安图，字静庵，蒙古正白旗人。诸生。官钦天监监正，受数学于圣祖仁皇帝，精奥异人。曾预修御定历象考成后编、御定仪象考成，因西士杜德美用连比例，演周径密率，及求正弦正矢之法，知其深藏而不可求甚解。积思三十馀年，著割圜密率捷法四卷：一曰步法，于杜氏三法外，补创弧背求通弦、求矢法，仍杜氏原法，但通加一四除，又弦矢求弧背，并通弦矢求弧背六法，合杜氏法共成九术；二曰用法，以线度求八线，及直线、弧线、三角形、边角相求，共设七题，谓今之法所以密于古者，以其能用三角形也，然三角形非八线表不能相求，惟用此法以之立表则甚易，以之推三角形则不用表而得数，与用表者同；三四两卷曰法解，皆阐明弦矢与弧背相求之根。书未成而疾革，授子新及门下士陈际新、张肱共续成之。论者谓北齐祖冲之以缀术求割圜密率，至今推为最允。安图所著近乎缀术之遗，可即谓之明氏新法云。

新，字景臻，能承其家学。

际新，字舜五，宛平人。诸生。官灵台郎。

肱，字良亭，宝应人。诸生。由博士升夏官正，终户部主事。

刘湘煃，字允恭，湖北江夏人。性颖悟，负奇气，于书无不窥。少工书法，未几舍去，独喜顾炎武、梅文鼎诸家之书，作六书世臣说。“六书”者，日知录、通雅、历法、天学会通、方舆纪要、历算丛书也。初，湘煃闻文鼎以历算名当世，鬻产走千馀里，受业其门。湛思积悟，多所创获，文鼎得之甚喜。与人书曰：“金水二星，历指所说未彻，得刘生说而知二星之有岁轮，其理确不可易。”因以所著历学疑问属之讨论，湘煃为订补三卷。又谓历法自汉唐以来，五星最疏，故其迟留伏逆，皆入于占。至元郭守敬出，于是五星始有推步经度之法，而纬度则犹未备，西法旧亦未有纬度。至地谷而后知有推步，五星纬表已在守敬后矣。历书有法原法数，并为历法统宗。法原者，七政与交食之历指也；法数者，七政与交食经纬之表也。故历指实为造表之根，今历所载金水历指，如其法而造表，则与所步之表不合；如其表以推算测天，则又与天密合。是历官虽有表数，而犹未知立表之根也，乃作五星法象编五卷。文鼎深契其说，摘其要自为五星纪要。

湘煃又欲为浑盖通宪天盘安星之用，以戊辰历元加岁差，用弧三角法，作恒星经纬表根一卷，及月离交均表根、黄白距度表根一卷，皆以补新法所不及。自是名以日著。大将军年羹尧礼致幕下，甚见亲重。然知其必败，去之。至河南，上时务条议四通于巡抚，皆如其言行。及在江南，或请总督引涂水自张家堡，凿九里山由宣化桥入江，不复由瓜步。湘煃作江浦开河议以正其误。其学于舆地、河漕、食货、兵防，无不通贯，而历算尤精。所著又有历象之学，儒者所宜深讨：论历学古疏今密、论日月食算稿各一卷，各省北极出地图说一卷、答全椒吴荀淑历算十问书一卷。湘煃死，无子，其友陶士偰编序其书目，及自注其作书之旨，其遗书无一存者。胡虔尝叹为历算之学，知之者难，故其书不复见宝贵云。

邵昂霄，字丽寰，浙江馀姚人。雍正十三年拔贡生。乾隆元年，举博学鸿词，精历算之术。尝以汉晋以来天官家言，及欧罗巴之说，参以己论为万青楼图编十六卷，分十四目：曰天体，曰仪象，曰宫度，曰二曜，曰五纬，曰云气，曰煇气，曰经星，曰历案，曰历理，曰历数，曰测时，曰定时。又创为量天景尺及漏碗诸法，欧人见者皆服其精巧。身后诗文散佚，有万青楼诗文残编一卷。

胡天游

胡天游，字稚威，浙江山阴人。少有异才，于书无所不窥。雍正中，两举副榜贡生。乾隆元年，礼部尚书任兰枝荐举博学鸿词，天游以持服未与试。二年，服阕，补试，试日鼻衄大作，遂投卷出。方是时，四方文士云集京师，每稠人广坐，天游辄援笔数千言，落纸如飞，纵横奥博，见者嗟服。于文工四六，得燕许之遗。所作若文种庙铭、灵济庙碑、安颐先生碑、任御史赵总兵两墓志、逊国名臣赞序、柯西石宕记，论者谓皆天下奇作。古文自言学韩愈，在储大文、方苞、李绂之上；然涩险处，乃似唐刘蜕、元元明善，非其至也。诗亦雄健有气。性耿介，未尝一刺干公卿。一统志成，大学士鄂尔泰、张廷玉属表于检讨齐召南，召南推天游，鄂惊叹其文，欲招之，召南曰："天游奇士，岂可招耶？"卒不至。十六年，举经明行修，复报罢。二十三年，客游山西，卒于蒲州，年六十三。著有石笥山房文集六卷。

周长发　陈士璠

周长发，字兰坡，浙江山阴人，会稽籍。雍正二年进士，改翰林院庶吉士，出知江西广昌县，改乐清教谕。乾隆元年，召试博学鸿词，授翰林院检讨，累迁侍读学士，以事降侍讲。少刻励为诗文，才华敏捷，时比张鹏翀。曾赋觉生寺大钟歌，应制称旨。两奉使祭告嵩华、吴山、江淮等处，归时诗必成帙。论者谓其富赡有馀，而微伤于快焉。博闻强记，尝与修纲目、皇朝文颖，校刊辽史、续文献通考、词林典故诸书。令广昌时，邑久雨，山水暴涨，城垂没。长发朝服登城祷吁，雨霁水消，民甚德之。家藏赐书百数十种，尝乞假省亲，恩赐内缎丰貂，归为母寿，极儒臣之荣遇。所著有赐书堂集诗数千篇，后汰存十之一，为八卷。

陈士璠，字鲁斋，浙江钱塘人。诸生。乾隆元年，召试博学鸿词，授翰林院庶吉士，散馆改户部主事。三年，充顺天乡试同考官。六年，充四川乡试副考官。荐升郎中，出知江西端州府。二十一年，卒于官，年六十七。士璠持躬廉介，官户部时，清案牍，豁拖累，不与同官立异，亦不曲徇上官。善医，上官或以医召，曰："吾知为郎官，不知为医。"谢不往。守瑞州，有惠绩，暇辄与诸生讲文艺。卒之日，家无馀财。诗谨守绳墨，而气骨颇遒，早年追踪汉魏，步趋三唐，晚乃出入白、苏、黄、陆。有梦碧轩诗钞十卷、文钞十卷、使蜀集。

孙鸿寿，字子恭，拔贡生。官至江南海防同知。博学工诗，阮元尝以陈文述、陈甫并称为"武林三陈"。著有种榆山馆诗集。

夏之蓉 周大枢

夏之蓉，字芙裳，江苏高邮人。雍正四年举人，官盐城教谕。十一年，成进士。乾隆元年，召试博学鸿词，授翰林院检讨。九年，充福建乡试正考官。十年，提督广东学政。十三年，复督学湖南。卒，年八十八。之蓉天才宏放，通经史，善诗文，于风骚之旨，能究其源流正变之所在。方苞称其古文可方侯、魏。尝与苞删定唐宋八家文，往复辨难，再三不辍。诗以杜、韩、苏三家为宗，沉雄雅健，长于论古，歌行尤跌宕淋漓。生平虚怀乐善，尤好甄拔寒畯。官教谕时，会诸生考其所业，为兴艺录。督学广东、湖南，于治经外，示以古文之学，录其尤为汲古编。乐宁侗、朱仕琇、茹敦和、周大枢，皆其所取士也。足迹半天下，所至题咏唱酬无虚日。归后，主讲钟山、丽正书院，盛名耆德，为海内所矜式。尝作三不忽诗，纪熊赐履"天下无可忽之人，世间无可忽之事，此生无可忽之言"语，以代书绅。著有读史提要录、半舫斋偶辑、半舫斋诗文集。

周大枢，字元牧，浙江山阴人。诸生。乾隆元年，举博学鸿词，罢归。十四年，复以经学荐。十七年，举顺天乡试，官平湖教谕。博学多才，究心经籍，尤娴于易，说易不取宋儒所传图位，谓邵子先天八卦，即从后天图演出，不过取其一画，交易则各成乾坤，乃道家抽坎填离之法，不合圣经之旨。生平与胡天游、万光泰交最深，天游诗斗奇骋异，故大枢亦如之。工七古，沉郁似杜，奔放似苏，与光泰并工诗馀。尝自序其调香词，及为光泰作樊邻词序，风艳不减三唐文，于苍莽中见清劲，时称杰出。晚年境益穷，吟益苦，乡举时年近六十。阿里衮爱其才，延为上客，每公馀，辄令讲通鉴数则。著有周易井观十二卷、居俟堂稿、存吾春轩诗钞。

齐召南

齐召南，字次风，浙江天台人。雍正七年副贡生。乾隆元年，召试博学鸿词，改翰林院庶吉士，散馆授检讨。八年，大考，擢右中允，荐升至侍读学士，充日讲起居注官。十三年，充会试同考官，入直上书房。大考一等一名，授内阁学士，兼礼部侍郎。历充大清一统志、会典、明鉴纲目、续文献通考纂修及副总裁官。高宗得宁古塔古镜以询廷臣，召南具析原委款识以对，上大悦曰："是不愧博学鸿词矣！"侍直西苑，御射十九矢中的，顾尚书蒋溥及召南曰："不可无诗！"随进诗四章，上俯和之。十四年，自圆明园归，马惊堕，伤脑，上立赐药，遣蒙古医疗治。病少愈，屡邀天语垂问。旋乞养归。高宗四次南巡，迎銮，召见献诗，叠拜文绮笔砚之赐。三十二年，族子周华以党吕留良遣戍，归刻其书，呈巡抚熊学鹏，诬列召南十罪，诏磔周华，逮召南至京，当籍没，上鉴其无他，仅予革职。归，寻卒，年六十六。

召南天才敏慧，幼称神童。二十二岁登巾子山赋诗，〔一〕识者即以公辅器目之。新城何世璂尝称于众曰："此我朝奇士，当以王姚江一辈相待也。"性聪强，读书目十行下，一览终身不忘。尝借异书八册观之，明日持还主人，曰："已阅讫矣。"随抽一二册诘召南，不差一字，主人大惊。目光炯炯，能瞩一二十里。登杭州凤凰山，视隔江西兴渡，人皆历历可辨。清晨望云，能寻其根，随所寻掘之，得云根石，多花草鸟篆形。自谓脑裂后，记性顿减，前后如两人。归后，累主蕺山书院，成就甚众。上南巡时，问天台雁荡古迹于召南，以未经游览对。上询其故，对曰："山势岝客，溪深流险。臣有老母，孝子不登高、不临深，是以不往。"上适奉孝圣皇后南来，闻召南言，遂不复幸浙东。殁时，语不及家事，惟云："濒于死者二，皆赖圣主得以生全。生生世世，宜如何图报也。"

生平诗文，援笔立就。晚喜集句，李、杜、韩、苏，若出一手。尝临兰亭帖，即序中去其复字，仿千文体，成三言诗十七章。客有以阁帖三百字求跋者，即因其字集成五律十二首。其敏捷如此。尤精三礼、地舆之学，廷臣奉使乌喇、巴哈、伊犁，辄诣问道里、堠驿，召南与一册，数万里外若掌上纹，毫忽无讹。或异之，曰："不过汉书地理志熟耳。"尝谓郦道元水经注明于西北，暗于东南，著水道提纲三十卷，其源流分合，方隅曲折，统以今日水道为主。又著尚书礼记春秋三传考证、史记功臣侯表五卷，考证汉书百卷，后汉书郡国志五卷，隋书律历天文五卷，旧唐书律历天文二卷，史汉功臣侯第考一卷，历代帝王年表十三卷，后汉公卿表一卷。

【校勘记】

〔一〕二十二岁登巾子山赋诗　原脱上“二”字。今据耆献类征卷八二叶一六上、下补。

杭世骏　周京　陈撰　汪沆　金志章

杭世骏，字大宗，浙江仁和人。家贫力学，假书于人，穷昼夜读之，父母禁止，辄篝灯帐中，默诵。与同里名人辈结读书社，五日一相聚，互为主客问难，以多闻见者胜。世骏尤强记，同辈推服。雍正二年举人。乾隆元年，召试博学鸿词，授翰林院编修，校勘武英殿十三经、二十四史，纂修三礼义疏。世骏性伉爽，能面责人过，同官皆严惮之。有先达以经说相质，一览便称某事见某书，某说见某集，拾唾何为？学子有欲受教者，问其所业，以一经对，则以经诘之；复以一史对，又以史诘之，皆穷。乃曰：“某于西晋末十六国事，差能详耳。”复问：“汝知是时有慕容垂乎？垂长若干尺？得年几何？”其人惭沮去。值亢旱，高宗思得直言及通达治体者，特设阳城马周科，试翰林等官，世骏预焉。日未中，条上四事数千言，语过戆直，末又言满洲人官督抚者过多，〔一〕上怒，抵其卷于地者再，复取视之。时世骏试毕，方趋同官寓邸，忽传言罪且不测，同官恐，促世骏急归。世骏笑曰：“即罪当伏法，有都市在，必不污君一片地也。何恐？”寻放还。其论直省藩库，宜有馀款存留，以备不虞，亦笃论。然已削稿，语多不传。

罢归后，杜门奉母，益并力肆志，发挥才藻。与同里厉鹗、周京、符曾、陈撰、赵昱、赵信、汪沆、吴颖芳、丁敬等，皆为密友近宾，言怀叙欢，各有构属。平日通礼学，有请复汉儒卢植从祀议。又议师当制服，可以立师道，厉浇季；朋友不当制服，防不肖者贡媚权势，贤者结怨流俗。时论甚以为洽。尤深于诗，尝曰：“吾遇杜韩，当北面；若苏，则兄事之。”刻岭南集。诗风格遒上，最为当时所称。后高宗巡幸塞外，天雨新霁，马上吟“迎风苇露清于染，过雨山痕澹入诗”二句，顾谓从臣曰：“此杭世骏诗也，惜其没福耳！”尝作方镜诗二十四首，一时辇下传诵，和者几及千家。晚主讲扬州、粤东书院，以实学课士子。尝有商人获罪鹾使，非世骏莫能解，夜半走世骏所乞救，并置重金案上，世骏掷出之。后迎驾西湖，赐复原官。三十八年，卒，年七十六。所著续礼记集说一百卷、石经考异二卷、史记考证、三国志补注、补晋书传赞、北齐书疏证、续方言、经史质疑、续经籍考、两浙经籍志、词科掌录、词科馀话、两汉书蒙拾、文选课虚、道古堂集、鸿词所业、榕城诗话、亢宗录。晚年欲补金史，特构补史亭，成书百馀卷。有御史祝德麟疑世骏不得意，或有诽讪，讦奏之，上以书并无违碍，听其流传。

周京，字西穆，浙江钱塘人。廪贡生。乾隆十二年，举博学鸿词，至京称疾，不就试。内行惇笃，妇贤而不得于姑，卒困悴以死。京事母孝，不敢有几微见于颜色，然私怜其妇，终身不娶以报之。有弟已析产，乘京出游，鬻其居。京归，更僦屋，不以一语及也。夙以诗名，常遍历秦、齐、晋、楚，所至公卿皆倒屣迎之。晚息影蓬庐，与里中诸诗人为吟社，醉墨淋漓，得者以为鸿宝。著有无悔斋集十五卷。

陈撰，字楞山，浙江鄞县人。毛奇龄弟子，修行读书，嘐然古处。乾隆十二年，以布衣举博学鸿词，辞不赴。诗意冲逸高简，虽未及古，要能离俗。家有玉几山房，蓄书画最富，精赏鉴，画格尤高，为时人所宝。著有玉几山房吟卷。

汪沆，字西颢，浙江钱塘人。诸生。早岁能诗，与杭世骏齐名。为学博涉无津涯。乾隆十二年，举博学鸿词，报罢。游天津，客查氏水西庄，南北称诗者奉为圭臬。大学士史贻直将以经学荐，以母老辞。性至孝，昆弟未尝析箸。惠周戚党，前后葬三十馀棺。喜引翼后进。年八十一，卒。沆好为有用之学，自农田、水利、边防、军政，靡不条贯，屡为大府所招。晚年自定撰著，多通达治体，可见施行。著有湛华轩杂录、读书日札、新安纪程、全闽采风录、蒙古氏族略、识小录、泉亭琐事、汪氏文献录、槐堂诗文集。

金志章，初名士奇，字绘卣，亦钱塘人。雍正元年举人，由内阁中书迁侍读，出为直隶口北道。清才渊雅，耽诗，与杭世骏、厉鹗齐名。馆龚翔麟家，故多藏书，志章尽读之，日与讨论唱酬为乐。既，从翔麟游粤西，比归，本柳州意，成始游集四卷。官口北时，续两镇三关志。归田后，辑吴山志，援引赅博，以其家不戒，悉毁于火。后搜辑记忆，存有江声草堂诗集八卷。所为诗，豪情盛气，勃勃纸墨，精悍之色，时见于疏秀中。性闲旷，山行终日不厌，人目为“烟霞水石间客”。子焜、文淳，俱禀家学，能诗文。

乾隆元年,兄弟同举博学鸿词。

焜,字以宁。雍正十三年举人,官至礼部司务。著有蠡测录、妙明书屋诗、浓兰词。

文淳,字质夫。乾隆四年进士,官至直隶顺德府知府。深于经,尝仿王伯厚困学纪闻为蛾子录三卷,又著有读史卮言。

【校勘记】

〔一〕末又言满洲人官督抚者过多 原脱"末"字。今据耆献类征卷一二六补叶三上补。

马曰琯 弟曰璐 金农 丁敬 陈章 姚世钰

马曰琯,字秋玉,安徽祁门人,原江苏江都籍。诸生。候选知州。性孝友,笃于学,与弟曰璐互相师友,俱以诗名,时称"扬州二马",比之皇甫子浚伯仲。家有藏书楼,见秘本,必重价购之,或世人所愿见者,不惜千百金付梓,藏书甲大江南北。四库馆开,进书七百七十六种,优诏褒嘉,赐古今图书集成一部,并平定伊犁金川诗、得胜图。好结客,有园亭曰小玲珑山馆,四方名士过者,辄款留觞咏无虚日。全祖望、符曾、陈撰、厉鹗、金农、陈章、姚世钰,皆馆其家,结邗江吟社,时拟之"汉上题襟"、"玉山雅集"。高宗南巡,幸其园,赐御书及诗,海内荣之。性耽山水,京口三山、中吴洞庭林屋之胜,足迹几遍。诗缠绵清婉,沈德潜以为峭刻得山之峻,明净得水之澄。乾隆二十年,卒,年六十八。著有沙河逸老集十卷、嶰谷词。

曰璐,字佩兮。国子生。候选知州。乾隆元年,举博学鸿词，不赴试。曰璐与兄并擅清才，博览旁稽，沉酣深造，曾编有丛书楼书目，一时名流交相倾倒。生平亲贤乐善，惟恐不及。方闻之士，过邗沟者，以不踏其户限为阙事。诗笔清刻。著有南斋集。

金农，字寿门，浙江钱塘人。嗜奇好古，收金石文字千卷。诗格高简，有奇气，与同里丁敬相唱和。尝与诸名士集卢见曾署中，观虹桥芍药，农诗先成，众为阁笔。好为山水游，走齐、鲁、燕、赵、秦、晋、楚、粤，足迹半天下。性逋峭，世多以迂怪目之。书出入楷隶，本国山及天发神谶两碑。年五十，始学画，涉笔即古。乾隆元年，举博学鸿词，不就。晚岁，寄食维扬几二十年，卖文自给，岁得千金，随手散尽。著有冬心集四卷，三体诗、画竹记各一卷。

丁敬，字敬身，亦钱塘人。与金农同举博学鸿词。诗造语奇崛秀异逊于农，然长篇铺陈终始，农亦不能逮。好金石，工篆刻，为时所称。著有龙泓山馆诗钞。

陈章，字授衣，亦钱塘人，布衣。乾隆元年，举博学鸿词，以亲老力辞，不就。精于诗，尤工楷法，诗文属稿，不作行书。弟皋亦工诗，有"陈氏二难"之目。时马曰琯及运使卢见曾喜招名士，章与皋侨寓扬州，以领袖称。其诗上规陶韦，下则钱郎。王昶谓非江湖小集所可并论云。著有孟晋斋诗集二十四卷、文集二卷。

皋，字对鸥。颖悟绝人，诗格高洁，摇笔立就。著有吾尽吾意斋集、对鸥漫语。

姚世钰，字玉裁，浙江归安人。诸生。少嗜学，负俊才，与弟汝金，有“二陆双丁”之目。诗古文清隽高洁，全祖望尝称为今世有用之材。生平学问，以何焯为宗，贯穿经史，有所考订，必详核精当。性嗜山水，好交游，与金农、厉鹗称莫逆。少偕姊婿王豫同学，二人读书，皆能冥搜神会。豫遭奇祸，逮系西曹五年。释后数年，卒。世钰亦穷厄以终，年五十五。有孱守斋遗稿四卷。

汝金，原名世铼，字念慈。副贡生。乾隆元年，举博学鸿词，罢归。后官湖南长沙县丞。诗吐属微婉，兼有寄托。著有中州纪略、孤笑集、五台山游草。

赵昱　子一清　弟信　沈炳巽

赵昱，字功千，浙江仁和人。诸生。母朱，山阴祁氏甥也，尝举旷园东书堂签轴之盛，以勖诸子。昱乃与弟信，旁钞博购，每得书则致之母，更番迭进，以为嬉笑。筑小山堂藏之，不二十年插架之盛，几与旷园埒。时钱塘吴焯亦好藏书，每得一异本，昱必钞存校勘，为之跋语。性复好客，同学之士借读其家，则解衣推食以鼓舞之。昱、信并工诗，与杭世骏、厉鹗、全祖望等相唱和。尝与沈嘉辙七人各赋南宋杂事诗百首，为海内所称说，一时有“二林”之目。“二林”者，昱号谷林，信号意林也。乾隆元年，昱、信并举博学鸿词，既罢。临川李绂欲留昱共修三礼，昱以母老辞。归后读书自娱，筑春草园，叠石疏泉，有池馆之胜，与诸名流觞咏其中。山阴金埴，诗人也，馆老友郑性家，一日昱遇之江上，问何之，曰：“之楚。”曰：“八十老人，盛暑为二千里之行，非情也。”因留止之。俄而埴病，昱医药之，死复殓之，呼其从子而归其榇以葬之。性闻埴死,为之恸;及闻昱之竟其后事也,又为之流涕。其笃于朋友如此。诗结体清醇,无凡语,绝句时似中晚唐人。著有爱日堂集十六卷。卒,年五十九。子一清。

一清,字诚夫。国子生。少禀父昱教,学于全祖望,从事根柢之学,一时词章之士,莫能抗手。郦道元水经注传写舛讹,其来已久,诸家藏本互有校雠,而大旨不甚相远。欧阳元、王祎诸人,但称经注混淆而已,于注文无异词也。祖望始自称得先世旧闻,谓道元注中有注本双行夹写,今混作大字,几不可辨。一清因从其说,辨验文义,离析其注中之注,以大字、细字分别书之,使语不相离,而文仍相属。又唐六典注称桑钦所引天下之水百三十七,江河在焉,今本所列,仅一百十六水。考崇文总目载水经注三十五卷,盖宋代已佚其五卷,今本乃后人离析篇帙,以合原数。此二十一水即在所佚之中。一清证以本注,杂采他籍,得滏、洺、滹沱、派、滋、伊、瀍、涧、洛、丰、泾、汭、渠、获、洙、滁、日南、黑弱十八水于灅水下,分灅馀水。又考验本经,知清漳水、浊漳水、大辽水、小辽水皆原分为二,共得二十一水,与唐六典注原数相符。〔一〕著水经注释四十卷。又取朱谋㙔笺,随读随正,遗漏者补其缺,纰谬者正其讹,鳞次栉比,各具本元,成水经注刊误十二卷。直隶总督方观承尝言一清撰直隶河渠志一百三十二卷。后戴震删为一百二卷。盖赵草创而戴删改云。所自著有东潜诗文稿。

信,字辰垣。国子生。少时与梁诗正唱和,编有同林唱和集。李绂见其诗,欲以博学鸿词荐,信让之昱,其后亦为通政使赵之垣所举,时称其贤。诗融冶超诣,绝句尤移人情,沈德潜极赏之。著有醯略、秀砚斋吟稿。

沈炳巽，字泽旃，浙江归安人。炳震从弟。先是炳震尝有事于水经注，未就，以授炳巽。炳巽乃著水经注集释订讹四十卷。其书据明嘉靖间黄省曾所刊水经注本，而以己意校定之，多所厘正。又以道元征引之书，极为博赡，传写既久，讹误相仍，因遍检史记、汉书志表及诸史各志，取其文字异同者，录于下方，以备参考；其无他书可校者，则缺之，间附以诸家考订之说。凡州县沿革，则悉以今名释焉。历九年而成书，丹铅矻矻，手自点定。初未见朱谋㙔本，后求得之，而所见大略相同。其用心之勤如此。工诗，著有读唐诗话一百卷、全宋诗话一百卷。

【校勘记】

〔一〕与唐六典注原数相符　原脱"唐"字。今据耆献类征卷四三四叶一一下补。

张庚　沈冰壶　祝维诰

张庚，字浦山，浙江秀水人。乾隆元年，以布衣举博学鸿词。少孤，事祖母及母尽孝。及长，研究经史，不为科举业。为文简老朴实，诗亦新颖，五七言古体，颇见古人堂奥。兼精六法，所作山水，气韵深厚，不亚王原祁。以负米，故奔走四方，足迹半天下，所至多与贤豪长者交。客睢阳十馀年，人重其学。所著通鉴纲目释地纠缪六卷、补注六卷，极精审。他著有画征录三卷、续录二卷、强恕斋文钞五卷、五经臆、蜀南纪行略、短檠琐记、强恕斋诗钞、瓜田词。

沈冰壶，字玉心，浙江山阴人。岁贡生。乾隆元年，举博学鸿词。性孤峭寡谐，常有古人不见我之憾。喜博览，家贫无书，恒借阅，熟精子史，尤谙胜国诸人轶事。诗善于论古，尝拟古乐府一卷，桑调元携入都，以是知名。著有古调独弹集、抗言在昔集，考证文史，学识颇为拔俗。如辨永王璘之非反，李赞皇之非党，何平叔之不父曹瞒为孝、不从司马为忠，崔浩之死非因毁佛，袁枚亟称之。惟其意主骇俗，欲以庄子配易，管子配书，荀子配礼，老子配论语，未免流于放诞云。

祝维诰，字宣臣，浙江海宁人，原秀水籍。乾隆元年，以诸生举博学鸿词，部驳不与试。三年，举于乡，官内阁中书。维诰清才渊雅，诗文皆得家法。在京师时，与钱载、万光泰等交最契，时相唱和，公卿皆为延誉。诗清丽芊绵，尤工乐府。尝随扈滦河、辽海间，其风景数见于诗。李锴、沈德潜、全祖望诸人亟赏之，淳郡王礼为上宾。著有绿溪诗稿。

李锴　曹寅

李锴，字铁君，汉军正黄旗人。祖恒忠，以侍卫事太宗文皇帝，赐名宜哈纳，官至正黄旗副都统。父李辉祖，湖广总督。锴娶大学士索额图女，家世贵显，澹于荣利，泊如也。性友爱，兄伊山获谴远戍，锴往省，累月乃归；兄祈山官闽，罢归，无家，锴以屋授祈山；凡先业之美者，悉让两兄，并售己产，代偿逋负。尝仕为官库笔帖式，旋弃去。乾隆元年，荐试博学鸿词，报罢。十五年，诏举经学，大臣交章论荐，锴以老病辞。少时雅好山水，足迹遍天下。客江南舣舟采石，既夕，江月上，鼓棹中流，命琴客弹大雅，扣舷以应其节。水宿者皆起视，以为狂。又尝北游，犯雨雪，独行溪谷中，豺虎迹纵横，不顾也。苦嗜茗，为铁铛瓦缶，使奚负以从。锴既以屋予兄，乃筑室盘山鹰青峰下，闭户耽吟，既老，岁一至城中，一二日即归，人罕见其面。居盘山二十载，以殁。其诗古奥峭削，自辟门径，高者可比杜甫，次亦不愧孟郊。所著有睫巢诗集十卷、睫巢文集十卷、原易三卷、春秋通义十八卷、尚史七十卷。

曹寅，字子清，汉军正白旗人。父玺，官工部尚书。寅官通政使、江宁织造，兼巡视两淮盐政。性嗜学，校刊古书甚精，尝刊音韵五种及楝亭十二种。工诗，出入白居易、苏轼之间。著有楝亭诗钞八卷。又好骑射，尝谓读书射猎，自无两妨。又著有诗钞别集四卷、词钞一卷。

鲍鉁　朱孝纯　舒瞻

鲍鉁，字冠亭，山西应州人，隶汉军，秘书院大学士鲍承先裔。由贡生历官浙江长兴知县、海塘通判。乾隆十二年，署嘉兴海防同知。鉁工诗文，在长兴时，构一舫取唐张志和语颜曰“往来苕霅间”。与金农临泛，命工写为双溪诗话图，时传为佳话。生平无日无诗，胥吏见其搓手注目，神采如有所得，辄私相语曰：“老子诗魔至矣。”李卫督浙，治尚综核，闻鉁癖赋诗，谓湖州守曰：“长兴令日赋诗，吾将列之弹章矣。”守以戒鉁，为庋笔砚者三日。既，谓其客曰：“下官忍不可忍矣，惟大吏罪之。”赋诗如故。然百事修举，部民交颂。卫徐察之，亦不怒也。后抚浙者为常履坦，耳其名，礼遇殊于群吏，然落落未尝自昵。后履坦败，鉁高枕自如，相叹为不可及。好士，有负之者重来，待之如初。曰："我爱其才也。"长兴诸生王豫缘事被逮，为经理其家，殁后又为雕其集。诗宗王士祯，丰赡流丽。著有亚谷丛书、稗勺、道腴堂诗文稿。〔一〕

朱孝纯，字子颖，汉军正红旗人。先世居山东历城，父伦瀚官都统。孝纯，乾隆二十七年举人，由四川简县知县，擢叙永同知、重庆府知府，移守山东泰安，迁两淮盐运使。以风痺解职归。少承家学，工诗文，诗伉壮雄豪，有幽燕气。纪昀尝过古北口，爱旅舍壁上诗，惜不知姓名；及为同考官，得孝纯卷，赏其试律，逮见，以诗为贽，乃知题壁诗，即孝纯也。昀甚称誉之。王文治以八音论诗，谓袁枚如琵琶，孝纯如金钟，其推重如此。性倜傥，作令四川，独游峨眉，经旬乃返。后以回避，量移他省。时方讨金川，孝纯单骑赴营，观战斗，久之乃去。晚官扬州，创梅花书院，培植士类。与王文治、姚鼐交最契，尝招致大江南北诸贤，为文酒之会。鼐谓其不可一世之气，勃然动于纸上；文治亦谓其豪宕感激之意，屡见于诗云。善画，尝绘泰岱全图，为世所称。嘉庆六年，卒，年六十七。著有海愚诗钞十二卷。

舒瞻，字云亭，姓他塔喇氏，满洲正白旗人。乾隆四年进士，历官浙江桐乡、平湖、海盐知县，有贤名。诗尤丽逸，沈德潜谓诗品在元白之间，近情处迥不易及。少日曾以"性爱登临同谢傅，志存温饱愧王曾"句得名。性朴厚，屏居委巷，不异寒素。以文学饰吏治、廉明风雅，浙人争颂之。尝预修八旗满洲氏族通谱。著有兰藻堂集十卷。

【校勘记】

〔一〕道腴堂诗文稿　"稿"原误作"集"。今据耆献类征卷二五四叶五四下改。

屈复　吴镇　杨鸾　胡釴

屈复，字见心，陕西蒲城人。年十九，试童子第一，忽弃去，走齐、楚、吴、越间，转徙至京师，以诗学教授弟子。居僧庐，坐卧土床中，与客约，不迎不送，不作寒暄语。诸贵人以问奇至，趾相错也。出则高杖，四童扶持，与客讲论诗文源流、诸史兴亡陈迹，以及关河扼塞、兵马漕盐、天文律历诸事，恺切详明，言之凿凿。尝注楚辞，自以新意疏解之，颇得骚人言外之旨。说李义山诗，一洗穿凿附会常谈，论诗于赋比兴之外，专以寄托为主。谓陶之饮酒，郭之游仙，谢之登山，左之咏史，皆自有所以伤心之故，而借题发之，未可刻舟而求剑。其诗浑劲朴质，独开生面，托意不凡。郑方坤、王昶甚称之。乾隆元年，举博学鸿词，不赴试，举主杨超曾未见复，复亦不谢。沈德潜谓复以布衣遨游公侯间，不屈志节，固是有守之士。无子，妻死不再娶，时比之林和靖。著有楚辞新注八卷、李义山诗笺、弱水集、江东瑞草集。

吴镇，字信辰，甘肃狄道州人。乾隆三十三年举人，官至湖南沅州府知府。少不羁，家本素封，尝发愤负笈，求师四方。滋阳牛运震留之署中，学业益进。比归，生计荡然，而诗名满人间。始官山左，后调湖南，所至放浪山水，篇什愈多。三原刘绍攽谓其与建安、大历诸子揖让一堂，王鸣盛亦谓秦中诗派，自孙枝蔚、李因笃、王又旦后，惟镇为绝伦云。著有松花庵韵史、松崖诗录。

同时关中以诗鸣者，有杨鸾、胡釴。

杨鸾，字子安，陕西潼关人。乾隆四年进士，历官四川犍为，湖南醴陵、长沙、邵阳知县。学诗于屈复，初仿西昆，晚益瑰丽苍坚，极中晚之胜，兼工古文词。著有邈云楼诗文集。

胡釴，字静庵，甘肃秦安人。贡生。官东台训导，与吴镇同学于运震，相得极欢。工诗文，刘绍攽称三人相鼎足也。

翁照　潘高　许廷鑅　李果

翁照，字朗夫，初名玉行，江苏江阴人。国子生。乾隆元年，举博学鸿词，以疾不与试。十四年，再以经学荐，亦不遇。照负美才，受学于毛奇龄、朱彝尊。工诗，尝咏蓑衣有"风雨一身秋"句，以此得名。时吴中诗人最著者，潘高、许廷鑅、李果、盛锦，照与之埒。性聪敏，一过目终身不忘。少患失血，至老不少息。当病作时，千诗百赋，接踵酬应，精气奕奕如常时。中岁研经，兼采汉宋，谓汉儒博而核，宋儒约而精，所为说经之文，穿穴牢固，搜择幽滞，类能自伸独见。生平醇谨，不作妄语，过神祠及名贤祠墓必展谒，不敢咳唾。有谦癖，遇三尺童子，加礼让。故交虽历四五十年，每相见拜跪端拱如初。虽仆隶下人，不衣冠不见也。事上接下，以诚以礼，当代公卿咸敬礼之。大学士嵇曾筠、高斌并称老友，曾筠非照相唱和不吟诗，人呼为"诗媒"。尤工章奏，往来江、淮、燕、豫间，大吏争延至幕。笃友谊，尝寓朱家，后其人逋赋，岁暮被絷，照适经其地，出修脯代偿，归橐罄如，弗恤也。晚约沈德潜结庐吴之采葑溪，未遂而卒，年七十九。著有赐书堂诗文集。

潘高，字孟升，江苏金坛人。贫而工诗，五言学韦、柳，陈维崧尝写其诗寄王士祯，士祯称其清真古澹，与邢昉、王庭相颉颃，以是有名于时。应督学试，列下等，怡然自得。或诮之，笑曰："邢孟贞不得专美于前矣！"金陵诗社赋秦淮晓渡诗，诸名流咸集，高曰："我年老才尽，止绝句二十字。"其诗云："潮长波平岸，乌啼月过街。一声孤棹响，残梦落清淮。"众见之皆敛手。著有南邨集。

子玠，亦工诗。著双清集、句溪集。

许廷鑅，字子逊，江苏长洲人。康熙五十九年举人，官福建武平知县。少英敏，论古今史事，慷慨激发。精弓马刀槊，遍游四方，交海内知名士。居官有善政，去后人益歌思之。诗才绮丽，始学杜牧之、王仲初，继规模何大复、徐昌穀，严于唐宋之界。五言律、七言绝句尤工。少缄诗谒王士祯，士祯叹为后来之畏。高其倬每对客诵其佳句，有作辄与商榷，艺林两贤之。晚居长洲，郭外之陈墓河水云千顷，花药数椽，与沈德潜、王昶相往来，犹以诗自遣。著有竹素园集。

李果，字实夫，江苏长洲人。布衣。艰苦力学，忍饥诵经，衡门两板，竟日翛然。客至，取一钱，就茶肆拨茗共啜之。樵苏不继，怡然自得。陈鹏年羁管京口，果投诗造谒，鹏年遂与定交。或欲任以盐策，果力却之。后任事者皆罹祸，人服其有识。晚年文誉霭郁，过吴门者，争识其面，时以鲁灵光目之。巡抚雅尔哈善尝过侍御王峻访以吴中隐君子，峻以惠栋及果对，遂造访焉，避而不见。果之论文，谓弇州、北地文古而患乎似，义乌、延陵文真而患乎浅。欲救似与浅之弊，惟在读书穷理，故所为文，力守矩矱。诗格苍老,有一二字未安,屡改不倦。会诏征经学,总督黄廷桂以果荐焉。著有在亭丛稿十二卷、咏归亭诗钞八卷、石闾集。

鲍皋 子之钟 余京 张曾 周准

鲍皋,字步江,江苏丹徒人。国子生。生而颖异,有奇童之目。年十七,随父往皖江,过采石,上太白楼,所至发为诗歌,辄惊其长老。壮游姑苏、武林,益奇纵。其为诗,出入骚选,胎息六朝,而折衷于盛唐诸大家,音节苍劲,有北地、信阳之风,而丰致过之。沈德潜尝称皋及余京、张曾为"京口三诗人"。客淮扬间,邗上诸大贾争延致为上客。尹会一转运两淮日,以国士器之。乾隆元年,举博学鸿词,以疾辞,不赴。三十年,卒,年五十八。著有海门集三十卷、外集十卷、华阳瘗鹤铭考一卷、京口文献录一卷、笔耕录一卷。子之钟及三女,皆能诗,一门风雅,为时所称。

之钟,字雅堂。少负俊才,文采秀逸,以初月赋为诸城刘墉所知。高宗南巡,献诗赋,召试第一,授内阁中书。乾隆三十四年,成进士。四十八年,充贵州乡试副考官。五十一年,充广东乡试副考官。由宗人府主事,荐升户部郎中。诗有家法,在京师时,与洪亮吉、吴锡麒、赵怀玉唱酬最密,法式善称为"诗龛四友"。晚年流连诗酒,以汲引寒畯为己任。著有论山诗稿。

余京,字文圻,亦丹徒人。三岁而孤,母张守节食贫,课之读。少好为诗,稍长,以笔佣养母,而吟咏不辍。偶得疾,母取其稿焚之。自是废诗者十年。母殁,自伤贫贱,末由表扬,常饮憾,后获旌典，为之感泣，时称孝子。沈德潜游焦山，见其诗，遂与定交。柏乡魏荔彤亦爱其诗，欲令往见，辞曰："往役，义也，以诗为羔雁，非礼也。"荔彤益重之。诗格意俱高，尤长近体。时润州诗人多尚宋格，京不专一体。晚年境益老，学益醇，从游者日众。四方诗人过润州者，必造其庐，达官当路每以余布衣一至为重。卒，年七十馀。著有江干诗草。

张曾，字祖武，亦丹徒人。布衣。诗笔清华，尝客吴，与诸名士宴于勺湖亭，每一篇出，咸服其才。沈德潜称其诗风格似鲍皋，造句似余京。游京师，馆大学士英廉家三载，然恃才傲物，酒酣辄骂座，以是卒受困。著有石帆山人集。

周准，字钦莱，江苏长洲人。诸生。少好读书，绝嗜欲，寡交游。陈鹏年讼系京江，往从受业。年二十，慕鹿门、岘山之胜，裹粮携笻，上溯沔汉，尽探其奥而归。不谒一人，每闻佳山水，必恣游。晚之京师，不交权贵，志节皎然。人或以迂诮之，益自喜，因号迂村。时有就高僧问京师人物，僧曰："一为名，一为利，迂村超然名利外。京师只有三个人。"其见推如此。尝寓浙西灵隐寺，遇沈德潜，论诗合，遂莫逆，与德潜编辑国朝诸家诗为别裁集。王昶谓德潜门下承其指授者，以准及盛锦、顾诒禄、陈魁为最。诗宗唐音，五言古、七言绝尤善。著有迂村诗钞八卷、迂村文钞、虚室吟稿、瓢中、鹤阜、玉楮、人海、黄海等集。

清史列传卷七十二

文苑传三

赵青藜　汪越

赵青藜，字然乙，安徽泾县人。生颖异，九岁能文。乾隆元年进士，改翰林院庶吉士，散馆授编修。三年，充浙江乡试副考官。五年，迁江西道监察御史。六年，充浙江乡试副考官。旋丁母忧，归。服阕，补山东道监察御史。十年，充湖南乡试正考官。青藜居御史台前后五年，有直声，能持大体，不为激切之语。章疏凡数十上，如请清屯田，归运丁，弛米禁，济民食，耗羡归公，兴西北水利，所言皆关利病。又劾总督高斌、侍郎周学健奏开捐例，谓此风一开，将见言利之徒接踵而起，为害甚大。上嘉其有所见。其合纠协办大学士彭维新夺情一事，议尤侃侃。十三年，奉命查赈山东还京，以耳疾乞休。上南巡，伏迓道左，蒙存问者再。年八十馀，卒。

生平以不欺为主，接人外和而内严，不可干以私。为古文，受义法于桐城方苞，故风格似之。苞称及门有所祈向而可信其操行之终不迷，惟青藜为最。诗自汉魏及宋元，靡不毕贯，独宗仰杜甫，晚乃归于韩愈。性喜游，往来黄山、白岳间，见诸歌咏，萧然自适。著有漱芳居文集十六卷、诗集三十二卷。尤长于史，所作史论有特识，著读左管窥二卷，于二百四十二年事鳞次栉比，穿穴甚深。先是青藜同郡以史学称者，推南陵汪越。

汪越，字季超，安徽南陵人。康熙四十四年举人。所著诗古文辞，冲淡典博，有绿影草堂集。其读史记十表，谓史家有表，经纬相牵，可以考证，而不可以诵读，学者往往不观。因排比旧文，钩稽微义，订讹砭漏，所得殊多。其后记一篇，称越初成此书，以书抵其友徐克范，克范为商榷补之，故考校特为精密。

克范，字尧民，越之同里也。时郡邑守令颇折节于越，而越不妄干谒，行社仓于里中，请官给印簿，而自谨其出入，可为后人法式焉。

郑燮　王鸣韶

郑燮，字克柔，江苏兴化人。乾隆元年进士，官山东范县知县，调潍县。以请赈忤大吏，乞疾归。少颖悟，读书饶别解。家贫，性落拓不羁，喜与禅宗尊宿及期门羽林子弟游，〔一〕日放言高谈，臧否人物，以是得狂名。及居官，则又曲尽情伪，餍塞众望。官潍县时，岁歉人相食。燮大兴修筑，招远近饥民赴工就食，籍邑中大户，令开厂煮粥轮饲之，有积粟责其平粜，活者无算。时有循吏之目。善诗工书画，人以“郑虔三绝”称之。诗言情述事，恻恻动人，不拘体格，兴至则成，颇近香山、放翁。书画有真趣，少工楷书，晚杂篆隶，间以画法。所绘兰、竹、石，亦精妙，人争宝之。词吊古摅怀，尤擅胜场，或比之蒋士铨。内行醇谨，幼失怙恃，赖乳母教养，终身不敢忘。所为家书，忠厚恳挚，有光禄庭诰、颜氏家训遗意。晚年归老躬耕，时往来郡城，诗酒唱和，尝置一囊储银及果食，遇故人子及乡人之贫者，随所取赠之。与袁枚未识面，或传其死，顿首痛哭不已云。著有板桥诗钞。

王鸣韶，原名廷谔，字夔律，江苏嘉定人。兄鸣盛，入儒林传。鸣韶擩染家学，善诗工书画，治古文以清简为上。鸣盛奇其才，责以制举业，曰："兄爱我良厚，然人情各有所好，不可强也。"鸣盛入翰林，鸣韶独侍二亲，颜其堂曰逸野，旁辟一室，悬蓑笠以见志。尝搜集邑中文献，考证异同，以补志乘之阙。与钱大昕姻娅相善，大昕视学广东，邀与俱往，遇名胜必往游。又走赵、魏、梁、宋，遍览潇湘、洞庭诸胜，所至纪以诗。著有逸野堂文集十卷、春秋三传考、十三经异义、祖德述闻、竹窗琐碎。诗宗眉山、剑南，鸣盛选江左十二子诗，次鸣韶其中，论者不以为私。乾隆五十三年，卒，年五十七。

【校勘记】

〔一〕及期门羽林子弟游　原脱"羽林"二字。今据耆献类征卷二三三叶九上补。

袁枚　程晋芳　王友亮

袁枚，字简斋，浙江钱塘人。幼有异禀，年十二为县学生，后至广西省叔父于巡抚幕中，巡抚金鉷一见异之，试以铜鼓赋，立就，甚瑰丽。乾隆元年，开博学鸿词科，鉷举枚应诏，时海内举者二百馀人，枚年最少。及试，报罢。旋举三年顺天乡试，四年成进士，改翰林院庶吉士，掌院学士史贻直奇其才，命拟奏疏一通，曰："通达政体，贾生流也。"散馆改知县，分发江南，初试溧水，调江浦、沭阳，再调江宁。宁故巨邑，难治。时尹继善为总督，知枚才，枚亦遇事尽其能，事无不举。尝言为守令者，当严束家奴吏役，使官民无壅隔，则百弊自除。其为政，终日坐堂皇，任吏民白事，有小讼狱，立判遣，无稽留者。多设耳目方略，集乡保询盗贼及诸恶少姓名，出所簿记相所证，使不能隐，则榜其姓名，许三年不犯湔雪之，奸民皆敛迹。方山溪洞外，两氓争地，无契卷，讼久莫能断。枚至，检案牍山积，笑曰："此左氏所云宋郑之间有隙地，玉畅、顿丘是也。讼久则破家，吾当为若了之。"乃尽去旧牍，别给符卷，使各开垦升科。闻者皆叹服。有贾人贩布，江行舟，触战船，溺一兵死，众兵缚控舟子，兼及客。枚心知过失杀无罪，而累客必倾赀，乃令乘风张帆作触舟状，纵之去，以埋葬钱发兵完案。侍郎尹会一督学试江宁，有两骑冲其前麾，且嫚骂，称某亲王家奴，他县尹不敢问。枚立擒治，则为大将军投书制府者也，搜其箧得关节书十馀封，悉焚之，重杖遣去。十三年，江南灾，铜井民运米至吴门，以被劫告。枚以荒政当弛刑，召其魁询之，乃土人遏粜，非劫也。谕以情法，追米还主者。

初，枚莅溧水，迎养其父，父虑子年少，无吏才，试匿名访诸野，皆曰："吾邑有少年袁知县，乃大好官也。"父喜，乃入官舍。在江宁，尝朝治事，夜召士饮酒赋诗。市人以所判事，作歌曲，刻行四方。既而引疾家居。再起,发陕西,以知县用。上总督黄廷桂书万馀言,不省。寻丁父艰归,遂牒请养母,卜筑于江宁之小仓山,号随园。聚书籍为诗古文,如是五十年,终不复仕。枚崇饰池馆,疏泉架石,厘为二十四景。游人阗集,自皇华使者,下至淮南贾贩,多闻名造请交欢。然枚诙谐跌荡,自行胸怀,未尝为势要牵引。年逾六十,犹独游名山。尝至天台、雁宕、黄山、匡庐、罗浮、桂林、南岳、潇湘、洞庭、武夷、丹霞、四明、雪窦,皆穷其胜。又笃于友谊,不以穷通生死易心。尝为亡友沈凤司祭扫,三十年如一日。编修程晋芳死,负枚五千金,枚往吊,焚其券,且抚其孤。见人善,称之不容口。后进诗文一言之美,枚必能举其词,为人乐道。所为诗文,天才横逸,不可方物。然名盛而胆放,才多而手滑。后进之士,未学其才能,先学其放荡,不无流弊焉。其神道碑、墓志铭诸文,纪事亦多失实,惟骈体最工。论者谓抑扬跌宕,深得六朝体格云。枚仕虽不显,而备林泉之清福,享文章之盛名,百馀年来无及者。著有小仓山房诗文集七十馀卷,诗话、尺牍、说部之属,凡三十馀种。嘉庆二年,卒,年八十二。

子通,字兰村,工填词。

程晋芳,字鱼门,江苏江都人。家山阳,业鹾于淮。乾隆初,两淮殷富,程氏尤豪侈。晋芳独愔愔好儒,罄其赀购书五万卷,招致方闻缀学之士,与共探讨。束发时,读蕺山刘宗周人谱,见其论守身事亲大节,辄心慕之,故以蕺园自号。又问经义于从叔廷祚,学古文于刘大櫆,与商盘、袁枚唱和,诗文并擅其胜。江淮老宿,咸与上下其议论。南游金陵,爱栖霞、牛首之胜,凭眺山川,考证今古,所至倾其坐人。乾隆七年,召试,授内阁中书。十七年，成进士，补吏部主事，迁员外郎。四库馆开，以荐为纂修官。书成，擢翰林院编修。晚岁家赀尽，官京师，至无以举火。四十九年，乞假游西安，将谋诸毕沅，为归老计。抵关中，一月，卒，年六十七。

晋芳学无所不窥，经史子集、天星地志、虫鱼考据，俱能研究。晚与朱筠、戴震游，乃治经，究心训故。其卒也，京师为之语曰："自竹君先生死，士无谈处；鱼门先生死，士无走处。"谓朱筠及晋芳也。其声华之盛如此。著有周易知旨编三十馀卷、尚书今文释义四十卷、尚书古文解略六卷、诗毛郑异同考十卷、春秋左传翼疏三十二卷、礼记集释、诸经答问十二卷、群书题跋六卷、勉行斋文十卷、蕺园诗三十卷。

王友亮，字景南，安徽婺源人。乾隆四十一年举人，官内阁中书、军机章京。五十六年成进士，改刑部主事，迁员外郎，转山东道监察御史，擢礼科、兵科给事中。累迁通政司参议、太仆寺少卿、通政司副使。卒，年五十六。友亮官刑部，决狱多平反。晚年巡视南漕，抚恤运丁，宽严有体，漕船之行，速于往日。少在金陵，有金陵杂咏，及巡视南漕，有视漕小草，以诗名海内者三十年，诗格与袁枚相近。其为文议论正大，叙事有法，亦似程晋芳。著有双佩斋集六卷。

叶酉

叶酉，字书山，安徽桐城人。乾隆元年，由国子生荐举博学鸿词。四年，成进士，改翰林院庶吉士，散馆授编修，充三礼馆纂修官。九年，充河南乡试副考官。十二年，提督贵州学政。十七年，提督湖南学政。荐升至左庶子，以事降补编修。酉少不喜为科举之文，家贫尝为童子师，志行坚确，不妄与人交。读书奋发，冬寒夜静，每依灯火坐，门外雪深，不辍。尤邃于经学，师同里方苞。苞著春秋通论，酉亦著春秋究遗十六卷。其书虽宗苞说，而亦稍有从违；于胡传苛刻之论及公穀附会之例，芟除殆尽。于左氏亦多所纠正。〔一〕论者谓其精识，驾于啖赵。其曰"究遗"者，用韩愈赠卢仝诗"春秋三传束高阁，独抱遗经究终始"语也。又谓中庸为汉儒所撰，非子思作，孔孟山东人，故论语孟子皆称东山；汉都长安，华山在焉，故引山称华岳。论者亦谓其读书得间。喜诗，督学湖南归，值高宗有谒陵及平西夷大典，酉赋诗，汇而颜曰日下草。酉与沈德潜、袁枚同举词科，又为乡会试同年友。枚尝以德潜善诗，酉善说经，尤所心许。罢官后，居石头城下，花栏水窗，婆娑翰墨，与枚益以文字相亲。他著有诗经拾遗十三卷。

【校勘记】

〔一〕于左氏亦多所纠正　原脱"于"字，又"氏"误作"传"。今据耆献类征卷一二六叶四五上补改。

邵齐焘　王太岳

邵齐焘，字叔宀，江苏昭文人。幼异敏，甫受书，能晓大义。乾隆七年进士，改翰林院庶吉士，散馆授编修。居词馆十年，纂修书局者再。九年、十七年，两充顺天乡试同考官。尝献东巡颂，时称为班扬之亚。群公争欲致之门下。齐焘落落寡合，年三十六，即罢归，自颜其室曰"道山禄隐"。三十年，高宗南巡，诏在籍词臣试阙下，以母老辞。齐焘意度夷旷，章草入晋人室。善为骈体文，意欲矫陈维崧、吴绮、章藻功三家之失。故所作以气格排奡、色泽斑驳为宗。秀水郑虎文云："今古骈散殊体，诡制道通为一。本朝惟齐焘一人而已。"然齐焘嗛嗛自以为不足，常用陈思王语"仆常好人讥弹其文"八字镌为小印。与王太岳书，自言根柢疏薄，智力凡弱，词不副意，意不逮见，其虚心如此。主常州龙城书院，黄景仁、洪亮吉皆从受学。卒，年五十二。有玉芝堂诗文集九卷。同时为骈体文者，有武进刘星炜，钱塘袁枚、吴锡麒，阳湖洪亮吉、孙星衍，曲阜孔广森，南城曾燠，其后全椒吴鼒，合选为八家四六云。

王太岳，字基平，直隶定兴人。乾隆七年进士，改翰林院庶吉士，散馆授检讨。十五年，充日讲起居注官。十八年，充江南乡试副考官。十九年，授侍讲，转侍读，充会试同考官。二十年，补甘肃平庆道。二十三年，调西安督粮道。三十三年，擢湖南按察使。三十六年，调云南按察使。三十七年，擢布政使。是年，以审拟逃兵宽纵，落职。四十二年，命在四库全书馆为总纂官。四十三年，仍授检讨。四十七年，擢国子监司业。后三年，卒，年六十四。

太岳生有至性，每言及古来忠义事，辄为感慨流涕，即观剧亦如之。二十六岁丧父，事母色养，四十年如一日。宦辙所至，必与板舆俱。比居丧，年已六十一，哀毁一如少壮。性好朋友，与邵齐焘、郑虎文、顾汝修诸人尤善，寓书往复，率以文章道义相劘切。每别，必泫涕不自已。言经兼训诂，论学兼取陆王，诗宗魏晋下及唐人，纯古淡泊，时称高格。初好为骈体文，见齐焘作，叹为天授，遂辍不作，而规史汉及韩柳，气格高简，卓然名家。尤有志于经世之务，所至必爬梳剔抉，据今考古，咨民之疾苦而考论之。在平庆及西安，皆有惠政。又留心水利，著泾渠志三卷。在云南，闵铜政之弊，于是旁搜博讯，指利害所由来。其言铜政之要，必宽给价，给价足，然后厂众集；厂众集，然后开采广；广采则铜多，铜多则用裕。又言云南山高脉厚，出产矿砂，诚使加以人力，穿峡成堂，则初辟之矿，入必不深，而工亦不费，兼地僻林萃，炭亦易得。论尤切中当时，补救厘剔，厥功甚伟。滇人祀之七贤祠。著有清虚山房集、芥子先生集，凡二十四卷。

郑虎文　王右曾　沈叔埏

郑虎文，字炳也，浙江秀水人。乾隆七年进士，改翰林院庶吉士，散馆授编修。三充顺天乡试同考官，寻迁赞善。二十一年，充河南乡试正考官。二十二年，充会试同考官。二十三年，提督湖南学政。二十四年，提督广东学政。虎文少孤，有至行。于学无所不通，尤工诗文。乾隆十年，得元至元二年玉瓮，置承光殿南，御制玉瓮歌，命廷臣赓和，时以虎文之诗为最。归后，主徽之紫阳书院十年，主杭之紫阳、崇文两书院五年。家有盛湖草堂，诗酒之会，一举弥月。性不苟取，囊箧每空，家人以告，笑曰："姑强支持，寒饿当共之。吾宁苦身，无以病吾心也。"素以经济自负，尝愿为知县，谓："县令亲民，知疾苦。一令贤，一县治；天下令贤，天下治。"时以为知言。著有吞松阁集。

王右曾，字觳原，亦秀水人。乾隆十六年，高宗南巡，召试，授内阁中书。十九年成进士，改礼部主事，迁刑部。告归后十馀年，卒。右曾在都下，极为陈世琯、汪由敦所推许。释褐后，皆以为当得上第。既入三甲，人犹比之朱彝尊，以王仪曹称之。工诗，与钱载齐名，时号“钱王”。其诗专务沉静，毕沅称其削肤廓而见性情，能自成一家。归后，飘泊江湖间，东南大吏争相延揽。性豪放，谈笑风生。赋诗饮酒无虚日。著有丁辛老屋集。

沈叔埏，字埴为，亦秀水人。乾隆三十年，高宗纯皇帝南巡，召试一等，赐举人，授内阁中书，充方略馆、一统志、通鉴辑览分校，及历代职官表协修官。又充四库全书武英殿分校。成五十二年进士，授吏部主事，诸总裁方引以自助，而叔埏以母老，到部未十日，即乞养归。筑室锦带、宝带两湖间，学者称双湖先生。主魏塘讲席尤久，教士多有成者。嘉庆八年，卒，年六十八。著有颐采堂集十五卷。

弟珏，字景崔。少受叔埏之学，诗为钱陈群所激赏，附刊于香树斋续集中。乾隆五十九年，献赋南巡行在，列二等。著有圣禾乡农诗四卷。

许伯政

许伯政，字惠棠，湖南巴陵人。乾隆元年，举博学鸿词。七年，成进士。知四川彭县，有惠政。值金川用兵，供费浩穰。伯政善措置，军给而民不扰。内擢礼部主事，升员外郎。迁山东道监察御史，年未六十，以告归。伯政学问该洽，讨论故实，必援引剖析，使无遗义。归后，家居数十年，不履城市。究心经传，往往出己意为论，著有易深八卷、春秋深十九卷、〔一〕诗深十六卷。尤精步算之学，有全史日至源流三十二卷，谓天周宜用三百六十度，日法宜用九十六刻，宫次非恒星一定之居，岁实奇零积久，始觉损益，不宜概为四分日之一。其论皆为确当。惟用邵康节皇极经世元会运世之说，合于御制考成之法，颇嫌附会。又著有事三堂文稿、〔二〕益青阁诗集。

【校勘记】

〔一〕春秋深十九卷　原脱“十”字。今据耆献类征卷一三六叶二上补。

〔二〕著有事三堂文稿　“稿”原误作“集”。今据耆献类征卷一三六叶二下改。

汪宪　朱文藻　吴骞

汪宪，字千波，浙江钱塘人。乾隆十年进士，官刑部主事，迁员外郎。以父母老，乞养归。宪博雅好古，于经尤长于易。尝谓学易期于寡过，欲过之寡惟在知悔，悔存而凶吝渐消，可日趋于吉，因以“存悔”颜其斋。又取易上下经为之说解，著易说存悔二卷。性好蓄书，丹铅多善本，求售者虽浮其值，不与较。家有静寄东轩，具花木水石之胜。朱文藻尝介严可均见宪，宪即馆之东轩，偕同志数人日夕讨论经史疑义，又悉发所藏秘籍，相与校雠；稍暇则投壶赋诗为娱乐。尝以徐锴说文系传四十卷，世罕传本，好事者秘相传写，鱼鲁滋多，或至不可句读。宪所得虽属宋影钞本，然已讹不胜乙，因参以今本说文，旁考所引诸书，证其同异，著说文系传考异四卷。又嘱朱文藻采诸家评论系传之辞，及锴兄弟轶事，为附录二卷。其书缕析旧文，彻首彻末，论者谓其有功小学。诗文不多作，作必精诣，一字未当，往往沉想经时，必惬意始脱稿。著有振绮堂稿、又苔谱六卷。

宪卒后，值四库馆开，购求遗书，宪子慎选善本经进。恩赐佩文韵府，并择其精醇者，御制题咏，仍俾珍藏，以为好古之劝云。

朱文藻，字暎漘，浙江仁和人。诸生。少嗜学，渔猎百家，精六书，自说文以下及钟鼎款识，无不贯串源流。又通史学，凡纪传、编年、纪事、通典诸书，辄能考其缺略，审其是非。王杰督学浙江，延访之至京师，佐校四库全书。复奉敕在南书房考校。尝游山左，阮元、孙星衍与之商订金石，成山左金石志。后复为王昶修西湖志，纂辑金石萃编、大藏圣教解题等书。诗在刘梦得、张文昌之间。嘉庆十一年，卒，年七十一。著有续礼记集说、说文系传考异、碧溪草堂诗文集、碧溪诗话、碧溪丛钞、东轩随录、东城小志、东皋小志、青乌考原、金箔考、苔谱、萍谱。

吴骞，字槎客，浙江海宁人。诸生。生负异禀，过目成诵。笃嗜典籍，遇善本倾囊购之，校勘精审，所得不下五万卷，筑拜经楼藏之。钱大昕为之序，谓所藏百氏皆具，独言经者统于尊也。尤喜搜罗宋元刻本，如陶渊明、谢元晖诸集，皆取而重梓之，学者珍为秘宝。尝得宋本咸淳临安志，刻一印曰"临安志百卷人家"。其风致如此。兼好金石，以所藏商鸟、篆戈、吴季子剑等，作拜经楼十铜器诗。少与陈鳣讲训诂之学，所为诗文，词旨浑厚，气韵萧远。晚益深造，不屑为流俗之作。性慈善，尝买一婢，询之，良家女也，抚为己女，嫁之。一时咸颂其厚德。著有国山碑考一卷、桃溪客语五卷、小桐溪吴氏家乘八卷、苏祠从祀议一卷、拜经楼诗话四卷、论印绝句二卷，又有愚谷文存、拜经楼诗集。嘉庆十八年，卒，年八十一。

李中简 戈涛

李中简，字廉衣，直隶任丘人。少受知于督学钱陈群，与沈阳戴亨讲论诗法。乾隆十三年成进士，改翰林院庶吉士，散馆授编修。二十一年，充山东乡试正考官。二十二年，入直上书房，寻擢中允，迁侍讲。二十四年，提督云南学政。二十八年，升侍讲学士，充日讲起居注官。三十三年，充湖南乡试正考官。三十五年，充湖北乡试正考官。三十六年，提督山东学政，以罣吏议，罢官，赏给编修。乞疾归。中简博学工诗文，在词馆时，与同里朱筠兄弟及纪昀齐名，然杜门著述，不标榜声气。交献县戈涛以古道相勖励，涛死，为修缌服礼。其为学，本之孝弟以厉文行。视学所至，必察土风便宜，陈奏刊布应读书目，以教诸生。诗五古宗汉、魏、盛唐，七古专学大苏。陆燿尝称其咏怀古风诸什，温柔敦厚，原本忠孝，尤征学养之粹。纪昀怀人诗云："廉衣振高节，神龙谁得控。"又云："古道良足希，一官非所重。"其推挹如此。赵怀玉师事之。卒，年六十一。著有应制诗二卷、赋颂二卷、就树轩诗十七卷、杂体文六卷。

戈涛，字芥舟，直隶献县人。少颖异，读书志气激发，慨然与古人哀乐，然性介特，不为苟同。从沈阳戴亨学诗，受知于督学钱陈群。弱冠举于乡，任河南嵩县知县，缘事解官，游京师五年，学益老，名益立，荐经学。乾隆十六年成进士，改翰林院庶吉士，散馆授编修。十八年，充江西乡试副考官。二十一年，充云南乡试正考官。寻迁御史，转刑科给事中。三十三年，充福建乡试正考官。官御史时，数上封事，会京察，当事欲置一等，辞曰："御史言事，职也，岂可以此阶荣进哉？"闻者服其言而止。择交尤严，以文章道义相切劘者，边连宝、李中简一二人而已。诗格律严整，绮语俚语，皆所切戒。于唐宋诸大家，实能登堂而哜其胾。陶梁谓畿辅诗人，以涛为巨擘。古文师魏禧，疏宕有奇气。著有坳堂诗集十卷、畿辅通志、坳堂杂著、戈氏族谱、献县志。

郭起元　萧正模

郭起元，字复斋，福建闽县人。诸生。少肄业鳌峰书院，蔡世远称其品芳洁，能文章。乾隆元年，举博学鸿词，弗就。督学周学健以贤良方正荐。授安徽舒城知县，下车释冤狱数十人，调桐城。又调太湖，疏陂塘，建义学，未逾年，又调盱眙，摄泗州知州。值河淮泛滥，居民荡析。起元经营相度，凡五载，悉其利害形便，盱眙旧城于永乐间废。至是，创议建置，曰："盱眙阻山带淮，东至海，南抵江，洛汴绕其北，汝颍会其西，锁钥亳寿，屏蔽淮扬。自古未有不得盱眙而能东下江左，西窥中原者。若以山盱为城，淮水为池，则一城之建，胜屯十万之师。惟旧制四山在外，狭隘不足守，今宜于上龟山、观星台、天台山、戚家山、象山顶筑垣补其缺，下至水滨，叠石筑堞，随势高下为门，以包罗山下市廛，则扼其险要，安危皆有所恃。"后如所议。迁宿虹同知，大吏询以治盱眙策，起元曰："自潘季驯治河，主蓄淮敌黄，后人奉为定论，不知蓄淮必于泗州，则泗州不免为壑。今欲救盱眙，惟将黄河分路泄水，下源之泄既多，上游之流自畅。”又虑清口不能敌黄，须泄黄水入湖，以助湖水使出清口敌黄，则盱眙泗自无屯积汹涌之虞矣。起元又以国家修堤无宁岁，皆由官司不察，致夫役侵蚀，于是力除积弊，筑工坚且久，历大汛无溃决。大吏以为能，会任盱眙，以失察被议，遂乞归。

起元熟于史，所著汉、晋、唐、宋诸论，能独举兴亡治乱得失之大。尝论刘晏理财，谓：“后世有主于流通天下之财以济国用者，其间利害不一，惟晏能权万货之重轻，使天下无甚贵甚贱，而物价常平。”官盱眙时，尝以身所阅历者，成水鉴六卷。为文有志复古，浸淫史汉、八家。诗清和妍丽，似梅都官，纪行诸作，又胎息少陵。著有介石堂诗文集。

萧正模，字端木，福建将乐人。诸生。工古文辞。耿精忠为乱，匿深山中，乱定始出。巡抚张伯行开馆延士，纂修朱子书，属正模总编焉。贡太学，一至京师而返。深于史学，自汉讫五代，为史论十八卷，多纠旧史之谬，号为精核。又为读东林笔记五篇，大旨本春秋责备贤者之意；伤门户所由起，辨三案之是非，而归罪奸相，追论明社虽墟，犹食讲学之功以扶纲常，而叹息于崇祯之蹈覆辙，为不知人之祸也。诗滔滔自运，不喜齐梁体。有深谷诗文集四十卷。

朱仕琇　兄仕玠　鲁九皋

朱仕琇，字梅崖，福建建宁人。年十五，补诸生。博通经传诸子，从南丰汪世麟学为古文，尝代人作书，求文于副都御史雷鋐，鋐叹为近古大家。既而知出自仕琇，亟称之，名遂著。乾隆十三年进士，改翰林院庶吉士，散馆以知县用，选山东夏津县。缘足疾，改福宁府教授，归主鳌峰讲席者十年。四十五年，卒，年六十六。

仕琇治古文，自晚周以讫元明百馀家，究悉其利病，而一以荀况、司马迁、韩愈为大宗。尝与人论文云："经浚其源，史核其情，诸子通其指，文选辞赋博其趣，左氏、太史劲其体，孟、荀、扬、韩正其义，柳、欧以下诸子，参其同异，泛滥元明，近世以极其变，归诸心得以保其真，要诸久远以俟其化。"又云："为文在先高其志，使其心有以自置，则吾心犹古人之心也。以观古人之言，犹吾言也，然后辨其是非焉，察其盈亏焉，究其诚伪焉，定其高下焉，如黑白之判于前矣。于是顺其节次焉，还其训诂焉，沉潜其义蕴焉，调和其心气焉，久则自然合之，又久则变化生之。于是文之高也，如累土之成台，如鸿渐之在天，有莫知其所以然者。"时治古文者，多尊桐城方苞，仕琇独病其肤浅。故或谓其矫枉过正，邻于艰涩，然淳古冲澹，大兴朱筠特推其斩斩自成一家。著有梅崖文集三十卷、外集八卷。兄仕玠。

仕玠，字筠园。乾隆十八年拔贡生，授德化教谕。调凤山，以艰去。服阕，补尤溪。升河南内黄知县，未之官，卒，年二十二。幼敏慧，通经史百家，与弟仕琇相切劘。仕琇攻古文，仕玠遂专业诗。其论诗，称宋严氏尤以温柔敦厚为本。游京师时，沈德潜见其存稿，许为得选诗神理。黄叔琳、方苞、张鹏翀皆一见推许。叔琳尝曰："王士祯没后，不见此调久矣。"仕玠方壮时，尝涉黄河，游太学，以震发诗之意气。归后，授徒溪西之草堂，溪水出建宁百丈岭，至仕玠所居，曲如环，地多杨木，风雨至，拉杂有声，仕玠乐之，所诣益进。著有溪音十卷、音别四卷。仕琇称其得于溪山之所助者盖多。他著筠园诗稿三卷、删稿三卷、和陶三卷、和红蕉山房诗录一卷、鸿雁集一卷、赋钞一卷。又有小琉球漫志十卷、龙山漫录二十卷。

鲁九皋，原名仕骥，字絜非，江西新城人。乾隆三十六年进士。家居养亲，十馀年乃出，选山西夏县知县，有惠政。以积劳，卒于官。

九皋尝至建宁谒仕琇，而受其为古文之法。复与桐城姚鼐友善，鼐称其文冲淡和易而有体，虽本于仕琇而自傅以己之所得，持论尤中正。其书苏辙请罢青苗状后云："论青苗法多矣，综其要不出四害之说。尝推言之，朱子社仓之法，行之不善，与青苗无异。盖青苗所放者钱，小民当谷贵领钱买谷，谷贱又卖谷还钱，是征数倍之息矣。若夫社仓所放者谷，谷贵时借谷，谷贱时仍以谷还，虽多取息以钱计之，与无息等，利一；荒年患无谷，有社仓蓄积之，民得借贷以食，利二；春耕时农视谷如珠，禾稼登场，或不免狼戾，有社仓以收储，无耗散之虞，利三。然自官行之，则抑配，一害也；胥役横索，二害也；放时得贿而给借，敛时按籍而追逋，民不能堪，三害也。即自民行之而不善，亦不免于害，惟夫曲体人情，深悉民隐，当借而弗吝，不当借者靳而弗与，奖勤而警惰，寓激劝于其中。及敛之也，又视岁入之丰凶，以阴行其宽严之意，则利兴而害免矣。"

九皋里居时，授其学于子弟及乡之俊者，又授于其甥陈用光。新城古文之学，其源始九皋。著有山木居士集。

顾奎光　子敏恒

顾奎光，字星五，江苏无锡人。乾隆十五年进士，官湖南泸溪县知县，决狱无滞，囹圄一空。徽商与泸民讼，厚赂不得入，则托监司力左右之，奎光不为动。值岁歉，设法救荒，征收悉除火耗。又蒐考文献，著泸溪县志。巡抚陈宏谋尝曰："顾泸溪，今之元道州也。"在任五年，调桑植。奎光谓苗疆俗悍，当使之由礼。于是遇事道以孝友睦姻，劝农桑，修学校，集诸生讲学。及期，苗瑶肃然向风，俗为之变，寻卒于任。

奎光博学多识，于经尤长春秋，尝谓春秋例从义起，非义从例生。又谓春秋有达例，有特笔，然须理会大处，不可苛细缴绕。又谓春秋时，天子仅守府，方伯亦失职。说者乃于小国见伐，责其不告，不足以服其心。又谓春秋将以治世之无王者，而胡氏于宰咺归赗，则曰贬而书名；于荣叔归含及赗，则曰王不称天。如此则无王自春秋始矣。又谓说春秋者，自相矛盾，既云为贤者讳，又曰责贤者备；既曰隐公为摄，又曰桓公为篡，何者为是？其说皆深中春秋家苛刻迂谬之弊。生平砥行励学，时称其为人有三不惑：曰酒、色、财；居官有三不愧：曰清、慎、勤。政暇，辄博览群书。或问之，曰："学所以补吾政之不及也。"著有春秋随笔二卷、然疑录六卷、诗文集二十卷。子敏恒。

敏恒，字立方。乾隆五十二年进士，官苏州府教授。天才俊拔，善读书，好吟咏，与同里杨芳灿齐名，时比之颜谢。吴翌凤尝与其乡人论梁溪诗人，推敏恒为第一。词笔婉丽，骈体文尤古艳。少游贵池，代人撰昭明太子庙碑，袁枚见之，以为六朝高手；

既知为敏恒作，拊掌曰："此文令我怀疑十年，今得之矣！"性喜简默，不欲以议论胜人。然一义偶抒，弥形隽永。官教授时，问字者屦满户外。卒，年四十五。著有笠舫诗稿、古文辨体等集。

梁同书　王文治

梁同书，字元颖，浙江钱塘人。父诗正，官至大学士，自有传。同书生而颖异，性端重，诗正命后其兄启心。启心素严，少不可意，辄箠楚，同书怡然顺受，无怨容。乾隆十二年举人。十七年，特赐进士，改翰林院庶吉士，散馆授编修。二十一年，充顺天乡试同考官。二十二年，充会试同考官。二十三年，大考二等，擢侍讲。寻充日讲起居注官。是年，启心卒，同书严寒跣奔，坐羊头车，失足落河岸，几殆。服阕，以足疾，不复出。及诗正卒于邸第，同书复由里奔丧，时子侄无侍侧者，邸中物多失亡，或请治其事。同书曰："此何时，乃念财物耶？"一无所问。嘉庆十二年，重宴鹿鸣，恩加侍读学士衔。二十年，卒，年九十三。

同书内行修饬，家居不作佛事，虽老，祭祀必躬亲。子弟年少见长者，不敢嬉惰，有事必先白，有教勿敢违。杭人称家法者，皆曰梁氏。性清约，一冠一服，终身不易。不宴客，不受馈遗。毕沅自楚赠大砚，不纳，强委之而去。越数年，仍附友还毕。工书法少学颜柳，中年用米法，七十后愈臻变化，纯任自然，为当世独绝。与刘墉、王文治并称于时。尝奉诏与梁国治、秦大士、庄培因缮录昭明文选。日本国王有王子好书，以其书介商船求评定；琉球生徒自太学期满归，求见不得，乃言来时王命必一谒见，乞书一纸，以复命。其名扬海外如此。诗多雅音，集杜句尤妙合自然，文亦清峭拔俗，论者称其为书名所掩云。著有频罗庵遗集，凡诗三卷、集杜二卷、文四卷、题跋四卷、直语补证一卷、日贯斋途说一卷、笔史一卷。

王文治，字禹卿，江苏丹徒人。乾隆二十五年一甲三名进士，授翰林院编修。二十七年，充顺天乡试同考官。二十八年，充会试同考官。大考一等第一名，擢侍读。旋出为云南临安府知府，以事免归。文治天才豪纵，眉宇轩举，少有国士之称。为文尚瑰丽，至老归于平淡。诗雄杰宏亮，不愧唐音。时袁枚壮年引退，以诗鸣江浙间。文治继其后，声华相上下。书法尤秀逸，得董其昌神髓，梁同书自谓不如也。高宗南巡，览文治所书钱塘僧寺碑，大赏爱之。尝渡海至琉球，琉球人传宝其翰墨。兼精音律，归后买僮教之度曲，行无远近，必以自随。或谏之，不听。然客去乐散，默然禅定。尝自言其诗及书，皆有禅理。嘉庆七年，卒，年七十三。著有梦楼诗集。

王元启 万光泰 沈大成

王元启，字宋贤，浙江嘉兴人。乾隆十九年进士，官福建将乐县知县，在任三月而罢，然其厘讼狱，禁博塞，设十家牌，平盐价，立排粜之法，禁质库重利，疏浚沟渠，修筑桥梁道路诸实政，悉殚心力为之。邑人以为抵作令者数十年之功。罢官归，前后历主讲席，所成就之士，以学行文艺显者，数十百人。其论学以程朱为宗，于文则法韩欧诸大家，其考古也一本于论世知人之识，确乎有以辨其真伪，而精心密察，爬梳抉摘，不使有片言只字之疑讹。著有惺斋杂著，其正史记之讹者，为律书一卷、历书一卷，正汉书之讹者，为律历志二卷。又专业历算，以算法始于勾股，撰勾股衍一书，因繁求简，最为明晰。书分甲、乙、丙三集，甲集衍原三卷，乙集纲要二卷，丙集析义四卷。甲集首卷通论衍原，末及开平方法，为勾股因积求边张本；二卷专论立方，因及平方法；三卷专论和数开立方，所以尽立方诸法之变。乙集两卷，为相求法百三十二则之纲要。丙集四卷，即相求法，逐则分晰，其义专取发明立法之意。其后嘉定钱塘读其书，谓为独绝云。晚岁专于易，病革时，犹补注周易下经。卒，年七十三。著有周易四书讲义、历法记疑、角度衍、九章杂论、读韩记疑、惺斋论文、祇平居士文集。

万光泰，字循初，浙江秀水人。乾隆元年，荐举博学鸿词，是年举于乡。光泰才思富赡，篇什颇多。举词科时，方弱冠，读书能穿穴经传，诣极精微。于小学、音韵，皆有所得。其卓然独绝者，周髀之学，上自注疏，旁及诸史，以至明之三历，驳正庞利之说，布算了了，识者叹其神妙。梁诗正续修通考，延光泰董其事。侍郎齐召南以为其学精进，人未见其比。卒，年三十九。所著有转注绪言二卷、汉音存正二卷、遂初堂类音辨一卷。其诗文为柘坡居士集。

沈大成，字学子，江苏华亭人。父裔堂，官直隶青县时，河工欲尽用民力，遂自经死以护青人。大成壮年，耽心经籍，通经史百家之书，及九宫、纳甲、天文、乐律、九章诸术。尝谓西法出于周髀，周髀者盖天也。盖天者浑天之半，浑天者盖天之全。又谓其人中国也，唐高祖时已然，不始自明之末造，而徐光启之徒未尝读书，从而尊奉之，甚矣其惑也。其说引通典职官为证，能发人所未发。初以父卒官，为受代者所窘，家遂中落。自是屡就幕府征，由粤而闽而浙而皖，前后四十年，然性勤敏，舟车往来，必以四部书自随。晚年偕惠栋寓官梅亭，益以学业相砥砺。其校定十三经注疏、史记、前后汉书、南北史、五代史、杜氏通典、文献通考、昭明文选、说文、玉篇、广韵、顾氏音学五书、梅氏历算丛书，尤为一生精力所萃。古文刊落粗犷，别有幽光，于震川独得神解。能诗，初学黄之隽，继而出入唐宋，不名一体。后馆于江春家，手编诗文五十八卷，为学福斋集。卒，年七十二。无子，江春为刊以行世。

沈业富 施朝幹

沈业富，字方穀，江苏高邮人。乾隆十九年进士，改翰林院庶吉士，散馆授编修。二十五年，充江西乡试副考官。二十七年，充山西乡试副考官。三十年，出知安徽太平府，在任十六年，兴利除害，有惠绩。值荒灾，劝富家粜济，密檄官圩禁转掠。总督尝下其法于他郡行之。四十六年，擢河东盐运使。时河东以蒙古盐病商滋弊，业富谓盐池自古为利，不当革，若听民自贩，必致蒙古盐内侵，商人之力不在寡在不均，其弊有三：商弃瘠据肥，一也；费浮地远，夥攫其利，二也；佥代之期，贫富倒置，三也。乃立均引顺路之法，总三省引地以三等均之。复以道路相近者，顺配为五十六路，路各一签，令各商阄分，〔一〕签掣之。于是赂绝而弊不行。旋以乞养归。其后废商运，蒙古盐复内侵，至嘉庆十一年仍复旧制。性惇厚，笃于朋友。黄景仁卒于署中，经纪其丧，并裒其遗稿。家居后，士大夫南北往来，必造门请谒。业富以耆宿提倡风雅，香山、洛社之风，赖以不坠。十二年，卒，年七十六。著有味镫斋诗文集。

施朝幹，字培叔，江苏仪征人。乾隆二十八年进士，官至太仆寺卿。六十年，充山东乡试正考官，撤闱后，奉命督学湖北，卒于任。性廉介，居邗上，不屑与鹾客往还。及官京师，败车一辆，老屋数椽，忍饥诵经，罕接宾客。为御史，数上封事，上嘉纳之，辄下部议行。少以诗名，王鸣盛刻吴中十子诗，以朝幹居首。王昶称其朴质清真，不尚才藻，得之孟东野、梅圣俞为多。钱大昕则谓其气格在高、岑、李、王之间。古文亦简洁有法度。著有六义斋集、正声集。

【校勘记】

〔一〕令各商阄分　“阄”原误作“均”。今据耆献类征卷二一一叶五〇下改。

曹学闵　折遇兰

曹学闵，字孝如，山西汾阳人。乾隆十九年进士，改翰林院庶吉士，散馆授检讨。转河南道监察御史，迁刑科给事中，转吏科。擢光禄寺少卿，迁通政司参议、太仆寺少卿，以事降鸿胪寺少卿。扈驾热河，上召见，知其朴诚，寻迁内阁侍读学士。会创建辟雍告成，将行临雍礼，上念学闵为御史时，曾以此事入告，特旨嘉奖，令吏部于应升缺出请旨擢用。五十年正月，赐千叟宴，学闵年六十七得与，有御制诗刻及鸠杖、文绮之赐。寻擢宗人府府丞，以告归。五十二年，卒，年六十九。

学闵和平静穆，言讷讷如不出，而见义必为。官翰林时，司院事，会有八九英俊为蜚语所中，将登白简，同事相叹咤，莫敢申雪。学闵独奋起诣院长婉白之，事遂止。其后八九人皆致通显，学闵终身不言，纪昀甚贤之。在台垣八年，所陈奏，于民生吏治，皆有裨益。性耽山水，暇辄与知己出国门游览，往来吴越间，纵观东南诸名胜。与朱珪交最挚，珪诣其斋，蔬食清淡，俭约如诸生。生平不臧否人物，而胸中泾渭分明。尝曰："人各有所偏，但当弃短取长，否则无一人可交矣。"晚年讲求性命之学，泊然宵默，几于静得。所作多心得近道之言，诗文摅写性情，不事藻饰；议论英特，见重于时贤。著有紫云山房诗文稿。

折遇兰，字佩湘，山西阳曲人。乾隆二十五年进士，官至广东揭阳县知县。笃学工诗，其古诗开奥少陵，七律得李何馀响。袁枚甚称之，尝告人曰："吾此行至粤，得二人：一李宪乔，一折遇兰。二人诗有风格，学具根柢，风尘中之麟凤也。"其推挹如此。著有看云山房诗草。

余庆长 段嘉梅 程大中

余庆长，字庚耦，湖北安陆人。乾隆十五年举人，由云南通海知县，迁他郎通判。再补维西通判，擢大关同知，以忧归。金川用兵，总督富勒浑、巡抚李湖以庆长谙习军需，〔一〕奏调入川，补成都府同知。寻丁母忧，服阕，用广西同知，署乐平府知府。所至有惠政。生平不以趋走为长，而一切案牍，皆能默识而强记之。上官咸服其才。大军征缅甸，令总粮台，庆长乃里设站，站设夫，所需皆立办，兵役不戢自安，其在四川亦如之。幼敏慧，沉静寡欲，喜昆山顾炎武之学，诗文亦相似，尤深于宋元经说，治事悉仿经义行之。著有十经摄提、易识五翼义阶、易义识疑、周书章段、春秋比事集训、春秋大义、春秋传辨、礼记通论、盘庚浅说、月令启蒙、大树山房文稿、壬癸诗钞、登仕一纪录、未信存逸、缅舌编略、墨池绀珠、习园丛谈、德贻堂家训，凡二十二种，为五十一卷。古文清深简洁，诗工隶事。告归后，云南巡抚谭尚忠聘主五华书院，时王昶官云南，庆长为编次铜政全书八十卷。嘉庆五年，卒，年七十七。

段嘉梅，字孟和，湖北汉阳人。生而颖异，七岁十三经成诵。九岁为文，惊其宿老，与吴邦治齐名，时称"汉阳双鹤"。数奇不售，绝意进取，以诗文著述自娱。生平好游，足迹半天下，所至争相延揽。粤抚冯光裕、黔抚元展成先后宾礼之，桂林陈宏谋尤深相倚重，尝谓嘉梅才识品望，罕与伦比。四川布政使吕耀曾延至署，与论诗。耀曾父谦恒，尝典试湖北，以未得嘉梅为憾。官光禄卿时，会有诏命内外臣工各保举一人，谦恒将以荐于朝，嘉梅力辞归。后与同邑彭湘怀相唱和，其诗自抒胸臆，不专一家。甫脱稿，即传诵海内。所著卮言九十首、杂咏百首、梅花百咏诸诗，尤脍炙人口。庄亲王尝取其诗刊入选集。性狷介。道义之交坚于金石。所居为明王章衫水明楼故址，乃衫筑以待公安三袁者。袁伯修诗所谓"浪花影里看春山"者也。年八十三，卒。

程大中，字拳时，湖北应城人。乾隆二十二年进士，官蕲州学正。大中殚心稽古，淹通经史，尝采辑诸书之文，与四书相发明者，或集注已引而语有舛误，或集注所未发而义可参订，皆为之笺其出处。著四书逸笺六卷。论者谓其书虽不及阎若璩四书释地，然较张存中之通证、詹道传之纂笺，要无所让。其论史，谓史记秦子婴降之岁，书汉元年；汉书去“汉”字，殊非正始之义。又谓三国志荀彧传彧以忧薨，明年，太祖遂为魏公，陈寿意使人知操少自安者，盖惮彧而不敢为。如此之类，皆为特识。所著测言二卷，名论尤多。诗非专长，有静细语，著有在山堂集、甲乙存稿、馀事集。

【校勘记】

〔一〕巡抚李湖以庆长谙习军需　“谙”原误作“练”，又“需”误作“事”。今据耆献类征卷二五五叶一下改。

蒋士铨　杨垕　汪轫　赵由仪

蒋士铨，字心馀，江西铅山人。家故贫，四岁母钟氏授书，断竹蔑为波磔点画，攒簇成字教之。父坚有奇节，十一岁，父缚之马背，游太行。读凤台王氏藏书，既长，工为文，喜吟咏。金德瑛督学江西，奇其才，以“孤凤皇”称之，拔冠弟子员。乾隆十九年，由举人官内阁中书。二十二年成进士，改翰林院庶吉士，散馆授编修。二十七年，充顺天乡试同考官。旋以乞假养母归，会裘曰修以士铨及彭元瑞荐，高宗召见元瑞，问士铨何在，元瑞以母老对。上赐元瑞诗，有“江右两名士”句。士铨感激恩眷，母服除，力疾入都补官。逾二年，记名以御史用。未几仍以病乞休。四十九年，卒，年六十一。

士铨长身玉立，眉目朗然。志节凛凛，以古贤者自厉，趋人之急，如恐不及。乞休后，主绍兴蕺山书院。时越中富家池、三江闸日久堙废，士铨力请于大府，借帑营治，曰："事虽非山长责，然食越人粟，则视越人如一家也。"偶扫墓归铅山，则为邑人建坝浚渠，以通水利。有骆生者，负盐课客死。士铨漏夜作十三札飞递岭南，俾其孤孀扶六榇归。其所为诗，气体雄杰，得之天授，变化伸缩，能拔奇于古人之外。至叙述节烈，读之使人感泣。少时与武定汪轫、南昌杨垕、南丰赵由仪，有"四子"之目。后与袁枚、赵翼，称"袁蒋赵三家"。枚尝以第一人自命，而以第二位置士铨，然论者谓袁诗多可惊可喜，蒋诗则多可味，不能轩轾。其诗古体胜近体，七言尤胜。高丽使臣尝饷墨四笏求其乐府以归。古文亦雅正有法，词尤独绝。著有忠雅堂文集十二卷、诗集二十七卷、铜弦词二卷。子知廉、知让，俱善诗。

知廉，字修隅。由拔贡署山东临清州州同。以履勘振济，得疾卒，年四十。有弗如室诗集。

知让，字师退。由举人官河南唐县知县。有妙吉祥室诗集。

杨垕，字子载，江西南昌人。本天全六番招讨宣慰使孙。雍正初，改土归流，安置江西。乾隆十八年拔贡生。杨氏虽世以武功显，而父子兄弟以诗文相师友数世，有集为世所称。垕六岁解吟咏，九岁以诗名，与汪轫相伯仲，时称"两才子"。其诗清超深浑，自成一家。新乐府诸作，尤独出冠时。卒，年三十二。著有耻夫诗钞。

汪轫，字辇云，江西武宁人。优贡生，官吉水训导。少孤贫向学，从同邑盛谟游，谟治古文有声。轫独好为诗，古体追汉魏，近体师太白、襄阳，皆尚高格。尝与鲁仕骥客宁化雷鋐幕中，鋐重之曰："两生志学，非时贤可及。"蒋士铨因垕以交轫，三人者相视如昆弟。轫性戆直，尚气谊，与赵由仪交尤契。晚自放于酒，醉则痛哭，呼由仪不置。年五十七，卒。所作诗凡二千馀首，曰鱼亭诗钞。

赵由仪，字山南，江西南丰人。乾隆六年举人。五岁涉经传、史汉，一见了了，称奇童。既，闭户十年，沉酣载籍，才思益壮，纵谈天下事，慷慨自喜，而尤工于诗。年二十三，卒。著有渐台遗草。

陈奉兹　孙世庆

陈奉兹，字时若，江西德化人。乾隆二十五年进士，授四川阆中县知县，擢茂州直隶州知州。大军征金川，主炮局及修饬桥路，崎岖山谷间，劳绩甚著。三杂土司地当进攻之路，其长卓尔码，妇人也，谓且伐之，闭道不通。将校哗言三杂畔，请先攻，奉兹曰："此未知国家意耳，非畔也。请往察而谕之。"将军从其策，卓尔码即散。守者具状上谢，大军过，奉伺维谨。诏加其封号曰贤顺，卓尔码以陈公活我，又予我以荣名也，益德之。旋晋嘉定知府及建昌道，擢按察使，在蜀二十七年。〔一〕调河南，又调江苏，迁江宁布政使，官江南九年。熟习民情，驭以简静，吏民爱戴，谓得大臣体。奉兹好士乐善，奖掖如不及。天才高迈，诗专法少陵。论者谓朴厚之气，殆堪媲美，洪亮吉甚称之。喜桐城姚鼐之文，所作皆有古法。著有敦拙堂集十三卷。孙世庆。

世庆，字聪彝。诸生。诗文绝俗，吴嵩梁赏爱之，妻以次女，女亦能诗。世庆依嵩梁居京师。鲍桂星见其咏鹤诗，大赏之，呼为"鹤秀才"，名大起。咸丰三年，粤匪逼浔阳，避兵抚州，逾岁卒，年五十九。著有九十九峰草堂诗钞。

【校勘记】

〔一〕在蜀二十七年　原脱"七"字。今据耆献类征卷一八五叶三二下补。

李文藻　李维寅

李文藻，字素伯，山东益都人。乾隆二十五年进士，选广东恩平知县，调潮阳，擢广西桂林府同知。文藻天资俊朗。年十三随父游曹家亭，作记一篇，仿赤壁赋，见者以为神童。及长，从钱大昕游，穷经志古，肆力于汉唐注疏，聚书数万卷，皆自校雠，丹铅不去手。闻王昶有惠氏易汉学诸书，挥汗借钞，不以为苦。生平乐道人善、表章潜德。尝访张尔岐、惠栋、江永诸遗书刻之，名贷园丛书。德州梁鸿翥穷老笃学，文藻为之延誉，名遂起。官岭南，士子以文就质无虚日，独称冯敏昌、胡亦常、张锦芳、黄丹书、吕坚，而于黎简尤为倾倒。嗜金石，崖洞寺观，搜罗必尽。诗文自摅所见，不傍前人门户。居官以廉白强干称，惩盗牛，止械斗，释冤狱，粤人颂之。大吏尝下其法于所部。去之日，囊橐萧然，惟拓光孝寺贯休画罗汉四轴归，曰："此吾广南宦橐也。"钱大昕尝谓文藻欲以文学显，而世反称其政事云。年四十九，卒。著有恩平、潮阳、桂林诸集。

李维寅，字春旭，顺天大兴人。乾隆三十九年举人，官至广西龙州厅同知。少笃学，威仪俶傥。初知广西义宁县事，以劝垦、兴学为务。调宣化，值安南用兵，舟车供张，什倍他邑。维寅措置裕如，而民不扰。福康安廉其贤，荐擢左州知州。嘉庆二年，西隆州苗变，上书总督吉庆，谓："苗不足忧，当安民；民遭焚掠，无所容且从贼，而贼势成矣。古称征兵满万，不如招募数千。盖以募为赈，民心安则贼气夺。况其急私雠、悉敌情者乎？"又谓苗不能尽剿，宜主抚，然不可不先威以挞伐，博引宋明征苗前事，绘地图山川夷险、攻守形势，辩论数千言。吉喜，檄维寅督办粮台。尝率勇入山剿苗，夺七隘，炮碎马前，盖不为动，纵马乱流进，众奋呼从之，擒贼酋归。红水江者，黔粤之限，苗恃以为险者也。维寅夜使人泅过江，尽断苗舟缆，获船以济师。贼惊溃，遂渡江解册亨州围，大军凯旋。维寅与总兵穆克登布留寨，招抚馀众，岁尽蒇功。旋染瘴卒，年五十一。维寅居官二十年，不名一钱，好急难，奖拔后进，士民称之。工诗，原本少陵，出入白苏，多雄浑激壮之气，铜鼓歌及西隆从军诸篇，尤激昂慷慨，波澜横溢。著有廉馀诗集二卷。

朱休度 张云璈

朱休度，字介裴，浙江秀水人。乾隆十八年举人，官嵊县训导。俸满膺荐，选江西新喻知县。调山西广灵县，始至，值大荒疫，招集流亡，以次渐复。亲履原隰，〔一〕使丁粮归地，无旷土，无逋负。尤善决大狱，大同冯良纯兄为里长，催缴料草，笞恚而死。良纯控于郡，郡守檄休度鞫之，至则俯首听，乃纵之归。适大吏欲提问，休度遣一家丁往，良纯即出曰："我不难逸去，第不忍负朱侯耳！"性慈惠，尝曰："南方案多法轻情重，北方案多法重情轻，稍忽之失其情矣，能无慎乎？"官广灵七年，民有诉曲直者，数语剖决，辄悦服去，囹圄为空。暇乃考县之壶泉，为周礼之呕夷川，谓郑注良是；郦道元以滱水当之者，误也。于是筑巽妙轩壶山上，与僚友及乡老人、学官弟子，〔二〕风咏其间，署其稿曰壶山自吟。索明阿至县，闻百姓皆呼"良心官"，甚重之。寻引疾归，县人恳留不得，乞休度壶山垂钓小像勒诸石，追送至蔚州。去后垂三十年，县人思之，祀名宦。

休度博闻通识，于书无所不窥。在嵊时，尝采遗书四千五百二十三种，上之四库。其说经，集诸儒之言而疏通之，不自立一说。时皇侃论语义疏始出，因著皇本论语经疏考异。偶患心疾，不能观书，则考金石文字自娱，著石药记。归后主讲剡川书院，选史汉以来文章类要以教士，会将举南巡盛典，大吏嘱撰三天竺志，成十六卷，献之行在。诗深于南宋，排比声律最精。著有小木子诗三刻，为诗一千八十首。又有学海观沤录、紫荆花下闲钞游笔。嘉庆十七年，卒，年八十一。

张云璈，字仲雅，浙江钱塘人。乾隆三十五年举人，选湖南安福知县，调湘潭。寻谢病归。云璈博学雄才，于书无所不窥，尤长于诗。居官有惠政。湘潭地当冲剧，审理积讼，时以为能。暇乃辑县志，表彰节孝，瘗无主尸于义山。治潭五载，人呼"张佛子"，亦呼"张青天"。归后，以著述自娱。年七十，犹步至湖上，或登吴山，与文士赋诗，谈笑无异少年。诗凭衿发咏，无寒苦秾纤之习。嘉庆九年，卒，年八十三。著有简松草堂诗集二十卷、蜡味小稿五卷、归艎草一卷、知还草四卷、复丁老人草二卷，又有文集十二卷、金牛湖渔唱一卷、三影阁筝语四卷、选学胶言二十卷、选藻八卷、四寸学六卷、垂绥录十卷。

【校勘记】

〔一〕亲履原隰 “隰”原误作“亩”。今据耆献类征卷二三八叶一下改。

〔二〕学官弟子 “官”原误作“宫”。今据耆献类征卷二三八叶三下改。

张远览

张远览,字伟瞻,河南西华人。乾隆十八年拔贡生。十九年,举乡试,选授正阳教谕。幼孤力学,读书日记诵数千言。事母尽孝,母卒,庐墓三年。大兴黄叔琳一见,甚器之。官教谕时,课诸生以敦行学古,远近争来就学,庠舍至不能容。弟子经指授,成材者甚众。毕沅抚豫,闻其名,调摄开封府教授。至则以金石文字相质,赠以金币,远览受币反金,强之终不受。寻以卓异荐,选授贵州镇远知县,侍郎王昶为序送之,谓其必能以博雅之学,播循良之治。镇远古夜郎地,苗、民杂处,犷悍难驯。远览禁奢靡,罢供给,结以恩信,皆帖服。旧俗子女多者,父母往往忍不举。远览谆谆劝谕,苗、民感动,俗遂变。调署下江通判,下江环山为城,缺处补以砖,价十倍于石。远览以石易之,岁省工价无算。山有虎患,出赀制火器,令武弁日习之,虎屏迹。苗、民以安。居四月,以疾乞归,归之日,老幼涕泣相送。生平沉酣经史,旁及百家,工诗古文词。吴德旋称中州以经学著声,其后并为循吏者,惟武亿及远览云。归后,值西华民束玉林谋不轨,迹且露,与邑大夫密谋,擒治之;又躬率门人子弟昼夜巡察。其遇事奋发有为如此。嘉庆八年,卒,年七十七。著有诗小笺、春秋义略、春秋主臣录、古诗录、碑幢闻见录、直方堂诗草、桐冈文存。

赵翼

赵翼，字耘松，江苏阳湖人。生三岁，日能识字数十。十二岁，为文一日成七篇，人皆奇之。以直隶商籍举乾隆十五年乡试，十九年中明通榜，用内阁中书，入直军机处，进奉文字多出其手。每扈从出塞，戎帐中无几案，辄伏地起草，顷刻千百言，不加点。大学士傅恒、汪由敦尤重之。二十六年，以一甲三名进士，授翰林院编修，任撰文，修通鉴辑览。明年，京察，记名以道府用。二十七年，充顺天乡试主考官。〔一〕二十八年，充会试同考官。三十一年，复充会试同考官。

寻授广西镇安府知府。府境极边，民安讼简，而常平仓谷有出轻入重之弊。粤民偿谷以竹筐，以权代概，有司因购马济滇军，别制大筐敛谷。事罢，遂以为常，民苦之。翼开府仓，听民用旧筐自权，以纳谷。于是民持羡谷以去，欢声溢阛阓。属城有控横敛者，则缚其监仓奴及书吏痛惩之。镇安民由是感激，每出行，争肩舆过其村，谓“我公至矣”，奉酒食为恭敬，所至皆如之。先是，镇民与安南民入云南土富州为奸，事发，捕获百馀人，而其魁农付奉顾逸去，前守以是解职。已而付奉死于安南，获其子，并获其尸，验之良是。总督李侍尧疑其为前守道地，不之信。翼申辨，侍尧怒劾之，值缅甸用兵，命翼赴滇赞画，侍尧乃追劾疏还。

是时将军明瑞征缅甸，失事殉难，及大学士傅恒来滇经略兵事，议以大兵渡戛鸠江进剿，即大金沙江上流也。令提督以偏师五千从普洱进，遥为声援。翼谓戛鸠、普洱相去四千馀里，大兵既渡戛鸠之西，则偏师宜由江东岸近地进取猛密，夹江而下，造船以通往来，庶两军可以互应。遂如翼言入告。其后渡戛鸠之兵，触瘴气多疾病，而阿桂所统江东岸一军独完。又以此兵败贼于蛮暮老官屯，卒以蒇事，时三十四年也。明年，调广东广州府。先是，侍尧固欲调翼，使他守谕意，翼不可，曰："镇安天子所授，吾受上司恩调善地，他日何能自行其志？"至是人服其能自立。在广州府，决狱平，获海盗百八人，按律皆死，翼详谳分别，杀三十八人，馀遣戍。三十六年，擢贵西道。威宁水程两铅厂，旧由粮道管辖，官吏恒视为利薮。及侵亏事觉，巡抚以下多罹重辟，乃改令贵西道经理。翼视事，凡短发工价运费诸弊，剔除略尽，大吏方以是为翼功，旋因广州谳狱旧案，部议降级，奉旨送部引见。翼遂以母老乞归，不复出。

五十二年，台湾民林爽文作乱，李侍尧赴闽治军事，道出常州，邀翼偕往。时兵将云集，咸谓不日荡平，翼独请侍尧密调粤兵为备。既而总兵郝壮猷败遁，游击郑嵩死之，贼势大振，而粤兵适至，人心始定。当是时，总兵柴大纪守台城数月，以易子析骸入告，上得大纪奏，怜台民死守，飞谕大纪以兵护遗民内渡，命侍尧拆阅仍封发。侍尧以询翼，翼曰："明公尚欲封发耶？柴总兵久欲内渡，畏国法，故不敢。一弃城，则鹿耳门为贼所有，全台休矣！且以快艇追败兵，澎湖其可守乎？大兵至，无路可入，则东南后此不可问。宜封还此旨，翼已代缮折矣。"侍尧悟，从之。翌午接追还前旨之谕，及批折回，李膺殊赏。而大将军福康安续至，遂得由鹿耳门进兵破贼，皆翼策也。事平，欲奏起，翼坚辞。

晚岁以著述自娱，主讲安定书院，日与朋游故旧赋诗为乐。两江总督费淳、漕运总督蒋兆奎，皆翼门下士，每过存，咨询风土，言不及私，两人益钦重之。同时袁枚、蒋士铨与翼齐名，而翼高才博物，既历清要，通达朝章国典，尤邃于史学。家居数十年，手不释卷，所撰廿二史劄记三十六卷，钩稽同异，属词比事，其于前代弊政，一篇之中，三致意焉。又撰陔馀丛考四十三卷、瓯北诗集五十三卷、皇朝武功纪盛四卷、檐曝杂记六卷、唐宋十家诗话十二卷。其诗与袁枚、蒋士铨齐名，枚称其忽奇忽正，忽庄忽俳，稗史方言，皆可阑入。士铨则谓其奇恣雄丽，不可逼视。人以为知言。嘉庆十五年，重宴鹿鸣，赐三品衔。十九年，卒，年八十六。

【校勘记】

〔一〕充顺天乡试主考官　“主”原误作“同”。今据耆献类征卷二一二叶九下改。

曹仁虎　赵文哲　吴泰来　褚廷璋

曹仁虎，字习庵，江苏嘉定人。少读书，辨悟通达。年十六，补诸生，学使崔纪目为奇才。时同里王鸣盛才气豪迈，侪辈中少敢当者，独称钱大昕与仁虎为二友。乾隆二十二年，高宗南巡，召试，列一等，特赐举人，授内阁中书。二十六年，〔一〕成进士，改翰林院庶吉士，散馆授编修。迁右中允，进侍讲，转侍读。迁右庶子，擢侍讲学士。每遇大礼，高文典册多出其手。五十一年，督学广东，遭母忧，以哀毁卒，年五十七。仁虎于学无不通，而于诗尤妙绝一世,神明变化,一洗粗率佻巧之习。论者谓其雄秀宕逸,最近李于鳞,与王鸣盛、王昶、赵文哲、吴泰来、钱大昕、黄文莲唱和,称"吴中七子"。传至日本,其国相高棅为七律,人赠一章,寄估舶以达,人艳称之。所著有宛委山房、春槃瑶华唱和、秦中杂稿、辕韶鸣春诸集。又有蓉镜堂文稿、二十四气七十二候考、转注古音考。

赵文哲,字升之,江苏上海人。乾隆二十七年,高宗南巡,召试献诗,赐举人,授内阁中书,入直军机处。大学士刘统勋、刘纶、于敏中皆奇其才。坐与纪昀、王昶泄漏两淮运使卢见曾事,夺官。会尚书阿桂总督云贵,请以文哲掌书记,诏许之。寻从副将军阿里衮进征缅甸,降之。方撤兵而大小金川不靖,尚书温福代阿,帅师入蜀进剿,仍以文哲行,复起为内阁中书。小金川平,论功擢户部主事。三十八年,进兵木果木,师溃殉难,年四十九。文哲天才英敏,于文无所不工,论诗以王士祯为主。从军滇蜀,所见殊方绝徼可惊可愕状,一发之于诗,瑰玮绝特。著有媕雅堂、娵隅等集。

吴泰来,字企晋,江苏长洲人。少由副贡生选校官。爱松滋山水,勾留竟岁,以病免归。泰来襟期清旷,家有遂初园,藏书数万卷,寝馈凡十馀年。诗大指本王士祯,王昶尝谓吴中自沈德潜外,无能抗手。乾隆二十五年,成进士。后车驾南巡,召试,赐内阁中书,不赴官。巡抚毕沅延主讲关中书院,后随至河南,主讲大梁书院,与洪亮吉、钱泳诸人饮酒赋诗无虚日,时比之许元度、刘真长。五十三年,卒。著有砚山堂、净名轩等集。

褚廷璋,字左峨,江苏长洲人。高宗南巡,召试,授内阁中书。乾隆二十八年成进士,改翰林院庶吉士,散馆授编修。三十五年,充江西乡试副考官。四十二年,充山西乡试正考官。四十八年,充福建乡试副考官。官至侍讲学士,以事降主事,乞归。廷璋敏慧绝伦,有荀令谢郎之目。为沈德潜弟子,少与曹仁虎、赵文哲等结社,以诗鸣。官翰林院,充方略馆纂修,于准夷、回部山川风土,最为谙悉。奉敕纂西域图志,又纂西域同文志,并通等音字母之学。性直鲠,以大学士和珅非科目出身,不以先辈待之。既降官,终身不谒铨选,曰:"此膝不为权贵屈也。"诗初学青丘,既学元白,旨远词文,卓然大雅,所赋西域诗,尤见称于时。著有筠心书屋诗钞。

【校勘记】

〔一〕二十六年　"六"原误作"八",又上文"二十二年"亦误作"二十七年"。今据曹仁虎传稿(之三九)改。按耆献类征卷一二九叶一七上、一八下均不误。

檀萃　鲍倚云　方正澍

檀萃,字默斋,安徽望江人。乾隆二十六年进士,选贵州青溪县知县。旋丁父忧,服阕,补云南禄劝县知县。兴学劝农,政声大著。以不阿罣吏议,罢官。后主云南五华书院讲席,滇人多师之。萃幼不敏,年二十始知力学,博极群书,以渊雅称。其诗恣肆汪洋,近体尤为锤炼。所著有大戴礼注疏、穆天子传注、逸周诗注、俪藻外集、楚庭稗珠录、滇海虞衡志、滇南诗话、滇南文集。又有武定州、禄劝县、番禺县各志,及书法十卷。

鲍倚云,字薇省,安徽歙县人。优贡生。少工诗,吴瞻泰试以红豆歌,使和之,援笔立就。出入汉、魏、唐、宋诸家,清微雅健,一洗雕章琢句之陋。高宗南巡,召试,以病未就。坐卧一小楼,吟咏自娱,足迹不出户者六载。晚往来江淮间,所至皆有诗。著有寿藤斋诗集三十五卷。卒,年七十一。

方正澍,一名正添,字子云,亦歙县人。国子生。寓居金陵,学诗于何士客,闭门索句,与袁枚激扬风雅,争长诗坛,于时词客罕有颉颃。枚论诗绝句,与士客、陈毅并称为金陵诗人。毕沅选吴会英才集,以正澍为第一。谓其"忘情仕进,乐志衡门,今之贾阆仙、罗昭谏也。工于体物,一联一语,唐人得之,皆可名世。"其推挹如此。著有伴香阁诗。

李调元 弟鼎元 骥元

李调元,字羹堂,号雨邨,四川绵州人。乾隆二十八年进士,改翰林院庶吉士,散馆授吏部主事。三十九年,充广东乡试副考官。寻迁考功司员外郎。四十一年,以议稿涂押,为舒阿填入浮躁。上询其故,尚书程景伊以对,上曰:"司官有不安于心者,向例原准不画押,如何便填大计。"因询居官何如,景伊以办事勇往对,奉旨仍以员外郎用,即日到任。旋奉命督学广东,任满回京,擢直隶通永道。以劾永平知府,为所讦,罢官,遣发伊犁。寻以母老赎归。少聪敏好学,父化楠宦浙中,调元往省,遍游浙中山水,遇金石即手自摹拓,购书万卷而归。由是益奋于学,自经史百家以及稗官野乘,靡不博览。群经小学皆有撰述。性爱奇嗜博,以蜀扬雄多识奇字,明杨慎亦有奇字韵之纂,乃博稽载籍,凡字之奇而名不经见者，依类录之，为奇字名十二卷。以王象之蜀碑记多阙略，著蜀碑记补十卷。又以王士祯五代诗话遗佚颇多，因广为采辑，于姓氏下缀以小传，著全五代诗一百卷。

生平宦迹所至，辄访问山川风土人物，其有为古人所未志者，即笔录之，以为谈资。官通永道时，值四库馆开，每得善本，辄遣胥录之，因辑自汉迄明蜀人著述罕传秘籍，汇刊之，名曰函海，其表彰先哲，嘉惠来学，甚为海内所称。所为诗文，天才横逸，不假修饰。少以春蚕作茧诗，受知于钱陈群；又尝作南宋宫词百首，论者谓不亚于厉鹗。朝鲜使臣徐浩修见其诗，以为超脱沿袭之陋，而合于山谷、放翁，极为敬服，因作启求其他著述而去。又爱才若渴，人有一联片语之佳者，辄为采录。罢官后，家居二十馀年，益以著书自娱。蜀中撰述之富，费密而后，厥推调元云。著有易古文二卷、尚书古字辨异一卷、郑氏尚书古文证讹十一卷、诗音辨二卷、童山诗音说四卷、周礼摘笺五卷、仪礼古今考二卷、礼记补注四卷、月令气候图说一卷、夏小正笺一卷、春秋左传会要四卷、左传官名考二卷、春秋三传比二卷、逸孟子一卷、十三经注疏锦字四卷、卍斋璅录十二卷、通诂二卷、剿说四卷、诸家藏书簿十卷、诸家藏画簿十卷、赋话十卷、诗话二卷、词话二卷、曲话二卷、六书分毫二卷、古音合三卷、谈墨录十六卷、制义科璅记四卷、蔗尾丛谈四卷、乐府侍儿小名录二卷、唾馀新拾十卷、续十六卷、补十二卷、井蛙杂记十卷、南越笔记十六卷、然犀志二卷、出口程记一卷、方言藻一卷、粤风四卷、蜀雅二十卷、粤东皇华记四卷、童山诗集四十二卷、文集二十卷、蠢翁词二卷、童山自记一卷、罗江县志十卷。从弟鼎元、骥元，俱有诗名，时称

"绵州三李"。

鼎元,字墨庄。乾隆四十三年进士,改翰林院庶吉士,散馆授检讨,改授内阁中书。嘉庆四年,充册封琉球副使,官至兵部主事。鼎元天才奇伟。筮仕后,以索米不足,远游江海,所过名山大川,每藉吟咏以发其抑郁无聊之气。所为诗风骨高峻,奉使诸作,尤推豪健。兄弟中称白眉焉。青浦王昶见其诗,亦以为三吴士大夫,莫能或之先也。著有师竹斋集。

骥元,字凫塘。乾隆四十九年进士,改翰林院庶吉士,散馆授编修。六十年,充山东乡试副考官,迁左春坊左中允,入直上书房。以劳瘁卒官,年四十五。骥元性情笃厚,学务根柢。未弱冠有文名。会试出献县纪昀门,昀谓人曰:"吾今科所取,皆读书人,而首推者,实雨邨之弟骥元也。"其为时所推重如此。文简古,学韩柳,诗学大苏,有奇逸气。时谓与鼎元可称"二难"。著有云栈诗稿。

姚鼐 姚范 刘开

姚鼐,字姬传,安徽桐城人。乾隆二十八年进士,改翰林院庶吉士,散馆授兵部主事,转礼部。三十三年,充山东乡试副考官。三十五年,充湖南乡试副考官。三十六年,充会试同考官。累迁至刑部郎中、记名御史。四库馆开,以大臣荐,为纂修,年馀乞病归。鼐少家贫,体羸多病而嗜学。时侍郎方苞以古文鸣当世,上接震川,同邑刘大櫆继之。鼐世父范与大櫆友善,范尝问鼐志,曰:"义理、考证、文章,阙一不可。"范乃以经学授鼐,而命鼐受古文法于大櫆。然鼐本所闻于家庭师友间者,益以自得,不尽用大櫆法也。所为文高简深古，尤近司马迁、韩愈。其论文，根极于性命，而探原于经训。至其浅深之际，有古人所未尝言，鼐独抉其微而发其蕴。论者以为辞迈于方氏，而理深于刘氏焉。

鼐为学博集汉儒之长，而折衷于宋。尝与人书云："秦汉以来，诸儒说经者，合与离，固非一途。程朱出，多得古人精深之旨，而其生平修己立德，又实足践行其言，为后世之所向慕，故元明皆以其学取士。自利禄之途开，为其学者，以为进趋富贵而已。其言有失，奉而不敢稍违，其得亦不知所以为得，斯固数百年来之陋习。今世学者，乃思一切矫之，专宗汉学，以攻驳程朱为能，倡于一二专己好名之人，而相率而效者，遂大为学术之害。夫汉人之为言，非无有善于宋而当从者也，博闻强识以助宋君子所遗可也，以将跨越宋君子则不可也。"又送钱坫序略云："孔子没而大道微，汉儒承秦灭学后，始立专门，各矜师授；久之通儒渐出，贯穿群经，择其长说，其敝也杂以谶纬，乱以怪僻猥碎。魏晋之间空虚之谈兴，以清言为高，以章句为尘垢。自是南北乖分，学术异尚，五百馀年。唐一天下，兼采众长，定为义疏，而所取或是或非，未有折衷。宋之时，真儒乃得圣人之旨，群经略有定说。元明守之，著为功令。明末至今，学者颇厌功令所载为习闻，又恶陋儒不考古而蔽于近，于是专求古人名物制度，训诂书数，以博为量，以窥隙攻难为功。甚者欲尽舍程朱而宗汉，枝之猎而去其根，细之蒐而遗其巨，夫岂非蔽与？"又曰："说经古今自有真是非，勿徇时人之好尚。如近年海内诸贤所持汉学，与明以来讲章诸君何以大相过哉？夫汉儒之学，非不佳也，而今之为汉学乃不佳，偏徇而不论理之是非，琐碎而不识事之大小，哓哓聒聒，道听途说，正使人厌恶耳。且读书者，欲有益于身心也。程子以记史书为玩物丧志，若今之为汉学者，以搜残举碎、人所少见者为功，其为玩物不弥甚耶?"同时袁枚、纪昀颇诋宋儒，鼐尝直斥其非。翁方纲向鼐乞言，鼐曰："诸君皆欲读人间未见书，鼐则愿读人间所常见书耳。"

生平虚怀善取，在扬州与吴定居最久，有所作以示定，定所不可，辄窜易至数四，必得当乃已。所编古文辞类纂，言文之体类十有三，而所以为文者八：神理气味，文之精也；格律声色，文之粗也。学者于古人必始遇其粗，中遇其精，终则御其精而遗其粗。论者谓自明以来言古文者，莫详于鼐，鼐与方苞、刘大櫆皆籍桐城，世称之为桐城派。诗从明七子入，而以融会唐宋之体为宗旨。尝仿王士祯五七言古体诗选为今体诗选，人皆谓为精当云。鼐色怡而气清，接人极和蔼，无贵贱皆乐与尽欢，而义所不可，则确乎不易其所守。世言品学兼备，推鼐无异词。自告归后，主讲江南、紫阳、钟山各书院者四十馀年，谆谆以诲迪后进为事。嘉庆十五年，重赴鹿鸣宴，恩加四品衔。二十年，卒，年八十五。所著有九经说十九卷、三传补注三卷、老子章义一卷、庄子章义十卷、惜抱轩文集十六卷、文后集十二卷、诗集十卷、书录四卷、法帖题跋一卷、笔记十卷。

姚范，字已铜，鼐世父。乾隆七年进士，改翰林院庶吉士。九年，充顺天乡试同考官。十年，散馆授编修，充三礼馆纂修官。后以告归，卒于里。范之学沉究遗经，综括精粹，每读书辄著所见于卷端。经史子集，丹黄杂下，词繁者裁短幅纸书之，无虑数千百条。鼐尝载数则于经说中，其仪礼首条及论语奥灶说、四饭说是也。所为诗文，不主家法，必达其意，绝去依傍，自成体势。性坦而介，里居时有同年生为桐城令，范屏迹自远，有以洲地讼者，怀千金求一言，力却之。富家子欲其一过门为重，卒不往。立身行己，一准程朱，乡后进咸师尊之。

其曾孙莹，裒其遗集，为援鹑堂笔记三十四卷、古文集五卷、诗集七卷。

刘开，字孟塗，亦桐城人。生数月而孤。年十四上书同邑姚鼐，鼐曰："此子他日当以古文名家，方刘之坠绪，赖以复振。"因从鼐学。其为人落脱不羁，喜交游，与人谈论，辄罄肺腑。家贫不能养，奔走公卿间，无干谒态。尝谓姚元之曰："吾乡多佳山水，使有菽水资，迎母居龙眠浮渡间，手一编，且不去母左右，其乐何如，而顾为是仆仆哉？"然亦习举子业，试辄不利。游浙时，有候门者，要至家，具盛馔，称"梦其父语以刘先生当过门，非先生文不能传尔孀母，宜固请之"。既，复与游山，至一古墓所，有碑，题曰"宋处士刘开之墓"。因目开为处士后身，开悚然知己将终不能贵以显也，道光元年亳州聘修邑乘，寓佛寺中，陡得疾而卒，年四十一。母老子幼，妻倪复以身殉，闻者悲之。工诗及骈体文，其诗集十卷，先已刊行，殁后姚莹访其家，得后集十二卷、文十卷、骈体二卷，因并刻焉。

张九钺　弟九键　九镒　九镡

张九钺，字度西，湖南湘潭人。父垣，山西河曲知县。九钺生有异禀，七岁能诗文，[一]九岁通十三经及史鉴大略。乾隆二十七年，顺天乡试举人，选知县，分发江西，历宰南丰、峡江、南昌，以母忧归。服阕，复出知广东始兴县，历保昌、海阳，所至有治声。摄南丰时，岁歉，请平粜，部例大县存七粜三，九钺骤半之，上官严檄切责，幕僚以为病。九钺曰："仓储，民命也，岂能墨守旧例、〔二〕坐视民饿死耶？"仓米绌则劝邑绅捐助，又牒买邻境米，全活者众。南昌西北滨彭蠡，秋潦为灾，九钺力请赈，亲履勘散给，昼夜驻墟上，凡六阅月，动帑十二万有奇。水际积骸累累，捐廉购棺瘗之。豫章诸水循城下，势甚急，潦则冲啮为患。城内有湖，恒泛滥。唐观察使韦丹筑捍江堤，疏为斗门以泄内外水，曰十门九津。宋时开长沟，甃以砖石，曰豫章沟。明宁藩夺民地为苑囿，沟尽塞，后为豪猾所踞，水患益巨。九钺屡请疏浚，新城陈守训愿捐私财修复，九钺喜曰："此百世利也。"而豪猾辈百口阻挠，当事几游移。九钺以十二利九便抗争于台使者，卒赖其力成巨工。在保昌时，有希大吏旨为民蠹者，九钺擒治之，同官惴惴，九钺不为动。寻以海阳案牵连落职。遍游嵩、洛、偃、巩间，举生平磊落抑塞之气，一泄之于诗。晚归湘潭，主昭潭书院，久之乃卒，年八十三。

九钺才名震一时，诗学太白而得其真气，落想浩然。年十三，登采石矶，赋长歌，人呼为太白后身。乾隆中，西师奏捷，朝廷行郊劳礼，方观承时总督直隶，筑郊劳台，九钺为赋乐歌，大书其上。复为良乡居民贾户，作凯旋榜帖千馀纸。一夕，立就。诗文宏博浩瀚，纵其力之所至，而一轨于正。归田后，毕沅重其名迎之节署，集名流为东坡生日修祀，酒再巡，九钺援笔为长歌。四座叹服。著有陶园文集八卷、诗集二十二卷、〔三〕诗馀二卷、历代诗话四卷，峡江志、偃师志、永宁志、巩县志、晋南随笔。弟九键、九镒、九镡。

九键，字石园。乾隆六年举人，官直隶隆平知县。亦工诗。著漱石园诗集。

九镒，字橘洲。乾隆五十二年进士，官至四川川东道。性伉直，尝发夔州府知府侵蚀关税状，寻引疾归，筑园曰退谷。著有退谷诗钞。

九镡，字竹南。乾隆四十三年进士，官翰林院编修，年六十矣。馆中以耆宿相推，内行敦笃，居京师二十二年，萧然一身，应官外，闭户著书而已。尝病注疏家以攻击朱子为名高，于群经多所辨证，考据精核。其诗舂容大雅，不矜尚诡异，自然名贵。著有笙雅堂集。

【校勘记】

〔一〕七岁能诗文　原脱"文"字。今据耆献类征卷二二三叶二六下补。

〔二〕岂能墨守旧例　"例"原误作"制"。今据耆献类征卷二二三叶二七上改。

〔三〕诗集二十二卷　原脱"二十"二字。今据耆献类征卷二二三叶二八上补。

余集　沈赤然　王宗炎

余集，字蓉裳，浙江仁和人。乾隆三十一年进士，候选知县。三十八年，裘曰修荐修四库全书，授翰林院编修。时同荐入翰林者，邵晋涵、周永年、戴震、杨昌霖，人称"五征君"。五十一年，充湖北乡试正考官。五十九年，充四川乡试副考官。累迁至侍读学士。后以大考左迁，寻丁母艰归。服阕，入京，补原官。嘉庆九年，驾幸翰林院，与宴有书、砚、楮币之赐。寻乞归。集工诗古文词，少学左传体为文，同里严诚见之曰："非凡才也。"生平吟咏甚富，尝著百衲琴一卷，论者谓曹、刘、鲍、谢奔赴腕下，无组织之迹。归后，出主大梁书院八年，日以文艺自娱，旁涉六书、算数、篆刻之学，善画山水，尤工人物。道光二年，重宴鹿鸣，年八十五矣。性淡漠，崖岸自高，不妄干显贵，遇穷交故戚恭让，尤好引掖后进。所著述多散佚。殁后，龚丽正刊其梁园归棹录、忆漫庵賸稿二册，诗词杂文，皆载其中。

沈赤然，字韫山，亦仁和人，原德清籍。乾隆三十三年举人，官直隶丰润县知县。赤然居官廉，罢后闭户著书，不问外事。时徜徉山水间，与吴锡麒、章学诚相切劘。工诗古文辞，以诗称武林者二十年。锡麒谓其窈深而闳远。宰丰润时，所作多怀归、行役、悯农、忧旱之篇，文以辞远为主，不失体裁。著有五砚斋诗钞二十卷、文钞十一卷、公羊穀梁异同合评四卷、寄傲轩读书随笔十卷、续笔六卷、三笔六卷、寒夜丛谈三卷。

王宗炎，字以除，浙江萧山人。乾隆四十五年进士。学问淹博，性尤淡退。家有中人产，才足温饱。既通籍，遂杜门不出，筑十万卷楼，以文史自娱。子履端入词林，即贻书曰："我已知足，汝当知止，毋恋浮名而失真业。"工古文词，根柢经史，能言所欲言。尝谓宋艺祖以受禅开基，通鉴自不得以魏为篡；高宗以宗支再造，纲目自不得以蜀为伪。读书论世，其说甚精。又言文以有济实用为贵，作是文必有所以作之故。其持论皆有关于世道人心。王引之尝称其文词质而义醇，尤好诱掖后进，汤金钊从之游，积四十年，指引不倦。著有晚闻居士遗集九卷。

彭绍升　汪缙　罗有高

彭绍升，字允初，江苏长洲人。父启丰，官至兵部尚书，自有传。

绍升，乾隆三十四年进士，选知县，不就。始读儒先书，喜陆王之学；及与汪缙、罗有高、薛起凤游，乃阅大藏经，究出世法，绝欲素食，礼佛不下楼者四十年。尝与袁枚往返辨论死生之说，不能胜也。好作盛德事，鸠同人施衣施棺，恤嫠放生，乡人多化之。工古文辞，宗法震川，熟于国朝掌故。所著名臣事状、良吏述、儒行述，信而有征。其论学之文纪律森然，谈禅之作，亦择言尔雅。尝谓："善为文者，莫若守一家之书，凝神壹志，句仿而字为之，始得其似，继得其真，斯为古人之文，而非复吾之文矣。及其久而与之化，斯为吾之文，而不复有古人之文矣。若乃游谈无根，师法荡然，非鄙则倍，此不足以言文也。"其解大学格物，训"格"为度量，本之仓颉篇。又作读古本大学说，谓大学为古圣人传心之学，本阳明之说而推广之，皆有裨经传。又有论语集注疑、大学章句疑、中庸章句疑、孟子集注疑四篇。诗克承家学，蒋士铨亟称之，有"刻苦如诸生，曾闵同经营"之誉。汪缙亦谓其束心于规矩之中，游神于言象之外，肫然至妙，充然有馀。收弆金石文字甚富，间作汉隶。启丰殁后，习静深山中，欲参究向上第一义，作蓼语示诸兄子，久之复家居。嘉庆元年，卒，年五十七。著有二林居集二十四卷、测海集六卷，又有一行居集、观河集。

汪缙，字大绅，江苏吴县人。诸生。少不善记诵。逮弱冠，试为文，数百言立就。诗宗陈子昂、杜少陵，袁枚盛称之。时有僧不二，本滕县诸生，厌弃世法，出家传磬山宗，隐于吴。一日，见缙虎丘题壁诗，诧曰："此白衣大有根器。"缙后见寒山拾得诗，喜其从性海流出，因是为学务通儒释，与彭绍升往来最密。所为古文，覃思奥赜，其出儒入佛之作，言思离合，不可思议。绍升许之，曰："嘘气成云。"王鸣盛亦云："读大绅文，十洲三岛悉在藩溷间矣。"尝谓赵宋以来，儒与佛争，儒与儒争，轇轕纷纭，莫能是正。乃统其同异，通其隔阂，仿明赵大洲二通之作，著二录、三录，以明经世之道。又著读书四十偈私记，以通出世之法；著读易老私记，以贯穿天人之际。主建阳书院，昌明正学。既归，闭户习静，不复应制举，作无名先生传云："先生讲学不朱不王，先生著书不孟不庄，先生吟诗不宋不唐，先生为人不狷不狂，先生处世不圆不方。"又作撞庵先生记，自称学无墙壁，行无辙迹，其孤往如此。晚年与彭绍升书，论孤往之趣曰："天之高也不附于天，地之厚也不附于地，古今之寥阔也不附于古今，孤往而已矣。人物孤往也，交游孤往也，著述孤往也。名海中人，老死不相往来矣。"绍升叹为自庄屈以来，述作相望，具此心眼者，曾无几人云。乾隆五十七年，卒，年六十八。又有汪子文录。

罗有高，字台山，江西瑞金人。乾隆三十年举人。少慕马周、张齐贤之为人，负气睥睨，习技击，读兵书。闻雩都宋昌图有迂怪名，往见之，自陈所学。昌图愀然曰："非儒者之急务也。"则述张子见范文正言兵法，文正弗善箴之，授以主敬、持一二铭。有高翻然悔悟，介昌图受业于邓元昌，因遍读先儒书。后见雷鋐，鋐戒之曰："子太聪明，如水银泻地，吾惧其流也。"初以优行贡京师，及归，忽登楼纵火自焚，家人惊救，得不死，狂走入山，数月后迹得之，服沙门服，趺坐，与人言孝弟，歌泣无时。既，渡钱塘、扬子江，过甬东，多托迹佛寺中。及乡荐，出彭启丰之门，与其子绍升友善，因相勖为性命之学，兼参竺乘。汪缙一见而心折之。为文章绝去依傍，务抒其所独契。有与绍升书，言道必以文传，词甚辨。谓："文与道一而已，修之于身，措之事业者，道也。修之于身，而次第其功候节目之详，明其甘苦得失之故，措之于事业，而条布其治迹，敷悉其德产精微涵糅之极致，彰往察来，相协伦类，出于忧患同民不得已之诚。其言奇正不同，其气之行止，节族之长短高下、抗队疾徐，壹顺法象之自然，而不与以私智。以其灿著陈修能之矩，昭事为之则，烜照心目，物察伦章，则文命焉，岂得歧于道而二之也？"

又与法坤宏论春秋大旨，南宋诸儒所以诤论之故，谓："圣人作春秋，东规、西矩、南衡、北权、中绳，五则不爽，万物就裁，其本在于学易。学易之本，在于谨彝伦、慎言行，约之于礼。人之彝伦言行壹于礼，则性复仁全，措之正，施之行，变化生而经纬天地之事起。此圣人所自尽，而愿天下万世同归而无歧者也。南宋诸大儒所为，固持尧舜、孔孟之道，于国事倥偬之会者，此春秋之义也。孟子述唐、虞、三代于战国扰攘之时，朱陆陈诚正义利之辨于南北交讧之日，其揆一也。南宋诸大儒之所诤论，天经也，地义也，人行也，乌得而不斤斤也？"缙见其书，叹曰："上帝临坛，万灵拱肃，世尊下降，诸天震动，于此文见之矣。"绍升亦称其文，华梵交融，奏刀砉然，倾倒甚至。又尝见戴震于京师，为训故之学。著有释橐一篇。晚益归心净土，闭关七旬，读楞严，谓东西二圣人权实互用，门庭迥别，其归宿名相、离言思绝，一且不立，二复何有，惟自证者知之，非可以口舌争也。四十四年，卒，年四十六。卒之日，尽焚其所著书。绍升辑其遗文，为尊闻居士集八卷。

严长明　子观　吴卓信　庄炘

严长明，字道甫，江苏江宁人。幼有奇慧。年十一，李绂典试江南见之，随举子夏命对，即应声曰亥唐。绂大奇之，谓方苞曰："国器也，可善视之。"遂从苞受业，寻假馆扬州马氏，尽读其藏书。乾隆二十七年，高宗南巡，以诸生献赋，召试，赐举人，授内阁中书，旋入直军机处。在军机七年，通古今，多智，又工于奏牍。大学士刘统勋最奇其才。户部奏天下杂项钱粮，名目烦多，请去其名而以其数并入地丁征收。长明曰："今之杂项，古正供也。今法折征银，若去其名，他日吏忘之，谓其物官所需，必且再征。是使民重困也。"统勋曰："善。"乃奏已之。大金川事起，大学士温福往督师，欲长明从行，长明固辞退。有咎长明者，答曰："是将败没，吾若何从之？"人颇甚长明言，既而温福卒致军溃以死，随往者皆尽。

生平所行多可喜可愕，而于罗浩源事为尤奇。浩源云南粮道也，分偿属吏亏银，有诏逾期即诛。浩源缴不如数，期过十日矣，乃牒请弛限。上命军机大臣会刑部议之。其时大学士刘统勋主礼部试，秋曹无任其事者。长明时值军机，因挝鼓入棘闱，见统勋曰："浩源事急矣！第所追乃分偿属吏汪某金也，今汪已捐,复将曳绂绶出都,而浩源乃骈首东市,于义未协。按法宜令汪某分缴,以活浩源,始昭公平。"统勋曰:"具疏稿乎?"曰:"不具稿,不敢见也。"振其袖出之,词义明析,统勋喜,即画诺。奏闻,上是之,狱遂解。其他事亦多类此。人至有图长明像以祀者。是时军机有数大案,赖长明在直,任其劳,获成议云。三十六年,擢侍读,尝扈跸木兰,大雪中,失橐驼并所装物。越日,有牵驼至且谢罪者,则故军机吏坐事遣戍者也。长明问何以知为吾物,曰:"军机官披羊裘者,止君一人。"问既窃何复还,曰:"恐君寒耳。"长明劳而遣之。长明治事,众中独勤办,然以是颇见嫉。后连遭父母丧,服终,遂不复出。闲游秦中、大梁,居毕沅所,为定奏词,还主庐阳书院。乾隆五十二年,卒于合肥,年五十七。

长明聪强绝人,于书无所不读。或举问,无不能对。为诗文用思周密,和易而当于情。尝语学者曰:"士不周览古今载籍,不遍交海内贤俊,不通知当代典章,遽欲握笔撰述,纵使信今,亦难传后。"其自命如此。其在军机时,朝趋入直,暮入文酒之会,若甚暇者然,或以事就之谋,必得其当。乞归后,筑室三楹,曰归求草堂,藏书二万卷,金石文字三千卷,日哦其中。尝历充通鉴辑览、一统志、热河志、平定准噶尔方略纂修官。所著书曰归求草堂诗文集、西清备对、毛诗地理疏证、五经算术补正、三经答问、三史答问、淮南天文太阴解、文选课读、文选声类、尊闻录、献征馀录、知白斋金石类签、金石文字跋尾、石经考异、汉金石例、五岳贞珉考、五陵金石志、平原石迹表、吴兴石迹表。又尝撰西安、汉中二府志。子观。

观，字子进。嗜学。长明藏书，观丹黄几满。好金石文字，著江宁金石记，备载存佚，极为精博。又尝以元和志今有阙佚，取唐书及通典补之。孙星衍为附刊李书之后，今所行本是也。

吴卓信，字顼儒，江苏昭文人。于书无所不窥，尤好典章经制之学。奋然欲追杜、郑、马、王而起，独不喜为时文。年二十馀，犹困童子试，合河康基田陈臬江苏，寓意邑令，拔置第一，补诸生，自是益厌弃举业。思壮游以证所学，客淮徐间最久。又尝一至秦中，览其山川边塞，古今成败形势，尽拓汉唐金石以归。晚年手定其文四十篇，凡稍涉泛应者，悉删去。所著书甚多，有读诗馀论、仪礼劄记若干卷，释亲广义二十五卷，汉三辅考二十四卷，汉书地理志补注一百卷，三国志补志六卷、补表六卷，澹成居文钞四卷、附丧礼经传约一卷，而丧礼一篇尤善云。

庄炘，字景炎，江苏武进人。乾隆三十三年副贡生，就职由州判补陕西咸宁知县，擢汉阴通判，迁邠州知州。历署兴安、凤翔、榆林府知府。时川楚教匪起，总督宜绵以炘练于兵事，倚以为重。炘策楚贼渡汉远涉，西乡、紫阳地方辽阔，焚掠无所得，必遁。檄沿汉诸县敛舟艄入港，守以重兵，使贼不得南向。又以川贼若溃，非东走夔州，即北走通江，兴安当南北之冲，全陕安危所系，贼据险要，则兵饷俱绝。于是图画山川形势、战守机宜，上之当道，修城练勇，贼不敢犯。后以老乞归。嘉庆二十三年，卒，年八十四。幼聪颖，大父尝以珍玩赐诸孙，炘无所取，独乞旧本兰亭，大父器之。既与洪亮吉、孙星衍、赵怀玉、张惠言共为汉学，于声音训诂尤深。尝校刊淮南子、一切经音义。诗文谨于法度。生平著述，以舟行汉江，为水所淹，惟存文六卷、诗七百馀首。

鲍廷博　黄丕烈　秦恩复

鲍廷博，字以文，安徽歙县人。诸生。幼而聪敏。事大父及父以孝闻。父嗜读书，乃力购前人书以为欢，既久，所得益多而精，遂裒然为大藏书家。性复强记，每一过目，即能记其某卷某页某讹字。有持书来问者，凡某书美恶所在，意旨所存，见于某代某家目录，经几家收藏，几次钞刻，真伪若何，校误若何，无不矢口而出，按之历历不爽。乾隆三十八年，四库馆开，廷博命长子士恭进家藏善本六百馀种，大半宋元旧板、写本，又手自校雠，为天下献书之冠。蒙御赐古今图书集成。高宗南巡，迎銮献颂，复蒙赐大缎二匹，又叠赐伊犁得胜图、金川图。廷博念一介儒生，无以图报，遂以所藏善本付之梨枣。

嘉庆初，御制内府知不足斋诗，有"斋名沿鲍氏，阙史御题诗。集书若不足，千文以序推"之句。注云："鲍氏藏书最为精夥，内唐阙史一书，曾经奎藻题咏，嗣后其家刊刻知不足斋丛书，以唐阙史冠册，用周兴嗣千文，以次排编，每集八册，今已十八九集，可为好事之家矣。"至八年，上复问浙抚方受畴，鲍氏续刊何经，受畴以第二十六集进。上谕："鲍廷博于乾隆年间恭进书籍，其藏书之知不足斋，仰蒙高宗纯皇帝宠以诗章，朕于几暇亦曾加题咏。兹复进所刻知不足斋丛书第二十六集，鲍廷博年逾八旬，好古绩学，老而不倦。着加恩赏给举人，俾其世衍书香，广刊秘籍。"时年八十六矣。逾年卒。

廷博勤学耽吟，不求仕进，尝作夕阳诗，甚工。袁枚、阮元呼之为"鲍夕阳"。性宽厚，笃友谊，朋友之贫而好学者，每以全部从书赠。生平蓄积为刊书所罄，或遇未见之书，必典衣购之。著有花韵轩小稿二卷、咏物诗一卷。

黄丕烈，字荛圃，江苏吴县人。乾隆五十三年举人，官主事。丕烈博学赡闻，寝食于古。好蓄书，尤好宋椠本书，尝构专室，藏所得宋本，名之曰百宋一廛，自称佞宋主人。顾广圻为之赋，谓其"驰香严与芳茮，思计日而取俊，范屋室于卫荆，姑掩皕而一憖"。香严者同郡周锡瓒书屋名，芳茮者归安严元照堂名，皆藏有宋椠本。其后丕烈复收得宋本数十种，自喜以为符掩皕之颂，皕，二百也。尤精校勘之学，所校周礼郑氏注、夏小正、国语、国策，皆有功来学。好刻古籍，每刻一书，行款点画，一仍旧本，即有讹踳，不敢擅改，别为札记，缀于卷末。钱大昕、段玉裁甚称之，谓可以矫近世轻改古书之弊。尝著汪本隶释刊误一卷，谓洪文惠密于考史而疏于证经，娄彦发长于体势而短于音训，大昕以为知言。他所著有百史精华、百宋一廛赋注、百宋一廛书录、荛言等书。

秦恩复，字近光，江苏江都人。乾隆五十二年进士，改翰林院庶吉士，散馆授编修。读书好古，所居五笥仙馆蓄书万卷，丹铅不去手，尤精校勘。延顾千里于家，共相商榷，手校刊陶弘景鬼谷子注、卢重元列子注及隶韵诸书，时号秦板。阮元抚浙时，聘主诂经精舍。性喜填词，每拈一调，参考诸体，必求尽善，无一曼声懈字。著有享帚词三卷。与人谦抑，口不谈学问，以是世无知者。卒，年八十四。他著有石研斋集。

曹庭栋 吴文溥

曹庭栋，字六圃，浙江嘉善人。诸生。少嗜学，工诗。中年后绝意进取，于所居累土为山、环植花木，奉母以娱老，名曰慈山，因自号慈山居士。时或弹琴赋诗，写兰石，摹篆隶，以抒其闲寂。后益耽著述，不下楼者三十年，所坐木榻，穿而复补。尝以宋诗钞漏略尚多，且刊刻未竟，往往有录无书，因搜采遗佚，为宋百家诗存二十八卷。论者称其书足补吴之振之阙。生平最爱贺铸诗，升以弁首，故所为诗大似北宋人。袁枚称其专主性情，庭栋复书亦谓老人生平苦心，被君一语道破。性旷达，晚自营生圹，手植梅花成林。卒，年八十五。著有易准四卷、昏礼通考二十四卷、孝经通释十卷、逸语十卷、琴学内篇一卷、外篇一卷、老老恒言五卷、产鹤亭诗集七卷。庭栋书斋中有产鹤亭，故以名集，集中咏鹤诗亦最多。

吴文溥，字博如，浙江嘉兴人。贡生。工诗，尝西入关中，南游台海，诗格益上，直逼古人。阮元督学浙江，见其诗，定为浙中诗士之冠。因招入幕中，使校订輶轩录稿。元尝出其先大父征苗刀示之，文溥走笔作歌，震夺一席。古文骈体，能集六朝、唐、宋之大成。尤精韬略，尝佐湖北巡抚幕，论两湖戎事，了如指掌。著有南埜堂笔记十二卷，师贞备览、所见录、南埜堂集。

李怀民　弟宪乔

李怀民，名宪暠，以字行，山东高密人。诸生。早孤，与两弟宪暠、宪乔相师友，以诗鸣，时称“三李”。怀民尝与宪乔依主客图例，蒐集元和以后诸家五律，辨其体格，奉张籍、贾岛为主，朱庆馀、李洞以下，客焉，名曰重订中晚唐诗主客图。其言曰：“张籍天然明丽，不事雕镂而气味近道，学之可以除躁妄，祛矫饰；贾岛力求崄奥，不吝心思而气骨凌霄，学之可以屏浮靡、却熟俗。贞元以后，近体诗略分两派。”又谓中晚人得盛唐之精髓，无宋人之流弊，尝举梅宛陵“发难显之情于当前，留不尽之意于言外”二语，以为道尽古今诗法。后复以己及宪乔所作为二客吟。密之旁邑数百里间，言诗者咸宗焉。张维屏谓怀民生王士祯、赵执信后，而能独标宗旨，岸然自异，其五言朴而腴，淡而永，苦思而不见痕迹，用力而归于自然，实非易易云。著有十桐草堂集。

宪嵩，字叔白，诸生，有定性斋集。

宪乔，字子乔，怀民弟。乾隆三十年，拔贡生。四十一年，召试举人，官广西归顺州知州。少受诗于怀民，而规模较阔，文亦简劲有法度。袁枚见其诗文，叹曰：“今之苏子瞻也。”性狷介，不能随俗俯仰，与临川李秉礼以风节相砥砺，秉礼从受诗法。宪乔卒于官，秉礼以千金送其丧。著有少鹤诗文集。

秉礼，字敬之。官刑部郎中。诗学韦苏州，有韦庐集。

钱沣 曹锡宝 谢振定 管世铭

钱沣，字东注，云南昆明人。少从师以立品为教，尝曰：“立品必自慎独始，于人所共知者，而犹不检独中，岂可复问？人禽之界混，则虽读破万卷，适取罪圣贤耳。”生平刚正之学，实本于此。乾隆三十六年进士，改翰林院庶吉士，散馆授检讨。四十五年，充广西乡试副考官，明年，擢江南道监察御史。疏劾署陕甘总督毕沅于冒赈诸弊，瞻徇畏避，请治罪。得旨查办，毕沅降三品顶戴，仍留巡抚任。

是时和珅秉政，窃张威福，朝士耻趋其门者，世已贵之，而沣独侃侃讼言其失。山东巡抚国泰，和珅私人也，沣奏其贪纵营私，并劾布政使于易简罪，高宗立召对，沣力陈东省亏空状，乃命尚书和珅、左都御史刘墉往按之，并令沣偕往。始受命，沣先期行，微服止良乡，见干仆乘良马过，索夫役甚张，迹之，则和珅遣往山东赍信者也，沣详审其貌。未几仆还，道遇沣，沣叱止之，搜其身，得国泰私书，具言借款填库备查事，中多隐语，沣立奏之。沣在道衣敝，和珅持衣请易，沣辞。和珅知不可私干，故治狱无敢倾陂。比到省盘库，则和珅先言不用全数弹兑，第抽盘数十封，无短绌可也，和珅遽起回馆舍，沣请封库。次日，澈底拆封，则多圆丝杂色银，是借诸商家以充数者，因诘问库吏，得实。乃谕召诸商来领，大呼曰："迟则封库入官矣！"于是商贾纷纷具领，库藏为之一空。复改道易马往盘他处，亦然。案遂定，和珅亦无如何也。于是国泰遂伏法。覆命，上持示国泰私书曰："朕早悉其详，无待覆奏矣。"沣以直声震海内。累迁通政司副使。寻充湖南学政，每试士，危坐厅事，目炯炯，终日不倦。然优于待士，数年中未尝褫一诸生。士之服其教者，讴颂弗衰。岁大旱，巡抚陆燿以祷雨得热疾卒，代者至，将称觞为寿。阍者请馈，沣曰："前巡抚方以死勤事，今遽举觞称庆耶？"命馈烛二梃、藕数斤，巡抚闻之，惧而止。后缘事降三级。旋遭艰归，服阕补主事。

高宗知沣直，更擢为御史，使直军机处。时和珅为军机大臣，与大学士阿桂不和，常不在直。沣疏略曰："伏睹我朝设立军机处，向来大臣与其职者，萃止其中，地一则势无所分，居同则情可共见，即属寮白事署稿，亦得有定所，法至善也。乃近日惟阿桂一人入直，大学士和珅或入止于内右门内直庐，或入止于隆宗门外近造办之庐，大学士王杰、尚书董诰则入止于南书房，尚书福长安则入止于造办处。每日仅召见时联行而入，退即各还所处，虽或暂至军机处，而事过辄起，属官白事署稿，未免趋走多歧。皇上乾健离明，大小臣工决不致因此遂分朋党，然欲万世无弊，〔一〕莫如率由旧章。盖自世宗宪皇帝以来，及皇上御极之久，军机大臣萃止无涣，未尝纤芥有他，由前可以律后，不应听其轻更，况内右门切近禁寝，向来因有养心殿带领引见之事，须先一二刻豫备，恩加大臣不令与各官露立，是以设庐许得暂止，不应于未辨色之先，一大臣入止，而军机司员皆从之，为日既久，不能不与内监狎熟。万一有如从前高云从者，虽立正刑辟，而所絓已多，杜渐宜早。至南书房原备几暇顾问，俟军机事毕后，入直未迟，何必入于未辨色之先，致诸弗便。若隆宗门外直庐及造办处，则应差人众，皆得觇听于外，大臣于中办事亦属过亵。敢请敕诸大臣仍照旧规同止军机处，庶匪懈之忱各伸五夜，协恭之雅共励一堂。至圆明园办事亦同一体。近日和珅、福长安止于如意门外直庐，王杰、董诰止于南书房，并请敕改正。”疏入，上韪其言，由是有稽查军机处之命。和珅益嗛沣，而高宗知其贤，不可谮，则凡军机劳苦事，多以委沣。

沣家贫，衣裘薄，夜入暮出，积劳感疾以殒。著有南园集。书法逼近平原，尝兴酣画马，识者珍之，如拱璧云。同时伉直忤和珅者，有御史曹锡宝、谢振定。

曹锡宝，字鸿书，江苏上海人。乾隆六年举人，考授内阁中书，直军机处。二十二年进士，改翰林院庶吉士。丁忧归，遘疡疾将十年，手钞经史、古诗文、华严，皆成部叠架。作诗尤长于五古，有陶、谢、韦、孟真意。三十一年，散馆，授刑部主事，迁员外郎。三十五年，充河南乡试副考官，擢郎中。三十六年，充会试同考官。寻充山西学政。四十年，授山东督粮道。以旗丁斗殴命案罣吏议，以部员用。在四库全书处行走，书成议叙，以国子监司业用。五十年，与千叟宴，特旨授陕西道监察御史。劾大学士和珅家人刘全衣服、车马、房屋逾制。或窃知其事，飞书告和珅，乃星夜毁其迹，于是留京王大臣奉旨勘查僭妄踪迹，竟不可得。锡宝驰赴热河待询，高宗纯皇帝召入，谕之曰："尔读书人，不读易欤？君不密则失臣，臣不密则失身。"锡宝叩头流涕而出，部议降三级，特旨改革职留任。五十三年，掌陕西道监察御史，充顺天乡试同考官。五十七年，卒，年七十四。嘉庆四年，仁宗亲政，和珅下狱，寻赐死。上追念锡宝慷慨敢言，不愧诤臣之职，且其事亦非失实，赠副都御史，并荫其子为中书。锡宝胸怀潇洒，早岁随巡侍直，时有篇章，流传日下。中岁后，颇好小学、尔雅，注疏校勘再三。诗遂不多作云。

谢振定，字一之，湖南湘乡人。乾隆四十五年进士，改翰林院庶吉士，散馆授编修。五十三年，充江南乡试副考官，寻擢御史。嘉庆元年，巡视东城。时和珅用事，权焰甚张。有宠奴常乘珅车以出，人避之莫敢当。振定遇之，怒，命卒曳奴下笞之，遂焚烧其车，曰："此车岂复堪宰相坐耶？"九衢人聚观，欢呼曰："此真好御史矣！"事闻，有诏令指实，则车已焚，无左验，竟坐罢官。自此直声震天下。性好山水，为东南汗漫游，历五茸、三泖，过嘉禾，至西湖，又渡曹娥江，揽鉴湖、蕺山之胜。所至士大夫倒屣迎之，酒痕墨沈中，获其寸纸，珍为拱璧。其为文磊落雄爽，称其为人，论文不矜言载道，惟曰达情，盖南雷黄氏之宗旨也。四年，和珅败，特旨以主事起用，应诏陈言，即条上时务数事。寻迁礼部员外郎。九年，充陕甘乡试正考官，出视通州坐粮厅，勇于任事，革陋规，厘剔丛弊。以劳瘁卒官。先是，振定以御史巡视南漕，入瓜仪，粮艘阻风，祷于神，得济，请建风神庙。嗣是渡江，风辄顺，人呼为“谢公风”。及视通州坐粮厅，夜半漕船火，亲率仆从往救，火遂熄。康家沟向苦鼋患，振定镇以铁釜，为文祭之，堤乃合。所修张湾故道，开果渠、温榆河，皆利漕运。著有知耻堂集。

管世铭，字缄若，江苏阳湖人。乾隆四十三年进士，改户部主事，充军机章京。累迁郎中，擢御史。世铭会试出于敏中门，敏中好士，所援引或数年陟卿贰。世铭未尝独求见，敏中卒，和珅浸用事，世铭忧愤形词色，会谢振定焚和珅车，王钟健希意劾罢其官，世铭诮之曰：“谢公失官，王公失名。”和珅微闻之，而阿桂方倚世铭为右臂，莫能中伤。既，擢御史，构疏稿未成，得旨留军机，世铭自言愧负此官。阿桂慰之曰：“报称有日，何必急以言自见耶？”盖期世铭大用，不欲以击奸获谴也。一日，世铭与友人酒坐，坐中多誉和珅，世铭曰：“诸君奚为者？吾方有封事。”众骇愕。是夕，世铭归邸舍，遽卒。诗朗健深厚，生平不服袁枚，有“寸心自与康成异，不肯轻身事马融”之句。尤精古文，深于经术。著有韫山堂诗文集。

【校勘记】

〔一〕然欲万世无弊　“世”原误作“事”。今据耆献类征卷一〇〇叶三一上改。

杨于果

杨于果，字硕亭，甘肃秦安人。乾隆四十年进士，官湖北长阳县知县，擢荆州通判。历署汉川、枝江、枣阳、南漳、榖城知县。告归卒，年六十七。〔一〕

于果幼聪敏，年十四，作白鹤词，见者惊异。笃志力学，工诗古文词，于书无所不窥，尤喜史记。尝谓："九经而外，独太史公胸中无文字之见，亦且不欲以文字自显。其所撰述，皆弸积于中而不可遏，不得已而发为词章，故欲泛扫一切，卓绝千古。"所为文不矜奇奥，清气往来，肖其为人。著述甚富，自星算、阴阳、壬遁、禄珞、青乌，靡不研究。尝用阴阳家言，推其意为祷雨法，行之湖北，辄效。其令枝江也，值刘宏铎倡乱，贼党被获，辄诬良民自脱。于果穷诘得实，省释三百馀人。大军四集，储峙无缺。事竣，民不知疲。舆盖所临，贼辄避之，曰："勿犯清官也。"去南漳数年，民有互讼于府者，府勘之曰："此汝前令杨所判，顾欲翻案，使令干吏议乎？"皆愕然，持牒去。总督吴熊光驻节通漳，于果条上教养便宜事，援引经义，指陈时弊，熊光大异之。尝谓："从古无不弊之法，此亦时势使然，非尽州县奉行不力也。盖法欲其易避而难犯，今则科条繁多，少有龃龉，即干吏议。虽有能治之才、愿治之心，不能自行其意，故莫不苟且其心，思为自全之计。宜举一切无谓之例，悉为蠲除，令州县宽然有馀，专以教养斯民为急务。"又谓："州县之职，贪酷而外，不惟庸懦者不胜任，即廉静者亦难集事。是以周官弊吏特以廉著其概，不以廉竟其用也。"

于果前后官楚几三十年，所至有声。性清俭，不携眷属，非其分，一介不取。少师事胡釴，在楚与彭淑、邢澍、恽敬相友善，大学士松筠治军南漳，深器之，一日徒步访于果，官舍萧然，拊其背笑曰："数十年老州县，顾一寒至此耶？"取笔大书"澹然"二字匾其堂，留赠千金，弗受，以佐军储。归日，贫无行赀，门人陈预佽助之。所著有群经析疑、廿一史史概、史汉笺论、审岩诗文集。

【校勘记】

〔一〕年六十七　"七"原误作"六"。今据碑传综表页六二二改。按耆献类征卷二五六叶四八下不误。

吴锡麒　吴鼒　乐钧　刘嗣绾　吴慈鹤

吴锡麒，字圣徵，浙江钱塘人。乾隆四十年进士，改翰林院庶吉士，散馆授编修。四十九年、五十五年，两充会试同考官。擢右赞善，入直上书房，转侍讲、侍读，升国子监祭酒。生平不趋权贵，然名著公卿间。在上书房时，与成邸尤莫逆，得一帖一画，必共题跋。礼遇之盛，同于诸城刘墉。嗜饮，无下酒物，以书代之。自少至老，未尝离笔砚。性至孝，以亲老乞养归里。至扬州，主讲安定、乐仪书院，所拔多绩学砺品之士。天姿超迈，吟咏至老不倦。

浙中诗派，自朱彝尊、查慎行后二十馀年，杭世骏、厉鹗起而振之。及两人殂谢，嗣音者少。锡麒诗才超越，直继朱、查、杭、厉之后。京师钓鱼台桃花，崇效、极乐、法源三寺海棠、牡丹、菊花，澄怀园、净业湖荷花，檀石桂花，皆称极盛。锡麒喜游，必有诗纪之。尤工骈体文，吴鼒选四六与邵齐焘、王太岳、刘星炜、袁枚、洪亮吉、孙星衍、孔广森称八家。晚养疴江上，四方乞诗文者，屦户外满。著有有正味斋集七十三卷，艺林奉为圭臬。高丽使至，出饼金购之。兼工诗馀，论者谓可与吴伟业、厉鹗抗衡云。嘉庆二十三年，卒，年七十三。子清皋、清鹏，能世其学。

清皋，字鸣九。嘉庆十八年举人，由内阁中书官至江西南昌府。著有壶庵遗诗二卷、骈体文二卷。

清鹏，字程九。嘉庆二十二年进士，由翰林院编修，官至顺天府丞。著有笏庵稿二十卷。

吴鼒，字山尊，安徽全椒人。嘉庆四年进士，改翰林院庶吉士，散馆授编修。八年三月，大考，以一等二名升侍读。九年，充广西乡试副考官，荐升侍讲学士。鼒所作骈体，沉博绝丽。大兴朱珪爱其文，谓合任昉、邱迟为一手。奏御文字，多命其属稿，故其名达于九重。诗以韩、孟、皮、陆为宗，斗险盘空，句奇语重，五言长古尤足以推倒一世。晚以母老告归，主讲扬州，寓红桥之西园曲水，与其乡人士酣嬉文酒，跌宕林泉。道光元年，卒，年六十七。著有夕葵书屋集。

乐钧，初名宫谱，字元淑，江西临川人。嘉庆六年举人。钧秀气孤秉，少日喜为骈俪之文。嗣之京师，游吴越，无所遇。家贫，奉母侨江淮间。南城曾燠招寓题襟馆中，由是所学日进。诗古文辞，务追古人不传之隐。燠尝谓钧所长不惟诗，诸体之文，靡不绮丽。然其为诗，每惊侪辈。尝赋绿春诗二十章，又续赋三十章。江西诗家，蒋士铨后，推乐钧及吴嵩梁两人，同为翁方纲弟子。论者谓嵩梁诗名盛于钧，然不如钧多内心云。著有青芝山馆诗文集。

刘嗣绾，字芙初，江苏阳湖人。协办大学士于义玄孙。嘉庆十三年，会试第一，试卷进呈，上曰："朕久知其名，可谓得士矣。"廷试，改翰林院庶吉士，散馆授编修。嗣绾少颖异，识量过人。早游京师，知名当世。通籍时，将及五十矣。年六十，丁母忧，以毁卒。为人和平安雅，见义无不为，虽屡空，宴如也。其诗及骈体文，少作多明艳，中年则以沉博排奡胜，晚更清遒骏迈，以快厉之笔，达幽隐之思。著有尚絅堂集。

吴慈鹤，字巢松，江苏吴县人。父俊，乾隆三十七年进士，官至山东布政使，著有荣性堂集。

慈鹤少随父宦游粤东、济南，所为诗规仿徐、庾、孟、韩，为时流所重。嘉庆十四年成进士，改翰林院庶吉士，散馆授编修。二十四年，充云南乡试副考官。道光二年，督学河南。五年，督学山东。生平喜游览，使车所至，山水为缘，而悉以发于诗。与彭兆荪交最契，兆荪贻书称："近日诗歌有五弊三惑，能扫弊祛惑者，厥惟慈鹤。"又言："慈鹤诗莹澈灵府，发辉高致，经万辟千灌而成纯钩，由声闻缘觉而入悲智。"推挹甚至。所作骈体文，亦不亚于兆荪。官至翰林院侍讲。道光六年，卒，年四十九。所著有兰鲸录、凤巢山樵、求是录、岑华居士外集。

黄景仁 吴嵩梁

黄景仁，字汉镛，一字仲则，江苏武进人。四岁而孤，伯兄继卒，家甚贫。母屠督之读，所业倍常童。常熟邵齐焘主讲常州龙城书院，与同郡洪亮吉偕受业焉。邵卒，闻秀水郑虎文贤，谒之于杭州，郑爱异之。居月馀，泫然辞曰："景仁无兄弟，母老家贫，居无所赖。将游四方觅升斗为养耳。”乃为浪游，揽九华，涉匡庐，泛彭蠡，历洞庭，登衡岳，观日出，过湘潭，酹酒招魂，吊屈原、贾谊，作浮湘赋以寄意，悲慨伤怀。时湖南按察使定兴王太岳故名士，负其才，及见心折，每有所作，必持质黄秀才定可否。自湖南归，诗益奇肆。大兴朱筠督学安徽，招入幕。三月上巳，为会于采石矶之太白楼，赋诗者十数人，景仁年最少，着白袷，立日影中，顷刻数百言，遍示座客，咸辍笔。时八府士子以词赋就试当涂，闻学使者高会，毕集楼下，至是咸从奚童乞白袷少年诗竞写，一日纸贵焉。

生平于功名不甚置念，独憾其诗无幽并豪士气，尝蓄意欲游京师。乾隆四十一年，上东巡，召试名列二等，以武英殿书签例得主簿。时陕西巡抚毕沅见都门秋思诗，奇其才，速其西游，厚赀之，乃由西安入都，入赀为县丞。寓京师法源寺，铨有日矣，为债家所迫，抱病逾太行，出雁门，将复游陕，次解州，病殆，卒于河东盐运使沈业富署，年三十五。友人洪亮吉持其丧以归。景仁体羸长身，伉爽，性高迈，好游，尽观江上诸山水。每独游名山，经日不出，值大风雨，或瞑坐崖树下，牧者见之以为异人。诗宗法杜、韩，后稍稍变其体为王、李、高、岑，卒其所诣，与李白最近。乾隆间论诗者，推为第一。曲阜桂馥以宋铸“山谷诗孙”铜印赠之。骈体文绝似六朝，工书，擅山水，皆极古质。晚号鹿菲子。著两当轩诗文集、竹眠词，凡二十二卷。

子乙生，通郑氏礼，行不违其言。早卒。

吴嵩梁，字兰雪，江西东乡人。嘉庆五年举人，由内阁中书官贵州黔西州知州。诗才与黄景仁埒。弱冠入都，王昶、翁方纲、法式善盛相推重，自是遍交海内名士，未有或先之者。袁枚自负其盛，亦心折其诗。江西自明以来，称诗者众，而无卓然杰出号大家者。自蒋士铨后二十馀年，嵩梁继之，体沿六朝而规格则似唐之温、李，其清婉处又与长庆为近，而下匹吴伟业。日本贾人卖其诗扇首，得四金；高丽使臣得其所著诗，称为“诗佛”，因筑一龛供之，傍种梅花万树。其见重如此。道光十四年，卒，年六十九。著有香苏山馆诗钞。

祁韵士 许鸿磐

祁韵士，字鹤皋，山西寿阳人。乾隆四十三年进士，改翰林院庶吉士，散馆授编修。五十五年，擢右春坊右中允。逾年，大考翰詹，改户部主事。荐升郎中，充宝泉局监督。嘉庆九年，局库亏铜事觉，遣戍伊犁。未几，赦还。韵士颖特，善属文。自幼喜治史，于疆域山川形胜、古人爵里姓氏，靡不记览。少馆于静乐李氏，李氏多藏书，韵士寝馈凡五稔，益博洽。

在翰林时，充国史馆纂修官，时奉旨创立蒙古王公表传，韵士通核立传体例，计内札萨克四十九旗，外札萨克若喀尔喀土谢图汗、〔一〕车臣汗、札萨克图汗、赛音诺颜，若青海，若阿拉善，若土尔扈特，多至二百馀旗，以至西藏及回部，均应立总传、分传。羌无故实，文献莫征，虽有钞送旗册，杂乱纠纷，即人名难卒读，无可作据，乃悉发大库所藏红本，督阅搜稽，凡有关于外藩事迹者，概为检出，以次覆阅详校，每于灰尘坌积中，忽有所得，如获异闻。积累既久，端绪可寻。于是按各部落条分缕析，人立一传，必以见诸实录、红本者为准。又以西北一带山川疆域，必先明其地界方向，乃以皇舆全图为提纲，其王公等源流支派，则核以理藩院所存世谱，订正无讹，如是者八年，而书始成。即今著录四库之钦定外藩蒙古部王公表传也。又撰藩部要略十八卷，先以年月日编次，条其归附之先后、叛服之始终、封爵之次第，以为纲领。盖传仿史记而要略仿通鉴。武进李兆洛序之，谓如读邃皇之书，睹鸿濛开辟之规模云。

及戍伊犁，则创纂伊犁总统事略。厥后大兴徐松再事纂修，将军松筠以其书奏进，赐名新疆事略。韵士又别山川疆里为西域释地一卷、西陲要略四卷，条分件系，考古证今，简而能核，盖生逢圣代，当敷天砥属之时，阅历万里，如履闺闼，固非昔人潜行窃睨、依稀影响者所能及也。韵士性耿介，不与时为俯仰。同时朱珪、王杰、阿桂、纪昀等，皆器重之。戴衢亨、那彦成、松筠尤服其才识，有大事必咨断焉。其充宝泉局监督也，故事，交卸凭册，籍不盘，盘有期。韵士不及盘期而案发，故得罪。及赦还，一以著书授经为事。二十年，卒，年六十五。他著万里行程记、己庚编、书史辑要、珥笔集、袖爽轩文集、覆瓿诗集、濛池行稿、西陲百咏、访山随笔。

子寯藻，大学士；宿藻，江宁布政使；自有传。

许鸿磐，字渐逵，山东济宁州人。少负俊才，博涉群籍。乾隆四十六年成进士，官指挥，改安徽同知，擢泗州知州。所至有声。公暇即著书，尝作方舆考证一书，谓方舆一途，不博考于古则无本，不切证于今则无用，不洞悉郡县沿革，名同而实殊，则不免南北移向，山川易位。向欲用顾氏方舆纪要作底本，然细阅之，其援引历代之事，悉据通鉴而不据正史，且不免疏漏舛错之处，金元事迹，尤属略而不详。因更阅二十一史，旁采群书，自立门户，于是以禹贡为祖，下逮诸史地理志、水经注、元和郡县志、太平寰宇记、元丰九域志、元一统志等书，以考诸古；以皇朝一统志为宗，旁及两京、十八布政司各通志、水道提纲、行水金鉴等书，以证诸今。凌廷堪尝谓人曰："海内舆地之学，以鸿磐为第一专家。其会通今古精审之处，不减梅磵、戴敦元。"尝与江藩共观其书，叹曰："鸿磐曾官指挥，当时以俗吏目之，失鸿磐矣。"钱林亦谓其书"善言地理，胡渭、顾祖禹之亚也"。又著有雪帆杂著一卷、尚书札记稿四卷、六观楼遗文二卷。

【校勘记】

〔一〕外札萨克若喀尔喀土谢图汗　原脱"若"字。今据耆献类征卷一三二叶三下补。

章学诚　章宗源　吴兰庭　叶维庚

章学诚，字实斋，浙江会稽人。乾隆四十三年进士，官国子监典籍。性耽坟籍，不甘为章句之学。从山阴刘文蔚、童钰游，习闻蕺山、南雷之说，言明季党祸缘起、奄寺乱政，及唐鲁二王本末，往往出于正史之外。秀水郑虎文称其有良史才。〔一〕自游朱筠之门，筠藏书甚富，因得遍览群书，日与名流讨论讲贯。尝与休宁戴震、江都汪中同客宁绍台道冯廷丞署，廷丞甚敬礼之。震论修志，谓悉心于地理沿革，则志事以竟；侈言文献，非所急务。阳湖洪亮吉尝撰辑乾隆府厅州县志，其分部乃以布政司分隶厅州县，学诚均著论相诤。所修和州、亳州、永清县诸志，论者谓是非斟酌，非兼才学识之长者，不能作云。所自著有文史通义八卷、校雠通义三卷。其中倡言立论，多前人所未发。大抵推原官礼，而有得于向歆父子之传，故于古今学术之原，辄能条别而得其宗旨。自谓卑论仲任，俯视子玄，未免过诩，然亦夹漈之伯仲也。又著有实斋文集。

章宗源，字逢之，顺天大兴人，祖籍浙江。乾隆五十一年举人。聪颖好学，积十馀年，采获经史群籍传注，辑录唐宋以来亡佚古书，盈数笈，撰隋书经籍志考证，其稿已佚，仅存史部五卷。

吴兰庭，字胥石，浙江归安人。乾隆三十九年举人。稽古读书，多所纂述。凡地理、职官、沿革、建置，钩稽探索，尽得其条贯，为章学诚及嘉定钱大昕所推重。尝以宋吴缜著有五代史记纂误，因更取薛居正旧史参核，益以昔贤绪论，并时人所正及者，录而次之，其已具薛史考正及通鉴考异者，概不复及，为五代史记纂误补四卷，附录系之；又取薛史、新旧唐书、宋史、辽史，并短说杂记，及五代时事，而语歧出者，别为五代史记考异。同邑丁杰邃于经，兰庭熟于史，故一时有"丁经吴史"之目。少以文名吴越，壮游燕赵，多苍深清健之作。年六十馀，流寓京师，与仁和吴长元齐名，时号"二吴"。嘉庆元年，与千叟宴，赐御制诗集、杯、缎、藤杖，时人荣之。他著又有考订宋大中祥符广韵、读通鉴笔记、南雪草堂集。

长元，字太初，著有宸垣识略十六卷。

叶维庚，字雨坨，浙江秀水人。嘉庆十九年进士，改翰林院庶吉士，散馆授知县。历任江西新喻，江苏宝应、江阴县知县，擢泰州知州。在宝应时，高家堰堤工为风所破，黄水挟淮而下，维庚计请帑不及，立捐备馍饼芦席，自乘舟按视，随宜给发，全活无算。肆力史学，有所疑，逢人辄问。著有纪元通考十二卷，又三国志地理考、钟秀山房诗文集。

【校勘记】

〔一〕秀水郑虎文称其有良史才 "虎"原误作"炳"。今据本卷黄景仁传云"秀水郑虎文贤"改。按郑虎文，字炳也。耆献类征卷四二〇叶五一上不误。

冯敏昌 赵希璜 李符清 莫元伯

冯敏昌，字伯求，广东钦州人。年十二，补诸生。乾隆四十三年进士，改翰林院庶吉士，散馆授编修。四十九年，充会试同考官。大考，改官主事，补刑部河南司主事。性至孝，除夕前一日，闻父丧，痛不欲生，大雪严寒，已徒跣竟日矣。翁方纲责其伤生非孝，乃稍抑哀。及丁内艰，庐墓六年，遂不复出。尤笃于师友，在都闻秀水钱载讣，痛哭啜粥数十日，后复哭于墓。张锦芳卒，悬其所画松为位，哭至咯血。

生平遍游五岳，足迹半天下。尝登岱，至绝险处，擘窠书"冯敏昌来游"。庐阜观瀑布，抵华岳攀铁纤，跻嶂峡，大镌"苍龙岭"三字其上。在河阳时，亲历芒砀、王屋、太行诸山，条其疆域。又以北岳去孟县不千里，骑骏马直造曲阳飞石之巅，穷雁门长城而返。最后宿南岳庙，升祝融诸峰，观云海。故其诗牢笼百态，包罗万有，尝论诗曰："诗者心声也，高下抗队，啴缓焦杀，各有一偏。惟天地之中声，〔一〕流于人心而发于诗，其中声必有元气。

诗者元气所为，非一切区区格调之谓。能知元气之鼓万物者之谓大家。”其诗由昌黎、山谷，上追李杜。粤东自曲江后，诸子或存偏方之音，惟敏昌力追正始，岿然为一大宗。古文受之朱筠、钱大昕。性嗜金石，阳湖孙星衍、阶州邢澍撰寰宇访碑录，尝就订正。前后主讲端溪、越华、粤秀三书院，学者称鱼山先生。著有孟县志、华山小志、河阳金石录、小罗浮草堂诗钞文钞、师友渊源集。

赵希璜，字渭川，广东长宁人。少读书于罗浮山，嘘吸云烟，故其诗无尘土气。受知于学使李调元，补诸生。与顺德黎简友善，日相酬答。乾隆四十四年举人。官河南安阳县知县，有“仙吏”之目。时县志久未修，希璜延偃师武亿与之商榷，考据经史，旁求金石，为图、表、志、传、记凡十四卷，录凡十二卷。河间纪昀极推重之，谓其体例多合古法，而末所附金石录，尤精确云。著有四百三十二峰草堂诗钞。

李符清，字仲节，广东合浦人。乾隆四十八年举人，选直隶满城县知县。簿书之暇，辄偕邑人士登山赋诗，寻宰天津，两宰获鹿，皆有声。卒官开州知州。符清诗思俊逸，迥出尘表。性豪迈，喜交游，爱书画，所藏有杜少陵赠卫八处士诗墨迹，因署所居曰宝杜斋。著有海门诗钞。

莫元伯，字台可，广东高要人。乾隆四十四年举人，官番禺训导。工诗，与冯敏昌、张维屏相唱和。诗品清真，五言近陶，时臻独到。性狷而和，负笈其门者，岁尝数百人。或以非义干，辄毅然拒之。每春秋佳日，招友人登临览观，衔杯赋诗。廉俸所入，营甘旨以奉九旬老母，馀悉以周贫乏。喜读史，以学行闻于时。著有柏香斋诗钞。

【校勘记】

〔一〕惟天地之中声　“地”原误作“下”。今据耆献类征卷一四七叶三一下改。

法式善

法式善，字开文，蒙古乌尔济氏，〔一〕隶内务府正黄旗。乾隆四十五年进士，改翰林院庶吉士，散馆授检讨，擢司业。五十年，高宗纯皇帝临雍礼成，赏赉有差，移左庶子。本名运昌，命改今名，国语言竭力有为也。五十一年，迁侍读学士。五十六年，大考不合格，左迁工部员外郎。次年，大学士阿桂荐补左庶子。五十八年，升祭酒。以读书立品，勖诸肄业知名之士。一时甄擢，称为极盛。嘉庆四年，坐言事不当，免官。俄起编修，迁侍讲，寻转侍读。七年，迁侍讲学士，会大考，复降赞善，俄迁洗马。十年，升侍讲学士。坐修书不谨，贬秩为庶子。在馆纂皇朝文颖，复纂全唐文。旋乞病，家居养疴。法式善官至四品，即左迁。名盛数奇，似有成格，顾泊如也。

所居在地安门北明西涯李东阳旧址也。背城面市，一亩之宫，有诗龛及梧门书屋，室中收藏万卷，间以法书名画，外则莳竹数百竿，寒声疏影，翛然如在岩谷间。时海内称诗者，多追逐于沈德潜、袁枚两家，法式善独无所倚毗，用王士祯三昧之说，主王、孟、韦、柳，性极平易，而所为诗则清峭刻削，幽微宕往，无一语旁沿前人。居翰林时，凡官撰之书，无不遍校，因是所见益博。

所撰清秘述闻、槐厅载笔，详悉本朝故事，该博审谛。尤喜奖藉后进，得一士之名，闻一言之善，未尝不拳拳也。海内名流投赠诸作，辄投诗龛中，作诗话；复取诸师友诗，略以年代编次，为湖海诗六十馀卷。又著有存素堂诗集三十八卷。十八年，卒，年六十二。

【校勘记】

〔一〕蒙古乌尔济氏　原脱“乌”字。今据耆献类征卷一三二叶九上补。

汪学金　杨伦

汪学金，字敬箴，江苏镇洋人。乾隆四十六年一甲三名进士，授翰林院编修。五十一年，充江西乡试副考官。寻以艰归。嘉庆四年，召修纯庙实录，擢中允。五年，升侍读，充文渊阁校理、日讲起居注官。上在潜邸，知其能诗，至是召对乾清宫，称“好学问”者再，荐升左庶子，以病乞归。学金生而颖奇，八岁能诗，十二随父廷玙之闽学政署。朱珪见其文，曰：“此子笔有仙才。”廷玙因命师事珪。其为学儒修禅悦，两相融浃。尝谒珪安徽抚署，侍谈匝月归。珪曰：“何所闻而来，何所见而去耶？”曰：“所见大进，一谈一笑，无非天理。”性廉介，而好为利济功德。诫二子曰：“毋虐取，失先人之宽厚；毋奢用，改先人之清白。”晚岁营静崖，小筑水竹弯，环梵磬龛灯，俨然世外。尝谓年已半百，享受无几，尽此长物，藉结善缘云。著有井福堂文稿十卷、〔一〕静崖诗初稿十二卷、后稿十二卷、续稿六卷，辑娄东诗派二十八卷。

杨伦，字西禾，江苏阳湖人。乾隆四十六年进士，官广西荔浦县知县。伦博极群书，早传声誉。生平论学，以不欺为本，德气温醇，望而知为儒者。晚主讲江汉书院七年，门下多尊信之。诗得力于少陵，与孙星衍、洪亮吉、徐书受辈唱酬最富。所著杜诗镜铨二十卷，王昶谓其能照见古人心髓，足与朱鹤龄相上下。时袁枚论诗，不分唐宋，伦谓"高升卑降，系于世风。学者当戒歧途、慎趋向，唐宋不分，其论殆未公"云。有九柏山房集。

【校勘记】

〔一〕著有井福堂文稿十卷　"文"下原衍一"集"字。今据耆献类征卷一三二叶一九上删。

师范　袁文典　周于礼

师范，字端人，云南赵州人。乾隆三十九年举人，官安徽望江知县。生有异才，于书无不窥，下笔千言立就。法式善称其负声若折铁，抽笔如缫丝，时以为笃论。尝侍父石碑场大使署中，题咏甚多。去后，人竞宝之。性果毅，任事指陈古今，洞中机要，尤熟于水利、边防。官望江时，以整励风俗为己任。搜刻望江诸先辈遗文，以风后进。事上不受贬屈，总督委员过境索需，范面呵之，又杖藩司厮役之不法者。邑有大狱，多所矜全。喜诱掖后进，与诸生讲学，朝夕不倦。四方之士，以文字就正者无虚日。在任八年，公明慈惠，甚著贤绩，士民讴歌之。以疾乞归，旋卒于官舍。家无馀财，惟存书籍千卷。所著滇系百卷，刘开谓为西南不可无之书。又有金华山樵诗文集。

袁文典，字仪雅，云南保山人。官广西州学正，以母老乞养归。文典端品绩学，所为诗，问津少陵，气格高卓，时多杰作，小诗尤有远神，青浦王昶甚称之。尝与弟文揆搜集滇南诗文，自汉迄国朝，为诗略、文略八十馀卷，论者谓为三迤、六诏文献功臣。所自著曰陶邨诗钞。

周于礼，字绥远，云南嶍峨人。乾隆十六年进士，改翰林院庶吉士，散馆授编修。二十三年，充会试同考官。二十四年，充四川乡试副考官，寻迁御史。二十五年，充四川乡试正考官。三十一年，充会试同考官。荐升至大理寺少卿。三十九年，充顺天乡试同考官。性明敏，在谏垣时，言皆持大体。及官大理，决狱必准情法，多所平反。耽吟咏，尝与诸名士题画碧桃白头翁，援笔立成，座客叹服。书法东坡，文章简质有法度，所居听雨楼，藏宋元真迹尤多，尝取褚、颜、蔡、苏、黄、米六家，勒于石。著有敦彝堂集。

宋大樽　朱彭

宋大樽，字左彝，浙江仁和人。乾隆三十九年举人。弱岁，刲股愈母疾，终身不治生，让财其弟。尝为国子监助教，以母老引疾归。居乡里，凶年煮粥活人，隆冬施衣絮，倡义学，入贫苦子弟，置水器御灾，纤悉为之。治天文占验及形家言，又善鼓琴，然非其好也，所好者独为诗。于东南诸名胜，若天台、雁宕、黄山之属，无不穷探深入，意欲精其诗以成名。中年专学太白，有逸气，晚更追汉魏而上之。尝言孔氏之门，如用诗，则汉之古歌辞升堂，十九首入室，廊庑之间坐陶杜。人韪其言。青浦王昶称其诗扫净一切，足使李沧溟辈变色失步，惟五言近体迪功灵一，稍堪把臂。晚年归老西湖，一日湖楼晨起，呼肩舆游龙井，舆人至，已端坐而逝，如蜕化然。著有茗香诗论、学古集、牧牛村舍诗钞。

朱彭，字青湖，浙江钱塘人。岁贡生，即以诗称于时。阮元视学浙江，与谈名物掌故，皆有所得。嘉庆元年，诏举孝廉方正，郡县以名闻，固辞不就。家素贫，著书不辍，征文考献，为武林谈薮、南宋古迹考，皆毁于火，乃益刻励，为吴越古迹考、南渡寓贤录、书画所见集，杭自厉鹗、杭世骏后，诗不振者数十年，彭独倡唐音，一字之疵，不惮百改。四方名士过武林者，无不出所业就正。嘉庆八年，卒，年七十三。著有抱山堂集。

杨芳灿　弟揆　徐鏶庆

杨芳灿，字蓉裳，江苏金匮人。工诗文，少即华赡，学使彭元瑞大异之。由拔贡应廷试，得知县，补甘肃伏羌县。回民田五为乱，起石峰堡，回民马称骥应之。〔一〕未发，芳灿先期募乡勇设防。会马映龙以贼谋告芳灿，立捕杀称骥，贼遽至，与映龙等登陴守五日，围解。映龙，称骥甥也。初，苏四十三之乱，狱词连伏羌人，皆大恐。芳灿请于提刑，曰："马得建馈银在苏四十三未为乱以前，与从逆者有间。"于是家属得免缘坐。及石峰堡事平，贼首张文庆子泰憾映龙泄其谋，曰："映龙故与文庆通，共助守城，欲于五日后献城也。"阿桂逮映龙至静宁，芳灿曰："映龙果欲献城，曷为以谋告？且伏羌无兵勇，皆乌合众，亦无俟五日后力始竭。"阿桂曰："彼非马得建子耶？"芳灿曰："彼固以得免缘坐，思得当以报公也。”阿桂悟，立出之狱。芳灿治县，温温若不任事。坐堂皇，讯事罢，辄手一编就几读，人笑之，而其应变敏决乃若是。以功擢知灵州。会仲弟揆授甘肃布政使，例回避，顾不乐外吏，入赀为员外郎。居户部，与修会典，公馀拥书纵读，益务记览，为词章尤工骈体。尝语其友新城陈用光曰：“色不欲其耀，〔二〕气不欲其纵，沉博奥衍，斯骈体之能事也。”诗则取法于工部、玉溪间，填词亦兼有梦窗、竹山之妙。守伏羌时，王昶统师长武，嘉其伟节，赋二律飞达重围，芳灿即有和章，并上伏羌纪事诗百韵。其整暇如此。丁母忧，贫甚，鬻书以归，主衢杭及关中书院数年，入蜀修四川通志，主锦江书院。嘉庆二十年，卒，年六十三。著有真率斋稿十二卷、芙蓉山馆诗词稿十四卷、骈体文八卷。

揆，字荔裳。生而聪颖，好涉猎史事。九岁时，塾师以“兰是众香祖”嘱对，即应声曰：“梨为百果宗。”问何出，曰：“南史张敷传也。长老异之。彭元瑞视学江左，闻其才，妻以兄子。乾隆四十五年，召试，赐举人，授内阁中书。五十五年，充文渊阁检阅，入军机处行走。五十六年，福康安出征卫藏，奏揆从行。五十八年，擢内阁侍读，旋授四川川北道。六十年，授四川按察使。嘉庆二年，授甘肃布政使。四年，调四川布政使。其从征廓尔喀时，海兰察为参赞，最知兵，闻揆谋画，辄云与我意合。任川北道时，与福康安合攻下苗寨，歼擒贼目。任四川布政时，值贼扰道梗，总督魁伦调度失宜，贼躏渡潼河，焚掠三台、中江，成都戒严，揆抚难民，诇奸宄，旬日间流亡毕集，人心以安。在蜀五年，经画雷波、马边夷务，及时蒇功。以积劳卒于官，赠太常寺卿。揆少与兄芳灿有“二难”之目。所作骈体文，沉博绝丽，下笔千言。廓尔喀平，福康安嘱为文，勒石番藏，即署揆衔名。诗初学长庆，出塞后，历日月山、星宿海诸胜异境，天开格律，亦因之而变。著有藤花吟馆诗文集、卫藏纪闻。

徐鏴庆，原名嵩，字朗斋，亦金匮人。乾隆五十一年举人，官湖北蕲州知州。初以知县投效川楚军营，历权黄梅、崇阳县事。时川陕难民聚楚境，军务倥偬，鏴庆传檄草奏，发粟赈抚，为大帅所倚重，巡抚毕沅亟称之。鏴庆为乾学后人，文笔高华，诗雄健，有少陵遗风。少游秦陇、伊凉，与杨芳灿兄弟、顾敏恒齐名。尝遇数人论诗，争唐宋优劣，鏴庆曰：“论诗只论工拙，不论朝代。譬如金玉出于今之土中，不可谓非宝也；败石瓦砾，传自洪荒，不可谓之宝也。”论乃定。所为诗不拘一格，能道其所历。著有玉山阁集，殁后，阮元刊行之。

【校勘记】

〔一〕回民马称骥应之　“回”原误作“县”。今据耆献类征卷一四七叶二四上改。

〔二〕色不欲其耀　“耀”原误作“丽”。今据耆献类征卷一四七叶二五上改。

何道生

何道生，字立之，山西灵石人。父思钧，乾隆三年进士，官翰林院检讨，尝充四库馆总校官，与宴文渊阁下，拜文绮之赐。少从姚鼐游，章学诚、顾九苞、程瑶田、汪元亮皆主其家。年六十六，卒。

道生，乾隆五十二年进士，历工部主事、员外郎、郎中，迁御史，视漕山东，出知江西九江府，以病告归。寻丁父忧，服阕，出为甘肃宁夏府知府。嘉庆十一年，卒，年四十一。道生初官工部，以习料估冠其曹。友人欲界其墙，庭有乱砖，道生蹴其砖纵横步之，曰："得矣！"及墙成而砖适尽。其敏达多类此。为御史，值仁宗亲政，言事颇施行。及官九江，地瘠俗敝，又有送迎劳，道生毁赀以成其廉，勤事以成其能。不逾年，忠信慈惠之声大著。少受经学于顾九苞，及长，从吴张埙游。善为诗。思钧持家严，非醇谨好学士，不令入门。道生以诗求友天下，与法式善、张问陶、杨芳灿等倡和，诸人皆敛手避之。一时文酒宴集，道生诗传诵尤多。长洲王芑孙尝馆其家，道生以诗质芑孙，有所讥弹，应时改定，不自满假也。其诗疏爽雄健，出入昌黎、剑南之间。青浦王昶谓山右自陈廷敬、吴雯以来，诗多清妙，其排奡则不及道生云。著有双藤书屋诗集十二卷。

高澍然　张绅

高澍然，字雨农，福建光泽人。父腾，乾隆四十二年举人，官福鼎县训导，以汉经师说训士，著有汉学愳闻二卷、古今文二卷、鷇音初集二卷。

澍然，嘉庆六年举人，官内阁中书。未几，以告归。少与同里何长诏、长载兄弟以诗歌相应和。桐城姚莹官闽时，与澍然友善。生平于世俗嗜好，一不系怀，撢稽济时之略，好治古文辞。既交建宁张绅，所学益进。四十六岁以前文，皆请绅删定，其为文体洁而气粹，不以张皇为工，致力韩文，出入必挟以行，而所得和易，乃近欧曾，于近人盛称朱仕琇。论者谓仕琇以外入，澍然以内出，其于本原殆高云。深于春秋，著春秋释经十二卷。陈寿祺称其以经求经，不苟阿三传，能一扫诸家缴绕苛细之习。他著有诗音十五卷、论语私记二卷、福建历朝宦绩录四十卷、闽水纲目十二卷、图一卷、光泽县志三十卷、韩文故十三卷、习之文读十卷、抑快轩文集七十三卷。

张绅，字怡亭，福建建宁人。诸生。少慕豪杰之行，及长，病瘵，自分必死，遂弃人事，习静三月而病已。由是折节为儒，恂恂温谨，肆力诗古文词，醇古冲澹而孕奇气。同邑李祥赓传古文业于朱仕琇，独推重绅。姚莹亦称绅文视仕琇，犹习之之于昌黎。性耽山水，所至忘返。尝浮彭蠡，游汉沔以归。所著益富。道光九年，总督孙尔准聘绅及澍然共修省志。十二年，卒。著有怡亭文集二十卷、诗集六卷。

伊秉绶 萨玉衡

伊秉绶，字组似，福建宁化人。父朝栋，乾隆三十四年进士，官刑部主事，由御史五迁至光禄寺卿。少受业于雷鋐，通程朱之学，为蔡世远所称。卒，年七十九。著有南窗丛记八卷、赐砚斋诗钞四卷。

秉绶，乾隆五十四年进士，改刑部主事，擢员外郎。嘉庆三年，充湖南乡试副考官，出知广东惠州府，以吏议去官。旋授江苏扬州知府，丁忧归。二十年，服除，再至扬州，疾作，卒，年六十二。

秉绶幼禀庭训，又从阴承方游，获闻乡先正李光地、蔡世远绪论，讲求立心行己之学。工诗古文词，受知于朱珪，纪昀亦甚器重之，延课其孙。初入刑曹，为阿桂所赏，试任以综核秋谳。守惠州，惩治豪猾，减海盗胁从死罪，建丰湖书院，课诸生以小学、近思录，民争颂之。尝修朝云墓于苏文忠祠，沼中得"德有邻砚"，人谓文忠以贶贤守者。博罗陈烂屐四谋倡乱，秉绶知之，屡请于总督，乘其未发时，以兵掩捕，提督阻其行，乱遂作。秉绶愤恚陈状，触总督怒，谪戍军台。惠人号诉乞还者，千百不能得。方在诏狱时，人皆为之忧危，秉绶洒然若无事。东坡生日，招宋湘诸名士设祀堂中，赋诗饮酒极欢，时叹其无升沉得失之念。会总督自裁，新督倭什布以状闻，上知其冤，免遣。在扬州时，值淮南大水，亲历高邮、宝应诸县，率属赈贷，锱铢必核，吏无所容其奸。复劝富商巨室捐输六万馀金，邑各置粥厂四，存活甚众。北湖有汤家泮者，盗薮也，毒害商民，汛兵莫敢谁何。秉绶檄县悬赏，严捕惩巨魁数人，馀党骇散。其再至扬州也，寓黄氏园，与一时名流倡和，人得其一诗一字，奉为至宝。卒后，扬人感其德，附祀宋欧阳修、苏轼及国朝王士祯三贤祠中。秉绶政事文学，皆卓有表见，尤服膺宋五子书。性孝，营秋水园供母游憩，未成，母卒，改为家塾。家居，凡有利桑梓者，率力为之；又捐义田二百石，以赡族人。工分隶，与同时桂馥齐名。所著有留春草堂诗七卷，又有坊表录、攻其集、修齐正论。

萨玉衡，字檀河，福建闽县人。乾隆五十一年举人，官陕西洵阳县知县。值剧贼薄城火攻，救援不至，玉衡与其长子宗甫竭力守御，相持七昼夜，贼竟去。已而总督坐失机罪，玉衡亦以贼越河论戍,后援赎免归。玉衡工诗,沉雄瑰丽,不亚于吴伟业、朱彝尊。闽中自明林鸿以后,世称闽派。入国朝,则黄任、伊秉绶诸人先后争长坛坫,玉衡颉颃其间,自辟途径,足以震扬一代。同县陈寿祺称其诗尤为雄特,又言其入秦以后诗,无怨尤语,得温柔忠厚之旨。玉衡故酒狂,然天真夷旷,博闻强记,尝著经史汇考八卷、小檀弓十二卷,傅子补遗、续郑荔乡全闽诗话、金渊客话、曲江杂录,后毁于火,有白华楼诗钞四卷。

黎简　张锦芳　张锦麟　黄丹书　胡亦常　吕坚　李士桢

黎简,字简民,广东顺德人。十岁能诗,归里益肆力于古,与同邑张锦芳、黄丹书,番禺吕坚交,名日起。益都李文藻令潮阳,见其诗曰:"必传之作也。"造访之,劝令出试,学使李调元得其拟昌黎石鼎联句诗,大诧异,拔补弟子员,因又号石鼎。逾十载,膺选拔。寻丁外艰,得气虚疾,故足不逾岭,所居曰百花村,有亭曰众香阁、曰药烟。简徘徊其间,视花鸟若友朋,以笔墨为耒耜。海内词人想望丰采,名流来粤者,咸折节下之。简故自慎,不轻作应酬。浙人袁枚负盛名,探罗浮至粤,介所素习者为招,简答书却之。性好山水,屡入朱明洞天,穷其幽胜。朋侪罕当意者,惟与德清许宗彦、无锡孙尔准最契。其诗由山谷入杜,而取练于大谢,取劲于昌黎,取幽于长吉,取艳于玉溪,取僻于阆仙,取瘦于东野,锤凿锻炼,自成一家,似非经营惨淡,不能成一语者。顾才思绝敏,无论长篇短什,援笔立就。为文杂庄骚,不屑八家轨范。嘉庆四年,卒,年五十二。所著有五百四峰草堂诗文钞二十五卷、药烟阁词钞一卷、芙蓉亭乐府二册。

张锦芳，字粲光，亦顺德人。乾隆五十四年进士，改翰林院庶吉士，散馆授编修。锦芳魁梧倜傥，然事亲能测意指，恭畏爱慕，常若童稚，昆弟相依为命。学问博洽，敦崇经术、通说文，喜金石文字，于诗所诣尤深。与钦州冯敏昌、同邑胡亦常称“岭南三子”。论者谓其可接武曲江，在京闻伯兄讣，乞假归养，行抵江西覆舟，两手急持王元章墨梅及旧端砚，馀不暇顾也。其雅癖如此。年四十七，卒。著有南雪轩文钞二卷、逃虚阁诗钞六卷、南雪轩诗馀一卷。

张锦麟，字瑞光，锦芳弟。乾隆三十三年举人。幼绝慧，有隽才。十岁，通经能诗，以“碧天如水雁初飞”句得名，时呼为“张碧天”。及长，性孤介，与锦芳并为大兴翁方纲所赏，有“双丁两到”之目。其诗标新领异，不拾人间唾馀，而无不合于古。又与同邑胡亦常齐名，所作太白楼诗亦相伯仲。南园以后，诸子视之，蔑如也。著有少游草。年二十九，卒。

黄丹书，字廷授，亦顺德人。天姿秀颖，读书过目不忘。年十三，应童子试，辄冠其曹。学使李调元见其诗，叹曰：“抗风轩之不坠，其在丹书辈乎！”贡优行，廷试归，筑听雨楼隐居养亲，若将终身。居本生父忧，哀号终夜，恒失声。服阕，犹素衣疏食。乾隆六十年，举于乡，会试后，朝贵争延之，辞不就。语人曰：“贫与富交则损名，贱与贵交则损节。”大兴朱珪抚粤，尤加器重。晚官教谕，所学弥粹，士林尊之。兼工书画，时称“三绝”。著有鸿雪斋诗钞八卷、文钞一卷、胡桃斋诗馀一卷。

胡亦常，字同谦，亦顺德人。抗志希古，不欲为一乡一国之士。年二十五，即以诗名。乾隆三十六年举人，入都后，交钱大昕。既下第，南归，与休宁戴震同舟，手录震所著书，将刊之，致书大昕，欲壹志于经术。以多啖瓜果解渴，得胃寒疾，抵家病卒。亦常性至孝，父杰殁时，亦常年尚少，即能刻厉以殖其学。事母何，有郭外田数十稜，最其岁入，悉以奉母甘旨，亦常终岁餍粗粝。所为诗妙悟天成，能于南园诸子外，自成一家。著有赐书楼诗集。

吕坚，字介卿，广东番禺人。岁贡生。性兀岸自异。家贫，箪瓢屡空，笑傲自若。益都李文藻见其诗，奇之。朱珪莅粤，坚与黎简尤见称许，顾蹭蹬名场，老而不遇。所为诗文，幽艳陆离，奇情郁勃，不肯作一常语。著有迟删集六卷。

李士桢，字广成，亦番禺人。嘉庆六年，拔贡生。少负异才，朱珪尝以国士期之。工诗，与黎简游，简以为畏友。其诗镂刻心肝，不肯作一庸语。骈体文亦为吴慈鹤所称。家贫，糊口四方。惠潮嘉道胡克家延之幕府。著有青梅巢诗钞、青梅巢外集。

张问陶

张问陶，字仲冶，四川遂宁人。大学士鹏翮玄孙。乾隆五十五年进士，改翰林院庶吉士，散馆授检讨。诏选翰詹三十人，各书扇五柄，又选十二人分书养心殿屏，问陶皆与焉。嘉庆五年、六年，两充顺天乡试同考官。迁御史，有直声。寻改吏部郎中。十四年，充会试同考官，旋出为山东莱州府知府，与上官牴牾，遂乞病。游吴越时，往来大江南北。十九年，卒于苏州，年五十一。问陶幼有异禀，读书过目成诵。所为古文辞，奇杰廉劲，同时名辈皆敛手下之，而于诗尤工，尝作宝鸡题壁诗十八首，指陈军事，得老杜诸将之遗，一时传诵焉。在都，与洪亮吉、罗聘相唱和无虚日。后往见袁枚，枚谓之曰："所以老而不死者，以未见君诗耳。"其推重如此。书法险劲，画近徐青藤。著有船山诗文集，论者谓国朝二百年来蜀中诗人，以问陶为最。

兄问安，字亥白。乾隆五十三年举人。性孝友，澹于荣利。家居奉母，图史自娱。诗才超逸，与问陶有"二难"之目。著有小琊嬛诗集。

叶继雯　喻文鏊　陈诗

叶继雯，字桐封，湖北汉阳人。乾隆五十五年进士，官内阁中书。嘉庆三年、五年，两充顺天乡试同考官。六年，充山东乡试副考官，转宗人府主事。荐升户部郎中，掌山东道监察御史。擢刑科给事中，以事左迁员外郎。寻卒。继雯以孝行著，亲殁，哀毁尽礼，庐墓三年。扶母柩南归，至韩庄闸溜击舟裂，抱柩大号，声振河岸。既遇救，须发尽白，环观数千人，皆嗟异。居忧时，园树经年不华，及释服，枯木重荣，巢燕互乳，汉水澄清弥月，人以为孝应。生平绩学嗜古，深于三礼。官内阁时，进奉文字多出其手，为阿桂所赏识，大学士王杰、刘墉咸倚重焉。历充会典馆、玉牒馆纂修官，先后在馆二十馀年，于掌故尤谙悉，尝撰毓庆宫联句序，称旨，上奖异，以比彭元瑞，赐文绮。又拟进敕越南国王文，上曰："此必出叶继雯。"其典试山东也，副刘凤诰以行。上尝召见凤诰语之曰："副汝典试者，叶继雯也，是好翰林。"闻者荣之。诗纵横跌宕，集选、集杜、集苏诸作，尤极才人能事。著有笳林馆诗集、读礼杂记、朱子外纪。

喻文鳌，字冶存，湖北黄梅人。贡生。官竹溪县教谕。少嗜诗，长益力学。既复遍游江、淮、齐、鲁，归而诗愈工。所为诗纵横变化，不可方物。秦瀛、初彭龄亟赏之，黄冈王銮谓文鳌曰："君诗远宗汉魏，近亦取法盛唐。"萍乡刘凤诰尝携其集至塞外，同戍者见之，狂喜。远近奔走聚观，争相购致。高丽人尤重其诗。兼工古文，奇崛处得力昌黎。集中论保甲乡勇、论社仓利病、说吏、说民诸篇，皆深悉原委。总督耳其名，嘱友人招致之，力辞不赴。年七十二，卒。著有考田诗话、红蕉山馆诗文钞。

陈诗，字观民，湖北蕲州人。乾隆四十三年进士，官工部主事。学问醇博。尝著质疑录，自天神、地祇、人鬼，以至道释、鬼神，一一考其原委，以诗文附之。又有姓氏书，以姓为经、氏为纬。宋韵合钞取广韵、集韵合为一编，而以三十六字母次第之。又著有湖北旧闻，湖北文载、诗载、丛载，历代地理志汇纂等书，专记山川沿革，尝与章学诚修湖北通志。其学具有渊源，暝读晨钞，罔间寒暑。工诗，严于格律，骎骎入古。乞养归，不复出，主楚北书院数十年，士咸宗之。叶继雯、喻文鳌尤为推服。又著有大桴山人诗文集、四书类考、四书人物考、事类丛钞、朱子年谱、六律正、五音考、历代纪元闰朔考、史外丛谈、敬远录。

石韫玉

石韫玉，字执如，江苏吴县人。乾隆五十五年一甲一名进士，授翰林院修撰。五十七年，充福建乡试正考官。旋奉命提督湖南学政。嘉庆元年，充日讲起居注官。三年，入直上书房。寻出为四川重庆府知府，兼护川东道，宽明敏断，有循绩。五年，贼过嘉陵江，将犯重庆。韫玉严兵防守，尝率精兵击贼于土沱，诛其渠。又立团练法，习技勇，分班训练，更番休息。有警一呼即至，境内遂安。

经略勒保知其才，调使赴营。时贼方议聚川、陕、楚三省间，其渠樊人杰，别为十号，分路肆掠。廷议用兵歼一股尽，再剿他贼。韫玉谓勒保曰："今兵仅三路，而贼股至数十，若专剿一股，〔一〕馀无兵掩捕，势且益炽。为今计，莫若分兵四出，有一股贼，即以一路兵迎捕，使无暇劫掠，贼不得食，当自溃。"勒保曰："善。"即嘱草疏陈之。七年三月，始定分兵策，兼用坚壁清野法，作守砦方略十二则，檄行川东北。自是贼渐解，次第就僇。先后奉旨加道衔，赏戴花翎。十年，擢陕西潼商道，值岁荐饥，晋尤剧，石米值金十七两，〔二〕或请遏粜。韫玉曰："晋人亦朝廷赤子，吾不能坐令饥馁。"遂纵之，晋人得食，关中人亦获厚利。在任四月，擢山东按察使。时宁陕新兵滋事，韫玉入觐，召见，言必及军务。事葳，一如所陈奏。后以事被劾革职，仁宗念川省军营劳绩，〔三〕赏给编修。以足疾乞归。

生平律身清谨，未达时，见"得罪名教"书，即焚之。家置一纸库，名曰"孽海"。然性和易近人，不立崖岸。所为文贯串古今，尤长于经世之学。诗破除唐宋门户，援笔立成。著有独学庐诗文集。卒，年八十二。

【校勘记】

〔一〕若专剿一股　"股"原误作"路"。今据耆献类征卷一九五叶三〇下改。

〔二〕石米值金十七两　“两”原误作“八”。今据耆献类征卷一九五叶三一下改。

〔三〕仁宗念川省军营劳绩　“营”原误作“务”。今据耆献类征卷一九五叶三二上改。

恽敬　陆继辂　继辂兄子耀遹　毛燧传　赵怀玉　董士锡

恽敬，字子居，江苏阳湖人。乾隆四十八年举人，以教习官京师时，同郡庄述祖、庄献可、张惠言，海盐陈石麟，桐城王灼，先后集京师，敬与之为友，商榷经义古文，而尤所爱重者，惠言也。会教习期满，以知县用，选授浙之富阳，锐欲以能自效，矫然不肯随群辈俯仰。大吏惮其风节，欲裁抑之，令督解黔饷，敬曰：“王事也。”怡然就道。返役，遭父丧归。服阕，选授山东平阴县知县，引见，改授江西新喻。新喻吏士素横，敬至，惩创之，人疑敬为治过猛。已，乃进其士之秀异者与之讲论文艺，断事不收声，必既其实，士民怀德畏威，翕然大变。嗣调知瑞金县，瑞金在万山中，俗好讼，素称难治。敬张弛合宜，吏民咸就约束。瑞金诸生某以富凌人，成巨案，愿进千金求脱罪，敬峻拒之。后屡邀人关说，至以万金相啖，敬曰：“吾作令以来，苞苴未尝至门。今乃有此，岂吾有遗行耶？”卒论如律。敬廉名素著，至是人益信之。以卓异荐，擢南昌府同知，然敬为人负气，矜尚名节，所至辄与上官忤。上官以其才高，每优容之，而忌者或衔次骨。最后署吴城同知，为奸民诬告家人得赃，遂以失察被劾。士大夫之贤者咸惋惜之。嘉庆二十六年，卒，年六十一。

敬少好为齐梁骈俪之作，稍长，弃去，治古文。四十后，益研精经训，深求史传兴衰治乱得失之故，旁览纵横、名、法、兵、农、阴阳家言，较其醇驳而折衷于儒术，将以博其识而昌其词，以期至于可用而无弊。会张惠言殁，敬闻之，慨然曰："古文自元明以来，渐失其传，吾向所以不多作古文者，有惠言在也。今惠言死，吾当并力为之。"先是，惠言与仁和汤金钊同讲宋儒之学，是时敬究心于黄宗羲明儒学案，有所见辄笔记之，未暇与惠言辨论往复也。及殁，敬为书与金钊，其略曰："濂、洛、关、闽之说，至明而变，至国朝康熙间而复。其变也多歧，其复也多仍。多歧之说，足以眩惑天下之耳目，姚江诸儒是也；多仍之说，足以束缚天下之耳目，平湖诸儒是也。二者如揭竿于市，以奔走天下之人。故自乾隆以来多慭置之。慭置之，非也；揭竿于市，亦非也；彼此之相詈，前后之相搏，益非也。夫所谓濂、洛、关、闽者，其是耶，其揆之圣人，犹有非是者耶？其变之仍之者，是非其孰多耶？知其是非矣，何以存其是、去其非。"盖敬尝自言其学非汉非宋，不主故常，故其说经能发前人所未发。

宜兴吴德旋谓以敬之才而循乎先圣贤之规矩绳墨，则横渠、康节之流也；其文得力于韩非、李斯，与苏洵相上下，近法家言，叙事似班固、陈寿，而敬自谓其文自司马迁而下无北面。其论文曰典，曰自己出，曰审势，曰不过乎物。论者谓国朝文气之奇推魏禧，文体之正推方苞，而介乎奇正之间者惟敬。苞之文，学者尊为桐城派，至敬出，学者乃别称为阳湖派云。所著有大云山房文稿、诗集，历代冠服图说，其治狱别有子居决事四卷。

陆继辂，字祁孙，亦阳湖人。九岁而孤，生母林氏实长而成之，尝闭置不令出外。年十七，应学使者试，识丁履恒、吴廷敬，归告母，母察之以为贤，遂纵继辂结客，先后交恽敬及庄曾诒、张琦、洪饴孙，学日进。与兄子耀遹齐名，人称“二陆”。继辂仪干秀削，读书夙成，吐辞隽婉，常倾座人。当代先达，有人伦鉴者，争罗而礼焉。嘉庆五年举人，官合肥县训导，甚得时誉。俸满保知县，以修安徽省志叙劳，选江西贵溪县，三年，以疾乞休。十四年，卒，年六十一。是时常州一郡，多志节卓荦之士，而古文巨手亦出其间，恽敬、张惠言天下推为阳湖派，与桐城相抗。继辂及董士锡所为文，亦拔戟自成一队。而继辂于诗，致力尤深。著有崇百药斋文集四十四卷、合肥学舍札记八卷。

耀遹，字劭文，继辂从子。县学生。诗酝酿深至，人亦韬精敛采，黯然可思，遇事侃侃，无所疑畏。橐笔遨游，尤长尺牍。尝客陕西巡抚朱勋幕，会教匪反滑县，命陕甘总督那彦成至河南，过长安，求士于朱，朱言耀遹知兵事，即请见，为陈机宜缓急数十事。因嘱具草以上，入奏，多见施行。道光元年，举孝廉方正，试二等，以教谕用，选授阜宁县教谕。之任百日，卒，年六十三。性嗜金石文字，随所至，搜辑摹拓，暇即伏案考证，补青浦王昶金石萃编所未备者，成续编四卷。他著有双白燕堂诗文集十六卷。

毛燧传，字洋溟，亦阳湖人。诸生。少治古文，喜先秦、太史公书，日与二三同志讲求古作者义法。武昌守张璇见其文，聘主勺庭书院。旧肄业士才数十，燧传至，岁增至数百人。楚中自大府而下，皆欲得其文以为重。尝自喜其行文，善叙事，憾不得奇节伟行书之。见人不解作寒暄语；人有过，辄面斥之。武进、阳湖县志，布政使祖之望嘱排纂嘉庆改元以来兵事，草创未竟而卒，年五十六。著有味蓼居文稿十八卷。

赵怀玉，字亿孙，江苏武进人。户部尚书申乔四世孙。乾隆三十年春，高宗纯皇帝四巡江浙，怀玉奏赋行在，四十五年，复南巡，召试，赐举人，授内阁中书。出为山东青州府海防同知，署登州、兖州知府。丁父忧归，遂不复出。李廷敬延葺宋辽史详节，阮元、伊秉绶复延葺扬州图经。后主通州、石港讲席六年，诸生极爱戴之。性坦易，胸无城府，尝自言不敢好名为欺人之事，不敢好奇为欺世之学。工古文词，持论侃侃。恽敬谓其文不惑于贵势，不率于朋友，故集中所存，无有杂言诐义、离真反正者。诗与孙星衍、洪亮吉、黄景仁齐名，时称“孙洪黄赵”。著有亦有生斋文集五十九卷、续集八卷。

董士锡，字晋卿，亦武进人。副贡生。幼就外傅，读诸经史，悉能通解。家贫，客游公卿间，南河总督黎世序知其才，聘修续行水金鉴。士锡以为傅泽洪书详于考古，略于征今；续之者宜详于征今，略于考古。如永定河之工程，今增于古几十倍，而前书未详，尤宜备载，因草例十数条以上，世序叹服。士锡因为之辑著，数载乃成。怀远令聘李兆洛修县志，未成而去，亦延士锡续修焉。少从其舅氏张惠言游，惠言以文学伏一世，士锡承其指授，于虞仲翔易义最深。赋诗词俱工，而古文尤精妙。著有齐物论斋集文六卷、赋二卷、诗八卷、词三卷、外编三卷，遁甲通变录、形气正宗赋。

吴德旋 吕璜

吴德旋，字仲伦，江苏宜兴人。诸生。自桐城方苞以古文法授刘大櫆，大櫆授姚鼐，鼐授诸弟子，益广且远，独德旋于姚鼐在师友之间。德旋名位虽不显，然同时如恽敬、陆继辂、吕璜、周凯辈，莫不拱手推重，以古文名天下几二十年。吕璜更师事之，尝以亲承指画，手纂成编，为古文绪论一卷。其论国朝诸家之文，颇有微辞，惟推服姚鼐，谓鼐之文以韵胜，时许其知言。所自喜在叙事文字，杂著及书序、记之文犹自谓不逮归、方，其自抑如此。诗亦高澹绝俗，著初月楼文钞十卷、续钞八卷、〔一〕诗钞四卷、闻见录十卷、续闻见录十卷。道光二十年，卒，年七十四。

吕璜，字月沧，广西永福人。嘉庆十六年进士，官浙江知县，累迁海防同知，时称循吏。所断千馀狱无能翻异者，民皆庙祀之。尤严于检身，尝服膺其乡先哲陈宏谋"学问须看胜我者，境遇须看不及我者"二语，以自治即以诲人。晚年归里，以古文名，大吏聘主秀峰讲席。先是，吴德旋尝受古文之法于姚鼐，璜师德旋，闻其绪论，故德旋所著初月楼稿中，与璜书论文极详。至同时朱琦、龙启瑞、王拯皆步趋德旋，及璜而益求广其术于梅曾亮，故桐城宗派流衍于广西。璜文于纡回百折之中，复有峻嶒离合之势。著有月沧小集。

【校勘记】

〔一〕续钞八卷　"续"原误作"绪"。今据中国丛书综录册二页一四六一右改。按吴德旋另有初月楼古文绪论一卷。

王芑孙

王芑孙，字念丰，江苏长洲人。乾隆五十三年，召试举人，官华亭教谕。芑孙幼有异禀，年十二三，能操觚为文。客京师、馆董诰、梁诗正、王杰、刘墉、彭元瑞家，为诸人代削草；其后充教习，又出而与馆阁之士游，故虽未挂朝籍，而朝廷有大典礼文章之事，未尝不操笔窃与其间。身短而瘠，负气甚高，不屑从谀，一介不苟取。遇公卿若平辈，或病其狂，实狷也。久困场屋，益肆力于诗古文。其诗以五言古体为最工，间与法式善、何道生、张问陶、杨芳灿辈琴歌酒赋，故为南北时望所推。尝选宋元八家以广唐宋八家，又谓元潘昂霄金石例、王行墓铭举例，所载多未备，因撰碑版广例十卷，书仿刘墉，具体而微。所自著有渊雅堂集。嘉庆二年，卒，年六十三。

舒位　王昙　孙原湘

舒位，字立人，顺天大兴人。十岁下笔成章，年十四，随父翼官粤之永福，读书署后铁云山，因以自号。安南入贡，位随父迓使者，赋铜柱诗相赠答，传诵外裔。弱冠，中乾隆五十三年举人。王朝梧之黔，聘使偕行。值南笼仲苗不靖，威勤侯勒保统兵征之，朝梧在行间，位为谕黄砦文檄，苗人识字者读之，皆哭拜，解散。勒保见而器之，恒与计军事。贼中黄囊仙者，妖女也，旗鼓最盛。时檄调云南土练有龙么妹者，年十八，美丽善战，矛枪所及，槊一毙十，黄不能军，擒归本道营，位以美言甘之，降者遂不叛。勒保欲为么妹执柯归位，位婉言却之。仲苗平，巡抚议以军府办事宾僚列请议叙，位辞，时论高之。勒保移督四川，与位约从游，时翼已殁，以母老辞，归，家吴中，以贫故恒负米湖湘间。嘉庆二十年，闻母丧，戴星而奔，不纳勺饮者弥月，遂以毁卒，年五十一。

位性情笃挚，好学不倦，于经史百家无不究，而一发之于诗。尝谓人无根柢学问，必不能诗；无真性情，即能诗亦不工。故其诗必出新意，不沿袭古法，而精力所到，他人百思不及。著有瓶水斋诗集十七卷、皋桥今雨集二卷。法式善以位与王昙、孙原湘为“三君”，作三君咏。

王昙，字仲瞿，浙江秀水人。乾隆五十九年举人。好游侠，兼通兵家言，善弓矢，上马如飞，慷慨悲歌，不可一世。尝谓其友钱泳曰：“吾死后必葬我于虎丘短簿祠侧，乞题一碣，曰‘晋故散骑常侍东亭侯五十三世孙王昙之墓’。其好奇如此。侍郎吴省钦，昙座主也，馆和珅家。时和珅方怙势，昙三上书省钦请劾和珅，不听。乾隆六十年，王以铻榜发，高宗以台官参劾，命御前进卷，别选一榜，昙名与焉。既而榜复如旧。仁宗亦素闻昙名，嘉庆六年谕军机云：“若王昙来京会试，朕欲亲见其人。”先是，昙从大喇嘛章佳胡图克图者游，习其游戏法。会川楚匪起，吴省钦荐昙精五雷法可制邪，朝士闻之，遂薄昙。因是屡踬南宫，卒潦倒以死。生平于学无所不窥，尤工骈体文，所作西楚霸王庙碑，窦光鼐叹以为二千年来无此手笔。未殁时，自为虎丘山穸室志，叙所著述三百馀卷，然多散佚，今所传者，烟霞万古楼文集六卷、诗选二卷、仲瞿诗录一卷。

孙原湘，字子潇，江苏昭文人。三四岁即知读诗，口咏指画，若能通晓。成童后，从其父镐官奉天、山西，所历名山大川，风物奇险，皆以歌咏发之。年才弱冠，名噪都下。嘉庆十年进士，改翰林院庶吉士，充武英殿协修官。假归，得怔忡疾，遂不出。历主毓文、紫琅、娄东、游文诸讲席，多所成就。视乡党疾苦，若痛在肤，有水旱赈恤事，必先为经画之。其论诗之旨，以为一人有一人之性情，无性情不可言诗，无风韵不可言诗。若徒以格律体裁，规模唐宋，则失己之本来面目，而真性情亡矣。有真性情，然后涵泳于经史百家，以为立言根柢，自然独辟町畦，足为一代正声。自古名家大家，何尝不以学力胜，要必从性情中来也。其诗浏离丽逸，独以风韵胜，沉郁不及张问陶，而无其叫嚣；敏赡不及袁枚，而无其游戏。虞山诗人以才气写性灵，独开生面者，原湘一人而已。著有天真阁集三十卷、续集及古文骈体三十二卷。

张士元　张海珊　张履

张士元，字翰宣，江苏震泽人。乾隆五十三年举人。七应礼部试，卒未遇。在京师，馆大学士富阳董诰第中，诰两主会试，欲令士元出门下，不能得也。归安姚文田督学江南，士元与有旧，禁诸子勿应试，老而需次，当为教谕，耳聩不肯就，或劝之谢，曰："国家设学校，使师弟子相从讲学，岂漫以廪禄振贫士哉？吾自惟不能仕也，苟利焉而往，不可。"性抗直，董诰待士元素厚，多有规诤。浙抚阮元聘主诸暨书院，一日饮县署中，令谓客曰："张先生廉甚，我馈之食物，不受。"士元曰："此皆民膏民脂也。"令起谢。晚归老烂溪之上，以著述自娱。道光四年，卒，年七十。士元好为古文辞，师震川归氏，岁正陈其集于几，北面拜之。寻又得震川所评史记，用其法上推之左氏，下逮韩欧，无不合者，由是深造自得。生平澹泊寡交，独与长洲王芑孙、无锡秦瀛、新城陈用光以古文相切劘，而尤为桐城姚鼐所激赏，以为拟之震川，无愧色云。著有嘉树山房集二十二卷。

张海珊，字越来，亦震泽人。道光元年举人，榜发，已前卒。海珊抗志希古，不屑屑举子业。每观一书，辄融彻大意，论学以程朱为归，而不废陆王。尝谓儒道之不可行，乃迂疏无用者之过。故凡自农田、河渠、兵制、天下形势所在，即当世漕粮胥吏诸利弊，无不悉心讨论。三吴亢旱，溇港尽涸，一日北风大作，水入诸溇皆满，纠众筑堤储之，岁以有秋。先是，苏松水灾，作救荒私议，以为吴淞之塞久矣，水留而不去，莫若大浚吴淞江，而以请赈劝捐所得给役食。凡圩岸沟渠，即令所在之人修治之。后十馀年，大吏果奏开吴淞云。论文则谓最难在实，如食之必可饱，衣之必可暖，药之必可去病。著有小安乐窝诗一卷、文四卷、日记一卷、丧礼问答一卷、火攻秘录一卷。

张履，原名生洲，字渊甫，亦震泽人。嘉庆二十一年举人，官句容县训导。少从张海珊游，讲程朱之学，于诸经尤精三礼，善古文辞。其议礼之文，往往以今之情，酌古之礼，犁然有当于人心，非训诂名物之学也。诗刻意洗濯，不为俚语，而理趣自深。同时顾莼、曾燠、鲁一同、潘德舆俱极赏之。尝与张海珊游南池，自以为有"春风沂水"之乐。成南池唱和诗一卷。他著有积石文稿十八卷、积石诗存四卷。

欧阳辂 周有声

欧阳辂，初名绍洛，字念祖，湖南新化人。乾隆五十九年举人。博学多通，书过目不忘。少孤贫，非其力不食，有梁伯鸾、徐孺子风。既屡试春官，不遇，乃南走粤，北游燕代。性野逸，敝衣垢履，岸然公卿大夫间，剧谈豪饮，旁若无人，人亦多昵就之。与法式善、钱楷、谢启昆、曾燠诸人相倡和，其湮郁刚介严凝之气，一寓于诗，当时名流少能颉颃。尝言作诗当自写胸中之天，不期而与古人合。早年出入于义山、少陵、昌黎、东坡，晚乃跌宕昭彰，自出一队。其考诗极严，钩核瑕疵，酷若申韩，不少假。同里邓显鹤尝出诗互证，每难之，卒无以易其言也。著有磵东诗钞十卷。显鹤所辑沅湘耆旧集，本朝称诗老者，惟张九钺及辂云。晚年躬耕闭门，不复出，奉母以终。

周有声，字希甫，湖南长沙人。乾隆六十年进士，由内阁中书，拣发贵州知州，借补清江通判。擢大定知府，历知思州、思南、贵阳三府。以失察小钱，落职。旋以河督百龄保奏，发南河补用，历署江苏松江、苏州二府，总理下河工务。以劳瘁卒于官，年六十六。

有声乡试，出姚鼐之门，又尝从蒋士铨游。学有本原，辞尚体要。与秦瀛交最契，瀛尝谓楚南诗人，周锡溥、孙起楠，唐仲冕皆其旧交，然其诗无逾于有声者。为人伉爽，有智略。官贵州时，戢豪猾，惩奸狡，清理积案。黄平知州某以讼失民心，汹汹将乱，上官檄有声摄其事。至则置首乱法，而笞其附和者，人情帖然。又破走铜仁乱贼，与凤凰厅同知傅鼐会议增兵设碉，以制苗民。时当道以铜仁属黔地，宜专责黔守备，楚中可不复设。有声力争，谓："黔以弹丸界楚地，脱有警，楚无兵，必不能救，是坑黔卒也。且黔楚皆国家版图，不宜各分疆界。"卒从其议。有声恂恂一书生，未尝以文学才知先人，而遇事超然远览，所至俱以敏干称。百龄赠诗云："凡事要须攻我短，此生安忍负君言。"其矜宠如此。著有东冈诗賸十四卷。

黄文旸 乔载繇

黄文旸，字时若，江苏甘泉人。贡生。工诗古文辞，通声律之学。乾隆时，两淮盐运使设词曲局，延为总裁。中岁奔走齐、鲁、吴、越间，尝馆阙里衍圣公家，车服礼器，得纵观览。又从阮元于杭州，元甚重之。返里后，运使曾燠招入题襟馆中，与时流相倡和。诗清越高洁，称其为人。性爱古钱，得上古至今数百品，一一摹之，而系以说，为古泉考六卷。又好葫芦，门庭墙溷皆有之，大小累累如贯珠，壁上画水墨葫芦无数。著葫芦谱，又著有通史发，凡三十卷。隐怪丛书十二卷，曲海、扫垢山房诗钞十二卷。

乔载繇，字止巢，江苏宝应人。诸生。生而颖异，髫龀即工五七言诗，以词赋见赏于学使莫晋。性澹进取，年三十即不与秋试。与同邑吴曰鼎、方文炳相唱和，日益肆力于诗。自唐上溯汉魏，下逮国朝诸家，靡不窥究。宗尚唐律，多优柔中正、顺成和动之音，曾燠谓其得新城神髓。古文亦醇雅，尤工倚声。谓两宋以来，词体割裂；有明三百年，惟刘基不骩于正。我朝自小长芦芟纤刈仄，集长短句之大成，词学昌明，罕有伦比，其崇尚浙西如此。尝和朱彝尊洞仙歌十馀阕。家藏词本甚富，晚得汲古阁初印六十家词，伏案苦研不少辍。著有妙华仙馆诗二卷、学读斋诗二卷、裁云馆词二卷。

陈鹤 周济

陈鹤，字鹤龄，江苏元和人。嘉庆元年进士，官工部主事。

鹤生而颖悟，始能言即能读杜诗。居本生父忧，瘠甚，降服三年，要绖不除。博学工文而笃于行谊，为嘉定钱大昕所重。少有高世之志，与朋友交，侃侃直言，辄以古人相规劝。学宗宋儒，与栖霞牟昌、山阳郑士超，有"工部三君子"之目。通政顾莼常以禅语题其斋，鹤曰："有意为之耶？无意为之耶？"莼矍然，立撤之。操行修洁，不屑奔走竞进。出无车马，入直则假之于人。

尝著法先王论云："孟子曰：遵先王之法而过者，未之有也。荀卿子曰：欲观圣王之迹，则于其粲然者矣，后王是也。太史公曰：法后王何也？近己而俗变相类，论卑而易行。尝试论之，夫有治本，有治迹。治迹者，阅一时而辄变者也。虽起先王于今日，犹将究时之宜而为之，况后王乎？记所谓得与民变革者是也。治本者，亘古不易者也。虽更历后王，其变至于不可纪极，而其本未尝不与先王同。稍一忽之，而大乱辄随其后，此岂可以卑论侪俗之见，拟议其间乎？记所谓不可得变革者是也。故孟子、荀卿子言各有当，而史公第举其偏则过矣。虽然，圣贤之为说，恒郑重于其本，而不轻言其迹，以为得乎其本而有变有革，犹之夏葛冬裘，饥食渴饮，随其宜而已，无容心也。苟不得乎其本而徒取先王之迹循之，则不变革之祸有甚于变革者矣。是之谓变其所不当变，而不变其所当变；变其所不当变，而不变其所当变，虽循先王犹有祸患，况重以易行之卑论、近己之俗变哉？且荀卿子亦既明言圣王之迹矣，而史公从为之辞，则所以滋后世之疑，而开后世之弊者，自此言始。且夫后世之变，固有甚不得已者矣。井田之为赋税也，封建之为郡县也，此岂先王之法，然而是二者犹其迹也。井田赋税不同，其所以因民之产，使之相生相养者,未尝不同;封建郡县不同,其所以作民之牧,使之相导相齐者,未尝不同也。今之治犹古之治也。封建必得贤君,郡县必得贤有司,而后民被其治。继世者不能皆贤,先王以为此无如何也,是故为之九伐之法、变置之制以防之,郡县之黜陟,有较之变置尤速者,非其善法先王者乎?先王则不徒恃其后之有所防,而独恃其始之有所导。是故为之胄子之教,使天下万国皆加意于所当为治之人,而一范之以正心诚意之学,而又推其教化以行乎井田之间,使农皆可以为兵,兵皆可以为士。后之有天下者,苟详明乎教士之法,使皆自得乎所以出治之本,而慎审于举之之际,则于先王之法,思过半矣。故法先王者,亦法其意而已矣。古之治出于一,后世之为治出于二。出于一则本立,出于二则多为之制度,而莫循其本。法先王者法其本,不法其迹;法其教化,不法其制度。以教化驭制度,则天下之情伪,固有出于制度之外者矣。因其情伪之日出,而又为之制度以救之,古之制度愈不可复,而古之教化亦若果无所益,求天下之治岂可复得?此不信圣贤之过也。三代而下,所为治乱之迹备矣,凡其治之弊者,皆其不法先王者也;凡所以成一代之弊,不致遽见其弊者,必其犹有得乎先王之遗意者也。虽致乱之主,未有不思救一时之弊,惟其不法先王,故愈变而弊愈甚。贤君不然,即救弊之际,而本之以法先王之意,故变而不失其治。故曰与治同道,罔不兴;与乱同事,罔不亡。此必然之理也。制度虽详,要以教化为本。”其他文大旨皆类此。

鹤熟悉史事,于前明治乱得失,多所考鉴,尝著明纪一书,原本正史,而参以王氏稿,此外说部野史,间有采摭,必旁证核实,而后著之。凡新异诡诞之说,置不录。论者以为有良史风。其书凡六十卷,手辑至五十有二卷而卒,后八卷则其孙克家续成之。

克家,道光二十四年举人,官内阁中书。少为桐城姚莹所器重,娄县姚椿称为唐魏文贞公一流人。诗学黄庭坚。后入提督张国樑幕,咸丰十年殉难。诏赠知府衔,世袭云骑尉。

周济,字保绪,江苏荆溪人。九岁能属文,稍长深沉有远志。与同郡李兆洛、张琦以经世学相切劘。好读史,尤好观古将帅兵略,暇则兼习骑射击刺,艺绝精。嘉庆十年成进士,或迎谓之曰:"子必得大魁,对策语幸无过激。"济曰:"此乃士人进身之始,敢欺君乎?"廷对,纵言天下事,字数逾格,以三甲归班,选知县,改就淮安府学教授。时淮安府知府王毂丁祭至学宫,礼毕,将就殿门外升舆,济力拒之,毂不怿去。济遂引疾归。是秋,山阳县知县王伸汉冒赈事发,毂与所属吏皆得罪,济以先去独免。已而授经吴门,宝山县知县巨野田仲衡闻济名,延为子师,与纵论天下事,互以才武相推许,相得甚欢。仲衡亏官帑四千馀两,母丧不得归,檄追甚急。济自鬻田宅抵之,事始释。丹徒知县屠倬患居民讼洲田,不得其实,济亲为丈量,还至署,令吏取所记,用开方法乘除之,谓倬曰:"此特以测远法,用之方田耳。"幕友如言核之,尽得其实,案乃定。两江总督孙玉庭以淮南北盐枭充斥,聘济嘱以缉私事,令所在营弁得听指挥。济以兵法部勒,擒击防抚毕当。一日,与枭众相持,枭自后将发巨炮,济怒,抽矢射之,中其巨指,炮不得发,获百十人。济曰:"鹾务不治其本,而徒缉私,不可胜缉也。"遂谢去,与泾县包世臣订交。

时吴中士有禅世用者，推世臣及济。济蕴蓄既深，郁不得展。一日，翻然悔，尽屏豪荡技艺，复理故业，豪士过门，概谢不见，前后如两人。与包世臣问难竟日，归取其旧稿悉焚之，持灰烬示世臣，请尽言。因发愤撰述，先成说文字系四卷、韵原四卷、古今体诗二卷、词二卷、杂文二卷，最后乃成晋略八十卷，体例精深，识议英特，诸论赞中，于攻取防守地势，必反覆曲折，俾览者得所依据。盖以寓平生经世之学，借史事发之，遐识渺虑，非徒考订而已也。晚复任淮安教授，湔除豪气，更慥慥为笃行儒，采其地之孝贞节烈者盈千人，牒诸大府旌其间。庠中乐久废，济遴童子之秀者，教以舞蹈咏歌及释奠，观礼者盈千人，一时称为盛事。漕运总督周天爵移督湖广，邀济偕行，济犹冀有所遇，去官从之，抵夏口，疾卒，年五十九。

宋湘 吴兰修 温承恭

宋湘，字焕襄，广东嘉应州人。九岁，见诸伯叔为文会，即取片纸学为文，下笔有奇气。嘉庆四年进士，改翰林院庶吉士，散馆授编修。十二年，充四川乡试正考官。十三年，充贵州乡试正考官。十八年，出为云南曲靖府知府。所属马龙州地瘠民贫，湘捐俸购木棉，教妇女纺织，不期年比户机杼声相闻，州人利赖之，名曰“宋公布”。寻署广南府，城内地高，饮水艰，湘为度地凿东西二塘。权迤西道，所属大饥，捐俸赈恤。署永昌府，有湾甸者，所属土州也。土知州某死，未有嗣，亲支景祥护印。有景在东者远族也，乘景祥懦，谋袭土职，招匪党千馀，将攻保山县。湘恐为前明二莽续，乃激厉民夷，使协攻贼。贼据温坂山险以拒，湘与僚属游栖贤山，从容赋诗，贼侦之，备少弛。一日归，时已晡，忽集乡兵数百，连夜兼行，迟明抵温坂，贼出不意，惊溃；又以计散其党羽，获在东，斩之。边隅以靖。郡人德之，塑生像祠焉。道光五年，迁湖北督粮道。明年，卒，年七十一。

湘负绝人姿，又肆力于古，为文章醇而后肆，诗沉郁顿挫，直逼少陵。粤诗自黎简、冯敏昌后，推湘为巨擘。著有不易居斋集，丰湖漫草、续草，燕台、滇蹄诸集，红杏山房诗钞。

吴兰修，字石华，亦嘉应州人。嘉庆十三年举人，官信宜训导。生平枕经葄史，构书巢于粤秀书院，藏书数万卷，自榜其门，曰"经学博士"。又以桑梓之邦，数典宜核，乃撰南汉纪五卷，别为地理志以补诸家之遗舛，为金石志以搜当时之轶闻，皆详而有体，核而不华。兼擅算学，撰有方程考，末载通御、附辨二门，有功九数。他著有端溪研史三卷，荔村吟草、桐华阁词。

温承恭，字靖闻，广东德庆州人。贡生。少孤，九岁见崔鸿十六国春秋，读之喜，遂遍览诸史。学使李调元奇其文，令默写史事数十条，皆不误，亟赏之。性倜傥，有大志，慕陈同甫、王景略之为人。嘉庆初，川楚用兵，入蜀依华阳令徐念高。时方奉檄购军米赍大营，承恭请行，经夔州，闻贼将薄城，急谒夔守周景福曰："孤城无援，非固守不可。宜截收所赍粮为持守计。"遂中道交割而还。夔藉以安。过武昌，遇汉阳人张瑶，习知兵，倾盖论交，握手至鹦鹉洲，为文祭祢衡墓，相与大哭。久之，客松潘，历穷箐废砦，备悉险要，著松潘防守议。数往返蜀中，无所遇。其激昂慷慨之气，时露于诗。尝谓粤东理学、经济、文章，皆大有人，惟英雄一辈颇少，如熊飞、何真、袁崇焕，或庶几耳。晚授徒自给，家贫，亲旧告贷，必力应之。嘉庆二十五年，卒，年五十八。著有补迂集六卷、杂论偶记一卷、庄亭诗文集二卷、随得录。

清史列传卷七十三

文苑传四

张澍　邢澍　任其昌

张澍，字介侯，甘肃武威人。嘉庆四年进士，改翰林院庶吉士，时年甫十九。博闻丽藻，一时惊为异人。散馆授知县，选贵州玉屏。官数年，引疾归。复出谒选，会李家楼河堤溃决，两江总督百龄奏辟赴工。以劳，叙选四川屏山，摄兴文。旋丁父艰归。再起，令江西之永新，署临江通判。以上漕银缓，去官。开复，补泸溪。再以忧去，遂不出。

澍之改官也，朝论惜之。及为吏，政事修明，所至令行禁止。然性亢直，时时责善于长官。在黔时，滇抚初彭龄过县，从者索金，抶之百。其任屏山，以署任贪黩事上揭，大府骇然，议调署他缺，勒署者休致以息事。澍曰："痺恶举贤，上官职也。某不敢与闻，且不愿因案调繁。"卒解任听勘，久之事乃白。四川总督为澍座主，甫入蜀，即具疏举劾，属吏震悚。澍上书言其徇情市恩，如所举某守赇某令，但佞佛耳。其狂直如此。蜀岁饥，澍多方赈粜，法周弊绝，民乃大饱。后主讲兰州，大旱，犹与那彦成书言赈事，戒迟缓，戒拘方，戒遣使云。

澍读书务博览，经史皆有纂著。同时讲汉学者，武进臧镛、高邮王引之、栖霞郝懿行所著书，皆校正其讹误。自著诗小序翼、说文引经考证，亦蒐采极博。其论文不分偶散，振笔直书，辄十数纸。又性爱远游，齐、鲁、豫、晋、吴、越、楚、粤，尝再三至。黔、蜀、江右为筮仕之邦，凡所涉历，山川助其兴。自定诗集二十六卷、文集三十六卷，深雄雅健，时罕俪者。晚岁家秦，锐心文献，纂五凉旧闻四十卷。辑关陇作者著述，凡数十种。籍非乡邦，而其书阙佚者，亦摭捃为二酉堂丛书。又著三古人苑、续黔书、秦音、蜀典，而姓氏五书，尤为绝学云。

邢澍，字雨民，甘肃阶州人。乾隆五十五年进士，官至江西南安府知府。博学洽闻，藏书万卷。宰浙江长兴时，与阳湖孙星衍撰寰宇访碑录，复据唐宋以前金石刻，并宋元刊本，隶释、隶续等书，著金石文字辨异十二卷。尤精各史表志之学，尝以关中迭经兵燹，昔贤著作，沦佚者众，精心搜采，为关右经籍考十一卷，洪亮吉谓其取材博而用心审，为世不可少之书。又著有两汉希姓录、守雅堂诗文集。

任其昌，甘肃秦州人。同治四年进士，授户部主事。十二年，以母老乞养归，遂不出。其昌天姿高迈，博闻强识，覃精三礼之学，尤长于考订史事；而行己处世，斤斤于义利之辨，不敢少有出入。既告归，闭门教授，主天水、陇南各书院讲席垂三十年，弟子著录者数百人。其教人先经史，旁逮古文辞，尤以躬行为本。陇南素朴僿，自是士习一变。

性至孝，八岁丧父，哀毁如成人。奉母加谨，通籍后迎养京师。母性不喜独食，故终年未尝一就客宴。母病笃，雨中露祷竟夕。及卒，丧葬一衷于礼。兄弟皆早世，恤嫠字孤，如己出焉。族弟殁，遗女无所归，抚而嫁之。微时为州牧某所知，及某罢官归，关陇回氛不靖，徒步走千里，为致其妻子于西安所。师殁，妻子贫不能自存，时周其乏，终身不倦。其风义如此。光绪四年，秦州大祲，知州陶模延其昌总司赈事，焦思瘏口，昕夕不遑寝食，全活流徙饥羸，以数万计。十七年，以总督杨昌濬疏荐，诏加员外郎衔。二十六年，拳匪倡乱，其昌闻变，悲愤，遂疾作而卒，年七十。所为古文，风力雅近宋人。晚年肆力于诗，宗法少陵。著有敦素堂诗文集、秦州志、蒲城县志、史臆。其纂辑未成者，有史评、八代文钞、三礼会通等书。

瞿中溶　黄易　赵魏　张廷济　陆增祥

瞿中溶，字木夫，江苏嘉定人。官湖南布政使司理问。中溶为钱大昕婿，博综群籍，尤邃金石之学。官湖南时，政简身暇，复搜奇访僻于人烟稀冷之境，所获益多。平生珍赏诸品，若汉镫、铜象、古泉山、古镜、富贵长乐汉砖，皆室贮之，以颜其楣。兼长音韵，尝著谐声表，以为韵有古有今，四声以前为古韵，四声以后为今韵。近人牵连切音字母，而古韵愈以难通。盖古音一字有数声，声相近者皆可为韵。凡同从此字得声者，无非韵也。六书之恉，指事、象形、会意、转注、假借五者，皆不离谐声。谐声即古韵。曲阜孔广森取说文谐声字以类相从，名曰说文偏旁考。然前后倒置，兼杂以徐鼎臣新附字，殊无伦理，因重为编次，一依五百四十六部之序，省声者移列于后，读若者附注于下，且仿马班史表之式，横写其文，转辗相从，孳乳递降，庶读者展卷易明。推九千馀字之例，即可进而求三代之音云。

他所著有孔庙配享从祀弟子辨证三卷、孔庙唐贞观入祀诸儒传略三卷、孔庙宋元以来入祀诸臣传略十四卷、说文地名考异一卷、三礼石经辨正一卷、续汉金石文编十卷、吴郡金石志三卷、列代避讳札记一卷、古文孝经辨疑一卷、孝经释文辨证一卷、汉石经考异补正二卷、魏石经遗字举正一卷、蜀石经考异补正三卷、春秋三传经异文备考四卷、汉武梁祠堂画像考六卷、古泉山馆彝器图录二卷、钱志补正二十卷、集古官印考证十八卷、百镜轩古镜图录一卷、校勘隶释隶续古义拾补十六卷、宋本汉书附录札记二卷、郡斋读书志考辨举要一卷、洗冤录辨正一卷，皆自为序。又有奕载堂文集、古泉山馆诗。道光二十二年，卒，年七十四。

黄易，字小松，浙江钱塘人。官山东运河同知。父树穀，孝子也，工隶书，博通金石。易幼承家学，苦贫，游幕于外，虽簿书迭进，不废风雅。精究河防事宜，凡堤埝大工，闸口蓄泄，每伏汛秋汛，昼夜殚力捍御。兑漕趱运诸务，筹画备至。尤嗜金石，寝食依之。在济宁升起郑季宣全碑；于曲阜得熹平二年残碑；于嘉祥之紫云山得武班碑、武梁祠堂石室画像，即其地筑室，砌石榜曰武氏祠堂，立石以记之。又出家藏宋拓石经残字及成阳灵台魏元丕、朱龟、谯敏、王稚子、范式诸刻，双钩而锓诸木。凡四方嗜古之士，所得奇文古刻，无不就正于易者。以是所蓄金石甲于一时。工填词，精于摹印，画兼仿倪黄，而实自成一格。翁方纲尝曰："黄伯思、米芾而后，世久无此人矣！"著有小蓬莱阁金石文字、小蓬莱阁诗。

赵魏，字晋斋，浙江仁和人。岁贡生。博学嗜古，尤工篆隶。考证碑版最精，所藏商周彝器款识、汉唐碑本，为天下第一。年至笃老，虽衣褐不完，犹坚守勿释。仪征阮元以为欧赵著录，不是过也。阮元所作积古斋钟鼎彝器款识及青浦王昶所作金石萃编，皆其手定。著有竹崦庵金石目、华山石刻表、历朝类帖考、小学杂缀。

张廷济，字叔未，浙江嘉兴人。学有根柢，诗朴劲典核，书法米南宫，草隶独出冠时。嘉庆三年举人，屡蹶礼闱，遂结庐高隐，以图书金石自娱。自商周至近代，凡金石书画刻削髹饰之属，无不搜聚，构清仪阁藏之，各系以诗。晚年眉长径寸，与仪征阮元合摹眉寿图泐石，一时传为韵事。著有桂馨堂集。

陆增祥，字星农，江苏太仓州人。道光三十年一甲一名进士，授翰林院修撰。以母忧归。会粤匪陷金陵，在籍团练，与知州蔡映斗破走青浦贼目周立春，复嘉定。事闻，以赞善即补。咸丰六年，充会试同考官。十年，出为广西庆远府知府，湘抚疏请留办军需，厘捐盐茶局。光绪二年，补湖南辰沅永靖道，地与黔、蜀接壤。增祥捕寇盗，循恤苗、民，有政声。在任四年，以疾告归。少通六书，及长，益劬于学。性好金石文字，搜罗遍天下，积录既多，踵王氏金石萃编成金石补正百馀卷，凡三千五百馀通。又以所得汉、魏、晋、宋、齐、梁古砖琢为砚，拓墨本跋之，题曰三百砖录一卷。他所著有吴氏筠清馆金石记目六卷、篆墨述诂二十四卷、楚辞疑异释证八卷、红鳞鱼室诗存二卷。晚作古今字表未成而卒，年六十七。

顾莼　朱绶　陆文

顾莼，字希翰，江苏长洲人。嘉庆七年进士，改翰林院庶吉士，散馆授编修。十三年，充会试同考官。十七年，大考一等第三名，擢侍读。寻奉命提督云南学政。二十五年，充日讲起居注官，迁侍讲学士。以上疏不称旨，降编修。道光九年，擢右中允，迁侍读。十年，迁侍讲学士。十一年，擢通政司副使。逾年卒，年六十八。

莼学问深醇，急公忘己。为秀才时，即峻风裁，素持清议，几为势家所中。尝从钱大昕游，大昕叹为不世才。官翰林，屡上疏言事；在史馆，撰和珅传，甫成即出视滇学，总纂删易以进，仁宗怒其不实，总裁复取莼稿进，上是之，夺总纂某官。督学时，道出河南，即以所闻墨吏奸民入告，虽忤当道，不稍避。莅滇，知滇地僻远，陋习相沿，乃实心训导，见有厉名节者，立予奖饰，去后人士尸祝焉。林清之变，则疏称中禁严密，若辈尚敢阑入肆猖獗，圆明园距都城远，尤宜备。宣宗御极，则疏称崇君德、正人心、饬官方三者，为方今时势所急。上召见，称是者三。是年十月，上令嗣后保送军机章京，勿庸回避大臣子弟，莼以贵胄居密地，大不便，事遂止。西域逆回滋扰，复疏请于喀什噶尔添重兵，控制安集延，俾回人不敢窥伺。且谓其地密迩英吉沙尔、叶尔羌，又东南为和阗，皆有水草，可耕牧，宜募民屯田，以备战守；〔一〕而慎简大僚，无分满汉，务得读书识大体者任之，以廉静寡欲、通达事理者佐之。迁副使时，适湖南北、江南、江西、浙江皆大水，复疏称饥民与盐枭纠合易生事，盐枭不去，终当为患。然缓治则养祸益深，急治又召祸更速。故欲禁其妄行，必先谋其生路。惟有变通盐法，听民挟赀赴产盐地收买，随时纳课之后，即不问所往。俟盐产盛、丁力纾，即令课归丁，不限疆域。二疏皆下所司议行。晚岁名益尊，有文坛耆宿之誉。四方士多就问业，经指授，类皆砥躬砺行，有文学能自立。诗文师大苏，音格高雅，赋骈体皆师唐宋，兼工书画，书由率更入，后仿河南，为世所宝。尝手书小楷学、庸、孝经至数百本，以贻亲友子弟。居词馆三十馀年，文学动天下，知与不知，皆争乞书画以自饰云。著有南雅诗文钞。

朱绶，字仲环，江苏元和人。道光十一年举人。厓躬劬学，敦励内行。工诗古文辞，与顾莼辈称"吴中后七子"。时长洲王嘉禄亦工诗，又称"朱王"，然嘉禄才调宏富，绶格律精严。陈文述尝戏反赵执信语云："王贪多，朱爱好。"绶尝佐梁章钜幕，章奏多出其手，而廉静简默，众皆重之。为文好表扬古烈，感论人事，言近旨远，深得风人之旨。尝作吴中风俗利病说，谓："吴俗之大害，在游民多，必导之以俭德，使之治生，使之务本，然后廉耻生而俗害去，而治之者必自士始。"时以为笃论。著有知止堂诗文集。

嘉禄，字井叔，著有嗣雅堂集。

陆文，字少游，江苏吴县人。诸生。力学，喜读真德秀、邱濬、陆世仪、顾炎武诸家书，究心当世之务，于农田水利，持论皆有本末。时淫雨为灾，江水涨溢吴门，被水尤甚。文著救荒私议，本林希元得人、审户两言，而以分图为审户之本，时多采用之。好游，尝过大梁，徘徊涧瀍、嵩少间。以诗古文辞名于时，与顾莼相友善。屡试不售，遂归，专肆力于经术。性耿介，意有所拂，辄声色俱厉，士无贤不肖，皆畏爱之。道光六年，卒，年六十一。著有炳烛斋稿、周官集义。

子嵩，字希孙。廪贡生。官镇江府学训导。京口之乱，嵩募乡勇，随官军克复镇江城，城南九十九村赖以保全。操守廉洁，罢官后，不名一钱。咸丰十年，卒，年七十。著有意苕山馆诗十六卷、文一卷、蒙谈一卷。

【校勘记】

〔一〕可耕牧宜募民屯田以备战守　“以”原误置于“可”字之下。今据耆献类征卷一一二叶二六下改正。

谢兰生　凌扬藻

谢兰生，字佩士，广东南海人。嘉庆七年进士，改翰林院庶吉士。以亲老告归，不复出。幼聪敏，博雅好古，工诗文。与张如芝、黄培芳齐名，诗宗大苏，出入杜、韩两家。古文沉实浑厚，具有典则，兼工书画，书法颜鲁公，擘窠大字，无出其右。总督阮元亟赏之，延修广东通志。晚年研究儒先书，尝谓濂溪主静，伊川静坐，朱子明心，均不外主敬工夫。年七十二，卒。卒前五年，预书遗命，丧葬事敦俭守礼，务革粤省奢汰之俗。生平精鉴别，工篆刻，尝选集汉印分韵四卷。著有鸡肋草，常惺惺斋文集四卷、诗集四卷，北游记略二卷。

凌扬藻，字誉钊，广东番禺人。诸生。幼具异禀，日诵数百言，受知于督学姚文田，与汪大源、何应騆、张业南同为巡抚朱珪所赏识。嘉庆十四年，海寇迫内河，土匪乘间劫掠。扬藻为画方略，各扼要害，互为声援，盗不敢犯。为文原本经史，具有根柢，所著蠡勺编四十卷，论者谓不亚于陔馀丛考。工诗，有"春水桃花送画船"句，见赏于时。尝出游海，纵览焦门、崖门天风海涛，诗境益进。选岭海诗钞二十四卷，搜罗广博，甄录精到，抉摘国初诸老，往往推见隐微，能举其大。又著有药洲诗略六卷、药洲文略十六卷、续编十二卷、四书纪疑录六卷、春秋咫耷钞十二卷。

徐松 沈垚

徐松，字星伯，顺天大兴人。嘉庆十年进士，改翰林院庶吉士，散馆授编修。十六年，督学湖南，因事戍伊犁。松博极群书，居京师为词臣，博综文献，为时流所推。仁和龚自珍赠诗，有"笥河寂寂覃溪死，此席今时定属公"之语，笥河，大兴朱筠；覃溪，大兴翁方纲也。自出关以来，于南北两路，壮游殆遍。每有所适，携开方小册，置指南针，记其山川曲折，下马录之。至邮舍，则进仆夫、驿卒、台弁、通事，一一与之讲求。积之既久，绘为全图，乃遍稽旧史、方略，及案牍之关地理者笔之，成西域水道记五卷，记主于简，所以拟水经也。又自为释，以比道元之注，即用郦氏注经之例，记则曰导、曰过、曰合、曰从、曰注；释则于经水曰出、曰径、曰会、曰自、曰入，于枝水曰发、曰经、曰汇；又以图籍所记，异文舛驳，览者混淆，乃一以钦定同文志写之，而释其可知者。又以新疆入版图已数十年，未有专书，爰搜采事迹，稽核掌故，成新疆志略十卷，于建置城垣、控扼险要、满汉驻防、钱粮兵籍，言之尤详。将军松筠奏进事略，并叙其劳，特旨赦还，御制事略序文，付武英殿刊行。道光元年，特用内阁中书，转礼部主事。荐升郎中，补御史，授陕西榆林府知府。旋卒。著有新斠注地理志集释十六卷、汉书西域传补注二卷、唐两京城坊考五卷、唐登科记考三十卷、新疆赋二卷，而新疆赋综贯古今，包举巨细，尤足与和宁西藏赋后先辉映云。

沈垚，字子敦，浙江乌程人。道光十四年，优贡生。性沉默，笃精汉学，足不越关塞，而好指画绝域山川。初为道州何凌汉、新城陈用光所赏拔。入京师，馆徐松家，松数言其地学之精。歙程恩泽尝读西游记，拟为一文疏通前人跋所未尽，及见垚所著西游记金山以东释，叹曰："地学如此遐荒，万里犹目验矣。我辈粗材，未足语于是也。"又尝与震泽张履论礼服，往复诘难，百辨益坚，履瞠不知所答。未几，殁于旅邸。著有元史西北地蠡测二卷、地道记十卷、新疆私议一卷，附葱岭南北河考、漳北滱南诸水考一卷、西域小记一卷、落帆楼文集三卷、后集三卷、外集一卷、别集一卷、杂著三卷、简札摭存三卷。

李兆洛

李兆洛，字申耆，江苏阳湖人。九岁为制举文，操笔立就。仁和卢文弨主讲龙城书院，从游者极一时之俊，独许兆洛为第一流。嘉庆十年进士，改翰林院庶吉士，散馆授安徽凤台县知县。凤台西接蒙城，北界阜阳，远者至百八十里，官或终任不一履其地。兆洛亲历巡行，辨其里落之繁耗，地亩之广袤肥瘠，次第经纪之。焦冈湖，汉之芍陂，滨淮而山冈环绕，易致旱涝。兆洛增堤防，设沟闸，督民耕耘，岁以屡丰。俗犷悍，私枭出没其间，兆洛择耆老数人，劝民孝弟，分俸以奖其劳。僻远则择地设义塾，延师课读。捕获首恶朱纪等，置之法，私枭绝迹。在县七年，辖境大治。旋以父忧归，遂不出。主江阴书院讲席几二十年。其间治经术，通音韵，习诂训，订舆图，考天官历术，及治古文辞者，如承培元，宋景昌，缪尚诰、六严辈，皆兆洛所授也。

兆洛短身硕腹，豹颅刚目，望之若不可近，而就之和易，未尝有疾言遽色。藏书逾五万卷，皆手加丹铅。上自汉唐，下及近世诸儒说，条别得失，不检故本。尝分日课马氏文献通考，比浃岁，首尾皆能默诵。尤嗜舆地学，备购各省通志，较互五千馀年来水地之书，〔一〕证以正史，刊定顾祖禹读史方舆纪要之与原史不符者。尝病当世之治古文者，知宗唐宋而不知宗两汉。六经以降，两汉犹得其遗绪，而欲宗两汉，非自骈体文入不可。因辑骈体文钞，以为自秦迄隋，其体递变，而文无异名，自唐以来始有古文之目，而目六朝之文为骈体。为其学者亦自以为与古文殊路。夫气有厚薄，天为之也；学有纯驳，人为之也；体格有迁变，人与天参焉者也，义理无殊途，天与人合焉者也。得其厚薄纯驳之故，则于其体格之变，可以知世焉；于其义理之无殊，可以知文焉。文之体至六代而其变极矣，沿其流而溯之以至乎其源，则其所出者一也。所至访藏书之家，求先贤遗集，或得其手翰遗墨，则摩挲抚玩，不啻亲接颜色。又必求其子孙，闻其贤而兴则喜，闻其愚而替则悲，闻其幼而慧则招致而陶育之，又资恤而振拔之于平昔旧游故人子弟，及文学知名士子姓亦然。晚得末疾，道光二十一年，卒，年七十三。所辑有皇朝文典七十卷，大清一统舆地全图，凤台县志十二卷，地理韵编二十一卷，骈体文钞七十一卷，旧言集初编、次编、广编。所著有养一斋文集二十卷。

承培元，字守丹。优贡生。通小学。著有说文引经证例、籀雅经滞揭橥。

宋景昌，字冕之。县学生。精天文历数之学。著有星纬测量诸编。

缪尚诰，字芷卿。道光二十年举人。著有古韵谱、双声谱。又取史、汉、晋、隋书志所载经星，参以巫咸、甘石诸家遗说，及丹元子步天歌、利玛窦经天该等为经星考。

六严，字承如。贡生。舆地图，其手绘也。

【校勘记】

〔一〕较互五千馀年来水地之书　原脱“互”字。今据耆献类征卷二四七叶一下补。

胡敬　程同文

胡敬，字以庄，浙江仁和人。嘉庆十年进士，改翰林院庶吉士，散馆授编修。时朝廷开馆，校纂书籍，敬历充武英殿、文颖馆纂修官，全唐文、治河方略、明鉴总纂官，所辑皆精审，唐文小传出其手者为多。其进唐文表凡数千言，典核喬皇，尤称杰作。仁宗闻其名，每有制敕碑版，辄传旨命其拟撰。入直懋勤殿，编纂秘殿珠林、石渠宝笈三编。时溽暑，内侍捧轴，仓卒展视，敬衣冠端立，执笔录其文，记载尺寸印章，日至百十卷，无少懈。二十一年，充河南乡试副考官。二十四年，奉命提督安徽学政，累迁至侍讲学士。以乞养归。敬性耿介，崖岸严峻，学深思精，少以水仙花赋、阑干赋受知于阮元。诗兼颜、谢、杜、苏，文有六朝、李唐之美。著有崇雅堂诗文集二十卷。

程同文，原名拱宇，字春庐，浙江桐乡人。嘉庆四年进士，由兵部主事，荐升至奉天府丞。少以诗古文名，及通籍，益切研究，期大用于时。中岁入直枢廷，练习朝章，每拟稿辄当上意。值军务填委，十馀纸一时并具，曲折详尽，阁部大臣咸倚重之。朝廷大典礼经进之制，往往出其手。平生于学无不窥，尤长地志，凡外国舆图、古今沿革，言之极审。于辽金元三史中建置之异同，称名之淆舛，疏证确凿，若指掌纹。尝修纂大清会典八十卷，裁酌损益，不假旁助。自谓一生精力尽于是书。所著有密斋文集一卷、诗存四卷。

陈文述　屠倬

陈文述，字退庵，浙江钱塘人。嘉庆五年举人，官江苏江都县知县。文述少以诗名，仪征阮元督学浙江，试杭州日，以仿宋画院制团扇命题，文述诗最佳，人称为"陈团扇"。阮元入觐时，文述从赴滦阳，不及匝月，得诗百馀首。游京师，与杨芳灿齐名，一时谓之"杨陈"。宰江都，多惠政，开伊娄河故道，免渡江风涛之苦，民感之，名曰陈公河。又监浚仪征运河。道光三年夏，江水为灾，拯恤更力，熟习河防、海运、盐政诸利弊，著为议，大吏间采以设施。天性孝友，广交游，重信义，有孔北海之风。又好修名人遗迹，游焦山拟筑栖云阁于汉隐庵，于西湖建兰因馆，高致多类此。生平与王昙、郭麐、查揆、屠倬，最称契洽。所为诗，工西昆体。晚年复敛华就实，一变错采镂金之习，归诸雅正。著有碧城仙馆诗钞、颐道堂集、秣陵集、西泠怀古集、仙咏闺咏、碧城诗髓。

子裴之，官南河候补通判。亦能诗，天才英爽。著有澄怀堂集。

裴之妇汪氏，名端，工诗，宗明高启，选明三十家诗钞初、二集。所著有自然好学斋诗集十卷。

屠倬，字孟昭，亦钱唐人。嘉庆十三年进士，改翰林院庶吉士，散馆授江苏仪征知县。甫下车，即捕缚盐枭蒋先斗，置之法。邑有妇鸩其夫，倬廉得其情，访而按之，严鞫数月，始吐实。四境慑服。劝民纺织，种桑养蚕，并出赀募杭人为教习。在任前后五年，循声大著。道光初元，诏求亲民官实有治绩者，佥以倬名上，特旨擢江西袁州府知府。未赴任，旋移九江府。皆以疾辞，八年，卒，年四十八。倬夙智早成，质行独绝。乡举后，读书清平山中，与一时名流以诗文相镞厉。阮元尝谓："吾于浙西得文笔三人：一陈文述，一查揆，一屠倬。"诗才伉爽，与郭麐、查揆齐名。郭麐称其诗有幽并烈士、河朔少年之风。画工山水，见重于时。著有是程堂诗文集。

钱林　方元鹍

钱林，字金粟，浙江仁和人。嘉庆十三年进士，改翰林院庶吉士，散馆授编修。二十一年，充广东乡试副考官。二十四年，充四川乡试正考官。以大考一等，荐升翰林院侍读学士，左迁庶子。林貌古神清，学问淹博，书无所不览。每执笔，文不加点，如夙构然。阮元督学浙江时，尝叹以为此邦翘楚。又熟于汉唐注疏，及近时经生家言，于史记诵尤博。尝论辽、金、元兵制，其门人汪喜孙谓足补史志之缺。居翰林日，尝充国史馆总纂官，故以本朝名臣言行，及河漕、盐榷、仓储、平粜、海运、采买、灾赈、铜政、钱法、地丁、杂税诸大端，靡不熟究。尝为人策采买、仓储，见诸施行。林不言，世亦莫知其出于林也。体羸多病，不喜结纳，每夙兴在丑寅之交，烧烛读书，随手著录，无间寒暑。所著文献征存录十卷，搜讨极勤。病革时，以付喜孙。其后通州王藻索得之，乃始为刊行。诗酝酿于汉魏六朝，而降就初唐高、岑、王、李之法度。将殁时，曾写定三十卷，诒歙程恩泽。今所存者，玉山草堂集十二卷、续集五卷。

方元鹍，字海槎，浙江金华人。嘉庆六年进士，官工部主事。少耽吟咏，为诸生数十年，悲忧愉乐，一寓于诗。性孤洁，不耐官事。居京师，暇则扃户长吟，门径萧然。张维屏尝因郑士超过其居，称其貌冷、心冷、室冷，官不冷而自冷云。元鹍乡试出朱珪之门，珪极赏其诗，阮元亦称其博取典籍，约以性灵，朗鬯如李白，质直如元结，奔泻如李华，怪迂如刘义，幽阻如李贺，修洁如姚合，孤往如方干，其推挹甚至。尝辑唐、宋、金、元、明七律为指南甲乙篇，又著有凉棚夜话六卷、旧雨新谈四卷、铁船诗钞十二卷、铁船乐府。

姚莹　戴钧衡

姚莹，字石甫，安徽桐城人。嘉庆十三年进士，选福建平和县知县。以才著，调台湾县，署噶玛兰通判，坐事落职。旋以获盗有功，复官，拣发江苏。为两江总督陶澍所荐，擢淮南监掣同知，权运使事。未几，特旨命为台湾道，加按察使衔。时英人来犯，莹与台湾镇达洪阿击败之，毁其船，获其人。有诏嘉奖，予云骑尉世职，进阶二品。和议成，英人诉台湾所获船皆遭风触礁，文武冒功欺罔，逮问下刑部狱。旋出之，发往四川，以同知、知州用。两使西藏，讯乍雅案，补蓬州，二年引疾归。

文宗登极，以大臣荐，有湖北盐法道之命。升广西按察使，参大学士赛尚阿军事。粤逆渐炽，大帅懦不能兵，都统乌兰泰、提督向乐皆骁将，不相能，紫荆山之围，贼就擒矣，莹以为流贼如水，宜环攻以断其逸，因条举利害，累百馀言，不用。比窜永安，则又为书白幕府，请明法饬将，并力合剿，戒前失，又不用。而军兴以来，将嚣士玩，贼善间，屡持金钱与我军媾。永安城小而卑，方是时，乌兰泰军西南，向荣军东北，合滇、黔、楚、蜀之军总四万馀人，贼数千，壁险死斗，永安东北有隘，名水窦，径阻荟，缘之可以达桂林。莹与乌兰泰皆主击水窦，绝贼外援。向荣主开水窦，使逸而尾追。莹力辩其失，又力疾驰叩军门，数譬解之，皆不果用。莹在军中，与乌兰泰书曰："某就木之年，无以报国。惟念主忧臣辱之义，蔬食恶处，与士卒共苦辛数十年，贫贱忧患，本无定居，今日一如我素。夫功败于垂成，病加于小愈。前者武宣之事，贼已将就擒，徒以狃于大捷之后，计虑稍疏，遂使脱网。今我师愈久愈疲，贼又日怀奔逸，万一复蹈前辙，不但无以对君父，天下后世，其谓之何？"未几，贼果突围犯桂林，势益炽，遂不可制。赛尚阿逮问，莹辞营务，筹饷，湖南巡抚张亮基奏署湖南按察使，积劳,卒于官,年六十八。

莹之学源于从祖鼐,于书无所不窥,顾不好经生章句,而慕贾谊、王守仁之为人。文章善持论,指陈时事利害,慷慨深切,异乎世以茶弱枯涩为学桐城者。著有东槎纪略五卷、康輶纪行十六卷、寸阴丛录四卷、识小录八卷、东溟文集二十六卷、诗集二十卷、奏稿四卷、遗稿五卷、遗稿续编三卷。

戴钧衡,字存庄,亦桐城人。道光二十九年举人。少嗜学,精力绝人。事同里方东树,东树为姚鼐高足弟子,钧衡自以生望溪、海峰、姬传之乡,守先正之法,传之后进,义无所让。因专肆力于古文,与同邑苏惇元重订望溪文集,增集外文十之三四。及壮为经学,讲用世之具。会粤匪陷桐城,钧衡筹饷结义民,请兵于各大帅,久之不得,乃发愤上书皖抚,极言用兵之道在神速,设伏出奇宜乘间,分兵袭桐以断舒庐贼后,不宜坐拥重兵于一隅之地。又著草茅一得,谓今日之事,最要四端:一严军令,一求将才,一明赏罚,一筹大局。军令不严,高官厚赏,不能得其死力;将才不求,大帅一人不能冲锋肆应;赏罚不明,虽有军令、将才,人心不可得而固;大局不筹,虽有目前之捷,贼势不可得而灭。又论严法令,明教化,励气节,改科举,破资格,久任使,肃军政,省例案,节财用,禁奢侈,皆按切时务,反覆数万言,上之副都御史袁甲三,甲三极重之。贼闻钧衡曾筹饷请兵,又入营献策,遂掠其家,妻妾皆死焉。钧衡走临淮,依袁甲三。会甲三被议,钧衡上书皖抚争之,且为凤、颍二郡人士作书,辨其冤。

性伉直,勇言事,义愤所激,往往奋不顾身。用是郁郁得疾,呕血而卒,年四十二。所为文,以才气胜,其始尚才华,继好伦理及事之有关实用者。后遭丧乱，益喜为感时论事、表彰忠义节烈之文。著有存庄遗集文三卷、诗四卷，草茅一得三卷、续得一卷，尺牍二卷，公车日记二卷、杂记二卷，书传纂疑六卷。

张作楠　沈钦裴　骆腾凤

张作楠，字让之，浙江金华人。嘉庆十三年进士，由处州府教授，选江苏桃源知县，调阳湖。治事廉平，能以经术辅律意。迁太仓州，会太湖溢境，积潦未退。既请赈借帑平粜，乃开浏河以泄水，涸出良田七千馀顷，州人颂焉。时海滨奸徒，乘间钞掠。作楠适捧檄谳狱松江，遂集海户百人，夜捣其巢，擒首恶二十七人。巡抚陶澍奏补徐州知府，旋乞假归。

少禀异质，敦内行，学宗程朱，于书无所不究。好表扬人物，刊刻乡先贤遗书行之。尤酷嗜历算之学，与齐彦槐、江临泰相友善，以两人同治西学也。尝谓僧一行以指南针较北极，针指虚危之间，极在虚六度初，针实偏于极右二度九十五分，北极偏右，则知南极偏左。沈存中笔谈亦称微偏东，〔一〕不全南。徐元梦历议称针所得子午非真，随地不同，在京师则偏东五度四十分，冬至正午，先天一刻四十四分有奇。梅勿庵揆日纪要称天上正南，非罗针所指之正南，须于正午之西稍偏取之。故杨光先有针路论，陆燿切问斋集有指南针辨，因量取坤舆全图各直、省、府、厅、州、县及诸部落经纬线，推演列为全表，附造平面、立面及面东西诸日晷法，撰揣籥小录。又仿梅氏诸方日轨例，自北极出地十八度起，至五十四度止，推算各节气。自卯正以至酉正止太阳距地平高弧，列表于前，更取直表横表各一，尺表景亦如前算高弧法，逐一推演，列表于后，撰揣籥续录。又取正弧及斜弧三角，括以二十八例，撰弧三角举隅、弧角设如二种。又推测道光三年癸未天正冬至星度，七十二候各中星列表，而冠以四十五大星图，并附各星赤道经度岁差表、中星时刻日差表、太阳黄赤升度表、二十八宿黄赤积度表。可以逐年逐日依法加减，使中星与时刻互求，撰新测中星图表、金华晷景表、金华更漏中星表三种。又推算道光癸未年各恒星并近南极诸星，及天汉起，没黄赤经纬度列表，撰恒星图表。又因八线及八线对数表，每十秒为率，卷帙繁重，爰取简便，以每度六十分列表，析弦、切、割三线各为一帙，撰八线类编、八线对数类编二种。又推算北极出地二十八度，至三十四度及四十度各节气，逐时逐刻太阳高弧度分秒，并直表横表日景尺寸分厘列表，撰高弧细草。又汇采诸生量仓量田各法，撰仓田通法十四卷，第一册曰量仓通法一之三，第二册曰量仓通法四之五，附以借根方法，第三册曰方田通法补例一之三，第四册曰方田通法补例四之六，第五册曰仓田通法续编一之三，附立天元一法。

居官不事酬应，尝曰："与其浪费无益之酬应，不若将薄俸制仪器，刻算书，俾绝学大昌。"故凡履任，悉以铜木石工及剞劂氏相随。公馀孤灯，夜课如寒素。归后二十馀年，足不入城市。道光八年，卒。尝辑故人诗为旧雨录、北麓诗课。著书事存稿、掇拾遗闻、梅簃随笔，补括郡地志之缺。他著有四书异同二十卷、乡党小笺一卷、证文一卷、翠微山房数学三十八卷、书目五卷、文集十六卷。又有笔录识小、愈愚录、东郭乡谈等书。诗文稿未梓，咸同间毁于兵。

沈钦裴，字侎侯，江苏元和人。嘉庆十二年举人，官荆溪训导。以不节于饮，病偏枯，累年神明如常，课讲不辍。布政使檄他人摄其官，学中士相率具状留之，不可，遂罢归。生平笃于学，邃于思。天文地形，无不通晓。尤洞精算术，宋秦九韶数书九章，元朱松亭四元玉鉴、李冶测圆海镜，世称绝学，皆能通之。李潢撰九章算术细草，甫写定，病不起，嘱曰："必沈钦裴算校，方可付梓。"后钦裴校勘算草图说均输一章，增订尤多，又为补海岛算经细草一卷，以成潢之志。

其校订九章也，于古历会积，则用四分术数开禧术推之，以正其误，法最详尽。又因治推闰问演纪草，与推气治历所求气骨，分秒俱不合，改推证之。又谓治历演纪所求入闰，闰缩元闰朔因数朔积年，皆因入元岁而误求入元岁，当以岁馀为奇，纪率为定，用大衍术求之，得蔀率。此蔀率者，是甲子子正初刻与冬至一会之年数也。若如元术以斗分，与日法用大衍术求得蔀率，则是子正初刻与冬至一会之年数，五周而后为甲子子正初刻冬至也。每岁气骨分为岁馀所积满纪率去之之数，非斗分所积满日法去之之数，有气骨分求入元岁，而以斗分与日法用大衍入之，与率不相通，此其所由误也。又虚设气元率，乘元限数以强合之，而积年之不可知已多矣。为别立术草，并设问于后，以课元术、新术之疏密，乃改正答数设问六则，以元术推之，可知者二，不可知者四，以新术推之，则岁岁皆可知。又于均分稊田条，校改至百馀字，极为精确。漂田推积条，辨正其命名、布算、立术三误。馀如测望类求深求远法草，并以天元一显之本诸海镜，别为图说，于是术意之精深，可豁然矣。阮元称其拾遗补阙，匡谬正讹，使摇摇将坠之绪，复还旧观，有功于前贤不浅。居京师时，大学士董诰知之，将荐修天文、时宪志，钦裴复书以为暴翰林短，且此为荣利计，非进礼退义之正，力辞。时服其有守。所自著有补玉鉴细草四册，又尝得明赵琦美钞本数书九章，订讹补脱，历有年所，以老病未卒业。

其弟子江阴宋景昌起而成之，为数书九章札记四卷。

骆腾凤，字鸣冈，江苏山阳人。嘉庆六年举人，官舒城训导。以母老乞养归，教授里中子弟。卒，年七十二。腾凤赋性敏锐，好读书，尤精畴人之术，在都中从李潢受算学，研精覃思，寒暑靡间，著开方释例四卷、艺游录二卷，略谓天元一术，见宋秦氏九韶九章大衍数中，初不言创于何人。元李冶测圆海镜、益古演段二书，亦用此术。是术自平方立方以至多乘方，悉用一术，即刍童羡除诸形，亦无不可握觚而得，洵算术之秘钥也。西法借根方，实原于此。乃以多少代正负，徒欲掩其袭取之迹，不知正负以别异同，多少以分盈朒，豪厘千里，必有能辨之者。因为释例以明其法，复为溯源以正其误。南汇张文虎尝论其书，谓李锐开方说详于超步商除、翻积益积诸例，而不言立法之根，令学者茫不知所谓。腾凤于诸乘方方廉和较大小加减之理，皆质言之，而推求各元进退定商诸术，尤足补李书未备，诚学开方者之金锁匙。汪莱创设两勾股同积同勾弦和一问，以两勾弦较中率转求两勾弦，较立术迂回，腾凤以正负开方法径求得两勾，颇为简易，惟其书于近世诸家诋諆已甚，未免主持太过云。

【校勘记】

〔一〕沈存中笔谈亦称微偏东　“中”原误作“忠”。按宋沈括字存中，著有梦溪笔谈。今改正。

钱仪吉　从弟泰吉

钱仪吉，初名逵吉，字衎石，浙江嘉兴人。刑部尚书陈群曾孙，侍读学士福胙子。年十二效选体，作山赋千言，张问陶见之，击节称赏。嘉庆十三年成进士，改翰林院庶吉士，散馆授户部主事。累迁至工科给事中。寻罢归。

仪吉于学无所不通，其治经先求故训，博考众说，而折衷以本文大义。尝谓欲得经解必通训诂，而泛滥训诂未必遽获神解，著经典证文雅厌，“雅厌”者，以十九篇之次，写九百四部之文，而以经籍传注推广之。其读史，则补晋兵志及朔闰诸表，又撰三国会要，博采见闻，旁罗散失，期拾遗于正史，不限断以本书，帝系、舆地，或为之图，或为之表，条系字缀，巨细毕赅。尝为会典馆总纂，专办天文、舆地诸图象，复手撰皇舆图说四十卷。又尝仿明焦竑献征录，为国朝献征集，得将相、大臣、循良、忠节、儒林、文苑等，凡八百馀人。又于献征集之外，节录名臣为先正事略。官户部时，值现审处，剖决如流。及改御史，吏皆拊掌相告曰：“钱公去此，吾属无患矣。”巡城视事，随到随决，无稽留旬日者。尝曰：“小民细故，导之使速已，纵不免小有不平，犹愈于久系株累耳。”至有事关伦纪，不可以穷治，载某氏妇事于文稿中，以见即事穷理，不可不深长思也。主讲粤东学海堂，定诸生读书法四则，至今仍之。晚主河南大梁书院。道光三十年，卒，年六十八。他著有衎石斋记事稿十卷、续稿十卷、刻楮集四卷、旋逸小稿二卷。

泰吉，字警石。仪吉从弟，兄弟常以纯儒相勉。自弱冠后，远近已盛称“嘉兴二石”。少孤，丁母忧，执丧尽礼，为文述二亲行事，朴实凄怆，族人见之皆感叹。家贫，节布粝，置书四万卷，虽甚烦困，不废。好校古书，假人善本及先辈评点之册，写而注之眉端，如史记、前后汉书、晋书、集韵、元文类、礼记集说等编、皆勘校数周，一字之舛，旁求众证。尝著曝书杂记以发其凡，其与兄仪吉书问往来，皆咨询学术，或献一疑而诘难十返，或尚论前哲，评骘时流，穷极理趣，动逾数千言。与友人论文，其要必本于性情之真，养之以正，不为偏杂，故气和而体醇。以廪贡生，官海宁训导者近三十年。大府计吏将以知县荐，力辞。然于民生利病，讲求深至，常举民所不便者，断断为州牧言之。谨身教，整士习，临去，为州人攀留。后避粤寇，卒于安庆，年七十有三。著有海昌学职禾人考、海昌备志、甘泉乡人诗文稿二十四卷。

仪吉子宝惠，泰吉子炳森，皆能以学世其家。

郭尚先 何绍基

郭尚先，字兰石，福建莆田人。嘉庆十四年进士，改翰林院庶吉士，散馆授编修。十八年，充乡试正考官。二十一年，充云南乡试正考官。二十四年，广东乡试副考官。道光八年，奉命提督四川学政。十二年，充山东乡试正考官。历充国史馆、文颖馆、治河方略、大清一统志、明鉴纂修官，文渊阁校理。累官赞善、洗马、侍读、侍讲学士，擢光禄寺卿，转大理寺。卒，年四十八。

尚先博学善属文，与林则徐交莫逆，在翰林时，相与研究舆地、象纬及经世有用之学，尤熟于郑樵通志。馆大学士卢荫溥家，甚推重之。工书法，尝为仁宗所赏识，四方求书者无虚日。高丽、日本争相购致，然非其人不轻许，有以厚资为其父乞铭者，拒不与；既又浼权要来，仍不与。丁艰归，值莆田大饥，劝富民出粟平粜，人咸曰"郭太史活我"。督学四川，裁陋规，正文体，士论翕服。总督鄂山称其洞达治体，有大臣才识。自蜀还，召见，宣宗褒其操守廉洁，办事精细。及卒，谕尚书白镕曰："郭尚先学问人品俱好，性狷介，不苟取。"典试粤东，榜后有同乡持巨金为贽来谒者，峻拒之。所著有进奉文一卷、经筵讲义一卷、增默庵文集八卷、诗集二卷、芳坚馆书帖题跋二卷、使蜀日记二卷。

何绍基，字子贞，湖南道州人。父凌汉，官户部尚书，自有传。绍基，道光十六年进士，改翰林院庶吉士，散馆授编修。十九年，充福建乡试正考官。二十四年，充贵州乡试副考官。二十九年，充广东乡试副考官，甄拔多瑰才。咸丰二年，提督四川学政，崇学敦教，士皆悦服。按部所至，尤留心民生利病。南江郑怀江冤狱，及河东土司安安氏、安平康母子争袭各事，皆据所见入告，悉如所议平反。未几，以言事窒吏议，归。先后主山东、湖南及浙江孝廉堂各讲席。同治十二年，卒，年七十五。

生平于诸经、说文考订之学，嗜之最深。旁及金石、图画、篆刻、律算，博综覃思，识解超迈，能补前人所未逮。性卓荦，豪于饮。客与之言，侃侃穷日夜，一材一艺，时蒙特赏。然非所心服，虽名公卿不苟推许也。诗灏瀚曼衍，宗李、杜、韩、苏诸家，书法入颜鲁公之室，尤为世所宝。著有东洲草堂诗钞三十卷。

黄安涛　王衍梅　徐熊飞

黄安涛，字凝舆，浙江嘉善人。嘉庆十四年进士，改翰林院庶吉士，散馆授编修。二十一年，充贵州乡试正考官。寻出为广东高州府知府，调潮州，以告归。安涛殚见洽闻，文辞杰出。服官多惠政，断狱依经义，不规规于成法。初莅高州，俗好讼，多积狱。安涛檄属州县书两造辞，揭通衢，约以期自至，逾期则削其牍，不复听。未一年，平狱以千计。潮人好私斗，死则市人代抵，名曰"宰白鸭"。前守多不穷治。安涛曰："此长乱之道也。我不可以袭之。"狱上，有觉其非真杀者，辄语曰："若但弗承，毋他虑，获犯则释若。"然往往缉得之，终任未尝杀一代抵者。所至好扶植士类。归后，主上海讲席，以诗酒自娱。有嫉之者，遂不复出。日与吴中名士联诗斗酒，诗劲直幽峭。著有诗娱室诗二十四卷、息耕草堂诗十八卷、真有益文编十卷、慰托集十六卷。

王衍梅，字律芳，浙江会稽人。嘉庆十六年进士，官广西武宣县知县。衍梅幼有异禀，童时背诵十三经，不遗一字。天才茗发，为文信手挥写，食顷即成。性高旷，嗜酒，暇则手一编默坐，览毕即弃之。而属词比事，贯串古今，他人不能窥其涯际。越中称衍梅者，皆以为徐渭复生。初贡成均，出仪征阮元门下，名噪一时。官广西未十日，即以吏议失官，遂依阮元于广东，非见召请，不妄谒也。尤豪于诗，尝于友人坐中用馋字韵赋江瑶柱，时叹为绝唱。晚著红杏邨人传，以靖节、青莲自况。著有绿雪堂遗稿。

徐熊飞,字渭扬,浙江武康人。嘉庆九年举人。少孤,奉母至孝。尝客平湖,贫无以自存,然励志于学,工诗及骈体文,尝投启阮元,元谓其不失唐人风范。会开诂经精舍于西湖,招集浙中文士三十馀人,熊飞特为翘楚。中岁与杨芳灿、王豫、石钧、吴楚诸人,流连诗酒,江湖名士,莫之或先。王昶称其诗多清峭,风骨超然。晚养疴家居,以著述自娱,特赏翰林院典籍衔。其弟子多能诗者。著有白鹄山房诗初集三卷、诗选四卷、挂笙吟一卷、风鸥集一卷、前溪风土词一卷、六花词一卷、骈体文钞二卷、续钞一卷、前溪碑碣二卷、武康伽蓝记二卷、上柏志四卷。

邓显鹤 周树槐

邓显鹤,字子立,湖南新化人。嘉庆九年举人。笃于内行,事兄显鹊如父,抚兄子如己子。尝作听雨图及南村耦耕图以见志,博涉群书,足迹半天下,凡海内文人,多慕与之交。晚授宁乡训导,寻乞病归。时因事至长沙,治旁舍,舍客造请诗文者,日相接,岿然称楚南文献垂三十年。

性嗜善,幼时闻长老称述乡贤嘉言懿行,辄欣然听之。比长,搜讨楚故,尤不遗馀地。尝谓征文考献,当自其乡始。湖南自屈原、贾谊以来,通人志士,仍世相望,而文字放佚,湮郁不宣,因网罗散失,为资江耆旧集六十四卷、沅湘耆旧集二百卷。遍求周圣楷楚宝一书,匡谬拾遗,为楚宝增辑考异四十五卷、绘乡村经纬图以诏地事,详述永明播越之臣以旌忠烈。为宝庆府志百五十七卷、武冈州志三十四卷。又以鼎革之际,湖南多殉节者,各为传略二卷。复搜刻蔡忠烈遗集、王船山遗书,编校欧阳文公圭斋集、重订周子全书。至议建会城前后五忠祠，及宝庆府前后五忠祠，欲举贞臣烈士，为邦人劝，用意尤深且远焉。所为古文详赡演迤，壹意表章先哲，时以比全祖望之鲒埼亭集。诗导源于魏晋，而驰骋于唐宋，少与同里欧阳辂以诗相镞厉，每有篇什，书问往来，必得当乃慰。故其所为情深而文明，气深而节古。咸丰元年，卒，年七十五。郡人祀之宝庆府十先生祠。所著有南村草堂诗钞二十四卷、文钞二十卷。又有易述八卷、毛诗表二卷，校勘玉篇广韵札记二卷、自订年谱二卷。

周树槐，字星叔，湖南长沙人。嘉庆十四年进士，官山西沁源，江西吉水等县知县，为治简易便民，有古循吏风。年未五十即告归，杜门不入城市，殚精古文，以起衰自任。所著深纯雅洁，直追古作者。有壮学斋文集十二卷。

张鉴　杨凤苞　施国祁　汪家禧

张鉴，字春冶，浙江归安人。嘉庆九年副贡生。仪征阮元抚浙，筑诂经精舍于西湖，拔知名士讲肄其中，鉴及同里杨凤苞、施国祁皆与焉。元督师宁波剿海寇，挟鉴同行，复以水灾蠲赈，皆资鉴赞画。今所传阮元两浙赈灾记，即鉴所编，详赡足为后世法。适奉命豫筹海运，因河流顺轨，事遂寝。鉴以河运虽安而费巨，海运虽危而费省，且得其人而行之，海道习熟，亦未尝不如河道之安。于是著海运刍言，凡料浅占风之法，定盘望星之规，放洋泊舟之处，靡不讲明切究。侍郎英和见其书，称为可用。道光四年，河决高家堰，漕艘路阻。英和力主海运，奏请允行，大略用鉴说，而稍加变通焉。

鉴所主南浔刘氏、洞庭西山葛氏，皆富藏书，因得纵观以资撰录。著有古文尚书脞说一册、诗本事一卷、韩诗考逸一册、左传规过比辞六卷、丧服古注辑存二卷、夏小正集说一卷、论语考逸一册、孝经证坠简一卷、十三经丛说五十卷、七纬补辑七卷、说文补注一卷、六书寤言四卷、叚借表通释一卷、西夏纪事本末三十六卷、东南半壁纪事三十卷、隋朝行宫录一卷、蕃釐观志一卷、洞书六卷、海运刍言四卷、孔子徒人图法一卷、嵇氏圣贤高士传存真一卷、两浙赈灾记三卷、附录一卷、雷塘厂主弟子记二卷、墨妙亭碑目考三卷、傅子广辑三卷、神农本草存真三卷、眉山诗案广证六卷、两宋画院志四卷、中西星歌合钞二卷、历统岁实消长表三卷、天元借根得一二卷、立天元一捷法一册、释菜一卷、释鸟一卷、梦史一卷、破虱录一卷、冬青馆随笔一卷、破睡录一卷、忾潡录一册、楚辞释文十七卷、上林子虚赋郭注辑存二卷、蝇须馆诗话五十卷、秋水文丛五十卷、文丛再编一册、三编一册、四编一册、詹詹集八卷、古宫词三卷、画媵诗三卷、冬青馆甲集六卷、乙集八卷、秋水词二卷、赏雨茅屋词二卷。卒，年八十三。

杨凤苞，字傅九，亦归安人。诸生。少以西湖秋柳词有名于时。经学小学，皆有根柢，尤熟谙明末事，尝为南疆逸史跋十二篇，补温睿临之不备而订其误。阮元编经籍籑诂，凤苞与分纂焉。晚年，馆于郡城陈氏，其书室为郑元庆鱼计亭，人以为元庆复生。诗初学李义山，后出入朱彝尊、厉鹗之间，七言歌行尤胜。嘉庆二十一年，卒，年六十。著有秋室集十卷。

施国祁，字非熊，亦归安人。诸生。好学不倦，工诗古文，善填词，尤熟于金源事实。尝病金史芜杂，因详加考订，有所得辄为纪录，积二十馀年，书成，名曰金史详校，继苦卷帙繁多，乃列举条目，为金源劄记三卷，又以其馀作元遗山集笺注十四卷及金源杂兴诗，皆行于世。家贫，为人理生业，设吉贝肆，市中有楼，颜曰吉贝居，著书多成其中，后不戒于火，今存者礼耕馆诗文集、外集、丛说，半皆记忆补录之作。卒，年七十。

汪家禧，字汉郊，浙江仁和人。诸生。素好学，性谦抑，常若不及。与杨凤苞、严元照同受知于学使阮元，元立诂经精舍，家禧为举首，尤长七略之学。其言著书之旨，以修己治人为本，学务沉博，卒归极于理。谓儒有郑康成而经明，有韩退之而用彰，有朱文公而体立。朱学之传，历久无弊。西湖六一泉有神位数百，皆前明湛族破家遗老，家禧尝钩考其事迹，为六一泉神位考三篇。嘉庆二十一年，卒，年四十二。所著书凡数十卷，殁后无子，毁于火。今惟存东里生烬馀集三卷、崇祀三祠志九卷。

余煌 施彦士

余煌，字汉卿，安徽婺源人。举人。博极群书，尤精天文、历算，至京师睹灵台仪器，归益博采中西诸家，创用弧角、八线、盈朒诸法，推测当时经纬距度，以为实验。尝豫推嘉庆甲戌以后十年日月交食，分秒时刻皆准。工诗古文词。著有春秋求故四卷、夏小正星候考一卷、二十八星距度推步考要一卷、勾股晷度一卷、日星测时新表一卷、弧角简法四卷、岁实异同一卷、星名同异录一卷、参订天官考异一卷、衍谈录二卷、勾股三角八线诸法纂要四卷、读书度圜记十卷，又有吹壶、北征、芝阳各诗草，野云诗馀，词鲭咫闻，梅窗馀墨。卒，年七十六。〔一〕

施彦士，字朴斋，江苏崇明人。道光元年举人。生平究心实学，专以经济致用为主。于天文、舆地，肆力尤深。著有求己堂八种，会高堰堤决，运河失道，当时议筹海运，张作楠、贺长龄、陶澍以彦士书有海运图说，延访入幕，与之襄办。事成，上于朝，议叙知县，历官直隶内丘、正定、万全等县，以劳瘁卒官，年六十一。他著有春秋朔闰表发覆四卷。

【校勘记】

〔一〕卒年七十六　“卒”下原衍一“年”字。依本书体例，只云卒年若干，故删。

王赠芳　李祖陶

王赠芳，字霞九，江西庐陵人。嘉庆十六年进士，改翰林院庶吉士，散馆授编修。二十一年，充广西乡试副考官。二十四年，充会试同考官。旋充福建乡试副考官。道光五年，充湖北乡试副考官，随奉命提督湖北学政。历官福建、河南、陕西、山东、江南、贵州各道御史，擢户科给事中，转兵科。出知山东曹州府，调济南。擢盐法道，以疾归。二十九年，卒，年六十八。赠芳学宗宋儒，以身体力行为主。博览群籍，购书五万馀卷，日寝馈其中。工诗古文词，不拘体格，不主门户家数，以性情酝酿出之，缠绵恺恻，粹然有德之言。官御史时，数上封事，行海运，定盐法，除积弊，指陈切要，上嘉纳之。及出守曹州，值定陶教匪事起，县令请发兵，赠芳曰：“是愚民耳，非谋逆，以兵往，定陶糜烂矣。”夜单骑至定陶，召诸父老谕以投首免罪，执其渠魁还，居民安堵如故。莅曹五阅月，除蠹役，惩窝户，行保甲，群盗闻风远遁。盐场兵役多藉缉私为骚扰，赠芳谓盐法固以裕课，而其实原以便民，民便则销必畅，销畅则课自充，不在缉私也。乃令各井官恤灶督煎，但平其价，行之一年，官民称便。督学湖北时，汉阳有桃花夫人庙，三春士女竞集，为艳冶游。撤其像，改为先儒陈良祠。又巴东往宜昌，道经三峡，春夏商旅不行，生童往往以应试冒险覆舟。乃更定章程，令于冬间郡试，次年院试、岁科并考，士林颂之。归后，以著述自娱，杜门不复出。所著有毛诗纲领、春秋纲领、纲鉴要录、慎其馀斋文集四十四卷、诗集十卷、皇华日记四卷、湖北表微录、书学汇编。

李祖陶，字钦之，江西上高人。嘉庆十三年举人。八岁而孤，母苦节抚育，尝织布，命祖陶赴市易棉与盐。祖陶市棉，举馀赀购书归，告其母，母谓儿嗜读书，吾食淡不厌也。既长，博综群籍，工古文辞，深非北宋以后无文之说，谓文无古今，惟得神解者为贵。生平足迹半天下，晚筑尚友楼，藏书数万卷，寝馈其间，究心政事，兼治兵家言。年八十三，卒。著有迈堂文略初编十七卷、续编十五卷、賸稿九卷、史论九卷、诗存二十四卷、又辑国朝文录八十二卷、续录九十二卷、金元明八家文钞五十卷。

李惺

李惺，字西沤，四川垫江人。嘉庆二十三年进士，改翰林院庶吉士，散馆授检讨。擢国子监司业，迁詹事府左赞善，乞养归。咸丰十年，滇匪犯四川，给事中赵树吉疏荐惺老成练达，堪胜督办团练之任。上命加五品衔，督办四川团练。惺以老辞，总督骆秉章嘱刘蓉致书敦劝，亦不就。

惺嗜古力学，博极群书，于事若靡所措意，而器识宏远，能见其大。尝游江、浙、闽、越，归语人曰："天下将有兵事。"已，果然。与刘蓉书，论筹饷、练兵、保卫、安民诸策，皆洞悉安危大计。工诗古文辞。著有冰言、冰言补各一卷，药言、药言賸稿及老学究各一卷。论者谓于世道人心，大有裨益，足与前明吕氏呻吟语、小儿语并传不朽。诗清古高澹，一洗秾纤之习。归后主讲锦江书院二十年，成就甚众。一时才望如洪雅、曾璧光、童棫皆出其门。性笃厚乐善，生平无私财，修脯所入，与兄弟共之，馀以周其族党。华阳巫孝子殁，无后，为醵赀立嗣。潼川知府张志忠卒于官，贫无以归榇，倾橐助之。家故寒素，不以有无介意，终其身如一日。同治二年，卒。又有西沤全集十卷、试帖一卷、铜匏馆刿书二卷、刿书补一卷。

包世臣 齐彦槐 徐璈

包世臣，字慎伯，安徽泾县人。嘉庆十三年举人，大挑一等，以知县分发江西，权新喻县。因劾去官。少工词章，继而喜兵家言，善经济之学。朱珪巡抚安徽，手书召至署，垂询练乡兵、安江贼事宜。明亮为川楚左参赞，使治戎事，发奇谋，不见用，遂归。世臣短小精悍，口如悬河。居金陵，布衣翛然。江省督抚遇大兵、大荒、河漕、盐诸巨政，无不屈节咨询，世臣亦慷慨言之，虽有用有不用，而其言皆足传于后。

洋盗蔡牵犯上海，镇道迎世臣，阅沿海岛屿，见北洋商船千艘，停泊黄浦，遂建海运可救漕弊之议，著策河四略：一救弊，二守成，三筹款，四积储，皆详具筹河刍言。又以漕为天下急务，而浮收勒折帮丁，需索州县，亏空实由于此。善治漕者先清屯田，责成卫头，督课耕耘，量其所入，以半备公需，停委重空，责成本帮，裁派总运，责成粮道，尽撤催趱委员，责成沿途文武，裁汰漕夫，责成闸官，看守闸板缴关每一帮船抵闸，听其通力合作，提溜更速水次，则严禁赌博，及随帮收债者，盘粮则责成漕臣，而使督臣稽察之。通州责成仓臣，督同坐粮厅，革去经纪之积蠹，则帮丁之办公从容，无须州县津贴，州县无所藉口诛求，则奸民不能激众凌辱其长吏，藏富于民，培气脉，尊体统。否则浮收勒折，日增一日，竭民力以积众怒，东南大患，终必在此。是时盐法以两淮为大，说者谓私枭充斥，阻坏官引，遂以缉私为治盐之要。世臣拟裁撤大小管盐官役，唯留运司主钱粮，场大使管灶户，不立商垣，不分畛域，通核现行盐课，每斤定数若干，仿现行铁硝之例，听商贩领本地州县印照，赴场官挂号，缴课买盐。州县发照后，具详运司查核，则场官不能乾没正课，而运司与场官均有平馀。州县亦藉盐照纸朱之费，津贴办公。大江大河转输迅速，盐价必减于今十之五六。私盐皆输官课，课入必倍，拨出现行课额以归正供，酌提盈馀，增翰詹科道部院司员之廉俸，使京职不为债累，众美毕具，千年府海之陋，可以一朝尽革。

其语西北水利，曰："冀幽水利始于宋何承矩，而元虞集、明徐贞明为说尤详，然其功莫举。今国家南漕四百万石，中岁腴田二百万亩所产也。有田四百万亩，岁入与佃半之，遂当全漕。先减运什之一，以其米价及运资，于近水之所置官屯，书罫召耕，以习农而善心计者主之，买农器，安庐舍，给牛种，岁以为常。东南之运渐减，西北之田渐增，十年为率，则漕可罢，赋可宽，以其盈馀量加俸饷，而官可廉，兵可练，民见官屯之利，亦不令而争趋矣。”

咸丰五年，卒，年八十一。著有中衢一勺七卷、艺舟双楫六卷、附录三卷、管情三义八卷、齐民四术十二卷。

齐彦槐，字梅麓，安徽婺源人。嘉庆十三年，召试举人。十四年进士，改翰林院庶吉士，散馆授江苏金匮县知县。毁淫祠，断疑狱，振荒歉，有衙斋书壁诗十九首。宰金匮者至今奉为圭臬。十九年，大旱，设法劝赈，全活无算。迁苏州府同知，保擢知府，陈海运策，苏抚以事属创举难之，召彦槐再三诘驳，彦槐条对详明，巡抚词屈，然终以河运既久，不必改章为言。事遂寝。后十馀年，改行海运，仍仿其法。所制有浑天仪、中星仪，及龙尾、恒升二车，便民运水。著有天球浅说、中星仪说各一卷，北极星纬度分表四卷、海运南漕丛议一卷、梅麓诗文集二十六卷。道光二十一年，卒，年六十八。

徐璈，字六骧，安徽桐城人。嘉庆十九年进士，授户部主事。后以迎养，乞改官浙江，知寿昌、临海县事。璈邃于经术，官京师时，与诸名士相切劘。胡承珙公祭郑康成于万柳堂，时同会者朱琦、钱仪吉、魏源、胡培翚、张成孙、陈奂诸人，璈与焉。所为诗，惩卤莽、流易二弊，性情所抒，时有超诣。端木国瑚谓其有得于葩经温雅之旨。著有诗广、枯樗亭诗文集。

陈沆　谢阶树

陈沆，字太初，湖北蕲水人。嘉庆二十四年一甲一名进士，授翰林院修撰。道光元年，充广东乡试正考官。三年，充会试同考官，转四川道监察御史。六年，卒。

沆天才亮拔，八岁能文，出语惊其长老。于学无所不窥，尤笃好宋五子书。尝从婺源董桂敷、归安姚学塽讲学，与邵阳魏源友善，病中自省，恒书以相质。其言有曰："近自患病以来，闭门谢客，日坐斗室中，初犹浮杂，渐觉凝定，性灵自炯。诸妄徐呈于此之时，以之检察病根，则毫发毕见；以之涵泳义理，则意味弥长。足见为学之道静虚为本，深密为要。"又曰："仲尼之门，五尺童子羞称五伯。童子未必尽知学问，祇是心胸见识已自不凡，生成凤翔千仞气象。我辈终身沉溺词章，岂不愧死？"工诗，汪正鋆称其怀抱深远，立心忠厚，读之令人孝弟之心油然以生。尝著诗比兴笺，以笺古诗三百篇之法，笺汉、魏、六朝、三唐之诗，使读者知比兴之所起，即知志之所之。又有近思录补注十四卷、简学斋诗存、诗删。

谢阶树，字子玉，江西宜黄人。嘉庆十三年一甲二名进士，授翰林院编修。五年，充顺天乡试同考官。九年，充会试同考官。二十一年，奉命提督湖南学政，累迁至侍读学士。阶树沉酣载籍，工古文辞，尝拟文赋一篇，论者谓出陆机之上。所作大臣论、县令论等篇，尤通达治体之言。李祖陶尝称其有古大臣作用，为李绂后一人。著有守约堂文集。

刘淳 潘焕龙 谢茇

刘淳，字孝长，湖北天门人。嘉庆二十一年举人，官远安县教谕。淳资禀过人，于书过目不忘，下笔千言。仁宗睿皇帝幸五台，献诗五百韵。廷试，拜文绮之赐，以是名大起。鲍桂星督学湖北，得其文，大奇之，环语诸生曰："刘生旷代才也。"拔置第一。壮岁放浪燕、赵、吴、越及两河间，所至倒屣相迎，咸称其才气似牧之、同甫。五上公车，不第，归而著书，为海内知名士所称许。卒，年五十九。其古文以气为主，以意为起止，不规规绳尺；诗铲除涂泽靡曼之习，力追古人。著有辛侬长短句、云中诗文集。

潘焕龙，字卧园，湖北罗田人。道光五年举人。历官河南洧川、商丘及山东邹平知县。焕龙敦品励学，尤工于诗，少嗜元白，长游京师，与曾燠、陈沆、黄爵滋相切劘，所诣益进。尝赋七白松歌，苍郁古厚，沆叹曰："韩杜侪也。"一时传诵都下。官商丘时，布政使林则徐亟赏之，以诗集丐为校雠。按察使麟庆谓楚中以公安、竟陵一派为作者所议，焕龙一洗其习，独发为和平中正之音，以鸣于世。尝综燕、赵、齐、豫诸诗人，为论诗纪略一卷。初任洧川，地僻民陋，力以振兴文教为己任。商丘河决，焕龙躬亲畚锸，刻日蒇工。值台湾用兵，车马络绎于道，刍粮皆出私购，不以病民。丁忧服阕，需次山东，堂邑令苛敛虐民，万馀人围其城。巡抚陈孚恩檄焕龙往，且曰："需兵几何？"焕龙曰："民闹漕，非叛也。以兵往，则激变矣。"单骑诣治所，晓以大义，民皆帖然。其为治，官无留事，狱无系囚，暇则与邑人士酬酒论文为乐。所至皆有循声。寻乞养归。年七十三，卒。所著有四梅花屋诗钞十三卷、卧园诗话十卷、泰山游记、读书日记。

谢茭，字惕夫，湖北黄冈人。道光五年举人。历官安徽霍山、婺源、泾县知县，所至有声。决狱用汉儒援经断疑之义，一以情理为衡。岁饥，榜户口米数于通衢，计口授粟，胥吏不能为奸，民甚德之。茭幼负异禀，读书目数行下，长博通群籍，工诗文。学政鲍桂星命拟鲍明远舞鹤赋，援笔立就，大奇之，谓茭曰："文章小谢又清发，今属子矣。"由是小谢之名噪一时，大吏争延致幕府，碑版书牍，悉出其手。每文酒唱和，顷刻数十章，新思古藻，层出不穷，名流咸推服焉。书法李北海，晚年自卜生圹，以诗纪之。年七十五，卒。著有惕夫文集、履尾居诗集。

董祐诚　兄基诚　周仪暐

董祐诚，字方立，江苏阳湖人。嘉庆二十三年举人。祐诚生五岁，晓九九数。年十八，与同里张成孙共治算学，尽通诸家法，始工为汉、魏、六朝之文。游陕西，成西岳华山神庙赋，名动西安。继复肆力于历数、舆地、名物之学，讲求典章、礼仪、政治之要，思有所表见于世。涉猎既广，撰述亦益富。平居，于世俗事绝无所嗜，特善深沉之思，书之号钩棘难，读者一览无不通晓；复为出新意，阐隐曲，补罅漏，专门名家。他人殚数十年之力而探索之者，祐诚晨夕间已突过之。

研究诸史历志，因撰三统术衍补一卷，序云："推步家实测日月星辰之行，以算数缀之，谓之缀术。自汉以下无虑数十家，莫不先审天行，复缀算数，数不虚倚，则假物以为用，三统之律吕爻象大衍之蓍策，授时之平差立差，西人之小轮椭圆，其用殊，其设数以求合于实测，一也。俗学昧于原本，毁所不见，遂以律吕蓍策之说为诟病，是知檠之非日，而并疑日之非圆也。三统术为诸家权舆，史称公孙卿等定东西，立晷仪下漏刻，已得太初本星度，乃更选洛下闳等运算，以律起历，则是已得诸数，而复饰以律吕爻象，固章章矣。钱詹事作三统术衍颇称详核，然于创术之原，犹有未备，今辄依太初元年日月五步度数，比而列之，入以演撰之法，为衍补一卷，后之学者庶无惑乎此也。"已复取三统以次，迄明大统万年、回回各术，计五十三家，拟撰五十三家历术，其凉赵畋之元始术、唐南宫说之神龙术，及瞿昙悉达之九执术，志不著录用数，更据开元占经所引补之。属稿未成，但有序目，载文集中。

又著割圜连比例术图解三卷，〔一〕序云："元郭守敬授时草用天元术求弧矢径一围三，犹仍旧率。西人以六宗三要三简术求八线，理密数繁，凡遇布算，皆资于表。梅文穆公赤水遗珍、西士杜德美圜径求周诸率，语焉不详，罕通其故。尝欲更创通法，使弦矢与弦可以径求，覃精累年，迄无所得。己卯春，秀水朱鸿以杜氏九术全本相示，盖海宁张豸冠所写者，九术以外，别无图说。闻陈氏际新尝为之注，为某氏所秘，书已不传。乃反覆寻绎，究其立法之原，盖即圜容十八觚之术，引伸类长，其累积兼差分之列衰，商功之堆垛，而会通以尽勾股之变。周髀经曰圜出于方，方出于矩，矩出于九九八十一。圆，弧也；方，弦矢也；九九八十一，递加递减、递乘递除之差也。方圆者，天地之大体，奇耦相生，出于自然。今得此术，而方圆之率通矣。爰分图著解，冠以九术原文，并立弧矢互求四术，都为三卷。"又撰斜弧三边求角补术一卷，自序云："梅文穆公赤水遗珍有弧三角形、三边求角、开平方，得半角正弧法解于薛仪甫天学会通，三边求角用对数术略同。其弧视总较术稍繁，然用于对数，则此为简省矣。薛氏有法无解,梅氏以平行线作同式三角形释之,义亦未显。暇日寻绎,乃知角旁大弧之弦线,与对比之弦线相交,成平三角形,以边角比例术求之,可得所求角正矢之半为末数,故倍末数即得角之矢,而术必求半角正弦者,八线对数表无矢线,知此术之专为对数立也。别为图解,并补求又一角术,推步之士,或有取焉。"又撰堆垛求积术一卷,序云:"堆垛求积,三乘以上,旧无其术。汪氏衡斋算学始创诸乘方三角堆求积术,以为古所未发。予释割圜捷法,更得求诸乘方所成之方锥堆术,继复以纵方堆推之,而得诸乘方所成之纵方堆术,以谓此两术又汪氏所未发也。近读四元玉鉴茭草形假果垛叠藏诸问,求其天元如积之原,则与诸术皆一一符合,学然后知不足,旨哉言乎。爰取旧撰两术,比而录之,为读四元玉鉴者助焉。"

祐诚虽精力过人,然用之无节,卒以耗竭,道光三年卒,年三十三。其兄基诚,取已成历算稿五种,附以水经注图说残稿四卷,文甲集二卷、文乙集二卷、兰石词一卷刊行之。

基诚,字子诜。嘉庆二十二年进士,刑部郎中,河南开封府知府。工骈体,与祐诚文合刊,署曰移华馆骈体文共四卷,又著有玉椒词八卷。

周仪暐,江苏阳湖人。嘉庆元年举人,大挑,选安徽训导。擢陕西山阳县知县。地贫瘠,民以例供官之薪炭、棚架,仪暐皆罢之。或曰:"俗好讼,宜少立威,自见于上官。"仪暐曰:"吾老矣,乃复与少年辈争名声也?"邓廷桢见仪暐所作韩城驿诗,爱重之;及巡抚陕西,调署凤翔,以老乞休。去之日,民皆见思,山阳父老亦曰:"官无遽归,必还我山阳!"卒,年七十。诗宗汉、魏、六朝，出入三唐诸家，奄有其胜。著有夫椒山馆诗集。

【校勘记】

〔一〕又著割圜连比例术图解三卷　“术”原误作“数”。今据耆献类征卷四二二叶二四上改。

方履篯

方履篯，字彦闻，顺天大兴人。父联聚，官甘肃。履篯随父任，时尚幼，同官杨芳灿惊为奇童。嘉庆二十三年中式举人。道光六年，大挑，用知县，分发福建。署永定县事，调署闽县。期年卒于官，年四十一。履篯初试吏，持己廉，任事勇。其宰永定时，豪家胡凤兆与族人某甲不相能，杀子劫其父棺，弃深山中，前令数年不能捕。履篯为书谕之，凤兆果自首，遂论如律。南乡民许开玉杀其族幼侄而逃，缉弗获。履篯祷于神，开玉至厦门，将浮海矣，忽懵然归，抵县廨，堂皇间负手踯躅，门吏有识者，执之，一讯而服。闽为会城首邑，事既烦，且一省政治，皆得与闻。履篯抵任不半载，厘积讼五百馀事，而以文行导民，一如治永定。其俗好斗，小不适辄持械格杀，弃其尸，官勿得问。履篯集乡老，多方晓谕之，复侦知其将斗者，亟驰往杖惩焉，故终其任，无械斗患。会大旱，步祷烈日中，体素丰硕，不耐暑，又忧无雨，日焦闵，遽得疾，五日而卒。

履篯读书，善求间，经史百家言皆好之，而能贯其源流。善为骈俪文，始学其乡先辈，已复泛衍浸溢，浑厚渊雅，希踪于范蔚宗。尝过洞庭，风浪急，履篯方草檄江神文，意气益振。诗则规椠于晋唐，词则胎息于北宋。自天文、地理、氏族、钱币，及六书、九章之法，梵夹之典，靡不综贯。尤酷嗜金石文字，所积几万种，游伊阙，居山中弥月，遍搜石刻，得唐造像题名八百馀种。尝语其友梅曾亮曰："吾于古今著录家，缺二碑而已。"著万善花室文集六卷、续集一卷、诗五卷、词一卷，河内县志三十卷，伊阙石刻录六卷，富蘅斋碑目六卷，希姓录一卷，泉谱一卷。

彭兆荪　郭麐

彭兆荪，字湘涵，江苏镇洋人。贡生。道光元年，荐举孝廉方正，未就，卒，年五十四。兆荪少随父礼官山西。年十五，应顺天乡试，即声满名场，然竟十馀年无所遇。礼后由知县改官颍州府教授，既殁，家贫，累甚，议将析产以偿人，曰："得彭君一言，毋问旧事。"兆荪卒独破产，尽偿所负，而自鞠幼弟，只身客游以为养。诸大吏多资其才，倾身纳交。兆荪顾未尝私请，义所不可，嶷如也。胡克家为江苏布政使时，总督以国用不足，议加赋。兆荪方在幕中，力赞克家白大吏，寝其事。又与长洲顾广圻同为克家校刊元本通鉴，尤工；椠文选独成文选考异十卷，钩稽探索，颇具要领。南城曾燠转运两淮，爱礼才士，兆荪往依之，燠为点定其集。阳城张敦仁时官扬州府知府，亦敬礼之。兆荪少为闳览博物之学，覃精训诂，曾辑有经歧臆案，后以为多前人所已言，乃芟薙之，为潘澜笔记二卷，晚读其乡先生黄陶庵日记，憬然有省，深悔其于圣贤大道，茫乎未之有得，遂作忏摩录，然亦时杂禅学。娄县姚椿微讽之，隤然不以屑意也。所为文鸿博沉丽，力追六朝、三唐，见者以为金玉渊海，卿云黼黻。尤长于诗，始务琦瑰，晚乃益慕澄淡孤敻，深得古人意。著有小谟觞馆诗集八卷、诗续集二卷、文集四卷、文续集二卷、诗馀共二卷。

郭麐，字祥伯，江苏吴江人。诸生。麐少有神童之目，一眉莹白如雪，举止不凡，见者不问而知为通人雅士。桐城姚鼐极称许之。家贫，客游，文采照耀江淮间。负其才识，不得有所见于世。素所积蓄，化为愤郁无聊，而时寓于咏歌酣醉。尝病潘昂霄金石例止取韩柳二家，因取洪氏隶释条分缕析，间以后人祖述之由，附识于后，为金石例补二卷。诗初学李长吉、沈下贤，稍变而入于苏黄。青浦王昶题其行卷云："揽其词旨，哀怨为宗，玩厥风华，清新是上，如见卫叔宝、许元度一流人物。"词尤清婉颖异，具宋人正音。尝仿表圣诗品，撰词品十二则，深得三昧。所为古文，亦雅洁奥丽，有古人法律。著有灵芬馆诗初集四卷、二集十卷、三集四卷、四集十二卷、续集八卷、杂著二卷、杂著续编四卷、江行日记一卷、樗园消夏录三卷、灵芬馆诗话十二卷、续诗话六卷，蘅梦词、浮眉楼词、忏馀绮语各二卷。道光十一年，卒，年六十五。

王豫　吴翌凤

王豫，字应和，江苏江都人。布衣。性酷嗜诗，家焦山北岸之翠屏洲，杨柳桃花数万本，隔江京口诸山，皆在几案间，豫吟咏其中，不求闻达。其论诗以王、孟、韦、柳为宗，高澹醇雅，不为风气所转移。尝下榻焦山佛阁，本沈德潜别裁法，辑国朝江苏人诗五千四百三十馀家，为江苏诗征一百八十三卷。携两儿司雠校，披览至夜分，于残篇断简中，得一佳句，辄呼两儿诵之，自谓此境古人得未曾有。历十二年，书成。侍郎姚文田闻而异之，题曰诗征阁。阮元称其于忠孝、节义、布衣、逸士集未行世者，所录尤多，可谓发潜德之幽光云。道光初元，举孝廉方正，力辞不就。卒，年五十九。又著有儒行录、明世说新语、王氏法言、王氏清荚录、种竹轩诗文集。

吴翌凤，初名凤鸣，字伊仲，江苏吴县人。诸生。博雅，工诗文。少寓陶氏东斋，寝馈书史，积二十年。中岁游楚南，遍历匡庐、岳麓、洞庭诸胜，垂老始返，卜居城南，著书奉母，题其室曰归云舫。一时文士，多从之游。诗工五言，尝辑有怀旧、印须二集，注吴伟业诗。生平不喜空谈心性及二氏之学，又谓考据之文，易于伤气。所辑国朝文征四十卷，自顺治至嘉庆二百馀年，凡忠孝、节义，有关风化，或遗文佚事，可备掌故者，登之，皆有裨于学问经济。著有稽斋丛稿。

赵绍祖

赵绍祖，字琴士，安徽泾县人。诸生。九岁即以能文称。年十二，以经解受知于大兴朱筠，筠爱其才，期以精造，既不得志于有司，遂弃帖括，专力于经史百家，下至碑版书画之属，罔不钩考，决择惟精。性至孝，居丧尽礼。处乡里，恂恂然。终身朴学，手一编日夜不少辍。当事重其为人，咸礼敬之，曾未一私谒。两署滁州训导，一署广德州训导，皆不数月而士习丕变。道光元年，举孝廉方正，时陶澍为安徽布政使，延绍祖纂辑安徽省志，详赡有体。累主秀山、翠螺各书院，殷殷教诱，始终无倦色。卒，年八十二。

绍祖之学无不窥，尤深于史，最著者：一曰通鉴注商，参研抉发，至六百馀条，视顾炎武日知录所列，及陈景云之举正，不啻倍蓰；一曰新旧唐书互证，于刘昫、欧、宋之书，无所偏徇，然其间摘新书者十之八九，盖新书考证颇疏。同时吴缜已有纠缪之作，但缜挟私忿，有意吹索，而绍祖则平心以救其失，初不存门户之见。又笃好碑版，谓可补史传之遗，成金石文正续钞共十卷、金石跋六卷。他著有建元考二卷、校补竹书纪年二卷、校补王氏诗考二卷、泾川金石记二卷、泾事二卷、读书偶记八卷、消暑录一卷、古墨斋笔记六卷、观书记八卷、书画记一卷、琴士诗钞十卷、文钞六卷。在志局日，又辑有安徽人物志八卷、金石录八卷。

姚椿

姚椿，字春木，江苏娄县人。父令仪，官四川布政使。椿自幼从宦滇蜀，资禀绝人，十岁即通声律，喜博览，遇未见书，必手自钞录。以国子生应顺天乡试，才名噪京师。既而连试不售，夷然不为意。日与洪亮吉、杨芳灿、张问陶极论词赋，气甚凌厉，贤士大夫多道其贤。令仪屡参诸大帅幕，椿奔驰南北，所至必周览其山川，交其贤豪长者，乃更求为有用之学。凡河渠、农桑、漕务、边防，以及闾阎疾苦，无不反覆熟筹，稽之史传，证以游历，思将大用于世。既又从学于桐城姚鼐，退而发濂、洛、关、闽之书读之，爽然如有所失。自此屏弃夙习，壹意求道，泊如也。尝得宝应朱泽澐遗书读之，数日作而言曰："此真宗守程朱之道，而不欲以文著者。"于是悉访朱氏未行之书，及其门人所述，极力表章之。又亲诣其墓拜谒，申私淑之礼。道光元年，诏举孝廉方正，松江府知府欲以椿与彭兆荪同荐，固辞不就。先后主讲河南夷山、湖北荆南、松江景贤书院，以实学励诸生，惟成就人材是急。咸丰二年，卒，年七十七。

椿好学不倦，其解经主兼通汉宋儒，曰："譬之释氏，有宗有教，不可偏废。"论文必举桐城所称曰"好学深思，心知其意"，又自言曰："文之为用，不外四者：曰明道，曰记事，曰考古有得，曰言词之美。"故其选国朝人文，皆本此旨。论诗，以讽谕为主，以音节为辅，以独造为境，以自然为宗。每曰："元裕之以后无大家。"于明初推刘伯温，谓在高季迪上。所自为诗，得陆放翁诗外有事之旨，惨澹经营，不遗馀力，有杜白新乐府之风。著有通艺阁诗录八卷、和陶诗三卷、晚学斋文录十二卷，又选国朝文录八十二卷。

梅曾亮　管同　毛岳生

梅曾亮，字伯言，江苏上元人。道光三年进士，用知县，援例改户部郎中。少时，文喜骈俪，既游姚鼐门，与管同友善，同辄规之，始颇持所业相抗。已乃一变为古文辞，义法一本桐城，稍参以归震川，居京师二十馀年，笃老嗜学，与宗稷辰、朱琦、龙启瑞、王拯辈游处，咸啧啧称赏其才。一时碑版记叙，率其手笔。

尝著民论曰："天下有乱民，有奸民。毒官吏，迫饥寒，挺刃而卒起，索党与随和以自救，此乱民之常态也。若夫无所激发，而倡为狂悖之说，以招诱愚瞽，而名之曰教，是为奸民。奸民者，古无是也。且夫教之名，民所不易受于长上者也，而匹夫能得之于乡里，非民之所为也，势也。今夫民之生也，耕而食，织而衣，贸贸然相往来，不知有士大夫声名文物之乐，又非如富厚有力者有鸣钟连骑、采色视听之娱，若此者枯槁寂灭之士或能堪之，而民固不能乐乎此也。圣人忧之，于是有饮射之典，有傩蜡之礼，有月吉读法之令，奔走之，驰骤之，而不惮其劳拙。其意以为吾法之可知者，在乎角才能，习教训，而消息乎时气，而法之不可知者，在使民回易耳目，震荡血气，阳遂其鼓舞之情，而阴辑其静而思骋之意，其教如是而已。当汉之盛时，凡乡射、大傩，都肄乡会，皆太守与县令亲之，犹古法也。法之废，其东汉之衰乎？嗟夫，此黄巾米贼之祸所以起而不可禁也。夫民所乐趋之事而不为利导之，草野之间，必有因民之欲窃吾意以售其奸者，其始特出于私立名字，敛财帛，赛会征逐而已。而其后遂为有国者之忧，至于为有国者之忧，盖非独从而和者不乐也。而亦岂倡之者之始意及此哉？然而势必至乎此者，何也？吾为之说以导之，吾聚之吾能散之，故其权在上，民自为聚者，非法之所许也。民知意不出于上，而恐法及己也，鳃鳃然有与上相持之心，其势遂聚而不可复散。故曰非民之所能为也。昔子贡观于蜡，以为一国之人，皆若狂夫。至于一国若狂，虽后世游民聚众之盛，无过于此，而圣王行之。孔子曰：‘张而不弛，文武弗能也。’夫文武所不能者，而后人能之，必其民皆标枝野鹿，如上古之不相往来者而后可也，而岂有是理哉？嗟乎，权出于士，而党锢清流之祸成；权出于民，而左道乱政之祸烈。然则以王者之权，而谓教化不易兴者，则妄矣。”曾亮见川楚教匪之乱，及嘉庆十九年林清之变，故其言如此。其上汪志伊书，亦谆谆言豪民易治，奸民难知，知之者独州县，而今为州县者皆苦无权。是时天下方全盛，乱端未兆。其后粤贼起，陷江南，卒如其言。

又著刑论，颇中近日刑部说帖驳案之弊。既以文名辇毂，有宫监谬联文雅士，倾动朝列，慕曾亮名，就门请谒，曾亮笑曰："吾岂学康对山哉？"卒谢之。有后进来谒，曾亮戒以长安居大不易，惟择交游，端言行，勤读书三言而已。其人本诚笃，用是益兢兢，无纤芥过，回里犹寻味其言不置云。诗亦天机超妙，为同所推。官户部二十馀年，冲淡自得，以资久将迁，闻弟病，遽乞归。主讲扬州书院，金陵乱后，依河道总督杨以增，以增为刊所著柏枧山房文集十六卷、诗十二卷、骈文二卷。柏枧，宣城山名，曾亮祖居也。咸丰六年，卒，年七十一。

管同，字异之，亦上元人。父文郁，早卒。母邹以节孝闻。同少负经世志，为学不守章句，从姚鼐学，为古文，鼐亟称之。所为风俗书及筹积贮书，皆通达政体，深切时弊。道光五年举人，主试侍郎陈用光，亦从姚鼐受古文辞学者，语人曰："吾不多持节校两江士，独以得一异之自喜。"其待同不敢以世俗门生之礼，苟有称必曰丈。卒，年五十二。著因寄轩文集十六卷、七经纪闻、孟子年谱、文中子考、战国地理考、皖水词存。

子嗣复，字小异。博雅，好经术，一时耆彦方闻之士，多折行辈与之交。又研算术，窥代数微积之略，遭兵乱，死吴中。

毛岳生，字申甫，江苏宝山人。以祖大瀛死简州难荫，袭云骑尉，改文学生。幼孤贫，事大母暨母孝。未弱冠，以白雁诗得名。流离闽中十馀年，刻苦不废所学。尝从桐城姚鼐游，古文得其家法。著有休复居诗文集十二卷。道光二十一年，卒，年五十一。

张维屏　谭敬昭　黄培芳　彭泰来　倪济远　邵咏

张维屏，字子树，广东番禺人。父炳文，官四会训导。维屏幼奉庭训，内行修饬，研究典籍，夙有诗名。年三十，所作已卓然成家，海内名流甚器重之。嘉庆九年举人，至都，大兴翁方纲曰："诗坛大敌至矣！"道光二年进士，以知县分发湖北，署黄梅县。时江水溃堤，灾民遍野，维屏以帑金赈济，区画条法，民得实惠。尝乘小舟勘灾，遇急溜冲去，得树免于溺。民歌有"官要救民神救官"之句。调补广济县，漕务非折色，规费无所出。维屏曰："理不直则气不壮，吾宁舍官以伸气。"引疾去。汪廷珍语人曰："县官不愿收漕，世所罕见也。"丁艰服阕，愿就闲曹，援例为同知，分发江西，署南康府知府。政暇，至鹿洞，与诸生以文行砥砺，于庐山建李、苏二公祠，祀太白、东坡，谓诗可以兴。因集诸生讲诗，寓规劝焉。未一载，罢郡，请假归，时年五十七，遂不复出，隐居花埭。闭户著书，时泛扁舟往来烟水间，自号珠海老渔。癖爱松，又号松心子。总督林则徐奉旨至广东禁鸦片，访于维屏。维屏曰："毋开边衅。"则徐不用，既而英人果攻广州。

晚年耳目聪明，读书日有程课，为学海堂学长，堂中士有善属文者，维屏往拜之，曰："昔吴学士鼒老矣，闻人诵吾诗，辄来拜我。我今敢不畏后生耶？"其爱才如此。性好游，尝筑室白云山居之，又游罗浮山。告归后，游鼎湖、七星岩，西至桂林，遍游诸岩洞。其诗出入汉、魏、唐、宋诸大家，取才富而酝酿深，论者谓为必传。精医术而不著书，自言学医四十年，得黄元御书，乃通长沙之学，其深造过于诗也。咸丰九年，卒，年八十。所辑国朝诗人征略初编六十卷、二编六十四卷，最有功于文献。著有松心诗文集。

谭敬昭，字子晋，广东阳春人。嘉庆二十二年进士，官户部主事。敬昭淹博群籍，其诗出入古大家，而于太白尤近。钦州冯敏昌招同粤秀山登高，名流咸集，敏昌盛称其乐府，独出冠时。时顺德黎简以诗名海内，敬昭赋鹏鹤篇投之，简叹为异才。其为老辈倾倒如此。大兴翁方纲督学粤东，极赏其诗，与张维屏、黄培芳并称为"粤中三子"。兼工文词，所作擅初唐、六朝之胜。其拟答客难一首、七稽一首，甚称于时。性廉退，官户部十馀年，公馀退食，辄手一编，萧然自得，于人世浮荣，泊如也。著有听云楼诗钞、词钞。

黄培芳，字子实，广东香山人。嘉庆九年副贡生，官内阁中书。少慕古力学，为冯敏昌所器重。诗格高浑，有山水清音。钱塘戴熙亦极誉之。性闲静，然闻登临揽胜，辄神动色飞，尝三游罗浮山，于绝顶筑粤岳祠以观日出，自号粤岳山人。又以前人志罗浮山者，多详于罗而略于浮，乃于攀崖蹑磴时，用所闻见，作浮山小志，而诗境亦缘是益进。卒，年八十二。著岭海楼诗文钞。

彭泰来，字子大，广东高要人。父辂，少以诗古文辞受知于翁方纲、钱大昕。志高行清，能自成一家言。乾隆四十二年拔贡生，任英德教谕。著有诗义堂集。

泰来生二十月，能即事诵古经，语无不切。年十四，以诗与谭敬昭相酬唱。嘉庆十六年，曾燠开藩于粤，泰来与番禺陈昙俱为坐上客。十八年，以拔贡入太学，罢归，遂绝意进取，宗属或讽之，泰来笑而不答。总督祁𡎴欲延见之，不往；学使李棠阶高其品，屏驺从，徒步就见，复肃函问挽回风俗之道，泰来乃比切时敝，直明己意，为书数千言复之。棠阶表其庐，且下教高要县，岁时存问。所为诗，天才飙发，出入于少陵、昌黎、香山、长吉、东坡、遗山、梅村诸家。善属文，兼工隶、草、八分，精篆刻。生平心慕赵邠卿，自刻私印曰赵斋。著有诗义堂后集六卷、昨梦斋文集四卷、端州金石略四卷、读史觿笔六卷，又辑有端人集四卷。

倪济远，字秋查，广东南海人。嘉庆二十二年进士。嗜读书，诗才尤超轶。通籍后，令广西之恭城、荔浦、贺县。桂林山水甲天下，所治地僻政简，济远于川原奇秀、民俗诡异，可喜可愕，均寄诸诗。然本性慈良，见累囚即恻然。故其诗有“娇儿见爷娘，惜极始一扑，扑之伤我心，肌肤吾骨肉”之句。又时与上官龃龉，故十馀年不晋一阶。然所为诗摆脱凡近，论者谓广州自张锦芳、黎简后，惟济远卓然自成一家。俸满入都，南归道卒。著有味辛堂诗存四卷、茶嵋舍词稿一卷。

邵咏，字子言，广东电白人。优贡生。官顺德训导。咏性孝友，父天眷殁逾数年，犹哀戚不已。尝辟地为轩，颜曰馀思。与弟诗友爱尤笃，既而诗病殁，咏益深悲悼，因名其室曰存杜轩，取诗杕杜之义也。生平工诗文，旁通书画篆刻，随意为之，皆臻神妙。有得其片纸寸缣者，珍如拱璧。道光纪元，举孝廉方正，咏力辞不就。著有种芝山房诗文集、印谱、鱼山年谱、电白县志。

诗，字子京，嘉庆辛酉拔贡生。少有夙慧，下笔数千言。能书画，诗亦感慨激昂，才清而杰。卒，年才三十七。有遗稿二卷。

黄爵滋　郭仪霄

黄爵滋，字德成，江西宜黄人。道光三年进士，改翰林院庶吉士，〔一〕散馆授编修。八年，充江南乡试副考官。十二年、十五年，两充会试同考官。十七年，充山东乡试正考官。十九年，充江南乡试正考官。历官工科给事中、鸿胪寺卿、通政使，荐升礼部、刑部侍郎。遭父丧归，未几，户部银库亏绌事觉，坐失察落职。服阕赔缴，得旨以员外郎用。寻卒。

宣宗广开言路，先后擢台臣敢言者置列卿，以爵滋为之首。爵滋陈六事：察天道，广贤路，豫备将材，控制匪民，整饬京营，堆拨申严，外夷防禁。略言："中国与外夷互市，原有地界。近夷人录述中国情事，潜绘山川形势，我示之弱则彼强，我示之强则彼弱。威服之道，不在临时张皇，在平时振作。"奉旨饬堆拨，肃夷禁，如所请行。又上塞漏卮疏，谓："鸦片流于中国，为害日深。耗银之多，由于贩烟之盛，吸烟之众。"得旨，下各督抚将军严禁。自明季迄今阅数百年，至是始知以有用财填无穷壑，实爵滋发之。及英吉利内犯，复上筹办海防疏，大旨言水师废弛，兵额多缺，战舰不备，宜广召募助攻守，集艇船资驾驭。尝著海防图二卷、表一卷。

工诗，气韵高雅，力追汉唐，其论诗，谓："侪俗之作有数非：或声调便利，靡而不振，或意旨蹇涩，枯而不泽，若是者非体；或驰骋挥霍，剽而不留，或堆垛襞积，滞而鲜通，若是者非气；或貌似神离，虚而不实，或以文饰俗，杂而不清，若是者非理；或苦心束缚，自谓亲切，或任情泛滥，自谓周至，若是者非法。去兹数非，求其一是，然后可以语山水之助，发智仁之妙；而其道之靡穷，业之不倦，则又贵有毕生之阅历，同志之观摩焉。”于近今作诗之弊，指摘殆尽。王昶谓其辅翼诗教之功，非浅鲜云。当时士大夫日以风雅文章自见，爵滋揖让其间，为名流所推重。所著有仙屏书屋诗录初集十六卷、后录二卷、文录十六卷、戊申楚游草一卷。

郭仪霄，字羽可，江西永丰人。嘉庆二十四年举人，官内阁中书。工诗，出入汉、魏、唐人，而能自抒词藻，卓然名家。新乐府尤深妙古浑，一时莫与抗手。王昶谓：“近人多以史书中事作为新乐府，仪霄下笔崭崭不拾他人牙慧。”官京师时，大学士潘世恩、王鼎皆敬礼之。朝鲜使臣权敦仁、李石友尝乞所作，传之东国。喜画竹，生气远出，黄爵滋赠诗有“古之与可今羽可”句。仪霄喜甚，制一小印，印其画。著有诵芬堂诗钞十二卷、文钞六卷。

【校勘记】

〔一〕改翰林院庶吉士　原脱“改”字。依本书体例，中进士后，改翰林院庶吉士，今补。

汤鹏

汤鹏，字海秋，湖南益阳人。道光三年进士，年甫二十。豪于文，负气自喜，下笔震烁奇特，当世目为异才。以礼部主事入直军机处，补户部主事，转员外郎。擢山东道监察御史。鹏在军机，历览天下奏章；又官户曹，明习吏事，已慨然有肩荷一世之志。及迁言职，年始三十馀，意气蹈厉，谓天下事无不可为者。

其议论所许可，惟李文饶、张太岳一流，不屑以词章士自居。于是勇言事，未逾月三上章，会宗室尚书叱辱满司员，其人讦之，尚书遂交部察议。鹏援嘉庆中故事争之，称："司官朝吏，过失当付有司，不可奴隶辱之。此臣作威福之渐也，吏议轻不足示警。"疏入，罢御史，仍回户部，荐迁郎中。英人事起，沿海大扰。鹏愤甚，时已黜不得建言，犹条上洋务三十事，乞尚书转奏，当事者犹以为书生之见。及美利坚求改关市约，有鹏奏中不可许者数事，人以是服其言。

既负才气不得施，则益务著书，以自暴白于天下。所作浮丘子一书，立一意为干，干分为支，支之中又有支焉。又复为干，支干相演，以递于无穷。大抵言军国利病、吏治要最、人事情伪、开设形势、寻蹑要眇，一篇数千言者九十馀篇，最四十馀万言。每遇人辄曰："能过我一阅浮丘子乎？"其友魏源每谓人曰："是书可传也。"又著明林十六卷，指陈前代得失。又著七经补疏，以明经义。又著止信笔初稿，杂记见闻事实。始成进士，即力专为诗歌，自上古歌谣，下逮李唐，无不规仿，中更感慨抑郁，尤多悲愤沉痛之作。为文高语周秦，每诋司马迁、韩愈以张其说，然径涂出入，体制佳恶，自了然于心。谓其友人曰："汉以后作者，或专工文辞，而义理时务不足；或精义理、明时务，而辞陋弱。兼之者，惟唐陆宣公、宋朱子耳。吾欲奄有古人，而以二公为归。"其持论如此。道光二十四年，卒，年四十四。

项名达　戴煦　陈杰　夏鸾翔　汪曰桢

项名达，原名万准，字步来，浙江仁和人。道光六年进士，官国子监学正。生平专算学,当穷极要眇时,虽寒暑饥渴不暇顾,苟有得,欣然意适,若无可喻于人。尝语黎应南曰:"守中西成法,搬衍较量,畴人子弟优为之。所贵学数者,谓能推见本源,融会以通其变,竟古人未竟之绪,发古人未发之藏耳。"以勾股相求和较诸题,术稍繁杂,初学恒苦其难,著勾股六术及图解,复附勾股形边角相求法三十二题,合为一卷。其法第一、二、三术及第四术之前,二题悉本旧解,馀为更订新术,皆别注捷法,各为图解明其意。第四、五、六术其原皆出于第三术,可释之以比例,第三术以勾股较比股,若股与勾弦和,以股弦较比股,若勾与股弦和,是为三率连比例,凡有比例加减之,其和较亦可互相比例,故第四、五、六术诸题,皆可由第三术之题加减而得,即可因第三术之比例而别生比例,因比例以成同积,而诸术开方之所以然,遂于是得。

同时明算诸人皆相友善,而钱塘戴煦、乌程陈杰契最深。晚年诣益进,谓古法为无所用,不甚涉猎,而专意于平弧三角,与杰意合。尝谓平三角二边夹一角径求夹角对边,其法以甲乙边自乘,与甲丙边自乘相加得数寄左乃以半径为一率,甲角馀弦为二率,甲乙甲丙两边相乘倍之为三率,求得四率。与寄相减钝角,则相加平方开之得数即乙丙边也。其论割圜术率,从三角堆整数中推出零数,但用半径即可任求度若分杪,诸弦不赀弧弦及他弦矢,每一乘除,便得一数。其法简易而捷,实为夏鸾翔、李善兰诸家开其先。性温雅,归后主讲紫阳书院,校阅精审,士论翕然宗之。卒,年六十二。又著象数原始一书,未竟。疾革时,遗书戴煦续成之。煦增订补纂,都为七卷。馀著述毁于乱,今不传。

戴煦初名邦棣，字鄂士，浙江钱塘人。增贡生。生平冲澹静默，避俗如不及。研精历算，兄熙督学广东，以英吉利人战舰用火轮，寄言谓吾弟精思，必得其制，乃著船机图说；又以刘徽九章重差一卷，李淳风注，未详其理，为补撰重差图说。又著勾股和较集成一卷，四元玉鉴细草数卷，略同罗士琳书，而图解明畅过之。中年益精进，以求对数旧法，数重绪多，初学恒未易了，乃揭其精要而变通之，著对数简法二卷，用连比例递求法，著续对数简法一卷。又因徐有壬割圜捷法，著广割圜捷法一卷，与李善兰参订外切密率四卷。又谓新法推步用八线表则较繁，用八线对数表则较易，必待求得八线而后由八线求其对数，纵有捷法亦多辗转，若能舍八线而径用弧背求其八线对数，更为直捷。初悟得四十五度，以内割线颇可径求假数，不必借用数，依法演之，果得径求割线对数之术。继悟连比例开方法，其用初商实较大者二术，可求负算对数，而因以得弧背求四十五度以外正弦对数之术，著假数测圆二卷。后总合四书，名求表捷数。英吉利人艾约瑟见之，甚推服，踵门求见，煦引东坡事却焉。艾后转译煦书，入彼国算学公会中，其倾倒如此。

并世明算者，若罗士琳、徐有壬、李善兰、张福禧皆来订交，互质得失。晚绝意进取，以著书为务。工书画及古今体诗。咸丰十年，粤匪攻杭州，熙死，家人走报，笑曰："兄得死所矣！"亦自投井殉焉，年五十六。他著有音分古义二卷、庄子内篇顺文一卷、陶渊明集集注十卷、元空秘旨一卷、汲斋賸稿、戴氏泉谱等书。

陈杰，字静弇，浙江乌程人。诸生。官钦天监博士，迁国子监算学助教。以疾归。生平邃于算术,尤神明乎比例之用。尝谓西人窃取乘除而为比例,窃取勾股而为八线。时以为知言。又谓算法之用多端,在官之事,至要在治历,次出师,次工程、钱粮,次户口、盐引,次堆积、丈量;其儒者所为,则考据经传,下及商贾庶民,则赀本营运,市廛交易,持家日用,事无巨细,悉原于算。初著辑古算经细草一卷,后又为之指画形象,录成图解三卷,又为之证引经传,博采训诂,别成音义一卷。官钦天监时,供职时宪科,兼天文科,司测量,为上官所倚重。尝测黄赤大距所得之数,为二十三度二十七分,当时未敢用。迨道光二十四年,修仪象考成续编,成书,监臣即取此数上,蒙钦定颁行。归后楼居,撰补湖州府天文志七卷。时游于杭,与项名达、罗士琳、金望欣、徐有壬相友契,年未及七十,卒。又著有算法大成上编十卷,其下编十卷,有目无书,今佚不传。论者谓杰苦心孤诣,洞见本源,其定勾、股、弦三数,皆整法表列,股弦较数以及倍弧求通弦,诸三角边角互求,易弧为平,所创新法,皆妙合自然,自足名家云。

弟子丁兆庆、张福禧,皆能传其学。

夏鸾翔,字紫笙,浙江钱塘人。诸生。官詹事府主簿,迁光禄寺署正。少聪颖好学,工诗,精绘事篆刻,于音韵卜筮等书,能通其奥。尤精算学,为项名达入室弟子,与戴煦为世交。后游广州,邹伯奇、吴嘉善皆相友善,讲究曲线诸术,洞悉圆出于方之理。汇通各法,更推演以穷其变,著洞方术图解二卷,又撰致曲术一卷,曰平圆,曰椭圆,曰抛物线,曰双曲线,曰摆线,曰对数曲线,曰螺线,凡七类。于杜、项、戴、徐、罗诸术外,自定新术,参互并列，颇为精密。又著有致曲术图解一卷、少广缒凿一卷。伯奇序其书，谓自戴震、钱大昕表章算学古书，其后李锐、焦循辈，皆墨守古法而不通融，徒令读者多一重障碍，不如鸾翔书明白易晓云。诗多忧时感事之作，五言尤佳。晚年，应聘同文馆教习。同治三年，卒。又著有万象一原、春晖山房诗集、岭南集。

汪曰桢，字刚木，浙江乌程人。咸丰二年举人，官会稽教谕。少秉母氏赵教，敦行励志，学无涯涘，精史学，又精算学。初撰二十四史日月考，上起共和，下与钦天监颁行万年书相接，各就当时行用本法推算，详列朔闰，月建大小，并二十四气，略如万年书式为五十卷，又附古今推步诸术考二卷，甲子纪元表一卷，搜罗书逾数百部，致力几三十年。其言曰："学史者日月淆乱，则事迹之先后不明，而兴衰治忽之故亦无由考察。欲求其精，先求其粗，吾识其小而人得识其大。吾任其难而人将任其易。于学史之人，不无少补云。"其后莫友芝见其书，谓可名家，而惜其卷帙过繁，乃删为历代长术辑要十卷、考二卷。生平著述等身，以书籍朋友为性命，修金所入，悉以购书，有荔墙丛刻。又尝修乌程县志、南浔镇志，见称于时，兼通音韵之学，好填词。所著又有四声切韵表补正五卷、推策小识超辰表三卷、如积引蒙八卷、随山宇方钞一卷、荔墙词一卷。光绪七年，卒，年六十九。

陈偕灿 艾畅 汤储璠

陈偕灿，字少香，江西宜黄人。道光元年举人，以教习叙官知县，分发福建，署惠安，有政绩。后为言者中伤，弃官归。偕灿天才敏捷，少好六朝文，尤喜庾开府。既，服习两汉及韩、柳、欧、苏诸家,下笔纵横,不可一世。诗学剑南、东坡,四十后出入三唐,于大历十子为近。其论诗谓诗欲其真,不欲其伪。又谓古今论诗有二:曰性情,曰格调。性情,真也,袭格调而丧其面目,伪矣。格调亦真也,离性情而饰其衣冠,伪矣。此杜少陵所以有别裁伪体之说也。东乡吴嵩梁极推其诗,决其必传。尝游齐、鲁、燕、赵、吴、越间,阮元、陶澍、曾燠等咸以文章气谊相契洽。天性醇笃,孝友闻于乡党。又工书法,古秀似东坡,画有逸趣。罢官后,侨寓闽中,贫甚,以书画自给。著有鸥江渔隐集二十卷,侯官林昌彝称江西诗家,蒋士铨、吴嵩梁外,推偕灿及艾畅、汤储璠。

艾畅,字至堂,江西东乡人。父方来,有孝行。畅幼读西铭,悦其言,即刻励为学,凿壁纳灯,诵达旦。初以举人大挑,官临江教授,截取补广东博罗县知县。在官一年,慨然曰:"不可以行吾学也。"遂乞归。道光二十年,成进士。畅工诗古文辞,王昶谓其诗朴老真实,无一浮浅语。兼通经学,尤长治诗,著有诗义求经二十卷、论语别注四卷、大学古本注一卷、中庸古本拾注一卷、孟子补注二卷、至堂诗钞六卷。

汤储璠,字若孙,江西临川人。嘉庆十六年进士,官内阁中书。以病告归。储璠夙具天才,读书过目成诵。髫年即名噪海内。官中书,进奉文字,多出其手。以病作,忌者欲令去官,大学士曹振镛不可,曰:"此今之燕许也。"会逆酋张格尔就俘,振镛以贺表嘱储璠,文成,古茂渊懿,为时所称。侯官林昌彝尝称储璠骈体文沉博绝丽,有复古之功。诗跌宕酣嬉,不可一世。归时,舟中辄有吟咏,其望海船、与客谈南河事诸篇,忧深思远,洞达国体,大有秦中吟遗响。卒,年四十馀。著有布帆无恙草三卷、忍冬小草二卷。

黄本骥　兄本骐

黄本骥，字仲良，湖南宁乡人。道光元年举人，官黔阳教谕。少孤，与兄本骐互相师友，砥学砺行，名著湖湘间。〔一〕本骐以饥驱故，常出游，每岁尽归来，围炉谈艺，争执不休，家人苦其絮聒，两人者龂龂自若也。本骐工诗，兄弟时相唱和，尝删存之，为式相好斋初稿。

本骥嗜学，淹通经史，尤癖爱金石，有痴名。尝聚秦汉以来金石文字数百种，及古琴、刀布等，名其居曰三长物斋。又尝自制溪州石磬，及历朝尺式，自言客语猥杂，一击磬耳为之清。有持古器至，以尺度之，真赝不能欺也。生平好编订古籍，曾预修湖南通志，搜采颇备。官黔阳时，建教泽堂课士，多所成就。屡至沅郡，询明米寿图墓，卒得之于榛莽中。其好事如此。著有圣域述闻二十八卷、历代职官表六卷、皇朝经籍志六卷、郡县分韵考十卷、避讳录五卷、诗韵检字一卷、痴学八卷、古志石华三十卷、嵰山绀雪十二卷、三长物斋诗略五卷、文略六卷。

本骐，字伯良。嘉庆十三年举人，官城步训导。著有历代统系录六卷、历代纪元表一卷、贤母录四卷、三十六湾草庐稿十卷。

【校勘记】

〔一〕名著湖湘间　“湖”原误作“江”。今据耆献类征卷二五九叶二一下改。

潘德舆　叶名沣

潘德舆，字四农，江苏山阳人。道光八年举人。十五年，大挑知县，分发安徽。未几卒，年五十五。

德舆年五六岁时，母病，行坐视母而哭，母食乃食。父患咯血疾，每进药，必跪床下，既而割臂肉以进，父察其色动，泣曰："固知儿有是也。"既荐臻大故，祖母犹在堂，色养弥至。及以嫡孙承重，自小敛至反哭，事求合礼而准度时制，柴瘠傫然，殆不胜衣。著丧礼正俗文、祭仪，为家法。有寡妹无子，德舆抚其犹子嗣之，教养尽二十年。从弟族子多赖德舆成立。德舆为学，力求古人微言大义，以为挽回世运，莫切于文章。文章之根本在忠孝，〔一〕源在经术，其用在有刚直之气，以起人心之痼疾，而振作一时之顽懦鄙薄，以复于古。其说经不袒汉宋，而以近儒之破碎穿凿，为汉学之糟粕，〔二〕语录之空虚玄渺，为宋儒之筌蹄。其论治术，以为天下之大病，不外一"吏"字，尤不外一"例"字，而实不外一"利"字。近世一二魁儒，负匡济大略，非杂纵横，即陷功利，未有能破"例"字之局，而成百年休养之治者也。其学以克己为要，以有耻为归，进退取与细大一节。

初，仪征阮元为漕运总督，招之，力辞不往。其后朱桂桢、周天爵皆愿纳交，天爵至欲微服郊外相访，德舆以为义无所居，徒骇流俗，天爵喟然有望尘之叹。少时与邑人邱广业、黄以炳相厉，以惩忿窒欲之学。中年所养益纯，善剸断大事，乡人有事多取正焉。居京后，所与往来若永丰郭仪霄、建宁张际亮、震泽张履、益阳汤鹏、歙徐宝善穷精毕力，研悦劘切，尽一时之选。座师侍郎钟昌馆德舆于家，谓人曰："四农乃吾师也。"为文章入幽出显，沉痛吐露，诗精深奥窔，一语之造，有耐人十日思者。所著有养一斋诗文集二十四卷、〔三〕劄记九卷、诗馀三卷、诗话十三卷。

叶名沣，字润臣，湖北汉阳人。道光十七年举人，官内阁中书。迁侍读，改浙江候补道。名沣博学好古，治经通易、尔雅，尤工诗。居京师，键户读书，苦吟不辍。与潘德舆交十年，作诗之旨，得于德舆为多。暇与二三贤士作山水游，意度萧旷，有山泽间意。中岁，遍游江、汉、吴、越，南抵黔中，北至雁门，所至皆纪以诗。一时名士如汤鹏、王柏心、陈文述、宗稷辰、戴絅孙、姚燮、张际亮、符葆森诸人，皆与订交。后以兄名琛殁于海上，侘傺不得志。咸丰八年，卒于杭州。诗有真意，托体在陶、韦、王、孟之间，际亮称其深得唐贤三昧。著有敦夙好斋诗初编十二卷、续编八卷、桥西杂记一卷。

【校勘记】

〔一〕文章之根本在忠孝　"孝"原误作"厚"。今据耆献类征卷四一二叶三九上改。

〔二〕为汉学之糟粕　"学"原误作"儒"。今据耆献类征卷四一二叶三九下改。

〔三〕所著有养一斋诗文集二十四卷　"四"原误作"六"。今据耆献类征卷四一二叶四一上改。

龚自珍　端木国瑚

龚自珍，字璱人，浙江仁和人。道光九年进士，授内阁中书，升宗人府主事。十七年，改礼部。寻告归，遂不复出。父丽正为金坛段玉裁婿，能传其学。嘉庆元年进士，官至江苏苏松太道。著有国语韦昭注疏。

自珍八岁得旧登科录读之，即有志为科名掌故之学。十二岁，段玉裁授以说文部目，即有志为以经说字、以字说经之学。十四岁，考古今官制，即有志为国朝官制损益之学。十六岁，读四库提要，即有志为目录之学。十七岁，见石鼓，即有志为金石之学。生平著作等身，出入于九经、七纬、诸子百家，自成一家言。道光十二年夏，大旱，诏求直言，大学士富俊访之自珍，自珍陈当世急务八条。为内阁中书时，上书大学士，乞到阁看本，充史馆校对。上书总裁，论西北塞外部源流、山川形势，订一统志之疏漏，凡二千言。官礼部时，上书论四司政体，宜沿革者三千言。其官宗人府主事也，充玉牒馆纂修官，则为之草创其章程。

当是时，以奇才名天下者，一为魏源，一为自珍。尝著西域置行省议、东南罢番舶议，时韪其言。尤精西北舆地之学，程同文修会典，以理藩院一门及青海、西藏各图嘱为校理。自珍因拟撰蒙古图志，以同文殁，不果，成蒙古字类表、册降表、氏族表。所为文独造深峻，论者谓桐城之文如泰山主峰，不可亵视；自珍文如徂徕、新甫，相与揖让俛仰于百里之间，不自屈抑，盖一代文字之雄云。著有尚书序大义一卷、泰誓答问一卷、尚书马氏家法一卷、左氏春秋服杜补义一卷、左氏决疣一卷、春秋决事比一卷、西汉君臣偁春秋之义一卷、典客道古录一卷、奉常道古录一卷、羽琌山金石墨本记五卷、羽琌山典宝记二卷、镜苑一卷、瓦韵一卷、汉官拾遗一卷、泉文记一卷、布衣传一卷、文集三卷、续集四卷、文集补二卷、补编四卷。道光二十二年，卒，年五十。

端木国瑚，字子彝，浙江青田人。生有异禀，七岁入塾，数月辄尽诵同学所诵书。年十二，或假以尚书，四日即成诵。阮元督学浙江时，试青田画虎赋，得国瑚，归与秦瀛言曰："此青田鹤也。"檄之来杭州，读书敷文书院，学使署西园有定香亭，使赋之，赋成，海内传诵焉。旋由举人大挑知县，改教，任归安教谕十五年。清介绝俗，未尝妄受一钱。贫士有志者，辄分俸助之。道光十年，宣宗改卜寿陵，那彦成、恩禧以所著地理元文注献，上问近臣知此人乎，曹振镛对曰："此浙江名士，臣久闻其名。"上使召之，国瑚方倚隐囊注周易，闻命颠出，坐后，左右扶之起，乃曰："吾竟以方技名乎？"寿陵既定，将以知县用，原荐者称国瑚不愿，上乃特授内阁中书。道光十三年成进士，仍以知县改请归中书。

国瑚好学深思，通天人之奥，旁及阴阳术数，尤深于易。同时龚自珍治经有声，傲睨一切，常与国瑚论易，叹为闻所未闻。朝鲜使臣入贡，通问致殷勤曰："君所为定香亭赋，东国人已传诵。请讲易。"国瑚为发挥旁通之旨，皆餍心而去。诗崛强生峭，耐人咀嚼，不屑依傍，自成一家。所著有周易指四十卷、周易葬说二卷、太鹤山人诗集十三卷、文集四卷。

戴絅孙

戴絅孙，字袭孟，云南昆明人。道光九年进士，由工部主事官至给事中。絅孙天才亮特，幼失怙恃，能自力于学。以选拔第一，入学使顾莼署中，与池生春同读书三年，所学益进。工诗，与生春、李于阳、戴淳、杨国翰,称“五华五才子”。宋湘官滇时,甚爱重之。絅孙自言少私淑钱沣,其后得之莼与湘为多。及居京师,闭户读书,与海内贤豪相切劘。官台谏时,数上封事。道光三十年,絅孙奏殿试策,以条对剀切为主,宜删去繁联,不拘字数,且勿专尚楷法,奉旨允行。俸满,不乐外任,益专力于诗古文词。

性耿直,遇当世气焰熏灼者,必睥睨之;若志行投合,则倾输肝胆。尝剧饮酣醉大呼,俯仰古今治乱成败之故,盡然泪下,作为醉歌数十百言。其诗苍深雄健,得力于太白及韩、苏诸家。滇之为诗者,自钱沣后,必曰絅孙。王昶、王柏心俱称之。古文初效崔、蔡,后乃一以理胜而核于事。尝著取舍篇,谓:“学训诂者,议宋学之虚;学心性者,斥汉学之粗。无训诂安知心性,非心性何为训诂?使必外文章于性道,则文章何事?性道何物?”又著性善说,谓:“孟子道性善,此救时之论。由春秋以至战国,先王之大经大法,皆已亡灭。荀卿疾之,故以性恶为辞。有慨乎其言之也。易曰:一阴一阳之谓道,继之者善也,成之者性也。溯于继善之初,性固无恶,至赋之于人,即不得以皆善论。然执是以为言残贼之子,不将曰嗜杀人者之亦性乎?吾故曰,孟子之道性善,本其最初者言之,是救时之论也。”刘宝楠谓其有功于圣学甚大。尤长骈体,赋颂亦骎骎入古。著有味雪斋诗钞八卷、文钞甲集十卷、乙集八卷。

朱琦 王拯

朱琦,字伯韩,广西临桂人。道光十五年进士,改翰林院庶吉士,散馆授编修,寻迁御史。琦直声伟抱,风采懔然,与陈庆镛、苏廷魁，有“三御史”之目。锐志潜修，慕其乡大学士陈宏谋之为人，思以学术励当世，不矜躁进。在台论章数上，皆天下大计。广西贼起，琦回籍团练。张家祥之来归也，官吏多疑之，琦独识其人忠果可任，力保其无他，后更名国梁，卒为名将，以死勤事。琦叙团练劳，奖道员，入京候选，逾年随钦差大臣桂良等至江苏，卒无所遇。布政使王有龄推重之，及有龄抚浙，琦亦游杭州。时方用兵，筹饷孔亟，一切苟且之政竞进，而琦言事每持大体，务恤民，或嫌其迂。咸丰十一年，总办团练，贼既围城，琦守清波门，督士卒守御，无间昼夜。食将尽，大府以米饷琦，犹分数斗贻举人伊乐尧，乐尧者琦道义交也，城陷，琦死之。琦古文学桐城，步趋吕璜，能自以才力充拓之，而植体经训，原本忠孝，常沛然有馀，与梅曾亮、邵懿辰相上下。诗格浑雄，不立纲宗而自成体势。著有怡志堂诗八卷、文六卷。

王拯，原名锡振，字少鹤，广西马平人。道光二十一年进士，授户部主事，充军机章京，官至通政司通政使。拯少孤家贫，无所得食。其母与姊勤女红以养，拯通籍，官京师。咸丰中，随科尔沁亲王僧格林沁赴天津防剿，又随王大臣办理巡防事宜，进呈团练条议十则，策画详明，讲求精切，上嘉纳之。尝与同乡朱琦、龙启瑞，以术业相高，游处讲习，最号为有名。所为文类情指事，啴谐通恕，肖其心之所自出。著有成有渝斋文钞十二卷、龙壁山房诗集十六卷、茂陵秋雨词四卷。

郑献甫

郑献甫，字小谷，广西象州人。道光十五年进士，官刑部主事。以乞养归,丁父母忧,遂不复出,道光三十年,广西贼起,献甫东西避寇至广州,总督劳崇光故与献甫交好,延主讲书院,未几辞归。至桂林,复主讲席。广东巡抚郭嵩焘奏献甫学深养邃,通达治体,请饬广东差遣委用。献甫上书广西巡抚张凯嵩以年老求奏免,凯嵩复奏献甫品高守正,足励风俗,奉旨赏给五品卿衔。献甫天资高朗,耿介豪逸。象州乱后,民失田契,官失粮册,讼狱繁兴。献甫请于官,命民呈田数、粮数,总算符旧额而止。乡人服献甫忠信,无欺伪者,于是官给印照,讼狱遂息。

生平无嗜好,惟好书,终日不释卷。博览强记,十三经注疏校勘记皆有评点,尤熟诸史,为文章贯串古今,直抒所见,绝去修饰。所著法论曰:"开创之世,所以治于承平之世者,其法简而易行也。边外之民,所以安于中土之民者,其法简而易守也。近代议法者,好以一己之私心,度万世之私弊,法未行而豫设一法以待之;法既行而又增一法以制之,法或穷而又创数法以救之。问之民不能悉也,付之官不能记也。惟积为尘牍,以供狡猾老吏上愚官而下剥民。同一事也,一人贿吏,吏曰法可;一人不贿吏,吏曰法不可。如是则吏之权,且在宰相上。"其储材议曰:"以科目取士,以资格用人,以簿书考吏,谓天下万事皆有一定之例,但得其似人者即足以办矣。士无论有学无学,皆可干名;人无论有才无才,皆可当官。天下群知其然也,侥幸于名,奔竞于利,游士满世,滥官满朝,夫豪杰之材不可骤而得,气节之士则可豫而养也。救时之术不可强而为,经世之学则可勉而通也。天下之人材不在于上,则必伏于下;不出于正,则且入于邪。如今之法不足以得天下之大材,且足以坏天下之小材也。"其权论曰:"大吏所以侵州县之权者，恐官病民也；而不知大吏侵州县之权，则民又轻官，官病民有上司之刺察，有下民之控告，知则去之而已。民而轻官，则风俗大坏，虽有贤守令，亦困于积习，其弊必至决裂而不可救。故欲伸大吏之权，莫如勿侵州县之权。”其治盗说曰：“重州县之权而授以兵，留州县之赋而饶以财，宽州县之课而责以效。盗之初起，令能急治，何至数千万人横行，惟州县不能治盗，又不使有馀财，而又处分太重，彼苦于缉捕之难，则纵舍讳饰，以避考成。至县以盗报而县破矣，郡以盗报而郡破矣，其必积而至于不能平，无足怪也。”其练民练勇议曰：“招勇为兵，则散勇为盗，其变速而祸小；练民为兵，则教民为盗，其变迟而祸大。汉光武治盗，谓执弓矢者始为盗，执锄犁者皆良民。龚遂之治民，亦教卖剑买牛，卖刀买犊。今执锄犁者反令执弓矢，买牛犊者反令买刀剑，驯至团练强而官无权。彼习于攻战之艺，狃于杀伐之事，试于报复之仇，不知其害而因以为利。官兵至则以团练之旗往而索官赏，客舟至则以盗贼之旗往而劫客货。故曰教民为盗也。盗之数有尽，而民之数无穷，民变为盗，此所谓变迟而祸大也。”献甫学识博通，而身遭乱离，故其言痛切如此。

同治十一年，卒，年七十二。所著愚一录十二卷、文集四卷、骈文二卷、诗集十二卷。

姚燮　黄燮清

姚燮，字复庄，浙江镇海人。道光十四年举人。燮资禀绝人，五岁能赋灯花诗。读书恒十行下，自经传子史至丛书小说，旁逮道藏、释典，靡不览观。诗笔力雄健，自遭海夷之乱，出入干戈，备尝艰苦，著茧掫录一书，缕述事故，信而有征。所为诗乃愈苍凉抑塞，逼近少陵。骈体文亦沉博绝丽，与彭兆荪相近。尤工倚声，其疏影楼词，读之者以为厉鹗复生。著有复庄文摧八卷、复庄诗问三十四卷、词五卷、玉枢经籥等编。

黄燮清，原名宪清，字韵甫，浙江海盐人。道光十五年举人，以实录馆誊录用湖北知县，病不之官。家居，筑拙宜园、砚园，栽花种竹，著述自娱。时与知交觞咏其间，有终焉之志。咸丰十一年，贼陷县城，乃间关之楚，就官，权宜都县。有虎患，捕不获，为文牒于神，虎遂灭。夏旱，又以文祷，翌日雨。调任松滋，有政声。未几，卒。燮清颖敏过人，才思秀丽，诗格不名一家。尤工倚声，所撰乐府诸词，流播人口，时比之尤侗。著有倚晴楼诗集十二卷、续集四卷、诗馀四卷、国朝词综续编二十四卷。

梁廷枏 杨廷桂

梁廷枏，字章冉，广东顺德人。副贡生。官澄海县训导。其先人好聚图籍。廷枏髫龄而孤，性颖悟。成童时，即尽读父书，下笔有奇气。稍长，益肆力于学，为总督阮元所器重。尝读书诃林，见两铁塔题衔，核与吴任臣十国春秋多不合，乃据正史、通鉴、舆地诸书，旁及说部、金石，著南汉书十八卷、考异十八卷、文字四卷，网罗散佚，钩稽同异。论者谓足与马令、陆游南唐书并传。

道光中叶，海氛不靖，大吏聘修海防汇览。廷枏乃采集海外旧闻，并得美利坚国人新编合省志略，著粤道贡国说六卷、耶稣教难入中国说一卷、兰仑偶说四卷、合众国说四卷。兰仑者，英吉利伦敦也。其合众国说自序云:"予观于美利坚之合众为国,行之久而不变,然后知古者可畏非民之未为虚语也。彼自立国以来,凡一国之赏罚禁令,咸于民定其议而后择人以守之,未有统领先有国法。法也者,民心之公也。统领限年而易,殆如中国之命吏,虽有善者,终未尝以人变法,既不能据而不退,又不能举以自代。其举其退,一公之民。持乡举里选之意,择无可争夺、无可拥戴之人,置之不能作威、不能久据之地,而群听命焉。盖取所谓视听自民之茫无可据者,至是乃彰明较著而行之,实事求是而证之。为统领者,既知党非我树,私非我济,则亦惟有力守其法,于瞬息四年中,殚精竭神,求足以生去后之思,而无使覆当前之餗斯已耳,又安有贪侈凶暴,以必不可固之位、必不可再之时,而徒贻其民以口实哉?"是论出,人颇韪之。

林则徐自两湖移节来粤,耳其名,下车拜访,询以筹防、守战事宜,廷枏为规画形势,绘海防图以进。后祁𡎴、徐广缙并聘入幕中,襄办团练。咸丰元年,以荐,赏内阁中书,加侍读衔。十一年,卒,年六十六。他著有南越五主传三卷、夷氛记闻五卷、论语古解十卷、书馀一卷、东坡事类二十二卷、金石称例四卷、续一卷、碑文摘奇一卷、兰亭考二卷、藤花亭书画跋四卷、镜谱八卷、藤花亭文集十四卷、诗集四卷、东行日记一卷、澄海训士录四卷。兼通音律,嘉应李黼平亟称之。总督邓廷桢与论南北曲,叹以为粤人所未有。又有曲话五卷、江南春词补传一卷。

杨廷桂,字天馥,广东茂名人。道光十四年举人。平居恂恂乐易,若无所能。及遇事,辄慷慨激烈。当咸丰末年,廉州贼张阿春、李士葵犯境,廷桂谒郡守马丽文,告以举行团练法,合郡镇定。后发逆陈金釭陷宜信，距茂名近。廷桂又与郡守蒋立昂誓以死守。贼数扑城，卒不得逞，城危获安。生平著作，多为水漂没，存论语靖笺十五卷、大学平笺二卷、中庸平笺五卷、南北日行记三卷、岭隅诗存一卷。

冯桂芬

冯桂芬，字林一，江苏吴县人。道光二十年一甲二名进士，授翰林院编修。二十三年，充顺天乡试同考官。二十四年，充广西乡试正考官。桂芬性颖异，读书目数行下。讲求经济，与陈庆镛、姚莹、赵振祚、曹懋坚、张穆等相切劘。文宗御极，诏中外大臣各举贤才，大学士潘世恩以林则徐、姚莹、邵懿辰与桂芬同荐。寻以忧归。总督陆建瀛聘修盐法志。

咸丰三年，粤匪陷金陵，奉特旨与程廷桂、韩崇、胡清绶同办团练劝捐事，巡抚许乃钊驻师金陵，羽檄日数至，商略裁复，皆桂芬主之。中书马钊自乃钊幕中来，言及苏松空虚可虑，大营馀丁甚众，募之为留守策应之师，计甚便。桂芬即与廷桂定议令招募，事甫集而青浦、上海诸匪窃发，连陷数县，钊与主事刘存厚驰剿青浦，一鼓下之，乘胜复诸城。上海平，叙劳，赏五品顶戴。六年，迁右春坊右中允。既而苏省陷于贼，沪益不支。吴人倡入皖乞援之议，推桂芬具草。桂芬为陈危急情状，并时局利钝及用兵先后所宜，语甚辨，总督曾国藩得书感动，命李鸿章以水陆诸营东下，遂成平吴之功。国藩尝言东南大局，不出桂芬一纸书云。

尝著校邠庐抗议四十篇，于经国大计，指陈剀切。先是，吴中困重赋，有破家者，桂芬母每谓之曰："汝他日有言责，此第一事也。”桂芬读书，即留心漕务，民间苦累，纤悉周知。至是，力请于鸿章，具疏入告。得旨，苏、松、太减三分之一，常、镇减十分之一，民困以苏。同治三年，诏求贤才，安徽巡抚乔松年复荐桂芬，以病不果行。六年，以苏、松、太三属办团及善后功，赏加四品卿衔。九年，鸿章奏桂芬平居，讲学著书，岿然为东南耆宿。嗣与商拟江苏减赋章程，期于实惠及民。谋设上海广方言馆，务求博通西学，卓识宏议，足裨军国而垂久远。请破格优奖，赏给三品衔。

生平引掖后进，出于至诚，造就多知名士。说经宗汉儒，亦不废宋。精小学，以段玉裁说文解字注引用多误，作段注考正十六卷。又善为古文，探源左国下及唐宋，四方丐传志者，户外屦常满。于畴人家言，研究尤深。著有弧矢算术细草图解及西算新法直解，校定李氏恒星图，测定咸丰纪元中星表。尝手制定向尺及反罗经，用以步田绘图，法为捷合。适官中用部颁五尺弓，田多溢额。因遍查会典及皇朝文献通考、户工部则例，知乾隆年间议丈旧田用旧行六尺步弓，惟新涨沙田用新颁五尺步弓，乃援案呈请奏准。乡里至今德之。廷臣议治黄河，欲挽使南流，一复道光时淮徐故道，诏李鸿章妥议。桂芬上书痛陈南流之弊，鸿章用其说入告，事遂寝。

桂芬登第后，不十稔即引疾归。每春秋佳日，喜作山水游，尤喜邓尉，自号邓尉山人。尝于光福得元人徐良夫耕渔轩遗址，湖光山色绝胜，于其地筑屋数椽，供凭眺。十三年，卒于家，年六十六。他著有两淮盐法志、苏州府志、显志堂集。

符葆森　樊雨　尚镕

符葆森，原名灿，字南樵，江苏江都人。咸丰元年举人。少工诗赋，家贫，奔走衣食。又遭寇乱，转徙齐、楚、吴、越，然不废诗。生平豪于酒，广交游，后留京师，寓满洲崇实家，与陶梁、张祥河、汪暕、朱琦、叶名沣、孔宪彝、王拯、蔡寿祺等，往来论诗，称莫逆。尝仿沈德潜别裁例，编乾隆、嘉庆、道光三朝诗，总二千馀家，厘为百卷，名之曰正雅集。谓国朝诸老之作，精深博大，体正而意雅，可挽诗之流失。是集以诗存人，非以人存诗，弃短取长，不拘体格，然于诗教无关者，亦置不录焉。沈兆霖谓总集之编，必身在职局，载籍富而交游广，故蒐采靡遗。葆森伏处衡宇，辗转求借，穷十馀稔，始成是编。其难盖倍蓰德潜云。卒，年五十。又著有寄鸥馆赋稿、诗稿。

樊雨，字古香，浙江秀水人。布衣。早岁客南昌，爱东湖之胜，家焉。读书好古，与王焜相友善。工诗古文词，下笔有苍莽气。性抗爽，不枉道干进，用是艰于遇合。乃发愤纂述，虽舟车造次间，必以笔砚自随。生平足迹遍天下，尝过浔阳，爱匡庐奇秀，裹粮往，穷日夜不反。其高致如此。尤嗜酒，醉后放歌，动辄千馀言。卒，年六十三。著有五之草堂诗文词二十馀卷。

尚镕，字乔客，江西南昌人。诸生。樊雨之婿。幼有神童之誉，博雅负异才。工诗文，下笔千言，尤精史学。尝著三国志辨微三卷，抑刘知幾、苏洵而扬陈承祚，又折衷于朱、何、钱、恽，时服其精确。遍游湖湘、吴越、岭南，后客河南，历主三山、聚星、崇实书院。卒，年五十馀。又著有史记辨正十卷、持雅堂诗文集十卷。

王柏心

王柏心，字子寿，湖北监利人。道光二十四年进士，授刑部主事。旋乞养归。少以孝闻于乡里，长博涉经史，肆力诗古文辞。按察使唐树义见其文奇之，谓人曰："子寿乃叔度、林宗之俦，非今世之人也。"总督林则徐闻其名，礼致之，许以国士。粤逆窜围长沙，柏心建议以岳州为楚北门户，宜重兵防守。迨贼攻长沙益急，复逆料贼必因粮于我、因丁壮利器于我，宜守隘设奇，使其进无所掠，退无所据，长沙可保无虞；如纵其东下，则不可复制。当事皆不以为然。总督张亮基督军湖北，辟柏心参佐戎幕，建议以汉阳设重兵，而后武昌可保；岳州设重兵，而后湖南可安；田家镇设重兵，而后可制皖贼，不为皖贼所制。亮基韪之。嗣胡林翼巡抚湖北，柏心屡画奇策，规复武汉各郡。鄂省新复，疮痍未起，林翼锐意扫除漕弊。柏心复与胡大任、龚绍仁共为赞议，期于益国便民，至今赖之。河南巡抚严树森、顺天府府尹蒋琦龄先后疏荐柏心留心经济，请旨录用。

同治元年，柏心进呈经论，复应诏陈言八条：一曰广师儒；一曰屏嗜欲；一曰博咨访；一曰开特科；一曰先下金陵，言"粤逆悍酋略尽，今所迫胁，大都齐民，势易解散，我据长江上游，迫之一战可歼"；一曰早备秦豫，言"今日兵将皆在东南，秦豫苟幸无寇，宜择大臣有方略者，厉兵讲武，毋使捻、粤连横冲突，致遭瓦裂"；一曰外吏宜量才择用，言"行间有功者，保荐文职，违才易务，必多缪盭"；一曰行营宜宽减榷算，言"抽厘助饷，网密文峻，鞭扑交下，徒饱私囊，宜饬行营将帅榷算，必用廉正之人，毋使驱民以附贼”。疏入，上嘉纳之。九年，丁母忧，哀痛擗擗，依然孺慕。逾年卒，年七十五。

柏心学务笃实，为文经术湛深，议论纯正，使人悠然自得于简篇之外。所著有枢言上下卷、导江议一卷。子寿诗钞六卷、螺洲近稿诗六卷，又稿二十卷。纂修黄冈县志十六卷、东湖县志十二卷、宜昌府志十六卷、当阳县志八卷。

何秋涛 张穆 李光建

何秋涛，字愿船，福建光泽人。道光二十四年进士，授刑部主事。侍郎李嘉端巡抚安徽，奏辟自随。比还京师，益留心经世之务。以俄罗斯地居北徼，与我朝边卡切近，而未有专书，以资考镜，著北徼汇编六卷，继加详订，本钦定之书及正史为据，旁采近人纂辑，自汉、晋、隋、唐迄明，又自国朝康熙、乾隆迄于道光，代为之图，并缀论说，增衍为八十卷。咸丰八年，尚书陈孚恩疏荐秋涛，暨郭嵩焘通达时务，晓畅戎机。时秋涛居忧在籍，命先将所纂书籍呈进。九年，服阕，入京，文宗览所著北徼汇编，称其于制度沿革、山川形势，考据详明，足征学有根柢，因赐名朔方备乘。召见后，复命赋“读书破万卷”、“下笔如有神”诗二章，晋官员外郎、懋勤殿行走。旋复以忧去官。同治元年，卒，年三十九。所著王会篇笺释三卷，以王氏补注为本，并取诸家，于训诂地理，考证钩析，观者咸服其精博。又有篆隶源流、一镫精舍甲部稿。其刑部奉敕撰律例根源，亦秋涛在官时创稿云。

张穆，字石洲，山西平定人。道光十一年优贡生，候选知县。

穆少孤，依母党居。即喜观儒先学案诸书，言之甚悉。及长，歙县程恩泽许其得汉学渊源，既而程见其所为文，惊曰："东京崔、蔡之匹也。"为人豪放，明锐极深，研几于经，道孔氏微言大义，精训诂篆籀，于史通天文算术，及地理之学。候铨时，以负气忤贵人，罢去。闭门读书，左图右史，日以讨论为事。大学士祁寯藻为其父刻藩部要略，延穆校核，穆因言曰："自来郡国之志，与编年纪事之体，相为表里。昔司马子长作纪传，而班孟坚创修地理志，补龙门之缺，相得益彰。今要略，编年书也，穆请为地志，以错综而发明之。"于是著蒙古游牧记十六卷。〔一〕寯藻谓其结构详而有体，征引赡而不秽，考订精而不浮，确而有据。又以魏书地形志虽云据永兴绾籍，而分并建革一以天平、元象、兴和、武定为限，则收志纯乎东魏之志而已。其第三卷雍秦以下诸州，地入西魏，不关于高，遂捝失舛驳，不可阖数，徒以书综全魏，不得不旁及关西，聊充卷帙尔。于是更事排纂，于沿革所系、废兴所关，及西北陂塘堰泽，讨论尤悉。书未成，其友何秋涛为补辑之。他著有顾亭林年谱、阎百诗年谱、㞐斋文集、诗集。

李光建，字恢恒，广东番禺人。咸丰二年进士，官吏部主事，迁员外郎。生平读书，苦搜力索，考据极详博，而尤精地理之学。著汉西域图考七卷，自燉煌关外西北二万里至大秦，又西北至于海西南万馀里至安息，又西南至于海，其间国土以百数，若指诸掌。自汉至今，史传说部以至沙门之记录、外夷之图绘，悉为考核，方言译语，侏离啁哳，同地异名，同名异文，无不通晓。同邑陈澧尝叹为奇书。时回民陆梁，关内外骚动，其所言多综核形势，指切兵机，非尽考沿革也。晚岁以钞书自娱，每钞一书，为之序录，计六十三种，为榕园丛书，自言："汉张苍年老无齿，以乳为养，此书亦余乳也。"他著有广元遗山年谱、普法战纪辑要、诗集、文集。

【校勘记】

〔一〕于是著蒙古游牧记十六卷　原脱"记"字。今据清史稿（一九七六年中华书局点校本）册一五页四二九九补。

孙鼎臣　吴敏树　冯志沂

孙鼎臣，字芝房，湖南善化人。道光二十五年进士，改翰林院庶吉士，散馆授编修。二十九年，充贵州乡试正考官。咸丰二年，擢侍读，充日讲起居注官。时粤寇肆扰，有诏戒臣下因循。鼎臣疏言因循之弊，宜用法以治标，用人以治本。又疏陈团练筹饷事宜，陕甘总督琦善释自黑龙江，署河南巡抚。鼎臣言其人不足复用。明年，贼扰河北，故督师赛尚阿、徐广缙并出狱，赴军前自效。又亟言两人失律罪大，复用之无以申军法。寻乞假归。逾年，入京，补原官。复以母忧归。寻卒，年四十一。

鼎臣少聪颖，年十一，作西王母赋，惊其长老。后与上元梅曾亮游，乃变骈体为古文，曾亮称其词旨明健，绝去六朝婵嫣之习。既乞假归，奉母读书，益取古今言学术、治道诸书，钩抉奥秘，成畚塘刍论、河防纪略。又谓："自汉至今，榷盐之法，随时损益。法之兴也愈繁，则弊之出也愈滋。善为法者以民之利散之于民，制其出入，不务与民争利，而其利究归于国家。人第知厉禁之为禁，不知不禁之禁为无形也。知多取之为取，不知薄取之取为无穷也。”著论盐三篇，又论：“川陕楚之变民，皆以州县为辞。州县者民之所望为父母也，今疾之如仇雠，而欲剚刃焉，其所由来者远矣。岂尽州县之过哉？选之不精，任之不重，待之不宽。夫是以敝至此也。”所为诗峭悍镵险，王昶称其使黔一集，几入山水之窟而抉其精奥。著有苍筤文集六卷。

吴敏树，字南屏，湖南巴陵人。道光十二年举人，官浏阳县训导。以不能行其志，自免归。敏树少治诗，既治古文，得桐城家法。尝客京师，与梅曾亮、朱琦、邵懿辰、王拯、孙衣言及乡人曾国藩讲古文经学。国藩督两江，敏树东游，从国藩阅武，遍历各郡相倡和。著有柈湖文集十二卷。

冯志沂，字鲁川，山西代州人。道光十六年进士，由刑部主事官至安徽庐州府知府。寻卒。志沂持论不肯唯阿，官刑部时，上官某谓之曰：“朝与上大夫言，訚訚如也。子何好与人忤？”志沂曰：“司官何以比孔子？且堂官亦非鲁三家，公事公言之。”上官甚怒，志沂阳笑曰：“又忤矣！”尝集顾炎武祠下，一巨公在坐，蝶适至，巨公曰：“是太常仙蝶也。”举酒祝之，蝶翩然下。志沂率尔曰：“仙蝶抑何势利耶？”志沂尝从梅曾亮游，古文得其家法，兼工诗。与张穆、朱琦、曾国藩诸人相倡和。曾亮赠诗有“吟安一字脱口难，百转千缫丝在腹”语。其刻苦如此。著有微尚斋诗文集。

徐鼒

徐鼒，字彝舟，江苏六合人。道光二十五年进士，改翰林院庶吉士，散馆授检讨。寻擢御史，出知福建福宁府，调延平。同治元年，卒于官。

鼒负经济才。咸丰三年，粤匪犯江宁，鼒在籍，与六合令温绍原募壮士数千人为团练，贼三犯东沟，辄败之。奉命留办团，防守六合。五年，贼不得逞。时称"纸糊扬州，铁铸六合"。六合团练之名闻天下。鼒以常胜之众易于骄，骤积之财易于匮，撤勇则可虞，养勇则多费。乃创保卫章程。既出守福宁，日以振兴文教为事，葺近圣书院，购储经史。郡东南滨海，盗艘出没，鼒募水勇严斥堠，一以六合团练法行之。擒臣盗李水等六十二人，置于法。屡蹙贼于浙东，克复台州、处州各府。尝具疏请禁开矿助饷，极言足国之要在重农桑，贵谷帛，禁淫侈，娓娓数千言。又为务本论二卷，多广前人所未备。事亲孝，自幼至长如一日。疾，侍汤药，衣不解带者数月。

生平博通经史，初入史馆时，叙明福、唐、桂三王及台湾郑氏事，为小腆纪年二十卷，其书博采稗官诸家之说，实事求是，而窃取春秋、纲目之义，历五载乃成。团练时，月夜登陴，辄举书中忠义事，与诸同人口讲指画，众多感奋。又著读书杂释十四卷，考据详明，有裨经传。又有未灰斋文集八卷、未灰斋外集一卷、周易旧注十二卷、礼记汇解、月令异同疏解、四书广义补、毛诗尔雅注疏、说文引经考、明史艺文志补遗、小腆纪传、度支辑略、延平春秋、老子校勘记、淮南子校勘记、楚辞校注、未灰斋诗钞等书。

周寿昌 郭崑焘

周寿昌，字应甫，湖南长沙人。道光二十五年进士，改翰林院庶吉士，散馆授编修。二十九年，充顺天乡试同考官。咸丰二年，大考二等，擢侍讲，转侍读，充日讲起居注官。时粤寇犯湖南，督师赛尚阿逗遛不战，寿昌疏劾之，并条陈剿贼事宜八则，有“皇上不惜千万帑藏拯民水火，而诸臣忍心老师縻饷，坐失事机”等语。一时服其敢言。迨贼踞金陵，分股北犯，寿昌连上封事，召对称旨，命在巡防大臣上行走，兼办京畿团防。贼氛愈近，门禁愈严，有乡愚十七人入城，为防卒侦获，当事拟以贼谍论。寿昌廉得实，趣令释，或恐忤长官意。寿昌曰：“我岂以十七人命阿附权贵哉？”卒释之，然终以论列切直，为时所忌。大学士曾国藩治师湖北，拟奏请襄赞军务，乡人有尼之者，遂止。同治五年，大考二等，迁庶子，充实录馆纂修官。擢侍讲学士，转侍读学士，升詹事府詹事。寻署户部左侍郎。寿昌精核强记，曹司不敢欺。又以穆宗亲政不宜就逸，疏请躬行典礼，朝论韪之。光绪二年，迁内阁学士，兼礼部侍郎衔。四年，以疾告归。

生平嗜班书，手自丹黄，每写一册，改窜无馀纸，再写复然。凡易稿十七次，成汉书注校补五十卷。又著有后汉书注补正八卷、〔一〕三国志注证遗四卷、思益堂文集十卷、诗集二十卷、日札六十卷。卒，年七十一。

郭崑焘，字仲毅，湖南湘阴人。道光二十四年举人。幼颖异，七岁能属文。年十九，肄业岳麓书院，与江忠源、罗泽南、刘蓉友善，熟精儒先性理，务为有用之学。咸丰二年，粤贼犯长沙，左宗棠参巡抚张亮基幕，荐崑焘襄理，倡率绅民，共谋战守。围解，侍郎曾国藩受诏督办团防，创为湘勇营。崑焘时预咨议，江忠源督乡兵讨浏阳匪首周国愚，崑焘与有谋焉。叙功，赏加国子监助教衔。骆秉章再抚湖南，崑焘为定越境剿贼之计，兴师援江、援鄂、援粤、援黔，裹粮从征，因时协济，先后筹设厘金、盐茶二局，仿唐臣刘晏委用士人意，访择廉干士绅，随委员分司局事，兵饷兼筹，多资协赞。秉章疏请奖励，奉旨以内阁中书用，并加五品衔。十一年，左宗棠以四品京堂督兵去湖南，崑焘独佐巡抚幕，时广东乐昌之贼出入郴、桂，粤西逆酋陈金釭踞贺县为老巢侵扰边境，伪翼王石达开遣悍党陈章明等分窜融县，扰怀远各属，自率大股围攻宝庆府城。崑焘谋划陈金釭巢穴，清三省肘腋之患；更以次派兵防守各贼，解宝庆城围，皆功绩之最著者。毛鸿宾、恽世临、刘琨先后抚湖南，皆延入幕，倾心倚任。历次奏保，得旨加四品卿衔，并赏戴花翎三品顶戴。光绪八年，卒。著有说文经字正谊四卷、云卧山庄诗集八卷、文集四卷。

【校勘记】

〔一〕后汉书注补正　原脱“书”字。今据中国丛书综录册中页二六七左补。

鲁一同

鲁一同，字通甫，江苏清河人。道光十五年举人。时海内方承平，一同独以为深忧，谓：“今天下多不激之气，积而为不化之习。在位者贪不去之身，陈说者务不骇之论，学者建不树之帜，师儒筑不高之墙，容容自安，风烈不纪。恐一旦有缓急，相顾莫敢当其冲。”又论天下之患，盖在治事之官少，治官之官多。时以为名言。宝山毛岳生见其文，谓七百年来文患于柔，惟此为能得刚之美。建宁张际亮以诗名天下，见其古歌行，自以为不及。既再试不第，益研精为文章，其说长于史例，旁及诸子百家之言、禽鱼草木之变，靡不贯晓。林则徐总督湖广，请与偕行，以亲老止。周天爵督漕时见之，曰："此天下大材也，岂直文章哉？"最后曾国藩尤相敬异。

粤逆之踞金陵也，盱眙吴棠方宰清河，众志汹汹，一同为之明部分，决机宜，传檄凤、颍、淮、徐、滁、泗、宿、海各府州县，辞气奋发，河北人心大定，清江浦屹然成重镇焉。人或以是称其能，叹曰："天下有百倍于此者，何可易言也？"庐州危急，江忠源驰赴安徽巡抚任，桐城戴钧衡走书通曾国藩之指，欲其起佐忠源，一同谢不出，而复以书极言用兵机宜，谓："为今之计，莫若暂缓金陵之攻，而专袭旁郡。"其时有谓先攻金陵刳贼腹心，肢体自然散落者，故书中及之。其后大兵攻金陵，筑长围，以为贼如釜鱼阱兽，期于旦夕成功。一同独决其必败，未几果溃裂，苏浙沦陷。迨国藩舟师下压，坐镇安庆，指复金陵，一如所论。

一同无尺寸之柄，而忧伤时世之艰危，于田赋、兵戎诸大政，河道变迁、地形险要，以及中外大势，无不究其端委，而得其机牙。罕有遇合，则一发之于文章。为文务切世情，其言曰："文章事业，皆以静俭为根本。"又曰："行不蹈道则非经，道不宗经则非道。"皆至言也。同治二年，卒，年五十九。著有邳州志二十卷、清河县志二十四卷、通甫类稿四卷、续稿二卷、诗存四卷、诗存之馀二卷，又有右军年谱二卷、白奋山人年谱一卷。

张际亮

张际亮，字亨甫，福建建宁人。幼颖异，闽县陈寿祺主鳌峰讲席,极器重之。内行甚笃,善事继母。生平好游,伯兄尝资之,纵览名胜。伯兄殁,厚视诸侄有加。每言继母、伯兄,未尝不泫然也。年二十七,以选拔贡京师。性伉直,常以书投显宦,责其不能教导后进,徒以财利奔走寒士,累数百言。显宦怒,际亮以是负狂名。应乡试不遇,于是走燕、赵、齐、楚、吴、越,谂其风土而毕发之于吟咏。到广州尚未经旬,买舟而西,揽崧台、石室诸胜,东入罗浮,探其奇迹。又访顺德诗人黎简墓,拜之。道光十六年,举于乡。会试复报罢。与姚莹交最厚,莹以事逮刑部狱,偕至京师,周旋患难。及莹事白,际亮益狂喜,日轰饮,遂以醉死。莹为助榇以归。际亮负经济才,磊落有奇气。所为诗,天才奇逸,感时记事,沉郁雄宕。嘉庆、道光以来作者,未能或之先也。著有松寥山人诗集、娄光堂稿。

林昌彝

林昌彝,字惠常,福建侯官人。道光十九年举人。治经精博,从三礼问途知奥,乃以贯通诸经。所为诗古文辞,雄厚槃深,入古贤之室。汉阳叶名沣尝曰:"昌彝学博词雄,今之顾炎武、朱彝尊也。"生平足迹半天下,所与游皆知名士。性精勤,舟车之中,手不释卷。长乐温训尝与同舟五十馀日,每夜深就枕,犹畅谈经史,亹亹不倦。训以为闻所未闻,因悉记之,为同舟异闻录。尤留心时务,与邵阳魏源为挚友,同邑林则徐相知尤深。

家有楼,楼对乌石山寺,寺为饥鹰所穴,思欲射之,因绘射鹰驱狼图以见志,鹰谓英吉利也。尝言:"中国以大黄、茶叶救英人之命,英人反以鸦片流毒之物赚中国财宝。此为天理所不容,人情所共愤。”又言：“欲革洋烟，须先禁内地吸食之士民，然后驱五海口之英人。驱之之法则不主和而主战。”因著平夷十六策，及破逆志四卷，源见之决为可行。林则徐亦称其规画周详，真百战百胜之长策。前在粤东五围英兵、三夺英船，其两次英船退出外港，不敢对阵，皆此法也。昌彝又谓：“中国元气已伤，救之之法有二：一曰绝通商，一曰开海禁。海禁开则彼国之人可商于我国，我国之人亦可商于彼国。如是则天下之财分于百姓，不能独归外地矣。”时服其见之远。

同里沈葆桢年十七，从昌彝游，昌彝教以持躬涉世之道，后卒为名臣。著有三礼通释二百馀卷、小石渠经说、温经日记、说文二徐本辨讹、诗文集。又采海内诗人及师友交游之诗，为敦旧集八十卷。其射鹰楼诗话二十四卷，首二卷言时务，末卷附载桂林朱琦新铙歌四十九章，用意盖甚深云。

史梦兰　边浴礼

史梦兰，字香崖，直隶乐亭人。道光二十年举人，选山东朝城知县。以母老不赴，筑别业于碣石山，名曰止园。取诗“黄鸟丘隅”之意。奉母其中，藏书数万卷，日以经史自娱。咸丰十年，英法内犯，僧格林沁督师至乐亭，嘱梦兰招乡勇团练，事平，奖五品衔。大学士曾国藩总督直隶，手书招致，与论古今图史及地方利弊，深器重之。幕中桐城方宗诚、吴汝纶，新化游智开，皆折节与交，于智开尤契。国藩留主莲池书院，辞归。总督李鸿章复延修畿辅通志，梦兰为之删定体例，复与定州王灏参纂畿辅艺文考。光绪十七年，学政周德润以学行荐，奉旨加四品卿衔。二十四年，卒，年八十六。

梦兰少孤力学，于书无所不窥，尤长于史。每纵谈历代盛衰之故，与天下山川险要之区，了如指掌，尝著舆地韵编二百卷，又作全史宫词二十卷。书成，朝鲜、越南使臣争购，致归其国。生平著述甚富，解经论史之文，及读书杂记，俱该洽古义，折衷于汉宋诸儒。其学以躬行为本，尝谓："近世讲学家遵程朱，诋陆王，同室操戈，甚无谓。高明沉潜，刚柔互克，何有门户之分？学者亦惟得其性之所近，去其性之所偏而已。"尤喜奖掖后进，性和易乐善，然不可干以私。好游，以母故，亦不远游也。诗文抒写性灵，不拘格调。著有尔尔书屋诗草八卷、文钞二卷、叠雅十三卷、异号类编二十卷、古今谣谚补注二卷、古今风谣拾遗四卷、古今谚拾遗六卷、燕说四卷、双名录一卷、笔谈八卷。

边浴礼，字夔友，直隶任丘人。道光二十四年进士，官至河南布政使。浴礼博闻宏览，于书无所不读。嗜诗，年甫弱冠，所作诗已数千首，激昂排奡，不主故常，七古尤光气逼人。时以才子目之。与马寿龄、杨淞、华长卿、陶梁相友善。其和梁消夏诸词，梁亟赏之，以为清和谐婉，有南宋人风味。著有袖石诗钞、东郡趋庭集、健修堂诗录。

谭莹　子宗浚　熊景星　徐荣　仪克中　黄子高

谭莹，字玉生，广东南海人。道光二十四年举人，官化州训导，升琼州府教授，加内阁中书衔。幼颖悟，长于辞赋。弱冠应童试时，仪征阮元督两粤，以生日避客，往山寺见莹题壁诗文，奇之，告县令曰："县有才人，宜得之。"令问姓名，不答。已而得所为赋以告元，元曰："是矣。"逾年，元开学海堂于粤秀山，课士以经史诗赋，见莹所作蒲涧修禊序及岭南荔支词百首，尤为激赏。莹少与侯康交莫逆，以文学相镞砺。又尝偕同邑熊景星、徐良深，汉军徐荣，顺德梁梅、邓泰，番禺郑棻，结西园吟社。后与康、景星、仪克中、黄子高同为学海堂学长，自此文誉日噪。凡海内名流游粤，无不慕交者。化州朴鲁不文，莹居任最久，谆谆引导士风以变性。

强记过人，于先哲嘉言懿行，及地方事沿革变更，虽隔数十年，述其颠末，丝毫不爽。博考粤中文献，凡粤人著述，搜罗而尽读之。其罕见者，告其友伍崇曜汇刻之，曰岭南遗书五十九种，曰粤十三家集一百八十二卷，选刻近人诗，曰楚庭耆旧遗诗七十四卷。复博采海内书籍罕见者汇刻之，曰粤雅堂丛书一百八十种。凡为跋尾二百馀篇，其考据淹博如此。又尝得影写宋王象之舆地纪胜校刻之。尤工骈体文，沉博绝丽，奄有众长。粤东二百年来，论骈体必推莹，无异辞者。诗初以华赡胜，晚年为激壮凄切之音。著有乐志堂诗集十二卷、续集一卷、文集十八卷、续集二卷。卒，年七十二。子宗浚。

宗浚，字叔裕。少承家学，聪敏强记，下笔千言，由绚烂渐趋平淡。诗醇而后肆，不名一体。性好游，所至必探其名胜。尝与东莞陈铭珪游罗浮，凿险缒幽，互相酬唱。铭珪以桂花酒饷之，宗浚为赋长歌，时以为追踪太白。著有辽史纪事本末十六卷、希古堂文甲集二卷、乙集六卷、希古堂诗总集、外集。

熊景星，字伯晴，亦南海人。嘉庆二十二年举人，大挑二等，选开建训导。幼颖悟，工古文辞，诗亦奇丽。以所作蒲葵扇诗见赏于阮元。当壮盛时，有用世志，与曾钊、徐荣等相砺以经济之学，憾文士多绵弱。骑射技击，无不讲求。洎屡试不第，困于学官，不得逞，乃藉书画自娱。卒，年六十六。著有吉羊溪馆诗钞三卷。

徐荣，原名鉴，字铁孙。先世湖北监利人。家辽东，汉军正黄旗人，〔一〕驻防广州。道光十六年进士，历官浙江临安县知县、玉环厅同知、绍兴府知府，升福建汀漳龙道。未赴任，以统兵征徽州匪，转战至渔亭，〔二〕殁于阵。少从张维屏游，工诗。阮元开学海堂于广州，试十台诗，荣为冠，人称"徐十台"。生平不读无用之书，居官时以弦歌饰吏治。元尝以"诗县令"推之。官玉环时，曾作诗冢，自埋其诗，铭曰："后五百年，此诗其昌。"其自信如此。属海氛不靖，军书旁午，荣判事若流水，顷刻万言。朱绪曾谓其有刘穆之之风。诗不分唐宋界，托意深远。庚子以后，诸作沉思独往，语重心长，五古尤精刻。著有怀古田舍诗钞三十三卷。

仪克中，字墨农，先世山西太平人，寄籍广东番禺。举人。少有异禀，负奇气，顷刻间能作数千言。以三日和方孚若南海百咏，见赏于阮元。元修广东通志时，独以克中为采访，縋幽跻险，剔苔扪碑，多翁方纲金石略所未著录者。平居尚气节，谈经济，又习击刺骑射，有利济志。高平祁𡎴抚粤，尤倚重焉。道光十四年夏，广州官窑大水，决堤，民居荡析。克中言患所由非浚灵州渠，势不足杀。𡎴委曾钊及克中二人，遂亲历石门至芦包河，相度沙水，三阅月蒇工。克中积劳，发背疡，几殆，久之小愈。又念丙丁龟鉴言，请建惠济仓，周一年经营谋画，达旦不寐，以此疾作，卒，年四十二。遗书甚多，后毁于火。今所存者，为剑光楼诗钞四卷、词钞二卷。

黄子高，字叔立，广东番禺人。优贡生。少以辞章擅名，留心掌故，考证金石，藏书甚富，率多异本。尤精小篆，人得片纸，争藏弆焉。卒，年四十六。著有石溪文集二卷、知稼轩诗钞九卷、续三十五举一卷、粤诗蒐逸四卷。

【校勘记】

〔一〕汉军正黄旗人　原脱“人”字。今据徐荣传稿(之四二)补。

〔二〕转战至渔亭　“渔”原误作“鱼”。今据徐荣传稿(之四二)改。

张文虎　韩应陛

张文虎，字孟彪，江苏南汇人。贡生。嗜古博览，不求闻达，于名物训诂、六书音韵、乐律、中西算术，靡不洞澈源流。尤深校勘之学，尝侨寓西湖杨柳湾，日假文澜阁四库书，〔一〕居两月，校八十馀种，钞四百三十二卷。同治初，与李善兰同客曾国藩幕中，居最久，国藩甚重之。金陵书局初开，主校席十三年。所著春秋朔闰考、古今乐律考，稿毁于兵。其算学能综论古今中西得失而持其平。又著有史记札记八卷、舒艺室随笔六卷、续笔一卷、馀笔三卷、杂著甲编二卷、乙编二卷、賸稿一卷、诗存七卷、索笑词二卷。

韩应陛，字对虞，江苏娄县人。道光二十四年举人，官内阁中书。少好读周秦诸子，为文古质简奥，非时俗所尚。既，从同里姚椿游，得桐城古文义法，尤究心当世务，译算学及重学、气学、光学、声学等书。每自校录，复为之推极其致，故发于文益奇，往往出西人所论外。粤匪陷苏州，仓皇走避，卒于道。遗稿多散失，其友张文虎辑编，为读有用书斋杂著二卷。

【校勘记】

〔一〕日假文澜阁四库书　原脱“四库”二字。今据续碑卷七五叶一上补。

丁取忠　吴嘉善

丁取忠，字果臣，湖南长沙人。少喜步算，地僻不能得书，持筹凝思，寝食俱废，垂四十年。故其学冥搜力索，暗符先哲。后与吴嘉善、邹伯奇、李善兰诸人友善，数以算术相质证，所诣益精。尝谓曾纪泽兄弟曰：“诸君博闻富藏，师资友益，视吾畴昔劳逸，实相什伯。”其劬学可知已。生平整躬饬己，惟以著述自娱，不求闻达。晚应胡林翼之聘，校书鄂省，得观乾隆舆图，林翼赠之金，因广刊算术，为白芙堂丛书。复购魏源海国图志作为密尺，定分推算，著舆地经纬度里表一卷。又著有数学拾遗一卷、粟布演草二卷、补一卷、对数详解五卷。时论谓其独诣孤往，尽历艰苦，卒成艺林巨观，有功于畴人家匪浅。年逾七十，卒。

吴嘉善，字子登，江西南丰人。咸丰二年进士，改翰林院庶吉士，散馆授编修。光绪五年，奉使法兰西，驻巴黎，后受代还，旋卒。嘉善博通中西，精研数理。在京师时，与徐有壬同治算学，交最笃。同治初，避乱游长沙，交丁取忠。逾年，客广州，交邹伯奇、夏鸾翔，皆极相契。所著算学二十一种，取忠刊入白芙堂丛书中。其书术多而例少，取忠为依术各补一草。自谓生平无他嗜好，惟癖于算，既忘其癖，更欲以癖导人云。

蒋曰豫

蒋曰豫，字侑石，江苏阳湖人。咸丰间援例得知县，发直隶，官鸡泽、元氏知县，迁蔚州知州。同治七年，捻匪扰直隶，曰豫佐总戎幕，以功擢直隶州，赏戴花翎。丁母忧归，哀毁卒。

曰豫少聪颖，十岁咏诗，效长庆体。塾师叹曰："诗中飞将也。"长研究经史，旁及声音训诂之学，尝以汉儒经说，传写失真，文字讹脱，乃自班范儒林，下逮载记，家系而人部，补缀整齐，辑两汉传经表。又谓陆继辂作离骚释韵诗，取秦汉子书词赋晰著之，然屈原生楚怀王时，周韵未必与后人合，惟诗经为韵文之祖，举以相证，当可不谬。且居屈子前，如诸经老墨，皆可引而传之，著离骚释韵。其学以实事求是为宗，持躬笃谨。宰鸡泽时，值兵燹后，上官以军事督催科甚厉，曰豫愀然曰："奈何迫吾民？"爰称贷以为供亿。元氏、蔚州故膴仕，去官囊橐萧然，有制颂功德者峻拒之。中岁，佐戎幕十馀年，露布封章，援笔立就。他著有诗经异文四卷、韩诗辑一卷、论语集解校补一卷、国语贾逵注一卷、许慎淮南子注一卷、问奇室诗集二卷、续集一卷、文集一卷、秋雅一卷。

潘咏　蒋湘南

潘咏，字伯琴，江苏宝应人。布衣。父槐庭，拔贡生，工画，尝手绘禹贡仪礼图，全本郑高密义，无一字出入。咏幼失怙恃，受业王瑶桢之门，瑶桢为其父弟子，故虽少孤，而能传其家学。年十一，手竿于地上，点画纵横，谛审之，则禹贡山水泽地也。又尝为九重天图，高卑盈缩，如掌上螺纹。既长，益肆力于学，博览古今天算诸书，一义未彻，辄思之废寝食。古历自三统以下，通其义蕴。尝以时宪术推演同治纪元合璧联珠之瑞。其于舆地之学，凡经义沿革形胜，次第研究。

同治五年，淮水溢，咏作筹淮篇，谓："河流重浊，历数百年，则尾闾迁徙，然行山东、直隶土石硗确之地，则流畅而久安；行河南、江苏平沙曼衍之地，则回曲而善决。乾隆中废云梯关外遥缕堤而河身淤，河身淤则黄河倒灌清口，而清口亦淤。后之治河者，见淮不敌黄，屡放毛城铺、虎山、腰峰山四闸诸减坝以泄黄助淮，黄水分则流缓，沙停而淤更甚。淮不能受黄则放周桥，而东注清口之淤亦更甚。若能束清口以东至云梯关之河身，浚清口以北至十三堡之引河，加筑高堰，塞三河，堵清水潭漫口，使淮水北由清口归故道，出云梯关入海，泗沂出中河口入淮，淮流迅疾，日渐深广，水得其所，虽异涨亦无虞。如遇奇旱，则塞束清坝及中河口，以全淮注淮南运河，溉淮扬诸州县，以泗、沂、汶、泇注淮者注运河，溉沂兖及海州诸州县，凤泗徐州地居上游，下有所束，亦不至源泽枯竭，两淮之地旱潦得宜，于天庾正供不无裨益。更于开封筑拦河坝，使黄水永不东下，塞山东魏家湾及龙湾两滚水坝，专力注大清河，以免漫溢，馀溜入运河以利运道。下河州县涸出溪荡，裁卖民间以偿正帑。开宝应白马、青荡诸湖屯田，以助军实，招募两淮失业悍民为屯丁，以安反侧，设屯长训练屯丁，联络皖豫，控扼江淮，以壮声威，此非常之功也。"刘恭冕谓研经术者，考古而不善通今，习河务者知今而不能博古，咏实兼擅其长云。

诗宗汉魏，长于乐府。道咸间，江淮主坛坫者，首推孔继鑅，咏虽行辈稍亚，而才足相埒，文亦朴茂近古。尝一至京师，王凯泰语人曰："士之来辇下者，多翱翔公卿间，独咏杜门却轨，弦诵自娱，洵为今世所难。"性笃挚，每以不逮事亲为恸，事仲姊如母。故旧贫乏，辄沽古器以济之，尤喜诱掖后进。年三十六，卒。著有伯琴文存、诗存。

蒋湘南，字子潇，河南固始人。道光十五年举人。治经宗许郑，旁通象纬、历律、舆地、水利、农田诸学。尝谓河被淮攻，下流益为害；必改而北流，然后治河治淮，两俱无患。时服其远见。尤工诗古文辞，洪符孙谓其尝揽海岱，驾伊凉，南条、北条之水，太华、空同、贺兰之山，鄂尔多斯、厄鲁特之人，皆足以荡胸襟而抒志气，故其为文益奇。诗经籍璘彬，古香古色，辟前人未开之境。著有十四经日纪、七经楼文钞、春晖阁诗钞。

吴观礼

吴观礼，字子俊，浙江仁和人。同治十年进士，改翰林院庶吉士，散馆授编修。光绪元年大考二等，充四川乡试副考官。观礼潜心书史，内行甚笃。先由举人捐输，奖员外郎，分刑部。巡抚左宗棠廓清全浙，闻其学行，调佐戎幕。入福建，克漳州；入广东，克嘉应；及剿平漳泉、龙岩积匪，整饬吏事，悉资筹策。嗣随左宗棠赴陕西，复自山西追捻匪于直隶、山东，相与讲求阵法。师行平原旷野，虽夜深天黑，哨队不乱。观礼短衣匹马，辄身先之,时或并辔徐行,共商战略,传宣进止,左宗棠深赖之。以功荐保布政使衔、陕西候补道。捻平,左宗棠返秦度陇,军驻平凉,念陇地寒,观礼患目疾,令暂驻西安督转运。观礼以从军而避劳就逸,于义不可,乃注销所保道员。

应会试,遂入翰林。四年春,京师不雨,山西、河南大旱,诏求直言,观礼疏上九事:一寻绎祖训,以求政鹄;一采录谏书,以资箴儆;一激劝台谏,以挽积习;一实求自强之本,节省海防经费,移济赈需;一招募晋豫流民,分别安插;一整饬禁兵,以严宿卫;一慎简东三省将军,以固根本;一详计西域善后,以固边防;一改粤海、闽海两关归疆臣督理,以广赢馀、宽筹备。四月,复疏陈充善端四事、绝弊端三事、弭祸端三事。充善端者:曰广畴咨,曰徕忠谠,曰永俭德,曰大澄叙。绝弊端者:一在部院,一在行省,一在营伍。弥祸端者:一请专责宋庆,清河南伏莽;一请敕陕甘督抚,严禁汉回仇杀;一捕散布各省之哥老会,重两湖督抚之选。左宗棠疏称观礼虚心实行,悬挚而有条理;其局外论事,直抒所见,本于忠爱之忱,非建言要誉者比云。寻卒。著有读鉴随录三十卷、圭庵文集六卷、诗集四卷、使蜀日记四卷。

清史列传卷七十四

循吏传一

李允祯

李允祯，山东德州人。明崇祯中举人。顺治元年，以荐授直隶故城县知县，旧有丁二万许，兵后编审，实丁才七千有奇，而额征如故，允祯将请以实丁征。会调知江南丰县，奸吏故为稽留，乃庭集县民，焚故册，昼夜治新册，申督抚而后行。于是虚粮得免，民困以苏。既至丰，库吏张某陈金币什器以进，曰："司库者故例也。"允祯怒，命悉撤其具，杖吏黜之，竟其任，不支库中一钱。丰俗喜告讦，豪猾与上官奸吏交通，辄造事讼富人，必尽其产，号曰"镟状"。允祯言于知府，即请为"镟状"者数人，还之县，置对明白，毙之杖下，讼乃止。

黄河决，上官征柳万馀束，吏请责里甲办输。允祯曰："吏乐从事，民将弗堪！"召诸大家告以县西鄙十里许有柳，无主者可刈，某某户牛车，可出官钱以赁。众趋役，不旬日而事集。县有豪民，欲得某之妻，贿大盗引某，已在狱，瘐且死矣。允祯独觉其冤，夜微行入狱中，具得狱吏与豪相左右为奸状，立释某，而置豪及吏于法。砀山监生吴某通盗为乱，城破，被檄署其县事，夜倍道疾驰，出贼不意，入城力击之，贼败走，追获渠魁，抚安其民。自吴某外，一不问，县遂定。而济宁驻防兵奉调至，声言当屠城，乃亟治牛酒迎犒于郊，为言县内皆良民，已无贼矣。军主不许，允祯大言曰："县固允祯县也，脱有不虞，允祯自任之。"卒拒不得入。邑大姓犹多，以通贼相告讦，条疏解释，免死者甚众。

三年，升南城兵马司指挥。六年，迁工部营缮司主事。八年，建端门成，以督琉璃窑功，赐文绮、鞍马。九年，督清江船政，兼理钞关。十一年，进虞衡司员外郎。故时船厂有大料、小料，关有滥差及额外税诸弊，尽革除之。向之猾吏，身无完衣。时巡按御史秦世祯以风采著江南，多所劾治，独重允祯清操，岁饥，出俸钱买谷数千石，为粥以赈民。居三年去任，校公帑得羡馀金数千两，籍而归诸官。著漕使五集数十卷，凡所兴革，皆为后法。还部，历虞衡、屯田二司郎中。十三年，擢广西按察司佥事。行之岳州，病，乞归。康熙元年，卒。尧峰文钞、有怀堂集魏世傚李佥事传。

金镇

金镇，字长真，顺天宛平人，原籍浙江山阴。扬州府志。明举人。畿辅诗传。顺治初，授曹县知县，以艰归。服阕，补阌乡县知县，改銮仪卫经历，升刑部郎中。康熙十三年，上方慎狱，复矜恤之典，分部使者巡行郡县，以镇使河南，凡七阅月，〔一〕所全活约一百一十人，矜疑半之，援赦又半之。十五年，授河南汝宁府知府。时淮蔡多盗，兼无年，民田荆榛，道殣千馀里。前代真阳、西平诸遗孽，根株未净，〔二〕往来萑苻间，而新蔡李樊与泌阳郭三海据平头寨，相结以起，民争逃，村落皆虚。镇一意抚字，除苛细，下垦土之令，生聚教训，示民以自新，取"为政去太甚"一语，书之讼堂，而亲统锐丁，剿李樊，除其根株，一切勿引蔓。会清理藩产，躬验丈尺，而海上投诚兵，适安插真光之间，凡开屯升税，极意调剂，令民兵相安。至于兴利除弊，一切津梁、祠宇，宜毁宜复者，皆受整理。

改补扬州知府，值撤藩兵变，长江上下风鹤相惊，府当其冲，毛奇龄金君墓志。民震恐，襁负争出城。有谓宜阑禁者，镇曰："若遏之，滋骇窜矣。姑任之，不旬日当来归也。"已，果如其言。时征调猝至，筹画有方，民不知扰。先是，负贩谋生者，必输税方得入城。镇以其穷概贳之，僦屋者减其租，贫民称便。城西北平山堂，宋欧阳修所建，栖灵寺僧据为刹，镇复而葺之。更修府志四十卷，手自编纂。扬州府志。擢江宁驿传盐法道副使，兼署盐运司。升江南按察使，大计入觐，召对，令敷陈时事，所对有二：其一，请定盗案严减之例，谓江左连年灾，盗贼多由饥寒逼迫，宜分别量减其罪，至捕役营兵，豢纵勒财，宜从窝盗律，一体重拟，则盗少而民得安；其一，言江宁、京口二旗买人，多有无籍者，当申报巡抚，巡抚按季报部，行文原籍，出示招验，有可疑者，令旗主还契追价；若旗人为盗，赃证明确者，应许承审官径行刑讯。疏闻，称旨。康熙二十三年，引疾归。二十四年，卒。毛撰墓志。祀扬州名宦。扬州府志。著有清美诗集。畿辅诗传。

【校勘记】

〔一〕凡七阅月 “七”原误作“十”。今据耆献类征卷一五一叶一八下改。

〔二〕根株未净 “净”原误作“清”。今据耆献类征卷一五一叶一九上改。

王天鉴

王天鉴，直隶万全人。顺治三年进士，授山东恩县知县。恩在古贝州地，为河北、山东要冲，明季为盗薮，尝一岁七失守。天鉴甫下车，进耆老谕之曰：“往岁之失，由人无固志耳。自今勿复逃，视知县所向。”俄而贼数万奄至城下，天鉴坐城楼，从容指挥，贼疑有伏，逡巡去。于是治楼橹，浚隍堑，为门五，为楼二十有八。申条约，严候望，时巡徼，守具大备。复按行乡鄙，举古田役追胥之法，立寨十有九，炮鼓相闻。久之得步卒万八千人、骑士三百，屹然若重镇。巡按御史疏闻于朝，嘱天鉴得自治兵。是时，榆林贼未平，济以东宵人多遥为声援，乘间窃发。天鉴廉得县境贼渠数辈，夜突至其乡，呼某某出，贼错愕出，因尽得其情实，皆伏诛。恩境遂安。它邑有寇警，巡抚辄檄天鉴往。贼据曹县，巡抚督兵与诸道兵会剿，天鉴率所部为前锋，〔一〕冒矢石深入，诸军踵之，复其城。一日追贼急，陷贼中，从者财数十骑，矢且尽。日暮，贼大至，合围数重，天鉴操短兵殊死战，手格杀数人，〔二〕溃围出，竟不失一骑。在恩数年，大小五十馀战，馘俘安抚者无算。贼望见旗帜，辄走。事平，招徕屯种，加意优恤，流亡复归者踵于路，垦荒田千八百顷。建育英书院，课诸生，弦诵不辍。一时循良吏，无出天鉴右。先后纪录者三，抚按疏荐者六，民为生祠尸祝者五。

七年，大计卓异，赐袍服，擢礼部仪制司主事。丁父忧归，服除还部。十一年，世祖章皇帝始行耤田礼，天鉴参酌古今，悉合礼宜，特命陪祀与宴，盖异数也。迁祠祭司员外郎，充山东乡试考官。十二年，晋仪制司郎中，擢陕西河西道。到官，与吏约曰："侧媚上官，猎民枉法，此不戈矛，而盗不知死所者也。"乃按籍讨军实，戒将弁勿以军糈肥私橐。吏治军政，皆为之肃然。未几，谢病归。康熙十三年，户部侍郎魏象枢疏荐天鉴，称其有"上马杀贼下马治民"之略，操守清严，智深勇沉。人以为笃论。天鉴竟不出，二十年，卒。寒松堂集、卧象山房集、渔洋文略。

【校勘记】

〔一〕天鉴率所部为前锋　"锋"原误作"茅"。今据耆献类征卷二〇五叶二七下改。

〔二〕手格杀数人　"杀"上原脱一"格"字，下衍一"伤"字。今据耆献类征卷二〇五叶二七下补删。

毕振姬

毕振姬，山西高平人。顺治三年进士。初仕平阳府教授，入为国子监助教，迁刑部主事，历员外郎。公馀独坐陋室中，布被瓦灯，伏读不倦，时称为"有官僧"。十年，出为山东济南参议道。值岁旱，流民踞山谷为盗。振姬昼夜驰三百馀里往谕之，旋就抚，全活者七千馀人。先是，泰山香税，岁籍羡馀银七千金，给参议署公用。振姬至，悉以充饷。调广东驿传佥事道，时三藩使命往来如织，其商贩尽取给驿传，胥吏乘便私派折价，民生益困。振姬一绳以法，十阅月，减船数百，减费七万六千有奇。旋迁浙江金衢严参政道，擢广西按察使，所至以廉能闻。升湖广布政使，会病乞归。

康熙十七年，诏举博学鸿儒，都察院左都御史魏象枢偕左副都御史刘楗疏荐振姬。十八年命在廷诸臣保举清廉，象枢复疏言："振姬清操绝世，才略过人，请告十馀年，躬耕百亩，犹读书不辍。臣前以有体有用荐之。"刘楗亦荐其"居官廉洁，一尘不染，至回籍之日，一仆一马而外，了无长物，真学行兼优之人。"得旨，下所司详议，部议振姬以年老告病回籍，毋庸议。〔一〕寻卒。所著有尚书注、西河遗教、四川文献摘钞、三川别志、西北文集。

【校勘记】

〔一〕毋庸议　"议"原误作"起用"。今据耆献类征卷一五二叶一二下改。

方国栋

方国栋，顺天宛平人。明大学士从哲从子。顺治三年举人，除蠡县教谕，迁国子监助教，进博士。擢刑部主事，历员外郎、郎中。十六年，出为广东按察使佥事，分巡海北道。值巨寇邓耀盘踞海岛中，时时出没剽掠。国栋请于上官，集兵三千，分五路进剿；又虑贼之他逸也，檄邻道及安南各出兵分扼要害，耀遂就擒，解散馀党。事遂平。雷、廉诸富人为贼所诬，株系者众，国栋察其冤，悉昭雪之。诸富人裒金数千为报，国栋骇然曰："吾悯若无辜耳，奈何污我？"力却不受。

迁山西宁武兵备参议，以法饬武弁，谢绝馈遗。康熙六年，参议缺裁。十二年，改分守苏松常道，地滨太湖，堤岸岁久倾圮。国栋躬率吏民，并力修筑；又修沿海墩台，及吴淞、刘河两闸，区画经费，不以扰民。伶人某倚朝贵势，恣为奸利，有司折节下之，国栋不为屈。某又以非法干请，峻拒之。时大兵方征闽、粤，羽书旁午，国栋事事与民休息，每遇急征，从容布算，镇之以静。刍茭粮糗之需，日储以俟，军用赖以无乏，而民间晏然若不知有军事者。十六年，有采木之役，国栋亲诣宜兴深山中，昼夜督视，以劳遘疾。归遂卒，民讴思不置。二十二年，立祠于虎丘山麓祀之。

赵廷标

赵廷标，浙江钱塘人。顺治三年，世祖诏选天下奇才异能者，补府县官。廷标以选拔贡生，授福建永定县知县。时大难初平，民物凋敝特甚，廷标请援邻省粜粟煮赈，孑遗稍苏。六年，粤大埔逸寇江龙率众万馀人犯县城，廷标誓众死守，贼掘地入，则潴池水以待，地炮不得发。贼用云梯乘城，则于垛眼悬栅堕之。相持三月，食垂尽，值立春日，廷标乃广张鼓乐，开城门迎春于东郊，贼惧有伏，遂遁。廷标密遣兵间道往伏两山间，出不意夹击，败之，追至龙磜寨，捕斩略尽。七年，擢湖南衡州府同知，寻署府事。府罹兵乱久，田亩榛芜，廷标为请蠲荒，民渐复业。九年，大饥，多方赈恤，生全无算。大兵平西南，经略以廷标荐。十七年，擢云南迤东道，安普诸蛮为土官所诱，竞作不靖。廷标决策行间，遂复维摩旧地，其宁州、弥勒、巴盘、八甸咸惊恐，乃移檄谕之，罢捕逐之令，诸持田器者皆为良民，持兵者乃为贼，巡行安抚，诸路悉平。

康熙十年，调广东按察司副使，分巡广肇南韶道，安普民暨峒蛮闻其去，至堑所行道，发巨石塞城闉，愿少留，廷标慰谕再三，乃得行。适两广八排诸岭寇起，闻廷标至，立解散。连州复乱，镇臣以剿捕事委之，至即就抚。分巡使者，旧有柴薪钱，吏籍其赢以献，屏弗受，资给民之穷独无依者。逾年以忧去。十八年，授湖南驿盐道，捕获剧贼，斩其渠魁，馀悉纵令归农。是时，长沙初规复，而大兵进辰龙关，军书旁午，一切刍茭械杖、舟师筰役，去来者络绎于路。廷标砥力给办，不误晷刻，民之被调者亦不致流散。当事荐廷标能，使兼摄粮储道。会湘东民变，转掠百里，偏沅巡抚韩世琦欲抚定之，策非廷标不可，乃语之曰："湖南民望君如岁，曷一行乎？"廷标单骑往谕，皆悔泣投竿，因散遣之。事稍定，倡修岳麓书院，缮舍宇，置田以廪诸生，俾肄业其中，亲为策励。尝行部至衡郡，父老闻之，举手加额，曰："三十年慈母至矣！"皆罗拜车下，廷标搴帷慰劳，有若家人。俄，迁布政司参政，督陕西粮储道。时已抱疾，士民相率请留，会武昌兵变，羽书至湘潭，犹强起视事，月馀病益笃，乃乞免归，抵家而卒。

骆钟麟

骆钟麟，浙江临安县人。顺治四年进士副榜，授安吉州学正，集诸生讲授，先行后文。李容撰传。十六年，迁陕西盩厔县知县。其为政先教化，春秋大会明伦堂，进诸生迪以仁义忠信之道，增删吕氏士约颁学舍，朔望诣里社讲演圣谕，访耆年有德孝悌著闻者，召使见，与钧礼，岁时劳以粟肉。立社学，择民间子弟，授以小学、孝经。饬保伍，修社仓，百废具举。莅狱明决，所案治即势豪居间莫能夺。以是人爱而畏之。彭绍升良吏述。县城去渭不十里，钟麟行河畔，知水势将南侵，议自览家寨迤东，开复古道，众难之，不果。康熙元年夏，大雨，渭南溢且及城，陕西通志。斋沐临祷，自跽水中，雨渐止，水亦顿减，又徙而北流者数里。陕西通志。摄兴平县知县，豪右分四门为部党，前令不能制，廉得其主名，收按致法。邵长蘅撰墓志铭。鄠县知县缺，疆臣从鄠民之请，以钟麟往署，视鄠若家，抚字多端。李容撰传。奏最，擢北城兵马司指挥，后出为西安府同知。八年，升常州府知府。常州徭赋重，科条繁多，吏缘为奸，辄轇轕难理，前官累以积逋去。钟麟立法钩校积逋，清吏受成事而已。属邑漕羡三千金，例以遗知府，钟麟曰："利若金，如吾民何！"峻却之。诸漕卒咸敛手奉法。彭良吏述。

初，钟麟在盩厔，以师礼数造李容庐；至是，创延陵书院，迎容至，讲学其中，率僚属及荐绅学士，北面听讲，问为治之要。容曰："天下之治乱在人心，人心之邪正在学术。人心正，风俗移，治道毕矣。"钟麟书其言，名曰匡时要务，终身诵之。已而江阴、靖江、无锡诸知县争礼致容，容为发明性善之旨，格物致知之说，远近之士蒸然向风，吏治亦和。九年，大水，发仓廪，劝富人出粟赈，民无流亡。十年夏，大旱，钟麟革衣草屦，步祷数日不应，躬诣狱，日食粝饭，责躬吁天，就狱中引见属吏耆老，言："知府不德，致灾累吾民。"涕泪并下。寻丁母忧去官，数千人号哭乞留，不可。既归，连遭父丧，以哀毁卒，年五十三。常州人论贤有司知治体者，必首推钟麟。

朱克简 子约

朱克简，江苏宝应人。顺治四年进士，授中书。八年，典广东乡试。时岭南初入版图，镇兵不戢。克简理责尚可喜、耿继茂，于是将卒咸受约束。十二年，考授御史，巡按闽省。闽八府一州，延、建、汀、邵在西北，福、兴、泉、漳、福宁处海滨。时海氛甚炽，居民常被焚劫，任斯土者，视为畏途，缓则因循，急则逃遁。克简至，和睦将帅，申明军政，不惮巡历讲画之劳，与文武同官经营修举。寻疏称仙霞一关，地联三省，盘山复岭，为盗贼渊薮，非多增兵马，则防围不密。诏如所请行。

时兵部尚书王永吉请汰营兵老弱，及量减兵额。克简言："八闽山贼伏莽，海寇扬波，省兵虽三万四千，而半多缺额，似不可减。"议遂寝。又言："水将与骑将不同，必善知水性者，望风瞻星，卜向方，能统兵出洋。用水兵之法，不难得其力，而难得其心。闽地越在天南，语言莫辨，漳泉系郑成功故土，沿海皆其戚属，宜行连保法，察其踪迹，考其身家，庶不得混入营伍。投诚者悉令归农，或调别营效用，离其原巢，坚其归志。"又以陆路精骑冲突，功皆可施。水兵一舟仅数十人，出入于巨浪洪波，非技熟胆壮者，鲜不惊眩，应着令凡出师开洋，转战风涛中，能破浪擒贼者，受上赏。海兵恃船，所需如木竹、钉铁、油麻、椶叶等项，海之所无者，一物不备，不能成舟。宜设专官，禁滨海奸民，不得潜通接济。又言："延、建、邵、汀势居上游，宁化、崇安沿海要地，今俱为贼踞。必按其形势，增兵固守，彼困自来，来则扑灭之；贼进无所得，退无所守，自当坐困。"又立六规二十四约，以及盐政、屯政诸规条，悉切事势，与提督马成功、总兵王之纲等相爱如兄弟，故诸将奉令。

居福州月馀，出巡至汀州，闻海寇攻福州急，统汀镇兵兼程进，寇闻援兵至，遂退。克简帅兵入城，曰："寇虽退，知我援少，必复来，不可无备。"乃修残缺，严卒伍，为守御计。数日，寇果复围城，克简谓其季弟曰："城破，吾与城亡。汝以敕印归都察院。"乃出死囚百馀人，连发炮，贼大溃，出兵急击，贼死无算，围乃解。先是，海上被擒者立决无问，克简验其发不过五寸者免诛，编为民，得万馀人。故囚感其宽仁，咸出死力。至漳州，适左布政以军饷匮乏，详请定远将军追征前数年逋赋，克简力阻之，并疏请蠲征。得旨允免。至福清，以闽安镇为要地，设兵守之。连江、罗源、福清、长乐各酌势隘，派兵分汛。至兴化，见流民载道，与知府张彦珩议赈，捐俸为倡，活者万数千人。至泉州，以崇武獭户为泉门户，大盈为泉藩篱，分设汛兵，与同安联络。至延平，知延船梢工，多通山贼，令沿江州县设巡环簿稽查之，其弊顿息。贼之伏于汀、延、建三郡者，亦离其党羽，捣其巢穴，次第归诚。计为巡按时，所上汰冗员、革带办、禁株连、蠲盐课、恤驿困诸疏，均蒙允可。秩满，归筑环溪草堂，读书以老。康熙三十二年，卒。著有奏疏二卷、政略二卷、石崖遗集若干卷。子约。

约，康熙十一年副贡。以教习期满，授福建福安县知县。历江西南丰、山东费县，升直隶晋州知州，致仕归。在任以廉能称，尤善治盗。其任福安也，以兵火后田荒，多虚报。因仿朱子审田遗法，令民自报田数，丈量多逾额，劝民自首，免罪。有吴某者，姓名误入逆籍，约为辨其冤，得免。费县梼山愚民乘水灾为盗，约指授巡检郭茂桐往谕之，皆服。蒙山贼据紫荆关行劫，不受招抚。约用刘顺昌更番之法，分乡勇六百名为六班，叠以金鼓临之，遇贼即退，贼退复进，寇以困敝，半月悉被缚，而民不伤一人。盐徒聚众过晋州，约戒各村闭栅栏，毋售其盐，迫之东去，乃于东路选乡勇三百人，备挡牌树于前，以御鸟枪，而以枪刀弓矢鱼贯进，盐徒尽获。年七十六，卒于家。

多弘安

多弘安，字君修，直隶阜城人。顺治五年拔贡生。畿辅通志。康熙二年，授广东灵山县知县。兵后邑甚荒残，居无衙舍，器用匮乏，弘安处之裕如。广东通志。力请题免积年逋赋。阜城县志。徐行招抚，捐给牛种，流移渐复，广东通志。民庆更生。阜城县志。乃葺城垣，创学宫，缮官廨，除盗贼，恩威并用。灵邑草昧，实弘安开之。广东通志。士民勒石纪其劳。一统志。康熙七年，迁奉天承德县知县，察挟旗抗法者，送部惩以法，满汉慑服。十一年，升陕西延安府靖边同知。

十六年，补江南淮安府山盱河务同知。时山阳西南高堰长堤溃决，淮水注宝应、高邮，不复北出清口敌黄，黄水遂直射里河，运道淤浅，随尾淮入堰，无由会清口下云梯关而趋海，故海口一带尽垫。弘安与总河筹策，先筑高堰，以束淮敌黄，并治烂泥浅诸故道，导清入里河，运道乃通。且修筑两岸及河口、清江大闸，暨雁翅诸工，与淮工相表里。然清河达云梯关数百里，葭苇榛芜，壅塞故道，则用以水攻沙之法，塞周桥高涧闸座，使清淮旁无所泄，而蓄全力以攻积沙。会十七年大雨，淮水盛涨，与黄并驱入海，于是治淮、治黄、治运并收成效。十九年，升淮安府。二十一年，特简淮扬道。二十四年，升安徽按察使。是冬，例应入觐，值河臣开浚下河，治高堰，上特敕大臣会勘。弘安具疏条陈，谓："高堰之工，无论下河开浚与否，亟宜加治，至堰上加工之法，砌石工必先打地钉，湖底水深，费帑甚繁；若用板工埽工，水势荡掣，尤易摧残。若用密钉排桩，碎石内灌，以敌风浪，庶为两全，且可节省金钱。十馀年后，黄河刷深，则河湖之水面俱卑，而高堰、下河亦可渐次就理。"疏入，部议如所请行。

二十八年，转江西布政使。归里后，值黄运两河溃溢，当事者疏请起用。会病卒。皇城县志。祀灵山名宦。广东通志。

白登明

白登明，字林九，奉天盖平人，隶汉军镶白旗。顺治二年，拔贡生。五年，授河南柘城县知县。时大兵之后，所在萑苻啸聚。登明治尚严肃，悉擒诸盗魁，按以法，境内晏然。悯遗黎荒残，多方招抚，力请停止增派河夫，设条教以劝耕读，久之渐复旧观。

十年，考最，擢江南太仓州知州。甫莅任，立四禁：衙蠹、地横、赌博、奸淫，犯者置重典。访察利弊，纤悉咸周，故所摘发辄中。往往邻境有冤抑，赴诉上官，愿下州为理。时海堧居民，因乱荡析，登明召募开垦，复成聚落，海寇犯刘河堡，侵入腹地，登明尽力守御，寇不得逞，遂退。十六年，复攻崇明甚急，炮声三昼夜不绝。巡抚蒋国柱率兵策救，欲遣告师期，俱莫敢前。登明独驾扁舟，夜半往，缒城入。众知援至，守益力，寇乃遁。州田资刘河为蓄泄，岁久淤塞，北派名朱泾，宋范仲淹新塘遗迹也。登明请于上官，疏凿五十里，复大开刘河六十里，不两月竣事。震泽东北诸水，悉导入海。旱涝有备，民咸赖之。先是，寇氛方炽，无地筹饷，姑取云南协饷以应急需。至是，竟为大吏所劾，落职。民列治状请留，弗得，坐废二十馀年。

康熙十八年，以福建总督姚启圣、巡抚吴兴祚荐起，授高邮州知州。值岁旱蝗，十九年，又大水，请蠲劝赈，全活无算。湖决，乃筑清水堤以堵之，计口授食，严禁吏胥克减，受役者咸踊跃从事。〔一〕时吴逆初平，军檄旁午，登明先与民约，凡供亿驿夫，以四城吹笳为号，免夺民时。号发皆立至，上官有所遣调，从不轻给一人。然均谅其清廉，亦无相督责者。以积劳，卒于官。贫无馀赀，州人醵金为殓。二十六年，入祀名宦祠，乡镇诸民各肖像立祠，私祀焉。

【校勘记】

〔一〕受役者咸踊跃从事　原脱“受”字。今据耆献类征卷二一五叶八下补。

于朋举

于朋举，江苏金坛人。顺治六年进士，改庶吉士，授检讨。出为河南分巡睢陈道、按察司副使，自署其厅事曰："无求于吏吏自察，不扰于民民自安。"其为政大指如此。郾城有盗，杀其知县而逸，士民汹汹，谓城将受屠。朋举疾驰至，抚谕无恐。已而营将果统兵至城下，拒不纳，营将诉之。总督召朋举诘责，对曰："郾城荆令，朋举妇翁也。朋举岂不欲甘心是盗乎？独奈何苦平民！"总督悟，止兵，盗亦寻获，正其罪。

迁福建分守福宁道参政，兴化濒海，其镇将所部，皆群盗受抚者也。有材官辱张给事之仆，给事讼之镇将，挞材官数十，部卒大哗，相率入给事家，毁门入，欲杀给事。给事逃，遂欲劫镇将为乱，镇将先已潜行入会城，不得逞，则缢被挞者死，复噪入给事家，谓其仆杀之也。时朋举甫到官，即廉得首恶者姓名，猝缚致之，集文武诸官会鞫，健儿带剑林立瞋视，〔一〕朋举从容呼首恶名，语之曰："军法，士在伍，惟将之听。若曹乃敢不听而哗，其罪多矣。然吾新下车上官，又念若曹教训无素，但用杀人律从事，则狱无蔓延，于汝何如？"众乃杂然言曰："杀人者，张仆也。"朋举曰："若曹气焰何等，张仆能于千百健儿中夺人而缢之耶？"更召缢者妻及其厮养童讯之，皆吐实，随诛首从三人，而释其馀，军民以安。泉州提督剿海盗，盗逸入兴化界者，镇将获数百人。朋举视其尝剃发者，曰："此良民被陷，当宥。"有年少者，曰："童稚何知？又当宥。"全活者甚众。漳州与盗所居厦门隔海相望也，时固山额真大营驻会城，别遣梅勒分番守漳，岁四易兵马，多至三四千人，往返七百馀里，〔二〕凡供役者，荷重逾险，鞭棰饥饿，颠仆死者相继。言于总督，请驻防者毋践更，总督不许，因请展其期，岁再易，民以稍苏息。

擢四川按察使、山东右布政使。丁父艰，服阕，补湖南布政使。朋举以湖南甫离汤火，民不聊生，务一切休息之，见司中胥吏数百人，嚬蹙曰："民苦不堪，此属鲜衣张盖，纵横市井间，何所取诸？"下令汰其十九，举愿谨者数十人，供文书而已。数为巡抚言士民利病，及诸有司贤不肖状，积与巡抚忤，遂被劾，部议降二级调用。未归而巡抚以贪残获罪，湖南士民皆快巡抚而惜朋举。年五十六，卒。汪琬尧峰文钞。

【校勘记】

〔一〕健儿带剑林立瞋视　"剑"原误作"刀"。今据耆献类征卷一五三叶二上改。

〔二〕往返七百馀里　"百"上原误作"千数"，下脱"馀"。今据耆献类征卷一五三叶二下改补。

吴汝为

吴汝为，字伯寅，山东沾化人。幼承李氏，通籍后，复姓。顺治六年进士，授陕西麟游县知县。县新脱盗罟，城隍摧毁，户口垦田存者十一。汝为请于抚按监司守，愿履熟定赋，蠲其不垦者；又请以盐课通全府所属县丁口而均之，莫敢应。牒二十馀上，御史王某感其诚，为疏奏，报可。更出私金四百馀，代偿积逋，民始苏。乃招流移，劝种植。诸少年为盗，〔一〕已具悔者，游博攫攘为民害，授以闲田，劝之耕。俗未知纺织，命工制器具，募能者教诸媪孺。不数月，人习其事，县始有杼轴之利。故时民善陶，有局厂，贫民亦资之食，乱后失业，假以金而复之，逾年流亡来归。田日辟，乃缮治城郭，又相形便立堡十二，控引警察，以故终任无一盗。自罹丧乱，人不知学，建学立舍课诸生，讲诵其中，举节孝，礼贤士，修邑乘，风劝多方，乔僿一变，拮据三年，邑大治。时有虎患，为文诅于神，采樵者见有物如马，啮虎杀之，舁以献。人以为德政所致。

尝一署凤翔县知县，以廉惠闻。居八年，巡抚上其治行，当内擢，丁母忧归。服阕，补广东阳春县知县。士风孱弱，给事官府者，皆旁邑黠猾，藩镇食客旅游者，与商贩者，豪夺于民，不得或诬以盗。汝为惟以锄强梗、扶弱植为急，民以不冤为法均役，大府过兵，供亿有方。总督为之减从。甫一年，以移牒文有脱误，论罢。旋得白，补江南庐江县，未之任，道卒。麟游人请于学臣，康熙四年祀名宦。张尔歧蒿庵集。

【校勘记】

〔一〕诸少年为盗　原脱“诸”字。今据耆献类征卷二一六叶四二下补。

汤家相

汤家相，山西赵城人。顺治六年进士，八年，选江苏常熟县知县。洁己爱民，誓于神以自励，厘剔耗蠹，抚恤流亡，善政具举。前令以被劾逮问，家相常左右之，力白其诬。以是拂巡查御史意,不顾也。[一]时江南五郡逋赋二百万缗,严旨夺各地方官职,家相坐是免。士民争先输纳,不逾宿而额足,且以治状走诉大吏,请留弗获。既而给事中周之桂疏上其事。

十三年,起授湖北南漳县知县。南漳居万山中,为巨寇所盘踞,时出肆掠,或戕官吏,人咸危之。家相慨然就道,至则坚壁清野,寇由西山大至,家相谓守备徐必达、秦之仁曰:"寇众我寡,当效罗士信破卢明月法,可胜。"密授方略,寇果堕伏中,遂擒其魁党马成、孙信辈,斩首数百级,寇大创,远遁。于是招徕流亡,修复学校,教养兼施。垦田六百馀顷,筑永泉、八观诸堰,用资灌输,民赖其利,邑以大治。疆吏交章荐之。会以病乞归,囊橐萧然,静居一室,日惟训迪后进,绝迹公府。莅其邑者,得一接言论为幸云。

【校勘记】

〔一〕不顾也 "不"上原衍一"然"字。今据耆献类征卷二一六叶三八上删。

宋必达

宋必达,字其在,湖北黄州人。顺治八年进士,授江西宁都县知县。土瘠民贫,噢休之如子。有清泰、怀德二乡久罹寇,民多迁徙,地不治。乃请尽蠲逋赋以徕之,贷以牛种,甫二岁田尽辟。县治濒水,夏雨暴涨,城且没。必达跣祷于神,水落,乃按故道疏浚之,自是无水患。

康熙十三年,耿精忠反,自福建出攻掠旁近地,江西大震,群贼多响应。宁都故有南北二城，南民北兵。必达曰：“古有保甲、义勇、弓弩、社民，皆可兵也。王守仁破宸濠尝用之矣。”按法训练，得义勇八千。及贼前锋薄城下，营将刘邀必达议事曰：“众寡食乏，奈何？”必达曰：“人臣之义，有死无二。贼本乌合，掩其始至，可一鼓破也。”刘遂率所部进，贼少却，必达以义勇横击之，贼奔。已而复率众来攻，巨炮隳雉堞，辄垒补其阙，随方备御，甚坚。贼失气，解去。或言于巡抚，县堡寨多从贼，请击之，巡抚将为发兵。必达刺血上书争之，乃止。官军有自汀州还者，民妇女在军中，悲号声相属，自倾橐计口赎之。询其姓氏里居，护之归，皆感激泣下。县初食淮盐，自明王守仁治赣改食粤，其后苦销引之累。必达请以粤额增淮额，商民皆便。卒以粤引不中额，被论罢去，宁都人哭而送之，钱贻皆不受。道出豫章，为盗所得，胁之降，大骂不屈，系旬馀，忽夜半有宁都人数十人持兵逾垣入，拥以得脱。既归里，时两江总督董卫国已移镇湖广，见之，叹曰：“是死守孤城者耶！吾为若咨部还故职，且以军功叙。”必达逊谢再三，既而语人曰：“故吏如弃妇，忍自媒乎？”褐衣蔬食，老于民间。宁都人岁时祀之。韩菼有怀堂集。

赵吉士

赵吉士，安徽休宁人，寄籍杭州。顺治八年举人，康熙七年，选山西交城县知县。县居万山中，岩磴参错，孔河出塔莎谷，东南流，会于汾，故水曰交水，山曰交山，县曰交城。地近屈产畜马绝有力，饶灌木，岁取其材以为利。时禁民间养马，又废南堡村木厂，由是利为文水所夺，交人重困。武弁路时运以需索扰民，民杀时运作乱，邻邑诸盗亦并起，而大同总兵姜瓖反，盗遂与瓖党姜建雄合，陷交城、文水、汾州、清源、徐沟、太谷，官兵克之，瓖诛，建雄走。馀贼潜山中，滋蔓不能制。吉士将之官，或问曰："若何靖盗？"吉士曰："其必先抚后剿乎？不先抚无以携其党，不终剿无以绝其根。"到官浃旬，有投抚者数十人，人给一示，令招其党，大阅南门外，分乡营兵列左右，士民愿与校者听，得技勇百人。是岁饥，录山中贫民七十人，使家人与杂处，得悉群盗阴事。遂申警备，令乡绅家出一丁，与民均役，分夜巡城，城中肃然。又行保甲团练法，犯者由甲长、练总、乡督以达于县。匿贼者连坐，不入甲者以奸民论。邻盗相戒不入境。交城赋额二万二千，山赋居大半，多抗不偿。有河北都赋倍诸都，吉士率数十骑至其地，为陈朝廷威德，勖以力耕，保妻子，慎勿为盗，取族灭，闻者竦息。日暮宿土窑中，有来讼者，平其曲直。左右多贼党，吉士若弗知。明日复深入，阴察其地势民情，至木栾窑，把总苏成民迎之，〔一〕乃偕归。是岁，山民无逋赋者。八月，充乡试同考官，而苏家崖矿盗起，吉士还县，令广购粮草。贼谓官兵且大至，散去。捕得数人，〔二〕置之法。

未几，交山贼杨芳林、芳清等复肆行焚劫，吉士入山劝农，有惠崇德者，故从姜瓖反，至是跪马前自首，吉士抚慰之，为易名重生。明日，宿其家，询二杨所在，得实，大飨山民，立擒二杨，杖二十，系之。密遣数卒从间道，械以入城，山民党贼者，愕视不知所为。吉士召山民，遍饮以酒，度二杨去远，乃整伍出山。贼渠任国铉、钟斗等纠众尾其后，卒不敢发。会陕西叛弁黄某部众二百馀踞葫芦川，与国铉等合。葫芦川有东西两川，最险要。吉士遣山民持书付斗与国铉，伪为误投黄弁者，黄弁惊疑，率众出山去。国铉等无所恃，乃就抚。静乐李宗盛踞山为盗主。九年春，遣其党赵应龙劫清源温氏，遇校官李开秀杀之，吉士遣惠重生入山说国铉等，谓官兵且剿葫芦川，若献赵应龙，可脱罪。国铉恐，致书李宗盛，给应龙缚付重生。应龙恨为所卖，乃尽发诸盗阴谋，且为吉士画除宗盛策。吉士乃械应龙赴太原，自会营兵剿宗盛；别遣重生往说国铉等，俾毋动。群盗闻所购只宗盛，率自保，莫为用。宗盛走，被擒，而两葫芦贼日夜为备，且谋劫县城。吉士从容治文书，行乡饮酒礼。贼闻，备少弛，近两葫芦口三十里有靖安废堡，吉士筑之。会总督欲调官兵尽诛交山盗，吉士曰："剧盗有名者，不过十馀人。其他率乌合，一闻尽剿，恐山中向化之民，畏罪自疑，反为贼用。今靖安堡初复，但请协兵三百，以驻防为名，克期入山，贼可一战擒也。"从之。吉士自太原偕守备姚顺率兵至县，大阅享宾。夜半，席未散，吉士起，驰马出南门，则姚顺、苏成民已集兵门外，会师疾驱，未五鼓行四十里，至水泉滩饮犒毕，始语顺等曰："此行奉诏讨贼，非为驻防来，少迟且得罪。"遂令把总王国振由西冶川进袭东葫芦，苏成民进袭西葫芦，吉士偕姚顺进驻东坡底，语顺等曰："贼谓吾由堡进兵，近堡以东必设备。今由间道得至此，此地为两葫芦要道，据之则东西之援绝矣。"国铉等闻姚顺驻防靖安堡，伪就抚以饵顺，及至堡寂然，乃大惊，走还，群呼曰："官兵入山矣！"两葫芦贼皆走上三座崖，且语山中民，官兵将屠山，从者千馀人。吉士率兵前进，令安营止宿。明日，遣人至崖下，谕之曰："官谓汝等皆良民，毋为贼胁。官且按户稽丁，不在者即以贼论。"众乃稍稍去，仅存二百馀人。

吉士曰："此真贼矣。"乃分兵为四，要贼去路，自收军驻横岭，已而崖上贼窜走，伏兵起，擒获甚众。吉士复益兵进独石河，入烂团山，永宁冯养成纠众来援，官兵大败之，馀贼逃入邻境。吉士驰报太原府，发诸县兵夹击。而己收兵驻独石，纵诸降贼质其妻子，俾捕他盗以自赎，先后均就获。入山旬有六日，盗悉平。乃召山中民，始终不降贼者三十七家，赉以羊酒，立为约正，其素不与徭役者，编其籍入都图。自后交山无贼患。初，吉士患山路深阻，命山中民都具一图，鳞比为大图，日召山中父老询径途曲折，注明图间，次及永宁、静乐诸山，朗若列眉。每获贼，善遇之，询诸贼去来踪迹，而上官亦知吉士能办贼，不复拘以文法，故所向有功。

吉士居官廉，军中赏赉，皆自备。班师日，乡大夫敛金五百为犒，辞不受。治交城五年，百废具举。论平贼功，征入为户部主事，以母忧归。服除，旋丁父忧。起复，仍补原官。二十年，奉使征扬州关钞，吉士宽以惠商，负贩乘小舟，概免讥察。输税者自封投椟，胥吏苛敛之弊尽革。二十五年，擢户科给事中。有忌之者，劾其父子异籍，吏议被黜。旋补国子监学正。四十五年，卒。交城祀之名宦祠。著有万青阁集。

【校勘记】

〔一〕把总苏成民迎之 "民"原误作"甫"。今据耆献类征卷一三三叶二八上改。下同。

〔二〕捕得数人 "数"下原衍一"十"字。今据耆献类征卷一三三叶二八下删。

田起龙

田起龙，字云从，河南襄城人。顺治九年进士，授松阳县知县。松阳僻邑，无城郭，苦山寇，大府置兵为防守，民又苦兵。起龙至，捐俸金募丁壮，揆度地势，始筑城，躬负畚，暴风日中为倡。城成，选敢死士，日训练，寇至，辄击退之。遂请于督抚，撤防兵去，民以安堵。有巨盗小魏者，招纳亡命，为数百里害，以计擒之，小魏献金三千求免。起龙曰："吾岂可受此不义物，遗赤子荼毒哉？"立却之，而正其罪。政事之暇，课诸生，讲伊洛之学。十四年，与乡试，分校考官多取庸浅之文，私谓可得少年士。起龙曰："是岂童子科哉？亦负朝廷求贤意矣！"力争之，榜发，中六人：郑濂、范柽、徐孺芳、朱斐、陈震先、滕达，皆知名士。居三年，督抚荐，将内擢而卒，年六十。性孝友，尝让产于兄，授徒以食。乡里多弱侮之者，及贵，悉厚遇之。有尝欲致之死者，亦不报。抱滕庐文集、礼山园集，见碑传集。

李皭

李皭，湖北孝感人。顺治九年，举贡生，授福建将乐县知县。始至，拜宋杨时于书院，新其祠，刻时遗书。召诸生肄业院中，尝曰："礼让不兴，国何由理？"每朔望率僚佐诣观化亭，为县人讲乡约，春秋行乡饮酒礼。时至村落间，问民所疾苦，勉以孝弟忠信，牧儿田妇皆环集，如婴儿之依慈母。期月之间，县人悉化于善。境内无盗贼，堂上稀鞭朴声。性耿介，初至官，与家人约曰："在官奉金外，皆赃也。不可以丝毫累我。"衙内有二桂，方华开，𪸩指之曰："此亦官物也，擅折者必治之。"自是家人不敢簪桂华。尝出郭省农事，从仆摘道旁一橘，顾见之，责曰："岂可坏法自汝？"立下马杖之，命偿其值。居三年，上官有索馈者，无以应，遂去官，归。县中老幼数万人，焚香拥马行至境上，皆号泣返家，绘像以祀之。康熙三年，卒于家。戚友醵钱以敛。子孙常采藜藿以为食。𪸩女为大学士熊赐履妻，将乐人士以公车谒选至京者，皆至赐履所问𪸩起居。语及治行，皆太息泣下，闻其殁，则痛哭失声。熊文端集。

刘伟

刘伟，山东潍县人。顺治十一年举人，补莱阳县教谕。历东昌府教授，迁直隶南宫县知县。县多浮税，悉为裁革，勒石以戒其后。盐禁严，商人藉官引，重价罔利，交通官吏，前县皆与之比小民，锱铢以上，辄目为私贩，鞭朴惨毒。伟持不可，商乃藏黄金盐豉器中以献，发而得，大怒，投之门外，杖门吏。商人敛迹，盐价以平。时方重逃人法，汉人隶旗籍逃去者，所过一食宿，俱为窝留，兵部督捕司四出逮捕，有司不敢诘。督捕吏役与奸民结，诡名隶旗者，投止富人家，捕者踵至，家立破。县为畿南孔道，害尤甚。伟每力争辨其冤苦，积忤上官意。到官甫七月，罢去。南宫民列其治行，走阙下请留守，四月不得达。已而圣主廉知逃人株累者众，卒裁督捕官。伟归不复出，数年卒于家。南宫民赴哭送葬者五百馀人，归即邑中建祠，飨祀不绝。乾隆三十年，复立碑于祠前。理堂集。

黎士弘

黎士弘，字愧曾，福建长汀人。中顺治十一年顺天乡试举人，除江西广信府推官。乾隆朝长汀县志。锄豪强，纠贪墨。陈寿祺黎士弘传。丰采稜稜，奸宄敛戢。长汀县志。然尝受十三郡谳牍，脱无罪数百人，时为语曰："遇黎则生。"大清一统志。属邑玉山兵燹后，城中草深三尺，居民才三十二家，士弘立学建治，招集流亡，垦田定赋，民复旧业，陈寿祺撰传。雕邑顿成乐土。长汀县志。以裁缺，补江西永新县，稽逃漏，整风教，政清狱简，陈寿祺撰传。与民休息。境有虎患，斋心致祷，虎为屏迹，民称"黎青天"。长汀县志。举廉卓第一，奉旨赐袍服。擢陕西甘州同知，奏罢卫所屯丁额征银数百两。复以廉卓赐袍服，晋江南常州府知府。会逆贼吴三桂煽乱，西秦震动。督抚会题，擢洮岷道副使，署甘山道事。提督王辅臣畔，河东失守，士弘以镇兵云集，必一事权，言于巡抚，谓："恢复河东，非用河西之兵不可；用河西之兵，非责之提督张勇不可。"疏奏，授勇靖逆将军，节制诸镇。及复兰州，士弘赞画功为多。陈寿祺撰传。署甘肃按察使，分别失守官吏罪，号为平允。甘肃通志。宁夏营将畔，杀提帅监司，适以忧去，镇城危急，改授宁夏道，严守御，安反侧，又密启免卫所逋粮七万五千石。康熙十六年，寇平，以功，晋布政司参议。以母老，乞归，家居二十八年，卒，年八十。陈寿祺撰传。著有托素斋诗文集、仁恕堂笔记、理信存稿。长汀县志。

弟士毅，由拔贡授江西南昌县知县。请免邑粮溢额，剿平山贼彭酉，民赖之。后迁知寿州。大清一统志。

叔子致远，盛京刑部侍郎。陈寿祺撰传。

黄贞麟

黄贞麟，山东即墨人。顺治十二年进士，选安徽凤阳府推官。初至任，即除讼师李守义，阖郡懔然。值大旱，府县祷雨，未应，贞麟曰："得无有沉冤未雪，上干天和乎？"遂于龙兴寺祷雨坛下，立判诸大狱。三日果大雨。江南逋赋案兴，逮蒙城、怀远、天长、盱眙各绅民百馀人，系狱候勘，狱小不能容，人皆夜立。其时胥吏无文，有已完而注未完者，有报在先而注完在后者。贞麟分晰上闻，保全者五百人。天长有盗，劫银鞘，捕盗者多引陷良民。按察使以案付贞麟，贞麟讯知其仇诬，悉请释之。有寿春营弁李某请曰："此案某受累有年，逋盗尚少一人，君坐一人罪，则某可以免。"贞麟曰："吾不敢为君功名妄杀人也。"河南优人朱虎山游食太和，土猾范之谏与昝姓有隙，诱虎山至家为蓄发，遂诬昝姓将结明宗室谋逆。事发，江宁推官不敢问，委贞麟，贞麟力白其诬。上命逮京师覆勘，刑鞫无异，乃释昝姓而治之谏罪。颍州民吴月以邪教惑众，仇者首之官，株连千馀人。贞麟反覆推讯，只坐月及数为首者，馀皆免。有捕役索财水姓，不得，指为月党，逐至新蔡，杀之。乡人来救，捕役并诬其村人党月。事闻，抚镇发兵围之，系其众至凤阳。贞麟悉纵之归，约卒岁后复至，人感其德，届期毕赴。贞麟廉得实，重惩捕役，而尽释村人。旋以他事解官，事白，入都。

康熙九年，选直隶盐山知县。盐山故多盗，为立法令牌甲，互相救护。有警，一村中半守半援，盗日以息。地瘠户贫，属役者七十馀丁，逃亡殆尽。贞麟悉与豁除，不期年，流民复业者数百家。邑有学田，故明义士刘永昌所施者，时奉部行查天下学田，除济贫生外，馀银皆充饷。有司不察，全数征收，贫生无所资。刘氏子孙亦大累。贞麟为通详请免。十二年，邑苦旱，贞麟欲报灾，谓父老曰："大吏使勘灾者至，供给皆惟官是责。期不费民间一钱。"及秋征，吏仍以旧额进，曰："准蠲若干，待命下而还之民，可也。"贞麟曰："下输上易，上及下难。反覆间损民实甚。"立令除之。邻邑有飞蝗至，贞麟为文虔祷，蝗食草而不害稼。又永革杂派陋例，民皆感惠。升户部山西司主事，山西闻喜丁徭累民，有一丁费十馀金者。贞麟力为请减，岁省数千计。监督京左、右翼四仓，每遇收放，虽寒暑风雨，不少避。寻因旗甲领馀米数百石，讯以监督离仓，故镌级调用，而大仓笔帖式某复亏缺米数，贞麟又与新代者有隙，以仓役侵盗失察，候勘。十七年，罢职，归。三十三年，卒。

陆求可

陆求可，江苏山阳人。顺治十二年进士，授河南裕州知州。时徇地之师相望，军檄一日数至，求可先事为备，民不告劳。赭阳一驿，旧设马六十，后减至三十，站银五千九百馀，减至二千三百馀。事多费少，难为意计。乃自贷军府钱，市马六十，劣充急发。县户旧三万户，户三男子则十万丁也。〔一〕故事，食盐二千九百引，后丁止千有九百，引则千六百，是一丁食一引矣。力请于运使，减至千引，民力稍苏。旧垦田一万九千三百馀顷，兵后可垦者八百馀顷。塞河之役，逃荒三百馀顷。其征赋皆取盈于五百馀顷中。逋亡日甚，乃多方招诱，行宽恤之政，使污莱二而当一，确瘠三而当一。民劝于农，岁有增垦。新学校，兴艺文，礼其秀士，又创为州志。当时谓其治裕，如庭内洒扫，罔不周款。入为刑部员外郎，擢福建提学佥事，考乡贤之祀，去其冒滥，风教肃然。士子有过，请于督抚，不得妄施刑革。转布政使参议，未上，卒。

其后康熙五十年至五十五年，有知裕州董学礼者，奉天人，先后垦地三百七十馀顷，又修城垣，立义塾，殁后，官民建祠祀之。黄宗羲南雷文约、钱仪吉衎石斋合稿。

【校勘记】

〔一〕户三男子则十万丁也　原脱“户”字。今据耆献类征卷二〇七叶三六上补。

崔宗泰　于宗尧

崔宗泰，奉天人。顺治初，授江苏松江府同知，偕知府李正华擒蒋庄剧盗，以明干称。十二年，擢常州府知府，为政务惠贫弱，抑豪强，善发奸摘伏，郡人惊为神明。十三年，大兵征闽，步骑十馀万驻府四旬，人情恇扰，宗泰先期储偫，纤曲备具。有游骑十馀间入村落，逐妇女溺水死。宗泰夜叩营门，白将军，缚置之法，一军肃然。又时时单骑巡行，遇小有剽夺，隶传呼曰：“太守来！”则皆引避去，民得安堵。令甲，府漕以推官监兑，时推官懦而卫弁横，卒伍尤骄蹇，要索无厌，稍绳以法，则聚而哗。会宗泰署常镇道，自请于漕督，以令箭檄之监兑，于是盛驺从，带刀鞬，临仓，弁卒悚惧，终事无敢哗者。寻以诖误，当左迁，民呼吁请留，弗获，降福建延平府同知。后乞免归。

于宗尧，汉军正白旗人。广西总督时曜子。顺治八年，时曜官陕西按察使，荫宗尧入监读书。康熙七年，年十九，选江苏常熟县知县，兴利除弊，勇于为治，老于吏事者弗逮也。时漕政积弊，粮皆民运，往往破家。宗尧议定官收官兑之法，重困得苏。其纳粮则张谕戒期，令各自输，胥役莫由上下其手，民便之。他若兴文教，戢豪强，救荒疗疫诸政，皆以勤恳肫挚出之，四年如一日，以劳致疾。十一年，卒于官，年二十有三。民为罢市巷哭，醵金发丧，洎欲归葬，皆号泣挽留，遂葬之虞山南麓，题其阡曰“万民留葬”。复建祠私祀，并为文以志遗爱焉。

任辰旦

任辰旦，浙江萧山人。康熙六年进士，授江苏上海县知县。县负海，户十馀万，岁租不下四十万，漕复半之。异时县征漕，追逮累累，敲朴无虚日。辰旦削木为版，有应逮者书其姓名，使都亭长召之，如期而至，争先输纳。尝诣仓，隶人曳棰者徒手至，呼之则寄棰中途酒家，知其不常用也。吴淞口旧设防军，后撤之去。辰旦虑其乘发剽民财也，密请将军行期，故邀军主饮，宣言期须少缓，次日，将军忽下令促即行，辰旦厚具牛酒劳军，军无敢迁延他顾，居民帖然。吴淞江、黄龙浦为入海要道，去浦口三里，先建闸资蓄泄，寻圮。江苏巡抚慕天颜檄县修治，故事，修闸必筑坝，费不訾。辰旦募浙匠仿浙地为梁法，度基广狭，约丈尺，伐石识石甲乙，下之水，使善泅者厝之，悉中程，即故址叠石为门，广左右护堤,束水就闸。十月而工成,民不病役。上海没水田六千馀亩,赋额未除,输者率破家,前官屡勘虚实贸乱。至是,以慕天颜请,得旨覆勘,辰旦喜曰:“此吾志也。”日往来泥沙中,蓬首垢足,按鱼鳞旧册,履亩丈量,厘其荒者,阅二月悉白。费皆自办,俸不足,出银钏、棉布偿之,籍上,得减除额征有差。

辰旦清苦自励,在官衣木棉疏屦,厩马无栈豆,亲朋饮宴,辄从荐绅假壶榼,荐绅之贤者请其教,却其所馈饷。浦东渔有屠蚌得大珠者,邻首之官,称珠美色如含桃。辰旦判纸尾曰:“民自得珠,与官何涉?”首者惭去。康熙十八年,举博学鸿儒,放还故官,复以良吏荐,入为工科给事中。连上五疏,言皆切直,迁兵科掌印给事中。二十年,充湖广乡试考官。二十五年,改大理寺丞。丁母忧归。以前廷推事诖误,落职,卒于家。著有介和堂集,并言近录一卷。毛大可上海集课记、顾彦伦书记后。

张沐

张沐,河南上蔡人。顺治十五年进士。康熙元年,选直隶内黄县知县。洁己爱民,县苦赋役不均,输粮者或无田。沐令田主自首,地亩不丈而清。严行十家牌法,奸宄敛迹。时邑中大旱,自八月不雨,至明年九月,民饥甚。沐力筹赈恤,捐赀为倡,并劝富民贷粟,官为书其数,俟秋获取偿。多方奖谕,人争应之。民免转徙。沐为政专务德化,令民各书“为善最乐”四字于门,以自警。注六谕敷言,俾人各诵习,反覆譬喻,虽妇孺闻之,莫不欣欣向善也。五年,坐事免,民惜其去,如失父母。十八年,以都察院左都御史魏象枢荐,起授四川资阳县知县。方赴部时,途出内黄，民遮道慰问，日仅行数里，有远送至境外者。既抵资阳任，值吴逆踞泸州，相去仅七百里，羽檄往来如织。城中人户不满二百，沐入山招抚，量为调发，供夫驿不缺。吴逆平，以老疾乞休。

沐自幼励志圣贤之学，初官内黄，讲学明伦堂，邑中及邻境请业者，恒数百人。汤斌过境，与语大悦，遗书孙奇逢称其任道甚勇，求道甚切。沐因以礼币迎奇逢至内黄讲学，俾多士知所宗仰。及在资，供亿军兴之暇，犹进诸生谆谆诲导不倦。归里后，卜居东冈，日与汤斌、孙奇逢往来议论，力以阐明正学为己任。应聘主游梁书院，两河之士翕然依归，多所成就。年八十三，卒。著有道一录、学道六书。

王又旦

王又旦，陕西郃阳人。顺治十五年进士。康熙七年，选湖北潜江县知县。潜江处汉水下游，旧有长堤捍卫，遇盛涨时，或溃堤流溢，每漂没居民田庐。又旦躬亲巡堤，先事豫防，水不为患。邑中各田亩，租赋徭役苦不均，又旦为区画疆里，稽户籍，察流亡，核诡匿，以乡规田，以田均亩，以亩定赋，奸弊无所容。于是无田者得免役，逃亡悉复。又建传经书院以课士，筑说诗台、操缦轩，以时讲习。会军兴，县当孔道，羽檄络绎。又旦峙糗粮刍茭，无后期。十四年，行取给事中。丁父忧归里，读书中条山阴芝川之上。

二十年，授吏科给事中。初，又旦之官湖北，知汉水多决屯营湾，屯营为荆州保障，决则为害郡治，兼及钟祥、荆门、天门、京山、潜江诸县。故事，堤工向由诸邑合修，事权不一，百弊丛生，旋筑旋溃。又旦疏陈其弊，请令各治所辖，罢协济以专考成，诏下所司，议行。二十三年，补户科给事中。寻充广东乡试正考官。岭南物产繁富，比还，诗卷外，略无长物。花山者，界接番禺、清远、从化三县，崇冈密箐，鸟道阻深，通达四省，积贼窟盘其中，占据十八峒诸险，时时出没剽劫为患。又旦覆命，疏陈其事，请建县治，设官吏，上允所请。未几，以疾卒于官。著有黄湄集十卷。

崔华

崔华，字连生，直隶平山人。顺治十六年进士。康熙六年，除浙江开化县知县。政务宽平，力除蠹弊。始莅任，捐建义塾，课文校艺，士争向学。邑旧有里总名目，横派滋扰，除之。又以虚粮为累，请豁于上官，未竟其事，而闽寇乱作，防兵吴正通贼，陷城，露刃相逼。华从间道出，檄召十六都义勇郑大来、夏祚等，涕泣开谕，立聚万人，躬冒矢石，阅五日，城遂复。未几再陷，惨掠尤甚，民无叛志。洎乱平，流亡初集，积逋尤多。华图上总督李之芳，乞为请命，恩诏尽蠲十三年至十六年额赋，又赎民之流徙者，俾得完聚。既而疫疠盛行，广施药饵，全活无算。十九年，论功，擢江苏扬州府知府，值湖河并涨，州县被灾者众，华加意抚恤。

二十三年，上命九卿举清廉吏，华与焉。超署两淮盐运使，宽于督课，商得休息，赋亦悉完。先是，湖南长沙诸府因用兵蠲引三十九万一千有奇。至是，有请补行蠲引者，计课可四十馀万两，华以两淮浮课甚重，又带加斤，商力疲乏，若再补行蠲引，必致额售者滞销误课，因力言不便，事得寝。三十一年，补甘肃庄凉道。未行，卒。淮商祠祀之。

姚文燮

姚文燮，安徽桐城人。顺治十六年进士，选福建建宁府推官。建宁居闽上游，崇山峻岭，为盗贼渊薮。俗号犷悍，以睚眦相仇杀者，案山积。文燮片言立剖，未数月，囹圄为空。有方秘者，杀方飞熊，前令已谳定大辟。文燮鞫得飞熊始为盗时，尝杀秘一家，既就抚，秘因乘间复仇，不可与杀平民等，请之上官，秘得活。由是大吏谓文燮明允，凡疑狱悉委决之。时耿继茂犹建藩，其下多怙势虐民，往往贷民钱而夺其妻女以偿息。〔一〕文燮悉使讦发为捐俸，并募同官代偿，赎民间妻子归者以百数。闽疆初辟，总督李率泰檄文燮主丈量事。建宁环郡皆山，民依山凿田如斗大，砌岸以石，自崖至巅，势陡峻，不能施绳索弓口。文燮授诸吏勾股法，计田广狭为亩增减，区画悉当。边海战船，岁久失修，或拟按户口摊费新之，文燮上陈疾苦，筹款以代，民乃安。

秩满，报最，适推官裁缺，改直隶雄县知县。属浑河泛溢，城东南隅皆水，楼橹倾圮，田庐漂没。文燮修城筑堤，造桥利涉者，民德之，名曰“姚公桥”。俗以浑河有龙为暴，文燮仿韩愈祭鳄鱼故事，〔二〕为文檄之，水果退。邑有狐皮贡，岁为民累。文燮条十三难上大吏，题请获免。立屯丁为团长，以资守望，盗贼屏迹。报垦地，蠲耗羡，减盐引，恤驿政，拊循疮痏，民庆更生。以捕逃功，擢云南开化府同知，摄曲靖府阿迷州事。

吴三桂叛，文燮陷贼中，密与建义将军林兴珠约同归，林早发,文燮不果行,贼系之狱。乘隙遁,诣安亲王岳乐军。兴珠先以文燮谋告安亲王,文燮至,安亲王以闻。召至京,赐对甚详。滇寇平,乞养归,避居龙眼山中,颜其堂曰乐耕。未几,持母丧,以毁致疾,卒。

所著有耕湖诗选、薙簏吟、壬寅诗、雄山草、滇行草、黄柏山房诗文集、李贺诗注。又工画,仿荆浩、关仝、董源、巨然诸家,皆逼肖,片缣尺幅,人以为宝云。

【校勘记】

〔一〕往往贷民钱而夺其妻女以偿息 原脱“以”字。今据耆献类征卷二五〇叶一下补。又下文“以百数”,亦同。

〔二〕文燮仿韩愈祭鳄鱼故事 原脱“故”字。今据耆献类征卷二五〇叶二下补。

韩荩光

韩荩光,字笃臣,直隶高阳人。顺治十八年进士。康熙九年,授河南中牟县知县。冉觐祖韩公德政去思石记。县北界黄河,河一漫决,则平田为壑。冉觐祖南梁重浚河渠碑记。故明时知县陈幼学尝浚渠百九十有六,河南通志。以备河患。南梁浚河碑记。岁久渐淤,而县东盖寨里之渠,冉观祖盖寨浚河碑。南境张村寺之正礼陂,冉觐祖张村寺重浚正礼陂碑记。西北南梁里吴家堂之河,南梁浚河碑记。湮塞尤甚,夏秋霪雨,辄害稼。荩光皆因故道大加疏浚,沟洫深通,水有所泄,民食其利。盖寨浚河碑。县土多瘠少沃,若南境之杨桥,冉觐祖杨桥折地碑记。及畠泽里,皆沙薄不可耕。冉觐祖晶泽里折地碑记。田赋自明时原分上、中、下三等行折，国朝定鼎，兵燹之馀，旧籍无存，有司遂一概按亩起科，或有堤堰所压，无田而有粮者，二十年相承，民以大困，逃亡者众。荩光躬履亩，洞知其苦，杨桥折地碑记。乃广招徕，贷牛种，建垦荒折地之议，请于河南巡抚佟凤彩，著为令。冉觐祖申详垦荒石记。久之，得新垦田百三十顷，不报升科，而以新赋代旧粮，于是杨桥碱地每顷获折十有五亩。杨桥折地碑记。晶泽里之田，获折六十馀顷，堤所覆没，则除其征。国课无逋，民亦不病，逃者日渐复业，晶泽里折地碑记。榛芜化为平畴。众皆称其有抚字之仁，兼催科之智。申详垦荒石记。往时弊政，若漕米私帮、驿站支应，皆民所苦，荩光尽革之，又以其暇修学宫，建书院，文教蔚起。在任六年，以内擢去，士民感颂，胪其善政，刻石志之。韩公德政去思石记。康熙五十二年，祀名宦。河南通志卷五十五。

江皋

江皋，字在湄，安徽桐城人。顺治十八年进士，观政刑部。父病，乞养归。丧除，授江西瑞昌县知县。故事，岁一巡乡堡，校户籍，敛舆马费，可获多金，〔一〕皋罢之。县城并河堧岸善崩，出俸金，率先众力，为坚堤杜水患，民号之曰“江公堤”。三藩叛，楚有兵警，县界连楚，土寇乘间起，皋曰：“此吾民，缘饥寒出此耳，迫之则走楚，藉寇耳。”饬乡保长开谕抚安之，〔二〕而密督丁壮巡察，时刺取其魁，击杀之，盗遂息。转九江同知，擢甘肃巩昌道。大军入蜀，士卒骄悍，所过渔夺百姓。皋出郊遇之，验问得实，立缚送军主，斩以徇。

改柳州府知府，时新收粤西兵，留镇于柳，妇女多被掠。白督抚移军主，籍其人付府治，给赀散遣，归其家数百人。蓝千秋户部集江公皋传。太和殿工兴，使者采木至柳，民大恐。长老言："故明尝采木于此，缘冈峦出入溪谷，头颅僵仆不可数，事将奈何？"皋曰："无急，此上命也。臣子何敢违？"使者至，召民问木所在，令前导，而自控一骑，偕使者往视木，至绝壁下，木森森挺出坳奥，〔三〕下临深谷，则下骑掖使者登，使者有难色，则短衣攀援以先，使者强从之，崖益峻，无侧足所，仰视木，顾使者曰："何如？"使者咋舌，呼亟反，曰："是不可取。"皋曰："诚然不可取，然木固在也。是赖使者为上言不可取状。上爱民，必免之矣。"使者还奏，竟免役。

皋寻以荐提学四川，丁母忧。服阕，补陕西平庆道副使，迁福建兴泉道参政。以事左迁。康熙五年，卒。蓝千秋户部集江公皋传。

【校勘记】

〔一〕可获多金　原脱"获"字。今据耆献类征卷二〇八叶二七上补。

〔二〕饬乡保长开谕抚安之　"饬"原误作"敕"。今据耆献类征卷二〇八叶二七下改。

〔三〕木森森挺出坳奥　原脱一"森"字。今据耆献类征卷二〇八叶二八下补。

孙蕙

孙蕙，字树百，山东淄川人。顺治十八年进士。王士祯感旧集补传。康熙八年，知宝应县。雍正朝扬州府志名宦传。前官相继贪残，杂派视正供数倍，富人尽贫。至是，淮黄俱决，雍正朝扬州府志。湖水汹涌，县田庐尽没，民贫益不可状。蕙至，首除杂派，焚其籍，并革马户、官农、粮单等色目，岁省费以巨万计。自淮不出清口，黄水灌淤漕渠。道光朝重修宝应县志名宦传。岁征夫七千二百，浚四十日，漕乃通。蕙不忍劳民，征夫少浚不如法。雍正朝扬州府志。河道都御史罗多怒，将劾治之。是时民德蕙甚，走环都御史署，号泣者几万人，罗多曰："工六日竣，贷令。"重修宝应县志。士民感愤，不呼而至者万馀人，争负畚锸，筑堤堰，国朝诗别裁。三昼夜工成。罗多惊喜，而蕙誉望益著。重修宝应县志。士民绘图纪其事于石。国朝诗别裁。

先是，明设凤阳仓，岁输粟食护陵兵，号凤米，道远，又涉洪泽湖，风浪靡常，民甚苦其役。至国朝，罢护陵兵，而设仓如故。米既由淮达凤阳，而淮兵之护漕者，又自凤阳运米归，两不便。蕙请以宝应凤米解淮食淮兵，漕运都御史帅颜保深然之，上疏如蕙请，遂得免解凤阳。故事，兵船纤夫每站给银一钱一分，奏销毕乃给，或迟至一二年，民不被实惠，又兵船未至时，先集夫羁之，辄旷旬日，不得治生业。三藩叛时，兵船尤数数过。蕙察驿设水陆夫，可六七百人，借库项先期给银如额，令治生业如故。兵至，乃集民，既受官银，无敢后期者。故兵屡过，而民无扰。布政使慕天颜甚器蕙，蕙因请曰："清水潭决口未塞，高宝诸邑田没于水者，冬春暂涸，夏秋复没如故。纵他日堤成不没，而阡陌庐舍尽坏，茭刍之属畅茂，填拥芟除，视垦荒尤难。须三年起科，广招徕，劝开垦，流移者庶有复业日耳。"会天颜入觐，奏蕙语，允之。淮扬民颂天颜与蕙不衰。

蕙治宝应六年,耑以爱民为急,不自计利害升沉。重修宝应县志。有乔乐吾者,富饶,居柘沟。邻村盗郭某往劫,无所得,因心恨之。郭以它案发,诬乐吾同为盗。按察使陈秉直令名捕,蕙以百口保乐吾。秉直不可,蕙召乐吾使自赴诉,秉直先入蕙言,又见乐吾老甚,遂白其诬。生员汤辉祚有仆女嫁乔华楚,与辉祚邻有隙,华楚子投充旗下,挟旗主至邑,指有貂裘、金炉藏辉祚家,拥辉祚入县署,势张甚。蕙执华楚父子笞之五十,且上其事,旗主惧而遁去。淮扬道副使张登选举宝应富室姓名询之,蕙正色曰:"此非公所宜问。"登选惭而止。其伉直无所阿避,多此类。乔莱撰孙蕙传。

十五年,以卓异擢授户部给事中。雍正朝扬州府志。上疏论优人钱永等不宜官县令,又论都察院、通政司、大理寺官不宜用任子,圣祖深然之。后有荐永者,诏以曾被蕙劾,不许。又上疏陈秦省运粮苦,请豁免间架税至数十万,皆得旨,如所请行。重修宝应县志。未几,以忧去,遂卒于家。雍正朝扬州府志。著有笠山诗选,王士祯感旧集补传。又撰历代循良录一卷,但录县令,不及他官,意谓令与民近也。四库全书提要。

张瑾

张瑾,字去瑕,江南江都人。康熙二年举人。十九年,授云南昆明县知县。时吴逆初平,故军卫田隶藩府者,租素重,沿为额征;又军兴后,官司府署器用,皆里民供应,而取给于县,故昆明之徭,尤重于赋。瑾请大吏求奏减其赋,不可,乃疆画荒地,招流亡，给牛种，薄其征以济军卫之赋，一年垦田千三百七十亩，三年得万馀亩，则又以均其徭，里蠹无科派，奸民无包收，诸侵渔弊皆绝。民旧供县署公费日十金，瑾曰："吾食禄于君，不食佣于民。"革之，总督谓之曰："陈仲子能理剧乎？"又问："令家几何人？"对曰："子一、客二人、仆二人。"瞷之，信。其子且夜寝之地，诸台司皆惊异。自公费除，而上之取给者亦减少矣。

昆明池受四山之水，夏秋暴涨，挟沙石怒流，入昆明闸河，沙石壅塞，水乃溢浸，濒池田，岁用民力浚之。晋宁州者，界于昆明，受东南诸箐之水，旧迹有河道入江，上官议凿之以通闸河。瑾按地势为图，白于台司曰："一河不能两受，闸河独受昆明之水，已不能吐纳，沙石旁溢为害，岂可更受晋宁水乎？且其地高，若建瓴，沙石荦确尤甚，殆不可治。"台司持之坚，则指图争曰："高下在目，何忍陷民于死？"同官皆失色，总督范承勋曰："县令言是也。"议乃寝。县有止善、春登、利城诸里，田坳垤错出，不旱则涝。瑾廉得旁近有白沙、马袅、清水三河，可资蓄泄，年久故道塞，亲操板臿，帅民浚治，三月河复，田以常稔。大小东门外旧皆市，兵后为墟，盗贼窟其中。为创造室庐，以居流亡，移城中骡、马、羊诸市实之。货廛牧场相比，盗无所托足，遂绝。安阜园者，吴逆之囿也。请于台司，以食孤贫，废疾而无告者。

是时，上官多贤者，每倚信瑾。某兵备欲以流民所垦田牧马，求之期年，瑾不与，久亦称其直。将军仆李杀人，按察使置酒为请，阳诺之，退而正其罪。巡抚仆之子谋夺士人聘妻，即县堂令士人行合卺礼，判曰："法不得娶有夫之妇，妇乘我车，婿乘我马，役送之归。有夺者治其罪。"梁嘉稷为歌诗以传之。初至，积案滞狱以数百，断讫皆当。后一省疑狱，皆付瑾治，屡有平反。有大豪侮缙绅者，过其门停舆，执以归，将杖，闻其妻病乃止，而颂系之。明日，缙绅为请，即释之。或问其故，曰："缙绅力终不足胜豪，豪暴戾，又有病妇，杖之益与缙绅仇。后事不已，不若我为恶而归德于缙绅，怨可解。"其委曲以安民生如是。

居三年，病卒。士民数千人奔哭，已而相咎曰："恨未图其象。"有祁洪谦者，陕西人，曾有狱于县，受瑾教戒，感而图象藏于家，于是城内外皆相传写，请祀名宦。祭日，诸司皆至，为立遗爱碑。焦循雕菰楼集。

卫立鼎

卫立鼎，字慎之，山西阳城人。康熙二年举人。初知直隶卢龙县，地当两京孔道，驿使旁午，供张糗糒，捐赀营办，不以扰民。先是，〔一〕县中征粮，勺杪以下，皆用升合量纳，草束以银代，〔二〕仍抑价买诸民间。立鼎令输户合奇零统归斗斛，及额而止；征草者用本色输，民甚便之。教诫诸生，期变民俗，而尤以清廉著称。圣祖仁皇帝命刑部尚书魏象枢、吏部侍郎科尔坤巡察畿内，至卢龙，已治具，不肯食，仅啜茶一瓯，曰："令饮卢龙一杯水耳，吾亦饮令一杯水。"诸大狱悉以咨之，立鼎引经准律，咸大称善。初于成龙之巡抚直隶也，〔三〕尝迎圣驾于霸州，奏举循吏，以立鼎与陆陇其并称。嗣格尔古德抚直，以事至卢龙，谓立鼎曰："令之苦，无异秀才时。然作秀才，自苦耳。今令苦而百姓乐，非苦中之乐乎？"疏荐立鼎治行第一，灵寿陆陇其次之。内迁户部郎中，秩满，除福建福州府知府。上悯其年老，命致仕归，归即教授乡里，以倡道论学为事。年七十有六，卒。著有约斋诗文集。

【校勘记】

〔一〕先是　“是”原误作“时”。今据耆献类征卷二一九叶五二上改。

〔二〕草束以银代　原脱“束”字。今据耆献类征卷二一九叶五二上补。

〔三〕初于成龙之巡抚直隶也　原脱“初”字。今据耆献类征卷二一九叶五二上补。

龚其裕　子嵘　孙一发　曾孙景瀚

龚其裕，字容溪，福建闽县人。由生员投效江西军营，积功奖通判。康熙六年，补瑞州府通判。十三年，逆藩耿精忠据闽叛，扰及江西，叠陷袁州、吉安各府。其裕率乡兵为大军向导，克上高、新昌，旋擢吉安府知府。时扬威大将军简亲王喇布督军驻螺子山，其裕野处，供饷无缺乏。民间子女陷贼中为军前俘获者，为请命将军，全活无算。战场遗骸，捐赀埋瘗之。十五年，缘事镌级调用，寻捐复原官。十八年，补河南怀庆府知府。郡有顺利渠，引济水入城，通舟便民，日久淤废。其裕甫下车，询之父老，即浚复之。嗣以山陕不靖，军中马匹多牧于怀，民惊扰欲避，其裕走告军中，请身任供亿，勿累民。军校有攘民鸡者，重惩之，兵民遂相安。二十一年，升两淮盐运使，革除积蠹，鹾政厘然。二十二年，以诖误褫职。二十四年，钦差大臣汤斌白其诬，河道总督于成龙调赴河工，其裕以疾辞。三十七年，卒于家。入祀江西瑞州、吉安，河南怀庆各府名宦祠。子嵘，孙一发，曾孙景瀚。

嵘，字岱生。少随父其裕之瑞州任。值耿逆煽乱，其裕练勇为大兵向导，嵘亦随军效力，嗣捐知县。康熙十八年，补浙江馀杭县知县，力除宿弊，葺城垣，修文庙，创义学，除杂徭，开渠筑堤，尤长谳鞫。民有杀仆而瘗之者，截其足弃道旁，以虎伤报。嵘疑之，环视所居侧有寺，寺园内隙土有新迹，掘之，馀尸在焉。按得谋杀状，论如律。旋举卓异，二十七年，升直隶赵州知州。赵有支河久塞，嵘使浚之，灌田数百顷，民获其利。会有山陵之役，择能者随扈，嵘奉檄往，召对称旨。三十年，授江苏松江府知府，松为财赋区，地广事繁，嵘治之有法，巨细咸理。三十三年，以保举廉吏，送部引见，寻署江苏粮储道。三十六年，调直隶保定府知府。三十七年，丁父忧，特旨令夺情视事，两次随扈雄县、霸州，均赐克食。三十九年，擢陕西甘山道，地近边塞，民俗鄙陋，嵘创立书院教之，人始知学。四十年，临巩荒且疫，饥民络绎，流入河西。嵘赈粜兼施，病者加致医药。是年，丁母忧，嵘恐复夺情，亟奔丧归。旋有旨慰留，上官代为陈请，始获终制。四十五年，服阕入都，迎驾于密云途次，上嘉奖之。四十六年，授江西广饶九南道，嵘以五圣邪祠最为风俗人心害，撤之，增修书院，复宋臣范仲淹祠，设育婴堂，百废具举。时万年县匪徒煽乱，从者数百人，嵘单骑往谕，罪其魁，乱遂息。累署按察使。五十七年，以疾归，五十八年，卒。入祀江西饶州府名宦祠。

一发，字天磻。乾隆十五年举人，十七年，以知县拣发河南，历署宜阳、密县知县。发奸擿伏，有神明称。能使豪强悔悟，乐为善良。十八年，补林县知县，引泉源溉田，浚永惠诸渠，民不苦旱。县有兄弟争产，挟母讼，一发坐其母于庭，为譬解之，兄弟感泣，扶母归，请无竟讼。二十二年，调虞城县，适归德府水溢，虞罹患尤巨。一发核户口，清囚系，去奸蠹，禁盗贼，难民以安。修惠民、永便诸河，以工代赈，饥民持畚锸者相望。一发日循河干，与共劳苦，力作倍勤，捐资修县城，葺桥梁，毁三教堂为义学，创建书院，给诸生廪饩，身为之师。时江南、山东有蝗，虞介其中，独不入境。二十九年，以病去官。三十年，病痊，引见，以知县发直隶候补。旋丁母忧，三十四年，服阕，历署平山、元城等县，寻补高阳县。三十六年，升云南镇南州知州。三十八年，卒于官。入祀河南虞城县名宦祠。

景瀚，字惟广，一字海寿。乾隆三十六年进士，以知县归部铨选。四十九年，选甘肃靖远县知县，旋署中卫县。清厘狱讼，案无留牍。县有七星渠，淤塞，常苦旱，景瀚为筑坝，遏水入渠，浚常乐、镇静诸渠，重葺减水各闸，溉田凡三十馀万亩，民享其利。五十二年，调平凉县，县有书院倾圮，景瀚出赀新之，亲为讲学。增驿站车马，罢民充盐商，俾无累。历署静宁、固原二州知州。固原汉回杂处，时构衅。景瀚密探诸堡，诛积贼，息谣言，境内大治。旋署循化厅同知。五十五年，举卓异，五十九年，升陕西邠州知州，未赴任，值川楚教匪肆扰，陕甘总督宜绵调赴军营，越境剿贼于湖北郧西，克之。旋随大军赴陕，叠破贼巢，陕境肃清。

嘉庆元年，命以知府用，先换顶戴。二年，由陕赴川，屡著战功，赏戴花翎。旋授甘肃庆阳府知府。三年，调兰州府知府。时流贼蜂起，景瀚随营充左翼长，筹画军事，作坚壁清野议上之，略言："邪匪滋事以来，蔓延四省，辗转两年，处处有贼，处处需兵。

负固则经年累月不能克；奔窜则过都越郡，不能御。议者惟以兵少为辞，于是调邻省增新兵，募乡勇，不知其无益而反有害也。国朝经制之兵，本属有限，而腹地尤少，其重兵所在，非番、回错杂之区，则形势要害之地，一调不已而至再，再调不已而至三，备御空虚，奸民因而肆志，则无事之区又将滋事。即如四川、湖北之兵，皆以全赴苗疆，邪教遂乘机四起，岂非明效大验乎？此调兵之害也。仓卒募兵，但取充数，非市井无赖之人，即穷苦无聊之辈，纪律不习，技艺不精，心志不齐，胆气不壮，遇贼惟有纷然鸟兽散耳。此增兵之害也。乡勇守护乡里，本可得力，若以从征，则非所愿，无室家妻子、田庐坟墓之足系其心也，平居未受涓滴之恩，临难责以身命之报，于势既有所难能，而为之长者，素与平等本无上下之分，予以虚名，强相钤制，于心又有所不服；加恩则玩而骄，执法则纷而散，欲约束而整齐之难矣。其藉此为利，浮开勇数，冒领钱粮者，又无论也。至于驱而临阵，未习战斗，疑则易惊，各为步趋，纷则易乱，即或诱之以重赏，鼓之以大义，而有勇无刚，能暂而不能久，哄然而进，亦哄然而退耳。此乡勇之害也。且兵勇多则粮饷广，粮饷广则转运难，国家帑藏充盈，杀贼安民，虽千万在所不计，而民间之疲于转输，困于差徭者，不知凡几矣。文报有站粮，运有台，军营之移徙，使节之往来，其夫马不能不资于民力，近地不足，调之远处，州县虽官为给价，而格于例案，所给岂能敷用？每县夫数百名、马数十匹，道途之费，守候之费，津贴之费，司事者口舌之费，皆派之里下，不肖生监又从而干没之，为日既久，民力竭矣。官吏但顾考成，一切以军法从事，科敛督责，民不堪命。事变滋起，或遇水旱之灾，将何以处之？

况乎将领不能约束兵丁,所过甚于盗贼,乡勇从而效尤,激之生变,是所忧者不独在邪匪也。然使有济于事,侥幸成万一之功,亦不必过为疑虑,而自去年以来,其情形大概可见矣。四省之山,层崖峭壁,立如城寨者,所在多有。其上有田有水,贼若据之,非数万之众不能攻取,然周围百馀里,或数十里,终未能环而围之也,即竭力仰攻,士卒伤损过半,幸而得之,贼已乘间率众他徙矣。虽穷日夜之力以追之,而其势常不相及,盖贼因粮于民,无地非民,即无地非粮。官兵之粮必须转运,贼窜无定向,亦无定期,粮台岂能豫设,夫马岂能豫增?仓卒移营,粮必迟误,此一难也。贼皆轻身登降便捷,而我军鸟枪、弓箭、火药、铅弹,身所佩带不下二三十斤,行走不易,此二难也。贼皆本地之人,惯于山行,妇人孺子亦趫捷若飞;而我兵如陕甘等处壮健有馀,轻捷不足,登山半日,汗流气喘,未遇贼而先困矣,此三难也。贼随时随地可以休息,而我兵行必按队,止必安营,掘壕树栅,守卡站墙,日夜不得安歇,此四难也。贼常饱而我兵常饥,贼常逸而我兵常劳,胜负之势已分矣,幸而胜之,所杀者贼之后队数十百人,或其疾病老弱不能行者耳,其首逆不可得也;贼之诡计又分布数人于左右,十馀里中四面放火,使我兵疑畏,不敢遽进,及至探明而贼踪已远矣,此尾追所以常不及也。于是有谓宜绕道前进,迎头截杀者,究之亦系空言,无实济也。前后夹击,则左右分驱;东西并攻,则南北各窜。山涧重叠,道路纷歧,处处可通,头头是道,安所得十馀万之兵,一一追而击之?即令四面兜围,而贼聚而冲,我散而守,十馀万之兵分布于周围数百里之内,其势既分,其力亦薄。贼以全力矢死冲突,未有不溃围而出者,故贼之往来可以自如，我之进退反不能自主，贼合而我兵不得不分，贼分而我兵遂不能复合。焚掠裹胁，贼愈杀而愈多；疾病死亡，兵日添而日少。剿则无以为守，守则无以为剿，城池既在在堪虞，将领惟斤斤自保。今日之贼，无论非今日之兵所能剿除，即或额兵全来，新兵已练，而使之追逐千里之遥，奔驰半月之久，力疲气沮，其势又为今兵之续，贼势益张，兵气益馁，日延一日，事恐不可问矣。然则为今之计将奈何？曰：贼未至巴州，而巴州之民先去；贼未至通江，而通江之城已空。守土之官虽欲效死勿去，其谁与守？此无他，民心无所恃也。故必先安民，然后能杀贼。民志固则贼势衰，使之无所裹胁，多一民即少一贼矣。民居奠则贼食绝，使之无所掳掠，民有一日之粮，即贼少一日之食矣。为今之计，必行坚壁清野之法，责成地方官巡行乡邑，晓谕居民，团练壮丁，建立堡寨，使百姓自相保聚，并小村入大村，移平处就险处，深沟高垒，积谷练兵，移百姓所有积聚实于其中。贼未至则力农贸易，各安其生；贼既至则闭栅登陴，相与为守。民有所恃而无恐，自不至于逃亡；别选精锐之兵二三千名，以牵制贼势，不与争锋，但尾其后。贼攻则救，贼退则追，使之进不得战，退无所食，不过旬馀，非溃则死耳。不战而屈人，策之上者也。其要必先选择良吏，一省之中贤而能者，道府岂无数人，牧令岂无二十馀人，其奔走趋事明白勤干之佐贰，岂无数十人？今川省贼所往来，川东惟夔州一府、达州一州，川北惟保宁、顺庆二府而已。陕西惟兴安一府、商州一州，河南惟南阳一府，湖北惟荆州、宜昌、施南、襄阳、郧阳五府而已。所属牧令，贤者留之，不肖者易之。每处各派佐杂数人，分任其事，以一道府董局事，辅以正佐数员，讲明利弊，议定章程，总其大纲；其馀道府分路经理稽查，不过三月可以毕事。其次则相度形势，天成之险，如大成寨、太平寨者，加卑因高，使之可守，移附近居民于其中，先藏积谷，贫者官贷其赀，茅屋草棚，听其自便，其故居仍留勿毁，贼未至时，仍可照常安业也。其村庄市镇，人烟凑集，如临江市、普安场者，随其所居，因山临水，为筑城堡，外挖深壕，务令高广，民居零星在外者移入之。砖石、木料、匠役之费，皆给于官，惟丁夫取于民。贫者量给口粮，以代赈恤。其次则选择头人，山上之寨、平地之堡人户既多，一切事宜需人经理，择其身家殷实、品行端方、明白晓事者，或绅监，或耆民，举为寨长、堡长，给以顶戴，予以钤记，使总一寨、一堡之事。其清查户口，董视工程，经营钱粮，稽查出入，训练丁壮，守备别择数人为之副，各就所长，分任其事，以专责成。其次则清查保甲，户口繁多，奸良莫辨，外至者修饬疑其为间谍也，即久居者亦虑其有匪党也。行保甲之法，十家联保，互出甘结，始准移居。匪类送官究治，其踪迹可疑而无确据者，另附册尾，听其别居自便，毋得溷入，以滋后累。其馀良民悉使团聚，家有几人，大小几口，所操何业，田土若干，详注册内，以便稽核。其次则训练壮丁，每户抽壮丁一人，或二三人，编为部伍，鸟枪刀矛，各习一技，官为给价，制备器械。每一堡寨，择营中千总或外委一员，兵三四名，使之教导，勤加训练，有事则登陴守御，自保乡里，毋令出征。惟本州县有惊，或邻堡告急，许其以半救援。其次则积储粮谷，堡寨之中，建仓数间，富家囤户，有粮难以尽移者，官给银，悉行收买入仓；无者买于邻近各乡。官兵经过，即以此粮供支。贼至闭寨，壮丁守陴，按名给粮，毋令家食，其鳏寡孤独,贫乏残疾,及家稍充而实无粮者,准其照册分别赈借。贼平之后,即为本乡社仓分储常平,一遇灾歉,亦可就近赈粜。其次则筹度经费,所有筑堡挖壕,建仓买粮,置备军械,一切守御器具,及搭棚盖屋之费,银皆官给,交堡寨长司其出入,惟仓粮之数主于官,赈借供支,官为报销,其馀银均摊于堡寨。居民所有田地,分为十年或八年,随地丁征还。如此者有十利焉:川省无土著之民,五方杂处,其性轻于去就,故一闻警报,辄四散奔逃,民心疑惧,则千里无坚城矣,今堡寨林立,声势联络,民居既安,民志自定,父母妻子,团聚一家,无流难死亡之忧,并不虑为贼逼胁,陷于邪党,可以保全良民,潜消贼势,利一;粮皆藏于堡寨之内,所馀村落店馆皆空屋耳,贼即千里焚掠,无所得食,若攻围堡寨,则丁壮自护身家,其守必力,又有邻堡之救援,官兵之策应,其力必不能攻陷,狂奔十馀日,非溃而四散,则展转于沟渎之内矣,区区首恶,何难就擒,可以制奔窜之贼,利二;据险之贼不能不下山掠食,今民皆团聚,粮不露处,秋冬之交野无青草,附近已无所掠,远出则近山之堡寨皆得邀而击之,其势又不敢出,坐困月馀,积粮既竭,终亦归于死亡逃散而已,可以制负固之贼,利三;州县之有乡村,如树之有枝叶,枝叶伤则本根无所庇,乡村皆为贼所蹂躏,其城郭之不亡者仅矣,今四面皆有堡寨,障蔽拥护,贼必不敢径犯城郭,有急则环而救之,贼将腹背受敌,况官兵又乘其后乎?可以保障州县,利四;堡寨远者相距数十里,近者十馀里,官兵经过,就近供支,粮台可以不设,官无转运之费,民无挽输之劳,至文报往来,无须兵勇保护,即于堡寨之在大路者,安设夫马递送,可以省台站之费,利五;每省挑选精兵三千,贼合亦合，贼分亦分，牵制其后，使之不得攻陷城堡足矣，其馀悉令归伍，所省盐粮犹其小者也，兵少则差徭亦省，民受无穷之利，而营伍不至空虚，亦无虞更生他变，利六；守陴壮丁，惟贼至时给以数日口粮耳，无按月之盐粮，无安家之银两也，其费较招募乡勇所省何啻天渊，而爱护乡里，朝夕相见，犹有古者守望相助之意，可以情法维系之，不若募勇从征，日久习于凶暴，怯公战而喜杀掠，酿为将来无穷之隐忧，利七；保伍时相纠察，而堡寨之长又从而稽查之，则奸宄无容身之地，其桀骜不驯如啯噜者，亦慑而不敢肆，可以渐化为良民，利八；邪教蔓延为日既久，伏而未动者，正不乏人，今淑慝既分，居不相杂，冥顽者苟潜入于贼党，可以一并歼除，其愧悔者必安居故业，可以保全身命，绝后患之萌，开自新之路，利九；规模既定，守而勿失，远近一体，上下同心，如网之在纲，有条不紊，如身之使臂，无令不从，无事之时按籍而稽，了如也，有事之时画地而守，井如也，一劳永逸，数世赖之，利十。然而愚者可与乐成，难与图始，因循目前，畏难苟安，此议一出，必有沮之者：一则曰：骚扰反以累民也，夫择利莫若重，择害莫若轻，贼匪所过，焚烧房屋，杀戮人民，掳掠妇女，其惨极矣，民虽至愚，亦必明于利害，所全者大，即小有骚扰，犹当毅然为之，况保其身家，全其积聚，顺其情之所乐，何累之有？若云奉行不善，则官吏之过，当易其人，不当废此法，如战场失利，岂以偶无良将而遂永不用兵乎？一则曰：迂缓不切于事也，夫欲速则不达，自去岁以来，各省所行，何一不速？何一有效？事固有不急急于目前而收功于异日者，及今为之，未为晚也。行之一县，可保一县；行之一府，可保一府。同时并举，不过三月，贼在罗网之内矣。是速莫速于此也。舍此以图,其果有旦夕奏效,操券而得之策乎?一则虑其费大也,夫成大事者,不惜小费,苟能平贼,即多费亦所不惜。今州县大者不过堡寨数十处,小者十馀处,一省所办者不过三四十州县耳,裒多益寡,合计每省不过用银一百万而已。后此即无所费,较之养兵养乡勇,每月需银百万两而无所底者,其费何如?且如买粮为费较巨,而粮分储于堡寨,何异储于州县之仓。今各州县岂能不采买乎?其馀借项,分年带征归款,是不独省费且并无所费矣。一则畏其烦难也,夫天下无难成之事,患无任事之人。今自道府下至堡寨之长,总理者有人,分任者有人,劳瘁不辞,纤悉具举,何虑其烦难?且通江、巴州、仪陇,贼所蹂躏之处,失业难民,岂能不为抚恤?清查户口,修理房屋,吊生恤死,赈乏赒贫,其烦难何止十倍于此?与其补救于已然之后,何如豫备于未事之先。是数说者,皆不足以难之。然则今日急务,莫有先于此者矣!安民即所以杀贼,惧贼而逃,犹可言也;兵愈增则差愈重,用兵愈久则扰累愈多,数月之后,恐民见贼至,将不逃而与之合矣。今不早为,后悔无及矣!"嗣是被兵各省仿其法行之,民获自保,贼无所逞,成效大著。

五年,赴兰州府任。七年,送部引见,卒于京。十一年,命以景瀚坚壁清野议,编入皇清文颖。寻入祀甘肃兰州府名宦祠、福建省城乡贤祠。

陆在新

陆在新,江苏长洲人。顺治初,为诸生。躬耕彭山之下,向晨荷锄出,暮归读书。已而应乡先生聘,入城授徒。每谓弟子曰："我辈竖起脊梁，便合担当名义。何得负此昂藏七尺为？"康熙五年，诏以策论取士，在新故以经济自豪，遂得举。寻除松江府教授，教诸生以质行为先。其以金贽者却之，用不足，知府鲁某时分俸助之。巡抚汤斌察其廉勤，以卓异荐。是岁，江南七府一州诸长吏被荐者，独在新一人，人以此益服斌知人也。诏赐蟒服，迁江西庐陵县知县。单车就道，始至，誓于城隍神，不以一钱自污。晨起设香案，令赞礼生诵戒石四句箴，跪而听之，四拜起，然后治事，以为常。钱谷耗羡，革除都尽。傍水设五仓，便民输纳。建问苦亭于衙西，朔望坐亭中，访求民隐。时裹粮携供具，历山谷间，劳苦百姓，轸其灾患，而导之于善。修学校，进诸生，考论德艺。如为教官时，设四门义学，刻孝经、小学颁行之。二十六年，江水泛溢，民多溺者。在新急出钱募民船往救，身为倡率，出入洪涛中，全活无算。在新之始受事也，前官亏帑盈万，大吏曰："第受之，我等行相助。"在新以为信，受之。已而奏销无所抵，忧甚，遂得咯血疾，临终，北向谢恩，手书教条示民，反寝而卒。

初，在新将赴官，子孔奂在京师，蹙然曰："吾父此行，必殉是官矣。"亟从之，在新亟谕使还，涕泣请留，乃止。卒之日，唯孔奂在，鬻书数簏以敛，庐陵人为罢市三日，会哭者万馀人。孔奂犹以前事被羁，阅五年始以丧归，而生产尽没为官物矣。庐陵人合辞请于官，祀吉州名宦祠，长洲人亦以乡贤祀之。南畇文稿、乡贤录、名宦录。

陈洪谏

陈洪谏，山东德州人。进士。康熙七年，知兴化县。雍正朝扬州府志。练达明敏,纲举网疏。兴化县志。时邑叠罹水灾,饥馑遍野,洪谏顾之心恻。会巡抚至境,乃刺血写书,为民请命。血尽,有卖菜佣搯鼻出血以助之,书七上,乃得请,民赖以活。雍正朝扬州府志。流民迫于饥寒,走险剽掠。兴化县志。洪谏练乡勇,严保甲,守御有方,又厚加抚循,一统志。招徕复业,盗贼衰息。置义冢,设育婴堂,皆自捐俸,不费民财。兴化县志。后升江西抚州府知府,晋神木副使。雍正朝扬州府志。祀名宦祠。兴化县志。

邵嗣尧

邵嗣尧,山西猗氏人。康熙九年进士,授山东临淄县知县,有惠政,著劝民续言,以忧去。十九年,服阕,补直隶柏乡县,兴水利,减火耗,禁差扰,民甚安之。有言开滏阳河通舟楫者,巡抚于成龙使嗣尧往相度。嗣尧力持不可,谓:"此河旱涝不常,未可通舟楫。即或能通,恐舟楫之利归商贾,挑浚之害归穷民矣。"事遂寝。会盗杀人于县界,立捕至,置之法。上官以酷刑夺职待罪,时上命刑部尚书魏象枢巡视畿辅,民为申诉,事得白,罢归。以于成龙荐,复补清苑县。嗣尧以感奋廉明自励,民咸以包孝肃比之。二十九年,户部尚书王骘荐嗣尧清廉慈惠,行取,授江南道监察御史。值岁歉,疏请平粜仓谷,又请罪止流徒者,准赎,均议行。三十年,出为直隶守道,正己率属,州县肃然奉法。三十三年,江南学政缺出,谕曰:"学政关系人材,甚属紧要,朕睹原任御史陆陇其、直隶守道邵嗣尧,操守学问俱优,若以补授,必能秉公校士,革除积弊。"时陇其已卒,遂命嗣尧以参议督学江南。既莅事,虚衷衡校,杜绝苞苴,论文宗尚简质。著四书讲义传示学者，甫试三郡，以积劳遘疾，卒。身无长物，同官敛赀致赙，乃得归葬。士民思之，为立祠，肖像以祀焉。

井睦

井睦，直隶文安人。康熙十二年进士，官内阁中书。授浙江衢州府同知，衢兵后人物凋敝，又总督移镇于此，供应繁。睦布衣茹蔬，不受民一词，不擅差一役，务与民休息。曰："捕务吾职也，则清严保甲，禁绝匪人，而谕民以孝弟力田。"睦少孤，奉母以孝闻。居丧三年，无愉容。赴官时，悉以田庐让兄子，以奉寡嫂，而携族子外甥之困乏者自随，共食粗粝，久而不厌。故衢人心悦其行，服其教。数年之间，民安盗息。入庠讲学，士风振厉。上官闻其清，无不敬礼。巡抚赵士麟尤爱重之。两署金华、嘉兴知府，正己率属，禁革火耗，肃清漕白。去之日，襆被萧然，送者哭声闻数十里。凡钦部大案，若催运皇木，绘画地图，清丈西安田，台司悉以属之，檄到称贷以行。所过，民不知有官。

赵士麟调江苏巡抚，入京，上问循吏，以四人对，睦居首。擢河南河南府知府。闻命即去署，僦居杭州，薪水之资，朝不及夕。河南属吏遣役投批来迎，赍长夫公费千金，拒不纳，以典质为食。会病，无医药赀，遂卒，年五十三。上官闻而哀之，皆有赙。杭州知府马如龙为疏引告诸同寮，读者多流涕，乃援其柩以北。衢人请祀之名宦，又列其惠政镌之木，流布两浙间。陈仪学士集。

蒋伊

蒋伊，江苏常熟人。江苏通志。康熙十二年进士。奏进所著玉衡臣鉴二录，“玉衡”者言君道，“臣鉴”者言臣道。有旨留览。选庶吉士，十四年，散馆，授监察御史。时南方用兵，城邑残破，民多流亡。伊上疏言：“新复地方，宜量缓征输，责成有司招徕开垦。”又以奸民挟仇，动借叛逆害良善，请严反坐律。其有司受赃枉法者，加等治罪。又以浙江白粮准顺治十一年价米一石折银一两；今米价减至五六钱，请准时值为高下。〔一〕又以苏州驻防满兵，〔二〕糜饷扰民，请移驻它要地。下所司议奏，多见施行。十五年，移疾归。

十八年，补广西道御史。时连年用兵，征调四出，又方开捐纳例，选途颇壅。伊乃绘十二图上之：曰难民，曰刑狱，曰读书，曰春耕夏耘，曰催科，曰鬻儿，曰水灾，曰旱灾，曰观榜，曰废书，曰暴关，曰疲驿。复为疏言江西、浙江难民，妻女被掠，乞钱求赎状：“请自后新复地方，责成督抚严禁将吏掠卖男妇，使水火馀生，来苏有望。”其论刑狱，言：“外省有司多以酷济贪，应令各官廨立石中庭，镌刻上谕，除命盗重案外，不许滥行监禁，擅用夹棍及株连妇女，违者治罪，庶足以儆贪残，惠茕独。”其论铨法云：“捐纳知县，本出一时权宜，其人未必无贤能，而不可不选择，请未选者责成吏部行简选法，身言书判，实加考验，优者以资除授，劣者给以空衔。其已选者，责成督抚试其才守。行保举法，否者黜之。”并请停止捐纳知县，圣祖览图及疏，为动容嗟叹。又疏劾江西董卫国擅役民夫，纵兵焚掠，诏卫国军前带罪图功。是年，地震，疏论六部积习，遇有销算案件，要求货赂，意为高下，堂司书吏，连为一手，请严加饬禁。又言：“灾眚叠见，乘舆不宜轻出，宜日御便殿，咨诹治道，饬官常求民瘼，以幸天下。”时江南、江西荐饥，上救荒策，请奖廉吏，缓催科，通商贾，兴工作，养孤老，掩骼胔，为五疏上之。

二十一年，补广东督粮道参议。彭绍升二林居集按察使副使蒋公事状。广东当兵燹后，供亿烦苦，蠹吏倚为奸弊。熊赐履愚斋文集蒋君墓志铭。奉檄下县，促解派款，势张甚，广东通志。民不聊生。熊赐履所撰墓志铭。伊至蠲耗羡，却馈献，除差徭，日买乾鱼自给，誓不取民间一物。二林居集蒋公事状。解省米价例浮于时，伊平准诸市，官无侵渔。时逆藩多占据民舍，伊暑不张盖，躬自察勘，民得复还故业。兵粮拨支，苦跋涉，吏又持之。伊酌以本地粮给本地兵，军民便焉。二十二年，学宫倾圮，且藩卒横踞。伊出俸钱造军房八十馀楹，先申总督以戢兵，随鸠众工以葺庙，兵心安而士气振。其持大体、定危机类如此。尤加意文教，风励后进，创立穗城书院、岭南义学，置膳田六百馀亩，以给四方来学之士。月吉课甲乙，化海滨为邹鲁。广东通志。

二十四年，诏求学行兼长者，充督学任。九卿举伊以应，迁河南按察副使、提督学政。二林居集蒋公事状。河南自明季刓于兵，民气未苏，士久废学，仅守帖括。伊下车即颁条约，示以为文之法，删芜收实，本于古学。其教士敦行也，既刊布孝经，以明百行之原；又自著浅说，颁行黉舍，使易遵守。士有以行修名者，奖励唯恐或后。王廷璧督学蒋公德政碑。伊之去广东也，解缆日，囊橐萧然，士民攀辕号泣。广东通志。至是，于廨之东偏，建孟子游梁祠，颜其堂曰辟利。苞苴请谒，望风退避。王廷璧所撰德政碑。考校所至，车马供给，不扰民间，然时时出己俸，修葺文庙及名贤祠墓，士有贡太学而贫者，必助其膏秣。河南通志。二十六年，试开封,得疾,卒。二林居集蒋公事状。两河人士,感泣蠹伤,一时挽诗有"百世师恩千点泪,两河官橐几篇文"之句。河南通志。赴至广东,士民设位岭南义学,哭者甚众。吁祀名宦,又公葺穗城书院为蒋公祠,祀之。广东通志。后亦祀河南名宦。河南通志。著有莘田文集。

子陈锡,官至云贵总督;廷锡,官至文华殿大学士:二林居集蒋公事状。自有传。

【校勘记】

〔一〕请准时值为高下 原脱"值"字。今据耆献类征卷二〇九叶八下补。

〔二〕又以苏州驻防满兵 原脱"满"字。今据耆献类征卷二〇九叶八下补。

张埙

张埙,江苏长洲人。以官学教习,议叙知县。康熙十七年,选河南登封县。登封自明季遭寇乱,逮入本朝,比岁不登,民多失业。埙至,誓于岳神,除私敛,招流亡,督之耕种。复相土宜,课民植木棉及诸果实。莅官甫五月,大修学宫,复嵩阳书院,延耿介为之师,导诸生以程朱之学。自县治达郊鄙,立学舍二十一所,课诸童子,以时巡阅。正句读,导之以揖让进退之礼。闻者皆洒然易虑。间策蹇驴,历民间问所苦,有小争讼,辄从阡陌间决之。县西境有吕店者,俗好讼,难治。埙察里长张文约贤,举为乡约,礼遇之,俾行化导,俗为一变。甲长申尔瑞负税,且受杖，路拾人输税金，疾走衙，俟失金者反之，埙诘尔瑞曰："尔既拾遗，充税可免责，何为其反人也？"对曰："小人安命，宁受责，终不敢利人财。〔一〕"埙曰："义哉奇男子也！"举为乡约，旌其门。后有王进宝、魏光大、秦瓒，皆拾遗金而反失者。邑民高鹏举死，妻孟氏年少，舅欲强嫁之。孟氏哭夫墓，将自缢。埙适微行，问其故，乃给之银布，劝还家而免其徭，岁时存问，俾终其身。县故多胥役，时狱讼日尠，奸伪无所容，诸胥多自引去。其更番执事者，退则操耒耜为农，以在官无所得钱也。开萼岭二百里，复古轘辕路，建古贤令祠，修鄢公墓，岁三月率民致祭。鄢公名廷诲，崇祯末为登封令，守城抗贼死者也。康熙二十一年，旱，自春徂夏不雨。埙暴烈日中，拜表引罪，步登少室东峡，冒夜行，达旦汲泉水反岳庙，叩头呼吁，俄而雨大注。乡长郭九合赴县输税，路出金星庙遇虎，九合叱曰："我不惧死，独虑违张公限耳。"虎俯首避道去。自此境内无虎患。埙在官五年，民知向方，生聚日盛。家设位旦夕尸祝，大书"官清民乐"于门。耿介尝叹曰："年来嵩颍间，别一世界矣！"

二十二年，以卓异荐，升广西南宁通判。去之日，民遮道痛哭，立祠于四乡，肖像以祀，榜曰"天下清官第一"。至南宁，未几乞归。旋遭母丧，服除，赴京师，卒。

【校勘记】

〔一〕终不敢利人财　原脱"敢"字。今据耆献类征卷二五〇叶四三下补。

张克嶷

张克嶷，字伟公，山西闻喜人。康熙十八年进士，选庶吉士，改刑部主事，累迁郎中。有狱连执政族人，诸司莫敢任，克嶷请独任之。内务府以其人出使为辞，克嶷钩提益急，牒问奉使何地，归何期，力请于长官，谓宜入告，事虽格，闻者肃然。寻授广西平乐府知府，瑶僮杂居，盗不可诘。克嶷至，浃月以信义服苗酋，获巨盗二人，毙其一，宥其一，责令侦缉。〔一〕竟任，盗不敢窥。

调广东潮州府知府，属县贼蜂起，或称明裔，聚众千馀人。克嶷疾驰至其地，命吏士速据白叶、祁山，设疑兵严守而张军势，〔二〕贼不敢逼。会夜半，大风起，简健卒二百斫其营，呼曰："大兵至矣！"城中鼓噪出兵以助之，贼奔祁山，要击之，斩其渠魁三人，众散降。巡抚将上其功，克嶷曰："此盗耳，而称明裔，兴大狱，株连多，恐转生变。"乃以盗案结。潮有大豪，戕亲迎者于路而夺其妻，拒捕经年。克嶷微行，迹而得之。狱成，当大辟，监司衔督抚命，为之请，且曰："稍迂缓之，当潜馈黄金四百镒。"克嶷曰："吾官可罢，狱不可鬻也。"卒置诸法。或假亲王命，以开卝缚执之，其人出龙牌，众色骇然，克嶷命系之狱，以牌申大府，情既得，立杖杀之。

丁父忧归，遂不出。六十年，卒于家，年七十有六。方望溪集所撰墓表。

【校勘记】

〔一〕责令侦缉　"令"原误作"以"。今据耆献类征卷二二二叶九上改。

〔二〕而张军势 "势"原误作"声"。今据耆献类征卷二二二叶九上改。

靳让

靳让，河南尉氏人。康熙十五年贡士。十八年，殿试归班，二十六年，选授浙江宣平县知县。会旱，灾被数县，独宣平请蠲赋甚力，巡抚张鹏翮以为贤。丁父艰，服除，补汾西知县，清编审，罢里差，减例耗，岁旱即停征，发仓以赈，民无流亡。圣驾北征，计费赋民为供张，皆亲籍记，横索中饱弊胥绝。明年，再供军需，念民力已竭，请以正赋办治，巡抚许之。寻行取山西道监察御史，上疏言三事：首言察吏安民，实行教养，又礼部赍解册卷费宜革，沿边同知宜简用；后二事下部议行。为首疏指陈词过当，部议降授通州知州。皇庄、旗庄壮丁，多恣肆病民，让绳以法，不少贷。私钱私铸，令行禁止。治禁河捕鱼案，分别旗、民，诬者获免，犯者薄惩而已。上是之。有谋开麦豆总店者，侍卫以入告，下部行查。让力言无成例，事遂寝。又有欲为姜总店者，亦拒之。会学差更替，特旨命督学广西，寻复调浙江，皆有廉明称。圣驾南巡，召见，嘉奖，赐皇舆表、松花石砚，及御书"天庥堂"额，以荣其母。寻以母老乞终养，逾年母卒，哀毁致疾，甫终丧卒于家。赵炳所撰传，参用冉觐祖寄顾堂文测。

朱振

朱振，浙江秀水人。康熙十八年进士，二十六年，授江南舒城县知县。县自明崇祯壬午遭寇乱，流亡未尽复，岁稍歉，辍耕而走，士多废学。振至，修复明伦堂以课士，均赋劝农，去其害民者数事。二十七年，武昌夏逢龙作乱，大兵自舒入楚，民大恐，市肆皆闭。振慰谕之曰："师行粮食，若绝其粮，是导之掠也。"于是县门洞开，尽徙市肆所有于廊庑间，振立其下，偕胥吏舆隶，操斤权斗斛，平价鬻之以供兵，刍茭瓮盎皆备，兵过晏然。县之西南有七门堰，汉颉羹侯信创为之，魏扬州刺史刘馥更治诸堰，〔一〕乐史所云筑断龙舒水，灌田千五百顷者也。明时知县事范得民、刘显一再修之。其后为势家曲防遏流，使不得下，水利遂失。振考故迹，排异议，尽力兴治，竟复其旧。舒地产谷赤白杂，户部谓米色不纯，行令赤白分贮，山农苦其役。振力请漕督援河南事例免分贮，且曰："为亲民吏，而民隐不知，罪也；知而不为之所，视一己之荣禄为重，而万民之怨讟为轻，义所不敢出也。"漕督感其诚，为咨部以免焉。三十一年，卒于官。舒祀之名宦。朱彝尊曝书亭集、嘉兴府志。

【校勘记】

〔一〕魏扬州刺史刘馥更治诸堰　"堰"原误作"堨"。今据耆献类征卷二二二叶一〇下改。

成康保

成康保，江苏宝应人。康熙十八年进士，授内阁中书，迁浙江台州府同知。扬州府志引宝应县续志稿。台州为滨海要区，沈廷芳隐拙斋文集台州府同知成公墓表。山深箐密。扬州府志。值国家方弛海禁，奸民出没其间，草窃时发。沈廷芳撰墓表。康保饬联保甲，摘发擒治，盗贼屏息。扬州府志。又特设巡船，选廉吏稽察海口榷税，巡役困商，重惩之。奸杜而百货集，民赖以殷。台州屯田在黄岩、太平二县，硗瘠莫治，屯户咸以卫将贪利，多逃亡，莫敢承垦。康保招徕之，绳卫将以法，荒芜日辟，沈廷芳所撰墓表。数年尽成沃壤。扬州府志。民有讼，康保将理，胥以同知职不受辞告，康保曰："民瘼罔闻，何以官为？是鳏职也！"凡求直者，悉为之理，多所平反。沈廷芳所撰墓表。署仙居县知县，仙居额征秋米，拨解兵粮，岁二千石。山路崎岖，米一石约费银一两有奇。康保详请改折，岁省县民金钱无算。寻又署丽水，凡盗案疑狱，岁久不决者，一鞫即明，沉冤尽释。扬州府志引宝应续志稿。

所至，事无不治，民爱戴之，而于维风厉节，尤勤。府之龙顾山有八忠祠，祀明靖难死事诸臣，岁久芜没。康保重建，且稽图经，益以林嘉猷、叶希贤，颜曰"十忠"。躬诣方孝孺故里，酹酒祠下，访其裔孙诸生潜，加礼焉。乐安南有双忠祠，祀郑恕、卢迥，请于学使，俾其子姓奉祠祀，台人感焉。康保本宿学，初居禁掖，著有周易阐微、春秋要旨、左传解、读史辨误诸书。康熙四十八年，卒。沈廷芳所撰墓表。祀名宦。扬州府志。

高荫爵

高荫爵，汉军旗人。康熙初，任直隶蠡县知县。县多旗屯，分民田之半，佃者倚勋贵为奸利，持吏短长。河数决孟尝邨，岁比不登，民大饥。荫爵至，曰："吾未暇理它政，且活民。仓有粟二万石，请发以赈。"牍再上，不许；请解官去，乃许之五千石。荫爵曰："若今岁又恶，民不能偿二万石，五千石等死耳。吾且活吾民。"尽发之，更贷金五百于民，令种麦，约曰："麦熟偿种，禾熟偿粟，以二十之一为息。夏旱蝗起，捕蝗尽，祷雨辄应。秋又大霖雨，河暴溢，率吏民冒风雨捍御，堤完而岁大熟，民乃活。某甲以财雄诸佃，多为不法，诬县诸生为奴而籍其田。按治得实，并发它赃事，置之法。豪猾慑服，莫敢犯令。于是设义仓，置乡学，兴立教条，尊礼贤士，民大和悦。

调三河知县，一以简易为治，无所设施。或问之，曰："前令已治矣，何纷更为？"前令莆田彭鹏也。上校猎至三河，问父老高令与彭令孰贤，对曰："彭廉而毅，高廉而和。"上称善。擢南路捕盗同知。巡抚于成龙问以捕盗方略，条三事以对，大略言："盗以旗屯为囊橐，而出没变幻，不可踪迹。请严保甲首实之令，使无所匿；而平日能使之衣食充足，则可不至为盗。"成龙知其能，丁父艰归，会成龙总督南河，筑界首堤以属荫爵。堤成，上南巡阅工，召见，赐克食。补湖广德安同知，应山知县为民所逐，荫爵奉巡抚檄往署，改纪其政，和其民，比代至，送者数万人。擢分巡四川松茂道，迁直隶口北道，皆处以廉静，绝馈遗，减邮传，诘奸慝，恤商旅，民、夷安之。卒于官。

子五人，其倬官至大学士，自有传。严太仆集。

祖进朝

祖进朝，奉天人。以荫监生起家。康熙二十三年，由部郎授江苏常州府知府，有惠政。以失察镌级去，民呼吁于巡抚汤斌，请留。斌上疏言："祖进朝履任未一载，操守廉介，办事甚勤，臣私心重之。顷缘失察法宝一案，降调。常州五县士民辄号泣罢市，赴臣衙门请为题留，日不下数千人，臣谕以保留例已久停，毋得渎扰。士民以为常州四十年来，未有爱民如进朝者，其减徭轻耗，兴学正俗，戢奸除暴，息讼安民，穷乡僻壤，尽沾惠泽。皇上轸念东南，如江宁知府于成龙特恩超擢，吏治丕变。进朝操守才干，实可与成龙颉颃，而独以一眚被谪，士民攀留，言之泣下。臣不知进朝何以感人之深如此？臣受事四日，始行拿获法宝。是受事之日，已为失察之日，且当静候处分，何敢代人渎奏？惟臣蒙恩简畀封疆大任，属吏之败检者，得而纠劾之，廉能者，不能为之一言，非公也；民情皇皇如是，而不为之解慰安辑，非仁也；畏罪缄默，而使舆情不能上闻，非忠也。因与督臣熟计，敢据情陈奏。”章下吏部，议格不行。谕曰：“设官原以养民，汤斌保奏祖进朝清廉，百姓同声恳留，可从所请，以劝廉吏。”进朝回任后，益自励。未几，以老疾乞免，民恒思之不置云。

刘棨

刘棨，山东诸城人。康熙二十四年进士，三十四年，选湖南长沙县知县，以廉明称。邑人患育女为累，多弃不畜，棨严禁之。时有讹言裁兵，抚标兵千馀人，环辕门大噪。棨驰赴，为开陈大义，且借给三月饷，示必无裁意，众乃定。总督吴琠以循良荐，三十七年，升陕西宁羌州知州。值关中大饥，汉南尤甚，州无宿储，且介万山中，艰于挽运。棨请贷厅仓，约民能负粟一斗至州者，予三升，不十日挽三千石。大吏以其法赈他邑，咸称便。又奉檄赈洋县，移粟沿汉而下，棨先驰赴，遍历审勘，克期给发，数日而毕，谓洋县令曰："此粟贷之官，傥民不能偿，吾两人当代任。"濒行，老稚争拥马首。比秋大熟，洋县民相勉运粟还仓，不烦催督。始宁羌颇形凋瘵，棨为均田额，完逋赋，补栈道，修旅次，安辑招徕，期年而庐舍萃集。山多槲叶，民未知蚕，棨遣人旋乡里，赍蚕种及募善蚕者教之，人习其利，名所织曰"刘公紬"。士苦无书，为召贾列肆，分购经籍；又建义学，亲为讲解。未几，举乡试者二人，盖前此所仅见也。

四十一年，擢甘肃宁夏中路同知。未赴，丁母忧去。以代民完赋负累，不能行，致书于弟，令售遗产；不足，弟则益以己产，易金致之，以偿负。民闻之，争输金为助，却不受。服阕，补湖南长沙府同知，引见，奉温旨，且试文艺于乾清门，即日授山西平阳府知府。裁汰陋例，蠲除烦苛，讼牍来，立剖决之。四十八年，诏大学士、九卿举各省操守清廉、才具优长之员，以知府被举者，惟棨与湘潭陈鹏年二人。四十九年，迁直隶天津道副使，迎驾淀津，诏许从官恭瞻，亲洒宸翰。棨因奏兄果昔任河间县知县，奉有"清廉爱民"之旨，乞赐御书"清爱堂"额，上允其请。旋擢江西按察使。五十二年，擢四川布政使。五十五年，上询九卿以本朝清介大臣数人，求可与伦比者，九卿举四人，棨与焉。车驾幸汤泉，又以棨治状语诸从臣。时湖北巡抚缺出，廷臣共荐棨，上曰："棨居官甚好，但四川现在用兵，未可轻调。"嗣棨因筹画兵备勤勩，致疾。五十七年，卒于官，年六十有二。

子统勋，孙墉，俱官大学士；曾孙镮之官至吏部尚书。均自有传。

杨朝正

杨朝正，汉军镶白旗人。由侍卫授东昌府知府，既至，访民间利病，锐意兴革。临清旧有额外银米税，朝正白巡抚闻于朝，减归正赋。东昌浚河旧有额夫，率惮役求免。至是改为均役。有讼者，辄自剖决，未尝委属吏。民惮其严明，狱事日损。月朔望宣讲上谕，春秋遍历郊野，课农桑，岁暮访高年者赉之，其贤者尤尊异之。东阿教谕王璜事继母孝，岁荒救饥民数百；监生崔允璧建桥通济闸，设两渡船。朝正请于布政使，并旌其门，民有蠲金治道者，治酒劳之，由是人争向义。府治西南地洼下，遇大雨泛溢五六十里，溺者众。朝正自蠲金八百两，创大石桥三，治道六十丈，益增堤御水，水患息。康熙二十四年，旱，朝正宿斋戒除坛，与妻磨麦为面，作供具，燃香吁天曰："知府若有罪，愿身受谴，无累百姓。"伏坛前自子至亥，大雨遍四境。明年复旱，发仓平粜，复蠲金煮粥，以食饥人。王璜、崔允璧等各蠲米数百石为助，民得不害。卒，祀名宦祠。

子宗仁，仕至湖广总督；宗义至河南巡抚。八旗通志。

王繻

王繻，河南睢州人。从学于同邑汤斌，斌深契之。康熙二十五年，授东明县知县。二十九年，补直隶获鹿县，行取户部员外郎，迁郎中。三十九年，授江南粮储道。四十九年，擢江南按察使，以疾告归。其在东明也，以钱粮多欺隐，居民流亡，乃为易甲长法，大户用其族长催之。于是兼并之弊绝，流亡者来归。繻酌给牛种，县分四十里，里养马一匹，以备官用，偫茭刍，补倒毙，民苦其累，繻勒石禁之。贾五云、梁进皆盗魁也，谕之曰："吾知若名素矣！五云汝为练总，进汝为保长。邑有盗，汝缉；不用命，即毙汝。"盗自是绝迹。有冯化者，以勾逃人，诬其邻。繻匿邻他所，别令一人跽堂下，召逃者曰："谁勾汝，可执以出。"逃者执跽者，众皆哗，逃者穷，乃曰：冯化给我！"众中有欲遁者，繻曰："必化也！"追执之，果然，重杖之。邑安姓某客于外，继妻高及前妻之女在室，高与人通，忌女，图并乱之，不从，戕女以灭口。事觉，繻曰："高母道已绝，应照故杀前夫之子律，斩。"巡抚具题，报可，著为例。东明距州八十里，繻以忧归。县人赴睢吊，白衣冠往者数千人。

其在获鹿也，当山陕冲衢，繻治驿有法，民不知供亿苦。岁歉出谷，以活饥人，亲给银米，编审户口，人不得为奸利。其任粮道也，所属旧有仓规银巨万，并虐取之民。繻至，皆杜绝。转漕时，扁舟巡察，惩其滥收者。宜兴僻处万山中，一夕，繻忽至，百姓讶曰："吾民不见粮道四十年矣，今乃飞至耶！"因号曰"飞粮道"。道库岁收银八十五万两，为修船及弁丁运费，前运丁预支行粮，例扣月利，丁益困，繻悉除之，照额全给。仲雍有墓在虞山，久废不治，繻减城隍庙演剧金数万，修复之。而其迁按察使也，十五卫、四十九帮官丁，咸请留不遂，则泣拜以送。胥门外有汤斌坊，民镌繻姓氏于其次。为臬使时，宿州某生携妻子授徒某氏家，其妻兄女来视，数日，生妻子皆中毒死。生故与妻兄有隙，疑女毒之，控诸府，女不胜刑，遂诬服。狱具，繻疑之，问曰："馆中来往者何人？"女曰："只一十二岁某徒耳。"召而曲诱之，曰：

"师扶我急,因致砒面中。"冤乃释。无锡民某与皮匠殴,已而匠死,有僧故与某仇,证以为因伤致死,县令据僧言拟抵。繻察斗殴月日,在保辜限外,因诘曰:"伤久,何得不医?"曰:"医矣。"检所用方,则匠死伤寒耳。僧乃服罪。所平反多类此。

四十二年,圣祖南巡,繻力疾迎觐,上顾巡抚宋荦曰:"朕闻王繻督粮储时,甚好。"随遣太医临视,赐德里雅噶神药,并御制初寒诗一幅。繻趋谢恩,温旨再下,教以调摄甚备。繻叩谢感泣,谓:"臣受国恩,今疾无以图报。"上因书"世恩堂"额赐之。寻告归,曰:"按察使任大责重,卧治即辜恩矣。"竟不出。五十九年,卒于家。

赵俞

赵俞,字文饶,江苏嘉定人。康熙二十七年进士,三十七年,授山东定陶县知县。县地瘠,水政不修,淫潦遍田野,岁常不登,民多就食它县。俞集问父老,知所苦,乃行度地势,量为纵横之渠三,捷以堤,如古沟洫畛涂之制,以达于大川。蓄泄有法,车舆可通,令民自浚,〔一〕其界之渠旁近者为协理。俞日单骑巡导之,民知其生我也,趋役不后。树之桑枣榆柳,落实取材皆有赀,而堤藉以完。又以三渠之堤,不能遍通四境,车马陷淖,辄横驱损禾稼,行人与农交病。则又规筑六路,广倍于三渠之堤,亦树之以为固,并路皆为沟,杀于渠三之二,以达于渠,岁乃大熟。张云章所撰行状。立法征粮,不施鞭朴,吏役无事,公庭寂然,则课士亲为讲解指画,暇或挈之以游,士忻然向学。修学宫,考阙里志,正从祀位次,自为文以记之。王昶所为传。

邑素多盗，有获辄死之，俞于律无所加，县绅争言旧例不可破，活之，盗益肆，且惧忤上官指。俞曰："吾固以柔道治民者也。诗有之，仲山甫之德，柔嘉维则，柔失其则为弱。吾尝念之，故治盗必严保甲，除窝顿，自始至今，未尝纵一人，柔故不失其则者也。若博名徇俗，杀人媚人，仁者不为也。"前后免死者甚众，盗亦衰息。在任五年，以老乞致仕，不许，乃以病告归。五十二年，卒于家。纽寒亭文集、朴村集、嘉定州志。

【校勘记】

〔一〕令民自浚　"浚"原误作"治"。今据耆献类征卷二二三叶三七上改。

陶元淳

陶元淳，字子师，江苏常熟人。康熙十八年，诏举博学鸿儒，元淳在举中，以疾不与试。二十七年成进士，主试者初拟前列，以策陈会推之弊，抑之。及廷对，论西北赋轻而役重，东南役均而赋重，愿减浮额之粮，罢无益之费。阅者以其言戆，置二甲。三十三年，选广东昌化县知县，到官日，值大旱，徒步祷峻灵山，雨立降。首定赋役，均粮于亩，均役于粮，裁革杂征，自坊里供帐始。以海滨土瘠，禾稼鲜登，乃度隙地立墟市，大招流亡，劝开垦，予以牛种，不责偿，民始相率以力耕为业。县隶琼州，故与黎为界，向设土舍制，其出入吏得因缘为奸。元淳立撤去，一权量，定法度，黎民便之。城中居家旧不满百，〔一〕至是户口渐蕃。元淳时步行闾里间，周咨疾苦，煦妪如家人。

琼处海外，武弁多骄横，崖州尤甚。元淳尝署州事，守备黄镇中以非刑杀人，游击余虎纵不问，且素贪，屡索黎人献纳。元淳廉得其奸状，列六款以上，虎闻，私以金贿之，不得，辄造蜚语闻于上。总督石琳下琼州总兵会讯，元淳申牍曰："是非本一定，耳目难尽涂。若其公道犹存，私揭不应发审。镇臣不应侵官，必挫执法之气，灰任事之心。元淳当弃官以全政体，不能蒲伏武臣贻州县羞也。"初鞫是狱，镇中阴令甲士百人佩刀入署，左右骇惧欲走。元淳据案怒叱曰："吾奉命治事，守备敢令甲士劫持，是藐国法也。"镇中气慑，疾挥去卒，定谳，论镇中罪如法。崖人为语曰："虽有余虎，不敌陶令一怒。"而总督石琳卒因元淳倔强，坐以检验失实，〔二〕会赦免。复于计典将黜之，巡抚萧永藻新受事，解于总督，乃已。元淳自奉俭约，节衣缩食，在官惟日供韭一束。然喜接诸生，讲论尝至夜分不倦。屡以疾乞免，未果，竟以勤绩卒于官。所著南崖集、明史传、广东志，凡数十卷。

昌化额田四百馀顷，半沦于海，赋不及二千，浮粮居三之一，民重困。元淳为浮粮考一册，历请于上官，乞豁除，无应者。乾隆三年，元淳子正靖，官御史，疏以入告，竟获奉俞旨免焉。冯景所撰传，见碑传集。

【校勘记】

〔一〕黎民便之城中居家旧不满百　"民"原误作"人"，又"家"误作"人"。今据耆献类征卷二二四叶四上、下改。

〔二〕坐以检验失实　"以"原误作"不"。今据耆献类征卷二二八叶五上改。

郑善述 子方城 孙天锦

郑善述，字孚世，福建建宁人。康熙二十九年举人，四十六年，除直隶固安县知县。县在京南百二十里，滨河；又镶蓝旗圈地，所在旗丁河兵，倚势陵县民，令率依违迁就，幸无事，莫敢持公道。善述至，厉风操，严法纪，有与民哗于庭，不问谁何，据理鞭之，受楚者无虑数十。其主怒且怨，赂权贵讼于部，檄他县廉理，不能移善述判。怨者日伺其短，不能得，始慑服，戒其下勿犯。自是民无屈抑。岁修永定河，桩苇工料，取给宛平、良乡、永清、东安、霸州及固安，而五邑少远。河员平日不储材，遇急工辄责固安秫稭麻柳，岁供至数十万，民不堪，多逃散，而责者如故。善述陈其状总河，未即罢除，然责料亦因以少缓。五十五年，以失出放归，道旁泣送者千人，车不得行，慰遣之不去，乃停车，即有授馆者，夜半复百馀人款门入，牵衣泣，夜话达旦，持只鸡、盂麦、束薪来者踵于门，累日乃得归。

善述至性过人，十岁时屋火，母王老，不能疾走，与老妪踉跄翼之出。前母詹殁，稿葬东郊，以闽藩圈地失其处，随兄某日夜往来榛莽中求得之。母王殁，殡西郭别室，会大风雨，虑室坏及棺，趋视悲号，守之终夜。早岁与兄各糊口四方，官固安时，乃得迎养，性命一之。姊陈早寡，妹叶贫，皆置之安全。既归，筑木石居，论述古今忠孝事，辄万言。教诸子弟，以伦纪为本。

子方坤，官至山东武定府，在文苑传。刘绍攽郑先生善述传。

方城，字则望。四川通志。初入赀为教谕。康熙五十三年，与廷试，擢第二，除泰宁县教谕。雍正十一年成进士，乾隆二年，授四川新繁县知县。刘绍攽郑先生方城传。以经术为吏治，四川通志。民有讼者，引至前，晓以伦常礼义，动其天良，民多因是以化。罗村李长荣无子，养子景鲜俱死，遗二幼孙。长荣妻年八十馀，佣者李云利其田，冒族侄，以异姓乱宗，控逐二孙。方城鞫得实，重惩云，为长荣别立后。云诉于府，贿通府幕，流言四布。知府王某婉谕方城，勿执成见，方城持益坚。既而事败，幕逃，王谢曰："微君守正，几堕术中。"其明果多类此。县故有牌头，执薪水粪除之役，皆贫民日求升合，不能在官，辗转雇募，岁以为苦，或流亡。方城毅然除之。垦田令下，奸民夷古墓，塞堰沟，谬称新垦，力陈其弊于上官，阡陌得无恙。刘绍攽郑先生方城传。劝民积社谷，以济匮乏，历三岁得谷一千七百馀石，分贮四村，贫民赖之。四川通志。六年秋，大水，立详报布政使，遣知县某勘实，某县固匿灾，因言报灾非上官意。方城曰："吾不能病民以希旨。"卒除其赋。九年六月，再水，锦水河溢啮城，冒雨立水中，亲荷锸，民皆感动，争负土堵门，城赖以不没。乡民避水至渡，以舟縋而入，为谋栖止，捐金以赈。水犹不减，乃历四境相地形，疏沟浍，随时而涸。是秋大熟。

方城为治务竭心力，如文庙、城楼、坛壝、仓狱、桥梁、道路之属，靡不修治。行部劳农，采风谣，清保甲，信浃于民，共相休息。每坐堂，一二人持牒前，辄逆知之，曰："若来为某事。"片言立决。或久坐无人，则退，集诸生课文，指陈经义，士蒸蒸蔚起。十一年，大计，举卓异，部议以九年科场磨勘事降二级。既解任，上官不令归，延主锦江书院，蜀士景附。逾年，病卒。成都府李斗百率僚属经纪其丧，抗衾举棺之役，皆门弟子为之。讣至新繁，无远近皆哭,数月不息。方城初考方志于新繁县署东筑三贤堂,祀唐宋县令李德裕、王益,邑人梅挚,至是邑人奉方城主入祀焉。所著书有燥吻集、绿痕书屋诗稿。刘传。子天锦。

天锦,字有章。以博学鸿词荐,辞不就。乾隆十七年进士,授广东连山县知县,兼署理瑶同知,民、夷爱之。连有银穴,曰海峒,与广西贺县蕉木厂一山也。广西布政使惑人言,欲逾界采银于穴。或劝天锦招商自利,天锦曰:"聚众起争,此异日大患也。"上言总督以穴不可开,指画其害甚切。总督悟,檄两省巡道会定地界,禁采穴者。巡道某与知州叹曰:"真廉吏也!"天锦工诗古文,著书甚富,其一则连山县志云。广东通志引朱士琇梅崖文集。

廖冀亨 曾孙文锦 文锦子惟勋

廖冀亨,福建永定人。康熙二十九年举人,四十六年,选授江苏吴县知县。是岁,江南旱,有旨留漕赈饥吴县,截漕米三万九千九百馀石。冀亨以四十七年三月受事,饥民待赈方亟,而米已告罄,得前令冒销状,详苏州府请追,弗许;不得已贷银购米二千馀石继之。是冬又饥,十一月诏拨米施赈。冀亨奉文设粥厂十有一,领米二千七百石,每厂日食数千人,未一月米匮。上言知府陈鹏年请益,不可,又自贷银五千馀两,易米以济,士人感其诚,相率助赈,以是无缺乏。苏省钱粮繁重甲天下,吴县尤多。冀亨征收不重火耗,催科必用滚单,民皆称便。知收漕弊重,拘尤不法者治之,无留难、勒索、踢斛、淋尖、高飏、重节诸害。辖境有芦洲在太湖中,居民或垦成田,或种莲蓄鱼,利特厚。地方官吏奉文丈量，每假增粮名以自为利。冀亨曰："天子富有四海，岁蠲租亿万，发赈亿万，俯念民艰至悉也。湖荡偶尔成田，未可久恃。今特增其粮，朝廷所得不过太仓一粟，而为累于民无尽期矣。"一无所问。冀亨初莅任，有吴人语之曰："吴俗健讼，但其人两粥一饭，肢体薄弱。凡讼求'少准速决'，更须加二字曰'从宽'。"冀亨悚然受之，书诸厅事。其收词不立定期，民情易达。在吴三年，非奸盗光棍，行杖无过二十。盖守此六字箴也。有庠生授徒盐商家，自刎死，勘问得实，将脱盐商于罪。或有谤其受贿者，冀亨无所避，卒脱之。东山司巡检，报人二子弑父屠嫂未遂，自尽。冀亨方秉二烛阅其词，烛无风齐灭，知有冤。克日往验，渡湖大风，舟几覆，从者色变。冀亨曰："县官伸冤理枉而来，神必佑，何惧焉？"须臾抵岸，研讯半日，得其父故杀状，巡检得贿诬报，俱论如律。冀亨既有声于吴，他州县疑狱，往往令推治。会有宜兴县知县诬禀典史故勒平民为盗，因夹致死，冀亨奉檄按验，知县为总督噶礼旧友，或语冀亨宜少假借，冀亨不为动。既蒸检踝骨无伤，又密访原禀皆诬，据实详报。噶礼屡驳诘，覆审再三，卒如冀亨议。冀亨以是见恶于总督。时江苏巡抚张伯行清节为天下第一，深契冀亨，署布政使陈鹏年尤重之，而噶礼不怿伯行，恶鹏年尤甚。四十九年，鹏年被劾，欲并及冀亨，令藩司严查亏空，皆有抵款。五十年，即以有抵之款及民欠漕米，奏劾夺职。出署日，惟青钱十九枚而已。五十一年，噶礼败，冀亨寻得旨开复原官，以病不赴选。及卒，苏人祀之百花书院。曾孙文锦。

文锦，寄籍江苏嘉定。嘉庆十六年进士，改翰林院庶吉士，十九年，散馆授编修，充国史馆提调。二十三年，充顺天乡试同考官。道光元年，充江西乡试副考官，寻充文渊阁校理。二年，京察一等，授河南南阳府知府，护理南汝光道。六年，撤任改简，七年，补卫辉府知府。十四年，卒于官。

文锦洁己爱民，凡兴利除弊，务期实效。数决疑狱，所在仰若神明。其在南阳也，教匪初平，禁令綦严。有武生介居内乡、淅川间，内乡役瞰生富，诬其佃农为教匪，词连生，以赂免。淅川役又至，亦捕其佃者，数扰之。乡人不能平，拒捕，于是诬生为逆首。巡抚檄两境会缉，文锦驰至，廉得实，狱上议革释，大吏欲张其事咎之。文锦曰："杀人以媚上，吾不为也。"卒如议。有杨寡妇遗腹得子，族人诬以不洁，夺其田产契券，逐出之。控数年弗得直，诉于文锦。妇盛暑犹衣棉，人咸目为痴。文锦察其言非痴，诘之，泣曰："不遇青天，不敢泄，家计尽在是。一不慎，为诳去，更无据矣。"盖其夫手记租赋出入在焉。案验悉符，谳遂定。及调卫辉，严治代书唆讼，终其任无敢犯者。倡捐修试院，整理崇本书院，辑学规，出俸钱给膏火，生徒常百数十人。又饬属建义学三十馀所，自是文教振兴。郡城外河渠久淤，盛涨辄为民害，督县疏治，并浚延津任光屯沟渠，不科民一钱，农田悉成膏腴。劝民植桑，遍历各邑，亲开谕之，蚕事以兴。表章节孝逾千人，创置义冢，设施棺埋葬局，曰性善堂，病者药之，寒者衣之。他惠政多类是。二十三年，府人举祀名宦祠。子惟勋。

惟勋，道光十三年进士，改翰林院庶吉士，十八年，散馆授编修。时上命部院保外任人员，惟勋与焉。召见，授贵州镇远府知府。二十年，兼署清江通判。镇远故盗薮，惟勋下车，捕治其魁，风少戢。府南曰卫城，潕水介两城间，山水所会，陡注大王滩，怒石激湍，舟遇之辄碎。惟勋募工镵石，浚其川而广之，始利舟行。卫城地卑，旧筑土堤，水涨恒决，淹田庐。惟勋易以沙石。地瘠无桑麻，购木棉子散民间，数年遍山谷。时巡抚患苗匪难治，议裁土司而撤其兵，惟勋执不可，曰："苗性顽，率有讼，则向土司耳。今裁之，徒使睚眦登公堂，且欲辨苗之为匪，非土司安从识哉？土司多豪赀，一旦激不测，则傅匪以翼矣。宜因有罪革其承袭，使归属有司，以渐汰之。"巡抚不听。既而苗汹惧，上闻，敕督抚会议，卒如惟勋言。历署思州、铜仁、都匀府事，所至有政声。二十七年，举卓异，寻署贵西道。二十八年，还镇远，二十九年，调补贵阳府知府。三十年，以蜚语被劾，上命学政翁同书按其事，皆不实，有旨开缺，送部引见。咸丰二年，卒。

子寿丰，官至浙江巡抚；寿恒，官至礼部尚书，自有传。

陈汝咸

陈汝咸，浙江鄞县人。幼随父锡嘏讲学证人社中，黄宗羲谓人曰："此程门之杨迪，朱门之蔡沈也。"康熙三十年，会试第一，成进士，改翰林院庶吉士，散馆出知福建漳浦县。漳浦剧邑，多词讼。汝咸劝民亲逊，严惩讼师，听断明决，民莫敢欺。有被讼者，为立期限，令原告自召之，一讯即决。县中赋役，故责户长为主办，丁粮版籍，岁久混淆，胥役因缘为奸。汝咸念编审为赋役大政，躬自核算，编粮均户，人丁各归现在之籍，定三百亩为一户，令民具亲供，计丁口产业自封投，纳粮多者为首，行滚单法，以次轮催。均保甲以二百家为一保，〔一〕第其口多寡，藉以供役。

五年一编丁而役法平，吏胥阴挠之，大吏几为所惑，汝咸毅然不回，条分缕析，三年而法立，奸人无所施其技，民乐输将，岁赋无逋负。

闽俗信鬼贱医，病辄舁土木神，卜药以疗，往往不幸死。汝咸厉禁之，因晓以方证，自制刀圭，施济贫病，全活甚众。毁学宫、伽蓝祠，凡陈真晟、周瑛、高登诸儒之著作，皆葺而表章之；尤服膺黄道周之学，东郊归诚书院故道周讲学所，久为僧据，汝咸逐之，而主以黄氏子孙。漳浦有教堂，男女群聚，茹蔬礼佛，曰无为教，汝咸籍其居为育婴堂。西洋天主教将开堂于漳，且藉上官为言，汝咸不顾邑城隍庙、功曹祠，旁有鬼卒，相传能祸福人，汝咸命毁其像，修文庙，造祭乐诸器。又设义学在邑者一，在云霄、铜山、杜浔者三，延诸生有学行者为之师。时会邑中士大夫及乡之俊彦，集明伦堂讲经史、性理诸书，终日无倦。又修朱子祠之在铜山、云霄者，古田黄檗有明钱忠介墓，为厘其墓田，绘图贻钱之子孙。漳浦之俗，遂如邹鲁邑俗，每轻生，多因细故服断肠草，挟死以图财。汝咸力惩其弊，令当刑者掘草根赎罪，出俸钱市草，积堂下焚之。革相验陋规，临尸必反覆谛视，以手指按，虽仵作，谢弗及。邑多虎，捐赀令乡民设虎牢，复募善射者，伏强弩毒矢要之，患顿息。岁旱，朝夕步祷梁山绝顶之龙湫，经涂数十里，从者皆惫，而汝咸无倦容。甫下山即雨，人以为精诚所感。丁亥夏，霪雨，溪流泛溢，高及雉堞，民升屋而号。汝咸急登城楼，舆钱数十万，募船拯救；又多为木筏，渡一人赏钱千。好善者皆舆钱以助，援登至数千人，多方抚恤，虽灾不为害。有奸匪百馀人，潜伏七里洞，将入海，发兵击之，走平和山中，谋再至漳浦。汝咸遣人密致贼党林大札，啖以重利，诱擒首从曾睦、蒋卿、江贵等，奸徒悉散；复获海贼徐容等十馀人，得金宝，悉以入藩库。容盗首也，汝咸因询贼中情形，并剿抚机宜，均得其要害，乃条陈抚捕，以靖海氛，利商舶；并请赦容，以致馀党。诸盗遂陆续归诚。

时南靖亦患盗，大吏移汝咸治之。县民列状请留不得，各归取田器塞县门，昼夜环守，汝咸夜以两骑疾走出门，县民觉，追送十里许，号泣而归。归则构祠城北门，名月湖书院，岁时祀之。汝咸之至南靖也，深山逋盗，咸相谓曰："此漳浦陈公善治盗，出没必知之，安所进？顾其人长者，自首必无患。"于是悉就抚，汝咸开示威信，颂声大作。四十八年，内迁刑部主事，旋擢广西道监察御史。上言商船出海口，挂号无益；又言海贼多陆居，时返其家。下海劫掠，责之巡哨官；未下海之踪迹，当责之本籍县令，请力行各澳保甲。上嘉纳之。海贼陈尚义乞降，汝咸请入海往抚，上以御史近臣，不宜轻涉海，命郎中雅奇偕汝咸所荐阮蔡生抚之，卒降尚义及其党百馀人。五十二年，擢通政司参议，奉使入楚祭炎帝、神农、帝舜诸陵，兼赍驻防士卒，山路险峻，营汛僻远。或谓可调官代给，汝咸曰："奉天子命，何敢惮劳？"因简从裹粮而行，历施州、辰州、永定、九溪，至红苗界，瑶侗土官率男妇出迎，帕首歌士音，汝咸为竹枝词宣布上德，使习而歌之。因遍历苗疆，考其情形，以筹抚驭之计。使还，迁鸿胪寺少卿，寻迁大理寺少卿。

五十三年，命赴甘肃赈荒，汝咸不茹酒肉，又虑穷乡不能遍及，日徒步行郊野，时值厉疫，病遂不起，卒于固原之海都喇囊，惟衣一袭、钱一缗而已。讣至漳浦，士大夫及农工贩竖，奔哭于月湖书院,数十日不绝。复醵金置田,春秋祀之。初,汝咸出大学士李光地之门,光地以讲学招徕后进,江阴杨名时邀汝咸同往,汝咸曰:“梨洲教人,颇泛滥诸家,然意在博学详说,其究归于蕺山慎独之旨。初闻之似驳,而实未尝不醇。今相国步趋朱子,其言粹然矣。然未知其躬行者何如也。”名时为之瞿然。著有兼山堂遗稿、漳浦政略。

【校勘记】

〔一〕均保甲以二百家为一保 “二”原误作“三”。今据耆献类征卷六四叶一七下及二八上改。

蒋兆龙

蒋兆龙,浙江鄞人。四岁而孤,依外家以成立,甫就塾,即循循有规矩,刻意励行,非礼不履。康熙三十年进士,补云南浪穹县知县,迁直隶保安州知州。其为政也,以学道爱人为先务。民有争讼,反覆譬喻若家人,讼者多内愧。有吏进金求出人罪,立杖而褫之,吏乃惊,相语以为使君煦煦易与耳,不料其难犯若此。调湖广归州知州,入为刑部员外郎。讯狱必再三详审,尽得其情,乃比诸法。人不能欺,乃以货请于其子,无敢应者。是时禁网疏阔,公卿上下争以奢靡相高,京师游手之徒,争求为官僚执役,独相约莫事蒋大夫。补陕西平凉府知府,值西陲用兵,大将军过平凉,兆龙供应薄,遂以买马不称被劾,平凉民叩首于总督乞留,不能得,雨泣送之。既免归,尚令偿马直,卒无以给,日为诸子讲易。及卒,家无以治丧,闻者哀之。全祖望鲒埼亭集。

佟国珑

佟国珑，辽东人，隶汉军籍。康熙三十年，由笔帖式授山东文登县知县。文登俗愚悍，有劝尚严峻者。国珑曰："为政在诚心爱民，兴利除害，化导之而已。严峻非邑之福也。"邑副将某以昵妓蚀军饷，合营大噪，夜半斩关出屯东郭。国珑闻变，单骑往谕曰："吾与军民同疾苦，有冤当诉我，何妄动？"众犹汹汹，国珑当炮立曰："吾不忍见尔曹族诛，请先试若炮。"众色动曰："公廉明，军何敢犯！然事已至此，奈何！"国珑为力任保全，再三核其故，得实，缚妓抶之，众泣拜而散。副将寻被劾去。值岁饥，奸民骚动，国珑历村墟，给赈抚谕，捕治凶渠，民赖以安。邑豪宋某以邻妇贷钱不偿，杀之，吏役得赂，皆为豪掩。又以千金贿国珑，国珑怒，覆验妇有重伤，鞫得其情，置豪于法，一邑肃然。邑故濒海，副将林某缚商船之泊岛屿者数十人，指为寇。国珑讯释之，别捕诛真盗四十馀人。旋升山西泽州知州，属岁大祲，发常平仓捐贷，民克期输还无爽者。又减耗羡，革陋规，平物价，民情大悦。

国珑常以论事迕太原知府某，某嗾人诬揭之，坐罢任，州民鸣钟鼓罢市，欲诣阙，既而得旨留原任，民皆欢跃。时平阳民变，略同宰文登时。巡抚檄国珑以兵往，国珑曰："是速之乱也。"复单骑驰赴，民皆额手曰："佟公至，吾属无虑矣。"乃安堵受抚。捐廉修州城，民感其德，为立生祠。旋以疾引去，攀号者声震郊野。雍正二年，以旧属高平令亏帑被逮，责偿万金。先是，国珑在泽州办军需数年，未尝以尺寸扰民。至是，泽民感念旧惠，共捐五千金投州库，国珑复竭旧产完之。归里后，布衣蔬食，裕如也。乾隆三年，闻兄丧，悲恸，遂卒。蒋士铨传略。

周中鋐

周中鋐，字子振，浙江山阴人。国朝先正事略。康熙中，为崇明县丞。崇明故重镇，坐甲千人，欲豫取军食于官，不获，曹激彀刃，官吏咸避匿。中鋐独挺身前，宣布顺逆成败，感切耸动，众皆投械散。华亭县缺，江南督抚以中鋐名上。召见，奏对称旨，授华亭县知县。胡天游所撰墓志铭。民有被诬杀人，久系狱，中鋐立出之，而坐其实杀人者。提标兵庇盗，前令莫敢问，中鋐捕治，置诸法。先正事略。境壤乂安。康熙三年秋，大霪雨，以风。胡撰墓志。海水骤溢，漂数县，乃具衣糗棺櫘救恤之，又为请赈，弛租四年。以催科不及格罢，县民以万数，遮言上官，闻于朝，得复职。

时左都御史朱轼被命修海塘，知中鋐贤，悉以事付之。塘成，丁母忧，民复吁留，而世宗先已擢中鋐松江府知府，至是，予假治丧，还视府事。五年，朝议浚淞、娄诸水，以中鋐署太仓州知州，董其役。六年二月，筑坝于陈家渡，一再溃，与千总陆某昼夜凌险指麾，仓卒覆其舟，既卒而筑合。事闻，赐祭葬，赠太仆寺少卿。先正事略。荫一子入国子监。胡撰墓志。当中鋐令华亭县时，奉贤犹隶境内，其后析为县。中鋐适为知府，至是民怀其泽，奉中鋐为奉贤县城隍之神，岁时祈报，著灵异。长洲王芑孙为庙碑，纪其事。道光七年，江苏巡抚陶澍复浚淞江，以中鋐阴佑入奏，奉旨立庙江干，春秋致祭。

刘继圣

刘继圣，山东潍县人。岁贡生。授直隶广宗县学训导，迁蠡县教谕。正己帅人，士习丕变。擢湖广慈利县知县。初，滇逆之乱，慈利被兵尤剧，人民雕敝。继圣以宽为政，不轻用刑，与民语常呼为儿。有一罪人被杖而呼，继圣蹙然曰："儿再忍一板。"慈利人皆相传戒毋犯法，戚我爷也。病痈，将告上官求去，民闻之，拥使者数辈，皆不得往，乃使其子荀明间道往，竟得告。民数万诣上官乞留，上官遣人视之，实病，乃谢罢。民谒继圣流涕，为吮痈曰："信也，奈何？"时流亡新集，方编审户口，民请继圣毕是役乃行，虑代者之扰也。及行，费不给，慈利人口出一钱以馈之，凡数万。康熙四十三年，卒于家。阎怀庭集。

迟维坤

迟维坤，汉军正白旗人。康熙中，任山东聊城县知县。月以三八日召诸生课文，礼其贤者能者，问政事得失。岁以三七月巡行畎亩，视田之荒易，加赏罚焉。额征册有逋税八百两，以问吏，故无田主，岁杂取它户代之。维坤言于大吏，以新垦荒地补税额，代者悉免。故事，县有役，按户征夫，吏缘以为奸。维坤令履亩出钱二，改为雇役。上官下其法于它州县，御吏严，有犯者，必痛治之。县常多贼，阴倚捕役为主，维坤杖杀其桀黠者一人，贼皆远窜。设柜征银，令纳者自投其中，耗羡无所取。官府兴作，必如直给工匠钱，又人与之食。买器物一从市价，商民颂之。既卒，祀名宦祠。八旗通志。

黄世发

黄世发，字成宪，贵州印江县人。康熙三十五年举人，李塨恕谷集观察黄公传。授直隶肃宁县知县。性慈良质实，畿辅通志引肃宁县志。于民财一无所取。钱粮旧例加一二作耗银，世发亦收之而不自用。肃宁旧杂派重，亩派银至三四钱，世发悉除之。县有役事，若修学校、缮城垣之属，或上官别有摊派，即以耗银应之。河间府檄修府城，亲赍糇粮，出银钱雇役，不日竣事，不以扰社甲也。李塨观察黄公传。其视民如家人，畿辅通志引肃宁县志。好教以生计，李塨观察黄公传。坑碱荒地，令穿井耕种，沿城植桑柳数万株，凡水车、蚕箔、粪灌、纺绩诸务，悉为民筹画。畿辅通志引肃宁县志。复自辟护城废地，穿池种稻，以导示之。夙讲圣贤名理，建置学社，教民孝亲敬长。赎官田九十馀亩，以其租为学者膏火。畿辅通志引肃宁县志。定三、六、九日集诸生讲书会文，士有自邻封来学者。

雍正三年，县水灾，督抚遣官履勘，世发不能得其意，被劾去官。肃宁士民号泣挽留，特旨复官，加四品服。已又授按察使。直隶营田观察使令巡行直省，劝民农桑为善，并察水利可兴者。世发夙耐勤苦，居官粝米自养，鸡鸣即起，批阅官书，昼理庶事，无顷刻暇。蠡县李塨尝劝以少捐细碎，世发曰："吾何德与才，而朝廷委任之，吾惟知佣工，免忝愧耳。"至是，每至一处，辄登高坐，大声宣谕士民，彻日不倦，民多兴起。李塨观察黄公传。修堤垦田，变污下为沃壤。畿辅通志引肃宁县志。最后之易州水峪，相一地开水田，经营年馀，未就而卒。李塨观察黄公传。远近闻之，莫不流涕。畿辅通志引肃宁县志。

李发枝

李发枝，浙江山阴人。康熙二十六年进士，授江苏上海县知县。上海于东南为剧邑，俗黠而悍，好博簺竞拳捷，为诸偷窟穴。发枝始至，廉得主名，置其魁于法，馀悉劝谕使去，期以三月一至县，呈自新状。厉鹗樊榭山房集深州知州李公墓志铭。皆大感悔，无敢逞。汪由敦李君墓志铭。有以衣杵击人额致死者，左证已具，验其伤痕才一线，囚辩不服。发枝曰："是易辨也。"折几足圜者墨其上，击白版痕亦如之，狱遂定，巡抚汤斌之斥五通神祠也，上海城南有祠未毁，民诉妇为神所凭，几殆。发枝诣祠，命负妇至，则指衣红像，乃立命夷祠斧像，投于火，祟遂绝。厉鹗所撰墓志铭。邑人相惊，以海寇至，相率奔避，城守将禁弗止。汪由敦所撰墓志铭。发枝闻之，视事如故。间遣役出城谕民，民见发枝弗为动，遂稍稍还，密觇之，则讹言因估舶鳞集也。白关监督令事竣速去，毋滋扰，民乃安。巡抚宋荦曰："李令非独治县有谱，其定变亦将才也。"将以治行第一荐，会总督好贿，弗善发枝，劾罢之。厉鹗所撰墓志铭。比去，民走送者自县门属于黄浦，潮水至且没膝，垂涕跪泥淖中，不忍去。

发枝家居二十年，世宗御极，以荐起授直隶深州知州。汪由敦所撰墓志铭。地稍僻，一以安静为治。旧有公使钱千缗，发枝革除之，曰："奈何以吾民膏血，饰厨传耶？"先是，直隶州县卖官米买补，从田分配，发枝以其病民，力言于上官，上官又弗善发枝，遂改教职，授临海县教谕。久之，谢病归。发枝为学，以躬行为先。厉鹗所撰墓志铭。于天官、河渠、乐律、农田、兵赋诸政,汪由敦所撰墓志铭。无不研究,故用世之学尤精。历官皆有异绩。乾隆五年,卒。

沈庆曾

沈庆曾,浙江归安人。康熙三十九年进士,授山东商河县知县。始至,值水灾后,民多流亡,日夜招徕,抚恤若不及,吏以其文弱易之,事事默察,徐得其要领。县赋旧册,止列甲首,任羸缩苦赔累。庆曾始为按甲立花户册,民咸便之,寓保甲法。杨汝穀所为墓志铭。鳞次栉比,奸宄无所容。地接直隶沧州、吴桥诸处,旗下庄头,每令其下人潜入境,生事罔利。至是,遂绝迹。然邑民或有以岁歉,转鬻入旗者,或脱归,则概以逃旗报解。庆曾曰:“此吾民耳。在例白契,许回赎。”为出金赎之而请免解。治县十年,得免罪者甚众。独严于治盗,河朔剧盗白烟、王三德等,多结大侠,且有奥援,悉捕诛之。衎石斋合稿。里门夜开。犬吠不惊。杨墓铭。县于济北最洼下,每岁水涝,降六乡皆沮洳,鱼虾遗种水草间,旱则化为蝗,乃开土河汇众流,蓄泄有法,自后虽小灾眚,不至害稼,而蝗患亦绝。听狱平恕,屡治大案,尝于乐陵平反,出凌迟、斩各一人。举卓异,廷试第一,受蟒服之赐擢。四川会理州知州,将去商河。时西陲用兵,巡抚率其属捐备军需,代者至欲因以加派于民,庆曾曰:“此事庆曾已办,不以累新令也。”衎石斋合稿。代者怍而止。

至四川,署新津知县,护军都统温福禁军移驻打箭炉,规取西藏,道出新津,里甲拟各敛千金,治供张,如某年唐提督故事。

庆曾曰："此成都东来第一驿也，自此而西，尚数千里。新津或可办，彼荒徼下邑，何以应命！但多驾浮桥，得疾渡，圈旷地便下营，此外求索，知县以身当之。"遂出境迎军，为民请命，词意慷慨。温福感动，严约束，不久淹。比至打箭炉，皆无扰焉。会理旧为南诏会通府地，荒江荦确，领州者寄空名于土舍，上资弹压而已。

总督年羹尧于庆曾为同岁进士，会有夔州、重庆二知府缺，谓庆曾曰："惟子择之，吾为削牍。"庆曾辞曰："十年外吏，精已销亡。家有老母，行且陈情，不足辱厚意。"寻告归。六十年，卒。后数年而羹尧败，人以庆曾为知几。竹墩沈氏家谱、杨汝谷怡庭沈公传。

夏熙泽

夏熙泽，江西新建人。康熙三十九年进士，出同考官窦克勤之门，获闻身心之学，兼博览史书，求实用。丁母忧，服阕，选授广东增城县知县。邑大水，田畴成巨浸，开仓发粟，按行村落，散米数千石，更劝富人捐贷，民以不困。秋大熟，民相率输仓，至冬缺二百馀石。吏请追比，不许，出私钱贷偿之。陈道撰家传。听讼之暇，振兴学校，购书籍，聘名师，聚邑人子弟教之。县有灵山岭复径僻，潜通七邑，为诸盗逋逃薮，啸聚剽掠，擒人民，索金帛粟米，出伪牒要赎。熙泽与同城武弁谋曰："俟报上官，往返积旬日，贼粮足守险，益难夺。出不意攻之，兵法也。我领敢死士先，子继之，其可。"乃戎服佩刀，帅众夜发，至山口，武弁逡巡不敢进。熙泽自分乡兵为二队，直捣贼巢。贼闻鼓炮声，不辨众寡，皆奔散，追杀十馀人，生擒其魁。男女被虏者悉夺以归。当是时，武弁恐形其短，不以白上官，上官亦讳言用兵，功抑不叙。熙泽素清介，凡上官胥吏婪索不一应，百计中伤之。旋以监毙盗犯多，被劾罢。时毙者十二人，枭狱四，府狱三，皆归狱于县。增城老幼皆太息泣下。既归，僦屋读书，间出游，历名山大川，访异人逸士，至老不倦。卒，年七十。陈传。

陆师

陆师，浙江归安人。康熙四十年进士，授河南新安县知县。既至，修学校，集诸生治经，童子能应县试者，免其徭，民兴于学。响马贼季国玉为患久，〔一〕设方略捕诛之。盐使者下县取盐，犯四十人，师曰："于律，人盐并获，始为犯。今勘犯止二人，何滥为？"丁父忧归，在途有六七骑挟弓刀，驱牛车载妇女五十馀人，言此归德饥民，某将军家买以归者也。师叱止之，令官还妇女于其家，白将军收其骑卒。咸谓〔二〕："师已去官，胡忤将军为？"师曰："知县一日未出境，忍以饥民妇女媚将军耶？"服阕，补江苏仪征县。日晨起，判讼，有神明称。有盗引民某自驰至某家，见败器满道，言有暴客食此不偿值，因而斗毁。诘其人状，与盗肖，事遂白。春征，先劝富户输，既征，即以解；秋则减其耗，令自封投匮。疫起，出俸钱购药施民。故事，上官往来，驿夫临时取给，铺户仓卒滋扰。师一切禁革，但令户日赋一钱归驿，商贾以安。

扬州五属饥，督抚下知府，各以五千金，籴谷借赈。符既下，具舟车往，则虚而归。师察知府意，欲县官备自所亏帑也。亲往力争，卒得请。于是五县皆得谷以赈。盐商致例馈，却弗受；商固请，乃藉其人，以修学宫，作明伦堂，具祭器乐舞，浚泮池，植桃李其上，修宋文天祥祠；又以其馀建仓廒，洁治囹圄，为别屋以居女囚。质库书票，故有月无日，勿论久近，皆取一月息。师辞其岁馈，令视它处月让五日。县旧有猪税，领于知县，岁赢千金，下令蠲除之。课最，奉行取，民奔号上官，请留，弗得。既去，乃画像尸祝之。比入对，圣祖温谕有加，试制举文一首，取第一，授吏部验封司主事。升员外郎，掌选，有要人求官，力持不可。寻奉命督视山东矿务，疏言开采无益，罢其役。还，擢御史。又命巡河、谳狱，均称旨。未几，河督陈鹏年奏请以师为兖沂曹道，有旨趣其行。已，得疾，卒，康熙六十一年三月也，年五十六。

师性孝友，好读书，与方苞、储在文、何焯、张伯行友善。著有巢云书屋、采碧山堂、玉屏山樵诸集。祀兖州、仪征、新安名宦祠。国朝先正事略。

【校勘记】

〔一〕响马贼季国玉为患久 原脱“响”字。今据耆献类征卷一三五补叶三上补。

〔二〕咸谓 “咸”原误作“或”。今据耆献类征卷一三五叶三下改。

沈光荣

沈光荣，汉军正白旗人。岁贡生，考授七品笔帖式。康熙四十年，授河南河内县知县，专务德化，月朔望集城中居民宣讲圣谕，〔一〕翼日单骑历郊野，召乡民遍戒之，往复恳到，闻者莫不感动。征科不用敲扑，设盒酒花帛，召诸里长，令逋课者跪堂前，[二]斟酒进；它里长之毕输者饮之，为簪华被帛鼓吹，导出中门。由是输者毕至。有李家洼者，地斥卤，多逋赋。光荣为引沟渠，开稻田，招流民复业，给以牛种，改名藏富邨，遂成沃土。民有讼，令两造要而来，立剖决。遣胥摄事，按日给钱丝粟，不得扰民。时出俸钱行诸利益事，夏设茶衢路，冬施棉衣，其病者药之，死而裸露者棺之。三年去任，八旗通志。升山西辽州知州。甫下车，即询民疾苦。旧时州责供应于里，老人按月轮派，至有变产鬻子者，光荣尽除之。盐法议未定，商不至，亏税六百馀金，自任之。驭胥役严，野无追呼。及去，民立碑以志遗爱。山西通志。卒后，祀河南名宦祠。八旗通志。

【校勘记】

〔一〕月朔望集城中居民宣讲圣谕 "圣"原误作"上"。今据耆献类征卷二二五叶三一上改。

〔二〕令逋课者跪堂前 "前"原误作"上"。今据耆献类征卷二二五叶三一上改。

张士琦

张士琦，江苏嘉定人。举人。以文学知名，大学士徐元文引入史馆，与修明史。康熙四十一年，选江西永新县知县。前令故贪纵，征敛横出，士琦至，革除溢征银三千馀两、米二千馀石。捕逐豪右，惩奸胥。遇平民，辄与温语，不轻棰一人。月置酒召诸生考论德艺，士民翕然。居三年，大饥，士琦发仓以赈，不足，出私钱佐之。县西砻山有三邨者，俗骁悍，屡阻险为盗，前令时，纠众数百，劫掠至县城，令犒以酒食，散遣之而已。士琦至，为设练长，严立约束。至是复聚众强粜格斗，士琦擒其渠，馀党逸去，遂列状请兵镇压。或言："长官讳盗久矣，遽以实闻，如吏议何？"士琦曰："拚一官绝民患，吾甘之矣。"已而部议下，士琦果以诖误去。县民闻其将去，树大旗城中央及四门以集众，集者数千人，负土塞县衙，城门不启，罢市者半月，相率诣南昌请大吏乞留士琦，不省。会圣祖南幸，复集众诣苏州具章欲上，不得达，竟罢职。新令至，以士琦前发仓粟，贫民未尽偿，不听去，民闻，设柜醵金，输者毕集，遂尽偿之。比归，饯送者塞衢巷，或追至百里不绝。五十八年，复游京师，得疾卒。永新纪实。

窦容邃

窦容邃，河南柘城人。父克勤，翰林院检讨，在儒林传。

容邃，康熙四十四年举人，候补中书，迁兵部职方司主事。王绂直隶忻州知州窦公墓志铭。雍正十一年，授四川新宁县知县。四川通志。地荒僻，百务凋敝，且四年中七易令，官兹土者，视若传舍，莫可施为。容邃下车，誓神曰："令有不明，惟神启之；令有不公，惟神殛之！"邑民周公腾女为张公拔冒婚夺去，前令某杀周公腾于三木，知府某阴为护持，狱几寝。容邃力为昭雪，某卒以滥刑败。有假总督差官者，招摇耳目，立缚其人，尽法治之。总督尝语人曰："若窦令者，可谓不畏强御矣。"创建宕渠书院，置经籍，立规条，进邑中子弟，教以立品制行，卓然有所兴起。人比之文翁之化蜀。又修邑乘，葺学宫，王绂所撰墓志铭。一切道路桥梁，及劝农掩骼诸事，无不实心举行。四川通志。

考满，卓异，擢山西应州知州，距城西北三十里，为桑乾河所经，流沙迁徙，常阻方舟。容邃相度形势，于白塘子建石桥，绵亘三十馀丈，小石口山水暴至，筑坝于三里河，民赖以安。以大学士陈世倌荐，升忻州直隶州。乾隆十年秋，忻及定襄旱，经营赈恤，不遑寝食。十一年夏，又不雨，为文祷神，立应。州人立碑纪其事。是年冬，上幸五台，州当孔道，承办大差及什物局事宜，经纬井井，咄嗟立办，民不知扰。未几，乞病归。王绂所撰墓志铭、四川通志。主讲朱阳书院，筑约守精舍，无远近皆来学。十九年，卒。著有孝经管窥、易卦箴、二思编、经学省身编、敬义堂文集。王绂所撰墓志铭。

余甸

余甸，福建福清人。康熙四十五年进士。生平以名义为己任。福建巡抚张伯行延主讲鳌峰书院，每咨事焉。郡守周某将登白简，以丁艰去，疑甸排己。后甸知四川江津县，周适补本郡守，有甚心。甸不为动，携一仆赴任，早起坐堂皇，民投牒者，不以属吏，单辞立决，讼为清简。日与诸生诵说文字，疏解性理。所征赋即储库中，纤毫不入私室。周廉其实，亦加敬焉。

时青海用兵，四川巡抚年羹尧多额外急征，檄再三至，甸不应；乃遣内丁持印文告谕，自朝至日晡，甸不出。使者哗，甸立坐堂，命反接，众相视莫敢动。甸怒，乃共推曳伏之地，甸投六签，丞簿皆曲跽为请，士民集堂下数百千人，〔一〕耆老数十人，升堂蔽使者，为之告哀曰："公何难弃一官，但我民自今无怙恃矣。望哀赤子无依，宽使者法。"久之乃命释缚，羁候越日，使者介众索原文，甸曰："还报大人，我闭门待劾，原文已间道付二三执友矣。"远近惊骇，声震京师。羹尧曰："此民所戴也，斥之伤众心，不去百城玩令。"

会行取，遂以甸应，擢吏部考功司主事。既莅任，事必躬亲，出入封缄其室，自佩鐍钥。时尚书张鹏翮素称刚直，侍郎汤右曾聪明辨察，事有不合者，甸每会议，必直前争辩，盈廷愕然，终不能屈。主选二年，〔二〕权要富人请托者，多为所格，长官亦阴患其戆，间绌其议。甸怒求退甚力，吏胥私语求进者曰："请少待，此君将去，必可得也。"甸闻之，乃条列文书已驳议而未奏者十馀事，曰："此皆作奸巧法，易为所蒙者，必上闻，吾乃去。"长官许诺，始探怀出告归牒，遂归。旋丁父忧，既免丧，犹庐墓。陈鹏年尝叹"今世无豪杰及趋死不顾利害者"，侍郎方苞以甸告，及鹏年总督东河，荐甸为济宁道。士民闻甸至，讼狱者争赴之，几夺臬司柄。久之，巡抚及按使有秕政，亦赴诉于甸，甸刺得其情，反覆申列，必得当乃止。鹏年卒，齐苏勒继为督，以工事劾甸。会巡工至甸所部，父老结彩手炷香，稽首舟前，请登岸受万民拜，拥肩舆至广原，升高座，聚者万馀人，四面环拜，投香于地高丈许，齐声呼曰："还我余公，当万世尸祝。"齐苏勒大惊，慰谕之，众皆涕泣曰："吾民愚，非得实据，不敢退。"齐苏勒许拜疏出矢言，众乃散。世宗闻之，召甸入见，退语执政曰："朕又得一直臣矣！"特授山东按察使，甸以地近圣人居，崇礼教，轻刑罚，因有不能自衣食者，酌取商人岁馈三之一以资之。其他公用，委有司注籍。逾年，入为顺天府府丞，坐失察事除名，归。年七十有二，卒。

甸刚方清简，以儒术饰吏治，直声震天下。文章书法，亦冠一时。殁后，所历官地，父老闻之，皆群聚哭奠焉。

【校勘记】

〔一〕士民集堂下数百千人　原脱“百”字。今据耆献类征卷六九叶一九上补。

〔二〕主选二年　“二”原误作“三”。今据耆献类征卷六九叶一九下改。